VINCENT CRONIN

Paris im Aufbruch

Kultur, Politik und Gesellschaft 1900–1914

Aus dem Englischen von Monika Curths

LIST VERLAG

Die Originalausgabe erschien unter dem Titel
»Paris on the eve 1900–1914«
1989 im Verlag William Collins Sons and Co Ltd., London.

Umschlagentwurf: Bernd und Christel Kaselow, München
Umschlagmotiv: Maximilian Luce, Seinequai (1899),
Neue Pinakothek, München.
(Foto: Blauel/Gnamm, Artothek)

ISBN 3-471-77227-8

© Vincent Cronin 1989
© der deuschen Ausgabe Paul List Verlag in der
Südwest Verlag GmbH & Co KG, München 1989
Alle Rechte vorbehalten. Printed in Germany
Satz: Ilmgaudruckerei, Pfaffenhofen
Druck und Bindung: Mohndruck, Gütersloh

INHALT

Einleitung 7
   I   Eine bürgerliche Zivilisation 15
  II   Eine neue Zuversicht 28
 III   Ein neuer Schwung 41
 IV   Furchtlos auf der Suche nach Wahrheit: André Gide . 57
   V   Erlösung durch Leiden: Paul Claudel 78
 VI   Apotheose durch Kunst: Marcel Proust 101
 VII   Die Geburt des Kubismus: Pablo Picasso 129
VIII   Die harmonische Stadt: Charles Péguy 156
 IX   Eine Musik der Nuancen: Claude Debussy 175
   X   Die russische Saison 196
 XI   Eine Welt in Bewegung 217
 XII   Pariserinnen 237
XIII   Theater: Das Erhabene und das Lächerliche 264
XIV   Ein Fest der Farben 287
XV   Haltungen gegenüber Deutschland 308
XVI   Vorbereitungen für ein Duell 334
XVII   Paris im Krieg 359

Danksagung 382
Quellen und Anmerkungen 383
Register 394

Für Chantal

EINLEITUNG

Frankreich war im Jahr 1900 eine noch ganz von ihren Regionen geprägte Nation. Die Bürger von Bordeaux hatten andere kommerzielle Interessen als die von Lyon oder Marseille, und auch ihre Wertvorstellungen waren nicht unbedingt dieselben. Sie hatten ihre eigene Börse, druckten und lasen ihre eigenen Zeitungen, die junge Intelligenz studierte an der einheimischen Universität. Im Winter besuchte man sonntags die Stierkämpfe. Und obgleich die Regierung den Krieg der Engländer gegen die Buren öffentlich mißbilligte, war der vornehme Bordelais pro-englisch eingestellt – durch den Weinhandel war man seit vielen Jahren mit England verbunden –, und sein maßgeschneiderter grauer Flanellanzug stammte mit Sicherheit aus der Savile Row. Das Mittelmeer, für den Marseiller noch das *mare nostrum*, hatte für einen Bordelais ebensowenig Bedeutung wie die deutschen, italienischen und schweizerischen Bankverbindungen, die einem Bürger von Lyon die Mittel verschafften, um lukullisch zu speisen. Paris war zwar die Regierungshauptstadt *par excellence*, aber sie lag fern; acht Stunden Bahnfahrt trennten sie von Bordeaux.

Dieser Regionalismus hat seinen Ursprung zum Teil in der Geschichte – in der Bretagne wurde die französische Herrschaft erst 1532 anerkannt, in Nizza erst 1860 –, zum Teil, wie in den Vereinigten Staaten, in der Geographie. Paris ist eine Stadt des Nordwestens, nahe einer verwundbaren Grenze; die Christianisierung, die sich von Rom aus entlang der Flußläufe ausbreitete, gelangte erst relativ spät dorthin, und der Erzbischof von Lyon an der Rhône führt noch heute den Titel »Primas von Gallien«.

Auch Paris war eine französische Region – mit der größten Bevölkerungsdichte und dem meisten Einfluß –, aber eben nur eine. Paris gehört neben London und Wien zu den ältesten Hauptstädten Europas, und mit diesen ebenfalls von Römern gegründeten »Schwesterstädten« lag es ein Jahrtausend lang in Konkurrenzkampf und manchmal bitterem Streit. Diese weit zurückreichende Geschichte wie der berechtigte Stolz auf den ungeheuren Beitrag, der hier für die Zivilisation geleistet worden war, sind der Grund, weshalb der Nationalismus in Paris stärker ausgeprägt war als in den Provinzen. Marseille, Bordeaux, Nantes brauchten freundschaftliche Beziehungen zu ihren Nachbarn oder zu den nahegelegenen überseeischen Ländern. Paris jedoch wollte die anderen übertreffen, es wollte sich hervortun und notfalls auch breitmachen. In vieler Hinsicht war man in Paris engstirniger als in den Provinzhauptstädten, auf jeden Fall aber egozentrischer. Wenn ein Engländer Frankreich als die größte Insel Europas bezeichnete, dachte er dabei nur an Paris.

Die Franzosen der Provinz sind im großen und ganzen kein prahlerisches Volk. Es gibt Juweliere in Lyon, aber ihre Geschäfte sind nicht die protzig aufgemachten Läden einer Rue de la Paix in Paris, sondern diskrete Büros im ersten Stock ohne samten verkleidete Schaukästen, denn nichts verabscheuen die Lyoner mehr, als Wohlstand oder Luxus an den Tag zu legen – könnten sie sich doch Neider schaffen oder die Gewerkschaften zu neuen Forderungen ermutigen. In Paris dagegen schätzt man nichts höher, als beneidet zu werden, im Gespräch zu sein.

In London gaben Königshaus und Hof den Ton an; im Paris der Republik waren es die höheren Beamten, die in einem Zeitalter kurzlebiger Regierungen beträchtliche Macht besaßen, sowie Männer, Intellektuelle oder Geschäftsleute, die sich ihren Weg nach oben erkämpft hatten oder in Spitzenpositionen aufgestiegen waren. Aber Monarchie und Kaiserreich hatten Spuren hinterlassen, die sich in der Vorliebe für aristokratische Werte und einer vortrefflichen Handwerkskunst manifestierten.

Ein toleranter Engländer hätte die Pariser um 1900 vielleicht folgendermaßen charakterisiert: beherzt, fleißig, mit ausgeprägtem Familiensinn, erfüllt von der eigenen Wichtigkeit, streitlustig, leicht reizbar, leidenschaftliche Duellanten. Sie waren stolz auf ihre kultivierte Lebensart, einen bequemen Sessel jedoch hätte man in ihrer Wohnung wahrscheinlich vergeblich gesucht. Komfort interessierte die Pariser nicht – sie hatten so viel anderes, dringenderes im Kopf. Waren sie leidenschaftlich? Vielleicht, besonders in der Politik, wo damals wie heute ihr Herz auf der linken, ihre Brieftasche auf der rechten Seite saß.

Einen anderen bezeichnenden Charakterzug erwähnte Rudyard Kipling im Jahr 1913: »Immer die ersten, wenn es gilt, der Wahrheit zu folgen, und die letzten, die sich von alten Wahrheiten trennen.«[1] Dieses Paradoxon, wie aus einer mächtigen traditionellen Trägheit Neuerungen entstehen und durch sie am besten gedeihen, wird uns später noch beschäftigen.

Die Engländer neigten dazu, die Stadt an der Seine für einen Ort zu halten, den angehende Künstler – wie zum Beispiel Wilson Steer und Gwen John – aufsuchten, um malen zu lernen, oder wo anspruchsvolle Musikliebhaber hervorragende Orgelkonzerte hören konnten; auch für ein unartiges Junggesellenwochenende schien sich Paris zu eignen. Für Henry James war es ein literarischer Treffpunkt, wo er mit Flaubert dinieren und mit Turgenjew plaudern konnte – aber mehr zu Hause fühlte er sich in London; und Henry Adams zog es weniger nach Paris als in die Provinz – nach Chartres und zum Mont Saint-Michel. Aber für die gebildeten Männer und Frauen aus Ost- und Südosteuropa war Paris die Metropole schlechthin, eine Stadt, in der es Bücher gab, Theaterstücke, Bilder, Mode, und viele Menschen aus diesen Ländern zog es hierher: den aus Griechenland stammenden symbolistischen Dichter Jean Moréas, Italiener wie D'Annunzio und de Chirico, Rumänen wie die Brüder Bibesco, Freunde von Proust, und den Schauspieler Edouard de Max – die Liste ließe sich seitenweise fortsetzen. Diese Adoptivbürger bereicherten Paris mit ihren Talenten und ihrer Intelligenz.

Von der Jahrhundertwende bis zum Ausbruch des Ersten Weltkriegs im Jahr 1914 war Paris Treffpunkt der schöpferischen Elite. Die Errungenschaften in der Physik, der Luftfahrt, der Literatur und dem eben aufkommenden Kino – um nur die wichtigsten Bereiche zu nennen – waren von bleibender Bedeutung.

Über einige dieser schöpferischen Menschen, wie zum Beispiel Proust, Picasso oder Marie Curie, wurden Forschungsarbeiten und Monographien geschrieben, ebenso über künstlerische Einflüsse wie die *Ballets Russes*. Das vorliegende Buch hat vor allem zwei Ziele. Erstens möchte es diese schöpferischen Leistungen in Erinnerung rufen, aber nicht in isolierten Abschnitten, sondern als Ganzes. Kreative Gruppen haben sich immer gegenseitig beeinflußt. Sowohl in praktischer Hinsicht als auch in der allgemeinen Stimmung, die genauso wichtig ist, kam es zu einem permanenten Anstoßeffekt. So veränderte zum Beispiel die bemerkenswerte Entwicklung des Automobils in Frankreich das sommerliche Leben von Proust, indem es ihm ermöglichte, entlegene Kirchen in der oberen Normandie zu besuchen. Dies wiederum veranlaßte ihn, vielbeachtete Zeitungsartikel zu schreiben, in denen er sich gegen den Plan der Regierung wandte, »unrentable« Kirchen in Museen oder behördliche Einrichtungen zu verwandeln, und auf den Wert von Frankreichs christlichem Erbe hinwies – ein Aspekt, der bei der Bewegung der nationalen Erneuerung eine Rolle spielte.

Das zweite Ziel ist, diese Periode weitgehend aus der Sicht der damaligen Menschen darzustellen. Dabei richtet sich das Augenmerk auf bestimmte führende Charaktere, über die wir durch noch vorhandene Briefe und Tagebücher oder durch Erinnerungen von Freunden Näheres erfahren konnten. Ein großer Teil des Materials, vor allem über Gide, Proust, Romain Rolland und den Abbé Mugnier, den Beichtvater und Freund der Pariser Intellektuellen, wurde erst vor kurzem veröffentlicht.

Ebenfalls um die Jahrhundertwende setzte Paris als Sitz der Regierung eine Außenpolitik in Gang, die wagemutiger war als die politische Demutshaltung der dreißig Jahre nach der Niederlage gegen die Preußen 1871. Diese neue Dynamik griff auch auf andere Bereiche über. Frankreich war eine außerordentlich demokratische Republik, und eine unabhängige Presse von ausgezeichneter Qualität – Paris hatte mehr Zeitungen als London, Berlin oder New York – sorgte dafür, daß die Ansichten der Intelligenz von vielen gelesen wurden. Voltaire, Hugo und Lamartine hatten im ausgehenden achtzehnten und beginnenden neunzehnten Jahrhundert eine aktive Rolle in der Politik gespielt; in der Zeit zwischen 1900 und 1914 gab es andere, weniger bedeutende, aber nicht minder ernsthafte Schriftsteller, die die Politik beeinflußten oder es zumindest versuchten. Auch kreative Männer aus nichtliterarischen Berufen machten ihre Meinungen bekannt und fanden Beachtung. Debussy und Fauré zum Beispiel waren gute Freunde von Georges Clemenceau, Premierminister von 1906 bis 1909. Insofern erschien es sinnvoll, den Blickwinkel dieses Buches zu erweitern, um auf diese bemerkenswerte dynamische Kraft in der Außenpolitik einzugehen und zu zeigen, wie diese zum Teil untrennbar verbunden war mit kreativer Leistung.

Vieles, was ich über die Pariser Haltung gegenüber Deutschland zu sagen habe, ist neu und widerspricht den herkömmlichen Interpretationen. Erst nach Abschluß meiner Nachforschungen stellte ich fest, daß meine Ansichten von einigen jüngeren, aufgeschlosseneren französischen Historikern geteilt werden, die inzwischen akzeptieren, daß zu einem Streit immer zwei gehören. Hier ist besonders Jean-Claude Allain, der Biograph Joseph Caillaux', zu nennen.

Und noch etwas muß erwähnt werden. Die Pariser Jahre von 1880 bis 1914 werden manchmal als *Belle Epoque* bezeichnet. Dieser Begriff stammt nicht aus der damaligen Zeit, sondern kam erst in den zwanziger Jahren auf, hauptsächlich um auszudrücken, daß Frankreich damals Frieden und Wohlstand genoß und Paris die Großstadt schlechthin war, wo Franzosen und Ausländer verschwenderisch

Geld ausgaben, mit ihren Damen in teuren Lokalen speisten, die Logen der Theater und Operettenhäuser bevölkerten, Diamanten und Kleider bei Worth kauften, und wo sich sogar die weniger Wohlhabenden des Lebens erfreuten und, wie auf Renoirs Bildern von den Pariser Vorstädten zu sehen, unter freiem Himmel zu den Klängen eines Akkordeons tanzten.

Diese Jahre waren zweifellos bemerkenswert wegen ihres Wohlstands, aber ich glaube, daß die Zeit zwischen 1880 und 1914 in wichtigen Bereichen nicht homogen ist und daß sie in zwei unterschiedliche Zeitabschnitte zerfällt. Stark vereinfacht ausgedrückt: Von 1880 bis zum Ende des Jahrhunderts feierten die Pariser, um so unangenehme Dinge wie die Niederlage gegen die Preußen, politische Skandale und die Dreyfus-Affäre zu vergessen; von 1900 an feierten sie, um zu feiern. Das volle Ausmaß des Unterschieds ist eines der Themen dieses Buches.

Anfang und Ende des Zeitraums, den ich untersuchen will, sind nicht von ungefähr gewählt. Die Jahrhundertwende brachte – ebenso wie das Jahr 1800 nach einem Jahr Konsulat – einen Stimmungsumschwung. Das wurde vor allem in Paris spürbar, wo im Frühjahr eine große Ausstellung stattfand. Das Wesen dieses Stimmungswandels ist das Thema der Kapitel Eins und Zwei. Das von mir gewählte Ende, das Jahr 1914, brachte eine so grundlegende Umwälzung alles Bestehenden, daß man mit vollem Recht von einer historischen Zäsur sprechen kann.

Da zu Beginn des Jahrhunderts in Paris eine Atmosphäre herrschte wie nirgends sonst, hilft es dem Leser vielleicht, sich einzustimmen, wenn wir kurz zwei wesentliche Unterschiede zwischen der französischen Hauptstadt und angelsächsischen Metropolen ansprechen.

Erstens – die ungewöhnlich große Bedeutung, die die Menschen den Künsten im weitesten Sinne beimaßen. Im Jahr 1911 verschwand die *Mona Lisa* von ihrem Platz im Louvre. In der damaligen Stimmung eines hitzköpfigen Nationalismus verstiegen sich einige Pariser Zeitungen zu der Behauptung, der deutsche Kaiser stecke hinter dem Diebstahl, den in Wahrheit ein italienischer Nationalist begangen hatte; doch als in den folgenden Wochen und Monaten ein unbekannter Pariser regelmäßig vor dem leeren Platz im Museum eine Vase mit roten Rosen aufstellte wie vor einem Altar, fand die Pariser Presse diese Geste keineswegs ungewöhnlich oder extravagant. Es war selbstverständlich, daß die Menschen der Kunst einen beinahe religiösen Wert zugestanden und um ein verschwundenes Meisterwerk trauerten.

Das zweite, worin sich das Paris jener Zeit unterschied, war das Bewußtsein von der Gegenwart der Toten – wie bei dem »toten« Meisterwerk im Louvre. Die Toten lebten fort in den Pariser Straßennamen; an Allerseelen strömten die Pariser zu den Friedhöfen, um Blumenkränze auf Familiengräber zu legen. Gertrude Stein schrieb über ». . . die Art, wie sie über die Toten denken; sie ist so freundlich, so schlicht freundlich, und obwohl zwangsläufig, keine Traurigkeit und obwohl geschehend, ohne Schock. Es gibt keinen Unterschied zwischen Tod und Leben in Frankreich, und auch das machte es zwangsläufig, daß sie der Hintergrund des zwanzigsten Jahrhunderts waren«.[2] Diese Haltung, die ihren Ursprung im betont gründlichen Geschichtsunterricht in den Schulen und im analytischen Denken hat, nahmen die Franzosen auch gegenüber den Toten von Elsaß-Lothringen ein, das Frankreich nach der Niederlage an Deutschland abtreten mußte, und sie spielte eine wesentliche Rolle beim Wiederaufleben des Nationalismus. Premierminister Raymond Poincaré spielte darauf an, als er in Nancy 1912 in einer Rede erklärte: »Wie die Menschheit besteht auch das Vaterland mehr aus den Toten als aus den Lebenden.«

Aber es sind die Lebenden, mit denen wir uns auf den folgenden Seiten befassen wollen. Ich konzentriere mich soweit wie möglich darauf, die Menschen bei ihrer Arbeit und ihren Vergnügungen zu beobachten, weil ich glaube, daß wir über ihre Lebenswege der Epoche näherkommen. Häufig tauchen sie nur flüchtig wie Schmetterlinge auf. Es sind vor allem Künstler, Künstler im weitesten Sinn, die ich ausgewählt habe, weil sie mit ihren empfindlichen Antennen neue Strömungen und Probleme früh aufspüren und, indem sie sie objektivieren, anderen bewußt machen.

Wenn ich mich auf solche Neuerer konzentriere, vergesse ich nicht, wie behütet und in gewisser Weise unschuldig die Welt war, in der sie lebten; sie war so weit von unserer Welt entfernt, daß wahrscheinlich kein heutiger Künstler ihre Wertvorstellungen übernehmen oder von ihren Voraussetzungen ausgehend arbeiten könnte. Doch dies verleiht der Epoche eine gewisse bittere Süße, wie bei der Betrachtung von buntschillernden Fischen in einem sonnendurchfluteten Korallenriff, das bereits von der Zerstörung bedroht ist.

Die hauptsächlichen Quellen, auf die sich das Buch stützt, sind französische Zeitungen, Zeitschriften, »kleine Magazine«, veröffentlichte Tagebücher, Briefe und Memoiren, Unterlagen aus privaten und öffentlichen Archiven, die alle in der Bibliographie aufgeführt sind, sowie Gespräche, die ich im Lauf eines ziemlich langen Zeitraums mit Franzosen und Französinnen führte, die im Paris der Jahrhundertwende gelebt haben. Tanten und Großtanten meiner französischen Frau, die Paris gekannt haben, als Debussy, Ravel und Satie komponierten, als Braque, Matisse und Picasso dort malten, berichteten aus ihrem Erinnerungsschatz von einem *Concert Colonne* mit dem Geiger Jacques Thibaud als Solisten, einem Ball in einem Haus an den Champs-Elysées, wo heute das Lido steht, und bei dem die jungen Mädchen die Namen ihrer Partner in kleine Tanzbücher mit Elfenbeinrücken eintrugen; von einer Freitagsvorlesung am *Collège de France* von Henri Bergson, dem kleinen, gepflegten Professor mit seinem drei Zoll hohen, steifen Kragen, der seine Sätze mit seinen schlanken weißen Händen nachformte wie ein Bildhauer. Im Speicher eines Hauses in der Normandie, wo meine Kinder nach alten Sachen suchten, um sich zu verkleiden, fanden sie in einem säuberlich abgedeckten ledernen Schrankkoffer mit schützender Leinwandhülle Spitzenrüschen, lange seidene Abendgewänder, Puppen, Pianolawalzen und bündelweise russische Staatsanleihen, die der Anwalt der Familie im Jahr 1900 als so »sicher wie der Pont Neuf« bezeichnet hatte.

Mein Schwiegervater hatte Paris vor 1914 gekannt, und auch er erzählte mir Geschichten aus seiner Jugend. Er diente von 1914 bis 1918 als Artillerie-Unteroffizier an der Westfront und leitete später, als Bürgermeister seines Dorfes, die jährliche Gedenkfeier am 11. November vor dem Kriegerdenkmal. Das in keinem Ort fehlende Kriegerdenkmal – gewöhnlich bieder und nur in den seltensten Fällen ein Kunstwerk – steht auch für die von mir gewählte Epoche, denn jener Krieg war, mehr als die meisten Kriege, durch Ereignisse innerhalb Frankreichs entstanden; das war die Kehrseite der Medaille. Und vor diesem Hintergrund wurden die folgenden Seiten geschrieben.

Noch ein Wort zur Kaufkraft des Franc: Zwischen 1900 und 1910 blieb sie konstant und stieg dann, wenn auch nur geringfügig, an. Lohnkosten und die Preise für Nahrungsmittel waren wesentlich niedriger, Fabrikwaren teurer als heute. Einmal Haareschneiden kostete im Jahr 1900 dreißig Centimes, eine Metro-Fahrkarte erster Klasse 25 Centimes, zweiter Klasse 15 Centimes. Ein Zimmer mit Verpflegung in einem bescheidenen Pariser Hotel kostete 160 Francs pro Woche. Proust dagegen gab fast 500 Francs pro Monat für Arzneimittel aus, und 1913 zahlte der Duc de Cossé-Brissac 30000 Francs für ein Rochet-Schneider-Automobil. Obwohl sich kein genauer, gültiger Vergleich ziehen läßt, kann man davon ausgehen, daß ein Franc im damaligen Paris einem heutigen Pfund Sterling in London oder 1,60 Dollar in New York entsprochen hätte.

KAPITEL I

Eine bürgerliche Zivilisation

Wer Paris am Neujahrstag 1900 besuchte, hätte viele der uns heute vertrauten Wahrzeichen gefunden: die gemauerten Quais entlang der Seine, die Türme von Notre Dame, die Deputiertenkammer, auf deren Ziergiebel die Freiheit und die Öffentliche Ordnung dargestellt sind, das Hôtel des Invalides mit seiner Domkuppel über dem Grab Napoleons, den Eiffelturm, die Place de la Concorde mit ihren Brunnen und den Statuen, die Frankreichs Provinzhauptstädte verkörpern, die Oper, den Louvre – die in die Außenmauern gemeißelten Ns sind mit dem Sturz von Napoleon III. verschwunden –, die Champs-Elysées, mit Bäumen bepflanzt, aber noch von freistehenden Privathäusern flankiert, den Arc de Triomphe, allerdings ohne Flamme. Über die meist kopfsteingepflasterten und von Bäumen gesäumten Straßen holperten etliche, überwiegend elektrisch betriebene Automobile, aber den größten Anteil am Verkehr, der längst nicht so dicht war wie heute, hatten glänzend lackierte, von Pferden gezogene Kutschen und Droschken, ein paar Busse und Straßenbahnen. Die ersten Metro-Stationen tauchten auf mit schmiedeeisernen Art-Nouveau-Motiven, denn im Juli sollte die erste West-Ost-Linie von der Porte Maillot zur Porte de Vincennes eröffnet werden.[1]

Mit 2,7 Millionen Einwohnern war Paris größer als Berlin und New York, jedoch kleiner als London. An diesem ersten Tag des neuen Jahrhunderts, der auf einen Montag fiel und daher kein öffentlicher Feiertag war, machten viele Pariser, die Zeit hatten, bei mildem Wetter und etwas Regen einen Schaufensterbummel auf den Boulevards oder gingen, wenn es ihnen dort zu laut war, in den Tuilerien oder im Jardin de Luxembourg spazieren.

Ihre äußere Erscheinung hätte einen Besucher aus der Welt von heute in Erstaunen versetzt. Erstens trug fast jedermann eine Kopfbedeckung. Der in blauen Drillich gekleidete Arbeiter trug eine Stoffmütze, Handwerker und Ladenbesitzer trugen Melonen, die liberalen Klassen Zylinder. Sogar der Schulmeister eines Lycées betrat das Klassenzimmer mit dem Zylinder auf dem Kopf, und der britische Botschafter, Sir Francis Bertie, genoß, obwohl er keinen überragenden Intellekt besaß, großes Ansehen wegen seines glänzenden, wundervoll gebügelten Zylinders.

Vielleicht waren die Kopfbedeckungen, die die kurz geschnittenen Haare verdeckten, der Grund dafür, daß die Männer mit dem Haar in ihrem Gesicht entsprechend dagegen hielten. So trugen viele von ihnen einen Bart. Je nach beruflicher Stellung gab es Spitzbärte, Knebelbärte, Backenbärte, Spatenbärte und Biberbärte, auch *à la Gauloise* oder *à la rivière* genannt, die zwanzig Zentimeter breit und dreißig Zentimeter lang sein konnten. Die Kellner in den Cafés hatten sich erst vor kurzem mit einem Streik das Recht auf Bart erkämpft.

Wer auf den Kinnbart lieber verzichtete, prunkte meistens mit einem üppigen Schnurrbart: buschig und nach unten gebogen wie eine Fahrradlenkstange; schmal, gewachst und spitz; oder nur als stachelige Betonung der Oberlippe.

Der Straßenanzug für den Herrn war ein engliegender schwarzer Überzieher mit schwarzem Satinfutter, eine Jacke mit abgerundeten Vorderschößen, genannt Cutaway, lange Hosen mit einer Bügelfalte vorne statt an der Seite, wie es zehn Jahre früher Mode gewesen war, ein hoher steifer Kragen, eine gestärkte Hemdbrust sowie ein Foulard oder Halstuch, das von einer Nadel gehalten wurde und über dem ein Monokel baumeln konnte; dazu kamen Handschuhe, möglicherweise Gamaschen und ein Stock. Mit dieser korrekten Aufmachung drückte der Herr seine Würde aus und seine Bereitschaft, sie notfalls mit Degen oder Pistole in einem jener allwöchentlich vorkommenden Duelle zu verteidigen.

Im Gegensatz zur schnittigen, vertikalen Linie des Pariser Herrn bevorzugten die Damen die Wellenlinie. Ihre Taille war schmal, Busen und untere Rückenpartie wurden mittels eines Korsetts betont. Je damenhafter die Pariserin war, um so S-förmiger mußte ihre Figur sein. Das Haar trug sie hochgesteckt; die Hüte waren breitrandig und verschwenderisch mit Blumen oder Federn dekoriert. Unter dem Mantel trug sie ein hochgeschlossenes, mit Fischbein verstärktes Mieder, vielleicht mit einem Bolero oder einer Spitzenrüsche. Die Vorderseite des Rocks reichte genau bis zum Boden, die Rückseite war zehn Zentimeter länger. Die elegante Pariserin zog sich durchschnittlich fünfmal am Tag um. Sie benötigte eine Menge hübscher Sachen, denn schicke Kleider hoben die Stimmung und begünstigten die Koketterie, die anerkanntermaßen einen wesentlichen Bestandteil des Charmes von Paris ausmachte.

Der Psychologe Pierre Janet hatte bei seinen Forschungen etwas enthüllt, das er »das Unbewußte« nannte. Nach seiner Theorie betonten die Männer mit ihren diversen Bärten ihre Männlichkeit, die Frauen mit ihrem vollen Busen und ihren überladenen Hüten ihre

Weiblichkeit. Ihr Unbewußtes sagte gewissermaßen: *Vive la différence*. Die Frauen akzeptierten, daß man ihnen, bitteschön, den Hof machte, daß man sie beschützte. Dafür hatten sie zu Hause freie Hand; sie konnten ihr Heim zu einem hübschen kleinen Pendant des schönen Paris machen und ihre Kinder großziehen, die bei ihnen wohnten und bis weit in die zweite Hälfte ihrer Jugendjahre als Externe eine Schule besuchten. Die Pariser Damen hielten sich mit Sicherheit nicht für benachteiligt. So genossen beide Geschlechter ihre gegensätzlichen Rollen und fühlten sich *bien dans leurs peaux* – sie fühlten sich wohl in ihrer eigenen Haut und im Umgang miteinander.[2]

Das Rückgrat von Paris bildete die Klasse der Handwerker. Sie lebten hauptsächlich östlich der Place de la République und stellten die Qualitäts- oder Luxuswaren her, die in den Geschäften und in ein oder zwei Kaufhäusern der Boulevards zu sehen waren: Möbel, Lederwaren, Glas, Schmuck, Maßkleidung, Halstücher, Pferdegeschirre, Kutschen etc. Sie arbeiteten meistens in Familienbetrieben mit höchstens fünf Personen. Sie schätzten ihre Unabhängigkeit und waren bereit, dafür zwölf Stunden am Tag zu arbeiten. Die Pariser Handwerker wählten schon damals konservativ und verschafften dadurch, wie wir noch sehen werden, der Stadt politische Stabilität.

Die in einem Dienstverhältnis stehende Arbeiterklasse reichte von Bus- und Straßenbahnfahrern, Straßenfegern, Kellnern in Restaurants und Cafés bis zu Hausmeisterinnen, Telephonistinnen – Prousts »unsichtbare Engel« und willkommene Erweiterung des Beschäftigungsbereichs für Frauen – und Hausangestellten, von denen es in Paris 207 000 gab und die hauptsächlich aus ärmeren Regionen wie der Bretagne oder der Auvergne stammten. Eine zunehmende Zahl von Badezimmern, Staubsaugern und Zentralheizungen ließ dieses Heer der dienstbaren Geister bis 1914 etwas schrumpfen. Ihr Arbeitstag war, wie andernorts auch, schändlich lang. Aber sie hatten zumindest genug zu essen und waren ziemlich robust. Im Gegensatz zu England, wo die Armen im Durchschnitt zehn Zentimeter kleiner waren als ihre reichen Landsleute, kannte man hier keine Unterernährung.

Die Römer hatten ihre Hauptstadt »die Stadt« genannt, was bedeutete, daß keine andere zählte; wohlhabende Pariser Familien sprachen von sich oder ihrem Kreis als *le monde*, als ob keine andere Klasse und kein anderes Land zählten. Zu »le monde« gehörten der Adel, die höheren Beamten, Bankiers, Angehörige der gehobenen Berufe, aufstrebende Abgeordnete und bewährte Senatoren, Vorstandsmitglieder von Gesellschaften, von denen es nur wenige gab und die mit neuen

Erfindungen wie Kunstseide und neuen Ressourcen wie Erdöl und flüssigem Sauerstoff Profit machten. Diese Leute wohnten im Pariser Westen und im Faubourg Saint-Germain südlich der Seine. Die großen Vermögen waren seltener als in England; schließlich war in Paris die Bastille gestürmt worden. Keine französische Familie konnte es den Devonshires gleichtun, die 470 Wochenendgäste einschließlich Dienerschaft unter ihrem Dach in Chatsworth beherbergen konnten. Der Herzog von Chartres hatte am letzten Tag des alten Jahrhunderts zur Jagd geladen, aber die 175 Fasane waren nichts im Vergleich zu den tausend, die in Sandringham an einem Tag zur Strecke gebracht wurden. Dennoch – Frankreich erfreute sich einer dreißigjährigen Friedenszeit und seit jüngstem auch des Wohlstands, so daß Geld reichlich vorhanden war. Eine auf dem Goldstandard basierende Währung und die Tatsache, daß es keine Einkommenssteuer und eine nur geringfügige Inflation gab, regten zum Sparen an, und viele sparten. Sie investierten ihr Geld vorzugsweise in französische oder ausländische Staatsanleihen, denn diese galten als sicher und waren steuerfrei, während Aktiengewinne mit drei Prozent besteuert wurden. Die Bevorzugung von Staatsanleihen und der Hang zu kleinen Betrieben von Familiengröße hemmten das Wachstum jener großen Gesellschaften, die die Stärke Englands, Deutschlands und der Vereinigten Staaten wurden.

Frankreich und die Schweiz waren die einzigen Republiken in Europa. Und für die Franzosen war das Ideal der Gleichheit mehr als ein Lippenbekenntnis. Der Adel verfügte über weniger Geld und weniger Macht als in England oder Rußland; die Offiziersklasse hatte nicht annähernd das Prestige, das sie in Deutschland genoß. Der hervorstechendste Aspekt der Pariser Gesellschaft war in der Tat ihre soziale Durchlässigkeit. Dank eines ausgezeichneten Bildungssystems, das in den 1880er Jahren eingeführt worden war, konnte jeder, der Talent besaß, bis an die Spitze aufsteigen, und viele schafften es. Ein breitgefächertes Angebot von Stipendien ermöglichte auch ärmeren Schülern den Zugang zur Ecole Normale und damit zum Lehramt an höheren Schulen oder Universitäten oder zum besonders langen Studium der Rechtswissenschaften. Und nachdem es in Frankreich wohl regionale Akzente, aber keinen ausgesprochenen Klassenakzent gibt, war auch die Art, wie einer redete, kein Nachteil.

Emile Loubet stammte aus einer Bauernfamilie aus der armen Region Drôme. Er lernte gut in der Schule, studierte Jura, wurde Bürgermeister von Montélimar, heiratete die Tochter eines Kaufmanns und ging in die nationale Politik. Er bewährte sich als

Komiteemitglied und wurde mit sechzig Premierminister. Nun, acht Jahre später, war er mit seinem lächelnden, offenen Gesicht, seinem beruhigenden Biberbart und glänzenden Zylinder ein geachteter Präsident der Republik – der erste, den die Linke stellte – und wohnte in einem Haus mit dem Namen Elysium. Loubets einzige Schwäche war sein Wunsch, als Jäger zu glänzen; in Rambouillet ging er häufig auf Jagd nach Enten, doch nur selten erlegte er eine.

In jedem Bereich gab es ähnliche Selfmademen. Jean Dupuy kam aus der Gironde, wo sein Vater ein kleines Textilgeschäft hatte. Seine Mutter war ein Findelkind und hatte nie lesen oder schreiben gelernt. Der Junge besuchte die Grundschule, erhielt Unterricht vom Pfarrer des Orts und wurde Laufbursche bei einem Anwalt in Blaye. Als junger Mann machte er den Sprung nach Paris, erlernte in der harten Schule eines Gerichtsvollziehers die Rechtswissenschaft, arbeitete achtzehn Stunden am Tag, heiratete die Tochter eines Vergolders aus dem Marais und trat in den Senat ein. Nun besaß er die Zeitung *Le Petit Parisien* und das Amt des Landwirtschaftsministers. Die snobistische Art von Prousts Guermantes fand man nur noch bei den wenigen Familien, die den Weg nach oben mangels Energie oder geistiger Frische nicht schafften und sich deshalb in die Defensive zurückzogen. Im großen und ganzen war Paris weniger versnobt als London, Berlin oder New York.[3]

Wer es sich in Paris leisten konnte, wohnte in Stadthäusern, vorzugsweise in einer zu Fuß zu bewältigenden Entfernung zu den zwei besten Clubs, dem Jockey am Boulevard des Capucines und dem Epatat in der Rue Royale. Wer nicht übermäßig reich, aber gut situiert war, wohnte in geräumigen Wohnungen mit Balkons, häufig in jenen Wohnanlagen, die unmittelbar nach der Forderung des Präfekten Haussmann: »Es werde Licht!« entstanden waren. Werner von Siemens' jüngste Erfindung des elektrischen Fahrstuhls hatte die traditionelle Ordnung der Dinge auf den Kopf gestellt, denn nun waren die oberen Stockwerke die begehrtesten, zumal mit den Automobilen der Lärm auf den Straßen zunahm. Im Gegensatz zu Londoner Häusern mit ihrer Aufteilung in Ober- und Untergeschoß spielte sich hier alles auf einer Etage ab. Obwohl das oder die Hausmädchen unter dem Dach schliefen, verbrachten sie den ganzen Tag in der Wohnung – ein Arrangement, das laut Mrs. Gaskell, die es aus erster Hand wußte, »den moralischen Vorteil hatte, zwischen Herrin und Dienstmädchen ein familiäreres Verhältnis zu schaffen«.

Die Wohnungseinrichtung sollte vor allem Wohlstand ausdrücken. Madame Vasnier zum Beispiel, eine elegante Gastgeberin, hatte ein schwarzlackiertes, mit gaufriertem roten Samt bezogenes Rokokosofa und passende Sessel, nordafrikanische Messingtische, heroische Figuren aus Bronze sowie zahllose kleine, aber massive und für gewöhnlich metallene Objekte. Schwere, quastenbesetzte Vorhänge hingen, zur Seite gerafft, vor den Fenstern. Bei Anbruch der Dämmerung entzündete man Lampen mit Kugelschirmen, im Winter einen Kohleofen, obwohl zum Beispiel Madame de Caillavet, die einen literarischen Salon führte, es vorzog zu frieren, als sich einen so trostlos aussehenden Gegenstand ins Zimmer zu stellen. Nur in ganz wenigen avantgardistischen Wohnungen fand man die hellen Hölzer, die gewundenen Linien und gedämpften Farben des aufkeimenden Art Noveau.

Im zweiten Stock des Hauses Nummer 9, Boulevard Malesherbes, in einer geräumigen, im alten Stil eingerichteten Wohnung, lebte Dr. Adrien Proust mit Familie, und am Neujahrstag des Jahres 1900 erhielt der Doktor wie gewöhnlich seine Zeitung, den täglich erscheinenden sechsseitigen *Le Figaro* – Preis 15 Centimes, Auflage 30 000 –, dessen Mitherausgeber Gaston Calmette, Bruder zweier hervorragender Wissenschaftler, Interesse an Marcels Artikel über *le monde* gezeigt hatte.

Le Figaro brachte hauptsächlich Inlandsnachrichten. Die neunzehn Pariser Zeitungen verwendeten schätzungsweise ganze 1,8 Prozent ihres verfügbaren Raums für Meldungen aus dem Ausland. An jenem Morgen informierte *Le Figaro* seine Leser, daß die Kohle knapp und teurer würde, weil die englischen Vorräte an die Royal Navy gingen – ein Thema, das Caran d'Ache in einer halbseitigen Karikatur »Neujahr in Transvaal« wie folgt kommentierte: Hinter einem Felsen hockend, wendet sich John Bull an einen Offizier mit Tropenhelm, der durch ein Fernglas blickt: »Irgendwas unterwegs, General?« – »Ja, Gratulationen und beste Wünsche aus allen Ecken der Welt . . . für unseren Feind.«

In den Gesellschaftsnachrichten berichtete *Le Figaro* an erster Stelle, daß Fürst und Fürstin Tenischeff zu Ehren der russischen Kommission für die bevorstehende Weltausstellung ein Diner für 62 Gäste gegeben hatten. Unter Motorsport wurde angekündigt, daß der St. Petersburger Radsportclub demnächst ein Rennen über 70 km für Automobile und Motorräder veranstalten würde. Rußland kam im *Figaro* reichlich auf seine Kosten. Es war seit sechs Jahren mit Frankreich verbündet, und viele Leser besaßen außerordentlich gewinnbringende russische Wertpapiere.

Ein großer Unterschied zwischen den guten Pariser Zeitungen wie

Le Figaro und, zum Beispiel, *The Times* in London bestand darin, daß erstere, abgesehen von der gelegentlichen Richtigstellung einer unbeabsichtigten Falschmeldung, keine Leserbriefe veröffentlichte. Jede Pariser Zeitung brachte unmißverständlich die Meinung ihres Herausgebers zum Ausdruck, und dieser wünschte keine Briefe, in denen seine Ansichten bestritten wurden. Die englische Vorstellung eines Spektrums von Meinungen, von denen jede eine Portion Wahrheit enthielt und jede am Ende zu einem Kompromiß beitragen könnte, war für Paris etwas völlig Fremdes.

Während Dr. Proust bei einem *café au lait* und noch warmen Croissants seine Zeitung las, besprach seine schöne Frau mit der Köchin die Mahlzeiten für den Tag. Madame Proust war Jüdin, und vielleicht ist dies die geeignete Stelle, um zu sagen: Wenn es in Paris eine Animosität gegenüber Juden gab, dann trat sie so selten in Erscheinung, daß sie überhaupt nicht zählte. Wir sollten uns von Passagen im Roman ihres Sohnes, die sich auf einen Zeitabschnitt vor 1900 beziehen, nicht irreführen lassen. Nun, nachdem sich die Aufregung um die Dreyfus-Affäre gelegt hatte, war Paris zu seiner früheren Toleranz und der damit einhergehenden bemerkenswerten sozialen Durchlässigkeit zurückgekehrt. In Paris lebten 40 000 Juden, und sie wurden auf allen Ebenen so vollkommen akzeptiert, daß ihre jüdische Herkunft nicht einmal erwähnt wurde. Romain Rolland, Jacques Maritain und der sehr bürgerliche Schriftsteller Paul Bourget heirateten Jüdinnen; Proust zeigt in seiner Korrespondenz an keiner Stelle auch nur das geringste Unbehagen darüber, daß er Halbjude war. Madame de Caillavet war Jüdin, desgleichen Emma Debussy und der junge Komponist Darius Milhaud, zu dessen Freunden und Förderern die Dichter Francis Jammes und Paul Claudel gehörten. Viele andere werden uns noch begegnen, vor allem in der Welt des Theaters, die so sehr eine Domäne der Juden war, daß einmal sogar ein nichtjüdischer Autor, weil er so gar keinen Erfolg hatte, einen jüdischen Namen annahm und damit über Nacht erfolgreich wurde.

Nachdem die Köchin der Familie Proust ihre Anweisungen erhalten hatte, ging sie zum Einkaufen. Jede Köchin hatte ihre bevorzugten Geschäfte, und treue Kundschaft wurde mit fünf Centimes pro Franc belohnt. Einige besonders rechtschaffene Seelen hatten dies für verwerflich erklärt, aber im Jahr 1900 entschied ein Komitee unter dem Vorsitz des Erzbischofs von Paris, daß das Gewähren einer Provision keine Sünde war.

In den Cafés zwischen den Geschäften gingen die Rolläden hoch, und ihre Besitzer richteten sich auf einen neuen Arbeitstag ein. Für sie war 1900 ein besonders wichtiges Jahr. Ein kühner junger Finanzminister, Joseph Caillaux, erhöhte die Steuer auf stark alkoholische Getränke und reduzierte die Steuern für Bier und Wein – um so erstaunlicher, als Caillaux Abgeordneter der Sarthe war, einer Gegend also, in der kein Wein angebaut wurde! Die Folge war, daß die Franzosen sehr schnell von ihrem stark chininhaltigen Absinth, der das Leben so vieler, unter anderem auch das Verlaines, zerstört hatte, auf Rotwein, Weißwein oder Bier umstiegen.

Der Schriftsteller Léon Bloy, der sich besonders für die innere Erneuerung der katholischen Kirche einsetzte, schrieb in seinem Tagebuch: »So endet . . . das schmerzliche und elende 19. Jahrhundert.« Was meinte er damit? Die 1880er und 1890er Jahre waren in der Tat eine schmerzliche und deprimierende Zeit: Nach der Niederlage gegen Preußen hatte der Bürgerkrieg zwischen der Pariser Kommune und den Regierungstruppen 100 000 Menschenleben gekostet, und die Trauer über diese Toten dauerte viele Jahre; im Hof der Ecole Militaire hatte ein vorgesetzter Offizier einem bleichen, seine Unschuld beteuernden Hauptmann Dreyfus die Schulterstücke abgerissen; Anarchisten hatten in einer Flut von Bombenanschlägen unschuldige Pariser Bürger getötet und sogar in die Deputiertenkammer eine Bombe geworfen.

Mit dem heraufdämmernden neuen Jahrhundert schien sich eine Wende anzubahnen. Die mit öffentlichen Spenden für die Opfer des Bürgerkriegs errichtete Sühnekirche Sacré Cœur wurde 1900 fertiggestellt; ein Jahr zuvor begnadigte Präsident Loubet Alfred Dreyfus – allerdings erst, nachdem ihm bei den Rennen in Auteuil von einem entrüsteten Nationalisten der Zylinder vom Kopf gestoßen wurde; im Jahr 1894 wurde den Bombenattentaten durch strengere Gesetze und bessere Sicherheitsvorkehrungen endlich Einhalt geboten.

Ein Mann, der eindeutig optimistisch in die Zukunft blickte, war Alfred Picard. Der 1844 in Straßburg geborene Picard war ein Ingenieur vom Format des überragenden Isambard Kingdom Brunel: Er war Spezialist für Eisenbahnen und alles, was mit Eisen und Stahl zu tun hatte; er organisierte mit großem Erfolg die Weltausstellung von 1889, und man hätte meinen können, daß ihm eine solche Leistung im Leben genügte. Aber Picard war ein Energiebündel und verfügte über glänzende Kontakte. Er überredete die Regierung und die Pariser Behörden, je 20 Millionen Francs bereitzustellen, damit er für das Frühjahr 1900 die größte Weltausstellung organisieren könnte, die je stattgefunden hat.

Einige waren gegen dieses Projekt, weil mit Teppichen aus dem Mittleren Osten die Pest oder sonst etwas Schreckliches eingeschleppt werden könnte, weil die Prostitution zunehmen und die Lebenshaltungskosten in die Höhe schnellen würden. Aber die überwiegende Mehrzahl war dafür, denn die Pariser neigten – was schon ihr Interesse an der Kleidung verriet – von Natur aus ein bißchen zum Exhibitionismus.

So pilgerten also am Nachmittag des 1. Januar 1900 viele Familien an die Seine, um zu sehen, ob die Bauarbeiten für die Ausstellung, die im April eröffnet werden sollte, entsprechend fortgeschritten waren.

Die Bauarbeiter waren noch dabei, die eisernen Gerüste für das zukünftige Grand Palais (auf dessen Dach jedoch noch kein Anzeichen für Recidons schöne Bronzeplastik, eine Gruppe sich aufbäumender Pferde vor einem Streitwagen, zu sehen war) und das Petit Palais zusammenzunieten, aber die Arbeiten an den ausländischen Pavillons auf der anderen Seite der Seine waren schon weit vorangeschritten; unter anderem eine Nachbildung eines Teils des Kreml, eines englischen Herrenhauses, eines bulgarischen Landhauses mit Rosenwasserspringbrunnen, einer deutschen Burg mit Biergarten, außerdem eine kleine Ausgabe des US-Capitols und ein Holzhaus im dänischen Stil, das Sir George Lewis, einem englischen Anwalt, so gut gefiel, daß er es nach der Weltausstellung kaufte und in Norfolk – durch Pappeln und Kreuzdornbüsche vor dem Seewind geschützt – wieder aufbauen ließ.

»Paris ist voller Staub«, nörgelte der Botschafter Paul Cambon in jenem Frühjahr, »nichts ist fertig.« Dennoch hielt ein lächelnder Präsident Loubet, wie angekündigt, am 14. April, einem Karsamstag, vor 13 000 Gästen und begleitet von Massenets »Feierlichem Marsch« seinen Einzug. Die Ausstellung, sagte er, »übertrifft bei weitem den Glanz eines herkömmlichen Festivals«, und dann erklärte er sie für eröffnet.[4]

Der Präsident besuchte die wichtigsten Pavillons, an erster Stelle den Palast der Elektrizität. Oberhalb der fächerförmigen Fassade, in einer Höhe von 40 Metern, stand vor dem Hintergrund von dreißig spitz zulaufenden Strahlen eines Sterns die Fee der Elektrizität in einem Triumphwagen, der von einem Pferd und einem Drachen gezogen wurde. An Sonn- und Feiertagen war der Palast von 5700 elektrischen Glühbirnen beleuchtet.

Von einem Flußdampfer aus eröffnete Präsident Loubet den *Pont Alexandre III*, so genannt nach dem verstorbenen Zaren – eine

Brücke, die den Fluß in einem einzigen Bogen überspannte (und die auf den hellblauen Eintrittskarten zur Ausstellung abgebildet war). Sie verband die *Esplanade des Invalides* mit dem *Petit Palais* und dem Haupteingangstor: ein dreifach überwölbter Bogengang, gekrönt von einer Kuppel zwischen zwei minarettähnlichen Türmen und geschmückt mit der Figur einer Dame in Abendrobe, der Personifikation der Stadt Paris.

Am Dienstag nach Ostern beehrte der Präsident den russischen Pavillon mit einem langen Besuch. Er erhielt von den Russen die Insignien des St.-Andreas-Ordens und eine aus wertvollen Steinen und Edelmetallen zusammengesetzte Landkarte von Frankreich; die Städte waren Diamanten, die Flüsse aus Platin. Aus gutem Grund konnte der junge Dichter Pierre Louÿs an seinen besten Freund, der zufällig auch ein Bewunderer von Rimsky-Korsakow war, schreiben:

> *O Claude-Achille Debussy*
> *En quel endroit de notre sphère*
> *Criez-vous: Vive la Russy!*
> *Comme tout bon Français doit faire?*[5]

Zu den bemerkenswerten Gästen, die die Ausstellung besuchten, gehörte auch Madame Natanson, geborene Misia Godebska.[6] Sie war in Paris aufgewachsen (ihre Mutter starb im Kindbett) und heiratete den Besitzer der ausgezeichneten *Revue Blanche*, der besten der kleinen Pariser Literaturzeitschriften, von denen es Dutzende gab. Nun, im Alter von 28 Jahren, war Madame Natanson eine gute Pianistin und außerdem eine Mäzenatin von beträchtlicher Urteilsfähigkeit. Unter anderen half sie auch Maurice Ravel, der ihr *La Valse* widmete. Sie war eine gute Freundin von Lautrec, der sie, auf ihre hurtige Anmut anspielend, »die Lerche« nannte, und Renoir hielt ihr lebhaftes Katzengesicht mit den großen Augen in sieben verschiedenen Porträts fest.

Misia brachte eine gewisse slawische Hemmungslosigkeit mit nach Paris. Sie hatte die Angewohnheit, wenn sie allein war, mit einer Schere in den Zähnen zu stochern, und als sie ihren schwerreichen zweiten Gatten heiratete, ließ sie in allen Zimmern ihres Hauses ein Klavier aufstellen, jedes für eine besondere Stimmung. Sie stand selten vor Mittag auf, trotzdem schaffte sie es gewöhnlich, am Mittelpunkt des Geschehens zu sein.

Abenteuerlustig wie sie war, zog es Misia Natanson zu den russisch-asiatischen Ausstellungsräumen. Hier bestieg sie die Transsibirische Eisenbahn. Der Zug fuhr zwar nicht, aber während sie *zabuski* knabberte und Tee trank, den ein Muschik servierte, betrachtete sie entzückt eine im Hintergrund vorbeigleitende, auf eine Leinwand gemalte sibirische Schneelandschaft, Nadelwälder und Dörfer. Diese kleine Episode weist auf eine typische Eigenschaft der Pariser hin: Sie fuhren selten ins Ausland, sondern erwarteten, daß die Welt zu ihnen kam.

Ein anderer Besucher, ein Student aus Bordeaux, schrieb an einen Freund:

»Man könnte sagen, daß ich meinen Finger auf dieses köstliche Jahrhundert gelegt habe, das eben begonnen hat. Ich habe alle Tänze der Welt getanzt zwischen dem Pont des Invalides und dem Pont de l'Alma und bin auf dem ›fliegenden Teppich‹ von einem venezianischen Palazzo zum Kapitol in Washington, von einem elisabethanischen Herrenhaus [in Wirklichkeit aus der Zeit Charles' II.] zu einer byzantinischen Kirche gereist. Ich habe Tokaier, Wodka und Whisky getrunken und Milch aus dem Euter einer Schweizer Kuh . . . Ich bin eine Gondel des Riesenrads geworden, habe das Haus gefunden, das ich eines Tages mit einer unbekannten Schönen teilen werde, ein Haus aus norwegischer Kiefer, mit Regency-Möbeln, Gardinen, Fenstern und Lampen von Gallé . . .

Ich habe bewegte Bilder gesehen und hinreißendes Tanzen: Cinematographie und Loie Fuller [eine rothaarige Ausdruckstänzerin] . . . Leben auf einer Leinwand . . . ist gewiß noch keine Kunst, wird es aber sein. Und auf einem gläsernen Fußboden verwandelt sich eine Frau im Lichte wechselnder Farben in eine Blume, einen Schmetterling, einen Sturm, eine lodernde Flamme . . .

Nichts, das mich störte? O doch . . . die Metro-Eingänge – schmiedeeiserne Arabesken und Blumen wie Jane Avrils Chignon und der Saum von Sarah Bernhardts Röcken, reiner ›Spaghetti-Stil‹ . . . Und was mich am meisten verdroß, war die Eröffnung der Gemäldeausstellung. Das Akademiemitglied Gérôme [Alter 76] führte Präsident Loubet herum, und am Eingang zu den Impressionisten streckte er den Arm vor. ›Halt, Herr Präsident, hier drin befindet sich die Schande Frankreichs.‹ Ich ging ins Café Rat Mort, um Dampf abzulassen. Es war vollgestopft mit Nonkonformisten, und plötzlich schlurfte Toulouse-Lautrec herein, der noch winziger ist als früher, seit seine plumpen Beine lahm geworden sind. Das Pincenez saß ihm schief auf der Nase, und er sang ein Lied von Bruant, wenn auch schauerlich falsch. Ich erzählte ihm, wie sehr ich mich über Gérôme geärgert hatte, worauf der Zwicker abstürzte und zitternd an seiner schwarzen Kordel wippte. ›Sie hinken zehn Jahre hinterher‹, sagte er. ›Sie haben die Impressionisten noch nicht verstanden, während wir schon aus ihnen hinausgewachsen sind.‹«[7]

Nach den Worten Picards sollte die Weltausstellung »den lebhaften Geist Frankreichs reflektieren und zeigen, daß unser schönes Land heute wie gestern an der Spitze des Fortschritts steht«; niemand konnte einen Elsässer an Patriotismus übertreffen, seit Elsaß-Lothringen an Deutschland gefallen war.

Obwohl die Ausstellung zum Teil kitschig war, gab es doch etliche wahre Wunder zu bestaunen. Zum Beispiel das Cinéorama, ein Rundum-Kino, das mit Hilfe von zehn synchronisierten Projektoren zustande kam; die Rodin-Retrospektive, von Rodin auf eigene Kosten zusammengestellt und von Claudel unfairerweise als »Bankett von Brüsten und Hinterbacken« beschrieben; oder der Palast der Elektrizität nach Einbruch der Dunkelheit: So viel künstliches Licht auf einmal hatte man noch nirgends gesehen. Im Gartenbau-Palast, der von Jean Dupuy eröffnet wurde, konnte man den Duft neuer Blumenzüchtungen schnuppern. Im bulgarischen Pavillon gab es ein eigenartiges Nahrungsmittel namens Joghurt, das die Mitglieder der britischen Kommission mit Skepsis oder trockenem Humor als »eine von den Einheimischen geschätzte Mischung aus Käse und Sahne« beschrieben, »für deren Beurteilung jedoch ein besonderer Gaumen vonnöten ist«. In Loie Fullers kleinem Theater konnte man zusehen, wie die japanische Tänzerin Madame Sada Yacco ihre Rivalin in einer Liebesgeschichte mit einem Elfenbeinhammer tötete.

Dann gab es noch die Ereignisse am Rande. Madeleine Lemaire, eine vornehme Blumenmalerin, lud zu einem glanzvollen Kostümball unter dem Motto der Weltausstellung. Das *Tout-Paris* erschien, und einer der Gäste – er kam als Maharadscha, übersät mit Juwelen – konnte sogar von sich behaupten, das *Tout-Europe* zu sein. Es war der Graf Robert de Montesquiou, ein Ästhet und Salonliterat, der sich in *Qui êtes-vous?* – zutreffend – als »verwandt mit den meisten Adelsfamilien Europas« beschrieb.[8]

Die Ausstellung mit ihrem Zentrum auf dem Marsfeld und der Esplanade des Invalides hatte sozusagen auch Kolonien. In Vincennes konnte man die neuesten Modelle der führenden Automobilhersteller sehen; außerdem Heißluftballons und Entwürfe für Flugapparate. In La Croix Catélan gab es die Zweiten Olympischen Spiele. Sie waren von einem jungen Saint-Cyr-Absolventen, dem Baron Pierre de Coubertin, ins Leben gerufen worden, der sich dazu nach einer Studienfahrt durch englische Internatsschulen inspiriert fühlte. Obwohl sie noch keinen Weltruhm erlangt hatten, förderten die Spiele unauffällig die internationalen Beziehungen. Die Franzosen gewannen die meisten Medaillen beim Fechten, die Amerikaner in der Leichtathletik, die Engländer beim Tennis.

Im Kongreßpalast schließlich fanden nicht weniger als 130 Kongresse statt; sie wurden in französischer Sprache abgehalten, die damals noch weltweit die *lingua franca* war. Da gab es einen Sozialistenkongreß, einen Friedenskongreß, einen Feuerwehr-, einen Vegetarier- und einen Luftfahrtkongreß. Der bedeutendste war vielleicht der Philosophiekongreß im August. Hier machte Bertrand Russell die Bekanntschaft des italienischen Mathematikers Giuseppe Peano. Nach dieser fruchtbaren Begegnung schrieb der junge Engländer sein Buch *Principles of Mathematics*, in dem er Peanos Idee benutzte, um zu zeigen, daß die Mathematik in vieler Hinsicht eine fortgeschrittene Form der Logik ist.

Unter den französischen Rednern auf diesem Kongreß waren drei Philosophen von höchstem Rang: Emile Boutroux, Maurice Blondel und Henri Bergson. Man kann sagen, daß die »drei Bs« mehr als alle anderen Personen in der Stadt zu der Stimmung beigetragen haben, vor deren Hintergrund die Weltausstellung stattfand, ja, daß sie die Atmosphäre von Paris im Jahr 1900 entscheidend mitgeprägt haben. Wie es dazu kam, erfordert ein neues Kapitel.

KAPITEL II
Eine neue Zuversicht

Um die Wertvorstellungen der intelligenten jungen Pariser des Jahres 1900 zu verstehen, müssen wir uns kurz den letzten Jahren des alten Jahrhunderts zuwenden und uns ansehen, wie die Menschen um 1875 die Welt und das Leben beurteilten.

Physiker behaupteten, sie hätten in den winzigen, festen Atomen, von denen jedes ein meßbares Gewicht habe, die Grundlage der Materie gefunden. Die Biologie, vor allem Spencers Version des Darwinismus, sah den Menschen als einen von Drüsensekreten aktivierten, im Prinzip voraussagbaren Primaten. Alles unterlag den ehernen Gesetzen der Materie, so daß der Mensch weder einen freien Willen noch eine Seele besaß. Er wurde ein Punkt auf dem Diagramm des Soziologen. Paris war in Zolas Vorstellung ein riesiger Bauch, der von den Halles gefüttert wurde und sich durch riesige Kanäle entleerte, was aber die Vettern vom Lande offenbar nicht davon abhielt, eine Besichtigungstour durch die Kanalisation zu machen, wenn sie sich in Paris amüsieren wollten. Der Nervenspezialist Dr. Charcot versuchte, in seinem Labor im Krankenhaus La Salpêtrière die meisten im Evangelium vorkommenden Wunder zu reproduzieren. Auf dem Nachtkästchen eines jeden denkenden Menschen lag Ernest Renans *Das Leben Jesu*, in dem er Christus mit wohlklingenden Sätzen als einen guten Menschen, seine Göttlichkeit jedoch als einen Mythos darstellte, der in der Einbildung des Volkes entstanden sei.

Diese für eine pessimistische Weltanschauung prädestinierte Situation wurde noch düsterer durch die beschämende Niederlage, die Frankreich 1870/71 gegen Preußen erlitten hatte, durch den Verlust von Elsaß-Lothringen, den Zusammenbruch der Bank Union Générale, der Haushaltsdefizite und eine Wirtschaftskrise nach sich zog, und durch den Skandal der Panamakanalgesellschaft, als sich herausstellte, daß 104 französische Abgeordnete Bestechungsgelder angenommen hatten.

Das Leben spiegelte sich wie gewöhnlich in Büchern und im Theater wider, wo ein harter, aus dem Leben gegriffener Realismus vorherrschte. Der Naturalismus enthüllte angeblich die Geheimnisse der Gesellschaft, war aber häufig nicht mehr als eine Verherrlichung des Vulgären. Joseph Pujol, *le Pétomane*, verdiente allabendlich 2000 Francs mit jenen unziemlichen Geräuschen, die die meisten Menschen zu verbergen suchen, während die kräftige Sängerin Dufay im Moulin Rouge zwischen ihren Brüsten Nüsse knackte. Der führende Dramatiker Henri Becque profilierte sich mit Lebensweisheiten wie: »Wenn Sie Ihre Freunde behalten wollen, vermeiden Sie, sie zu sehen«, und in *Die Pariserin* (1885) zeigte er eine ränkeschmiedende Clotilde, die gleichzeitig einen erfolglosen Ehemann, einen aufdringlichen alternden Liebhaber und noch einen zweiten Liebhaber hinters Licht führt. »Die größte Begabung der Frauen liegt darin, ihre Dummheit zu verschleiern«, erklärten die Goncourts, während Maupassant die Frauen in mehreren Kurzgeschichten als zwanghafte Betrügerinnen darstellte.

Die weltmüde, zynische Stimmung jener Generation wurde verkörpert von Anatole France. Dieser im Jahr 1900 sechsundfünfzigjährige, in Paris geborene geistreiche Satiriker und Autor von historischen Romanen hatte seine Pariser Mitbürger mit ihren schwarzen Gehröcken, ihren weißen Hemden und ihrer Unfähigkeit, aus Erfahrung zu lernen, in seinem ergötzlichen Roman *Die Insel der Pinguine* auf den Arm genommen. Er wohnte in der Avenue du Bois de Boulogne, Nummer 5, Villa Said, hinter mittelalterlichen Buntglasfenstern, umgeben von gotischen Statuen und einem alexandrinischen Eros. Meistens trug er einen grauen Morgenrock, der einer Mönchskutte glich, und dazu ein rotes Käppchen, wie es die Kardinäle tragen; er wollte damit demonstrieren, daß an die Stelle des Klerus aufgeklärte Literaten und Gelehrte getreten waren. Anatole France war geschieden und hatte eine Geliebte, Léontine Arman de Caillavet, eine sehr reiche, belesene Dame, die mit einem jovialen, geistig jedoch nicht auf gleicher Höhe stehenden Sportsegler verheiratet war. Sie war es, die darauf achtete, daß France sein Tagespensum schrieb, denn er neigte zur Faulheit. Auf ihren Freitagsgesellschaften protzte sie mit ihm vor weniger guten Schriftstellern wie Loti und vor Politikern wie Jean Jaurès und Raymond Poincaré.

Hier gab der berühmte Mann auch die von ihm erwarteten ironischen oder zynischen Bemerkungen zum besten: »Alle historischen Bücher, die keine Lügen enthalten, sind äußerst langweilig.« Als man ihm einmal eine römische Kamee zeigte, die ein Antiquitätenhändler entdeckt hatte, und ihn fragte, wessen Kopf darauf abgebildet sei, fragte er gelassen zurück: »Wessen Kopf hätten Sie denn gern?« Nachdem er bei einem Besuch mit Léontine in Lourdes bereits eine Menge Krücken und die zum Dank für wunderbare Heilung zurückgelassenen Votivgaben betrachtet hatte, knurrte er nur: »Ich sehe keine Holzbeine.«

»Das neunzehnte Jahrhundert«, sagte Ernest Feydeau, ein mit den Goncourts befreundeter Romancier, zusammenfassend, »verdient, das materielle Zeitalter genannt zu werden. Der religiöse Glaube, die Liebe zur Schönheit, zur Tugend, zu einem Ideal wurden durch Eigennutz ersetzt.« Feydeau fuhr fort und fragte: »Können sich Künstler den irdischen Werten ihres Jahrhunderts entziehen? Können sie allein einen Umschwung bewirken? Ohne die geringste Furcht, von der Realität widerlegt zu werden, können wir darauf mit nein antworten.« Und der arme Feydeau hatte wahrscheinlich recht. Die neuen Werte mußten aus einer tieferen Quelle geschöpft werden – der Quelle der Philosophie.[1]

Der älteste der drei bedeutenden Philosophen, die auf dem Kongreß anläßlich der Weltausstellung sprachen, war der 1845 in der Nähe von Paris geborene Emile Boutroux. Nach der Ecole Normale Supérieure studierte er in Heidelberg deutsche Philosophie, mit vierzig wurde er Professor an der Sorbonne. Als liberaler praktizierender Katholik versuchte Boutroux, die Schwächen des Positivismus aufzuzeigen, indem er seine Methoden kritisierte. Er wies darauf hin, daß die Griechen unterschieden hätten zwischen *dianoia*, die logische und mechanische Verbindungen sieht, und *nous*, der laut Platon die Dinge trennt oder verbindet gemäß den »Ideen«, die die Vollkommenheit repräsentieren, nach der alle Dinge streben. Die Positivisten sahen nur das halbe Bild: *dianoia*. Boutroux wollte die andere Hälfte zurückbringen: *nous*.

Führt ein Mensch bewußt eine zielgerichtete Handlung aus, sagte Boutroux, benützt er *nous*, um den Wert der für ihn offenen Optionen festzusetzen. Er entscheidet sich und bewegt sich auf eine Vollkommenheit zu. Die Vollkommenheiten sind abgestuft, und die höchste Vollkommenheit, »das Wesen, dessen schöpferische Tat wir tief in uns fühlen, wenn wir uns bemühen, ihm näherzukommen«, nennt Boutroux Gott.

In *De la contingence des lois de la nature* (1874) sagt Boutroux, daß sich die Gewohnheiten des Individuums nicht aus blinden Instinkten, Drüsen- und Nervenfunktionen erklären lassen. Gewohnheiten entstehen durch Taten, Taten durch Entscheidungen, Entscheidungen durch *nous*, dem gelegentlich das zuteil wird, was die Christen göttliche Gnade nennen. Boutroux greift hier Pascals These auf, wonach die Wertinstanz des Menschen, sein Herz nämlich, Beweggründe hat, die der Verstand nicht kennt. In diesem zukunftsträchtigen Jahr 1900 veröffentlichte er eine bedeutende Rehabilitation Pascals, von Frankreichs größtem Denker christlichen Glaubens. Boutroux, der als Lehrer sehr beliebt und menschlich stark engagiert war, beeinflußte eine ganze Generation von Schülern, darunter auch Alphonse Darlu, der Marcel Proust am Lycée Condorcet in Philosophie unterrichtete und die *Revue de Métaphysique et Morale* mitbegründete; schon der Titel der Zeitschrift war für die alten Materialisten ein Skandal.

Der zweite unserer Philosophen, Maurice Blondel[2], wurde achtzehn Jahre später als Boutroux in Dijon geboren. Er fand seine Heimat in der Nähe von Aix-en-Provence, wo er dreißig Jahre lang Philosophie lehrte. Blondel liebte das Land. Er hatte in seinem Garten 200 verschiedene Rosensorten und sammelte Schmetterlinge; aber er war kein Eskapist. Im Jahr 1893 veröffentlichte er sein umfangreiches und schwieriges Buch *L'Action*. Blondel ging von der Voraussetzung aus, daß jeder vernunftbegabte Mensch versucht, aus seinen inneren Widersprüchen zu einer geistigen Einheit zu gelangen. Dies wird ihm nicht gelingen, wenn er, wie es die Positivisten verlangen, nur Fakten anhäuft und miteinander verbindet; es wird ihm nicht gelingen, wenn er nur spekuliert. Die einzige Möglichkeit, dieses Ziel zu erreichen, bietet die moralische Tat, denn laut Blondel ist jedes Denken der Anfang der Tat. Insofern ist Blondel ein Vorläufer des Existenzialismus, aber er geht noch weiter, indem er erklärt, daß das wahrhaft einende Ziel der Tat der universale Grund des Guten sei, den er als Christ Gott nennt. »Die Tat, die alle anderen einschließt und vollendet, besteht darin, aufrichtig über Gott nachzudenken.« Daraus folgt, daß die Offenbarung nicht mehr überflüssig ist, sondern eine wesentliche Voraussetzung für die menschliche Vernunft, wenn ihr Streben belohnt werden soll.

Der dritte unter den großen Bs, Henri Bergson[3], hatte ungewöhnliche Vorfahren. Sein Vater, Mical Bergson, stammte aus Warschau. Das vom russischen Zaren beherrschte Polen war kein glückliches Land, und so wanderte Mical Bergson in den freien Westen aus. Er heiratete Catherine Levison aus Doncaster und nahm in Paris eine Organistenstelle an. Hier wurde 1859 sein zweiter Sohn, Henri, geboren. Vier Jahre später zogen die Bergsons nach Genf – sie wohnten am Boulevard des Philosophes –, und Vater Bergson gab Klavierunterricht am Konservatorium.

Mical Bergson war ein bescheidener Mann, der mit seinen Serenaden und Liedern (das bekannteste war *Chanson de mai*) nie viel Geld verdiente. Catherine war eine außerordentlich gütige Frau, »beinahe eine Heilige« laut Henri, der sich mit ihr auf englisch unterhielt.

Henri gewann ein Stipendium für das Lycée Condorcet, und als seine Familie nach London übersiedelte, blieb er in Paris, wo er im jüdischen Institut Springler wohnte. Er erhielt die meisten Auszeichnungen und besuchte anschließend die Ecole Normale Supérieure, wo einer seiner Lehrer Boutroux war. Weil er so dünn und schmal aussah in seiner knapp sitzenden Jacke, ein sanftes Wesen hatte und mit leicht englischem Akzent sprach, nannte man in scherzhaft »Miss«. Er schloß sein Studium als Zweitbester ab und begann eine Laufbahn als Lehrer. Im Alter von 41 Jahren erhielt er einen Ruf an das angesehene Collège de France als Professor für griechische Philosophie.

Bergson war ein gutaussehender Mann mit einer hohen markanten Stirn, braunem, schon leicht schütterem Haar, Adlernase, buschigen Brauen, Schnurrbart und außergewöhnlich durchdringenden blauen Augen. Vielleicht weil er aus einer Familie mit sieben Kindern stammte, war er menschlicher als die meisten seiner Berufskollegen. Er war ein guter Redner und benützte seine langen schmalen Hände, um seine Argumente zu unterstreichen. Er hielt Frauen für ebenso intelligent wie Männer. Dies und seine Achtung vor der Intuition machten ihn beim schönen Geschlecht beliebt: Am Freitagnachmittag um fünf Uhr war Zimmer 8 des Collège de France nicht nur voll von Studenten, sondern auch von Damen der Gesellschaft.

Bergson besaß eine Gabe, die man normalerweise eher bei Künstlern findet als bei Philosophen, die Gabe nämlich, die Schwankungen seiner Gefühle sehr genau zu beobachten, und dies kam in seinem ersten Buch, *Zeit und Freiheit. Eine Abhandlung über die Beziehung zwischen Körper und Geist*, zum Tragen. Darin behauptet er, daß die Menschen, weil sie mehr reden als denken und mehr auf die äußere Umgebung achten als auf ihre inneren Zustände, irrtümlicherweise jene inneren Zustände objektivieren, Phänomene quantitativ bewerten, die in Wirklichkeit nur qualitativ zu messen sind, und ihre Ursachen außerhalb von sich selbst suchen. Die Naturwissenschaften erheben diese irrige Tendenz zu einem System. Sie projizieren Gefühle und innere Zustände als räumlich getrennte, durch den Intellekt erfaßbare Einheiten, während sie in Wirklichkeit ungeteilt, kontinuierlich und nur durch Intuition wahrnehmbar sind. Darüber hinaus treten Gefühle und innere Zustände in einem zeitlichen Fluß auf, den Bergson Dauer nennt, während der Naturwissenschaftler aufgrund seines ursprünglichen Fehlers, sie zu objektivieren, behauptet, sie treten in einem Zeitablauf auf – das heißt, in mathematisch meßbarer Zeit, die etwas anderes ist als Dauer und nach Bergsons Meinung eigentlich eine Form von Raum. Ferner: Indem wir von der äußeren quantitativen Welt geborgte Raster auf das Ich und die Dauer anwenden, sind wir irrtümlich dem Glauben verfallen, diese Raster richteten sich nach wissenschaftlichen Gesetzen, was jedoch nicht zutrifft. Hier in diesem sich ständig bewegenden inneren Reich ist, in den Schlüsselmomenten, der freie Wille Zeremonienmeister.

In *Materie und Gedächtnis* (1896) definiert Bergson die spirituelle Seite des Menschen genauer. Ihre Grundlagen sind das Unbewußte und das Gedächtnis. Es gibt zwei Arten von Gedächtnis: Das eine kommt ins Spiel, wenn wir ein Gedicht aufsagen; das andere, wenn wir uns der verschiedenen Anlässe erinnern, wenn wir das Gedicht lesen und es dabei lernen. Wiedererkennen besteht vor allem darin, zu wissen, was man mit dem wiedererkannten Ding anfangen kann. Denken ist niemals Kontemplation, sondern stets auf Aktivität, auf das Überleben gerichtet.

Während nach der reduktionistischen Biologie eine Gehirnverletzung zur Beschädigung geistiger Substanz führt, weist Bergson darauf hin, daß bei Fällen von Aphasie nicht das Gedächtnis selbst verlorengeht, sondern nur der körperliche Mechanismus, der nötig ist, um es auszudrücken. Das Gedächtnis des Menschen wird als eine zentrale, vielleicht *die* zentrale Kraft seiner Seele vorgestellt, die sogar in seinen Träumen aktiv ist. Bergson hatte *Die Traumdeutung* von Freud gelesen, der wie er selbst viel von Professor J. M. Charcot gelernt hatte. Da die Vergangenheit jedes Menschen in der Rückbesinnung einzigartig ist, entzieht sie sich dem allgemeinen kausalen Muster der naturwissenschaftlichen Gesetze. Hierin liegt ein weiterer Beweis, daß der Mensch ein selbständiges geistiges Wesen ist.

Im Jahr 1900 veröffentlichte Bergson ein Buch mit dem Titel *Das Lachen* – ein ziemlich neues Thema für die französische Philosophie. Bergson sagt, das Lachen sei häufig der Versuch der Gesellschaft, zu verhindern, daß der flexible, lebendige Geist von der Materie im weitesten Sinn des Wortes abgestumpft, stereotypisiert und verhärtet wird. Wenn ein Individuum seinen eigenen schmalen Weg geht, ohne sich um den Kontakt zu Mitmenschen zu kümmern, hat die Materie die Oberhand gewonnen; dieser Mensch wird lächerlich, und die Gesellschaft versucht, ihn durch Lachen »aufzulockern«.

In *Schöpferische Entwicklung* (1907) setzt sich Bergson erneut mit dem Spannungsverhältnis zwischen Geist und Materie auseinander. Er bezieht zunächst Stellung gegen Darwins Theorie der natürlichen

Auslese und greift dann Lamarcks These auf, wonach die Natur von einem inneren psychologischen Prinzip vorangetrieben wird, das er abwechselnd mit einem Sprühen, einem Feuerwerk, einem Brunnen oder einem Geysir vergleicht. Der intelligente Mensch sollte seine Erfüllung nicht, wie Platon forderte, in der Kontemplation finden, sondern in der aktiven Teilnahme an der immanenten Kreation, die es im Zusammengehen mit anderen Menschen zu formen und zu lenken gilt. Hier nähert sich Bergson Blondels These, wonach das Denken am Beginn der Tat steht.

Bergsons Argumente für die Existenz eines unabhängigen Geistes und ebenso die von Boutroux und Blondel erhielten unerwartet Unterstützung von der Naturwissenschaft. Jene harte, unflexible Materie, die die Menschen niederdrückte, war, wie jüngere Physiker jetzt bewiesen, selbst elastisch und flexibel und eher etwas Geistiges als etwas Körperliches. Im Jahr 1895 hatte Röntgen mit den LX-Strahlen die Knochen in einer Hand sichtbar gemacht, während Marconi im Jahr darauf eine Nachricht mit Hilfe von Radiowellen drahtlos über eine Entfernung von neun Meilen sendete. Nun schien es manchmal so, als sei nicht der Verstand Sklave der Materie, sondern umgekehrt die Materie Sklave des Verstands. Pierre Janet berichtete 1900 von Fällen, in denen der Geisteszustand den Körper so beeinflußte, daß partielle Lähmung auftrat. Boutroux' Schwager, der Nobelpreisträger Henri Poincaré, Cousin des Politikers Raymond Poincaré, erklärte, daß mathematische Lösungen die Natur nicht unbedingt so beschreiben, wie sie ist, sondern daß sie vom Unterbewußten selektiert werden, je nachdem, wie elegant sie sind, also nach ästhetischen Maßstäben.

Nach der Arbeit nahm Bergson die Straßenbahn nach Auteuil, wo er ein bescheidenes Haus mit Garten besaß und ein ruhiges Leben mit seiner Frau Louise führte, einer Cousine von Prousts Mutter. Sie hatten eine Tochter, Jeanne, die trotz ihrer angeborenen Taubheit später zu einem erfüllten Leben als Malerin und Bildhauerin fand. Im Sommer fuhren sie gemeinsam in das geliebte Savoyen, in der Nähe des Genfer Sees. Bergson war begeistert vom Stummfilm: Er verglich den Vorgang des Denkens mit dem Ablaufen eines Films und den Gedanken selbst mit einem Einzelbild aus einem Film. Ebenso begeistert war er von den Arbeiten Rodins. Nach seiner Theorie stellt *Der Denker* einen primitiven Menschen dar, der sich einen ersten Schimmer des rationalen Gedankens erkämpft. Bergson kleidete sich schlicht und war sehr amüsiert, als ihn Jacques-Emile Blanche porträtieren wollte und darauf bestand, daß er vor Büchern in grünem

Saffian mit einer hellblauen, zu seinen Augen passenden Krawatte und einer gelben Weste posiere.

Im Jahr 1911 kam Bergson zu Vorlesungen nach England und erhielt in Oxford die Ehrendoktorwürde. Zwei Jahre später hielt er Vorlesungen an der Columbia University in New York. In Paris aber wurde sein Name ein Begriff. Mit seiner Lehre von der Existenz einer Seele und seiner Forderung, deren komplexe Vorgänge genau zu beobachten, beeinflußte Bergson den Dichter Charles Péguy und den angehenden Romancier Proust – wenngleich es so scheint, als sei »die unwillkürliche Erinnerung« Prousts eigene Entdeckung. Mit seiner Lehre, daß »nichts von unserer Vergangenheit verloren ist und alles im Unterbewußtsein der Erinnerung erhalten bleibt«, sollte Bergson den Patrioten ungewollt ein Schlagwort liefern. Mit seiner Lehre, daß jedes System zu einem gewissen Grad die bewegte Realität des spirituellen Lebens verfälscht, sollte er katholische Modernisten in ihrem Versuch ermutigen, das Dogma abzuwerten. Die junge Generation war besonders angetan von der These Bergsons wie auch Blondels, wonach sich der Gedanke in der Tat verwirklicht. »Dank Bergson«, sagte der Essayist Henri Massis, »fühlte sich unsere Generation von den Idolen des Spencerismus und der Soziologie, von der systematischen Negation und dem doktrinären Skeptizismus der Vergangenheit befreit.«

Allmählich entsteht eine neue Stimmung voller Zuversicht. Seit sich gezeigt hat, daß der Geist doch existiert, wollen die jungen Menschen ihr Innenleben entdecken und dieses Potential nutzen. Abenteuer liegt in der Luft; Freude allein darüber, daß man lebt: *La Beauté de Vivre* – unter diesem Titel erscheint der erste Gedichtband von Fernand Gregh. Der Mensch fühlt sich frei in der heraufdämmernden neuen Ära. Alles ist möglich. Nach einem Zeitalter des Absinths beginnen nun die Jahre des Champagners.

Bergsons Philosophie barg jedoch eine Gefahr. Sie öffnete dem Subjektivismus Tür und Tor. Der Mensch neigte dazu, der Intensität seiner Gefühle einen Wert beizumessen, ohne zu fragen, ob die damit verbundene Tat objektiv richtig oder falsch war; und das führte in die Richtung von moralischem Relativismus. Wie konnte man dem entgehen? Nur einer von dreiundzwanzig Parisern war praktizierender Katholik – in den wohlhabenden Sprengeln von St. Philippe du Roule und Ste. Clotilde war der Anteil etwas höher –, und viele suchten sich neue oder scheinbar neue moralische, ästhetische oder andere Ziele, von denen uns einige im weiteren Verlauf des Buches noch begegnen werden.

Da gab es einmal den Naturkult. Der Astronom Camille Flammarion glaubte zum Beispiel, daß die Industrialisierung den Menschen von der Natur abschnitt und ihn dadurch entmenschlichte. Er beschloß, das kosmische Bewußtsein wiederzuerwecken. Am 21. Juni 1904 lud er Kollegen aus der Wissenschaft, darunter auch Henri Poincaré, in das hoch oben im Eiffelturm gelegene Restaurant – »ein moderner Tempel, erbaut für die Verehrung der Natur« –, um die Quelle des Lichts und der Wärme zu begrüßen. Als die Sonne die Sommersonnenwende erreichte, krachte ein Kanonenschuß; danach gab es, bis vier Uhr morgens, ein Bankett mit Reden, Gedichten und Liedern zum Lob der Sonne.

Eine andere Gruppe wandte sich dem Spiritualismus zu, und hier ist unser Informant der Abbé Mugnier, ein geistreicher Priester bescheidener Herkunft, der gut mit Schriftstellern zurechtkam. Huysmans, der Autor des Romans *Gegen den Strich*, in dem er den heidnischen Hedonismus pries, ließ sich sogar von ihm bekehren. Ebensogut verstand sich Mugnier auf den Umgang mit Damen der Gesellschaft, die ihn gerne als Beichtvater in Anspruch nahmen. Sein freundliches, kantiges Gesicht tauchte an manch einer eleganten Tafel auf; Lästerzungen nannten ihn den »kleinen Bruder der Reichen«, viele aber schätzten sein gütiges und vernünftiges Wesen.

Am 23. Januar 1908 besuchte der Abbé Mugnier eine Séance im Haus der Elizabeth Greffulhe, der Frau des Bankiers Graf Greffulhe.[4] Das Medium war Eusapia Paladino, die Tochter eines neapolitanischen Gastwirts. Während Eusapia mit dem Rücken zu einem Vorhang stand, faßten sich die Gäste, die im Dunkeln um einen runden Tisch saßen und zu denen auch Madame Caillavet und ihr Cousin Graf Robert de Montesquiou gehörten, bei den Händen. Einer der Gäste sah eine Mandoline, Mugnier sah eine Hand. Plötzlich hob sich der Tisch in die Luft und fiel dann laut krachend zu Boden. Daraufhin probierte man eine neue Sitzordnung aus. Mugnier kam neben Eusapia zu sitzen. Die Zeit schien sehr langsam zu vergehen. Alle mußten sich stark konzentrieren. Mugnier spürte kräftige Hände an seiner Stirn, auf seinen Schultern, und er dachte, sie führten das Kreuzzeichen aus. Schließlich wurden die Lampen wieder angezündet, und die Gäste zerstreuten sich allmählich; woran sie sich vor allem erinnerten, war Mugniers Bemerkung: »Ein Pfingsten nach anstrengender Nacht.«

Die neue zuversichtliche Stimmung machte sich auch in der Politik bemerkbar. Von 585 Abgeordneten saß über die Hälfte auf der Seite der Linken, und zwischen 1902 und 1912 regierten in Frankreich die

Parteien der Radikalen und Radikalsozialisten, eine Gruppierung links von der Mitte, die sich für die Arbeiter und die Verbesserung ihrer Lebensbedingungen einsetzte. Was für Rousseau der *edle Wilde*, war nun für die Radikalen der *gute Arbeiter*, und auf der Weltausstellung konnte man mehrere Stadtfeste des Proletariats erleben. Der Sonntag war als Ruhetag von einem antiklerikalen Ministerium in den 1880er Jahren abgeschafft worden; 1906 wurde jedoch ein neues Gesetz erlassen, das den Ruhetag wieder einführte.

Die radikalsozialistische Regierung wehrte sich gegen die Macht der katholischen Kirche – warum, wird sich später zeigen. Sie wollte den Traum der Französischen Revolution, die Trennung von Kirche und Staat, verwirklichen, denn Frankreich, so murrte man, sei »eine Jesuitenfarm wie das Paraguay des 18. Jahrhunderts«. Als erstes wies Premierminister Emile Combes – ein gestrauchelter Seminarist, der bei den Rechten »Julian, der Abtrünnige« hieß, Tausende von Priestern und Nonnen der Schulorden außer Landes, übertrug die Verwaltung der Kirchen den Laien und hob schließlich 1905 das von Napoleon geschlossene Konkordat auf. Diese Maßnahmen schufen zunächst böses Blut – das Kloster Sacré Cœur im Hôtel de Biron wurde zum Atelier, in dem Rodin seine Akte modellierte! –, wirkten sich aber auf lange Sicht heilsam aus, denn mit Beendigung der oft unglücklichen Einmischung der Kirche in die Politik wurden Energien für die seelsorgerische Tätigkeit freigesetzt. England profitierte im übrigen von dieser Vertreibung, denn die auf die Isle of Wight ausgewanderten Benediktiner machten Quarr Abbey zu einem Weltzentrum des Gregorianischen Gesangs.

Während die radikalsozialistische Regierung die Sozialgesetzgebung ausbaute, wurden die verbleibenden Lücken von einer wachsenden Zahl von privaten Wohlfahrtseinrichtungen geschlossen. Im Jahr 1901 gründeten Katholiken unter dem Vorsitz von Emile Boutroux *l'Abri*, um Wohnungen für in Not geratene Familien zu schaffen. Ein Jahr zuvor hatte die Comtesse de Castellane mit einem Aufwand von einer Million Francs die Galeries de la Charité eröffnet – eine Ladenzeile, in der Bedürftige gestiftete Lebensmittel erhielten.

Geriet man nach Feierabend zufällig in den Pariser Osten, konnte es durchaus vorkommen, daß einem eine Gruppe gut gekleideter Herren begegnete, die musizierten. Es waren keine Straßenmusikanten, und es lag auch kein Hut auf der Straße. Die sich da mit halbgeschlossenen Augen über ihre Bogen neigten, waren ausgezeichnete Virtuosen, die für die Armen klassische Musik spielten wie zum Beispiel ein spätes Beethoven-Quartett. Ein Stück weiter auf derselben Straße, in einer ausgedienten Kantine, stieß man unter Umständen auf einen Postboten, einen Schreiner, einen Straßenfeger und eine Näherin, die um einen Tisch gruppiert emsig mitschrieben, was ihnen Paul Painlevé, Lehrer an der Sorbonne, anhand von Diagrammen, die er mit Kreide auf eine Tafel zeichnete, über die Prinzipien der Aerodynamik erklärte.

Dies waren zwei einer ganzen Reihe von Bildungsmöglichkeiten, die die Pariser Volkshochschule anbot. Inspiriert von Tolstois pädagogischen Schriften bemühten sich Akademiker und andere, ihr Wissen und Können kostenlos an jene weiterzugeben, die wegen eines fehlenden Schulabschlusses nicht die Universität besuchen konnten.

Die Politiker, die in Paris arbeiteten, debattierten und intrigierten, schenkten der Welt außerhalb Frankreichs wenig Beachtung. Sie wollten, daß der Frieden andauerte, aber sie waren nicht sonderlich aktiv, wenn es galt, etwas dafür zu tun. Sie gingen davon aus, daß die Elektrizität und ähnlich wunderbare Errungenschaften des naturwissenschaftlichen Zeitalters die Eintracht unter den Völkern stärken würden. Auch die Weltausstellung, meinten sie, trüge dazu bei. Gustave Geffroy, ein humanistischer Kunstkritiker, pries die Ausstellung als eine »Zusammenkunft der Rassen, eine weltumfassende Harmonie«. Und er mahnte nachdrücklich: »Nutzt diese neue Kraft, um der Kunst und dem Geist zum Sieg über Kanonen und Granaten zu verhelfen.«

Das war kein leeres Geschwätz. Frankreich hatte zwar eine geringere Bevölkerung als die Vereinigten Staaten oder Rußland, aber, wie *Le Figaro* schrieb:

»Was macht es schon, wenn Frankreich nicht mehr über ein beherrschendes Menschenpotential verfügt, solange es weiterhin Denker hervorbringt wie Ampère und Pasteur. In Zukunft wird ›der Geist über den Wassern schweben‹, und er allein wird herrschen.«

Das französische Wort für Geist – *esprit* – steht für Verstand, für die erfinderischen, schöpferischen und zivilisierenden Kräfte, für die Umwandlung von etwas Schwerem in etwas Leichtes, Quintessentielles, für Witz und Begeisterung. Diesen Esprit zu pflegen hatte man sich in Paris schon seit langem zur Aufgabe gemacht. Mit den Positivisten war hier eine dreißigjährige Pause eingetreten, da sie einen autonomen menschlichen Geist verneinten, nun aber bestätigten Philosophen und Naturwissenschaftler unabhängig voneinander die Existenz der Seele, den Wert des schöpferischen Geistes und bisweilen sogar die Existenz eines göttlichen Schöpfers. Während der ersten

Jahre des neuen Jahrhunderts ging man in Paris wieder ganz bewußt daran, den Geist über den Wassern der Seine schweben zu lassen.

Zwei zusätzliche Motive dienten hierbei als Ansporn: der unausgesprochene Wunsch, das Wappen der Stadt neu zu vergolden, nachdem es 1870/71 etwas an Glanz verloren hatte, und jene mit dem Heraufdämmern des neuen Jahrhunderts entstandene Stimmung voller Hoffnung, Lebensfreude und Zuversicht.

In dem zugegeben begrenzten Rahmen der Weltausstellung waren die Zeichen ermutigend. Die Drehkreuze an den Eingängen standen kaum still. 39 Millionen Besucher wurden gezählt, obwohl viele auch hineinkamen, ohne sich ein Billet für sechzig Centimes zu kaufen; so fanden es die Töchter von Lieferanten besonders lustig, sich von einem Firmenangehörigen einen Ausweis zu borgen, mit dem sie dann kostenlos Zutritt erhielten. Für alle Weintrinker war die Ausstellung ein Eldorado, denn sie konnten 40000 verschiedene Sorten kosten. Großzügig verteilte das Gastland Preise und Medaillen für mehr als die Hälfte der 70000 geprüften Produkte. Als die Ausstellung im Herbst schloß, konnte sie einen Gewinn verbuchen.

Aber auch nach dem Ende der Ausstellung schwebte der Geist über den Wassern. Sarah Bernhardt glänzte in ihrem eigenen, nach ihr benannten Theater in *L'Aiglon*, einem patriotischen und bewegenden Stück von Rostand, in der Rolle des jungen Sohns von Napoleon. Debussy legte letzte Hand an *Pelléas et Mélisande*, dessen erste Aufführung kurz bevorstand. In einem Schuppen in der Nähe der Ecole de Physique arbeiteten Pierre und Marie Curie Tag und Nacht, um ein ungewöhnliches, in der Dunkelheit leuchtendes Element zu identifizieren. Bei den Olympischen Spielen schlug Frankreich Deutschland im Rugby, in Deauville brach in jenem Sommer ein französisches Auto den Geschwindigkeitsweltrekord. Und das war erst der Anfang.

KAPITEL III

Ein neuer Schwung

An einem Sommernachmittag des Jahres 1900 hätte ein Beobachter des Pariser Lebens vielleicht von einer Prozession berichtet. Männer in schwarzen Samtanzügen mit einer Doppelreihe kleiner Knöpfe und mit schwarzen enganliegenden Strickkappen und Frauen mit großen Schmetterlingsschleifen im Haar, in Röcken aus rotem Bombasin und mit schwarzem Samt besetzt, geschmückt mit Seidenschürzen und Seidenschals marschierten, Banner und Fahnen schwenkend und patriotische Lieder singend, auf die Place de la Concorde. Sie zogen rings um die Fontänen und machten vor einer der großen weiblichen Statuen halt. Dort trat einer von ihnen vor und legte der Statue ehrfürchtig einen Kranz aus Rosen und Orchideen zu Füßen. Grüßend senkten sich die Trikoloren. Es folgten einige Schweigeminuten. Reden wurden gehalten, einige unter den Zuhörern weinten. Dann erklang das Lied »*Vous n'aurez pas l'Alsace et la Lorraine*«, und die Prozession setzte sich wieder in Bewegung.

Was hatte das zu bedeuten? Die weibliche Statue personifizierte die Stadt Straßburg, die Marschierer waren überwiegend Elsaß-Lothringer, die in Paris lebten. Sie wurden angeführt vom Stadtrat von Straßburg und protestierten, wie jedes Jahr am 14. Juli, gegen etwas, das sie für Unrecht hielten.

Im Sommer 1870 hatte Napoleon III. französische Armeen über den Rhein geführt, weil er die Einigung des Deutschen Reichs unter der Führung Preußens verhindern wollte. Er erlitt eine verheerende Niederlage. 150 000 französische Soldaten fanden den Tod (auf der Seite Preußens waren es 28 000). Deutschland annektierte den größten Teil von vier wohlhabenden französischen Departements: Bas-Rhin und Haut-Rhin – traditionell als Elsaß bekannt – sowie Meurthe und Moselle, die etwa zur Hälfte das Gebiet von Lothringen umfassen. Das annektierte Land hatte die Form eines umgekehrten Ls und erstreckte sich von Norden nach Süden über 150 km, von Osten nach Westen an seiner breitesten Stelle über 100 km. Es war reich an Wäldern, Wein, Eisen, Kohle und verarbeitender Industrie, und zwei wunderschöne Städte gehörten dazu, das mittelalterliche Straßburg und das vom 18. Jahrhundert geprägte Nancy. Der größte Teil der 2,3 Millionen zählenden Bevölkerung sprach deutsch, aber das Herz dieser Menschen gehörte Frankreich. Das Elsaß war seit 1681, Lothringen seit 1766 ein Teil von Frankreich, und die gebildete Schicht orientierte sich an französischer Kultur und französischem Lebensstil. Auf das überwiegend katholische Lothringen traf dies noch mehr zu als auf das protestantische Elsaß.

Um nicht unter deutscher Herrschaft leben zu müssen, wanderten 128 000 Elsaß-Lothringer aus, hauptsächlich in andere französische Regionen. Der Rest blieb und lebte nun in einem Staat des Deutschen Reichs mit der Bezeichnung *Reichsland*. Sie wurden dort nicht unterdrückt oder diskriminiert, genossen aber weniger Rede- und Versammlungsfreiheit als die Franzosen.

Deutschland begründete die Annexion mit der Tatsache, daß 85 Prozent der betroffenen Bevölkerung deutschsprachig waren, daß das Gebiet in der Zeit von 870 bis 1681 beziehungsweise 1766 im Falle Lothringens meistens deutschen Herrschern gehört hatte und daß es danach den französischen Königen und den Regierungen der Französischen Revolution vor allem dazu gedient hatte, gegen das Deutsche Reich Krieg zu führen. Die Neuordnung dieser Länder, sagten die Deutschen, diene dem Schutz ihrer verwundbaren Grenze. Die Franzosen dagegen verabscheuten die Annexion, und auf den Landkarten in den Schulzimmern war das verlorene Gebiet mit schwarzem Trauerflor verhüllt.

Die Pariser waren in Sachen nationaler Ehre merkwürdig empfindlich. Sie dachten nicht an einen Rachefeldzug, aber ihre Haltung gegenüber Deutschland war von eisiger Kälte. Keine Pariserin, die etwas auf sich hielt, hätte einen Deutschen als Gast an ihre Tafel geladen. Die Zeitungen erwähnten Deutschland kaum. Die Pariser Oper hatte es lange Zeit abgelehnt, Werke von Wagner aufzuführen. Präsident Loubet wäre ebensowenig über die Schwelle der Deutschen Botschaft getreten, wie er in einer Rede den Namen Gottes erwähnt hätte. Um bei Zolas Vergleich mit dem riesigen Bauch zu bleiben – diese Niederlage lag Paris wie eine unverdaute Mahlzeit im Magen und verursachte scheußliches Sodbrennen.

Sie wurde noch bitterer angesichts der wachsenden industriellen Stärke der Deutschen. Im deutschen Pavillon der Weltausstellung stand ein Modell der *Deutschland*, die den Atlantik in der Rekordzeit von fünf Tagen und acht Stunden überquert hatte. Der Hauptstromlieferant für die Weltausstellung war ein riesiger, 3000 PS starker Dampfgenerator von Siemens und Halske – ein Hinweis unter anderen, daß die Fee der Elektrizität vielleicht doch eine Rheinjungfrau war. Dazu kam die große Bevölkerung in Deutschland: 56 Millionen,

Tendenz steigend, gegenüber stagnierenden 39 Millionen in Frankreich.

Noch wichtiger als die Statue, die Straßburg symbolisierte, waren den Parisern zwei andere größere Denkmäler. Im Jahr 1871 hatte sich der Gemeinderat von Paris, die Pariser Kommune, auf dem Montmartre-Hügel etabliert und sich der französischen Regierung, die damals ihren Sitz in Versailles hatte, widersetzt, um den Krieg gegen Preußen fortzuführen. Dies war sicherlich ein mutiger Ausdruck patriotischer Begeisterung, aber der Aufstand schlug fehl und entwickelte sich zu einem Bürgerkrieg, in dem 100 000 Franzosen starben. Nun krönte die mit den Spenden der Bevölkerung gebaute Kirche von Sacré Cœur mit ihrer hohen weißen Kuppel den Hügel von Montmartre als Sühnezeichen für die Verbrechen, die auf beiden Seiten verübt worden waren und die die politische Zerrissenheit widerspiegelten, die zu der militärischen Niederlage geführt hatte. Die Kirche war eine Mahnung zu innerem Frieden und politischer Eintracht.

Das andere Denkmal war der Arc de Triomphe, der an die Siege der Grande Armée von Spanien bis vor die Tore Moskaus erinnerte. Dieser gewaltige, mit den schwungvoll gestalteten Hochreliefs von Rude dekorierte Triumphbogen überragte zwölf majestätische Avenuen des westlichen Paris und war ein permanenter Aufruf an die Franzosen, auch im 20. Jahrhundert Frankreichs Glorie zu verkünden und seinem kulturellen Auftrag gerecht zu werden.

Unter diesen Vorzeichen richteten die Franzosen um 1900 ihr Augenmerk auf die Stellung ihres Landes in der Welt. Verbitterung ist ein negatives Gefühl, und ganz allmählich fand man wieder zu einer positiven Haltung zurück. Der Ton in den Aufsätzen älterer Schüler der Pariser Lycées, der Inhalt der Trinksprüche auf den Empfängen der Republikaner, die immer häufigere Verwendung von Begriffen wie Würde und Entschlossenheit in Leitartikeln über Außenpolitik, ein Artikel des Sorbonne-Professors und früheren Hauslehrers des Sohnes von Napoleon III. Ernest Lavisse in der *Revue des Deux Mondes,* in dem er einen hochmütigen Ton gegenüber Europa anschlug – in vielfältigster Weise begannen die Franzosen kundzutun, daß sie ihre vor dreißig Jahren verlorengegangene Ehre – und anders konnten sie es nicht sehen – zurückgewinnen wollten. Wenn man auch den Frieden nicht aufs Spiel setzen wollte – nur er konnte bessere Arbeitsbedingungen und bessere Löhne bringen, eine Grundforderung der radikalsozialistischen Regierung –, galt es dennoch, jene Größe wiederzuerlangen, die Frankreich etwa zur Zeit des Sonnenkönigs oder des Kaisers Napoleon gekannt hatte. Ob diese beiden Ziele vereinbar waren, wird sich später zeigen.

Zunächst einmal entschloß sich Frankreich zu einem Bündnis mit Rußland, das einen Eckpfeiler der französischen Außenpolitik bilden sollte. Von 1898 an – die Verhandlungen waren schon ein paar Jahre vorher abgeschlossen worden – stärkten alle nachfolgenden französischen Regierungen dieses Bündnis mit Rußland, das als Verteidigungspakt »dem Erhalt des Friedens« dienen sollte und in dem sich beide Länder verpflichteten, sich im Fall eines Angriffs seitens Deutschlands oder Österreichs gegenseitig zu helfen. Daß sich Europas führende Republik mit Europas führender Autokratie verbündete, erboste die Männer der äußersten Linken, aber die meisten Pariser der Mittel- und Oberschicht hielten es, wie in ihren Zeitungen deutlich wird, für eine vernünftige Sache, weil die große russische Bevölkerung das französische Defizit in diesem Punkt ergänzen konnte.

Im Jahr 1900 und in den Jahren danach wurde in Frankreich alles Russische immer beliebter. Professoren an der Sorbonne lasen Tolstoi oder setzten seine Theorien in die Praxis um. André Gide lernte von Dostojewski, den er in einer eben erschienenen Übersetzung las. Debussy profitierte vom Studium Rimsky-Korsakows und Mussorgskis. Das Restaurant Paillard war ständig überfüllt, seit es *La sole à la Russe* und *La choucroute Impériale Russe au vin de Champagne* servierte. *Le Figaro* berichtete begeistert über die Besuche von Zar Nikolaus in Paris und von Präsident Loubet in der russischen Hauptstadt, wo sich der gestandene Republikaner angeblich sehr für autokratischen Pomp und autokratische Lebensformen erwärmt hatte. Anfang 1901 berichtete dieselbe Zeitung hocherfreut, die französische Regierung würde der Zarin einen Gobelin schicken, auf dem das von Vigée-Lebrun gemalte Porträt der Marie-Antoinette mit ihren Kindern dargestellt sei: ein ominöses Geschenk. In einem weiteren Artikel wurde beklagt, daß die französische Sprache in Rußland gegenüber der deutschen immer mehr an Boden verlöre, und der Verfasser beschwor die Alliance Française, dort mehr französischsprachige Schulen zu eröffnen. Hieraus sprach nicht nur Frankreichs »kulturelles Sendungsbewußtsein«, sondern wohl auch ein wenig Neid.

Vor diesem Hintergrund begann im Jahr 1900 ein ungewöhnlich zielstrebiger Minister, Frankreichs Außenpolitik neu zu überdenken. Théophile Delcassé stammte aus Pamiers am Fuß der Pyrenäen.[1] Sein Vater war Justizbeamter, seine Mutter starb, als er vier Jahre alt war. Die Unsicherheit, die für das Kind daraus entstand, wurde noch schlimmer, als der Vater wieder heiratete und der Junge von zu Hause fort mußte, weil ihn die zweite Frau nicht bei sich haben wollte. Er wuchs bei seiner Großmutter auf, ohne Vater, ohne Geschwister, verhätschelt und verwöhnt, und entwickelte sich zu einem äußerlich selbstbewußten, innerlich aber verschlossenen und unsicheren Menschen.

Als die Deutschen die französische Verteidigung bei Sedan durchbrachen, war Delcassé neunzehn Jahre alt. Er studierte in Toulouse und wollte Bühnenschriftsteller werden. Wie viele, die in einer Grenzregion oder, im Fall Bonapartes, in einem außerhalb Frankreichs gelegenen Gebiet aufgewachsen waren, hegte auch der junge Delcassé eine tiefe Liebe zum Mutterland. Vielleicht sah er in Frankreich sogar seine zweite Mutter. Diese Gefühle und die latente Unsicherheit in seinem Wesen machten aus der Invasion eine schwerwiegende persönliche Tragödie. Nach Aussage seiner Tochter hatte die Niederlage von Sedan sein ganzes Leben geprägt. Er sah darin ein Unrecht, das Frankreich zugefügt wurde und das echte Patrioten wieder in Ordnung bringen mußten.

Léon Gambetta, ebenfalls ein Patriot aus dem Südwesten, aber ein selbstbewußter und extravertierter, wurde nach dem Sturz von Napoleon III. Mitglied der damals gebildeten Provisorischen Regierung. Seine militärische Unfähigkeit spielte eine beträchtliche Rolle bei der endgültigen Niederlage Frankreichs. Trotzdem, oder gerade deshalb, weigerte er sich, den Vertrag, der die Abtretung von Elsaß-Lothringen regelte, zu ratifizieren. Als Abgeordneter des 20. Pariser Arrondissements verkündete er in der Deputiertenkammer immer wieder mit donnernder Stimme, Frankreich sei nach wie vor eine Großmacht, und die Franzosen seien die einzigen, die das anscheinend bezweifelten.

Delcassé machte aus Gambetta einen Helden. Nachdem die Comédie Française eines seiner Stücke abgelehnt hatte, verließ er die Universität und arbeitete als Journalist bei *La République Française*, einer Zeitung, die Gambetta gegründet hatte. Fünfzehn Jahre lang versorgte Delcassé die französischen Leser mit Gambettas Lieblingsthema. Der eifrige junge Journalist malte ein düsteres Bild von Europa und hörte nicht auf, darauf hinzuweisen, daß Frankreich auf der Hut sein müsse. »Krieg erscheint uns als eine Notwendigkeit«, schrieb er. »Man findet ihn überall in der Natur. Lange Zeit war Krieg der Normalzustand in Europa.« Deutschland in seiner modernen Gestalt existiere knapp fünfzig Jahre und habe bereits drei Kriege geführt – und gewonnen. Diesem Land könne und dürfe man nicht trauen. Deutschland, erklärte Delcassé, bereite »einen Vernichtungskrieg«

vor. Als man ihm vorwarf, ein Chauvinist zu sein, entgegnete er vergnügt, für ihn sei diese Bezeichnung ein Kompliment.

Nach dem Tod des Abgeordneten von Foix heiratete Delcassé 1889 dessen reiche Witwe, wodurch er nicht nur im Bett, sondern auch in der Nationalversammlung den Platz des Verstorbenen einnehmen konnte. Das neue Parlamentsmitglied sprach mit dünner Stimme und konnte nur vorbereitete Texte ablesen, aber es beeindruckte dennoch durch Fleiß – Delcassé stand um fünf Uhr auf, um sechs saß er an seinem Schreibtisch –, durch Zähigkeit und glühenden Patriotismus.

Man wußte von Delcassé, daß er das Bündnis mit Rußland unterstützte und daß er Frankreich wieder zu seiner alten Größe verhelfen wollte. Nach einem Intermezzo als Kolonialminister wurde er 1898 zum Außenminister ernannt, und er schaffte es, zäh wie er war, sieben Jahre im Amt zu bleiben, was beinahe einen Rekord darstellte.

Der neue Minister war ziemlich klein; er hatte einen dunklen Teint, einen großen lächelnden Mund mit dicken Lippen, dunkle kurzsichtige, aber intelligente Augen hinter einer Brille mit Goldrand, eine dicke, nach oben weisende Nase und dunkles Haar, das auf seinem flachen Schädel klebte. Er hatte viel Ähnlichkeit mit einem Maulwurf, nicht zuletzt auch in seinen Methoden. Meistens umging er seine Kabinettskollegen und die Beamten des Quai d'Orsay, denn er zog es vor, unmittelbar mit dem Präsidenten und Frankreichs Botschaftern zu verhandeln. Nach Meinung des britischen Botschafters in Paris, Sir Edmund Monson, arbeitete er »mit Vorwänden und Ausflüchten, wie man es kaum jemals zuvor bei einem Außenminister erlebt hat«.[3] Und nirgends war Delcassé verschwiegener als beim Thema Elsaß-Lothringen. Hier folgte er Gambettas Motto: »Immer daran denken, nie darüber sprechen.«

Mit Loubets Einverständnis begann Delcassé, das Bündnis mit Rußland zu straffen. Er fuhr nach St. Petersburg und änderte aufgrund seines Mißtrauens gegenüber Deutschland das erklärte Vertragsziel. Aus der »Aufrechterhaltung des Friedens« wurde die »Aufrechterhaltung des Gleichgewichts der Kräfte«. Er vereinbarte die Besuche von Loubet in St. Petersburg und von Zar Nikolaus in Paris und trug auch auf anderen Ebenen wesentlich zur Verbesserung der gegenseitigen Beziehungen bei. Dieser kleine geschäftige, heimlichtuerische Mensch bewies dabei so viel Geschick, daß man begann, ihn den »Gnom« zu nennen.

Wie die anderen Franzosen seiner Generation ließ sich auch der Gnom von der zuversichtlichen Stimmung und dem neu erwachten Selbstvertrauen inspirieren, die das Klima der Weltausstellung von

1900 prägten. Seine Außenpolitik wurde unternehmungsfreudiger. Da ihm die Sicherheit Frankreichs durch den Pakt mit Rußland allein nicht gewährleistet schien, ging er auf die Suche nach einem zweiten Verbündeten.

Frankreichs Beziehungen zu England waren um diese Zeit gespannt. Wir haben gesehen, daß die französische öffentliche Meinung die Buren favorisierte. Im Jahr 1900 war sie so englandfeindlich, daß Königin Victoria ihren Urlaub in Hyères absagte und nach Irland verlegte, wo sie den Himmel in mehr als einer Hinsicht weniger blau fand. Außerdem waren die Franzosen verärgert über die Engländer, weil sie ihnen bei Faschoda am Nil den ehrgeizigen Plan vereitelt hatten, ihr afrikanisches Reich auf einer neuen West-Ost-Achse aufzubauen; als Folge der Faschoda-Krise war Ägypten, Napoleons am meisten bewunderte überseeische Kriegsbeute, aus französischer in britische Oberherrschaft übergegangen, obwohl Frankreichs »kultureller Auftrag« im Rechtswesen, in der Sprache und in den Schulen fast unangetastet weiterlief.

Schon in den ersten Jahren des neuen Jahrhunderts kam es zu zwei Ereignissen, die Delcassé auf den Gedanken brachten, daß das Verhältnis zu den Briten verbessert werden könnte. Die Königin, die eine enge Freundschaft mit Deutschland gepflegt hatte, war gestorben. Ihr Nachfolger auf dem Thron, Edward VII., hatte als Vierzehnjähriger den Hof der Kaiserin Eugénie besucht. Seitdem liebte er Frankreich und, so könnte man ergänzen, zahlreiche französische Schauspielerinnen. Als England 1902 mit den Buren Frieden schloß, nützte Delcassé die Gelegenheit für einen Annäherungsversuch.

England war während des späten 19. Jahrhunderts mächtig genug, um sich vom europäischen Kontinent fernzuhalten. Sein Weltreich, seine Marine machten es autark. Dann kam der Burenkrieg. Im ersten Leitartikel in *The Times* vom 1. Januar 1900 erklärte der Herausgeber mit einem fast hörbaren Seufzer, daß Englands Aufgabe im kommenden Jahrhundert darin bestünde, das Empire zusammenzuhalten. Die schweren Verluste in Südafrika zeigten, daß es dazu einen Verbündeten brauchte.

Dieser Verbündete sollte zunächst Deutschland sein. Aber die Deutschen wollten in Übersee freie Hand haben. Ihre Politik war auf die eigene Zukunft gerichtet und nicht auf den Erhalt des *status quo*, bei dem England den Ton angab.

Spanien hatte mangels einer starken Marine 1898 Kuba und die Philippinen verloren – letztere wurden daraufhin unverzüglich von den Vereinigten Staaten gekauft. Deutschland, das ein paar Kolonien besaß und seinen Handel vor allem in Lateinamerika ausbaute, war entschlossen, kein ähnliches Schicksal zu erleiden und forcierte deshalb den Aufbau seiner Marine. Es schien zu diesem Zeitpunkt keinen Grund zu geben, die Beteuerungen der Deutschen anzuzweifeln, daß sie nur ihre Investitionen und ihre Geschäftsleute schützen wollten. In der Tat hatten wirtschaftliche Erfolge einer ausländischen Nation immer wieder zu Neid, fingierten Schuldzuweisungen und Verhaftungen von europäischen Agenten geführt, und solche Zwischenfälle erforderten – darin waren sich alle Kolonialmächte einig – die Entsendung eines Kanonenboots oder eines größeren Kriegsschiffes.

England brachte für diese Einstellung so viel Verständnis auf, daß es sich in der Hoffnung, Deutschland doch noch für ein Bündnis zu gewinnen, bereit erklärte, Schiffe der Royal Navy in die Karibik zu schicken, um die deutsche Marine bei der Blockade von Venezuela zu unterstützen, das in letzter Zeit mit der Rückzahlung von Krediten in Verzug geraten war. Dies war in den Jahren 1902–03. Während die Blockade ihren eigentlichen Zweck verfehlte, begann die zunehmende Stärke der deutschen Flotte die Engländer zu irritieren. Rudyard Kipling, um einen geheimen Feind nie verlegen, schrieb ein vielbeachtetes Gedicht, »The Rowers«,[4] in dem er dieses neue Zusammengehen mit den »Goten« und den schamlosen »Hunnen« anprangerte.

Das war der Augenblick, in dem Delcassé eine Chance für etwas Großartiges und Radikales witterte. Er brauchte dazu Unterstützung in Frankreich, und er fand sie. Seine fünfzehnjährige journalistische Tätigkeit, gefolgt von fünfzehn Jahren aktiver Politik, in denen er Frankreich immer wieder aufforderte, stark zu sein, hatten ihm Anhänger verschafft, darunter die hochintelligenten Brüder Jules und Paul Cambon. Beide hatten in Nordafrika hohe Positionen bekleidet – Paul war der führende Kopf in Frankreichs Protektorat Tunesien, Jules war Generalgouverneur von Algerien –, und beide hatten nach wie vor wichtige Verbindungen zu Franzosen in diesen Ländern. Mit seinen tiefliegenden Augen und seinem buschigen Bart ähnelte Paul einem Foxterrier; er ärgerte sich ständig, daß man bei den Parisern keine »Resonanz« fand und war überzeugt, daß sie ohne Männer wie ihn und seinen Bruder zwangsläufig der Dekadenz des späten Rom oder Byzanz verfallen würden. Paul war seit 1898 Botschafter in London. Der zwei Jahre jüngere Jules, dessen Kopf an einen Pekinesen erinnerte, war weniger frei heraus als sein Bruder. Er verstand sich auf Täuschungsmanöver und doppeldeutige Erklärungen und diente zunächst als Botschafter in Madrid, danach in Berlin, wo er Delcassés antideutsche Linie verfolgte. Auch Proust hatte Jules Cambon näher gekannt; er erwähnt seine »verschlagenen Augen . . . zusammengekniffen und schlau« und verspottet ihn in der Figur des dünkelhaften Monsieur de Norpois, der hinter seinen Klischees ein ganz unscheinbarer Mensch ist.

Es war Paul Cambon, der Botschafter in London, mit dem Delcassé die engere Zusammenarbeit begann. Cambon sollte dem britischen Außenminister, Lord Lansdowne, ein Arrangement über Nordafrika vorschlagen. Lansdowne war eifrig bestrebt, einen Freund zu finden, und hegte als Nachfahre Talleyrands persönliche Sympathien für Frankreich. Er zeigte sich interessiert. König Edward zeigte sich noch interessierter. Er beschloß gegen den Rat seines Kabinetts, wo man nichts überstürzen wollte, im Mai 1903 zu einem Staatsbesuch nach Paris zu reisen.

Der zweiundsechzigjährige englische König – wohlbeleibt, elegant gekleidet, rote Nelke im Knopfloch – verfügte über zwei nützliche Eigenschaften: Er sprach fließend Französisch, und er verstand es, den Leuten ihre Befangenheit zu nehmen. Nach seiner Ankunft im Bahnhof Bois de Boulogne fuhr er mit Präsident Loubet zur britischen Botschaft. Sein Adjutant, Charles Hardinge, folgte in der zweiten Kutsche mit Delcassé. »Obwohl sich auf den Champs-Elysées ziemlich viele Menschen eingefunden hatten, die dem König zujubelten, wenn er an ihnen vorüberfuhr, konnte ich nicht umhin zu bemerken, daß sich kleine Gruppen darunter befanden, aus denen gerufen wurde: ›*Vivent les Boers!*‹ Der König hörte das natürlich nicht, weil seine Kutsche von der Eskorte der Kürassiere mit ihren klappernden Pferdehufen umgeben war. Ich bin aber sicher, daß Delcassé etwas gehört hat und seinerseits hoffte, ich hätte nichts bemerkt, denn er versuchte die ganze Zeit, meine Aufmerksamkeit abzulenken, indem er wiederholte Male sagte: ›*Quel enthousiasme!*‹«⁵

Am selben Abend besuchte der König ein Theater; als er das Foyer betrat, erkannte er Jeanne Granier, eine begabte Schauspielerin. Er ging auf sie zu, und, nachdem er ihr die Hand geküßt hatte, sagte er: »Madame, ich erinnere mich, Ihnen in London applaudiert zu haben, wo Sie all den Charme und den Esprit Frankreichs verkörperten.« Diese wenigen, mit Gefühl gesprochenen Worte verbreiteten sich im Theater wie ein Lauffeuer, und als der König in seine Loge zurückkehrte, erhob sich das Publikum und applaudierte ihm.

Auch im Rathaus, dem Hôtel de Ville, bewies Edward sein Geschick. Als Antwort auf die Ansprachen mehrerer Präfekten sagte er: »Ich werde meinen Besuch in Ihrer bezaubernden Stadt nie vergessen, und ich kann Ihnen versichern, daß ich mit dem allergrößten Vergnügen nach Paris zurückkehre, wo ich mich stets wie zu Hause fühle.« Diese Worte, sagt Hardinge, »übten auf ganz Paris eine elektrisierende Wirkung aus«, und am Ende seines dreitägigen Staatsbesuchs jubelten ihm die Menschen zu: »*Vive Edouard! Vive notre bon Teddy!*«

Delcassé war mit dem Besuch des Königs hochzufrieden und legte nun eine härtere Gangart ein. Der Preis für Frankreichs Freundschaft, ließ er jetzt wissen, sei freie Hand für Frankreich in Marokko; dafür bekäme England freie Hand in Ägypten (die England *de facto* bereits hatte).[6]

Dieser Vorschlag war in doppelter Hinsicht erstaunlich. Marokko war ein souveräner Staat. Mit der Konvention von Madrid aus dem Jahre 1880 hatten die Großmächte (einschließlich England, Frankreich und Deutschland) Marokkos Unabhängigkeit garantiert und sich darauf geeinigt, daß der Handel mit Marokko allen offenstehen sollte. Überdies besaß Frankreich bereits das zweitgrößte Kolonialreich – allein in Afrika ein Gebiet von 11,5 Millionen Quadratkilometern, einschließlich Algerien und eines Protektorats in Tunesien – und konnte kaum den Anspruch auf noch mehr erheben, zumal Frankreichs Bevölkerung, anders als in Deutschland, wo die Forderung nach mehr Lebensraum verständlich war, nicht einmal groß genug war, um das vorhandene Territorium voll zu entwickeln.

Delcassé wußte das, aber er wußte auch, daß er etliche Trümpfe in der Hand hatte. Erstens waren die Franzosen damals so sehr mit ihrem Feldzug gegen den Klerus beschäftigt, daß sie für außenpolitische Angelegenheiten kaum Zeit hatten, und das spiegelt sich in den Sitzungsberichten des Parlaments wider. *Einmal im Jahr* – so unglaublich das klingen mag – wurde in der Nationalversammlung über Außenpolitik debattiert, und zwar dann, wenn über das Budget des Quai d'Orsay abgestimmt wurde. Im Senat vergingen sogar ganze fünf Jahre ohne eine ernsthafte außenpolitische Debatte. Nach 1905 sollte sich das ändern, aber bis dahin überließen die Franzosen die Außenpolitik dem Präsidenten und dem Gnom.

Delcassés zweite gute Karte war die Unterstützung von hohen Beamten im Quai d'Orsay, die mit einer Vergrößerung des Kolonialreichs Frankreichs Ehre wiederherstellen wollten; und sein dritter Trumpf war die Unterstützung von seiten des Afrika-Komitees, der mächtigsten Interessengruppe im Parlament. Finanziert wurde dieses Komitee von führenden Banken (einschließlich der des Grafen Greffulhe), von Schiffahrtsgesellschaften, Stahlwerken, Eisenbahngesellschaften, von Zeitungen der Rechten und von 70000 Elsaß-Lothringern, die sich in Algerien niedergelassen hatten. Vorsitzender war Eugène-Napoléon Etienne, der Abgeordnete von Oran in Algerien, ein stämmiger, quadratschädeliger, hartgesottener Säbelraßler, der als Beamter bei der algerischen Eisenbahn angefangen hatte und sich nun, wohl um seinem zweiten Namen gerecht zu werden, dazu aufgerufen fühlte, für Frankreichs *grandeur* zu werben.

Und schließlich konnte Delcassé mit der Sympathie der literarischen Avantgarde rechnen. André Gide und die Autoren in seinem Kreis schilderten ihre Besuche in Algerien in Büchern und Gedichten, als befände sich dort ein Garten Eden, wo Ziegenhirten im Schatten von Dattelpalmen und Orangenhainen Flöte bliesen. Nordafrika war in Paris ganz groß in Mode.

Delcassé schickte seine Vorschläge an Cambon, der sie Lansdowne unterbreitete. Nun war es gerade zu diesem Zeitpunkt das Ziel der britischen Politik – wir haben dafür die Aussage von Vicomte Grey – zu verhindern, daß Deutschland in der kolonialen Welt Häfen für sich bekam. Marokkos Häfen lagen sowohl am Mittelmeer als auch am Atlantik. Obwohl nichts dafür sprach, daß Deutschland ein habgieriges Auge auf sie geworfen hätte, würden auch in Zukunft alle Pläne in dieser Richtung scheitern, wenn England Delcassés Vorschläge annähme. Lansdowne signalisierte Interesse, aber diesmal war es Cambon, der zögerte. Er sah voraus, daß Delcassé die Deutschen mit seinen Plänen verärgern würde und bat ihn dringend, vor einem weiteren Vorgehen direkt mit Reichskanzler von Bülow zu verhandeln.

Delcassé hätte vielleicht auf Cambon gehört, wenn nicht inzwischen Eugène-Napoléon Etienne Präsident des außenpolitischen Ausschusses in der Nationalversammlung geworden wäre. Laut Delcassés Privatsekretär war »die Unterstützung von Etienne und seiner Gruppe (das französische Afrika-Komitee) für das Überleben des Kabinetts unentbehrlich«. Und Etienne war gegen jede Übereinkunft mit den Deutschen.

Die Gespräche in London gingen weiter, und am 8. April 1904 unterzeichnete Lansdowne ein englisch-französisches Abkommen. Obwohl Marokko von einem Sultan recht ordentlich regiert wurde, behaupteten die beiden Unterzeichnerstaaten, daß dort Unordnung herrsche, und stellten deshalb in Artikel 2 des Abkommens fest: »Die Regierung der Französischen Republik erklärt, daß sie nicht beabsichtigt, den politischen Status von Marokko zu ändern. Die Regierung Seiner britischen Majestät erkennt ihrerseits an, daß es Frankreich zusteht, insbesondere als einem Staat, dessen Herrschaftsgebiet über weite Strecken an Marokko grenzt, in diesem Land die Ordnung zu schützen sowie Hilfeleistungen zu gewähren für alle administrativen, wirtschaftlichen, finanziellen und militärischen Reformen, die dazu erforderlich sein könnten ...« Diese Formulierungen waren die übliche Umschreibung für wirtschaftliche Vorherrschaft, auf die der finanzielle Würgegriff und militärische Herrschaft folgen würden.

Bleibt anzumerken, daß das englisch-französische Abkommen die einzige veröffentlichte schriftliche Basis für die freundschaftliche Verbindung war, die sich nun – unterstützt von König Edward und Delcassé sowie allen, die Deutschland haßten – zwischen einflußreichen Engländern und Franzosen entwickeln sollte und die als *Entente cordiale* in die Geschichte einging.

Außer dem veröffentlichten Abkommen schlossen England und Frankreich noch ein Geheimabkommen. Darin hieß es, sollte der Sultan nicht mehr die Macht in seinem Land ausüben, würde der Teil von Marokko, der Gibraltar gegenüberliegt, an Spanien fallen. Im selben Jahr noch sicherte Delcassé Frankreichs Vormachtstellung durch einen zweiten Geheimvertrag, diesmal mit Spanien, in dem festgelegt wurde, daß sich Frankreich und Spanien im Falle von Unruhen Marokko teilen würden, wobei Frankreich vier Fünftel des Landes zufielen.

Nun schritt Delcassé rasch voran. Am 12. Juni 1904 stellte ein Konsortium von elf französischen Banken einen Kredit von 62,5 Millionen Francs zu einem Zins von fünf Prozent bereit. Als Sicherheit dienten marokkanische Zollabgaben, die von französischen Beamten mit Unterstützung der französischen Gesandtschaft eingezogen werden sollten. Im Dezember wies Delcassé, ungeachtet der »Unabhängigkeit« Marokkos, den französischen Residenten in Fez, Saint-René Taillandier, an, mit Reformen bei der Polizei zu beginnen, eine französisch beherrschte Staatsbank einzurichten, Straßen und Eisenbahnen zu bauen, für die Verbreitung der französischen Sprache zu sorgen und Schadensansprüche von Algeriern zu regeln, die sich aus angeblichen marokkanischen Überfällen ergaben.

Taillandier kündigte diese Reformen am 22. Februar 1905 in einer Rede vor der Versammlung der marokkanischen Honoratioren an und fügte hinzu, daß sie »die Zustimmung anderer ausländischer Repräsentanten in Tanger« hätten.

Das war allerdings unwahr. Aufgrund von Delcassés undurchsichtigen Methoden und weil er jeden direkten Meinungsaustausch mit der

Wilhelmstraße in Berlin ohnehin verabscheute, war Deutschland nicht unterrichtet worden. Deutschland gehörte jedoch zu den Unterzeichnerstaaten des Madrider Abkommens aus dem Jahr 1880, das, wie wir gesehen haben, Marokkos politische Unabhängigkeit und für alle Mächte gleiche Chancen im Handel mit Marokko garantierte.

Im Frühjahr 1905 unternahm der deutsche Kaiser eine Atlantikfahrt auf seiner Yacht *Hamburg*. Er war 46 Jahre alt, ein breitschultriger Mann von mittlerer Größe. Er hielt sich stets sehr aufrecht, hatte blondes lockiges Haar, eine gerade Nase, blaue Augen, einen resoluten Mund und darüber einen Schnurrbart mit gewachsten, nach oben gedrehten Enden. Meistens trug er Uniform, weil sich die preußische Gesellschaftsstruktur weitgehend aus dem Militär entwickelt hatte. Wenn man ihm zum ersten Mal begegnete, wirkte er zunächst steif, entspannte sich aber bald. Er redete schnell mit einer angenehmen, kräftigen Stimme, lachte gern und erzählte mit Begeisterung Witze; manchmal klaute er welche aus *Punch,* vor allem Irenwitze, die er sogar mit irischem Akzent zum besten gab.[7]

Wilhelm hatte in Bonn Jura studiert und war dann in ein Kavallerie-Regiment eingetreten. Trotz eines verkrüppelten Arms machte er sich bald einen Namen als ausgezeichneter Reiter, Schütze und Fechter. Er hatte eine fromme, rundliche Frau geheiratet, die ihn vergötterte und ihm einen Sohn und sechs Töchter gebar. Bei einem Volk, das sich einen Herrscher vom Zuschnitt des typischen deutschen Aristokraten wünschte, mußte sich der Kaiser größter Popularität erfreuen – und er tat es.

Wilhelm konnte einem die jeweiligen Vorzüge von Benzin und Kartoffelsprit für Automotoren erklären, was er sogar bei seinem Onkel Edward VII. unter Beweis stellte. Er konnte auf den ersten Blick jede Uniform und jede Auszeichnung erkennen und ihre geschichtliche Herkunft erklären. Er verstand etwas von Kriegsschiffen und versuchte sogar einmal, selbst eines zu entwerfen. Er kannte sich in der Damenmode aus und wählte jedes Jahr zwölf Hüte aus als Geburtstagsgeschenk für seine Frau. Er malte, arrangierte Ballettaufführungen, entwarf eine Kapelle für eines seiner Schlösser und nahm an archäologischen Ausgrabungen in Korfu teil.

Wilhelms hervorstechendste Eigenschaft war seine Liebe zum Meer und seine Leidenschaft für Schiffe. Nie war er glücklicher als am Steuer seiner Rennyacht während der Kieler Woche. Diese Liebe zur See wird auch in seiner Außenpolitik sichtbar. Er wollte, daß sich Deutschland durch harte Arbeit und den Ausbau des Handels zu einer

Weltmacht entwickelte, und war der Überzeugung, daß nur eine starke Marine den Schutz der deutschen Aktivitäten im Ausland gewährleisten konnte. Nach den Worten des britischen Botschafters, der ihn bestens kannte, war »der Kaiser friedliebend, und ich glaube, viele Menschen wären überrascht von seiner Klugheit und seiner Geduld ... Es wäre einiges nötig, um ihn in den Krieg zu treiben, und er würde verlangen, daß die gesamte Nation hinter ihm steht.«

»Mit Volldampf voraus« war einer von Wilhelms Lieblingsausdrükken. Er selbst war ständig unterwegs – zur Eröffnung von neuen Schulen, technischen Hochschulen, Krankenhäusern, wo er patriotische Reden hielt, die in den Ohren Nicht-Deutscher überheblich und sogar beleidigend klangen. Am Neujahrstag 1900 versprach er zum Beispiel die Wiedergeburt der Marine, damit Deutschland den Platz erränge, den es noch nicht erreicht habe.

Wilhelm hielt sich für einen großen Außenpolitiker. Er war überzeugt, daß er persönlich den Frieden in Europa erhalten könnte, wenn er nur eng mit seinem umgänglichen Kanzler, Bernhard von Bülow, zusammenarbeitete und seine herrschenden Kollegen auf den Thronen Europas liebenswürdig behandelte. Aber Wilhelm II. war zu sehr ein Besserwisser, um wirklich liebenswürdig zu sein. Er hatte die leidige Angewohnheit, anderen gegenüber anzudeuten, daß sie längst nicht so tüchtig seien wie er. Damit hatte er schon Edward VII. verärgert, und das gleiche schaffte er bei Zar Nikolaus II.

Während der Kaiser seine Frühlingskreuzfahrt genoß, erfuhr Reichskanzler von Bülow von der Rede, die Saint-René Taillandier in Fez vor den marokkanischen Honoratioren gehalten hatte. Bülow wußte von dem Abkommen, in dem Frankreich durch England freie Hand gewährt worden war, und hegte vielleicht auch einen gewissen Verdacht wegen der Geheimverträge. Er war wütend über Taillandiers einseitige Maßnahmen und schrieb an seinen Botschafter in London, wenn Deutschland dazu schweige, käme dies einem Verzicht auf die wirtschaftlichen Interessen Deutschlands in Marokko gleich, und man würde die Welt mit einer passiven Haltung geradezu ermutigen, auch in anderen, vielleicht noch wichtigeren Fragen ähnlich rücksichtslos zum Nachteil der Deutschen vorzugehen.

Bülow schickte eine Nachricht an die *Hamburg,* in der er den Kaiser bat, in Tanger zu landen, zur deutschen Gesandtschaft zu fahren und in einer Rede den deutschen Standpunkt darzulegen. »M. Delcassé«, beklagte er sich, »hat uns in dieser Angelegenheit vollkommen übergangen.«

Wilhelm hielt zwar gerne Ansprachen – er kam auf ungefähr fünfzig im Jahr –, lehnte jedoch Bülows Ersuchen zunächst ab, weil er weder an Frankreich noch an Marokko sonderlich interessiert war. Als Bülow jedoch erklärte, wie notwendig es sei, hier eine feste Haltung zu beweisen, willigte Wilhelm schließlich ein. Da er wußte, daß die Marokkaner ihre Besucher mit Gewehrschüssen zu begrüßen pflegten, bat er, man möge sein Pferd gut darauf vorbereiten, damit es nicht nervös würde.

Am Morgen des 31. März 1905 machte ein steifer Ostwind eine Landung unmöglich. Als sich der Wind am Nachmittag legte, ging der Kaiser an Land. Sein weißes Berberpferd scheute beim Anblick der goldbetreßten und mit Orden besteckten Uniform, konnte aber bald wieder beruhigt werden. Mit einer Reiterschar im Gefolge zog Wilhelm in Tanger ein, von der männlichen Bevölkerung mit Gewehrschüssen, von der weiblichen, die sich auf den Dächern drängte, mit Blumen begrüßt. Vor der deutschen Botschaft stieg er ab und empfing die Abgesandten des Sultans. Anschließend erklärte er in einer Rede, er habe großes Interesse am Wohlstand und Wachstum des marokkanischen Reichs; er besuche den Sultan als einen unabhängigen Herrscher, und er hoffe, daß sich Marokko unter dem Einfluß des Sultans dem friedlichen Wettbewerb aller Nationen öffne, ohne Monopole oder Ausnahmen. Man applaudierte ihm herzlich, und dann ging er wieder an Bord. Als Bülow erfuhr, daß bei diesem Auftritt, der für ihn einen so hohen Symbolwert hatte, alles glatt gegangen war, vergoß er Tränen der Erleichterung.

Der Besuch des Kaisers in Tanger und seine Rede verursachten in London riesige Aufregung, was aus heutiger Sicht kaum zu verstehen ist. *The Times* nannte den Vorfall »provokativ« und schrieb, Deutschland beabsichtige mit seinem Einschüchterungsversuch gegenüber Frankreich, die englisch-französische Entente aufzubrechen. Niemand, nicht einmal die Linke, sagte, daß Frankreich provokativ gewesen sei. Edward VII. schrieb an Lansdowne: »Der Zwischenfall von Tanger ist das mutwilligste und ungerechtfertigste Ereignis, das der deutsche Kaiser seit seiner Thronbesteigung heraufbeschworen hat. Es ist außerdem ein theatralisches politisches Fiasko ... Er ist und bleibt ein politisches *enfant terrible*, und man kann keinerlei Vertrauen zu irgendeiner seiner Zusagen haben. Sein einziges Vergnügen scheint in dem Wunsche zu bestehen, ein Land gegen das andere aufzuwiegeln.«[8]

Der König ärgerte sich um so mehr, als die deutsche Regierung ihren Freund, Präsident Roosevelt – noch so ein Draufgänger nach Wilhelms Art –, gebeten hatte, das marokkanische Problem in Ordnung zu bringen. Roosevelt erklärte sich bereit, zwischen Deutschland und England zu vermitteln, mußte aber am 19. Mai Baron Sternburg mitteilen, »die britische Regierung habe ihm zu verstehen gegeben, daß sie keine besseren Beziehungen zu Deutschland wünsche« und »... daß Großbritannien sich um seine Angelegenheiten selbst kümmern könne«. Er sagte, er könne beim besten Willen nicht mehr tun, ohne unhöflich zu erscheinen.

Wie reagierte man in Paris auf die überraschende Landung des Kaisers? Die Presse spielte die Tatsache hoch, daß Wilhelm Uniform getragen hatte, komplett mit Stiefeln und Degen, und stellte das Ereignis als ein weiteres Beispiel für deutsches Säbelrasseln und einen Affront gegen Frankreichs zivilisatorischen Auftrag in Afrika dar. Der Premierminister – seit Januar 1905 Maurice Rouvier – wußte als ehemaliger Bankier, wie wichtig für die Geschäftswelt korrekte, wenn schon nicht herzliche Beziehungen zu Deutschland waren. Der zweiundsechzigjährige Rouvier hegte keine Sympathie für die Politik seines jüngeren Außenministers oder für dessen undurchsichtige Methoden, obwohl weder er noch sein Kabinett das volle Ausmaß von Delcassés Vorgehen kannten. So unglaublich das scheint, aber sie waren tatsächlich über die Geheimverträge mit England und Spanien nicht informiert worden. Nach Rouviers Meinung sollte das Abkommen mit England Deutschland offiziell mitgeteilt werden und ebenso die weitreichenden »Reformen«, die Taillandier angekündigt hatte. Rouvier drängte Delcassé, zugunsten besserer Beziehungen mit Deutschland den ersten Schritt zu tun, aber der Außenminister weigerte sich.

Am 22. Januar 1905 kam es in Rußland zu einem blutigen Massaker an Demonstranten. Delcassé verteidigte die russische Regierung und verlor dadurch die Unterstützung des linken Flügels seiner Partei. Am 19. April wurde er in der Nationalversammlung heftig kritisiert, weil er es versäumt hatte, Deutschland zu konsultieren. Das Parlament verlangte, genauer über dieses Thema informiert zu werden, doch Delcassé weigerte sich wie üblich.

Am 1. Mai war Edward VII. wieder einmal in Paris und nutzte die Gelegenheit, um Delcassé massiv zu unterstützen. Die Presse hatte inzwischen gemerkt, daß Delcassé zu weit gegangen war, und die meisten Zeitungen kritisierten den König, weil er versuchte, Frankreich und Deutschland einander zu entfremden.

Inzwischen hatte der Sultan von Marokko, unterstützt von Wilhelm II. und Kanzler von Bülow, eine Konferenz vorgeschlagen. Delcassé jedoch lehnte eine Konferenz entschieden ab. Dann, Ende Mai, erlitt die russische Flotte eine verheerende Niederlage gegen Japan, und Rußland sah sich gezwungen, Friedensverhandlungen aufzunehmen. Angesichts der erbärmlichen Vorstellung ihres vermeintlich so starken Verbündeten machte sich im französischen Kabinett und in der öffentlichen Meinung Unbehagen bemerkbar. In einer Kabinettssitzung am 6. Juni erhielt Rußlands Fürsprecher Delcassé für seine feindliche Haltung gegenüber Deutschland und seine Ablehnung einer Konferenz keine Unterstützung und mußte zurücktreten.

Sowohl Frankreich als auch Deutschland bereiteten sich auf eine Konferenz über Marokko vor, die in Südspanien stattfinden sollte. Wilhelm war aufgrund seiner persönlichen Intervention in Tanger nun in eine direkte Auseinandersetzung mit Frankreich verwickelt und spielte von diesem Zeitpunkt an eine führende Rolle in der Verteidigung des für die Deutschen sakrosankten Abkommens von 1880, das die Unabhängigkeit Marokkos und gleiche Handelsrechte für Deutschland in Marokko gewährleisten sollte. Würde Frankreich nun, nach Delcassés Rücktritt, seine expansionistische Politik aufgeben? Diese Frage führte zu einer weiteren. Waren einflußreiche Franzosen inzwischen bereit, ihren Groll wegen des Verlustes von Elsaß-Lothringen zu überwinden und zu vergessen, daß sie in der Schule gelernt hatten, ihr Nachbar sei ein unverbesserlich kriegerisches Volk? Würden sie bei der Entspannung mitmachen?

Die Antwort hing von der öffentlichen Meinung ab und die wiederum von den Meinungsmachern, die nicht ausschließlich, ja nicht einmal vorwiegend, Journalisten und Leitartikler waren. In dieser Zeit waren es vor allem die kreativen Pariser – die Dichter, Romanciers und Bühnenschriftsteller, Maler, Choreographen und Komponisten –, die den Zeitgeist prägten und zur Bildung neuer Maßstäbe beitrugen, nach denen sich allmählich die allgemeine Einstellung und insbesondere die Haltung gegenüber fremden Ländern, gegenüber Krieg und Frieden entwickelten. Auf die einflußreichsten dieser schöpferischen Menschen wollen wir in den folgenden Kapiteln genauer eingehen.

KAPITEL IV

Furchtlos auf der Suche nach Wahrheit: André Gide

Auf einem großen Ölgemälde eines damals gefragten Porträtisten[1] sieht man fünf junge Männer vor dem Maurischen Café auf der Pariser Weltausstellung. Der eine ist Arzt, der andere Rechtsanwalt, der dritte ein Großgrundbesitzer, alle mit literarischen Neigungen. Der vierte ist ein Algerier in Turban und Dschellaba; sein Name ist Athman. Die beherrschende Figur in dieser Gruppe ist ein gutaussehender Mann mit einem langen Gesicht und langem, herabhängenden Schnurrbart. Er sitzt dort in einem weiten schwarzen Mantel, einen Filzhut mit breiter Krempe auf dem Kopf, den Ellbogen auf den Schenkel gestützt und mit einer Zigarette zwischen den Fingern. Es ist André Gide, und das Bild heißt »André Gide und Freunde«. Diesen Freunden hatte Gide die Schönheiten und den Reiz Nordafrikas gezeigt, und seinem Führer und Protegé Athman hatte er eine Arbeit im algerischen Pavillon verschafft. André Gide war damals einunddreißig Jahre alt, unternehmungslustig, scharfsinnig, ein furchtloser Denker, und die Kritiker meinten, er könne ein großer Schriftsteller werden, wenn er erst einmal zu sich selbst gefunden hätte; das aber dürfte nicht einfach gewesen sein, denn er hatte ein sehr komplexes Naturell, das sich nicht zuletzt aus seiner ungewöhnlichen Herkunft erklärte.[2]

André Gide war das einzige Kind von Paul Gide, einem Professor für Rechtswissenschaft, und Juliette Gide, geborene Rondeaux; beide waren fromme Calvinisten. Ihr Haus auf einem 400 Hektar großen Besitz bei Dieppe in der Normandie war mustergültig geführt. Die Fußböden waren spiegelblank, Stoffhüllen schützten die Möbel vor Staub, über die Ausgaben für den Haushalt wurde genau Buch geführt. Aber es wohnte auch Liebe darin. Paul Gide, ein sanftmütiger Gelehrter mit herabhängenden Schultern, nannte André »*mon petit ami*« und war seiner Frau, einer großen schönen Erscheinung, sehr zugetan. Die Familie engagierte eine schottische Erzieherin, Anna Shakleton, die alle sehr mochten, und André hatte das Glück, daß ihm Anna nicht nur Englisch und Deutsch beibrachte, sondern auch Klavierunterricht gab – er wurde ein fast konzertreifer Pianist –

und daß sie ihn in Insektenkunde unterwies, wodurch er Verständnis für die Natur entwickelte und sehr bald von ihrer Schönheit begeistert war.

Als André elf Jahre alt war, starb sein Vater, und die nächsten Jahre verbrachte er fast ausschließlich in weiblicher Gesellschaft – in der seiner nun ziemlich herrischen, einschüchternden Mutter, der von Anna Shakleton und der seiner Cousine Madeleine Rondeaux, einem hübschen, ungewöhnlich liebenswerten und phantasiebegabten Mädchen, das ebenfalls calvinistisch erzogen war und das sich durch die Lektüre von religiösen Büchern ein eigenes inneres Reich geschaffen hatte.

Madame Gide und ihr Sohn zogen nach Paris, damit André die Ecole Alsacienne besuchen konnte (Paul hatte Verbindungen zum Elsaß gehabt). Als sich bei André immer deutlicher ein Talent zum Schreiben herausbildete, kam man überein, daß er ein professioneller *homme de lettres* werden sollte. Er besuchte literarische Salons, aber die damaligen Literaturarten – Symbolismus, zynischer Realismus und Satanismus – hatten keinen Reiz für jemand, der an die Existenz Gottes und der Seele glaubte und der nach einem tieferen Glück strebte. Auf einer Reise nach Nordafrika hatte er die Wüste kennengelernt – ihre gewaltige Größe und das Gefühl der Freiheit –, und in seiner ersten unreifen Prosadichtung feierte er die Freuden, die in diesem »irdischen Paradies« zu finden waren.

Als er 26 Jahre alt war, starb Madame Gide, und André bat Madeleine Rondeaux, ihn zu heiraten. Sie waren zusammen aufgewachsen, fast wie Bruder und Schwester; sie liebten sich, aber ihre Liebe hatte so gut wie keine sexuelle Basis, da sich André mehr für Jungen interessierte und Madeleine sich aufgrund ihrer strengen calvinistischen Erziehung vor körperlicher Liebe fürchtete. Außerdem bestand die Gefahr, daß sie keine gesunden Kinder bekommen würden, weil sie Vetter und Cousine ersten Grades waren. Sie vereinbarten eine *mariage blanc* und wurden 1895 getraut. In den fünf Jahren, die seither vergangen waren, hatte sich ihre Ehe als gut und glücklich erwiesen.

Gide und seine Freunde hatten auf der Weltausstellung nicht nur für ihre Porträts posiert, sondern auch die Ausstellung selbst in ihrer ganzen Vielfalt durchforscht, wobei Gide sich besonders für ausländische Kunst begeisterte. Da er selbst Bühnenstücke schrieb, hatte es ihm das japanische Theater besonders angetan, und mit der für ihn typischen Art von Begeisterung ging er sechsmal hin, um die Aufführungen zu sehen.

Daneben plante er eine Winterreise für sich, Madeleine, Athman und Henri Ghéon, der ebenfalls zu den Porträtierten gehörte. Ghéon war der einzige Sohn einer verwitweten, sehr dominierenden Mutter. Er war praktischer Arzt in Bray in der Normandie und teilte Gides literarische und homosexuelle Neigungen.

Im Dezember 1900 machten sich die vier auf die Reise via Marseille: Gide, gewandt und umsichtig, hatte die Führung übernommen; Madeleine, blaß, leicht ermüdend und still; Athman, unaufhörlich in gebrochenem Französisch plappernd; und Ghéon – mit seinem runden Gesicht, roten Backen, weißen Zähnen, dunklem Bart –, frohsinnig und strahlend vor Begeisterung. Ghéon schwamm nicht gerade in Geld; deshalb hatte Gide die Fahrkarte für ihn bezahlt, was er sich, wohlhabend wie er war, ohne weiteres leisten konnte. Trotzdem reisten sie nun alle dank calvinistischer Sparsamkeit zweiter Klasse.

Nach der Ankunft in Algier ging es weiter nach Süden bis Biskra am Rand der Wüste. Hier mieteten sie Zimmer im Hotel Royal. Madeleine war zu Anfang des Jahres auf der Place de la Concorde von einem Auto angefahren worden; sie hatte sich beide Arme gebrochen und war noch nicht ganz wiederhergestellt. Deshalb sollte sie in Biskra bleiben, während die Männer einen Ausflug in die Wüste unternahmen.

Nach zwei Tagen erreichten sie die Dattelhaine der Oase von Touggourt. Gide schickte Madeleine ein Telegramm, damit sie sich keine Sorgen machte. Trotzdem fürchtete sie sich in der fremden Umgebung. »O Lieber, diese Einsamkeit ist schrecklich«, schrieb sie an André, »viel schrecklicher, als ich dachte. Und es sind erst zwei Tage vergangen.« Und sie fügte als Nachschrift hinzu: »Mein lieber, mein einzig Geliebter, komm zurück, komm zurück.«[3]

Aber Gide dachte nicht daran, gleich wieder umzukehren. Er erkundete mit Ghéon die Oase. Die Mauern waren aus rosigem Lehm errichtet, »der durch das Wasser etwas dunkler wird, den die brennende Sonne rissig, die Hitze hart werden läßt und der beim ersten Regenguß aufweicht und zu plastischem Ton wird, in dem der Abdruck eines nackten Fußes erhalten bleibt«. Da waren Palmen, die sich im Wind bogen, Ringeltauben, der Klang einer Flöte: »Ich ging dahin«, sagte Gide, »in einer Art von Ekstase, von stummer Wonne, geistig und körperlich freudig erregt.«

In Biskra hatte Gide in der Zeitung die Nachricht vom Tod Oscar Wildes gelesen. Er hatte den Iren, der nach seiner Entlassung aus dem Gefängnis in Paris lebte, gut gekannt und ihn als klugen, tapferen Kämpfer für sexuelle Aufrichtigkeit geschätzt. Er wäre bei der Beerdi-

59

gung auf dem Friedhof Père Lachaise gern dabeigewesen. Gewiß, Wilde hatte ihn manchmal ermüdet, wenn er heidnische Freuden höhnisch gegen christliche Ideale ausspielte, denn Gide glaubte, daß beide in Einklang gebracht werden könnten und müßten.

Zu diesem seltsamen Glauben hatte er nicht zuletzt durch die Lektüre von Friedrich Nietzsche gefunden. Gide hatte nur ein Buch des 1900 verstorbenen Nietzsche gelesen – die philosophische Dichtung *Also sprach Zarathustra* –, aber er kannte die Besprechungen der anderen Werke und hatte etliche seiner schlagwortartigen Maximen aufgeschnappt. Eine dieser Maximen lautete: »Das Beste in uns ist das, was uns von anderen trennt.« Was Gide von anderen trennte, war seine Päderastie. War das wirklich das Beste in ihm?

In seinen sexuellen Beziehungen zu Knaben fand Gide mehr als nur körperliche Befriedigung. Ihre Schönheit, ihre kräftigen jungen, gebräunten Körper, ihre Spontaneität, der jeglicher Hintergedanke fehlte, erfreuten auch seine Seele. Für die Calvinisten ist die Ehe ein Sakrament, und für Gide waren seine Erfahrungen mit Knaben in gewisser Weise etwas Ähnliches. Da die Knabenliebe seine Seele beflügelte, war sie seiner Ansicht nach nichts, dessen er sich schämen mußte, sondern eine von vielen Möglichkeiten, seinen Schöpfer zu erfahren und zu preisen.

Während Gide und Ghéon die Oase erforschten und aufschrieben, was sie entzückte, versorgte sie Athman mit Mahlzeiten aus einer Art Imbißstube und brachte sie abends zu »interessanten« Cafés. Sie plauderten mit Jungen, deren gutes Aussehen ihr Interesse geweckt hatte, und genossen ihr Leben am Rande dieser gewaltigen, geheimnisvollen Wüste in vollen Zügen.

Ghéon gab sich gierig und voller Freude dem Vergnügen hin, als äße er eine köstliche Frucht. Gide dagegen beobachtete sich dabei; er blieb auch beim Vergnügen der Schriftsteller, der neue Nuancen auskostete, sie analysierte und der mit Genuß konventionelle Tabus brach. Er wollte seine Erfahrungen mit Ghéon vergleichen, aber der wollte nichts davon wissen. Es gab sogar Augenblicke, in denen sich Ghéon schockiert von Gide abwandte.

Ghéon hatte sich von dem Katholizismus, den ihm eine allzu fürsorgliche Mutter vermittelt hatte, losgesagt und bezeichnete sich nun als Agnostiker. Trotzdem fielen ihm in der Oase Dinge ins Auge, die von Gide unbemerkt blieben. Er schrieb ein gutes Gedicht über ein kleines, weiß getünchtes, mit einer Kuppel überdachtes Gebäude, in dem ein heiligmäßiger Lehrer still und zurückgezogen lebte: »Mit klaren Linien, abstrakt, grell weiß, und nach den Worten seines

Bewohners ›der Gedanke, mit dem er Gott denkt‹.« Er bemerkte auch einen frommen, aber leicht verrückten Eremiten, der an die dreißig Burnusse trug und sie einmal im Jahr abnahm, um das Ungeziefer über einem Feuer auszuschütteln und vor den Flammen zu tanzen. Für die Schlichten und Armen hatte Ghéon immer ein Herz gehabt.

Eine Woche lang frönten die beiden jungen Schriftsteller ihrem Vergnügen. Wegen Madeleine machte sich Gide keine allzu großen Sorgen. Unschuldig und weltfremd wie sie war, hatte sie keine Ahnung, daß es so etwas wie Päderastie gab. Sie saß in ihrem Hotel und las das neueste Buch des Dominikaners Henri Didon über das Seelenleben; bei Sonnenaufgang und bei Sonnenuntergang unterbrach sie ihre Lektüre, um auf das Minarett des Hotels zu steigen und die Schönheit des Himmels mit ihrem fernen geliebten André zu teilen.

Am Weihnachtstag, nach einem dreizehnstündigen Maultierritt, kehrten Gide, Ghéon und Athman zurück. Madeleine, überglücklich, erzählte André, wie einsam sie sich gefühlt hatte und daß sie einen Platz in der Postkutsche nach Touggourt gebucht, ihn jedoch am Abend wieder abgesagt hatte: Es wäre doch zu teuer geworden, und André wäre vielleicht ungehalten gewesen – letzteres mit Sicherheit.

Die Heimreise traten sie ohne Athman an, der in Algerien blieb. Ghéon kehrte in seine Arztpraxis zurück, und Gide verbrachte seine Zeit abwechselnd in seinem Haus in Cuverville in der Normandie und in Paris. Er korrespondierte mit befreundeten Schriftstellern, vor allem mit Francis Jammes, der in den Pyrenäen lebte und den Gide und Ghéon für den besten lebenden Poeten hielten. Er spielte Klavier, am liebsten Schubert, lud Nachbarn zum Tennis und Pariser Freunde übers Wochenende ein. Ghéon kam in seinem Auto zu Besuch, das so viele Pannen hatte, daß sie es das »Antimobil« nannten, bis ein Mechaniker entdeckte, daß Ghéon die Batterien falsch verkabelt hatte.

Mehr als alles andere genoß Gide die stille Gegenwart von Madeleine. »Die Ehe war für Gide etwas *Heiliges*«, sagt sein Sekretär, »unbelastet von den Problemen, Gefühlen (oder Tragödien) der körperlichen Begierde ... In Madeleines Anwesenheit wurde Gide sehr schlicht, soweit er das überhaupt sein konnte.«[4]

An seiner innigen und fürsorglichen Zuneigung zu Madeleine kann es kaum Zweifel geben. An ihrem zwölften Hochzeitstag schrieb sie an Gide: »Heute sind es zwölf Jahre, daß wir in das kleine Rathaus von Cuverville eingetreten sind – und morgen zwölf Jahre, daß mir der Weg nach Etretat so kurz erschien. – So kurz und gut waren die zwölf Jahre, die ich an Deiner Seite, mein Geliebter, verbracht habe.

Das letzte Jahr war immer das beste. Gebe Gott, daß es immer so sein wird bei allen, die er uns noch schenkt. – Ich lege meinen Kopf auf Deine Schulter und umarme Dich.«[5]

Paris wurde für Gide immer wichtiger. Dort traf er seine zahlreichen literarischen Freunde, darunter auch den Herausgeber von *L'Ermitage,* der seine Arbeiten veröffentlichte. In Paris sah er die neuesten Theaterstücke und besuchte die Salons. Dort frönte er auch seiner Leidenschaft für Knaben, die er gewöhnlich in den türkischen Bädern fand. Nur Ghéon wußte davon, und auf ihn war Verlaß.

Gides Besuch in Algerien hatte ihm die Freuden und das Dilemma der Bisexualität konkret vor Augen geführt. In seinem Privatleben glaubte er das schwierige Problem, ein fürsorglicher, platonisch liebender Gatte zu sein und gleichzeitig seine sexuellen Bedürfnisse zu befriedigen, gelöst zu haben. Aber das allein genügte ihm nicht länger. Er wollte etwas tun, das weder Oscar Wilde noch irgendein Schriftsteller seit den Tagen der Römer getan hatte: Er wollte in einem Buch den Gefühlskonflikt eines bisexuellen Menschen beschreiben, und wenn er nicht seine wahre Natur vor Madeleine enthüllen wollte, mußte er sehr vorsichtig zu Werke gehen.

Michel, der Protagonist und Erzähler in Gides Roman *Der Immoralist,* ist Archäologe und eigentlich, wie sein Vater, ein Freidenker, aber er hat Skrupel dank einer streng calvinistischen Mutter. Während einer Reise nach Nordafrika erkrankt Michel an Tuberkulose. Seine Frau Marceline pflegt ihn hingebungsvoll. »Du *wirst* gesund werden«[6], tröstet sie ihn, aber als sie hinzufügt, daß sie für ihn beten wird, wehrt er sich – er will Gott nichts schuldig sein.

Michel ist bald so weit genesen, daß er in den Dattelhainen der Oase spazierengehen kann. Hier trifft er ein paar Ziegenhirten. Er fühlt sich angezogen von ihrer Vitalität und ihrer Schönheit, gewinnt in ihrer Gegenwart neue Kraft und nimmt an ihren harmlosen Spielen teil. Auch Marceline freundet sich mit einigen dieser Knaben an, vor allem mit den ärmeren, die ihr leid tun.

Einmal bemerkt Michel, wie sich einer der Knaben leise dem Tisch nähert, auf dem neben Marcelines Handarbeit eine kleine Schere liegt, wie er verstohlen nach der Schere greift und sie blitzschnell in den Falten seines Burnus verschwinden läßt. »Mir schlug das Herz einen Moment lang heftig, aber selbst die vernünftigsten Überlegungen konnten nicht das geringste Gefühl der Empörung in mir auslösen. Noch mehr! Es gelang mir nicht, mich davon zu überzeugen, daß mich ein anderes Gefühl erfüllte als Vergnügen, Belustigung.«[7]

Michels Calvinismus ist offensichtlich im Schwinden. Er beschützt den Jungen, indem er eine Geschichte erfindet, um das Verschwinden der Schere zu erklären. Durch den Umgang mit den gutaussehenden Knaben wächst in ihm der Wunsch, selbst einen schönen Körper zu haben; bisher hat er für seinen Körper nur calvinistische Schamgefühle gehabt. Er nimmt Sonnenbäder, macht Gymnastik, rasiert sich seinen Gelehrtenbart und den Schnurrbart ab. Er schläft mit Marceline und macht sie schwanger.

Wieder genesen kehrt Michel mit Marceline nach Frankreich zurück. Dort gerät er unter den Einfluß eines zwielichtigen, aber erfolgreichen Nietzscheaners, der Michel drängt, das Besondere an sich zu entwickeln – den Teil seines Wesens, den die Gesellschaft mißbilligen würde.

Marceline verliert ihr Kind und erkrankt an Tuberkulose. Michel bringt sie in den Süden. In Rom kauft er für sie einen großen Strauß blühender Mandelzweige, aber sie duften so stark, daß ihr davon schwindlig wird. Michel ärgert sich darüber. Sie reisen weiter nach Algerien. Obwohl Michel seine Frau immer noch liebt, empfindet er sie jetzt, da sie krank ist, als Last. Allabendlich verläßt er sie, um sich in obskuren Cafés herumzutreiben.

Eines Nachts, während Michel bei einer Prostituierten ist, erleidet Marceline einen Blutsturz. Michel kehrt zu spät zurück, um sie zu retten. Er braucht einige Zeit, um den Schock zu überwinden, und beschließt dann, sich in Algerien niederzulassen. Er lebt mit einer Prostituierten zusammen, die einen gutaussehenden jüngeren Bruder hat. In den letzten Zeilen des Romans heißt es, daß Michel allmählich dem Bruder den Vorzug gibt.

Zola wurde in seinem späteren Leben von einem Italiener gebeten, sich mit einem deutlichen Wort für die Sodomie (das Wort Homosexualität war damals noch nicht geprägt) einzusetzen, aber Zola, obwohl er mutig und bereits ein bedeutender Mann war, hatte abgelehnt. Sodomie war in doppelter Hinsicht ein Minenfeld. Sie wurde nicht nur im Alten und Neuen Testament und von Katholiken und Protestanten verboten, sondern galt auch als Symptom für eine Degeneration der Nerven und deshalb als erblich. Gab sich ein Mitglied einer Familie offen als Päderast zu erkennen, war der Rest praktisch nicht mehr heiratsfähig – die Sünden des Vaters würden an die Kinder weitergegeben werden. Also hüllte man das Thema in den Mantel des Schweigens, und viele hielten das für das Vernünftigste.

Gide wagte es, den Mantel zu lüften, vorsichtig allerdings wegen Madeleine, aber in Verbindung mit so viel Schönheit und Kunst, daß die Menschen, die den Roman lasen, das Dilemma eines Mannes, der sich sowohl zu Knaben als auch zu Frauen hingezogen fühlte, verstanden oder sich verpflichtet fühlten, darüber nachzudenken.

Obwohl *Der Immoralist* von vielen Kritikern und von der Kirche abgelehnt und verurteilt wurde, befreite Gide mit diesem Werk den Roman vom Zynismus des späten neunzehnten Jahrhunderts. Von der Jugend wurde das Buch mit Begeisterung aufgenommen. Da Gide von der Arbeit in Paris immer mehr in Anspruch genommen wurde, beschloß er im Jahr 1904, sich eine Villa in Auteuil zu bauen. Es wurde kein besonders schönes Haus – Gide fehlte es an visuellem Geschmack –, aber es war von 1905 an für einen großen Teil des Jahres Gides Pariser Zuhause, und ein Besuch dort war für jeden aufstrebenden Schriftsteller obligatorisch.

Gides Aufruf an die französische Jugend: »Seid euch selbst gegenüber ehrlich, und wenn es der Gesellschaft noch so mißfällt« verhallte nicht unwidersprochen. Paul Valéry wohnte in einer Pariser Pension – seine Bibliothek war ein offener Schrankkoffer – und grübelte über alle möglichen Themen nach, von der Logik bis zur Musik; an einer Wand seines Zimmers hing das Bild eines Skeletts, damit er ja nicht vergaß, allen Dingen gründlich, bis auf die Knochen, nachzuspüren. Valéry und Gide waren Freunde – als Valéry heiratete, war Gide Trauzeuge –, aber Valéry war etwas beunruhigt, daß Gide Friedrich Nietzsche zum Vorbild für Wahrhaftigkeit gewählt hatte. Valéry sah Nietzsche, wie er wirklich war – ein schwacher Mann unter der Fuchtel von Frauen, der, getrieben von seinem Wunsch, stark zu sein, bald zornig um sich schlug, bald doppeldeutige Botschaften verbreitete. Als Gide Nietzsche einen fröhlichen Freiheitskämpfer nannte, protestierte Valéry: »Es scheint mir, daß Du Dich etwas anstrengst, um ihn einheitlich zu sehen. Für mich ist er vor allem *kontradiktorisch*.« Und Valéry fuhr fort: »Seine große Schuld ist es in meinen Augen, aus der *Gewalt* eine Philosophie machen zu wollen . . . Hast Du übrigens bemerkt, was für ein wunderbarer *Trick* der *Superuomo* ist? Das erlaubt, zugleich optimistisch und pessimistisch zu sein . . . romantisch und klassisch etc. *ad libitum*.«[8]

Und wenn man an Nietzsches letzte Lebensjahre dachte, als er geistig umnachtet nur noch Gras essen wollte – war das der richtige Mann als Vorbild für Michel, den Immoralisten, und für die jungen Franzosen im allgemeinen? Gide antwortete darauf: »Nietzsche spielt gegen sich selbst; er wird verrückt, aber er gewinnt das Spiel, eben *weil* er verrückt ist.«[9] Valéry, der Irrationales nicht ausstehen konnte, ließ nichts davon gelten, und so einigten sich die beiden, verschiedener Meinung zu sein: Valéry war für Klarheit, Gide für Aufrichtigkeit, selbst wenn sie widersinnig erschien.

Der zweite Freund, der Gides Ansicht in Zweifel zog, war Francis Jammes. Er war Junggeselle, klein, stämmig, mit stechenden blauen Augen und einem rechtwinklig gestutzten Bart. Er packte jeden sofort beim Arm, und bevor er losließ, hatte er einen neuen Freund gewonnen. Er liebte Kinder und Tiere, besonders Katzen, und eine gute Küche. Obwohl auch er unter einer dominierenden Mutter gelitten hatte, war er heterosexuell. Es gab in Orthez, wo er lebte, kein Mädchen, hinter dem er nicht her gewesen wäre, und Gide nannte ihn fast bewundernd den Faun. Jammes feierte die Schönheit der Natur in Versen und betrachtete wie Gide die Landschaft als ein irdisches Paradies, das für die Menschen grenzenlose Freuden des Fleisches und des Geistes bereithielt. Er hatte Gide in seinem Haus besucht; Gide hatte bei Jammes gewohnt, und sie waren die besten Freunde.

Im Jahr 1905 erhielt Jammes Besuch von einem jungen katholischen Schriftsteller, Paul Claudel. Wir werden Claudel im nächsten Kapitel näher kennenlernen; für den Augenblick genügt es zu wissen, daß er gerade die erste seiner *Fünf großen Oden* geschrieben hatte, die allgemein als ein bedeutendes und eigenständiges Werk gewürdigt wurden. Claudel gelangte angesichts der Schönheit der Natur und der Wunder des Kosmos zu einem völlig anderen Schluß als Jammes und Gide: Natur und Kosmos waren nicht geschaffen zum Vergnügen des Menschen, sondern als Beweis für die Kraft, die Intelligenz und die Liebe Gottes.

Claudel hatte in mehreren Briefen angedeutet, daß Jammes sich mit dem Faun eine falsche Rolle zugelegt habe und daß ihn, der doch so tierlieb war, wesentlich mehr mit seinem Namensvetter aus Assisi verbinde. Claudels Worte fielen auf fruchtbaren Boden, denn Jammes hegte bereits Zweifel, ob Gides Philosophie von ewig neuer Freiheit für einen auf dem Lande lebenden Menschen das Richtige sei. Als Claudel, aus China kommend, wo er im konsularischen Dienst tätig war, in Orthez eintraf, war Jammes bereit. Im Juli 1905 wurde er wieder in den Schoß der katholischen Kirche aufgenommen, und Claudel stand als Pate an seiner Seite. Dann gingen die beiden auf eine Wanderung, Claudel in Tropenanzug und Panamahut, »seine tiefblauen, beinahe schwarzen Augen, abwechselnd lächelnd, fragend, entrüstet, bildeten einen auffallenden Farbkontrast zu seinem gebräunten Gesicht«[10], und Jammes begann sogar, sich nach einer Ehefrau umzusehen.

Jammes berichtete Gide in einem Brief von diesem unerwarteten

Ereignis und schickte ihm seinen neuesten Gedichtband, *L'Eglise habillée en feuilles*, in dem er sich mit seiner Bekehrung auseinandersetzt. In einem besonders bezeichnenden Gedicht schildert er eine Gruppe von Schwalben, die frierend auf Telegraphendrähten sitzen und ungeduldig auf den Abflug in wärmere Länder warten; immer wieder fliegt die eine oder andere alleine los, kehrt aber wieder zu ihrem Telegraphendraht zurück und sehnt sich nach Afrika, ohne es je gesehen zu haben. »*C'est comme nous qui désirons le Ciel dans notre inquiétude.*« (*So wie wir uns in unserer Bedrängnis nach dem Himmel sehnen.*)

Gide war von Jammes' Gedichten so gerührt, daß er ihm am 29. November schrieb: »Heute abend war ich schon ganz katholisch...«[11] Tags darauf trug er Jammes' neue Gedichte im Haus von Arthur Fontaine, einem hohen Beamten im Staatsdienst, der sich nicht nur der Arbeiterwohlfahrt, sondern auch der Literatur widmete, einem Kreis von Jammes' Bewunderern vor, darunter auch Claudel. Dieser Abend wurde zu einem Schlüsselereignis in der französischen Literaturgeschichte, ein Gegenstück beinahe zu der Vision Pascals, der in einer Novembernacht des Jahres 1654 glaubte, Gott als Feuer zu sehen.

Fünf Tage später, bei einem Mittagessen mit Gide, entwickelte Claudel Jammes' Aussage weiter, indem er behauptete, der wahre Held sei nicht der, der bis an die Grenzen der Wahrhaftigkeit gehe, sondern der, der Zeugnis ablege für die Wahrheit, das heißt für Christus. »Nach meiner eigenen Bekehrung«, fuhr Claudel fort, »habe ich lange, während zwei Jahren, nichts geschrieben; ich glaubte, die Kunst der Religion opfern zu müssen... ich war gerettet, als ich erkannte, daß Kunst und Religion in uns keinen Antagonismus bilden dürfen. Daß sie sozusagen senkrecht zueinander stehen müssen; und daß ihr Kampf eben die Nahrung unseres Lebens ist.«[12]

Einige Argumente Claudels beeindruckten Gide sehr, besonders »diese absolute Pflicht, ein Heiliger sein zu müssen«; das war genau die Art von Herausforderung, die ihn reizte. Ein halbes Jahr lang fühlte er sich gleichermaßen angezogen und abgestoßen von dieser zwingenden Kraft, die vielleicht zur Heiligkeit führte, die aber, wie er es sah, seine schöpferische Tätigkeit als Schriftsteller erstickte. »Sehr zu meinem Leidwesen wehrt sich mein Temperament gegen jede Einschränkung, jede Regel, die ihm mein Verstand gern vorschreiben würde.« Aber Gide schrieb auch: »Mein entschiedenes Heidentum bleibt getränkt von den Tränen, die Christus vergossen hat.«

Im Mai 1906 trifft Gide seine Entscheidung. »Ja, Claudel hat mir einen großen Dienst getan«, schrieb er an Jammes, »aber nicht in dem Sinn, den Du meinst. Die Reaktion hat letzten Endes einen großen Sieg über die Aktion davongetragen, und *dafür* bleibe ich ihm dankbar.«[13]

Gide machte seine Ansichten in dem im Frühjahr 1907 veröffentlichten Roman *Die Heimkehr des verlorenen Sohnes* deutlich, der eine eigenwillige Erweiterung des von Christus gebrauchten Gleichnisses ist. Der verlorene Sohn ist ein junger Mann, dem schmerzlich bewußt wird, daß sein Zuhause nicht die ganze Welt ist und das Verharren in diesen engen Grenzen nichts anderes als eine Form von Trägheit. Also zieht er aus, um die Welt zu erkunden, kehrt aber bald wieder nach Hause zurück – nicht, weil er sich schämt oder weil es ihm leid tut, fortgegangen zu sein, sondern weil er Hunger hat, weil er müde ist, krank und entmutigt.

Sein Vater hält ihm einen Vortrag und anschließend, ganz in der schulmeisterlichen Art von Claudel, auch sein älterer Bruder: »Weil mein Prinzip die Ordnung ist; alles, was davon abweicht, ist Frucht oder Same von Hochmut.« – »Muß alles, worin ich ›abweiche‹, schlecht sein?« fragt der verlorene Sohn, worauf der Bruder antwortet: »Gut darfst du nur das nennen, was dich zur Ordnung zurückführt; alles übrige mußt du beschränken.«[14]

Die Mutter befürchtet, daß auch der jüngste Sohn von zu Hause fortgehen möchte, und bittet den »verlorenen Sohn«, ihn zurückzuhalten. Der »verlorene Sohn« spricht mit dem Jungen und erklärt ihm, daß ihm selbst der Mut fehle, um seine Entdeckungsreise zu Ende zu führen. Aber der Junge antwortet unbeirrt: »Du hast mir den Weg eröffnet; an dich zu denken, wird mir Kraft geben.«[15] Er bittet den Bruder, mit ihm zu kommen, der aber antwortet, er wolle zu Hause bleiben und die Mutter trösten. »Ohne mich wirst du stärker sein!«[16]

Gides Buch wurde von seinen Anhängern begeistert aufgenommen. Das Bekenntnis zur persönlichen Aufrichtigkeit, sagten sie, sei durch die Einbindung in einen christlich-protestantischen Kontext gestärkt worden. Claudel jedoch, dem Gide ein Exemplar zuschickte, hatte ernsthafte Vorbehalte: »Nicht die Trägheit ist es, die zu Gott zurückführt. Es bedarf schrecklicher Kämpfe und einer immer gespannten Willenskraft, um zum Glauben zurückzukehren und sich darin zu erhalten. Das Leben des Katholiken ist ein ständiges Ärgernis und ein ständiger Widerspruch. Jedes Gespräch, jedes Buch, jede Zeitung ist die Verneinung alles dessen, was er glaubt und was er liebt. Er ist ganz allein mit dem Wort Gottes . . .«[17]

Gide nahm inzwischen in vollem Maß am Pariser Leben teil. Er besuchte die Erstaufführung von Strauss' *Salome,* zu der Wilde das Libretto geschrieben hatte, und bewunderte besonders die Figur des Herodes; er sah die Ausstellung von Walter Sickert, der zu seinen Bekannten zählte, und erfreute sich an der »provokativen Melancholie« dieser Bilder; er besuchte die Kostümprobe der Komödie *Monsieur Codomat* von Tristan Bernard – Paris' Antwort auf Bernard Shaw – die kurioserweise eingeleitet wurde durch eine Neuinszenierung des Vulkanausbruchs auf Martinique, wobei man beim Rauch etwas zuviel des Guten tat. Er befand sich unter den Gästen einer Gesellschaft im Tour d'Argent zu Ehren von Auguste Rodin, und als der Bildhauer davon sprach, wie er sich bis in die Mitte seiner Vierzigerjahre sein Brot mit Terrakottafiguren im Allerweltsgeschmack verdienen mußte, verstand Gide sehr gut, wovon er sprach, denn seine Leserschaft war damals auch noch recht klein. Bei einem Besuch im Haus der Valérys lernte er einen weiteren großen alten Mann kennen, Edgar Degas, der seine Ansichten kompromißloser und hartnäckiger denn je vortrug und sich übertrieben schroff gab. »Kunstkritik!«, schimpfte er. »Was für ein Unsinn! . . . Die Musen reden nie miteinander. Jede arbeitet in ihrem Reich; und wenn sie nicht arbeiten, tanzen sie.« Und dann wiederholte er zweimal: »Wenn sie nicht arbeiten, tanzen sie.«

Bei all diesen und anderen Aktivitäten war Gide auf der Jagd nach Wahrhaftigkeit, aber stets auch mit einem wachen Auge für das Gegenteil. Er besuchte einen jungen jüdischen Freund, den Sozialisten Léon Blum, der ein Buch geschrieben hatte, in dem er vorschlug, daß junge unverheiratete Frauen mit vielen Männern schlafen sollten, um die Erfahrungen zu sammeln, die sie für die Wahl eines zufriedenstellenden Ehemanns brauchten. Gide war nicht Blums Ansicht, das Glück im Schlafzimmer sei das *summum bonum;* was ihn jedoch vielmehr störte, war, daß Blum »Dinge und Leute nach seiner Überzeugung beurteilte, nicht nach seinem Geschmack . . . Von all dem, was er zu lieben vorgibt, ist vielleicht nicht immer so ganz sicher, daß er es liebt, wohl aber, daß er es zu lieben glaubt und weiß, warum.«[18]

An einem Frühlingsabend hörte Gide in Notre-Dame eine Predigt des redegewandten Dominikanerpaters Janvier; er hörte sie bis zu Ende, ohne zu ermüden oder sich zu langweilen, aber er notierte in seinem Tagebuch: »Gegenstand der Rede: der Irrtum – die aus Unwissenheit begangenen Sünden. Die Notwendigkeit, *sich zu unterrichten;* das heißt, *die Wahrheit* zu erfahren. Ach, wie schön das ist! Rasch, laßt uns Galilei einsperren!«[19]

Ein andermal ging Gide ins Institut de France, um Maurice Barrès zu sehen, einen führenden nationalistischen Abgeordneten und ein viel bewundertes Mitglied der Académie Française. Als junger Mann hatte Barrès einen Ego-Kult gepredigt, später war er zu einem Kult der Heimat und der traditionellen Wurzeln übergewechselt, was sich in seinen patriotischen Romanen über Elsaß-Lothringen niederschlug. Er war inzwischen fünfundfünfzig Jahre alt, sah jedoch jünger aus und wirkte sehr elegant in seiner flaschengrünen und goldenen Uniform. »Wie liebe ich sein schmales Gesicht«, schrieb Gide, »seine glatten Haare, alles, bis zum Vorstadttonfall seiner Stimme!«[20] Aber als Barrès in seiner Rede sich in eine Reihe stellte mit den Herren Leconte de Lisle und Herédia (dessen Sitz in der Kammer er eingenommen hatte), die beide nicht sonderlich in ihrer Heimat verwurzelt waren, zuckte Gide zusammen, denn dies hielt er für einen Trugschluß.

An einem Maiabend ging Gide zu einer Auktion im Hôtel Drouot. André Lebey, ein junger Dichter, nahm neben ihm Platz, und die beiden waren bald so in ihr Gespräch vertieft, daß Gides Aufmerksamkeit für das, was ringsum vorging, nachließ. Er bemerkte allerdings ein Gemälde von Bonnard, das eine Frau beim Ankleiden darstellte. Bonnard war ein Bekannter, der die Buchausgabe eines satirischen Schwanks von Gide illustriert hatte. Gide glaubte, er habe das Bild schon einmal gesehen. Als das Gebot auf 460 Francs kletterte, »höre ich plötzlich eine Stimme rufen: ›Sechshundert!‹ – Und ich bin starr, denn, der da eben gerufen hat, das bin ich selbst. Mit Blicken flehe ich im Umkreis um ein höheres Gebot – denn ich habe auf dieses Bild nicht die geringste Lust –, aber nichts erfolgt. Ich fühle, wie ich krebsrot werde und große Tropfen schwitze. ›Man erstickt hier‹, sage ich zu Lebey. Wir gehen hinaus.«[21] Gide erinnerte sich an ein ähnliches früheres Erlebnis. Es überraschte ihn, daß er zu solchen gelegentlichen unfreiwilligen Abschweifungen imstande sein sollte, und er fragte sich, in welcher Beziehung sie zu dem kompromißlosen Weg der Wahrhaftigkeit standen.

Gides Ansicht, daß man sich immer wieder entwurzeln müsse, um zu größerer Vitalität und damit zu größerer Wahrhaftigkeit zu gelangen, mag erklären, weshalb er öfter verreiste als die meisten Pariser. Zwischen 1906 und 1908 besuchte er Toulouse und seine Umgebung, die Bretagne – hier reiste er per Fahrrad –, Italien, Jersey, Oxford und Berlin. Sein Begleiter und Führer in der deutschen Hauptstadt war zwei Wochen lang ein langweiliger neosymbolistischer christlicher Maler namens Maurice Denis; in seinem Tagebuch spricht Gide weder von den Deutschen noch von den vielen ausgezeichneten Bildern deutscher Maler in der Berliner Nationalgalerie, aber er ist sehr begeistert von den alten italienischen Meistern und von zwei Werken des Holländers Dirk Bouts.

In seinem Tagebuch schreibt Gide vorwiegend über seine Arbeit, über den Charakter seiner Freunde und seinen eigenen. Er neigt dazu, seine Schwächen hervorzuheben. Auf einer Ausstellung trifft er zum Beispiel Thadée Natanson – der inzwischen von Misia geschieden ist –, und weil er sich irgendwie unterlegen fühlt, fängt er an, sich zu beklagen, daß ihn die Kritiker vernachlässigen würden, obwohl er sich in Wirklichkeit überhaupt nichts daraus machte. Er schmeichelt Thadée mit zuckersüßen Komplimenten und sagt »Worte, die man, schriebe man sie, auf der Stelle beschämt wieder ausradierte.«[22]

In der Nacht darauf kann er nicht schlafen; unaufhörlich käut er diese Überlegungen wieder wie ein Stück Betel, dessen Bitterkeit sich nie erschöpft.

In seinen Briefen finden wir jedoch einen weniger ichbezogenen, großzügigeren Gide. Der begabte Dichter Emmanuel Signoret stirbt im Alter von achtundzwanzig Jahren. Gide läßt nichts unversucht, um das Geld für eine Auflage von Signorets Gedichten aufzutreiben und für die in Not geratene Witwe eine Lizenz für den Verkauf von Tabakwaren zu bekommen (sie ist in Frankreich sehr begehrt, weil der Verkauf von Zigaretten ein staatliches Monopol ist).

Henri Ghéon lebt wieder einmal über seine Verhältnisse. Er hat wenig Patienten, dafür aber sein kostspieliges »Antimobil«, und er macht sich recht häufig ein fröhliches Wochenende in Paris. Er hat einen Roman geschrieben, der unveröffentlicht blieb, sowie ein Theaterstück: *Le Pain.* In der Hoffnung, André Antoine für eine Aufführung des Stückes gewinnen zu können, sucht Gide Thadée Natanson und den aus Rumänien stammenden Schauspieler Edouard de Max auf, die beide einen gewissen Einfluß auf Antoine haben. Als es dann doch nicht angenommen wird, wendet sich Ghéon der Malerei zu. Seine Bilder werden im Salon des Indépendents ausgestellt, und wieder springt Gide ein und macht Freunde und Kritiker auf die Stilleben aufmerksam. Zwei wurden verkauft, und Ghéon erlöste 550 Francs. Im Jahr darauf verkauft Ghéon nichts. Gide versucht, ihm einen einträglichen und ruhigen Posten bei der Regierung zu besorgen, und leiht ihm, nachdem er ihm bereits mit 1000 Francs ausgeholfen hatte, noch einmal 500. Ghéon hätte sich kaum einen besseren Freund wünschen können.

Die Ehe zwischen Gide und Madeleine blieb weiterhin für beide eine Quelle der Kraft und der Ruhe. Auch hier, innerhalb der Familie, erwies sich Gide als praktisch denkender und hilfreicher Mensch. Madeleines verheiratete Schwester Valentine lernte während eines Aufenthalts in Pau, wo sie ihre Tuberkulose ausheilen sollte, einen Mann kennen und bekam ein Kind von ihm. Dann starb erst ihr Ehemann, danach ihr Liebhaber, den sie *en deuxièmes noces* geheiratet hatte. Gide gewährte seiner Schwägerin in dieser wirren Zeit großzügige Hilfe, und ab 1907 verbrachten Valentine und ihre drei Kinder jeden Sommer mit Gide und Madeleine in Cuverville.

In seinen Vierzigerjahren spielte das körperliche Vergnügen mit Jungen allmählich eine geringere Rolle in Gides Leben; nun würdigte er um so mehr das vergeistigte, nonnenhafte Wesen Madeleines und die Schönheit ihrer ungewöhnlichen Ehe. Seit er *Der Immoralist* geschrieben hatte, fühlte er das Bedürfnis darzustellen, was für ihn die andere Hälfte eines Diptychons war – die ernst zu nehmende Haltung einer Frau, die auf die körperliche Liebe verzichtet im festen Glauben, daß sie dem geistigen Leben abträglich sei. Im Jahr 1908, nachdem er die calvinistischen Grundsätze aus Pascals eher jansenistischen Schriften wieder gelesen hatte, beendete er seinen zweiten Roman, *Die enge Pforte*.

Jérôme, ein Einzelkind, wächst in einem calvinistischen Elternhaus zusammen mit seinen Cousinen auf. Alissa, zwei Jahre älter als Jérôme, ist zart, nachdenklich und hat ein beinahe trauriges Lächeln; Juliette, ein Jahr jünger, ist kräftig und lebhaft.

Die kreolische Mutter der Mädchen liegt mit Vorliebe auf der Chaiselongue und liest Gedichte, letzteres eher lustlos. Sie ist parfümiert und – für eine Dame auf dem Lande damals noch ungewöhnlicher – sie raucht. Jérôme überrascht sie eines Tages dabei, wie sie mit einem jungen Offizier, während er ihr die Zigarette anzündet, lacht und kokettiert. Im ersten Stock findet er Alissa unter Tränen, neben ihrem Bett kniend und betend; auch sie hatte die Szene beobachtet. Jérôme küßt sie und beschließt, dieses verletzbare Mädchen in Zukunft »gegen die Furcht, gegen das Böse, gegen das Leben zu schützen«.[23]

Die Mutter der Mädchen schockiert alle, indem sie mit ihrem Liebhaber durchbrennt (auch Madeleines Mutter hatte sich diese Eskapade geleistet). Am folgenden Sonntag predigt der Pastor über die Bibelstelle »Wie eng ist die Pforte«, und Alissa ist tief beeindruckt.

Jérôme wird erwachsen und sehnt sich nach körperlicher Liebe. Er möchte sich mit Alissa verloben, aber sie entgegnet, sie seien bereits glücklich genug. Dann schlägt Juliette vor, sie würde Jérôme heiraten, wenn Alissa einverstanden wäre.

Aber Juliette begreift bald, daß Jérôme sie nicht liebt, und heiratet einen anderen Mann. Jérôme drängt Alissa, sich mit ihm zu verloben, aber sie möchte, daß alles so bleibt, wie es ist.

Während Jérôme seinen Dienst beim Militär ableistet, korrespondiert er mit Alissa. Ihre Briefe werden immer frömmer. In einem zitiert sie Corneille:

> *Malheureux l'homme qui fonde*
> *Sur les hommes son appui!*

> Weh dem Menschen, der sich hält
> nur an Menschen; welch ein Tor!

Als sich Jérôme und Alissa wiedersehen, ist die Begegnung unbefriedigend. Sie scheinen sich am meisten zu lieben, wenn sie getrennt sind.

Es vergeht einige Zeit, und bei einer erneuten Begegnung ist Jérôme enttäuscht, daß Alissa aus ihrem Zimmer die Photographien von Masaccios Bildern, die er ihr aus Florenz mitgebracht hatte, entfernt und alle ihre Klassiker durch frömmlerische Büchlein ersetzt hat. Sie sagt, daß sie diese Bücher lieber mag, weil sie nicht der gewählten Sprache in die Falle gingen.

Alissa gibt zu, daß sie sich bei Jérôme am glücklichsten fühlt, glücklicher, als sie es für möglich gehalten hätte, aber sie meint, sie seien nicht geboren, um glücklich zu werden. »Was kann der Seele lieber sein als das Glück?« – »Die Heiligkeit . . .«[24]

Jérôme geht wieder fort. Bald darauf erfährt er, daß Alissa erkrankt, dann, daß sie gestorben ist. Als ihm ihr Tagebuch in die Hände fällt, kann er darin verfolgen, auf welche Weise sie sich allmählich von ihm zurückgezogen hat. Angesichts der glücklichen Ehe Juliettes hatte Alissa geschrieben: »O Herr! Bewahre mich vor meinem Glück, das ich zu schnell erreichen könnte! Lehre mich, mein Glück aufzuschieben, weit hinauszurücken auf Dich hin.«[25] Sie sehnt sich nach Gott; Hand in Hand mit Jérôme will sie zu ihm gehen wie mit einem Bruder. »Aber nein! Der Weg, den Du lehrst, Herr, ist ein schmaler Weg – so schmal, daß nicht zwei nebeneinander gehen können.«[26]

Alissa hat ihr Tagebuch Jérôme vermacht, damit er »die Gipfel der Tugend erklimmen kann«. Juliette hat eine Tochter bekommen und sie Alissa genannt. Jérôme soll Taufpate sein. Bei der Taufe vertraut

Jérôme Juliette an, daß er beschlossen habe, nicht zu heiraten, um Alissas Vorstellung von ihm treu zu bleiben.

Die enge Pforte ist der Roman einer jungen Frau, die sich von der sexuellen Liebe angezogen fühlt und sich davor fürchtet, sowie vom Heldentum, das sie von sich und dem jungen Mann, der sie heiraten möchte, verlangt. Die Figur der Alissa gehört, zusammen mit Tolstois *Familienglück* zu den besten Schilderungen einer jungen liebenden Frau. Obwohl Claudel gegen Alissas ständiges »sich vervollkommnen wollen« Einwände erhob – »eine sehr unchristliche Ichbezogenheit« –, wurde der Roman in Gides Freundeskreis, wo das Manuskript 1908 zirkulierte, sehr gelobt, und als einige Monate später das Buch erschien, bestätigte das öffentliche Echo diese Meinung.

Im selben Jahr, 1908, stand Gide plötzlich vor der Situation, daß er keine Zeitschrift mehr hatte, in der er seine Arbeiten veröffentlichen konnte, denn sowohl *L'Ermitage* als auch Thadée Natansons *Revue Blanche* waren eingegangen. Aber er hatte eine Gruppe gleichgesinnter Freunde um sich geschart, die nun beschlossen, ihre eigene Zeitschrift zu gründen. Gide war der führende Kopf, wollte aber bezeichnenderweise weder Herausgeber noch Mitherausgeber sein. Schließlich kam man überein, die Herausgabe der Zeitschrift einem Gremium zu übertragen, dem vier der Freunde angehörten.

André Ruyters, zweiunddreißig Jahre alt, war ein belgischer Schriftsteller und Verfasser symbolistischer Erzählungen, wenngleich von Beruf Bankier; Marcel Drouin, achtunddreißig Jahre alt, Madeleines etwas fauler Schwager, war Professor für Philosophie mit Spezialkenntnissen über Goethe und Kant; Jacques Copeau, neunundzwanzig, war ein ausgesprochen kontaktfreudiger Mensch und kannte Gott und die Welt; er sorgte für seine aus Dänemark stammende Frau und seine drei Kinder, indem er in Georges Petits Galerie Bilder verkaufte, aber seine große Leidenschaft war das Theater; Jean Schlumberger, einunddreißig, war ein eleganter, kahlköpfiger Mann mit adrettem Schnurrbart, ein Nachfahre von Guizot und wie dieser Protestant – gewissenhaft und gerecht bis ins kleinste; er schrieb Romane, in denen die Pflicht über die Leidenschaft triumphierte. Er und seine Frau, eine Malerin, hatten Madeleine Gide besonders ins Herz geschlossen.

Copeau brachte die Dinge ins Rollen, indem er mit einem jungen Schriftsteller, Eugène Montfort, Kontakt aufnahm, der bereits fünf Jahre Erfahrung als Herausgeber einer Zeitschrift besaß. Montfort schlug vor, die neue Monatszeitschrift *Revue Française* zu nennen. Als Copeau herausfand, daß eine Literaturzeitschrift gleichen Namens in den 1830er Jahren bereits existiert hatte, fügten sie das Adjektiv *nouvelle* hinzu. Ein von Montfort hastig zusammengestelltes Probeheft erschien am 15. November 1908. Es enthielt Artikel über Mallarmé und D'Annunzio, die dem Herausgebergremium nicht vorgelegt worden waren und die Gide als modisch im übelsten Sinne verurteilte. Er beschloß daraufhin, sich von Montfort zu trennen und finanzierte zusammen mit Schlumberger eine neue erste Ausgabe. Schlumbergers Pariser Wohnung wurde zur Redaktion der Zeitschrift.

Die erste Nummer der *Nouvelle Revue Française*,[27] die am 1. Februar 1909 erschien, enthielt das erste Kapitel von *Die enge Pforte*, einen Artikel über Griechenland von Marcel Drouin, Rezensionen einer Seurat/Verhaeren-Ausstellung und Tristan Bernards Theaterstück *Le Poulailler*. Gide besprach den ersten Gedichtband eines jungen Whitman-Bewunderers, Valéry Larbaud; er würdigte die sinnenfrohen Einblicke in fremde Länder, mißbilligte aber den gelegentlich aufkommenden Zynismus. Eine weitere Besprechung beschäftigte sich mit einem Buch über Jammes' Naturempfinden.

In anderen frühen Nummern erschienen Teile aus Rainer Maria Rilkes *Die Aufzeichnungen des Malte Laurids Brigge,* Gedichte und ein Theaterstück von Paul Claudel, zwei Essays über den religiösen Glauben von Jacques Rivière, einer jungen Entdeckung Claudels, und zwei Kapitel von G. K. Chestertons *Orthodoxy,* vorgeschlagen und übersetzt von Claudel, dessen Lauterkeit und literarischer Spürsinn von den Herausgebern sehr geschätzt wurden.

Wofür trat die *Nouvelle Revue Française* ein? In ihrer ersten Nummer erklärte sie ihre Absicht, den Lesern »das Wichtigste vom Besten« anzubieten. »Wir kamen zusammen«, erinnert sich Schlumberger, »nicht wegen eines Programms; unser Programm war, daß wir unseren gemeinsamen Ansichten Ausdruck verleihen wollten. Wir bewunderten bestimmte große Schriftsteller ... und Prinzipien, die eher moralischer als ästhetischer Natur waren.«

Die Herausgeber der *NRF* lehnten Skeptizismus ab, von dem Gide behauptete, er sei vielleicht manchmal der Beginn der Weisheit, häufig jedoch das Ende der Kunst. Sie glaubten, daß sich die Literatur vor allem mit moralischer Aufrichtigkeit befassen sollte: mit den Sehnsüchten und Frustrationen des Menschen, dem Wechselspiel von Geist und Körper und der daraus resultierenden inneren Unruhe – *inquiétude,* ein Schlüsselwort für Gide.

In dem Jahr, als die *NRF* gegründet und *Die enge Pforte* als

Meisterwerk gefeiert wurde, sah sich Gide, inzwischen als Frankreichs bester junger Schriftsteller anerkannt, einem neuen Dilemma gegenüber. Frankreich verfolgte eine ehrgeizige Politik im Mittelmeerraum – wir werden später sehen, wie diese Politik genau aussah. Sie brachte säbelrasselnde Deutsche auf den Plan, die wiederum die französischen Nationalisten stark machten. Einer dieser Nationalisten war Philippe Berthelot, der bedeutendste Vertreter einer harten Linie in der französischen Außenpolitik. Obwohl selbst nicht schriftstellerisch tätig, war er doch literarisch interessiert und bewegte sich in den entsprechenden Kreisen. Er war ein harter, kalter Mensch. Über einen erbitterten Streik an einem 1. Mai sagte er: »Er existiert nur in der Einbildung der verängstigten Bourgeoisie.« Das furchtbare Erdbeben von San Francisco bezeichnete er Gide gegenüber als »einen nebensächlichen Vorfall«. Er haßte Deutschland, und Frankreich war für ihn allen anderen Ländern weit überlegen.

Für Gide war Berthelot ein Mann von unerträglicher Arroganz. Aber der Einfluß, den sein bedingungsloser Chauvinismus auf die schreibende Zunft hatte, ließ sich nicht leugnen. Hier geben sich Berthelot und Maurice Barrès die Hand, denn letzterer betrachtete es als die Hauptaufgabe der Literatur, sich mit den regionalen Wurzeln, den Toten und der geheiligten Vergangenheit zu befassen. In den Jahren 1909–10 wurde das Ziel der Nationalisten präziser: Die Literatur sollte sich für Territorialansprüche einsetzen und damit indirekt die Rückgewinnung von Elsaß-Lothringen befürworten. Die schrill nationalistische Liga der Patrioten, deren Präsident Barrès werden sollte, und Literaten, die ihre Ansichten teilten, drängten Gide und sein *NRF*-Herausgebergremium, das Wort *Française* im Titel ihres Magazins stärker zu betonen und sich nationalistisch und patriotisch zu engagieren.

Nun war Gide trotz seiner intensiven Beschäftigung mit der Pariser Literaturszene ein geistiger Kosmopolit. Recht häufig erinnerte er sich daran, was er Anna Shackleton verdankte, die ihn in die englische Literatur eingeführt hatte. Er liebte besonders das elisabethanische Drama und las zur Unterhaltung laut Texte von John Ford; Arnold Bennett, ein häufiger Gast in Paris, hielt ihn mit englischen Neuerscheinungen auf dem laufenden. Er bewunderte Goethe und Nietzsche und hatte scharfsinnig über Dostojewski geschrieben. Daß ein Mann mit einem solchen Horizont eine Einschränkung des Literaturangebots in Frankreich oder kritikloses Fahnenschwenken begrüßen würde, war höchst unwahrscheinlich, und er tat es auch nicht. Für Barrès hatte er folgende Antwort parat: »Ich bin in Paris geboren als

Sohn eines Mannes aus Uzès und einer Frau aus der Normandie. Wo, Monsieur Barrès, glauben Sie, befinden sich meine Wurzeln? Ich habe deshalb beschlossen, zu reisen.« Mit »reisen« meinte Gide, daß er seinen persönlichen Neigungen nachgehen würde, wohin sie ihn auch führten. Die Forderung nach einer patriotischen Literatur lehnte er strikt ab.

Was bedeutete nun das Wort *Française* im Titel seiner Zeitschrift? Gide antwortete, die NRF verteidige den Klassizismus. Unter Klassizismus verstand er Aufrichtigkeit im Zusammenhang mit Maß, Disziplin und Sparsamkeit in den künstlerischen Mitteln. Solche Eigenschaften fanden sich auch in nichtfranzösischen Werken – das japanische, von Sada Yacco aufgeführte Theaterstück hatte Gide an Aischylos erinnert und war für ihn nicht exotisch, sondern klassisch. Dennoch glaubte er, daß diese Eigenschaften vorwiegend die französische Literatur auszeichneten – von Racine bis Baudelaire und sogar bis Jammes. Er hielt den Klassizismus für den wertvollsten Bestandteil der französischen Zivilisation, der mit allen Mitteln verteidigt werden müsse, wenn Frankreich sich selbst treu bleiben wolle.

Zwischen 1900 und 1914 erschienen in Frankreich nicht weniger als zweihundert Literaturzeitschriften. Viele hielten sich nur kurze Zeit; die meisten erschienen zum ersten Mal im Dezember, damit sie einen Monat später behaupten konnten, sie gingen bereits in ihr zweites Jahr. Gides *NRF* verfügte über eine Substanz, die den meisten fehlte, auch ihrem größten Rivalen, dem *Mercure de France*, der sich an rein ästhetischen Werten orientierte. Ihr Eintreten für den Klassizismus im Sinne Gides verschaffte ihr rasch Ansehen und steigende Auflagen.

Sehr bald kam ein junger Mann mit einem sicheren Instinkt für Literatur und Geschäft in die Redaktion der *NRF:* Gaston Gallimard.[28] Sein reicher Vater sammelte plötzlich nicht mehr Bilder, sondern hübsche Schauspielerinnen, was wesentlich kostspieliger war und den jungen Gaston veranlaßte, seinen eigenen Weg zu machen. Nach einer kurzen Probezeit ernannte ihn Gide zum Geschäftsführer der *NRF*.

Als die Zeitschrift eine Gruppe begabter junger Autoren aufgebaut hatte, kam der Wunsch auf, auch Bücher zu verlegen. Gaston Gallimard wurde mit der Aufgabe betraut, die Führung behielten Gide und das Herausgebergremium, und 1912 erschienen die ersten Titel. Sowohl die Monatszeitschrift als auch der Buchverlag florierten, und sie blieben ihrer ursprünglichen Linie wie auch Gides Forderung nach bedingungsloser Aufrichtigkeit bemerkenswert treu; so reichte Gallimards Repertoire beispielsweise von den poetischen Erzählungen

Saint-Exupérys über die Anfänge der Luftfahrt bis zu den Romanen und Dramen von Camus und Sartre.

In der Zwischenzeit, als Kontrapunkt zu seiner Tätigkeit als Chefredakteur und Verleger, setzte Gide seine noch einflußreichere Arbeit als Schriftsteller fort und wurde immer mehr zum Vorbild für junge Literaten. In seinen Tagebüchern, Briefen, Essays, Kritiken und Romanen vertiefte und erweiterte er seine Suche nach einer Wahrheit, die seiner Vielseitigkeit gerecht würde. Seine Feinde nannten sie natürlich Doppelzüngigkeit.

Im Jahr 1908 trennte sich Gide von seinem Schnurrbart, der ihm gut stand, wie das Porträt aus dem Jahr 1900 zeigt. Keinen Bart zu tragen, war damals sehr ungewöhnlich, und Madeleine bedauerte seinen Entschluß. Aber es war Gides Art – ebenso wie Michel in *Der Immoralist* –, auch nach außen hin deutlich zu machen, daß er nach seinen eigenen Kriterien leben wollte.

»Seien Sie unser Gewissen«, hatte einer von Gides jungen Freunden in den neunziger Jahren verlangt, worauf Gide erwidert hatte, daß er von dieser Art der Führerschaft nichts halte. Trotzdem war er, ohne es zu wollen, vielleicht nicht das Gewissen, aber doch ein moralischer Prüfstein für viele junge Franzosen geworden. Er nahm für sich in Anspruch, ein Christ zu sein und nach den Gesetzen des Evangeliums zu leben, aber er ließ sich nicht von Kirche und Dogma vereinnahmen. Obwohl seine Schwägerin Valentine 1911 katholisch wurde und Henri Ghéon, der im Auftrag der *NRF* Florenz besuchte, mit feuchten Augen über seine Ergriffenheit angesichts der mönchischen Atmosphäre in Giottos Fresken berichtete, was Gide einigermaßen überraschte, wehrte er sich entschieden gegen die »Watte« des Katholizismus und hielt sich lieber an seine eigene Auslegung der Botschaft Christi.

Im ersten Jahrzehnt des 20. Jahrhunderts hat Gide wahrscheinlich mehr als jeder andere dazu beigetragen, die Pariser Literaturszene zu verändern, indem er sie aus dem Sumpf des Zynismus herausholte, den über die Knabenliebe gebreiteten Vorhang des Schweigens hob, das Interesse wieder auf die menschliche Seele und die Suche nach Gott richtete und nach einer Wahrheit strebte, die auch den bisher nicht erkennbaren Facetten der Persönlichkeit gerecht wurde. Er rehabilitierte die Willensfreiheit und verteidigte scharfsinnig die Pflicht des einzelnen – auch wenn es viel *inquiétude* koste –, sich von falschen Konventionen zu befreien. Von diesen Freiheiten sollten später noch andere – mit sehr verschiedenen Anliegen – profitieren.

KAPITEL V
Erlösung durch Leiden: Paul Claudel

Im Gegensatz zu den Engländern, die von ihren lebenden Schriftstellern vor allem unterhalten werden möchten, erwarten die Pariser von den ihren neue Ideen, nach denen sich leben läßt. Die Literatur steht im Mittelpunkt des Lebens, die von ihr ausgehenden Wellen bewegen die Politik und die öffentliche Meinung, und ihre Protagonisten neigen dazu, sich als Propheten zu begreifen. Wenn wir ihren Eifer ertragen können – und in Claudels Fall die an Anmaßung grenzende Selbstsicherheit –, stellen wir mitunter fest, daß ihre Themen nicht nur der Schlüssel zum Verständnis ihrer Epoche, sondern oft auch von weiter reichender Bedeutung sind.

Paul Claudel wurde am 6. August 1868 in Villeneuve geboren, in einem Teil der Champagne, den er später mit der Heide in *Wuthering Heights* verglich. Sein Vater, ein kleiner Beamter in der öffentlichen Verwaltung, stand nur eine Stufe über dem Bauernstand. Er war, abgesehen von seinem Bart, der ihm wie zwei Eiszapfen rechts und links vom Kinn herabhing, ein unscheinbarer Mensch. Seine Mutter stammte aus einem nicht ganz so bescheidenen Milieu; sie war die Tochter eines Landarztes und Nichte eines Curés. Die Claudels hatten drei Kinder, Camille, Louise und Paul. Und alle hatten ein leidenschaftliches Temperament.

Als Junge kletterte Paul gern auf Bäume. Dort oben, als »Zuschauer des Welttheaters«, betrachtete er gern »Relief und Gestalt der Erde, die Anordnung der Neigungen und Flächen . . . Nichts geht mir verloren, nicht die Richtung der Rauchfahnen, nicht die Art von Licht und Schatten, nicht der Fortschritt der Feldarbeiten . . . nicht die Feuerschläge der Jäger.«[1] Sein Held war Kolumbus, der getrennte Länder geeint hatte, und er sehnte sich nach einer Verbindung zwischen all diesen Dingen, nach einem vollkommenen, absoluten Sinn.

Die dominierende Persönlichkeit im streitsüchtigen Hause der Claudels war Camille. Sie war vier Jahre älter als Paul, hatte herrliches kastanienbraunes Haar, große braune Augen, eine schmale, etwas nach oben gebogene Nase, einen vollen Mund und einen stolzen, leicht spöttischen Gesichtsausdruck. Sie hinkte leicht, was ihre Erscheinung noch interessanter machte. Camille wollte Bildhauerin werden. Sie überredete ihre Mutter, mit allen drei Kindern nach Paris umzuziehen; Vater Claudel kam nach, als er in Rambouillet Arbeit gefunden hatte.

Während Camille das Atelier von Colarossi besuchte, ging Paul aufs Gymnasium. Seine Eltern waren nicht religiös. Sie hatten Paul zur Erstkommunion geschickt, aber danach hatte er aufgehört, zur Kirche zu gehen, und so machte er sich, ohne viel zu fragen, den Materialismus der – wie er sie später nannte – »traurigen achtziger Jahre« zu eigen: »Laster und Tugend sind Nebenprodukte wie Vitriol und Zucker« (Taine). »Der Mensch ist nur eine lebendige Maschine, die unter dem Einfluß von Erbmasse und Milieu handelt« (Zola). »Historisch ist das Neue Testament unbefriedigend ... und Jesus behauptete niemals, Gott zu sein« (Renan).

Claudel wurde Bester in Rhetorik und erhielt seinen Preis zusammen mit einem Kuß auf die Stirn aus den Händen von Renan, jener »säkularisierten Kathedrale«, wie Daudet ihn nannte. Camille, inzwischen ein Freigeist, nutzte die Gelegenheit sofort; stolz hielt sie Paul ihre Ausgabe von Renans *Das Leben Jesu* unter die Nase und erklärte: »Alles, was wir über Religion gelernt haben, ist Unsinn. Hier ist der Beweis.« Sie ermutigte den Jungen, kämpferisch zu sein, und schuf eine Büste von ihm mit dem Titel »Der junge Römer«. Und sie setzte in die Tat um, was sie predigte. Als Studentin von Auguste Rodin wurde sie dessen Geliebte; sie fuhr mit ihm einen Monat lang auf Urlaub in die Touraine, wo er sie tagsüber bekleidet und nachts als Akt zeichnete.

Paul Claudel studierte Jura. Er brauchte einen Beruf, mit dem er sich sein Brot verdienen konnte, aber er wollte Schriftsteller werden. Obwohl er in bäuerlichen Verhältnissen und mit dem Instinkt eines Bauern geboren und hautnah mit der rauhen Wirklichkeit aufgewachsen war, spürte er eine lyrische Ader in sich. Sein erstes überliefertes Gedicht, das er als Achtzehnjähriger schrieb, trägt den Titel »Für eine Messe auf menschlicher Ebene« und schildert einen Christus im Stil Renans mit weichem Haar, der denen, die auf sein Kommen gewartet haben, sagt, daß er sie lieben wird wie eine Braut, wie ein Vater, aber daß er nicht der Sohn Gottes ist.

Claudel besuchte literarische Zirkel: den von Mallarmé, wo die Poeten dunkel und vieldeutig dichten mußten; die von Montesquiou und Huysmans, wo man von einem Dichter erwartete, daß er sich wie ein Dandy kleidete und das Exotische oder Dekadente beschrieb.

Claudel stellte bald fest, daß ihn das nicht befriedigte. Er sehnte sich immer noch nach einem »absoluten Sinn«. In seinem Kummer las er die »Illuminationen«, eine damals gerade erschienene kaleidoskopische, bilderreiche Prosadichtung, die Rimbaud in der Hölle des afrikanischen Waffenschmuggels geschrieben hatte. Es ist ein Aufschrei zwischen religiöser Verzweiflung und Hoffnung, der Claudel sehr bewegt hat.

Einige Monate später, an Weihnachten 1886, besuchte Claudel in Notre-Dame die Christvesper, weil er glaubte, sie könne, wenn man sich ihr mit herablassendem Dilettantismus näherte, vielleicht Anregung und Stoff für neue Verse bieten. »Der katholische Glaube erschien mir noch immer als derselbe Haufen von absurden Geschichtchen, seine Priester und seine Gläubigen flößten mir die gleiche Abneigung ein, die bis zum Haß und zum Ekel ging.«[2]

Claudel stand in der Nähe der zweiten Säule am Eingang zum Chor, rechts von der Sakristei und lauschte dem *Magnificat*, das ein Knabenchor sang. Und wie einem früheren Paul auf der Straße nach Damaskus widerfuhr ihm hier etwas ganz Außerordentliches: »In einem einzigen Augenblick wurde mein Herz angerührt, und ich glaubte ... mit einer solchen Kraft der Zustimmung, einem solchen Emporgehobenwerden meines ganzen Wesens ... Ich hatte mit einem Schlag das zerreißende Gefühl der Unschuld, der ewigen Kindschaft Gottes.«[3]

In diese »Offenbarung«, wie er es nannte, »mischte sich dennoch etwas wie Schrecken, ja fast wie Entsetzen. Denn meine philosophischen Überzeugungen waren unversehrt geblieben ... Alles, was meinen Ansichten und meinem Geschmacksempfinden ganz und gar widerstrebte, hat sich als wahr erwiesen.«[4]

Wieder daheim in der elterlichen Wohnung griff Claudel nach einer Bibel. Französische Katholiken besaßen damals keine Bibel, und sie wurden auch nicht zum Lesen, geschweige denn zum Studium der Heiligen Schrift angehalten. Diese Bibel war eine protestantische, die Camille von einem deutschen Studienfreund bekommen hatte, und daß sie gerade in diesem Augenblick zur Hand war, erscheint ebenso schicksalhaft wie das Ereignis in Notre-Dame. Claudels Auge fiel auf eine Stelle im apokryphen *Buch der Weisheit*, wo der Mensch getadelt wird, weil er es versäumt, den Schöpfer in seinen Werken zu erkennen.

Claudel gingen diese Zeilen nicht mehr aus dem Kopf; sie waren »so süß in ihrer Unbeugsamkeit«.

Dies war der Anfang eines langen Studiums, erst der Bibel, dann des hl. Thomas von Aquin. Damit und mit Hilfe von Emile Boutroux' Vorlesungen an der Sorbonne, in denen er die Ansichten Blaise

Pascals rehabilitierte, suchte Claudel nach einer intellektuellen Rechtfertigung für seinen neu gefundenen Glauben. Aus Angst, verspottet zu werden, erzählte er weder Camille noch seinen Eltern, daß der »junge Römer« ein »junger römischer Katholik« werden wollte. Vier Jahre vergingen, bis er endlich seinen Frieden mit der Kirche machte und seine Familie davon in Kenntnis setzte.

Claudel bestand die Prüfungen für den konsularischen Dienst. Er stand ganz oben auf der Liste und übernahm mit vierundzwanzig Jahren den ersten einer ganzen Reihe von Posten im auswärtigen Dienst. Ein Teil seines Wesens liebte Akten, Archive, Fragebögen, aber er hoffte noch immer, Schriftsteller zu werden. Obwohl er viel im Ausland lebte, fühlte er sich in erster Linie als Pariser. Er verbrachte fast jeden Urlaub in Paris, hielt sich mit der neuesten Literatur und den besten Pariser Zeitschriften auf dem laufenden und pflegte den Gedanken- und Meinungsaustausch über literarische Themen mit in Paris lebenden Menschen. Er korrespondierte mit Autoren, deren Arbeiten ihm gefielen, lernte sie später in Frankreich kennen und schloß mit vielen Freundschaft, unter anderen mit André Suarès, einem begabten, jüdischen und sehr melancholischen Essayisten, und mit Francis Jammes.

Im Januar 1900 kam Paul auf dem Umweg über das Heilige Land – in Bethlehem ministrierte er bei der Weihnachtsmesse – auf Urlaub nach Paris. Er war zweiunddreißig Jahre alt. Er wohnte bei seiner Schwester Camille in einer Wohnung im Haus Nr. 37, Quai d'Anjou, und dort besuchte ihn Francis Jammes. Claudels Gesicht, erinnert sich Jammes, war »ernst, ziemlich rund und rosig, mit leuchtenden Augen, die horchten; im Profil sah er wie ein Ochse aus, mit in die Stirn gekämmten Haaren, einem kleinen Schnurrbart, einem breiten, schmallippigen, ziemlich hochmütigen Mund und einem Kinn, das seine Gedanken in langen, von Pausen unterbrochenen und die Zuhörer in Spannung haltenden Selbstgesprächen wiederkäute«.

Die zwei jungen Dichter hatten mehrere freundschaftliche Briefe ausgetauscht, aber hier begegneten sie sich zum ersten Mal. Nachdem sie sich die Hand geschüttelt hatten, sagte Claudel zu seinem bärtigen Besucher: »Jammes, ich habe dem, was ich geschrieben habe, nichts hinzuzufügen. Sie wissen, was ich von Ihrer Freundschaft und Ihren Büchern halte.« Das war freundlich gemeint, aber Jammes fühlte sich von Claudels schroffem Ton ziemlich vor den Kopf gestoßen.

Jammes hatte Gide mitgebracht. Claudel hatte Gide im Haus von Mallarmé kennengelernt, er kannte seine Bücher und kommentierte eines mit den Worten: »Ihr Geist hat keine Vorurteile.« Gide bemerkte später zu dieser Kritik: »Kein Lob könnte größer sein.«

Jammes berichtet, wie André Gide in dem verschnörkelten Stil, den er damals liebte, begann, den jungen Konsul auszufragen.

››Monsieur Paul Claudel, in China haben Sie, wie ich glaube, viele Diener . . .?‹

›Viel zu viele. Dreizehn. Einen für meine Schuhe, einen für meine Hemden, einen, um bei Tisch zu servieren etc. . . . Und nicht zu vergessen den, der den Abtritt reinigt.‹

›Ich möchte nicht neugierig sein, Monsieur Paul Claudel, aber es gibt eine Frage, die mich sehr interessiert . . . Dieser schöne katholische Glaube . . . dieses Geschenk des Himmels . . .‹

›Ich verdanke ihn Rimbaud. Bevor ich Rimbaud gelesen habe, glaubte ich, die Welt sei eine Art Dreschmaschine, die die Wissenschaften nach Belieben auseinandernehmen könnten.«

»Er sagte das unglaublich schnell«, berichtet Jammes weiter, »wie ein Kind, das den Katechismus hersagt und so, als gäbe es darauf nichts mehr zu sagen.«

Was Gide betraf, so drehten und wendeten sich seine Gedanken wie der Pudel des Dr. Faust.

»Wäre es indiskret, Paul Claudel, noch eine Frage zu stellen? Ihre Versform, so charakteristisch . . .‹

›Verse atmen ein und atmen aus. Der Dichter muß den Wendepunkt finden, ein sehr heikles Geschäft.‹

›Lieber Monsieur Claudel, darf ich es wagen, eine kühne Bitte vorzubringen? . . . Ich bin sehr engagiert bei einer Zeitschrift, *L'Ermitage* . . . Es wäre wahrhaftig eine Freude, eine außerordentliche Ehre, ah! . . .‹

›Natürlich. Ich habe ein Stück, *Der Tausch,* das die *Revue de Paris* eben abgelehnt hat – warum, weiß ich nicht.‹«[5]

Ohne weitere Umstände händigte Claudel Gide das Manuskript dieses frühen, nicht überzeugenden Theaterstücks aus, das in den Vereinigten Staaten spielt und von einem tragisch endenden Ehebruch handelt. Gide sorgte dafür, daß es in *L'Ermitage* erschien.

Am nächsten Tag lud Claudel Jammes in das schicke Lapérouse zum Mittagessen ein. Ein weiterer Gast war Marcel Schwob, ein hypochondrischer Ästhet und Erforscher der Umgangssprache, der die Spiegel in seiner Wohnung mit Papier zuklebte, damit er seinem unattraktiven Gesicht nicht begegnete. Die beiden wirkten etwas beklommen, als Claudel, vom Quai d'Orsay kommend, im Zylinder vor ihnen stand. Nach dem Essen überreichte Claudel jedem eine signierte Ausgabe von *Erkenntnis des Ostens,* wunderschöne poetische Impressionen von China. Er war mit Recht stolz auf dieses Buch, das im April veröffentlicht wurde und ihn bald bei Literaturkennern berühmt machte.

Auch Camille hatte sich einen Namen gemacht als begabte, im Stil des Art Nouveau arbeitende Bildhauerin. *La Valse* zum Beispiel zeigt zwei sich umschlingende Tänzer, die wie eine Blume aus einem Bronzeblock herauswachsen. Sie hatte auch eine Büste von Rodin geschaffen, die der Bildhauer für sein ähnlichstes Porträt hielt. Ihr Leben verlief jedoch unglücklich. Rodin hatte viele Jahre mit Rose Beuret, einer schlichten, ungebildeten Frau vom Lande zusammengelebt und hatte auch einen Sohn mit ihr. Als Rodin Anstalten machte, sie durch Camille zu ersetzen, bekam Rose Herzanfälle oder behauptete es zumindest. Rodin schob die Trennung auf. Die ältere Geliebte hatte vorerst gewonnen.

Nachdem Claudel seine Schwester, so gut es eben ging, getröstet hatte, fuhr er im August nach Solesmes, um den für ihn, wie er dachte, lebensentscheidenden Schritt zu tun. Hier begann er die Arbeit an der »Ode an die Musen«. Es sollte seiner Absicht nach das letzte Gedicht sein, bevor er sich bei den Benediktinern als Priester bewarb. Denn Claudel war nach der Lektüre der Bibel und der Schriften des hl. Thomas von Aquin zu dem Schluß gelangt, daß es die höchste Aufgabe des Menschen sei, Gott in der Messe zu preisen.

Irgend etwas – wir wissen nicht, was – ging in Solesmes schief; vielleicht hatte der Abt nach dem Gespräch mit Claudel Einwände erhoben. Der Novize in spe reiste jedenfalls überstürzt ab und begab sich zur Benediktinerabtei von Ligugé bei Poitiers. Hier hörte sich ein Pater die Geschichte eines Dichters, der im diplomatischen Dienst stand und Gott in einem klösterlichen Orden dienen wollte, verständnisvoll an. Er brauchte nicht lange, um zu begreifen, daß dieser brillante, kämpferische und schroffe Mann nicht in ein Gemeinschaftsleben paßte und daß er besser daran täte, Gott draußen in der Welt zu dienen.

Das war für Claudel ein harter Schlag: »Ich schloß daraus, daß Gott mich nicht als seinen Priester haben wollte und mich von seinem Altar wies. Es war ein grausamer Augenblick.«

Im Oktober 1900 fuhr Claudel auf der *Ernest Simmons* nach China, um seinen Posten als Konsul in Futschou wieder einzunehmen. In Réunion kam ein Franzose, den wir nur als Monsieur V. kennen, mit seiner sehr attraktiven Frau und ihren vier kleinen Söhnen an Bord.

Die Dame ist uns nur als R. bekannt. Sie war Polin von Geburt und

Temperament: leidenschaftlich, verwegen und sehr religiös. Claudel traf sie eines Tages an, wie sie einigen Besatzungsmitgliedern ein unanständiges Lied beibrachte. Da stand auf einem Schiff mitten im Ozean eine blonde Dame im Kreis von rauhen Seemännern, lachte und sang mit ihnen Lieder, die Claudel nur als obszön bezeichnen konnte.

Etwas später sprach er die Dame an und mißbilligte ihr Benehmen, als ob er eine Kanzelpredigt hielte. Sie brach in Tränen aus. Man redete weiter, zog einander ins Vertrauen, freundete sich an. Wie es schien, verstand Monsieur V. seine Frau nicht und vernachlässigte sie: die übliche banale Situation. Eines Abends spielten die Passagiere ein Suchspiel, und Claudel blieb übrig mit R.s seidenem Schuh in der Hand – für Claudel ein symbolhaftes Zeichen.

In Futschou nahm Claudel Wohnung im Konsulat. Monsieur V. bezog mit Frau und Kindern ein Haus im europäischen Viertel und begab sich anschließend auf Geschäftsreise. Wegen der Nachwirkungen des Boxeraufstands lag für die Europäer immer noch Gefahr in der Luft, und die kleine französische Gemeinde rückte zwangsläufig eng zusammen.

Claudel war kein Hedonist, aber er konnte sehr leidenschaftlich für eine Frau empfinden. Wahrscheinlich wußte er, daß er für Gefühle dieser Art ebenso anfällig war wie Camille, deren unglückliche Liebesgeschichte ihm noch frisch und als warnendes Beispiel im Gedächtnis haftete. Bestimmt aber wußte er, daß er aus katholischer Sicht eine schwere Sünde beging, wenn er sich mit R. einließ. Aber seine Liebe zu R. und ein gewisser Groll gegen Gott, der ihn abgewiesen hatte, waren stärker als alle Warnsignale.[6]

Claudel und R. wurden ein Liebespaar. Bald darauf bekam R. ein Kind von ihm. Die Liebe bereicherte und intensivierte Claudels Leben – von R. wissen wir hierüber nichts:

Tu es droite comme une colonne! tu es claire comme le soleil levant! Et où as-tu arraché sinon aux filières mêmes du soleil d'un tour de ton cou ce grand lambeau jaune de tes cheveux qui ont la matière d'un talent d'or? Tu es fraîche comme une rose sous la rosée![7]

Du bist gerad wie eine Säule! bist Licht wie die aufgehende Sonne! Und wo, wenn nicht den Strahlen selbst der Sonne, hast du mit einem Ruck deines Halses dieses große, gelbe Vlies deiner Haare entrissen, die ein Talent Gold aufwiegen? Du bist frisch wie eine Rose im Tau![8]

Aber Claudel wußte, daß seine Liebe selbstsüchtig und zum Scheitern verurteilt war, weil sie im Widerspruch zu seinen und R.s religiösen Überzeugungen stand.

Philippe Berthelot wurde schon erwähnt als Delcassés graue Eminenz; nun erscheint er in Futschou als ein Freund Claudels. Er ist der Sohn des berühmten Chemikers Marcellin Berthelot, aufgewachsen am linken Seine-Ufer inmitten der Positivisten der Sorbonne. Als junger Mann saß er Renan zu Füßen und wurde ein Anhänger des Agnostizismus. Später wandte er sich dem Atheismus zu. Er interessierte sich für Literatur und zitierte auswendig aus Hugos Gedichtsammlung *La Légende des Siècles*. Er selbst war nicht schöpferisch tätig, aber er brachte so unterschiedliche Schriftsteller wie Jean Giraudoux, Paul Morand und Alexis Saint-Leger, den künftigen Verfasser des schönen Gedichts *Anabase* im Auswärtigen Dienst unter und protegierte sie.

Nun, im Alter von siebenunddreißig Jahren, war er Leiter der Fernost-Abteilung des Quai d'Orsay. Er war ein gutaussehender, breitschultriger, sehr selbstsicherer und unglaublich tüchtiger Mann mit flinken Bewegungen, dem es großen Spaß machte, den empfindlichen kleinen Dichter-Konsul in Rage zu bringen, indem er die mögliche Existenz des Metaphysischen bestritt. Er machte sich über die Religion lustig, kam aber immer wieder auf sie zurück. Als er einmal gefragt wurde, was er tun würde, wenn er sich plötzlich ohne einen Penny in New York fände, antwortete er kühl: »Eine neue Religion gründen.«

Arnold Bennett beschreibt Berthelot, wie er, »gekleidet in helles Alpaka und gelbe Stiefel, die geheime Bedeutung von Gelben Büchern, Weißen Büchern, Orangen Büchern und Blauen Büchern erklärt«. Aber, fuhr Bennett fort, »die eigentlichen Themen wurden nie berührt. Ich mag Hélène, seine [in der Normandie geborene] Frau, eigentlich lieber, die ihre Karriere auf der Straße begann und mit der ganzen Gruppe geschlafen hat . . . Sie ist hübsch, aber dumm.«

Berthelot hatte eine Vorliebe für Erotika. In seinem *musée secret*, schreibt Bennett, »fielen mir vor allem bei einigen unanständigen Drucken die exquisit gezeichneten Klitorides von Prostituierten auf; völlig realistisch und doch schön. Es war köstlich, wie Madame Berthelot mich und einen anderen Mann in das *musée secret* schickte, uns dort allein ließ und uns nachher nach unseren Eindrücken fragte.«[10]

Außer seinen Erotika liebe Berthelot noch Angorakatzen und Domino, »das beste Spiel der Welt«. Abend für Abend saß er bei

Claudel, spielte mit ihm Domino und lauschte den Lobpreisungen von R.s Reizen.

In Futschou und in Paris wurden Stimmen laut, die Claudels Entlassung aus dem diplomatischen Dienst verlangten. Er hatte einen großen Skandal verursacht. Aber zwei Dinge sprachen für den Angeklagten. Zu den wichtigen Aufgaben eines jeden Konsuls gehörte es, die Deutschen bei der Jagd auf ergiebige Handelsverträge zu schlagen, und Claudel war es gelungen, französischen Firmen gegen die starke Konkurrenz von Krupp den Auftrag für die Modernisierung des Arsenals und der Marinewerft von Futschou zu sichern. Und zweitens hatte das Buch *Erkenntnis des Ostens* Claudel als einen begabten Schriftsteller ausgewiesen. Berthelot brüstete sich damit, daß er künftigen Chateaubriands helfe, und – was immer man ihm auch nachsagte – er war kein Puritaner. Als sich der Besuch Berthelots in Futschou seinem Ende zuneigte, wußte Claudel, daß ihm seine Stellung sicher war, und aus Dankbarkeit widmete er später das Theaterstück, das aus seiner Liebesaffäre entstand, Philippe und Hélène Berthelot.

Im August 1904 verließ R. sowohl Claudel als auch ihren Ehegatten – »ein scheußlicher Betrug«, so Claudels selbstgerechter Kommentar. Im Frühjahr darauf bekam er Urlaub und folgte ihr nach Europa, begleitet von R.s Ehemann, wie es in einer Quelle heißt. Claudel fand R. schließlich in Holland, wo sie mit einem anderen Mann zusammenlebte. Sie weigerte sich, zu Claudel zurückzukehren. Damit war ihre Affäre zu Ende.

Claudel litt sehr, sowohl an enttäuschter Liebe als an verletztem Stolz, und letzterer war beträchtlich. In den folgenden Wochen machte er langsam Bestandsaufnahme. Er glaubte, daß die Affäre mit R. als solche gut gewesen sei; er bedauerte sie nicht; er sah sich auf ewig mit R. vereint. Nichts würde auch nur annähernd diesem Erlebnis gleichkommen. Aber er glaubte fest an die Ehe als gesellschaftliche Notwendigkeit und als Sakrament. Er war sechsunddreißig Jahre alt und beschloß zu heiraten. Er bat Freunde, sich nach einer Frau für ihn umzusehen.

In der Zwischenzeit half Claudel Jammes, sich mit der Kirche zu versöhnen, und versuchte, Gide zu bekehren – Vorgänge, die bereits erwähnt wurden. Gelegentlich besuchte er auch Camille, die von Rodin fallengelassen worden war. Ihre Schönheit war dahin, ihr Humpeln auffälliger als früher, sie war niedergeschlagen und verdiente kaum genug für ihren Lebensunterhalt. Claudel hatte Mitleid mit ihr und versuchte, ihr mit einem Artikel, der ihre Arbeit würdigte, zu helfen.

Eine gewisse Reine Sainte-Marie-Perrin aus Lyon wurde ihm als geeignete Ehefrau vorgeschlagen. Sie kam aus einem streng katholischen Elternhaus – ihr Vater hatte am Entwurf der mit Engelgirlanden geschmückten Kathedrale in Lyon mitgearbeitet –, aber sie war hager und schmächtig und nicht besonders hübsch. Von Claudels Seite würde die Ehe ohnehin auf eine *mariage de raison* hinauslaufen. Er wollte sein Leben von nun an auf Vernunft gründen; Camilles Unglück hatte ihn darin noch bestärkt. Am 15. März 1906 heiratete Claudel Mademoiselle Sainte-Marie-Perrin. Drei Tage später reisten sie nach China ab.

Aus dieser Ehe sollten fünf Kinder hervorgehen, aber niemals fand Claudel die körperliche und seelische Erfüllung wie in der Verbindung mit R. In seinem Tagebuch notiert er einen Vorsatz für das Jahr 1908: »Meinen erbärmlichen Wunsch bekämpfen, unzüchtige Zeitschriften und Bücher anzusehen und zu lesen.« Seine Tätigkeit im Konsulat wurde ihm ein Trost, und er wandte sich immer mehr seiner dichterischen Arbeit zu.

Als junger Mann hatte sich Claudel in Paris in zwei Dichterkreisen bewegt. In dem einen wollte man subtile (häufig sittlich entartete) Gefühle in all ihren Schattierungen vermitteln; im anderen versuchte man, über hermetische Allegorien oder Beschwörungen an die vermeintliche innere Bedeutung der Dinge heranzukommen. Aufgrund seines eigenen dichterischen Temperaments, seiner Bibellektüre, besonders der Psalmen, seines Studiums des Thomas von Aquin sowie des einfachen Lebens in der chinesischen Provinz kam Claudel zu dem Schluß, daß keiner dieser Wege für ihn gangbar war, und erarbeitete sich eigene Grundlagen in einem kleinen Buch mit dem Titel *Art poétique*.

Claudel geht davon aus, daß die Dinge real vorhanden sind, daß sie nicht bloß konstruierte Gebilde des Individuums sind. Aber die Dinge sind nicht unabhängig voneinander. Ein jedes hängt eng mit dem anderen zusammen und kann nur in Beziehung zum Ganzen definiert werden. Der Mensch unterscheidet sich von den Dingen durch seine Intelligenz, aber auch er ist von ihnen abhängig. Mit Sokrates' (und Gides) Aufforderung: »Erkenne dich selbst!« ist der Mensch falsch beraten. Es müßte heißen: »Vergiß dich selbst!« Der Mensch sollte staunen, daß die Dinge überhaupt existieren, und in ihnen den Geist Gottes entdecken, von dem sie durchdrungen sind. Die Aufgabe des Dichters ist es, die Dinge in ihrer Gesamtheit zu preisen und dadurch Gott zu preisen.

Claudel verwirklichte diese Theorie in den *Fünf großen Oden* die er zwischen 1905 und 1910 schrieb. In der ersten, die er in Solesmes begonnen hatte, grüßt er die in einen römischen Sarkophag gemeißelten neun Musen und begibt sich auf eine ungewöhnliche poetische Reise – anders als die Irrfahrt des Odysseus, anders als die Flucht des Äneas aus Troja oder Dantes Abstieg in die Unterwelt. Claudel sieht sich über die Erde reisen, um die Dinge beim Namen zu nennen, wie Gott dies an den Tagen der Schöpfung tat, und um so an die Essenz der Dinge heranzukommen, die vielleicht verlorengegangen oder verborgen war. Der Schauplatz der zweiten Ode, »Der Geist und das Wasser«, ist Peking. Dort, im Binnenland, erinnert sich der Dichter an das Meer, das Symbol seiner Freiheit. Aber Freiheit macht nicht vollständig glücklich. Er sehnt sich nach Gott. Während er sich seiner Missetaten entsinnt, erscheint das Bild des Wassers erneut in den Tränen der Reue:

J'ai voulu l'âme, la savoir, cette eau qui ne connaît
point la mort! J'ai tenu entre mes bras l'astre humain!
O amie, je ne suis pas un dieu,
Et mon âme, je ne puis te la partager et tu ne peux me prendre
et me contenir et me posséder.[11]

Ich hab' die Seele gewollt, sie wissen, diese Flut, die vom Tode nicht weiß! Ich hab es in meinen Armen umfangen, das Menschen-Gestirn!
O Freundin, ich bin nicht ein Gott,
Und meine Seele, ich kann sie dir nicht teilen,
und du kannst mich nicht nehmen
        und mich enthalten und mich besitzen.[12]

Gemeint ist, daß man niemanden vollständig und auf Dauer mit Leib und Seele besitzen kann.

In »Magnificat«, der dritten Ode, dankt der Dichter Gott für seine Erlösung von den Götzen Gerechtigkeit, Fortschritt, Göttlichkeit und Menschlichkeit. Die Zeilen: »Verdirb mich nicht mit den Voltaires und Renans, den Michelets und Hugos und all den anderen Verruchten!« brachten ihm den Vorwurf der Blasiertheit ein. Er dankt Gott für das Geschenk einer Tochter und der Vaterschaft, die er mit Gott teilt:

L'esprit de joie ne m'entre pas droit au corps
Que lorsque parole fut adressée à Jean dans le désert...[13]

Stößt mir der Geist der Freude doch nicht minder gerade zu Leib,
Als da das Wort erging an Johannes in der Wüste . . .[14]

In der vierten Ode hört der Dichter nicht auf den Ruf der Muse, die den Namen Gnade trägt. Statt sich nach innen zu wenden, um seine eigene Harmonie zu finden und somit das, was er beschreibt, vereinen zu können, kehrt er an den Ort seiner Missetaten zurück.

In der letzten Ode bemüht sich der Dichter um Gottes Gnade. Freiwillig verschließt er seine Seele vor grenzenlosem Verlangen und stellt die vier Kardinaltugenden als Wächter vor ihre Tore, denn nur so kann er eine Welt überblicken, die endlich ist. In einer neuen zuversichtlichen Stimmung ruft er aus: »Gruß dir, erste Röte des neuen Jahrhunderts!«[15] Und wie am Anfang der ersten Ode wendet er sich der Vergangenheit zu, diesmal den Toten, von denen wir, die wir leben, nicht getrennt sind und denen wir durch unsere Gebete helfen können.

Claudels Oden bezeichnen einen Wendepunkt in der französischen Dichtung. Vielleicht hatte er weit reisen müssen, um im Vergleich zum heimischen Angebot so revolutionär zu sein. Mit den Oden wird eine wirklichkeitsnahe Ontologie wieder geltend gemacht; sie schlagen einen Ton der Freude an über die Wunder und die Vielfalt der geschaffenen Dinge; sie stellen Gott wieder in den Mittelpunkt. *Fünf große Oden* wurde sofort als ein sehr bedeutendes Werk anerkannt, und ihr Einfluß auf die Zeitgenossen ließ nicht lange auf sich warten.

Claudel liebte China und das bewegte Leben, das er dort führte. Wir sehen ihn an einem heißen Sommertag, wie er, nackt bis zur Hüfte und mit Löschpapier über der Brust, das den Schweiß auffangen soll, auf lateinisch einen Brief an den in Futschou residierenden, spanisch sprechenden Bischof schreibt. Er freut sich an der Ungezwungenheit und dem Geschick der kleinen Handwerker und Händler, begreift, welch wichtige Rolle Familie und Gemeinschaftsleben in China spielen, und verspürt die Allgegenwart des Übernatürlichen an den Gräbern und Tempeln oder den bescheidenen Heiligtümern unter einem Baum, wo man Weihrauchstäbchen verbrennt oder in Form eines Stücks Papier die »Visitenkarte« abgibt. Er vermerkt, daß der Grundzug der chinesischen Schriftzeichen die waagrechte Linie ist im Gegensatz zum Senkrechtstrich des westlichen Alphabets. »Das Wort besteht aus einer Folge von Lettern, das Bildzeichen durch das Verhältnis der Züge . . . Man kann im chinesischen Bildzeichen also ein schemenhaftes Wesen sehen, eine Schriftperson, die wie ein lebendes Wesen ihre Natur und ihre Bedingungen, ihr eigenes Handeln und ihre verborgene Tugend, ihren Bau und ihr Gesicht besitzt. Daraus erklärt sich diese Ehrfurcht der Chinesen vor der Schrift.«[16]

Claudel findet auch die in China übliche Vorherrschaft der Männer ganz in Ordnung. Er notiert sich eine einheimische Geschichte, *Die Glocke*,[17] die ihn später beeinflussen sollte. Die Tochter eines alten Glockengießers, dem die richtige Legierung für sein Meisterwerk nicht gelingen will, stürzt sich in den Schmelztiegel und gibt damit der Glocke eine Seele.

Was an Claudel immer wieder auffiel, war seine streitbare Art im Umgang mit Menschen. Es schien ihm ein Bedürfnis zu sein, nicht nur unterschiedliche Meinungen von Freunden anzufechten und zu bekämpfen, sondern gegen die Unwahrheit im allgemeinen vorzugehen. Er war ein Mann der Extreme. »Mit Claudel«, sagte Léon Daudet, »ist es entweder Mittag oder Mitternacht, aber nie vier oder fünf Uhr nachmittags.«

Ein solches Temperament zieht es zum Theater. Als Student hatte Claudel gern das Théâtre d'Art besucht, das Paul Fort leitete. Fort war ein etwas pompöser junger Mann, der einen Rembrandt-Hut trug und eine Kamee als Krawattennadel, Balladen über seine Heimat, die Champagne, schrieb und poetisches Theater auf die Bühne brachte: Shelleys *Die Cenci*, Marlowes *Doktor Faustus* und die herzzerreißenden Stücke von Maurice Maeterlinck.

Besonders gut gefiel Claudel Maeterlincks *Prinzessin Maleine*. Sie ist das unschuldige Opfer einer sinnlichen, mörderischen Mutter und eines feigen, senilen Vaters. Der Schauplatz der Handlung ist unbestimmt: ein »Korridor«, ein Wald, ein Turm; zwischen zwei Akten wird ein Krieg erklärt, geführt und gewonnen; es regnet, hagelt, blitzt und donnert ausgiebig, und das Ganze endet mit Selbstmord und Mord. Trotz der albernen Handlung und der farblosen Figuren wird hier die Leidenschaft recht wirksam in Szene gesetzt.

Claudel kam auf die Idee, in diesem Genre ein Theaterstück in Versen zu schreiben, allerdings ein viel männlicheres. *Goldhaupt* ist der Name eines heldenhaften Abenteurers vom Zuschnitt eines Alexander, der kaltblütig einen König tötet und dessen Thron besteigt, ohne jedoch die Tochter des Königs für sich gewinnen zu können. Dann führt er Krieg in Asien, seine Armee desertiert, und er wird verwundet. Sterbend ernennt er die Prinzessin zu seinem Nachfolger; aber auch sie wurde verwundet und bricht tot über ihm zusammen.

Goldhaupt ist eine Hymne auf Claudels Liebe zum Leben und den brennenden Ehrgeiz, denen er seine Angst vor dem Tod und dem danach folgenden Nichts, die er aus der Zeit vor seiner Bekehrung kennt, kontrapunktisch gegenüberstellt. Das Stück ist voll von teils brillanten, teils grotesken Bildern, aber unaufführbar, und Paul Fort lehnte eine Inszenierung ab. Claudel veröffentlichte es 1900 anonym und schickte Maeterlinck eine Ausgabe, der, selbst von sanfterem Wesen, von der Roheit des Stücks erschüttert war. »Ich fühlte mich wie ein Taucher, der von einem Hai attackiert wird.«

Der nächste Schritt in Claudels Entwicklung zum Dramatiker kam, als er von Gide dessen Theaterstücke zugeschickt bekam. Gide war, nachdem er Nietzsche gelesen hatte, zu dem Schluß gelangt, daß sich die traditionelle christliche Moral als Basis für das Drama überlebt habe, und hatte sich vorgenommen, Stücke zu schreiben, in denen sich der Held über das herkömmliche Gut und Böse hinwegsetzt und aus seiner eigenen inneren Wahrheit heraus handelt. Genau das taten Philoktet und Saul in den gleichnamigen Stücken. *König Candaules* ging weiter. Der Held, ein übermäßig großzügiger Mensch, möchte seine Frau mit seinem Freund Gyges teilen. Er überredet die beiden einzuwilligen, wird dann aber zu seiner großen Verwunderung von Eifersucht gepackt, und das Drama endet mit Blutvergießen.

Gide war ein Romanschriftsteller und auf feine Unterschiede, Unschärfen und ungewöhnliche Motivationen spezialisiert. Um als Dramatiker Erfolg zu haben, mußte man aus einem ähnlichen Holz wie Claudel geschnitzt sein und die mehr alltäglichen, nicht minder tiefen Emotionen des Publikums teilen können. *König Candaules* wurde in Paris und in Berlin ausgepfiffen.

Claudel jedoch lernte von Gides ungewöhnlichen Stücken. Er erkannte, daß endlose lyrische Gefühlsergüsse nicht genügten. Man brauchte Menschen aus dem wirklichen Leben in einem realen Kontext. Die biblischen Gestalten Saul und Candaules brachten Claudel darauf, eingehender über die Möglichkeiten des christlichen Dramas nachzudenken.

Während Gide der Meinung war, der Christ sei als Thema für ein Drama zu langweilig, weil stereotypisiert und voraussagbar, dachte Claudel genau das Gegenteil. »Der christliche Glaube verpflichtet uns, täglich unser Gewissen zu erforschen, er weckt in uns tiefe Gefühle von Güte und Zuneigung und verleiht damit unserem inneren Leben eine Elastizität, einen Reichtum, ein Feingefühl, die den meistgerühmten Werken dieses jüngst zu Ende gegangenen Jahrhunderts bedauerlicherweise fehlen ... Denn die Seele des Christen ist der fruchtbarste Boden, auf dem die Gnade und die Natur ihren Kampf austragen können. Und es gibt noch eine größere Dimension: Ein

Christ weiß, daß nicht ihm selbst die höchste Bedeutung zukommt, sondern dem Ziel, das zu erreichen und zu verkünden jeder von uns erschaffen wurde.«[18]

Ermutigt durch diese innere Überzeugung begann Claudel 1905, in freien Versen ein Theaterstück über seine Liebesaffäre mit Madame R. zu schreiben. Der Held in *Mittagswende* ist der chinesische Zollbeamte Mesa, der zufällig auch katholisch ist. Nachdem sich herausstellt, daß er sich nicht für den Priesterberuf eignet, kehrt er nach China zurück und lernt während der Reise eine verheiratete Frau, Ysé de Ciz, kennen. Sie verlieben sich. In China schickt Mesa Ysés Ehemann auf einen entlegenen Posten in eine wegen ihres ungesunden Klimas bekannte Region: Wir erinnern uns an David und Uria, den Hethiter. Mesa und Ysé genießen eine kurze, intensive Zeit des Glücks; aber Mesa, der unfähig war, sich Gott ganz hinzugeben, kann sich auch Ysé nicht völlig hingeben, weil er seine Selbstsucht nicht überwindet. Ysé wird von Mesa schwanger; trotzdem verläßt sie ihn, um mit Amalric, einem alten Freund, zusammenzuleben, der zwar ausschweifend, aber menschlicher, weniger boshaft und weniger egozentrisch ist als Mesa.

Mesa trifft Ysé wieder; ihr Mann ist gestorben; sie ist frei, um wieder zu heiraten. Er erwartet Vergebung und große Freude, aber Ysé sagt kein Wort. Die Stadt wird belagert; es gibt nur einen einzigen Passierschein. Amalric nimmt ihn und verläßt mit Ysé die Stadt. Sie kehrt jedoch bald darauf zurück. Die beiden Liebenden erwarten in der zum Untergang verurteilten Stadt den Tod, der Mesa für den Ehebruch bestrafen wird und der allein seinen Egoismus brechen wird. Aber sie vertrauen dennoch auf Gottes Barmherzigkeit und hoffen, daß er in der Ewigkeit ihre Liebe segnen möge.

Von Claudels Freunden wurde *Mittagswende* nicht nur als ein beachtliches Versdrama begrüßt, sondern auch als Wendepunkt im zeitgenössischen Theater: als Wiedererweckung des Geists von Racine in einem modernen Rahmen. Es ist ein wahrheitsgetreueres, weniger übertriebenes Werk als der heidnische Liebestod, den Wagner und die Symbolisten so liebten. Hier wird erkannt, daß uns sogar eine ehebrecherische Affäre auf die heilbringende Vision Gottes vorbereiten kann, und gleichzeitig akzeptiert, daß eine solche Liebe, zumindest in diesem Leben, gegen den Willen Gottes ist.

Ein prominenter Pariser Theaterdirektor war bereit, das Stück *Mittagswende* auf die Bühne zu bringen, aber auf Anraten seines geistlichen Ratgebers, der es für unfair gegenüber Madame R. und ihren Kindern hielt, untersagte Claudel die Aufführung. Der Bühnenerfolg und die Aufnahme des Stücks in das Repertoire der Comédie Française ließen noch eine Weile auf sich warten. Vorerst ging nur das Buch in Paris unter den Literaturkennern von Hand zu Hand.

Als Thema seines nächsten Theaterstücks, *Der Bürge,* das 1909 entstand, wählte Claudel wieder die Selbstaufopferung einer Frau: Zur Zeit der Revolution sucht Papst Pius VII. Zuflucht unter dem Dach eines Royalisten. Um den Papst zu retten und auf die dringende Bitte ihres Curés, erklärt sich die Dame des Hauses bereit, ihren mächtigen Feind, den örtlichen Präfekten, zu heiraten, obwohl sie mit einem königstreuen Offizier verlobt ist. Das Stück endet mit dem Tod der Frau und ihres Verlobten. Wieder einmal schließen sich Liebe und Ehe gegenseitig aus. *Der Bürge* wurde im Sommer 1914 im Odéon dreimal vor ausverkauftem Haus gespielt und noch im selben Jahr von Edith Craig in London mit Sybil Thorndike in der Hauptrolle inszeniert.

Nach *Der Bürge* begann Claudel mit der endgültigen Fassung eines Stücks, an dem er seit siebzehn Jahren arbeitete und von dem bereits zwei frühere Versionen existierten. Wie einige der symbolistischen Stücke, die Claudel als Student gefallen hatten, spielt auch die *Verkündigung* im Mittelalter, aber Claudel macht die Zeit, in der sich Not und Glaube vermischten, authentisch. Die Hauptfigur ist das Bauernmädchen Violaine; sie ist hübsch, lebenslustig und schlagfertig. Das Thema wird in einem Prolog angekündigt. Violaine begegnet Pierre de Craon, einem Kirchenbaumeister, der einmal versucht hat, sie zu vergewaltigen. Pierre liebt sie noch immer und erzählt ihr, sein Geist verzehre sich, seit er wisse, daß sie einen anderen heiraten soll. Violaine antwortet: »Muß man schon vergehn, o dann sei's über goldenem Leuchter wie die Osterkerze mitten im Chor, der ganzen Kirche zu Ehren!«[19] Als sie erfährt, daß Pierre an Lepra erkrankt ist, gibt sie ihm – ein quichotesker Impuls – einen Kuß und steckt sich an.

Ihre Schwester Mara behauptet gegenüber Violaines Verlobtem Jacques, Violaine habe ihn mit Pierre betrogen. Violaine muß ihre Familie verlassen und als Aussätzige leben, während Mara Jacques heiratet und ein Kind bekommt. Violaine nimmt alle diese Prüfungen ohne Bitterkeit hin.

Als Maras Kind stirbt, bringt sie es zu Violaine, die inzwischen den Ruf einer Heiligen hat, und bittet sie, das Kinder wieder zum Leben zu erwecken. Violaine drückt das tote Kind an die Brust und erweckt es auf wundersame Weise, begleitet vom Gesang der Engel, wieder zum Leben.

Mara ist auf ihre Schwester eifersüchtig und versucht, sie zu töten, indem sie sie in eine tiefe Sandgrube stößt. Dort wird sie von Pierre gefunden, der inzwischen vom Aussatz geheilt ist, weil, so gibt der Autor zu verstehen, Violaine *ihre* Krankheit so klaglos hingenommen hat. Pierre bringt Violaine in ihr Elternhaus. In den letzten Minuten vor Violaines Tod erleben die beiden eine mystische Liebe. Mara gesteht ihr Verbrechen, und Violaine stirbt inmitten einer allgemeinen Versöhnung.

Die Stärke von Claudels Stück liegt in der Überzeugungskraft Violaines. Sie wird mit zunehmender Frömmigkeit nicht weniger menschlich, sondern im Gegenteil immer menschlicher, und vom künstlerischen Standpunkt aus mußte das auch so sein, wenn das Übernatürliche dominieren sollte. Die Kraft, überall wo sie ist, Liebe zu verbreiten, erhält Violaine, weil sie auf das Glück verzichtet und ihr Leiden auf sich nimmt; durch die Bewahrung ihrer Jungfräulichkeit wird ihr die Wunderkraft zuteil, ein totes Kind zu stillen und damit zum Leben zu erwecken; indem sie Pierres Aussatz auf sich nimmt, ihn mit ihrem eigenen Körper erleidet, kann er neue Kirchen für Frankreich bauen; und ihre Belohnung auf dem Sterbebett ist die mystische Vereinigung mit Pierre.

Was Claudel mit diesem Stück beabsichtigt, erklärt uns ein kurzer Blick auf die zweite der früheren Fassungen mit dem Titel *La Jeune Fille Violaine*. Hier gibt es keinen Aussatz, und Violaines Opfer ist vollkommen freiwillig. Mara droht, sich zu töten, wenn sie Jacques nicht zum Mann bekommt, und sie flüstert ihm ein, Violaine liebe heimlich Pierre. Violaine opfert ihr Glück dem Glück ihrer Schwester, läßt Jacques in dem Glauben, Pierre habe sie verführt, verzichtet auf ihr Erbe und geht fort. Bald darauf erblindet sie. Die Violaine dieser Version hat Ähnlichkeiten mit Gides Alissa in *Die enge Pforte*. Mit dem Entschluß, in der endgültigen Version das Gewicht von der Person Violaines auf den sich in ihr manifestierenden Willen Gottes zu verlagern, setzte Claudel seinen Glaubensgrundsatz in die Praxis um, der besagt, daß ein Christ nur insofern interessant ist, als er sich eher passiv als aktiv verhält.

In allen drei Versionen und in der Pariser Aufführung, zu der wir gleich kommen werden, war die *Verkündigung* eines der grundlegendsten Werke unserer Epoche. Es brach mit den herkömmlichen Themen des zeitgenössischen Dramas: Ehefrau sucht einen Liebhaber, skrupelloser Geschäftsmann strebt nach größeren Profiten, besitzergreifende Mutter versucht, verheiratete Tochter vom Auswandern abzuhalten. Es brach mit dem naturalistischen Dialog. Es brach mit der irrationalen Welt des Symbolismus. Zum ersten Mal seit Menschengedenken wurde geltend gemacht, daß Selbstaufopferung fruchtbar und sogar freudvoll sein könne. Vor allem aber wurde, inmitten einer antiklerikalen Gesellschaft, die in den Seelen wirkende göttliche Gnade bejaht. Ebenso wie Gide in *Die enge Pforte* einen extremen Calvinismus vertrat, schilderte Claudel in *Verkündigung* einen strengeren Katholizismus als den eines Franz von Sales und einer Theresia von Lisieux.

Einer der begabtesten Pariser Theaterdirektoren war Aurélien Lugné. Er war der Sohn eines Bankangestellten, war groß, kräftig gebaut und von imponierender Erscheinung. Er hatte das Théâtre l'Œuvre gegründet, um avantgardistische Werke, vor allem Ibsen, aufzuführen, und spielte selbst auf bemerkenswerte Weise die Rollen des Stockman, Solness und John Gabriel Borkmann. Lugné hatte einen mächtigen Schädel, der in Ruhestellung schräg nach unten hing; dies und sein apokalyptischer Gesichtsausdruck erinnerten an Edgar Allan Poes Raben, und Lugné selbst hatte schon zu Beginn seiner Laufbahn seinem Namen den von Poe hinzugefügt, weil er sich gern mit der Aura des Geheimnisses umgab.

Im August 1912 kam Lugné-Poe mit Claudel überein, die *Verkündigung* auf die Bühne zu bringen. Er wollte selbst den Vater von Violaine spielen und verpflichtete Marie Kalff, eine in Holland geborene Schauspielerin und Bewunderin Claudels, für die Rolle der Violaine. Noch bevor die Proben begannen, muße sich Marie Kalff wegen einer Tuberkulose in ein Sanatorium nach Davos begeben; ihre Rolle übernahm Madame Lara.

Im Oktober 1912 kam Claudel von Frankfurt, wo er den Posten des Generalkonsuls innehatte, nach Paris, um Lugné-Poe aufzusuchen. Er war nun 45 Jahre alt, selbstsicher, auf dem Weg, Botschafter zu werden, und hatte konkrete Vorstellungen von der Inszenierung seines Stücks. Obwohl Lugné-Poe in dem Ruf stand, seine Autoren zu terrorisieren, kam es zwischen dem Raben und dem Ochsen zu einer fruchtbaren Zusammenarbeit. Lugné-Poe hatte ein kleines, sonst nur für Schüleraufführungen benutztes Theater in der Rue Malakoff 56 a gewählt, weil es eine »unverdorbene« Atmosphäre hatte. Die Bühne war nur fünf Meter breit. Mit der Ausstattung beauftragte er Jean Variot, der in München Avantgarde-Theater studiert hatte. Claudel nahm Variot mit nach Villeneuve, seinen Geburtsort, um ihm ein Gefühl für die Landschaft zu vermitteln, in der das Stück spielte. Mit seinem winzigen Budget von 800 Francs beschaffte Variot grauen Stoff, ein Scheunentor, einen Kamin, die Silhouette einer Stadt und einen Baum. Er kleidete Violaine in ein Nonnenkostüm mit Schleier, geflochtenem Gürtel und Kruzifix; Claudel hätte ein schlichtes Leinenkleid und darüber ein goldfarbenes, mit großen Blumen verziertes Schultertuch besser gefallen.

Es war Lugné-Poes Idee, die realistische Sprache durch einen feierlichen Ton zu ersetzen; seinen Schauspielern erklärte er, daß er eine Gesamtstimmung unter dem Motto »Unschuld« wünsche. In diesem Rahmen durfte Claudel das Stück einstudieren, und es machte ihm, wie er Gide erzählte, großes Vergnügen, die richtigen Gesten und Betonungen zu erreichen.

Die Erstaufführung fand am 21. Dezember 1912 statt. Von der Decke hing ein großes Bündel Mistelzweige herab, die Claudel aus Deutschland geschickt hatte. Unter den Besuchern des ausverkauften Theaters befanden sich der mit Variot befreundete Komponist Vincent d'Indy, der viel für die Wiedereinführung des einstimmigen Choralgesangs getan hatte, der Dramatiker und Theaterkritiker des *Figaro,* Robert de Flers, und Jean Schlumberger von der *NRF.*

Am Anfang schien das Publikum verwirrt, aber allmählich, so Lugné-Poe, wurde es »ergriffen, mitgerissen, bezaubert«. Und am Schluß applaudierten alle kräftig, vom alten Portier bis zu den Kritikern. Ghéon sprach für viele, als er die dramatische Kraft von Claudels Sprache lobte: »Sein straffer, verknüpfter Stil kommt auf der Bühne besser herüber als im Text«, und Jean Laurec schrieb in *La Semaine Littéraire*: »Das Stück ist lebendig; seine Personen sind echt, die szenische Wirkung ist vollkommen.« Bereits nach drei Aufführungen in dem kleinen Theater war die *Verkündigung* ein Erfolg. Als junger Mann hatte Claudel vor kitschigen Gipsheiligen und Herz-Jesu-Darstellungen die Nase gerümpft und bei seichten oder geschmacklosen Predigten angewidert das Gesicht verzogen; und jetzt hatte er getan, was vermutlich kein anderer hätte tun können: Er hatte den Katholizismus für die anspruchsvolle Pariser Intelligenz künstlerisch akzeptabel gemacht.

In den nächsten anderthalb Jahren wurde *Verkündigung* in mehreren Provinzstädten aufgeführt, außerdem in Frankfurt, Straßburg und Hellebrau. Lugné-Poe inszenierte auch *Der Bürge* – diese Erstaufführung konnte Claudel miterleben, und er durfte sich nach der Vorstellung auf der Bühne verbeugen. Auch Claudels frühes Stück *Der Tausch* kam auf die Bühne; der Regisseur war Jacques Copeau, ein athletischer junger Mann, der auch als Dramatiker und Kritiker tätig war und mit der Unterstützung von Gaston Gallimard, Gide und dem Herausgebergremium der *NRF* die Experimentierbühne Théâtre du

Vieux Colombier gegründet hatte. Paris hatte mittlerweile zwei gute Avantgarde-Theater.[20]

Während sich bei Claudel die Erfolge einstellten, wurde er plötzlich mit einem Drama aus dem wirklichen Leben konfrontiert. Seine Schwester Camille war durch ihre hoffnungslose Liebe zu Rodin körperlich und seelisch gebrochen. Wegen seiner zahlreichen Affären wurde der alternde Bildhauer von Karikaturisten als »Der heilige Bock« dargestellt. Zu Camille fühlte er sich körperlich nicht mehr hingezogen, aber sie tat ihm leid, und er hatte ihr finanzielle Hilfe angeboten, die sie jedoch mit dem für sie typischen Stolz ablehnte. Sie lebte wie eine Einsiedlerin hinter den geschlossenen Fensterläden ihrer Erdgeschoßwohnung und schien in ihrem Kummer Frieden mit der Religion geschlossen zu haben; an ihren Zimmerwänden hingen Bilder von den Kreuzwegstationen, die sie aus einer Zeitung ausgeschnitten hatte. Sie ging nicht aus, vernachlässigte ihre Ernährung, ließ ihre Wohnung verkommen, und in der Nachbarschaft hieß es, die arme Camille Claudel sei auf dem besten Weg, wahnsinnig zu werden.

Drei Themen waren in Paris tabu: Deutschland, Perversion und Wahnsinn. Alle drei waren gefährlich, weil man sie für gesellschaftsbedrohend hielt. Wahnsinn, in welcher Form auch immer, galt als Familienkrankheit.

Camille war nicht so krank, daß man sich ihrer nicht in einem liebevollen Zuhause hätte annehmen können, sprich, im Haus ihres Bruders, dem sie seit ihrer Kindheit sehr nahegestanden hatte. Dies war sicherlich eine der Möglichkeiten, die Paul Claudel offenstanden. Aber seine Position im Außenministerium war bereits gefährdet: zuerst eine Liaison mit einer verheirateten Ausländerin; dann katholische Theaterstücke und Gedichte, mit denen er bei antiklerikalen Regierungen und Staatsdienern erheblich aneckte; dazu seine Berichte aus China, die zum Teil so exzentrisch waren, daß sie als »verrückt« bezeichnet wurden. Wenn er nun versuchte, eine Schwester mit einem allem Anschein nach »merkwürdigen« Verhalten in seinem Haus *en poste* – einem Haus, auf dem die Trikolore wehte – aufzunehmen, hätte er jede Hoffnung auf eine Beförderung begraben können; möglicherweise hätte er sogar den Dienst quittieren müssen. Außerdem hatten er und Reine inzwischen zwei Söhne und zwei Töchter. Mit einer sonderbaren Tante im Haus hätten die Kinder nie eine Chance gehabt, sich respektabel zu verheiraten.

Claudel hat über die Qual, die er 1913 wegen dieser Geschichte durchstand, nie ein Wort geschrieben. Schließlich brachte er Camille nach Avignon in ein Heim für Geistesgestörte. Camille haßte dieses Heim, und sie schrieb bis zum Ende ihres langen Lebens mitleiderregende, vollkommen klare Briefe an Paul,[21] in denen sie gegen ihre Gefangenschaft protestierte. Wie Violaine mußte sie leiden, damit andere das Leben voll genießen konnten. Aber Camilles Leiden war von Menschen, nicht von Gott gesandt, und die Episode zeigt, daß zumindest ein Bereich im Leben Claudels sowohl von der ultraintelligenten Suche nach Wahrheit als auch vom mildernden Hauch der Gnade unberührt blieb.

Die Tragödie von Camilles Zusammenbruch sollte Claudels Freundschaft mit Gide ernstlich überschatten. Gide hatte einen satirischen Roman geschrieben, *Die Verliese des Vatikan*, in dem der Papst als Geisel gefangengehalten und die Kirche von einem Prätendenten regiert wird. Einer der Beteiligten, Lafcadio, ist ein Abenteurer aus dem Balkan mit homosexuellen Neigungen und einem nietzscheanischen Credo. Gide hat das merkwürdige Erlebnis bei der Bilderauktion nicht vergessen und läßt Lafcadio eine ähnlich unmotivierte Handlung begehen: Er stößt einen Mitreisenden aus einem fahrenden Schnellzug. Valéry hatte recht gehabt, als er bei Nietzsche Gewalt entdeckte und daß Gide sich davon beeindrucken ließ.

Im Jahr 1913 fragte Gide Claudel, ob er ihm gestatten würde, ein paar Zeilen aus *Verkündigung* als Epigraph für seinen Roman zu verwenden: »Von welchem König sprecht ihr? und von welchem Papst? Ihrer sind doch zwei, und man weiß nicht, welcher der richtige ist.«[22] Da der Roman den Klerus verspottet, war Gides Bitte ziemlich hinterhältig, aber Claudel stimmte nichtsahnend zu.

Bevor der Roman in der *NRF* erschien, erhielt Claudel die Druckfahnen. Claudel las sie und stieß auf eine Passage, wo sich Lafcadio mit Vergnügen an homosexuelle Erlebnisse erinnert. Claudel stand noch unter dem Schatten von Camilles traurigem Schicksal und war überzeugt, ihr Leben sei durch törichte Bücher, die sie während ihrer Jungmädchenzeit gelesen hatte, zerstört worden. Schockiert kritzelte er einen Brief an Gide: »Um Himmels willen, Gide, wie konnten Sie nur den Absatz schreiben? . . . Machen Sie sich nicht klar, welche Wirkung Ihre Bücher auf unglückselige junge Leute haben könnten? Es wird mir schwer, so zu Ihnen zu sprechen, aber mir scheint, ich bin dazu verpflichtet. Ihr tief betrübter Freund, P. Claudel.«[23]

Gide schrieb zurück und wollte wissen, mit welchem Recht Claudel ihn ins Gebet nähme. Claudel entgegnete, er habe in erster Linie aus Freundschaft gehandelt – wenn Gide »Sodomie« befürworte, überschreite er die Grenzen des Erlaubten, und »in Paris hält sich die öffentliche Meinung besser verborgen, aber sie ist noch erbarmungsloser als die von London«[24] –, aber auch aus Gewissensgründen: »Die Literatur tut manchmal etwas Gutes, aber vor allem kann sie sehr viel Übles anrichten.«

Zwischen Claudel, dem Jammes sekundierte, und Gide entspann sich ein ähnlich langer und ernsthafter Streit wie zwischen Emerson und Whitman, der aus seiner Gedichtsammlung *Grashalme* bestimmte Passagen weglassen sollte. Gide zieh Claudel der Scheinheiligkeit, und Claudel warf ihm Zynismus vor. Gide weigerte sich, die anstößige Passage zu streichen, erklärte sich aber mit der Streichung des Epigraphs einverstanden.

Dieser Briefwechsel – der zum Tiefgründigsten in der französischen Literatur gehört – brachte den wesentlichen Unterschied zwischen beiden Freunden ans Tageslicht: Claudel akzeptierte eine Autorität außerhalb von sich selbst, Gide lehnte dies ab. Claudel hatte hinsichtlich des *König Candaules* bemerkt: »Sie selbst sind Handlung, Schauspieler und Theater.« Der Konflikt, der so alt war wie die Reformation, hatte eine neue Aktualität bekommen. Denn nun, da man dem Menschen einen freien Willen und ein seelisches Schicksal zugestand, wurde es notwendig zu wissen, nach welchen Kriterien er sein Leben ausrichten sollte. Auch wenn der Konflikt einen langen Schatten über eine Freundschaft warf, hatte er doch den großen Vorzug, daß er genau zeigte, wo sich die Wege trennten. Er bot jungen, christlich erzogenen Menschen echte Alternativen.

Viele junge Menschen folgten lieber Gide – er hatte das gewinnendere Wesen und war ein Pionier; einige scharten sich um Claudel, unter ihnen Jacques Rivière. Er war der Sohn eines Medizinprofessors aus der Gegend von Bordeaux. Als Junge hatten ihn Eisenbahnlinien fasziniert, die, sich schneidend und windend, an Hügeln entlanggleitend, schließlich doch ein Ziel erreichten. In seinem späteren Leben sollte er ähnlich gewundene Wege gehen, hintergründig, aber entschlossen. Er war eine schlanke Erscheinung mit einem länglichen Gesicht, vollen sinnlichen Lippen und einem offenen Blick in seinen dunklen Augen. Während seines Militärdienstes gab er seinen Katholizismus auf und brüstete sich mit Schlägereien und Diebstählen. Er schrieb Claudel einen bewundernden Brief zu *Goldhaupt*, ohne zu wissen, daß Claudel Katholik war, und erhielt von Claudel den Rat, Pascal zu lesen und Schulmeister zu werden. Im Jahr 1909 heiratete er Isabelle Fournier, die Schwester des künftigen Romanciers Alain-Fournier – eine junge Frau, die ihm an Aufrichtigkeit nicht nachstand. Im Jahr zuvor hatte Rivière Gide kennengelernt und war von seinem scharfen Verstand und seiner Aufrichtigkeit sehr angetan. 1911 wurde er Mitherausgeber der *NRF*.

Rivière schrieb für Gides Literaturzeitschrift zwei sehr schöne Artikel über »Aufrichtigkeit gegenüber sich selbst« und »Über den Glauben«. In letzterem beschreibt er, wie er sich zu der Doktrin von der Erbsünde hingezogen fühlt, in sich aber keinen Wunsch verspüren könne, einige seiner Taten als schlecht zu verdammen: »Denn jedes Gefühl, das sich in meiner Seele regt, erfüllt mich zu sehr mit Staunen, Interesse und Freude. Ich denke nicht über seine Qualität oder seinen Wert nach.«

Das war Rivières Standpunkt im Dezember 1913, als er zusammen mit François Mauriac, einem Freund aus seiner Heimat, in der Salle Malakoff Platz nahm. Dem jungen Mauriac widerstrebte der bigotte Katholizismus seiner großbürgerlichen Familie, und er war nach Paris gekommen, um zu schockieren. Er verkehrte mit Dilettanten wie Jean Cocteau, und da er Sinn für Ironie hatte, gefielen ihm einige Arbeiten von Gide. Als er in den Bann von Claudels Werk geriet, überdachte er den Katholizismus, und am Abend des 21. Dezember besuchte er die Erstaufführung der *Verkündigung*. Am nächsten Tag schrieb er an Rivière: »Angesichts dieses wundervollen letzten Akts scheint es mir, Du müßtest verstehen, was Glaube ist, und daß sicher nichts weiter davon entfernt ist als jene Selbstzufriedenheit, in der Du Dich suhlst und die Du mit solcher Sorgfalt beschreibst. Wenn ich Deine Artikel lese, fühle ich, daß zwei Männer in Dir und für Dich kämpfen. Der eine ist der Gide von *Uns nährt die Erde* [in dem das Selbst und die heidnischen Freuden gerühmt werden], der andere Claudel. Du hast die Stimmen von beiden gehört, aber Du weißt, daß Violaine recht hat.«[25]

Vier Tage später verkündete der Leiter der *NRF* seine Rückkehr in die Kirche und empfing in der Weihnachtsmesse die heilige Kommunion. Obwohl nur ein kleines Ereignis unter vielen in einer großen Stadt, weist es auf zwei allgemeine Wahrheiten hin: das Bedürfnis der französischen Intelligenz, wichtige Themen in Form von Literatur behandelt zu sehen und die Tatsache, daß das in den 1890er Jahren totgesagte Christentum wie ein Gärstoff entweder in Form von Gides Protestantismus oder Claudels Katholizismus noch am Werke war.

KAPITEL VI

Apotheose durch Kunst: Marcel Proust[1]

Im Sommer 1908 hatte der gutsituierte Pariser Krawattenfabrikant Camille Plantevignes in dem seit neuestem in Mode gekommenen Badeort Cabourg in der Normandie für den Monat August die Villa des Cerises gemietet. Eines Nachmittags saß sein einziger Sohn Marcel, damals neunzehn Jahre alt, gegen drei Uhr auf einem Sofa im Foyer des Casinos und blickte besorgt hinaus auf das Meer und den Himmel darüber. Er hatte ein Rendezvous mit einem Mädchen – wenn es schönes Wetter war, im Golfclub, wenn es regnete, im Casino. Im Augenblick war es, wie so oft im Sommer in der Normandie, weder schön noch regnete es.[2]

Ihm gegenüber, auf einem anderen Sofa, saß eine Dame von ungefähr Mitte Vierzig, die Vicomtesse d'Alton und Gattin des Präsidenten des Golfclubs, zusammen mit einem Herrn, der vor kurzem aus Paris gekommen war und gewöhnlich gegen Mittag an der Tür zur Promenade erschien, wo er sofort das allgemeine Interesse erregte. In Cabourg gingen die Menschen leicht und salopp gekleidet; dieser Herr jedoch trug einen perlgrauen Mantel, einen Anzug von gleicher Farbe, eine perlgraue Melone über seinem blauschwarzen, fast bis zu den Augenbrauen herabreichenden Haarschopf, weiße Glacéhandschuhe mit schwarzen Steppnähten und spitze, knöchelhohe Knopfstiefel – in Paris der letzte Schrei. Während er mit Madame d'Alton sprach, hielt er eine Hand vor den Mund, als wollte er, daß seine Worte nur für sie allein bestimmt wären. Als er im Lauf der Unterhaltung die Beine übereinanderschlug, konnte man sehen, daß sein Mantel ein purpurrotes Seidenfutter hatte.

Die Dame bedeutete Marcel Plantevignes, sich zu ihr zu gesellen. Nicht gerade bester Laune, da er sich wegen seines Rendezvous Sorgen machte, ging er zu ihr hinüber.

»Marcel«, sagte sie, »ich möchte dir Monsieur Proust vorstellen. Wie wir alle findet er deinen Namen sehr französisch und ganz entzückend. Er hat einen Vers dazu gedichtet.« Proust verneigte sich und streckte dem jungen Mann die Hand entgegen, während Madame d'Alton ihm ein Blatt Papier überreichte.

Der junge Mann nahm den Zettel und überflog die wenigen Zeilen.

Si je m'appelais Plantevignes,
J'aurais des pampres à mon balcon . . .
Des raisins pleins des compotiers,
Sie je m'appelais Plantevignes

Wenn ich Plantevignes hieße,
zög ich Wein auf dem Balkon . . .
Trauben füllten meine Schüsseln,
Wenn ich Plantevignes hieße.

»Monsieur«, sagte der junge Mann, »ich habe Witze über Namen nie sehr geschätzt. In der Schule oder bei der Armee – vielleicht, aber sonst nirgends.«

Proust wirkte sichtlich pikiert und sah sich daraufhin den jungen Mann mit einer Mischung aus Überraschung und Interesse genauer an. Rasch nahm er den Zettel an sich und sagte: »Sie haben recht, Monsieur. Es ist albern, sich über Namen lustig zu machen.« Dann zerriß er den Zettel.

Während Marcel Plantevignes verlegen vor dem Sofa stand, erschien das Mädchen, mit dem er sich verabredet hatte, und entführte ihn.

Zwei Tage später zwang der Regen die Feriengäste, sich im Haus aufzuhalten. Marcel Plantevignes blätterte im Lesesaal des Casinos in Zeitschriften, als er aus der Bar laute Stimmen vernahm. Einige Pariser Damen erregten sich über Vigny, Lamartine und die Romantiker im allgemeinen. Marcel Plantevignes ging in die Bar,[3] und die Damen fragten ihn, auf welcher Seite er stünde.

»Auf der Seite der Romantiker natürlich!« Die Romantik, fuhr er fort, könne einem gefallen oder nicht, ganz nach Geschmack, aber man könne nicht sagen, daß sie die Wirklichkeit verfälsche, weil die Wirklichkeit etwas sei, was wir nur in höchst vager Form aufgrund unserer persönlichen Wahrnehmungen kennen würden.

Es entwickelte sich ein temperamentvoll geführter Streit, bis sich eine der am wenigsten schüchternen Damen einem Herrn zuwandte, der auf einem Hocker am Ende der Bar saß, und rief: »Proust, entscheiden Sie.«

Der elegante Herr in Grau wies mit dem Finger auf Plantevignes. »Dieser junge Mann hat recht, und das auf brillante Weise . . .«

Es folgte ein großes Durcheinander, die Gesellschaft brach auf, und die eleganteste der Damen kam auf Plantevignes zu. »Meinen Glückwunsch«, sagte sie leicht gereizt. »Von jetzt an werden Sie vermutlich unnahbar sein . . . ganz auf dem hohen Roß.«

»Aber warum, Madame?«

»Weil der Herr, der eben öffentlich erklärt hat, Sie hätten recht, Marcel Proust ist, *der* Proust. Er ist ein geistreicher, subtiler Literat und Intimfreund von Robert de Montesquiou und allen Pariser Damen mit einem literarischen Salon.« Daraufhin drückte sie ihm die Hand und ging.

Als Plantevignes ebenfalls der Tür zustrebte, kreuzte sich sein Weg mit dem von Proust. Sie schritten gemeinsam durch den Salon. Plantevignes dankte Proust für die Unterstützung, die er ihm gewährt hatte und fügte hinzu, daß ihm die Leute manchmal vorwürfen, er sei »durchtränkt mit Bergson«, dem führenden Verfechter des Subjektivismus.

»Durchtränkt mit Bergson! Das ist köstlich. Genau das haben die Leute von mir auch gesagt, als ich so alt war wie Sie!« Er entschuldigte sich noch einmal für seine Verse; dann ging er weiter, drehte sich jedoch plötzlich wieder zu Plantevignes um, zog mit einer schwungvollen Bewegung und einer anmutigen kleinen Verbeugung den Hut vom Kopf und sagte: »Ja, ich bedaure es wirklich, Ihr Mißfallen erregt zu haben. Um so mehr, als ich schon viel von Ihnen gehört habe und bereits beschlossen hatte, Sie zu bitten, ein Freund von mir zu werden.«

Plantevignes war verdutzt. Er hatte zwar gehört, daß Proust zu übertriebenen Höflichkeiten neigte, aber eine solche Ehrerbietung von jemand, der fast zwanzig Jahre älter war als er, war schon sehr seltsam. Aber er nahm Proust beim Wort, bat ihn, seinen Hut wieder aufzusetzen, und nahm das Freundschaftsangebot dankbar an. Der andere sagte, daß er so gut wie nie ausgehe und seine Gäste in seinem Zimmer im obersten Stock des Grand Hôtel empfange; er erwarte Plantevignes nach dem Abendessen, gegen neun Uhr.

Pünktlich um neun, nachdem sein Name auf einer Liste, die Proust jeden Tag anfertigte, abgehakt worden war, fuhr Plantevignes im Lift nach oben und wurde in Prousts Zimmer geführt. Bei dieser und zahlreichen weiteren Begegnungen, die folgen sollten, lernte ein aufmerksamer junger Mann Proust gerade in dem Jahr kennen, das zu einem Wendepunkt in seinem Leben und in seiner Arbeit werden sollte.

Was hatte einen reichen Junggesellen, der weder schwamm noch Golf spielte, veranlaßt, den Sommer allein in einem Ferienhotel in der Normandie zu verbringen? Erstens fand er, daß die Seeluft seiner angegriffenen Gesundheit wohltue. Zweitens hatten viele Pariser Landhäuser in der Nähe; er machte dort Besuche und manchmal erhielt er Besuch, und man speiste gemeinsam zu Abend. Drittens verfügte er über eines der neuen Automobile und fuhr damit in die schöne Landschaft, besonders die hochgelegene Gegend zwischen Trouville und Honfleur, wo der Rhododendron Farbe in die Küstenlandschaft brachte. Er studierte die Architektur von Kirchen, nicht nur an den Kathedralen von Bayeux und Lisieux, sondern auch an versteckten Dorfkirchen, wobei er über die modernsten zu einem Verständnis der ältesten kam.

Während ihrer Gespräche in jenem Sommer 1908 bat Proust, damals siebenunddreißig, den jungen Plantevignes, ihm von seinem Leben in Paris, von seiner Lektüre, seinen Ambitionen zu erzählen. Er schien in seinem Besucher den kleinen Marcel zu sehen, der er einst gewesen war, sensibel für Nuancen, »aber wohlerzogener als ich und kräftiger«. Plantevignes seinerseits sah sich mit dem, was er das Mysterium Proust nannte, konfrontiert. Warum sonderte sich dieser Schriftsteller von den Menschen ab und begegnete dennoch jedem, der bei ihm vorgelassen wurde, mit der größten Liebenswürdigkeit? Warum brach er weinend zusammen, als er sagte, er stünde mit einem Fuß im Grabe und sei froh darüber? Und wieso konnte er schon tags darauf erklären, er hoffe, noch lange genug zu leben, um die Arbeit, die ihm vorschwebe, zu Ende zu führen? Warum sprach er sehnsüchtig von adligen Familien, wenn er am nächsten oder übernächsten Tag sagte, er unterhielte sich lieber mit seinem Koch als mit einem Herzog? Warum schilderte er mit Vergnügen die glanzvollen Gesellschaften, die er besucht hatte, wenn er Plantevignes anschließend riet, das gesellschaftliche Leben auf ein Minimum zu beschränken? Warum konnte er eben noch lachen und scherzen und im nächsten Moment tieftraurig sein? Plantevignes' Mutter glaubte, er habe einem Mädchen aus adligem Haus einen Heiratsantrag gemacht und einen Korb bekommen, weil er aus der Bourgeoisie stammte. Sie bot ihrem Sohn keine Antwort auf seine Fragen, sondern meinte nur: »Du hast immer Spaß daran gehabt, ein Haar viermal zu spalten; nun hast du jemand, der dir zeigt, wie man es achtmal spaltet. Und natürlich bist du begeistert.«

Noch bevor Plantevignes des Rätsels Lösung fand, nahmen die Dinge eine unverhoffte Wendung. Marcel Plantevignes war sehr stolz auf seine neue Freundschaft. Nur der Vicomte d'Alton, der Präsident des Golfclubs, besuchte Proust häufiger in seinem Hotelzimmer als er. Dann brachte eines Nachmittags gegen drei Uhr ein Page aus dem

Grand Hôtel einen Brief in die Villa des Cerises, der in Prousts spitzer Handschrift an Marcel gerichtet war.

»Monsieur«, so die Anrede, »während Sie mich mit Zeichen echter Freundschaft überschütteten, und dies mit einer Hartnäckigkeit und Beharrlichkeit, die mich gelegentlich bestürzte, weil ich mich fragte, ob sie nicht eines Tages verächtlich würden, war ich weit davon entfernt, mir vorzustellen, daß Sie bereit wären, mir in den Rücken zu fallen.« Proust fuhr fort, Plantevignes habe zerstört, was eine wundervolle Freundschaft hätte sein können, und er, Proust, bedaure nicht einmal, sich nicht verabschiedet zu haben.

Plantevignes traute seinen Augen nicht. Erschüttert und wie vor den Kopf geschlagen eilte er zum Hotel, aber der Liftboy weigerte sich, ihn nach oben zu bringen, denn Monsieur Proust habe es verboten.

Daraufhin zeigte Plantevignes den Brief seinen Eltern. Was er getan habe, fragten sie streng, und Plantevignes antwortete, er habe keine Ahnung.

Vater Plantevignes ging ins Grand Hôtel und kehrte zwanzig Minuten später zurück. Bestürzt und hilflos hob er die Arme und sagte: »Proust will sich mit mir duellieren!«[4]

Proust, sagte er, sei starrköpfig, kurz angebunden und sehr verärgert gewesen. »Da Ihr Sohn unter einundzwanzig ist, werden Sie an seiner Stelle handeln, und obwohl ich der Beleidigte bin, gestatte ich Ihnen die Wahl der Waffen.«

Aber was um alles in der Welt konnte der junge Plantevignes getan haben? Der verwirrte Junge rief sich die jüngsten Ereignisse ins Gedächtnis, aber er konnte sich weder auf ein Wort noch auf eine Tat besinnen, die solchen Ärger hätte verursachen können.

Der unglückliche junge Mann erhielt Stubenarrest, während sich Vater Plantevignes auf die Suche nach Sekundanten begab. Er bat den Vicomte d'Alton, als einer seiner Sekundanten zu fungieren. Alton hatte von der Geschichte gehört und erfahren, daß sich Proust als *seine* Sekundanten einen Prinzen und einen Herzog ausgesucht hatte. Es wurde immer schlimmer. Dann stattete Alton Proust noch einmal einen Besuch ab und erfuhr endlich, worin die Beleidigung bestand.

Plantevignes war auf der Promenade einer Bekannten begegnet, die ihn auf Prousts »ungewöhnliche Moral« angesprochen hatte. Statt dies zurückzuweisen, hatte Plantevignes gesagt: »Ich weiß, ich weiß, Madame, was Sie sagen wollen, aber für mich hat das nicht die geringste Bedeutung . . . Entschuldigen Sie mich, Madame, auf Wiedersehen. Ich bin in Eile . . .!« Dann hatte er sich davongemacht, und

am nächsten Tag erzählte dieselbe Dame Proust von dieser Unterhaltung.
Plantevignes hätte sich nicht so leicht geschlagen geben sollen. Dieser Meinung waren seine Eltern und seine Freunde. Da sich Proust ihm gegenüber stets korrekt verhalten habe, hätte er protestieren müssen. Plantevignes sah das jetzt durchaus ein, aber sein Bedauern änderte nichts an der Tatsache des bevorstehenden Duells. Warum hatte Proust die Sache so ernstgenommen? War das das eigentliche Mysterium Proust?

Proust war sehr empfänglich für schöne Frauen. Seit er als Junge in den Tuilerien mit Antoinette Fauré, der Tochter eines künftigen Staatspräsidenten, gespielt hatte, beflügelten Mädchen seine Phantasie, gewannen Mädchen sein Vertrauen. Es war die hübsche Marie de Chevilly, der er bei einem Besuch in Savoyen als erster – und dies bereits im Jahr 1900 – seinen Ehrgeiz gestand, ein Buch zu schreiben, das ihn viel Mühe kosten würde, weil es bedeute, daß er mit Menschen verkehren und Menschen beschreiben müsse, aus denen er sich nicht viel mache. Zusammen mit Marie Nordlinger, einer englischen Emailliererin, die in Paris lebte und »frisch und anmutig wie ein Hagedornzweig« war, hatte er Ruskin im Original gelesen und einige der von Ruskin geschätzten Kirchen erforscht. Im Augenblick ging ihm Louisa de Mornand, eine junge Schauspielerin, nicht mehr aus dem Kopf. Die brünette Schönheit mit den großen dunklen Augen und den gebleichten Haaren war die ehemalige Geliebte eines Freundes gewesen. Sie und Proust hatten sich Liebesbriefe geschrieben, er hatte ein Gedicht für sie geschrieben, und unter seinen persönlichen Dingen befand sich ein Photo mit der Widmung »pour mon cher petit Marcel« – *petit* bedeutet in diesem Zusammenhang eine Steigerung: »meinem liebsten Marcel«. Vor dem Tod seines Vaters im Jahr 1903 und dem seiner Mutter 1905 wäre Proust außerstande gewesen, eine Frau finanziell zu unterhalten; aber nun war er reich genug, um zu heiraten. Es gab Zeiten, in denen er daran dachte und sich nach einer in Frage kommenden jungen Dame umsah.

Proust fühlte sich auch zu hübschen jungen Männern hingezogen. Was er suchte, waren gutes Aussehen – besonders dunkle Augen wie die von Louisa hatten es ihm angetan –, Intelligenz und Aufrichtigkeit. Sein erster Freund aus der Studentenzeit war Léon Daudet, der Sohn des Romanciers Alphonse Daudet. Auf Léon folgte der deutschstämmige Reynaldo Hahn, ein begabter Liederkomponist, der Prousts Leidenschaft für Poesie und sein lebhaftes Interesse an der

Pariser Gesellschaft teilte. Die beiden hatten, als Proust vierundzwanzig Jahre alt war, gemeinsam Ferien in der Bretagne verbracht; jene Ferien und die Freundschaft mit Hahn wurden das Thema von *Jean Santeuil*, einem nicht überzeugenden narzißtischen Roman, der von einem Pariser Verleger abgelehnt wurde. Reynaldo Hahn, inzwischen ein Liebling der mondänen Pariser Salons und ständig kurz davor, eine Schauspielerin zu heiraten, war immer noch Prousts engster Freund, und wenn er in Paris einen Vortrag besuchte, zu dem alle Welt erschienen war, kam er hinterher zu Proust, um ihm den neuesten Klatsch zu erzählen.

Diese Freundschaften mit jungen Frauen und jungen Männern waren platonisch. So leidenschaftlich wie in seiner Phantasie war Proust im wirklichen Leben längst nicht. Als er einmal im Alter von zwanzig Jahren einen Fragebogen beantwortete, damals ein beliebtes Gesellschaftsspiel, sagte er, sein charakteristischstes Merkmal sei »ein heftiges Verlangen, geliebt zu werden, oder, genauer gesagt, mehr liebkost und verwöhnt als bewundert zu werden«, und die Eigenschaft, die er sich am meisten wünschte, sei ein starker Wille. Wir wissen, daß Proust als schöpferischer Künstler einen außerordentlich starken Willen besaß; insofern hatte er hier offensichtlich an den mit Männlichkeit assoziierten Trieb gedacht. Der übersensible und haarspalterisch genaue Proust hatte ein ungemein enges Verhältnis zu seiner Mutter, hielt sich jedoch von jedem körperlichen Kontakt mit anderen Menschen zurück. Seine Abnormalität – wenn man diesen Ausdruck schon verwendet – war nicht die Homosexualität, sondern seine Furcht vor sexuellen Beziehungen überhaupt.

Hier finden wir die Erklärung für Prousts ungewöhnliche Forderung zum Duell. Er wollte klarstellen, daß er nicht homosexuell war, daß er wie ein normaler Mann für Frauen empfand und daß er eines Tages durchaus seine Furcht vor sexuellen Beziehungen überwinden und heiraten könnte. Proust erlag hier vielleicht ein wenig einem Wunschdenken, aber absichtlich hat er weder sich noch andere getäuscht.

Die Forderung des literarischen Dandys stürzte die Plantevignes natürlich in Angst und Schrecken. Der Skandal! Der Schaden fürs Geschäft! Die Gefahr für Leib und Leben! Und außerdem erinnerte sich ein liebenswerter Freund der Familie, daß elf Jahre zuvor ein tratschsüchtiger Journalist, Jean Lorrain, Mutmaßungen über Prousts Freundschaft mit Léon Daudet veröffentlicht hatte, woraufhin er von Proust zum Duell gefordert worden war. Die beiden hatten sich tatsächlich duelliert; glücklicherweise war keiner zu Schaden gekommen.

Vater Plantevignes suchte Proust noch einmal in seinem Zimmer im obersten Stock des Grand Hôtel auf und versuchte zu erklären, daß der mangelnde Protest seines Sohnes keiner bösen Absicht entsprang. Proust hörte ihn an, gab jedoch nicht zu erkennen, ob er seine Forderung zurückziehen würde.

Stunden vergingen, die Spannung wuchs. Dann tauchte die elegante Erscheinung Prousts vor dem Grand Hôtel auf. Die Villa des Cerises lag dem Grand Hôtel genau gegenüber. Trotzdem stieg Proust in ein eigens für diese Gelegenheit gemietetes Automobil und ließ sich um den Platz zur Villa des Cerises fahren. Hier stieg er aus und gab seine Karte ab, auf die er geschrieben hatte, daß er die Entschuldigung von Monsieur Plantevignes für seinen Sohn akzeptierte. Danach wurden die Beziehungen formell wieder aufgenommen. Der junge Mann wurde nach dem Abendessen wieder im Lift zu Proust hinaufgebracht; er entschuldigte sich, und ihm wurde vergeben.

Bevor der Leser mit diesem überheblichen Stutzer die Geduld verliert und zum nächsten Kapitel weiterblättert, lassen Sie uns eine Pause machen und einen Blick auf seine guten Seiten werfen. Für seine Mutter war er ein vorbildlicher Sohn, liebevoll, fürsorglich, vertrauensvoll und stets hilfsbereit. »Ich werde nie imstande sein, auszudrükken, wie sehr ich Dich hier vermisse«, schrieb er ihr aus einem Segelurlaub. »Das Meer, das Du so sehr liebst, Farben, die Dich begeistern würden, eine Luft, die nichts von der Eßzimmeratmosphäre an sich hat, eine Temperatur, bei der sich jeder in Schals einmummt... Nachdem ich Dich unter der Hitze leiden sah, immer auf der Flucht... würde ich Dich gern hier haben und sehen, wie Du bewunderst und aufatmest.«[5] Zehn Monate nach dem Tod seines Vaters schreibt er an die Mutter: »Mir scheint, ich denke heute, am 25. September, noch inniger an Dich, wenn das möglich ist (es ist aber nicht möglich). Während uns eigentlich jedesmal, wenn dieser Tag wiederkehrt, die in so vielen Stunden vom ersten Tag an angesammelten Gedanken die Zeit, die bereits vergangen ist, sehr lang erscheinen lassen müßten, so hat doch im Gegenteil die Gewohnheit, immer wieder an diesen Tag und an all das Glück, das ihm voranging, zurückzudenken, bewirkt, ... daß es einem vorkommt, als wäre es gestern gewesen... Aber wenn man wie wir beide immer durch eine drahtlose Telegraphie verbunden ist, steht man immer in enger Verbindung und bleibt Seite an Seite, auch wenn man mehr oder weniger voneinander entfernt ist.« Er hatte seine Mutter nach Evian begleitet, wo sie eine Kur gegen ihre beginnende Urämie antrat; er war an ihrer Seite, als sie starb, und hörte sie ihre bevorzugte Ermahnung wiederholen, die sie ihm schon als Schuljunge mit auf den Weg gegeben hatte: »Wenn Du schon kein Römer bist, sei wenigstens mutig.«[6]

Proust brauchte sehr viel Mut, denn seit Jahren kämpfte er gegen sein Asthma.[7] Er hielt sich wie ein Wachsoldat, Kopf hoch, Brust raus, um besser atmen zu können. Plötzlich jedoch, häufig mitten in der Nacht, hatte er das Gefühl, ersticken zu müssen. Mit bläulichen Lippen und Schweißperlen auf Stirn und Wangen taumelte er dann ans Fenster, und ans Fensterkreuz gelehnt raffte er all seinen Mut zusammen für den schrecklichen Kampf, seine Lunge mit Luft zu füllen. Noch mühseliger und schmerzhafter als das Einatmen war das Ausatmen. Die normale Rate von zwanzig Atemzügen pro Minute sank auf zehn, und das Ganze dauerte dann eine halbe, manchmal eine ganze Stunde. Wenn der Anfall nachließ, bildeten sich im Mund durch Phosphatkristalle verdickte Speichelklümpchen, die er ausspucken mußte.

Aus irgendeinem Grund war Asthma damals bei den Parisern eine recht häufige Krankheit; vielleicht lag es an einer Kombination aus Staub, Pollen von den Alleebäumen und Autoabgasen. In den ersten Januartagen des Jahres 1900 brachte *Le Figaro* nicht weniger als drei Anzeigen für Anti-Asthma-Heilmittel, darunter auch für Exibard, »ein abessinisches Heilverfahren«. Proust bediente sich eines dieser Heilmittel – er rauchte Lepic-Zigaretten; außerdem inhalierte er Aerosole mit Kalium oder Datura (Stechapfel) und schluckte einen ätherhaltigen Sirup.

Asthmatiker haben eine Schwäche im Pulmonar- und im Nervensystem, die von einer erblichen Belastung herrührt. Obwohl Prousts väterliche Vorfahren überwiegend robust und eher dem Mittelstand zuzurechnen waren, befanden sich unter seinen direkten Vorfahren mütterlicherseits ein Präsident des Pariser Appellationsgerichts, ein hervorragender Rechtsanwalt, ein Handelsminister, ein Marineminister und ein Justizminister. Wenn wir außerdem bedenken, daß aus Liebesheiraten meist kräftige Nachkommen hervorgehen, während arrangierte Ehen auf diesem Niveau und innerhalb ziemlich kleiner Kreise dazu neigen, die Intelligenz zu verfeinern und die Physis zu schwächen, könnte es durchaus sein, daß sowohl Prousts Begabungen als auch seine Krankheit eine gemeinsame Ursache haben.

Proust litt unter Schlaflosigkeit als Folge des Asthmas. Obwohl er Schlafmittel nahm, konnte er selten eine ganze Nacht durchschlafen. Nur wer Schlaflosigkeit kennt, kann ermessen, welche Strapazen sich daraus nicht nur für den Körper, sondern auch für den Geist ergeben, der ständig gegen ein Gefühl der Niedergeschlagenheit und manchmal gegen Verfolgungswahn ankämpfen und um Gelassenheit ringen muß, der immer wieder das Bedürfnis, sich an einer anscheinend feindlichen Welt zu rächen, bremsen und in angenehme Manieren umwandeln muß. Es ist alles in allem ein Wunder, daß es Proust gelang, ein Dutzend enge Freundschaften zu schließen und aufrechtzuerhalten.

Vielleicht können wir nun Prousts Verhalten gegenüber Plantevignes besser verstehen und auch, warum Plantevignes, froh, daß ihm verziehen wurde, seine Abendbesuche voller Begeisterung wieder aufnahm. Bei diesen Besuchen erstaunte ihn immer wieder Prousts ausgezeichnetes Gedächtnis, wenn er Gedichte seiner Lieblingsdichter, Sully Prudhomme, Musset und Baudelaire, vortrug. Häufig war in ihnen von vergangenen glücklicheren Tagen die Rede. Er bemerkte, daß eine von Prousts Lieblingsthesen dahingehend lautete, daß die großen Augenblicke des Lebens häufig nicht von bedeutenden Ereignissen ausgehen, sondern von winzigen Anlässen, die damit verbundene Gedanken in Bewegung setzen und daß diese unendlich reich und kostbar sind. Als sich Plantevignes später an die Unterhaltung mit Proust in Cabourg erinnerte, faßte er ihre besondere Qualität mit einem Satz von Proust zusammen: »Eine Stunde ist nicht nur eine Stunde: Sie ist eine Vase, gefüllt mit Düften, Tönen, Plänen, Atmosphären.«[7]

Proust fragte Plantevignes über die eleganten Herren und Damen aus, die den Golfclub besuchten, und als der jüngere Marcel Interesse an einer der Damen zeigte, riet er ihm eindringlich, kühn um sie zu werben. Er gab seinen Freunden gern Kosenamen – Hahn hieß Boulsni-Bouls –, und da Plantevignes noch voller jugendlicher Illusionen steckte, beschloß Proust, ihn Chevalier Fantaisie zu nennen. Manchmal gingen sie aus und aßen in einem Restaurant am Ort gegrillte Langusten; sie waren köstlich, aber was Proust am meisten an ihnen schätzte, war ihre Bezeichnung auf der Speisekarte: *Demoiselles de Cherbourg au feu éternel* [was etwa so viel heißt wie: Junge Damen aus Cherbourg auf ewiger Flamme].

»Bin ich ein Romancier?« fragte sich Proust in seinem Notizbuch von 1908, und der junge Plantevignes hätte ohne weiteres antworten können: »Nicht daß ich wüßte.« Man kannte Proust als freien Mitarbeiter des *Figaro*, der Beiträge über elegante Gesellschaften und in jüngerer Zeit auch über religiöse Kunst schrieb. In einem gut formulierten Artikel hatte er sich für den Erhalt der mittelalterlichen Kirchen Frankreichs als Gotteshäuser eingesetzt, denn viele sollten nach einem bestehenden Regierungsplan in Museen oder Veranstaltungssäle umgewandelt werden. Prousts Frage war keine müßige oder eitle Frage. Um zu verstehen, welche Bedeutung sie für Proust hatte, müssen wir einen Blick auf seine Erziehung werfen und die Metamorphose, die er Mitte Zwanzig durchmachte.

Proust war von seiner Mutter katholisch erzogen worden, obwohl sie selbst aus Rücksicht auf ihre Familie ihren jüdischen Glauben beibehielt. Auf dem Gymnasium hatte er sich den gängigen Positivismus zu eigen gemacht und wurde, wie er sich ausdrückte, »ganz verrückt nach Determinismus«. Mit siebzehn begann er dann seinen einjährigen Philosophiekurs bei Alphonse Darlu, einem kleinen, schmalbrüstigen, übersprudelnden Gascogner mit sauber gestutztem Spitzbart, großen Ohren und starkem Bordeaux-Akzent. Darlu hatte mit seinen neununddreißig Jahren die modischen Kults hinter sich gelassen. Er glaubte, daß sich die Philosophie mit Metaphysik und Moral beschäftigen sollte, und wurde später Mitbegründer einer einflußreichen Zeitschrift, die sich mit solchen Themen befaßte. Darlu war kein Christ. Er glaubte, daß die Religion zur Entwicklung eines Moralempfindens beitragen könnte, daß moralische Prinzipien jedoch aus einem Studium der Metaphysik herausgebildet werden müßten.

Proust fand sehr bald Gefallen an Darlu und bewunderte ihn. Darlu lud Proust gelegentlich nach der Schule in seine bescheidene Wohnung im fünften Stock ein, wo sie dann bis zum Abendessen Fragen diskutierten, die während des Unterrichts aufgetaucht waren. Als Darlu einmal krank wurde, schickte ihm Proust voller Anteilnahme einen Krug Orangeade. »Darlu lehrte mich denken«, entsann sich Proust später.

Am Ende dieses Jahres hatte Proust den positivistischen Materialismus verworfen zugunsten der Ansicht Darlus, daß der Verstand die Phänomene ordnet, die unsere Sinne wahrnehmen, und in ihnen eine einzige »göttliche« Wahrheit zu entdecken sucht, die auch eine Grundlage für moralische Alternativen werden kann.

An der Universität geriet Proust unter den Einfluß von Emile Boutroux, den katholischen Philosophen, der in einem berühmten Buch gezeigt hatte, daß wissenschaftliche Gesetze nur eine begrenzte quantitative Gültigkeit haben und keineswegs verbindlich sind für das geistige Ich des Menschen. In einem Essay über »Die Geistigkeit der Seele« verteidigte Proust die Meinung Platons, wie sie von Boutroux gelehrt wurde: daß eine universale geistige Substanz existiert, an der unser Denken teilhat.

Auf die Frage: »Wer sind Ihre Helden aus dem wirklichen Leben?« antwortete Proust im Alter von zwanzig Jahren: »Monsieur Darlu,

Monsieur Boutroux.« Er wollte damit sagen, daß er an die Seele des Menschen und an den freien Willen glaubte; und er begann nach einer Metaphysik zu suchen, die moralische Wahrheit, Christentum oder vielleicht etwas anderes Absolutes sein konnte. Der »konvertierte« Proust manifestiert sich in einem Brief an Reynaldo Hahn: »Gestern Diner bei den Daudets mit meinem lieben Ritterling, Monsieur de Goncourt, Coppée, Monsieur Philipe, Monsieur Vacques. Mit Bedauern festgestellt, erstens: den abscheulichen Materialismus, der bei Leuten ›von Geist‹ so ungewöhnlich ist. Man schließt auf den Charakter, den Geist eines Menschen nach den physischen Gewohnheiten seines Stammes. Die Unterschiede zwischen Musset, Baudelaire, Verlaine erklärt aus Verschiedenheit der alkoholischen Getränke, die sie zu sich nahmen, der Charakter einer bestimmten Person aus ihrer Rasse.«[8]

Proust fühlte sich in seinem neuen Glauben stark genug, um die Religionslosigkeit des Staates in seinem ersten veröffentlichten Artikel zu kritisieren. »Im Bereich der Erziehung«, schrieb er, »nicht auf Fragen über Gott und die Seele einzugehen, ist gewiß eine – allerdings auch die schlechteste – Art und Weise, Partei zu ergreifen. ›Wir geben uns zufrieden, nicht über diese Dinge zu sprechen‹ ist die Standardphrase. Aber das ist praktisch Materialismus.«[9]

Ein Jahr später, in seiner ersten veröffentlichten Besprechung eines Romans über das Chaos, in das eine hübsche Witwe zwei junge Männer stürzt, konnte sich Proust zum Sprecher gleichgesinnter Freunde machen:

»Wenn sich die neue Generation von ihrer Vorgängerin unterscheidet und in gewisser Weise über sie hinausgeht, so sicher deshalb, weil uns danach verlangt, ruhig nachzudenken, zu träumen und dem Denken, das die Materialisten aus dem Universum und die Naturalisten aus der Kunst verbannt hatten, seinen angemessenen Platz zu geben. Dieses vielleicht unbestimmte, aber sicher mit Nachdruck vertretene Verlangen trägt dazu bei, dem Leben einen Hintergrund, unserem Schicksal eine Bedeutung und unserem Tun eine Rechtfertigung zu verschaffen.«[10]

Im neuen Jahrhundert wurden Prousts Bestrebungen deutlicher. Er lernte mehrere Pariser Kreise recht gut kennen und meinte zu erkennen, warum sie sich so verhielten, wie sie es taten. Er dachte viel an seine glückliche Kindheit und an seine Mutter, deren Liebe zu ihm der Mittelpunkt seines Lebens war. Er machte sich Gedanken über das Wesen der Literatur und den schöpferischen Vorgang; aus diesen und ähnlichen Beschäftigungen leitete er bestimmte allgemeine Wahrheiten ab, von denen er glaubte, daß eine oder eine Kombination von mehreren vielleicht die Metaphysik, die er suchte, liefern könnte.

Er wurde sich auch seiner literarischen Talente bewußt, und es drängte ihn, sie zusammen mit den Entdeckungen, die er gemacht hatte, einzusetzen und ein metaphysisches Buch zu schreiben, das dem Leser ein geistiges Absolutes bieten würde. Welche Rolle das Christentum im Absoluten spielen würde, blieb abzuwarten. Auch welche Form das Werk haben sollte, war noch zu entscheiden. Vielleicht ein Roman, trotz des Fehlschlags seines ersten Romans? Unter diesem Aspekt ist der Eintrag in Prousts Notizbuch von 1908: »Bin ich ein Romancier?« zu verstehen. Die Antwort, die Proust auf diese Frage gab, ist kein einfaches Ja oder Nein. Sie ergibt sich aus den Skizzen, die er sich in jenem Jahr für sein schriftstellerisches Programm gemacht hat.

Proust beschloß, die Metaphysik in einem Essay über das Wesen der Literatur und darüber hinaus des Lebens selbst unterzubringen und anhand einer erfundenen Episode aus der Pariser Gesellschaft, *Souvenir d'une matinée,* zu illustrieren. Mit anderen Worten, er würde keinen Roman, sondern eine literarische Mischform schaffen, auf jeden Fall aber ein anspruchsvolles Werk, das dem Leser einen neuartigen Gesamtüberblick über den Sinn des Lebens bieten sollte.

Im September verabschiedete sich Proust vom jungen Plantevignes und fuhr im Taxi davon, zu den Kirchen des Seinetals und weiter nach Versailles ins Hôtel des Réservoirs. Georges de Lauris, ein literaturliebender Freund, der einem traurigen Schäferhund ähnelte, hatte sich das Bein gebrochen, und Proust, bemerkenswert treu, wenn einen Freund ein Mißgeschick traf, leistete Georges Gesellschaft, solange er das Bett hüten mußte.

Anfang November kam Proust nach Hause in die Wohnung im ersten Stock des Hauses 102, Boulevard Haussmann. Hier, versorgt von einem Hausdiener und einer Köchin, arbeitete er den ganzen Winter und Frühling über intensiv an seinem Buch. Er litt sehr unter seinem Asthma und hielt mit seinen Freunden nur brieflich Kontakt. Er sorgte dafür, daß Plantevignes in den Poloclub aufgenommen wurde, in dem Proust Mitglied war, und bat ihn, ob er nicht einem vom Pech verfolgten jungen Mann, den Georges de Lauris während des Militärdienstes kennengelernt hatte, in der Fabrik von Vater Plantevignes eine Stellung besorgen könnte.

Im August 1909 hatte Proust sein Buch beendet und das Manuskript dem *Mercure de France* vorgelegt. Es wurde abgelehnt –

ausnahmsweise ein Glücksfall in der Literaturgeschichte, denn Proust sah sich daraufhin gezwungen, es völlig umzuarbeiten.

Am 20. August begab sich Proust nach Cabourg ins Grand Hôtel und tauschte den Verkehr auf dem Boulevard Haussmann und die erlesenen kleinen Soupers im Ritz gegen die ozonhaltige Luft des Ärmelkanals und den Anblick von hübschen Mädchen, die mit dem Fahrrad die Promenade entlangfuhren. Außerdem begann er nun, sich wesentlich entschlossener als bisher nach einer passenden jungen Dame umzusehen.[11] Der Vicomte d'Alton hatte zwei hübsche Töchter, Colette und Hélène. Der Adelstitel von Alton war nur Second Empire, so daß diese Mädchen gesellschaftlich nicht außer Reichweite waren, und Proust sah sie recht häufig. Colette mochte er besonders gern, und er schenkte ihr eine goldene Handtasche von Cartier.

Aber das Mädchen, das ihm am besten gefiel, war eine langbeinige Sommerfrischlerin, die er zum ersten Mal sah, als sie ein schwarzes Reitkleid trug und ihre lange Gerte graziös wie einen Fächer hielt. Proust meinte, sie habe den ganzen Charme eines Watteau- oder Boldini-Bildes. Er ging auf die Promenade oder ins Casino, nur um einen Blick auf sie werfen zu können, und eines Tages begleitete er Plantevignes im Taxi, um sie beim Tee im rustikalen Restaurant »Marie Antoinette« zu beobachten. Sie hatte einen etwas traurigen Gesichtsausdruck, und Proust stellte sich vor, daß sie aus verarmtem Adel stammte.

»Wie hübsch muß sie zu Pferd aussehen«, sagte er, während er sie bewundernd betrachtete. »Frauen wie diese«, fuhr er gedankenvoll fort, »verdienen einen reichen Beschützer.«[12]

Kurz danach vertraute Proust Plantevignes eines Abends an: »Wie schön wäre es, wenn man genug Geld hätte und gesund genug wäre und dann um die Hand eines solchen Mädchens anhalten könnte – nur um ihret- und ihres Glückes willen –, wenn es sein müßte, auch für eine *mariage blanc*. Und einmal verheiratet, wie schrecklich gern würde man sagen: ›Kümmere dich nicht um mich, ich habe dich nur geheiratet, um dich glücklich zu machen, indem ich dir mein Geld gebe und um dich leben zu sehen wie auf einem Gemälde...‹«

Aufgeregt schilderte Proust sie als rassig und kultiviert, eine Frau, die auf Wildschweinjagd geht und einen erstklassigen Salon führt. »Ah, wenn man ein solches Mädchen beschützen und ihm helfen könnte, seine Begabungen zu verwirklichen!« Als er aufbrach, sah Plantevignes, daß sein Freund Tränen in den Augen hatte.

Während desselben Sommers 1909 entschloß sich Proust zu dem Schritt, vor dem er so lange gezögert hatte: Er nahm an, daß er wahrscheinlich doch zum Romancier berufen war, und arbeitete sein Material nun zu einem langen Roman in Ich-Form um. Auf der rein erzählerischen Ebene wollte er von den Freuden der Kindheit berichten, von jugendlicher Schwärmerei, von einer unglücklichen Liebesgeschichte, die mit dem Tod des Mädchens durch einen Unfall endete; er wollte die verschiedenen Bereiche der Pariser Gesellschaft schildern, vor allem Künstler- und vornehmste Adelskreise. Das Buch sollte enden, wenn die Protagonisten alt geworden waren. Es sollte ein Roman der Erinnerung werden, doch frei von jener Wehleidigkeit, die in der französischen Literatur so häufig zu finden war, seit François Villon seine Tränen für den Schnee von gestern vergossen hatte. Es sollte ein Roman werden, der, aus einer Stimmung der Freude heraus, die Freuden des Lebens beschrieb, wie Proust es schon in seinem Selbstporträt deutlich gemacht hatte:

». . . denn Regentropfen, die zu fallen begannen, ein von neuem durchbrechender Sonnenstrahl genügten, um ihm regnerische Herbste und sonnige Sommer, ganze Epochen seines Lebens, dunkle Stunden seiner Seele, die sich später wieder aufgehellt hatten, ins Gedächtnis zu rufen und ihn in einen Rausch poetischer Rückblicke zu versetzen . . . Es sah aus, als fühle er sich mit etwas konfrontiert, was er nicht recht begriff. Sein ganzer Körper aber schien in einem Ablauf zugleich kraftvoller und zarter Bewegungen – besonders seiner Hände, die sich heftig schlossen, während er den Kopf hob – die Mühe des Denkens mitzuvollziehen. Dann plötzlich wirkte er froh und zum Schreiben bereit.«[13]

Die Kapitel, die Proust in jenem Sommer schrieb, schildern die Kindheit des Erzählers in Combray; bemerkenswert vor allem ist ein Spaziergang zur Blütezeit des Weißdorns. Prousts Entwürfe sind überliefert. Schon die erste Version ist so schön, daß man sie für vollkommen halten könnte, aber es gelingt Proust, sie in einer zweiten und sogar in einer dritten Fassung noch zu verbessern. Sie sind ein seltenes und eindrucksvolles Beispiel für ein gewissenhaft arbeitendes Genie.

Ende September kehrte Proust nach Paris zurück. Im November bat er Georges de Lauris, seine Kapitel über Combray zu lesen. Lauris war begeistert. Nach der Enttäuschung im August war dies eine willkommene Nachricht, und wahrscheinlich, um dies zu feiern, mietete Proust drei Logen im Theater, um Feydeaus neues Stück, *Le Circuit*, über die Welt der Autorennen zu sehen; unter den Freunden, die er einlud, befanden sich auch Lauris und Plantevignes. Danach zog er sich zurück und widmete sich ausschließlich seinem Roman.

Proust wob bestimmte Themen in seine Geschichte ein. Eines der wichtigsten ist die stark subjektive Natur unserer Erfahrung. Es spiegelte zu einem gewissen Grad Prousts Charakter wider – wir haben gelesen, was er sich alles zu dem Mädchen im Reitkostüm ausdachte –, entwickelte sich aber vor allem, wie ich meine, aus dem Geist dieser Epoche. Röntgens Entdeckung der X-Strahlen hatte unter dem Fleisch einer Hand die Knochen sichtbar gemacht, die Dinge, auf die es ankam, die *inneren* Dinge. Die Mediziner entdeckten, daß angeblich organische Krankheiten – auch Asthma, in manchen Fällen, wenngleich nicht im Fall von Proust – durch Angst hervorgerufen werden, und Bergson hatte gezeigt, daß unser Zeitsinn subjektiv ist. Diesen Aspekt nahm Proust sehr ernst. Es ist unrichtig, von einem Mädchen zu sagen: »Sie war sehr süß«; man kann nur sagen: »Es machte mir Freude, sie zu küssen.« Darüber hinaus setzt sich das Ich zum großen Teil aus Wünschen zusammen, die *wechseln*, so daß mein modifiziertes Ich morgen vielleicht gar keinen Geschmack mehr daran findet, das Mädchen zu küssen.

Ein zweites Thema in Prousts Roman ist das sexuelle Begehren: Es sei als solches neutral und werde erst durch das Zusammenspiel von geistigen und seelischen Kräften auf ein bestimmtes Geschlecht gerichtet. Auch das stimmte mit der neuesten medizinischen Forschung überein, die Proust als Sohn und Bruder von Ärzten bekannt war, jedoch nicht den meisten Franzosen. Aber Proust versah die Thematik noch mit einem eigenen kleinen Tick. Laut Plantevignes beobachtete Proust im Sommer 1908 zwei Mädchen, die im Casino sehr eng miteinander tanzten, und verfaßte eine Beschreibung des sexuellen Vergnügens, das sie offensichtlich darin fanden. Er gab sie seinem Freund zu lesen. Plantevignes protestierte. Er kannte die Mädchen gut; sie waren sportliche Typen, und ihr Vergnügen fanden sie in den graziösen, aufeinander abgestimmten Schritten. Proust antwortete darauf: »Du siehst nur, wie sie tanzen – die poetische Art und Weise«[14] und blieb bei seiner Meinung. Plantevignes fügt hinzu, daß Proust nie eine Gelegenheit ausließ zu beschreiben, wie sich zwei Mädchen als Lesbierinnen ihrer gegenseitigen Gesellschaft erfreuen, und er ließ sich durch nichts davon abbringen. Wenn Genialität mindestens ein irrationales Element enthält, so war das hier das irrationale Element von Proust, ähnlich wie der Glaube, daß die selbstaufopfernde Rolle im Leben vor allem den Frauen zukomme, das Irrationale hinter Claudels Theaterstücken war.

Ein drittes Thema in Prousts Roman stammt aus den Ereignissen jenes Winters, nachdem er mit dem Schreiben des Romans begonnen hatte. Während er in Paris seine Suche nach einer geeigneten Gemahlin fortsetzte, erzählte ihm ein Freund von einem hübschen Mädchen aus gutem Hause, das demnächst auf einem Ball in die Gesellschaft eingeführt werden sollte. Proust informierte sich über die Familie im *Bottin Mondain*, sah, daß sie ein historisches Schloß besaß, und schaffte es, eine Einladung für den Ball zu bekommen. Er beobachtete das Mädchen und sprach sogar mit ihm. Aber sie erschien ihm selbstgefällig und entsprach nicht seinem Ideal. Enttäuscht ging er nach Hause.

Proust hatte oft festgestellt, daß die Wirklichkeit nicht an die Phantasie heranreicht. Aber seit er mit seinem Roman beschäftigt war und mit der Selbstanalyse, die diese Arbeit erforderte, mußte er in solchen Dingen ehrlich sein. Jetzt oder bald danach gestand sich Proust ein, daß er niemals heiraten würde – nicht weil er junge Männer verzog, sondern weil er aufgrund einer Kombination von Charakter und Erziehung außerstande war, sich auf eine lebensechte Liebe einzulassen. Es besteht durchaus Grund, Céleste Albaret, die ihm später zugetan war und ihn sehr gut kannte, zu glauben, wenn sie sagte, daß Proust ihrer Meinung nach wahrscheinlich niemals wirklich verliebt gewesen sei.

Flüchtig hingeworfene Sätze in seinen Notizbüchern zeigen, wie Proust versuchte, mit dieser schmerzlichen Erkenntnis zurechtzukommen:

»Nicht zu besitzen versuchen, weil unfähig, Befriedigung und Glück zu schenken...
Im zweiten Teil des Romans verliert das Mädchen ihr Geld; ich werde sie unterstützen, ohne zu versuchen, mit ihr zu schlafen, weil unfähig, [diese Art von] Glück zu erreichen.«

Und ein anderer Eintrag lautet:

»Was tief, was unerreichbar ist – das ist für uns das alleinige Zeichen von Wert – und vielleicht von einer gewissen Art von Glückseligkeit.«

Dies ist wichtig, denn es deutet eines der Hauptthemen des Romans an: Unerfüllte Sehnsucht ist befriedigender als Besitz.

Eng verwandt mit den bereits erwähnten Themen ist jenes, daß uns die unwillkürliche Erinnerung freien Zugang zu unserer Vergangenheit gewährt. Auch hier verwendet Proust die Entdeckungen seiner Zeit als Basis für eine eigene Theorie.

Als Junge hörte Marcel Proust die folgende Geschichte. In einem Pariser Krankenhaus behandelte sein Vater einen Fall von Lungenentzündung. Der Patient erholte sich, und als er entlassen werden sollte, sagte er, sein Mantel sei weg. Er konnte sich nicht erinnern, wo er ihn gelassen hatte, und war zu arm, um sich einen neuen zu kaufen. Der Mann wurde in Hypnose versetzt und nach dem Mantel gefragt, worauf er sagte, wo er ihn liegengelassen hatte. Der Mantel wurde geholt und ihm überreicht. »Wo haben Sie ihn gefunden?« fragte er erstaunt, weil er vergessen hatte, was er unter Hypnose gesagt hatte.

Proust war sehr an einer neuen technischen Einrichtung, dem Telephon, interessiert, vor allem daran, wie es funktionierte, und mehr als einmal verglich er die Elektrizität, die es funktionieren ließ, mit der Funktion des Gedächtnisses: beide überwanden Entfernung. Verbunden mit einem System, dem sogenannten Theatrophon, konnte man an seinem Telephon die Vorstellung eines staatlichen Opernhauses oder Theaters hören. Dieses System, bei dem Proust Teilnehmer war, hat ihn vielleicht in seiner Meinung bestärkt, daß das Gedächtnis nicht nur Entfernung überwindet, sondern uns auch an ein objektives Reservoir von Schönheit anschließt.

Wie Proust Plantevignes erzählt hatte, war er als junger Mann vollkommen in Bergson »eingetaucht«. Er erwärmte sich besonders für dessen Ansicht, daß unser persönliches Bewußtsein von Zeit – von Dauer – unterschiedlich und unabhängig von der Zeit ist, die die Zeiger einer Uhr anzeigen.

Unter dem Einfluß dieser Episoden und Meinungen beobachtete Proust ein ungewöhnliches Geschehen in seinem eigenen Leben und sann natürlich darüber nach. Gegen Ende des Jahres 1908, wahrscheinlich in Versailles oder in Paris, trat er zufällig auf unebene Pflastersteine. Unmittelbar danach hatte er den Eindruck, sich im Baptisterium von St. Markus in Venedig zu befinden, das er acht Jahre zuvor besucht hatte und wo er ebenfalls über unebene Steinplatten gegangen war. Das Gefühl der Transposition war total und das Vergnügen, das es verursachte, intensiver als jedes andere alltägliche Vergnügen.

Proust schloß daraus, daß es zwei Arten von Gedächtnis gibt: Das willkürliche Gedächtnis, das uns ein Bild von der Vergangenheit liefert, welches entstellt ist durch unsere Intelligenz und unsere praktischen Bedürfnisse – und ein unwillkürliches Gedächtnis, das es uns ermöglicht, die Vergangenheit wiederzuerleben, wie sie war, und uns dadurch Eintritt in eine geistige, über dem Alltäglichen liegende Welt verschafft. Ebenso wie begehren besser ist als besitzen, ist die erinnerte Vergangenheit besser als die gelebte Gegenwart. Das Wort *Recherche* im Titel seines Romans weist auch darauf hin, daß der Autor wie ein wissenschaftlicher Forscher versucht, anhand von konkreten Fällen die Arbeitsweise des Gedächtnisses in seiner zweiten Form zu enthüllen.

Ein wichtiges Thema in Prousts Roman – das letzte, das hier erwähnt werden soll – wird nicht direkt behandelt, obwohl es das ganze Werk und das ganze Denken des Autors durchdringt. Im Jahr 1914 erklärte Proust seinem Finanzberater Lionel Hauser: »Wenn ich, wie Sie sagen, kein gläubiger Christ bin, ist doch kein einziger Tag in meinem Leben vergangen, an dem ich mich nicht mit Religion beschäftigte«,[15] und wie wahr das ist, bestätigen die Stationen von Prousts Pilgerreise.

Bis zu seinem dreißigsten Lebensjahr erhielt sich Proust einen ansehnlichen Rest Katholizismus. Wenn er eine Kirche betrat, tauchte er die Finger ins Weihwasser und bekreuzigte sich andächtig, und er ließ für verstorbene Freunde Messen lesen. Im Jahr 1900, als er sich sehr für die Gotik zu interessieren begann, hatte er zwei vorzügliche Führer: Emile Mâle, der zeigt, wie exakt die christliche Ikonographie die christliche Theologie veranschaulicht, und John Ruskin. Hatte Ruskin in seinen früheren Arbeiten noch als viktorianischer Christ geschrieben, so war er 1858 vom Evangelikanismus seiner Eltern »rekonvertiert«, wie er es nannte, und lehrte nun eine etwas verwässerte Anschauung christlicher Kunst, die vor allem in *The Bible of Amiens* zum Ausdruck kam. Dieses Buch für junge Menschen mißt dem Kreuz und dem Dogma im allgemeinen einen geringen Wert bei: Religion soll Hoffnung und Glaube sein.

Proust bewunderte Ruskin und wollte, indem er eines von Ruskins Werken übersetzte, auch andere an dieser Bewunderung teilhaben lassen. Er wählte *The Bible of Amiens*. Im Lauf der Übersetzungsarbeit färbte Ruskins Auffassung, das Christentum sei eine Angelegenheit edler Gefühle und schöner Künste, in hohem Maße auf Proust ab.

Im Jahr 1904 schrieb Proust seine Artikel für die Erhaltung von Frankreichs Kirchen als Gotteshäuser. Hier verwendet er einige Argumente Ruskins, bezieht sich aber noch deutlicher auf Mâle, und in einer Passage kommt sein eigener Katholizismus zum Vorschein: »Wenn das Opfer des Leibes und Blutes Christi ... nicht mehr in unseren Kirchen gefeiert wird, wird es in ihnen auch kein Leben mehr geben.«

Im Jahr 1905 erkannte Prousts Mutter, daß sie bald sterben würde. »Mein armer kleiner Marcel«, pflegte sie zu ihrem Sohn zu sagen,

»was würdest du machen, wenn ich nicht da wäre? Aber was du auch tust, bleibe ein Katholik.«[16] Als sie starb, muß dies für einen Sohn, der seine Mutter so sehr verehrte, eine ernste Mahnung gewesen sein. Die Hoffnung, im Himmel mit denen, die er liebte, wieder vereint zu sein – das, so meinte er zu George de Lauris, wäre in der Tat Selbsterfüllung. Und im Jahr 1909, als Plantevignes Proust recht gut kennenlernte, hörte er diesen mehr als einmal ausrufen, wenn er von einer heimlichen guten Tat oder Großzügigkeit erfuhr: »Das sind die Dinge, die uns als Verdienst angerechnet werden.« Schlechte Taten werden bezeichnenderweise nicht erwähnt, denn die Pariser dieser Epoche, und Proust im besonderen, hatten auffallend wenig oder gar keine Schuldgefühle.

Als Proust im Sommer 1909 begann, seinen Roman zu schreiben, verfolgte er weder einen religiösen noch einen antireligiösen Zweck. In den frühen Kapiteln gebrauchte er gelegentlich, um weltliche Freuden zu akzentuieren, religiöse Metaphern, aber das war seit der Zeit der Romantiker gang und gäbe, und Proust tat es auch im alltäglichen Leben, wenn er die Dichterin Anna de Noailles als eine neue Heilige Jungfrau pries, obwohl heilig ebensowenig auf sie zutraf wie Jungfrau.[17]

Während des ersten Entstehungsjahres seines Romans mußte Proust, wie wir gesehen haben, die erschütternde Erkenntnis hinnehmen, daß er ein Gefangener seiner übergroßen Sensibilität war und zeit seines Lebens bleiben würde, für immer ausgeschlossen von erfüllter Liebe und ehelichem Glück. Obwohl der Katholizismus dezidiert kein irdisches Glück verspricht, hatte Proust mit seinem verdünnten Restkatholizismus doch darauf gehofft. Er glaubte, daß seinem so heftigen Verlangen nach vollkommener Liebe gerechterweise entsprochen werden müßte.

Diese schreckliche Erkenntnis erwies sich, wie ich glaube, als ein Wendepunkt in Prousts religiöser Einstellung. Daß es einen liebenden Gott geben könnte, der ihn von der Liebe ausschloß, das konnte Proust nicht länger akzeptieren. So ließ er auch den Rest von Katholizismus von sich abgleiten und wurde ein Ungläubiger.

Soweit es Prousts Temperament erlaubte, war er sehr positiv. Er schätzte Ehre, Familie, Frankreich, verabscheute Gewalt, Zynismus, Bitterkeit. Er war kein nachtragender Mensch und hätte nie eine Religion, der seine Freunde anhingen, angegriffen. Als Schriftsteller hatte er sich vorgenommen, das Leben zu preisen, seine Freuden, Errungenschaften, seine launischen Zufälle zu beschreiben und zu analysieren, und als Bewunderer von Darlu und Boutroux suchte er eine Metaphysik, eine Claudelsche Gesamtschau, und doch meinte er es ehrlich, als er zu Hauser sagte, er denke täglich über die Religion nach.

Was als nächstes geschah, vollzog sich in zwei Phasen. Zunächst begann Proust mit einer beträchtlichen Steigerung der religiösen Metaphern und Vergleiche für Dinge, die sich vom Alltäglichen abhoben. Prousts allererster Eintrag für seinen Roman im Notizbuch von 1908 lautet: »Ein Türhüter im Vorzimmer, auf seiner Schulter eine Hellebarde . . .« Diesen Satz änderte er nun in: »Ein Türhüter, gekleidet wie ein Kirchendiener, im Vorzimmer . . .« Als er die entfernten Verwandten einer großen Familie schilderte, die anläßlich eines gesellschaftlichen Ereignisses auch einmal in Erscheinung treten, schrieb er: »Sie nahmen jetzt so selten teil an der Kommunion der vornehmen Gesellschaft wie nominelle Katholiken, die einmal im Jahr an die Kommunionbank treten.« Er schildert Madame de Cambremar, wie sie für einen Besuch einen Umhang ähnlich einer Dalmatika und eine Hermelinstola anlegt und sich ein Baroneßkrönchen an einer Kette umhängt wie ein Brustkreuz; als sie in ihre Kutsche steigt, hebt sie ihren Sonnenschirm wie einen Krummstab und fährt davon »wie ein alter Bischof zu einer Firmung«. Zahlreiche andere Beispiele ließen sich anführen. Alle zusammen dienen dem Zweck, den Unterschied zwischen dem, was heilig und was profan ist, zu verwischen.

Während der Roman an Umfang zunahm, schrumpfte Prousts persönliches Leben mehr und mehr zusammen. Im Jahr 1912 ließ er seine Zimmerwände mit Kork ausfüttern und schrieb nachts, wenn kein Verkehrslärm herrschte. Er, der das gesellschaftliche Leben so liebte, sah niemanden außer seine engen Freunde Hahn und Plantevignes, und auch sie nur selten. Das Buch gewann immer stärker Gewalt über ihn. Und dann setzte die zweite, das Wesen des Buchs verändernde Phase ein. Proust begann, bei den zentralen Themen und, noch bedeutsamer, beim eigentlichen kreativen Prozeß, eine religiöse Metaphorik anzuwenden und ersetzte allmählich die Religion, mit der er gescheitert war, durch eine diesseitige Religion, bei der sich der Künstler wie ein Priester opfert, um ein Buch zu schaffen, das so wahrhaftig, so schön ist, daß es den Leser in einen zeitlosen mystischen Zustand versetzen wird.

Bis zum Jahr 1913 hatte Proust *Auf der Suche nach der verlorenen Zeit* im wesentlichen vollendet, obwohl noch Teile von *Sodom und Gomorrha* fehlten und *Die wiedergefundene Zeit* erst im Entwurf existierte; er hatte dabei die genannten Themen mit einer Geschichte von Menschen aus Fleisch und Blut verbunden.

Im ersten Band werden die Freuden der Kindheit des Erzählers vor dem Hintergrund einer Liebesgeschichte zwischen dem Pariser Salonhelden, Charles Swann, und einer Luxuskokotte dargestellt. Swann heiratet die Kokotte, nur um festzustellen, daß nun, da er sie besitzt, seine Liebe erloschen ist.

Im nächsten Band verbringt der Erzähler, inzwischen ein junger Mann, einen Sommer am Meer in einer Stadt namens Balbec. Seine sexuellen Sehnsüchte richten sich bald auf das eine, bald auf das andere der zahlreichen hübschen Mädchen, die mit dem Fahrrad die Promenade entlangfahren, und fixieren sich schließlich auf eine von ihnen – Albertine. Er entdeckt, daß Albertine lesbisch ist, und, in der Hoffnung, sie umzuformen, schließt er sie ein und spioniert ihr nach. Sie läuft ihm schließlich davon und kommt bei einem Reitunfall ums Leben.

Der Erzähler sucht seinen Kummer zu vergessen, indem er sich in die Welt der vornehmen Gesellschaft begibt. Er findet unendliches Vergnügen daran, die Kompliziertheit dieser Menschen von edelster Abstammung zu beobachten, und kann sogar ihren Heucheleien etwas abgewinnen, wenn sie mit einer gewissen Komik verbunden sind. Er stößt auf immer mehr Inversion, so daß in diesem Abschnitt des Romans jeder mit Ausnahme des Erzählers homosexuell zu sein scheint. Aber es stellt sich heraus, daß die Inversion den überzeugendsten Beweis dafür liefert, daß sich die Seele oder der Geist (*l'esprit*) eine eigene Welt schaffen.

Der Erzähler ist traurig, weil seine Freunde altern und sterben. Aber hier wie anderswo haben enttäuschte Hoffnungen nicht das letzte Wort, weil der Erzähler genau analysiert, wie und warum es zur Desillusion kam, und dadurch das Glück erfährt, eine psychologische Wahrheit zu entdecken. Nicht nur, daß Proust seinen Roman aus einem frohen Geist heraus schrieb, er suchte auch – wo immer möglich – in der menschlichen Erfahrung ein Substrat von Freude, was sich im Roman darin äußert, daß »Enttäuschung« und ihre Synonyme viel seltener vorkommen als »Glück« und seine Synonyme.

Der Erzähler findet im unwillkürlichen Gedächtnis ein Mittel, die Vergangenheit wiederzuerwecken, und dies mit einem so intensiven Glücksgefühl, daß keine Erfahrung aus dem wirklichen Leben diesem gleichkommt. Er findet auch eine neue Aufgabe: Er will anhand der Einsichten aus dem unwillkürlichen Gedächtnis über die Vergangenheit schreiben, eine Welt in Worten schaffen, so schön, daß sie zeitlos sein wird, und auf diese Weise mit dem gegenwärtigen und zukünftigen Leser jenes intensive Glück teilen, das er selbst erleben durfte. Seine Rolle wird zum Teil die eines Gottes, der sich über die Unzulänglichkeiten des wirklichen Lebens erhoben hat, zum Teil die eines Bodhisattwa, der anderen zu einer ähnlichen Apotheose verhilft – keiner moralischen Apotheose, sondern einer ästhetischen mit religiösen Obertönen.

Viele Szenen in Prousts Roman werfen ein Licht auf das Leben in Paris. Wie sehr man nach Vortrefflichkeit strebte und wieviel Wert man darauf legte, zeigt sich sogar in dem manchmal absurden Clan-Denken der Madame Verdurin. Der Glaube, die Kunst sei das Absolute, war in Paris weitverbreitet – obwohl nur Proust ihren religiösen Aspekt so sehr betont. Man dinierte auch gern im Pré Catalan, ging und fuhr im Bois de Boulogne spazieren, hatte eine Vorliebe für Kostümbälle und ganz allgemein Lust an Verkleidung, Masken und Verstellung.

In zwei Punkten stimmt Prousts Roman nicht mit dem Pariser Leben überein, das wir aus zuverlässigeren Quellen und aus erster Hand kennen. Erstens war die *noblesse* keineswegs so geistreich, wie Proust sie schildert. In den vierbändigen Memoiren der Comtesse de Pange geht es meistens um Pferde. Boni de Castellanes Reminiszenzen sind eine banale Übung in Selbstgerechtigkeit, und dem Briefwechsel der Madame de Caillavet mit Georg Brandes fehlt jegliche Brillanz. Geistreich war bestenfalls die literarische Clique, und die einzige amüsante Bemerkung in Madame de Caillavets Salon stammte von der Frau des humoristischen Schriftstellers Alphonse Allais. Nachdem sie einer Dame vorgestellt worden war, die vierzehn Kinder hatte, sagte sie: »Das ist nicht Mutterschaft, sondern laichen.« Diese Art von Witz legte Proust der Herzogin von Guermantes in den Mund.

Und auch die snobistische Art der Guermantes ist alles andere als typisch. Proust hatte 1908 für sein *Kompositbuch* einen Essay geplant über eines seiner Lieblingsthemen, die Genealogie. Er hat diesen Essay nie geschrieben, aber was er auf diesem Feld gesammelt hatte, brachte er in dem geistreichen Tischgespräch an, wo die Guermantes und ihre Freunde miteinander wetteifern in der Aufzählung ihrer hochwohlgeborenen Vorfahren und ihrer Verbindungen zu Königshäusern. Paris jedoch, das muß noch einmal gesagt werden, hatte eine sehr durchlässige Gesellschaft, die getreu den republikanischen Idealen die Menschen nach ihren Verdiensten beurteilte; außerdem ist es äußerst fraglich, ob sich echte Pariser Aristokraten auf eine solche Orgie angeberischer Ahnenverehrung eingelassen hätten.

Wenn wir uns Photographien von Prousts engen Freunden ansehen – die nachlässig gekleidete Madame Straus mit ihren melancholischen Augen, herabhängenden Mundwinkeln und absurden Hüten; das mit Vierzig immer noch jugendlich unreife Gesicht von Reynaldo Hahn mit einer Zigarette an den impertinenten Lippen; Prousts Sekretär Agostinelli, ein Mondgesicht mit Kuhaugen; auch das Photo von Proust selbst in späteren Jahren, auf dem er zusammengekauert irgendwo in Venedig sitzt, mit Bärtchen und Melone wie Charlie Chaplin in einer seiner traurig-komischen Rollen – wird uns klar, wie ungeheuer viel Schönheit und Freude der Schriftsteller Proust den Personen seines Romans angedeihen ließ, mit einer Phantasie und einem geistigen Elan, die, wie seine Briefe zeigen, sprangen wie auf einem Trampolin, und das Jahr um Jahr.

Zu der Zeit, als er seinen Roman vollendete und die Veröffentlichung vorbereitete, zeigte sich sein Elan auf eine Art, die paradoxerweise seinen Erwerbssinn etwas trüben sollte. Ende 1911 fielen die Börsenkurse wegen der Balkankrise, aber Proust war überzeugt, sie würden sich wieder erholen. Er kaufte Goldwerte und amerikanische Eisenbahnaktien. »Ich weiß nicht, ob es wahr ist«, schrieb Prousts Finanzberater, »daß die Abschaffung Gottes durch die Regierung dazu geführt hat, daß es weniger Glauben in Frankreich gibt, aber ich bin geneigt zu glauben, daß es mehr Leichtgläubigkeit gibt.«[18] Anfang 1912 mußte Proust schließlich mit einem Verlust von 40 000 Francs verkaufen. Eine Zeitlang dachte er, er sei ruiniert.

Proust hatte sich während der Sommer in Cabourg einen Chauffeur genommen, einen jungen Mann aus Monaco namens Alfred Agostinelli. Im Januar 1913 stellte er ihn als Diener ein und zog ihn sich zu seinem Sekretär heran. Er unterstellte Agostinelli bemerkenswerte Geistesgaben und Feingefühl, machte ihm Geschenke und schmeichelte seiner Eitelkeit mit dem Erfolg, daß Agostinelli beschloß, fliegen zu lernen. Fliegen war, wie wir in einem späteren Kapitel sehen werden, der große Modesport geworden. Agostinelli reiste mit Prousts Geld nach Nizza, wo er in eine Fliegerschule eintrat. Monate vergingen. Proust vermißte seinen Sekretär und wollte, daß er zurückkam. Zunächst beantwortete Agostinelli die Briefe seines Arbeitgebers gar nicht, und als er sich endlich dazu herabließ, schickte er seine Antworten unfrankiert ab, so daß Proust das Porto bezahlen mußte.

Proust fühlte sich zu Agostinelli stark hingezogen; aber es war hauptsächlich ein Herr-Diener-Verhältnis, und es erscheint in der Tat sehr unwahrscheinlich, daß es mehr als ein platonisches Verhältnis war. Dennoch war Proust irgendwie abhängig von Agostinelli geworden. Er wollte ihn zurück haben, und nachdem andere Mittel nichts fruchteten, zögerte er nicht, ihn zu bestechen. Trotz seiner hohen Verluste an der Börse teilte Proust seinem Freund in einem Brief vom 30. Mai 1914 mit, er habe beschlossen, ihm ein Flugzeug zu kaufen: Kostenpunkt 27 000 Francs. Am selben Tag wagte sich Agostinelli bei seinem zweiten Alleinflug unbesonnen aufs Meer hinaus, stürzte ab und ertrank.

Proust war todunglücklich. Er meinte, er würde niemals über den Tod des Freundes hinwegkommen. Aber er hatte eine Philosophie für den Umgang mit Verlusten entwickelt. Seine Gefühle für seinen unzuverlässigen Freund würden sich langsam wie der Weißdorn von Illiers und die blühenden jungen Mädchen von Cabourg in Worte verwandeln, seinen Roman bereichern, den er während der Kriegsjahre schrieb, und zusammen mit so vielem aus seinem Leben der zerstörenden Hand der Zeit entrücken

Nachdem Proust den größten Teil seines Romans zu Papier gebracht hatte, ging er daran, etwas für die Veröffentlichung des Buches zu tun. Er wollte mit dem fast abgeschlossenen *In Swanns Welt* beginnen. Aber er brauchte dazu die Hilfe seiner Freunde. Der Schriftsteller verließ sein mit Kork getäfeltes Zimmer und wurde zu einem umgänglichen Mann von Welt. Keiner wußte besser als er, daß die Blumen oder Früchte für eine Dame von Lemaître oder Charton kommen mußten, die eingemachten Kompotte für einen kranken Freund von Tanrade, daß ein Taschentuch, das er sich borgte, wenn er sein eigenes vergessen hatte, zwischen zwei Lavendelduftkissen von Houbigant zurückgegeben werden sollte.

Proust besuchte den Salon von Madame de Caillavet und erneuerte dort die Bekanntschaft mit Anatole France, der die Einführung zu seiner ersten Sammlung von Zeitungsartikeln geschrieben hatte, sowie mit ihrem Sohn Gaston, einem erfolgreichen Bühnenautor. Er suchte mehrere Male die Comtesse Greffulhe und die aus Rumänien stammenden Bibescos auf und überredete sie, die Lektoren der *Nouvelle Revue Française* zum Diner einzuladen, in der Hoffnung, die Zeitschrift würde einige Kapitel aus seinem Roman abdrucken.

Der junge Gaston Calmette hatte seinen Ehrgeiz, Herausgeber von *Le Figaro* zu werden, verwirklicht, indem er die Tochter des Besitzers heiratete, allerdings auf Kosten seines persönlichen Glücks. Inzwischen war er über fünfzig, wortkarg und behäbig, liebte eine andere Frau und wollte sich scheiden lassen – für Proust nicht gerade der geeignetste Moment, ihn zu bitten, einen Verleger für einen Roman, der von einer unglücklichen Ehe handelt, zu finden. Aber Proust hatte die Beziehung zu Calmette schon seit langem gepflegt und einige Jahre zuvor im Ritz ein denkwürdiges Diner für ihn gegeben. Nun, im Januar 1913, sprach Proust bei Calmette in der Redaktion des *Figaro* vor und bat ihn dringend, seine Bemühungen hinsichtlich seines Romans fortzusetzen. Als er ging, ließ er auf Calmettes Schreibtisch ein mit Monogramm versehenes Zigarettenetui von Tiffany's zurück (Proust hegte einen naiven Glauben an die Macht teurer Geschenke). Der peinlich berührte Herausgeber bedankte sich nicht einmal für das Zigarettenetui, aber er ließ vier Auszüge aus *In Swanns Welt* im *Figaro* abdrucken.

Als nächstes wandte sich Proust an das Verlagshaus Fasquelle. Da er voraussah, daß man zögern würde, ein so umfangreiches und anspruchsvolles Buch herauszubringen, bot er an, die Druckkosten selbst zu tragen. Dieser Vorschlag ließ Proust als Dilettanten erscheinen, der nur aus Eitelkeit publizieren wollte.

Fasquelle ließ sich Zeit, und Proust wurde ungeduldig. Er hatte Gaston Gallimard, den Verleger der *NRF*, in Cabourg kennengelernt und ihn zusammen mit anderen Gästen, darunter Louisa de Mornand, zu sich ins Hotel zum Diner eingeladen. Obwohl *In Swanns Welt* Fasquelle noch als Angebot vorlag, reichte Proust es bei der *NRF* zur Begutachtung ein.

André Gide, der führende Kopf sowohl des Verlagshauses als auch der Zeitschrift, assoziierte mit Prousts Namen einen reichen Invaliden, der für den *Figaro* Artikel über das *Tout Paris* oder den ästhetischen Wert von Kirchen schrieb und der witzig parodierte. Gides Interesse an zeitgenössischer Literatur galt aber mehr den ernsthaften Romanen von Autoren aus der Arbeiterklasse, wie zum Beispiel denen des Schuhmachers Charles Louis Philippe. Als Prousts Manuskript auf seinem Schreibtisch landete, schreckte er zweifellos auch vor dem Umfang zurück, denn sowohl als Vertreter eines knappen, präzisen Stils als auch als Verleger sah er, daß sich das Buch nicht für eine Veröffentlichung in Fortsetzungen eignete. Wieviel Gide davon gelesen hat, weiß man nicht genau; vermutlich nicht alles. Auf jeden Fall hat er es abgelehnt. Später mußte er seinen Fehler eingestehen und Gallimard dazu bewegen, die restlichen Bände zu kaufen.

Fasquelle lehnte den Roman ebenfalls ab, aber Proust fand einen wagemutigen jungen Verleger, Bernard Grasset, der bereit war, *In Swanns Welt* herauszubringen. Es erschien im November 1913, gerade als Proust sich »wahnsinnig vor Elend« fühlte wegen Agostinellis Abreise nach Nizza, und war Calmette gewidmet, der Proust die Freude verschafft hatte, seine ersten Artikel gedruckt zu sehen.

Als Werbeagent in eigener Sache verschickte Proust zahlreiche Exemplare an einflußreiche Freunde mit dem Ergebnis, daß *In Swanns Welt* viel und insgesamt positiv besprochen wurde, obwohl ihm die Literaturkritik von *Le Temps* mit Recht vorwarf, daß Swanns blinde Leidenschaft für eine Kokotte eine für einen so äußerst erfahrenen Pariser unwahrscheinliche Naivität beweise.

Sehr zu Prousts Befriedigung war die erste Auflage von 1750 Exemplaren bald ausverkauft. Das Buch ging in die zweite Auflage, und noch immer merkte kein einziger Kritiker, daß hier ein Roman vorlag, der sich in seiner Art von sämtlichen Vorgängern unterschied. Er nahm in der Tat für sich in Anspruch, mehr zu sein als nur ein weiterer Roman, ein Stück Literatur. Er wollte geistige Nahrung liefern. Eine der Romanfiguren, der Literat Legrandin, erklärt dem jungen Erzähler, wie wichtig es sei, in das, was er schreibt, Gefühl zu legen, und schließt mit den Worten Christi: »Tu dies und du wirst leben.« In Aufzeichnungen aus dem Jahr 1911 überschreibt Proust den Abschnitt, in dem er erläutert, warum Kunst die einzige Realität ist, mit dem Titel »Ewige Anbetung«, in Anspielung auf den Namen eines Nonnenordens, bei dem Tag und Nacht vor dem Allerheiligsten gebetet wird. In *Die wiedergefundene Zeit* »erwacht unser wahres Ich, das tot zu sein schien, das manchmal sehr lange tot zu sein schien, und wird wiedererweckt, wenn es die [von der Erinnerung] überbrachte, himmlische Speise empfängt«. Und in einem Memo zu demselben Band ermahnt er sich selbst, den »bei weitem wichtigsten Punkt vielleicht im ganzen Buch«[19] deutlich zu machen: daß Swann die überirdischen Bedeutungen des kleinen Themas in der Vinteuil-Sonate einfach nicht verstanden hatte, »weil jenes *Evangelium* verbreitet wurde, als Swann bereits tot war ... vor der *Offenbarung*, die ihn vielleicht zutiefst berührt hätte« (Kursivstellung durch Cronin). In einem im *L'Intransigeant* veröffentlichten Brief[20] ging Proust so weit, zu erklären, daß er den Lesern »das Brot der Engel« reichte, und er erläuterte dies mit dem Hinweis auf Racines Hymne an die heilige Kommunion, in der es zum Schluß heißt:

Approchez, voulez-vous vivre?
Prenez, mangez, et vivez.

Kommt näher: Wollt ihr leben?
Nehmt dieses, eßt es und lebt.

Proust hatte mit der Absicht begonnen, ein metaphysisches Buch zu schreiben, und endete bei einem neuen Credo: Der Mensch wird vergöttlicht durch die Kunst. Proust war sich darüber durchaus im klaren. In einem Brief an Jacques Rivière lobt er den jungen Mann, weil er begriffen habe, daß dieses Buch ein »dogmatisches, durchkonstruiertes Werk«[21] ist: »Es ist eine Zwischenstation, scheinbar subjektiv und unverbindlich, auf dem Wege zur objektivsten und zugleich gläubigsten aller Folgerungen.«

Erwähnt werden sollte noch, daß die Begriffe Errettung und Erlösung in Prousts neuem Credo völlig fehlen, und es wäre auch nicht sinnvoll, sie auf den Menschen Proust anzuwenden. Es war nicht sein Anliegen, sich von Schuld zu befreien. Er versuchte, sich von der Sterilität zu lösen, die ihm seine Natur und der christliche Gott, der ihn enttäuschte, aufgebürdet hatten.

KAPITEL VII

Die Geburt des Kubismus: Pablo Picasso

Englische und amerikanische Künstler, die in Paris ausgestellt haben, sind sich einig, daß es etwas ganz anderes ist, hier auszustellen als in London oder New York. Wenn Pariser Galeriebesuchern etwas gefällt, sagen sie es, und sie tun es wortreich und gewandt; sie sprechen über die Werke, argumentieren, versuchen, den Künstler kennenzulernen und mehr über ihn oder sie zu erfahren. Die zahlreichen Zeitungen und Zeitschriften besprechen ein Talent ausführlich, untersuchen es gründlich, finden Fehler, ergreifen Partei. Kunstbegeisterte in der Provinz lesen Kritiken, schreiben den Künstlern und teilen ihnen ihre Reaktionen mit. Sie sehen im Künstler einen Pfadfinder, der ihnen eine visuelle Deutung der Welt liefert, und in einem Zeitalter des weitverbreiteten Unglaubens kann diese Deutung für andere äußerst wertvoll sein.

Die Jahre zwischen 1900 und 1914 sind dafür beispielhaft. Viele Pariser waren Maler, viele waren Maler und Schriftsteller. Henri Ghéon stellte in einem der Salons aus; Henri Bataille machte sich als Porträtmaler einen Namen, bevor er sich dem Theater zuwandte; und Feydeaus malerisches Talent führte zu seiner Ehe mit der Tochter des damals berühmten Malers Carolus Duran. Diejenigen Pariser, die nicht selbst malten, hatten reichlich Gelegenheit, zu sehen, was die, die malten, produzierten. Auf den beiden jährlich stattfindenden Salons wurden nicht weniger als siebentausend Bilder ausgestellt, und ab 1903 sollte es noch einen dritten jährlichen Herbstsalon geben.

Auf der Weltausstellung von 1900 zeigte eine umfangreiche Retrospektive die französischen »Pfadfinder« von 1800 bis zu den Impressionisten: David, Delacroix, Ingres, Corot, Manet. Die Reihe der glanzvollen Namen setzte sich fort mit Renoir, mit Cézanne, der den harten Fels unter Monets Mohnfeldern zeigte, und mit Gauguin, der das religiöse Geheimnis zuerst in der abgelegenen Bretagne, dann im noch ferneren Tahiti suchte.

Um die Jahrhundertwende war dieses Feuerwerk jedoch erloschen. Renoir und Cézanne hatten ihre wichtigsten Aussagen gemacht, der unglückliche Gauguin befand sich allein, krank und dem Tode nah auf der anderen Seite der Welt, und den Platz der Giganten hatten unbedeutende, zweitrangige Leute eingenommen. Einige nannten sich Symbolisten und produzierten visuelle Entsprechungen zu literarischen Themen wie Maeterlincks *Der blaue Vogel*. Einige waren in erster Linie Dekorateure; sie entwickelten die schmachtenden, schwülen Motive des Art Nouveau: Ranken, Libellen, Lilien, wehendes Haar.

Die vielleicht modernsten jungen Künstler gehörten einer Gruppe an, die von Paul Serusier, Maurice Denis, Pierre Bonnard und Edouard Vuillard angeführt wurde. Sie hatte sich 1888 in Paris gebildet, und ihr erklärtes Ziel war es, dem Gauguin der bretonischen Periode nachzueifern und die Kunst ein bißchen religiös, aber nicht unbedingt christlich religiös zu machen. Sie nannten sich Nabis nach dem hebräischen Wort für Prophet und hielten farbliche Verfremdung für eine Art religiöse Erleuchtung. Obwohl sie behaupteten, nach vorne zu schauen, blickten sie in Wirklichkeit bei den wichtigsten Dingen zurück. Auch sie waren literarische Maler, Bewunderer von König Artus und anderen mittelalterlichen Legenden. Viele Nabis waren Theosophen oder sympathisierten mit ihnen, und ihre Themenbehandlung sollte Einblicke in eine »höhere Wahrheit« vermitteln.

Ein typisches Bild, *Der Obstgarten der klugen Jungfrauen*, 1893 gemalt von Gides Freund Maurice Denis, zeigt drei Mädchen in langen weißen »zeitlosen« Gewändern, die auf rehbraunem, blumenbestreutem Gras unter schlanken blühenden Bäumen sitzen. Ein Mädchen hält ein aufgeschlagenes Buch auf dem Schoß. Im Hintergrund baden vier nackte Mädchen. Mit dem leicht biblischen Anflug könnte es alles mögliche bedeuten – oder gar nichts, sehr ähnlich der Schwesterkunst dieser Malerei, der symbolistischen Dichtung.

Ein solches Werk – und es gab viele andere dieser Art – scheut die Konfrontation mit dem wirklichen Leben oder dem menschlichen Dilemma. Es ist dahinsiechender Post-Impressionismus, der sich in einen traurigen Traum von der Vergangenheit flüchtet. Es ist romantische Malerei, aber im Jahr 1900 fuhr Paris bereits mit vollen Segeln auf klassischem Kurs. Die Menschen wollten sich der Wirklichkeit stellen und erwarteten von der Kunst dasselbe.

Wenn die französische Malerei ins zwanzigste Jahrhundert hinübergerettet werden sollte, dann wahrscheinlich durch keinen der Nabis. Eine klare Vision war erforderlich, und es dauerte nicht lange, da erschienen drei Männer, die dieser Forderung entsprachen; einer von ihnen war Ausländer. Ein Russe sollte die verschlafene Welt des

Pariser Balletts aufrütteln, und ein Spanier war es, der die am Wunschdenken der Nabis kränkelnde bildende Kunst wieder lebendig machte. Seine Entwicklung und sein Einfluß gingen weit über 1914 hinaus. Wir beschäftigen uns hier nur mit seiner anfänglichen Entwicklung und seinen frühen Jahren in Paris, wo er einen neuen Malstil schuf, indem er seine eigene Tradition mit Elementen der französischen Malerei kombinierte.

Pablo Ruiz wurde 1881 in Malaga als Kind einer ehrenwerten, wenn auch nicht wohlhabenden andalusischen Familie geboren. Sein Vater war ein liebenswerter Lehrer an der Kunstakademie. Die Familie seiner Mutter stammte aus Genua, und als ihr Sohn nach Paris aufbrach, nahm er den italienisch klingenden Mädchennamen seiner Mutter an anstatt seines legalen Namens, der ebenso verbreitet und gewöhnlich war wie Smith oder Brown. Pablo war der einzige Sohn; er hatte noch zwei jüngere Schwestern. Seine Kindheit verlief ruhig und, soweit wir wissen, glücklich; es gab zwei Unterbrechungen, als die Familie erst nach Coruña, dann nach Barcelona umzog. Mit der Schule hatte Pablo überhaupt nichts im Sinn, und so gestattete man ihm, als er elf Jahre alt war, sich als Maler ausbilden zu lassen. Er machte für seine Lehrer Zeichnungen von ungewöhnlich hohem Niveau und – ein Zeichen, daß er wirklich ein besessener Künstler war – füllte das erste seiner Skizzenbücher, von denen er sein Leben lang eines bei sich haben sollte, mit Szenen, die ihn bewegten oder amüsierten oder ihm sonstwie aufgefallen waren.

Als Pablo den Kinderschuhen entwachsen war, herrschte in Barcelona eine Stimmung von Niedergang, Enttäuschung und Dekadenz. Verwundete Soldaten kamen auf Bahren von den Truppentransportschiffen; sie waren Opfer des Kubanischen Kriegs, den Spanien gegen die Vereinigten Staaten verloren hatte. Barcelona strebte nach Unabhängigkeit für Katalonien, und als sie nicht gewährt wurde, schlug die frustrierte Stimmung in Gewalttätigkeit um. Sogar in Frankreich war Barcelona als Stadt der Bomben berüchtigt. In dem Künstlercafé, das Picasso häufig besuchte, hörte er die typischen *fin de siècle*-Slogans, darunter auch den von Nietzsche, Gott sei tot, und wir erwarteten den neuen »Menschen-Gott«, der uns die Wirklichkeit durch eine vor Geist sprühende Kunst erträglich machen würde.

Die Kunst, die in Barcelona entstand und reichlich wenig Geist versprühte, war entweder streng akademisch, oder sie grenzte ans Groteske oder Krankhafte. Antonio Gaudís noch heute unvollendete Kirche der Heiligen Familie zeigt bizarre gotisierte Formen, und bei seinen Jugendstilhäusern, wo ein Franzose vielleicht nach oben strebende, vegetabile Formen angewandt hätte, gestaltete er seine asymmetrischen Balkone nach dem Vorbild von Lava und fauligen Schwämmen.

Die Kirche in Spanien, wegen ihres sozialen Engagements allgemein geachtet, galt bei den Intellektuellen als bildungsfeindlich. Picasso wurde von seinen Eltern nicht gezwungen, zur Kirche zu gehen. Er ging auch viel lieber zu den Stierkämpfen. Sie wurden als visuelles Schauspiel und Ansporn zu Kühnheit ein wichtiges Element in Picassos Entwicklung, und bald schätzte er den siegreichen Matador mehr als den gekreuzigten Christus. Kurz gesagt, er verlor den Glauben. Aber die Religion sitzt tief im spanischen Bewußtsein, und so ist er das schlechte Gewissen, das er deswegen hatte, nie ganz losgeworden.

Im Jahr 1900, dem Jahr seines neunzehnten Geburtstags, war Picasso ein kräftiger, muskulöser junger Mann mit kleinen, schön geformten Händen und Füßen und einer zarten weißen Haut. Das auffälligste an ihm waren seine großen schwarzen Augen und sein brennender, leidenschaftlicher, manchmal wilder Blick. Er war ziemlich klein und hatte das Gefühl, dies irgendwie ausgleichen zu müssen.

Seine körperliche Konstitution und besonders seine Augen ließen Energie vermuten, und die hatte er bereits in Hunderten von gemalten und gezeichneten Bildern bewiesen; seine Freunde hielten ihn deswegen für ein Monstrum. Aber zwischen den sensiblen, fast femininen Händen und den maskulinen, forschenden Augen bestand eine Spannung, die sich als Rastlosigkeit bemerkbar machen konnte. Picasso mußte fast immer etwas tun, und lieber nähte er zwei Stück Pappe zusammen, als untätig herumzusitzen.

Was hatte er bisher gemalt und gezeichnet? Porträts von Studienfreunden, Skizzen von Menschen in Bars und Cafés, von Bettlern, Kranken und Stierkämpfern und unzählige Selbstporträts. Es waren vor allem Menschen, die ihn interessierten, und er bemühte sich, bei jedem einen charakteristischen Zug oder Ausdruck einzufangen und wiederzugeben.[1]

Um seine Lehrer oder das Establishment zufriedenzustellen, hatte Picasso auch akademische Bilder gemalt. *Wissenschaft und Nächstenliebe* zeigt eine kranke Frau im Bett, einen Arzt auf der einen Seite, auf der anderen eine Nonne, die das Kind der Frau wiegt. Das Thema hatte vermutlich Picassos Vater vorgeschlagen, der für den Doktor Modell stand. Gut zum Ausdruck kommt die Spannung zwischen der Haltung des Arztes und der der Nonne, eine Spannung, die wie eine aufgezogene Feder auch in einfachen Skizzen spürbar ist.

Ein weiteres akademisches Werk, *Der letzte Augenblick,* das Picasso mit achtzehn Jahren malte, wurde ausgewählt, um Spanien auf der Pariser Weltausstellung zu repräsentieren. Eine Frau liegt auf ihrem Sterbebett, ein Priester leistet ihr Beistand, an der Wand hängt ein großes Kruzifix. Picasso hat es später, vielleicht weil er das Konventionelle dieses Bildes bedauerte, übermalt, aber wir wissen, daß es sehr viel Schwarz enthielt. Die anderen Bilder, die auf der Pariser Ausstellung gezeigt wurden, hatten Titel wie *Badende verkrüppelte Kinder, Salus Infirmorum, Blindenführer* und zeugen von der in Spanien vorherrschenden Stimmung: moralisierend und noch morbider als sonst. Picassos Bild paßte sich diesem Rahmen an, hatte aber vielleicht doch etwas Besonderes an sich, denn ein Pariser Kritiker erwähnte es, weil er »echte Trauer« darin entdeckte.

Im Oktober 1900 begleiteten Picassos Eltern ihren Sohn zum Bahnhof von Barcelona, wo er den Zug nach Paris bestieg. Mit ihm fuhr sein Freund, der Maler und Poet Carlos Casagemas – ein dünner Mensch mit vornüber gebeugten Schultern, angehender Stirnglatze, fliehendem Kinn und einer langen Nase mit roter Spitze. Er war der erste von vielen trübsinnigen Dichtern, die sich an den übersprudelnden Picasso hängten. Beide trugen die gleichen neuen Anzüge aus schwarzem Cordsamt mit rundem, bis zum Hals hochgeknöpftem Kragen; ein sehr praktischer Schnitt, wenn man arm war und nicht immer ein sauberes Hemd anhatte. Die Fahrkarte für die Reise nach Paris und zurück hatte Picasso von seinen Eltern bekommen. Es war eine große Ausgabe für sie, aber sie wollten, daß er die Ausstellung sah, und hofften, daß er vielleicht ein paar der Bilder verkaufte, die er im Gepäcknetz über seinem Platz verstaut hatte.

Am nächsten Tag kamen Picasso und Casagemas in der hellerleuchteten Metropole an. Da sie kein Französisch sprachen, hielten sie sich an die spanische Künstlerkolonie, für die sie Empfehlungsschreiben hatten. Sie logierten kurze Zeit auf dem Montparnasse, danach auf dem Montmartre, der damals zum Teil noch dörflichen Charakter hatte mit Windmühlen und Weingärten. Am 25. Oktober schrieb der leicht in Erregung geratende Casagemas einen Brief an seine und Picassos Freunde in Barcelona:

»Wir kamen bei *petit Pousset* zusammen ... und alles betrank sich. [Miguel] Utrillo schrieb Kinderreime, Peio [Pompeo Gener, ein Schriftsteller] sang unanständige lateinische Lieder, Picasso machte Skizzen von Leuten, und ich schrieb Verse von 11, 12, 14 und mehr Silben ... Hier gibt es für alles die richtigen Lehrer. Die Ausstellung wird bald schließen, und wir haben bis jetzt nur die Abteilung Malerei gesehen . . . Gestern sahen wir im Théâtre Montmartre ein Horrordrama.«[2]

Casagemas geht sehr genau auf das blutige Drama ein, dann beschreibt er die Prostituierten, ein Thema, das ihn ungemein faszinierte. Picasso, der sich beim Schreiben schwer tat – er brachte nie in seinem Leben einen grammatikalisch richtigen Brief zustande –, illustrierte die Epistel mit Zeichnungen von bezaubernden Frauen.

Denn die Frauen waren in Paris seine erste Entdeckung. In Barcelona gab es nur zwei Arten von Frauen: die anständigen, die immer Schwarz trugen, sich nie parfümierten, nie allein in der Öffentlichkeit erschienen, mit verschleiertem Gesicht zur Kirche gingen, und die anderen, die »gefallenen«. In Paris entdeckte Picasso die hübschen Frauen; sie gingen in Rosa, Blau oder Grün, trugen das Haar schön frisiert unter bezaubernden Hüten. Sie waren gepflegt, gesellig, lächelten und sprachen unbefangen mit Männern. In Barcelona, wo sich weibliche Modelle nicht häufig anboten, hatte er seine Schwester Lola in ihrem Erstkommunionkleid gemalt; hier in Paris skizzierte und malte er mit Genuß elegante Damen, die er auf den Straßen sah, und einfache Bürgerinnen, die sich in den Cafés oder im Moulin de la Galette amüsierten. Und es gab in Paris viel mehr Mädchen, die gern Modell standen und sich auch sonst gern vergnügten. Mit einer von ihnen, Germaine Gargallo, wahrscheinlich ein Mädchen spanischer Herkunft, ging Picasso bald eine Liaison ein. Auch Casagemas fand eine Partnerin, aber sie verließ ihn bald wegen eines anderen Spaniers.

Was Picasso gleich nach den Frauen in Paris entdeckte, war eine vielfältige innovative Malerei, die alles, was Barcelona zu bieten hatte, weit übertraf. Durand-Ruel zeigte die Nabis, die visuelle Entsprechungen zu der symbolisierten Literatur malten. Ambroise Vollard stellte Cézanne aus; Toulouse-Lautrec und van Gogh waren zu sehen. Picasso war nicht an den »richtigen Lehrern« interessiert, die Casagemas pries; er lernte lieber auf eigene Faust. Da er ganz ungewöhnlich empfänglich war für die Arbeit anderer, begann er nun, Bilder im Stil von Cézanne, dann von Toulouse-Lautrec, dann von van Gogh aus dem Ärmel zu schütteln – allerdings kein einziges im Stil der Nabis. Um das Establishment zu befriedigen, hatte er ein literarisches Bild gemalt, das auf der Weltausstellung zu sehen war, aber inzwischen wußte er, daß diese Art der Malerei nichts für ihn war.

Das dritte, was Picasso in Paris kennenlernte, waren die Kunsthändler. Berthe Weill, eine kleine Frau aus bescheidenen Verhältnissen, die ihre Geldscheine unter dem Rock im Strumpf versteckte, erklärte sich bereit, drei seiner Stierkampfbilder in ihrer winzigen Galerie aufzuhängen. Hier begegnete Picasso Petrus Manyac, einem ehemaligen katalanischen Industriellen, der sich auf den Kunsthandel verlegt hatte. Picassos Bilder gefielen ihm, und er gab ihm einen Kontrakt: Er zahlte Picasso pro Monat 150 Francs – gerade genug, um leben zu können – und erhielt dafür Picassos künftige Produktion.

Das vierte, was Picasso in Paris entdeckte, ist weniger leicht zu erklären. Es findet sich im Ton von Casagemas' Brief und in einigen von Picassos Skizzen und Gemälden. Er hatte eine Lebensart entdeckt, die weniger streng war als die der Spanier; die Menschen hier interessierten sich wirklich für die Kunst, und wenn sie sich liebten, hatten sie kein schlechtes Gewissen.

Was Picasso nicht gefiel, war, daß die Pariser darauf bestanden, die Maler Gruppen oder Schulen zuzuordnen. In Sachen Kunst war Picasso lieber unabhängig. Er schloß sich auch später nie einer Schule an oder stellte in den Salons aus, und obwohl er in Barcelonas wirklich dekadentem Café Quatre Gats verkehrt hatte, akzeptierte er niemals das Etikett »dekadent« für sich noch nahm er Dekadenz überhaupt ernst. Als er in jenen Tagen einen engen Freund, den traurigen Dichter Jaime Sabartès, malte, »kopierte« er ihn: Er zeigte Sabartès, in einen Umhang gehüllt, mit einem Kranz auf dem Kopf und einer Iris in der Hand in lodernden Flammen auf einem dunklen Friedhof stehend, und nannte das Bild *Poeta Decadente*. In Picassos Augen war das Leben viel zu reich, um sich dem Geist einer Gruppe unterzuordnen.

Als er an Weihnachten nach Hause fuhr, hatte er allen Grund, zufrieden zu sein. Vielleicht schlief er deshalb am nächsten Tag länger. Als er aufwachte, stellte er fest, daß seine Mutter seinen Anzug gebürstet und seine Schuhe geputzt hatte. Er wurde furchtbar wütend und brachte sie fast zum Weinen, weil sie »seinen Pariser Staub« entfernt hatte. Diese Episode war bezeichnend. Picasso haßte es auch später, wenn in seinem Atelier abgestaubt oder aufgeräumt wurde; und er trennte sich, nachdem er etabliert war, nur sehr zögernd von einem Bild – Zeichen eines ungewöhnlich starken Territorialgefühls.

Während der nächsten drei Jahre pendelte Picasso zwischen Spanien und Paris und versuchte, zwischen all den Einflüssen, die er absorbiert hatte, sein wahres künstlerisches Ich zu finden und seine Arbeiten zu verkaufen, nachdem er die Vereinbarung mit Manyac aufgekündigt und sich eine von Ambroise Vollard 1901 arrangierte Ausstellung als kommerzieller Fehlschlag erwiesen hatte, obwohl sie das Lob eines führenden Kritikers fand.

Im Frühjahr 1904 erkannte Picasso, daß er ohne das künstlerische und intellektuelle Stimulans von Paris nicht auskam. Er mietete sich ein heruntergekommenes Atelier in der Rue Ravignan auf dem Montmartre und ließ sich dort nieder.[2] Drei Dichter wurden seine Freunde: Max Jacob, Guillaume Apollinaire und André Salmon; und obwohl Picasso noch immer gegen die literarische Malerei war, schrieb er mit Kreide auf seine Ateliertür »*Au rendez-vous des poètes*«. Offensichtlich hielt er sich ebenfalls für einen Poeten angesichts der Gefühlsbetontheit seiner damaligen Arbeiten; er las auch die Gedichte von Félicien Fagus und Paul Claudel oder bekam sie von Jacob vorgelesen.

In diesen ersten Monaten in Paris fühlte sich Picasso noch als Außenseiter, und ähnlich wie Canaletto venezianisches Licht nach London brachte, brachte er sein barcelonisches »Leidempfinden« nach Paris. Viele Sujets stammten aus seiner spanischen Vergangenheit – hagere alte Männer mit verkniffenen Mündern, ein Blinder, der nach dem Brot und dem Wein seiner kargen Mahlzeit tastet. Der Montmartre inspirierte ihn zunächst zu Themen wie *Die Frau mit der Krähe,* zu dem ihm die Tochter von Frédé, dem Besitzer des Cafés Le Lapin Agile, Modell gesessen hatte. Die fröhliche Seite von Paris mußte erst noch absorbiert werden.

Weil er arm war, trug er die blaue Drillichkluft des Arbeiters, und um nicht gestört zu werden, malte er hauptsächlich nachts. Salmon erinnert sich an eine blaue Jacke, offen über einem weißen Hemd getragen, und an einen ausgefransten Baumwollgürtel, den er um die Hüften geschlungen hatte . . . »Eine Paraffinlampe gab ein schwaches Licht. Um zu malen oder seine Arbeit herzuzeigen, zündete Picasso eine Kerze an und hielt sie in die Höhe, während er mir seine Welt von hungrigen Menschen, Krüppeln, Müttern ohne Milch in den Brüsten vorführte, alles in traurigen Blautönen gemalt.«

Picassos Liaison mit dem Modell Germaine dauerte nur kurze Zeit. Dann verliebte sich sein so leicht erregbarer Freund Casagemas in sie, und die beiden lebten miteinander. Casagemas war nicht besonders attraktiv und wohl auch sexuell unzulänglich, wenn nicht impotent, und Germaine verließ ihn bald, obwohl er sie verzweifelt anflehte, bei ihm zu bleiben. Daraufhin nahm Casagemas' Interesse an Blutvergießen und allem Makabren eine erschreckende Wendung. Eines Abends zog er in einem Café einen Revolver und schoß auf Germaine. Sie duckte sich, so daß die Kugel nur ihren Hals streifte, Casagemas dachte jedoch, er hätte sie getroffen und richtete die Waffe gegen sich selbst.

Picasso war von dem Selbstmord tief erschüttert, weil er den Verlust eines lieben Freundes bedeutete und er sich vorwerfen mußte, die Liaison arrangiert zu haben. Picasso war gern mit Frauen zusammen, er brauchte sie physisch, fand in ihnen Motive und Anregung; aber er glaubte, der Mann müsse die Oberhand behalten – eine sehr südländische Haltung. Casagemas hatte in seinen Augen den Fehler gemacht, abhängig zu werden; die Frau hatte kein Erbarmen, und Casagemas war gestorben.

Picasso grübelte in vielen Zeichnungen und fünf Ölbildern über diesen Selbstmord nach; eines dieser Bilder, bekannt als *La Vie* – Das Leben –, gilt als ein Meisterwerk dieser Blauen Periode. Ein trauriger, schwächlicher junger Mann, der nur mit einer Unterhose bekleidet ist, und an dessen Schultern ein nacktes Mädchen hängt, weist mit einem perspektivisch verkürzten Finger ängstlich und anklagend auf eine Frau mit hartem Gesicht, die ein Baby im Arm hält. Zwischen dem Anklagenden und der Angeklagten sehen wir zwei ungerahmte Bilder; auf dem einen klammern sich zwei Liebende verzweifelt aneinander, auf dem anderen sieht man einen zusammengekauerten, anscheinend sterbenden Menschen. Wenn der verkürzte Zeigefinger sexuelle Unzulänglichkeit symbolisiert, ist das Gemälde eine Allegorie für zwei Arten der Liebe – eine gebende und zärtliche, aber zum Scheitern verurteilte, und eine nehmende, herzlose.

Nicht weniger düster ist ein Porträt von Jaime Sabartès, dem unscheinbaren, kurzsichtigen und melancholischen »dekadenten Poeten«, der Casagemas' Stelle als Picassos engster spanischer Freund einnahm. Picasso malt den jungen Dichter vor einem hohen Bierglas sitzend, auf dem seine langen schlanken Finger ruhen, das Kinn auf die andere Hand gestützt und freudlos auf den Boden blickend – eine meisterhafte Darstellung der Einsamkeit.

Kein Mensch in Paris malte so, denn Picasso hatte in den Knitterfalten seines schwarzen Kordanzugs katalanische Traurigkeit und den aus dem alten Jahrhundert stammenden Sinn für das Altern mitgebracht. Erst im Sommer 1904 begann für Picasso die *joie de vivre* so richtig, und das Medium war eine sehr hübsche Pariserin.

Fernande Olivier[3] war zweiundzwanzig, ungefähr im gleichen Alter wie Picasso. Ihre Eltern hatten einen kleinen Betrieb, in dem sie künstliche Blumen herstellten. Sie hatte als ganz junges Mädchen einen Bildhauer geheiratet und recht hübsch zeichnen gelernt; ein großes Talent war sie jedoch nicht. Nun lebte sie getrennt von ihrem Mann, der geistig aus dem Gleichgewicht geraten war, in einem der kleinen Zimmer in der Rue Ravignan 13. Sie war groß, hatte üppiges hellbraunes, zum Kastanienbraun tendierendes Haar, mandelförmige, grüne Augen und ein ruhiges, heiteres Wesen.

Die beiden begegneten sich im Keller des Hauses Nr. 13 an dem einzigen Wasserhahn, der den Bewohnern zur Verfügung stand. Sie plauderten, Picasso lud sie ein, um ihr seine Bilder zu zeigen, und sie nahm die Einladung an. Sie war fasziniert von seinen lebhaften dunklen Augen und seiner überschwenglichen und herrischen Art, die zu ihrer Gelassenheit sehr gut paßte. Bald wurde sie seine Geliebte, und ein Jahr später zog sie bei ihm ein.

Picasso behandelte Fernande ganz nach Art des tyrannischen, spanischen Liebhabers. Er ließ sie nicht allein auf die Straße und ging, zumindest am Anfang, sogar selbst zum Einkaufen. Sie leisteten sich nur das Nötigste, denn sie waren arm: Essen, Wein, Tabak – Picasso rauchte Pfeife – und, wenn er Glück hatte und ein Bild mehr verkaufen konnte, besorgte er ein Eau de Cologne für Fernande, die Parfüm liebte. Gelegentlich gingen sie abends ins Le Lapin Agile, wo Frédé Lieder zur Gitarre sang und eine Kombination aus Pernod, Grenadine und Cherry Brandy servierte mit einer Kirsche obendrauf, damit es auch »künstlerisch« aussah.

Bei jener Begegnung am Wasserhahn, sagt Roland Dorgelès, den Picasso am Montmartre kennengelernt hatte, wurde der Wasserhahn zum klassischen Brunnen, Fernandes billiger Krug zur Amphore, und Dorgelès meint, daß Picasso angesichts Fernandes schlanker Gestalt, ihres heiteren und unbekümmerten Wesens endlich sein düsteres Erbe ablegen konnte, um sich die klassische Tradition zu eigen zu machen, die in Paris mit dem weiblichen Akt symbolisiert wird. Im Herbst 1904 hellte er seine fahlblaue Palette auf und griff zu Ockertönen, um drei wunderschöne Bilder von einer jungen, in Anwesenheit eines Zuschauers schlafenden Frau zu malen. Die Spannung, Picassos besonderes Merkmal, entsteht hier aus dem Kontrast zwischen der friedlich Schlafenden und der Sorge des Zuschauenden, sie ja nicht zu wecken. Zum ersten Mal wirkt Picassos Zartheit glücklich, und die Bilder haben eine Sinnlichkeit, die in seiner Arbeit neu ist.

Kurz vor Weihnachten 1904 besuchte Picasso einen spanischen Priester, Pater Santol; er war ein Freund seiner Eltern und leitete in der Avenue Lamotte-Piquet ein Heim für ins Elend geratene Menschen. Obwohl Picasso nicht unbedingt zu diesen ganz Armen gehörte, war er doch oft hungrig, und Pater Santol gab ihm auch diesmal etwas Geld. Überglücklich lief Picasso nach Hause, und als er die Place des Invalides überquerte, stieß er auf eine Truppe umherziehender Gaukler.

Auch Picasso war ein armer Wanderkünstler, der einem blasierten Publikum mit raffiniert ausbalancierten Spannungsmomenten zu gefallen suchte. Er war von den Gauklern tief bewegt und begann, sie zu zeichnen. Aber sie packten ihre Siebensachen und zogen weiter. Das Thema wäre verloren gewesen, wenn Paris nicht etwas gehabt hätte, womit weder Barcelona noch London aufwarten konnten: Es gab hier zwei, manchmal sogar drei Zirkusse, und der Zirkus Médrano lag ganz in der Nähe der Rue Ravignan. Picasso ging hin und zeichnete Akrobaten, Harlekine, Gewichtheber und viele andere Zirkuskünstler und ihre Familien.

Als er daran ging, die Skizzen zu Gemälden auszuarbeiten, wechselte er von den Ockerfarben zu einem helleren, weichen und warmen Rosa.[4] Drei Bilder, in denen diese Farbe vorherrscht, sind besonders erfolgreich. *Akrobat mit Kugel* zeigt ein schlankes junges Mädchen im Trikot, das mit ausgestreckten Armen auf einer großen Kugel balanciert, völlig ungerührt beobachtet von einem vierschrötigen, auf einem kantigen Klotz sitzenden Mann.

Auf dem Bild *Akrobatenfamilie mit einem Affen* malte Picasso einen schlanken, jungenhaften Akrobaten mit dünnen Armen, der, neben seiner Frau sitzend, zärtlich beobachtet, wie sie ihr zappelndes Baby beruhigt. Im Vordergrund hockt ein Affe, der mit fragender Miene zu dem Paar hinaufschaut und dieser an sich banalen Familienszene etwas Wunderbares und Geheimnisvolles sowie einen Hauch von Darwinismus verleiht. Daß Picasso den Affen in dieses Bild hereinnahm oder den Raben in das Porträt von Frédés Tochter, hat etwas mit seinem engen, aber unsentimentalen Verhältnis zu Tieren zu tun. Er empfand eine Beziehung, bei der es keiner Worte bedurfte, als wohltuend; im Lauf der Jahre, die er mit Fernande zusammenlebte, wurde er in schöner Reihenfolge Besitzer einer weißen Maus, dreier Katzen, eines Hundes und eines Affen.

Das dritte Bild, *Die Gaukler*, war eines der letzten aus der Zirkusserie; es entstand im Spätsommer 1905. Ein schwergewichtiger, nicht mehr junger Gewichtheber mit einer Narrenkappe auf dem Kopf steht neben einem großen jungen Harlekin, zwei Jungen und einem kleinen Mädchen, das einen Korb mit Blumen trägt. Etwas abseits und von der Truppe abgewandt, sitzt eine junge Frau mit einem Hut, in dem sich die Form des Blumenkorbs wiederholt. Die fünf Mitglieder der Zirkustruppe wurden mit den fünf Fingern der Hand verglichen und von Rilke mit einem D für *Dastehen*. In Rilkes fünfter *Duineser Elegie*, einem Meisterwerk in Versen, inspiriert von Picassos Meisterwerk in Farbe, symbolisieren die Fahrenden Liebende, denen an einem Platz, den wir nicht wissen, auf einem unsäglichen Teppich alle ihre kühnen hohen Figuren des Herzschwungs gelingen, die sie auf der Erde nicht schaffen:

> Würfen die dann ihre letzten, immer ersparten,
> immer verborgenen, die wir nicht kennen, ewig
> gültigen Münzen des Glücks vor das endlich
> wahrhaft lächelnde Paar auf gestilltem
> Teppich?[5]

Und noch ein weiteres Werk aus der Rosa Periode sollte erwähnt werden: ein rosa übertünchter, goldener Gouache-Akt von Fernande. Sie steht, den Kopf etwas geneigt, und blickt zur Seite; die Hände hält sie unter der Scham gefaltet und schließt damit ein Oval, das am Hals beginnt und auf wunderbare Weise Gelassenheit und Ruhe ausstrahlt. In den früheren Bildern der schlafenden Fernande war Picasso der Besitzer, ihr Körper ein Objekt; hier jedoch tritt er ihr direkt gegenüber, von Mensch zu Mensch, und wir erkennen eine neue Reife.

In diesen und verwandten Arbeiten erwies sich Picasso im Alter von vierundzwanzig Jahren als ein Meister des klassischen Stils in der Darstellung des menschlichen Körpers und von Gruppen, in denen Spannung herrscht und eine tiefe, bei einem so jungen Künstler vielleicht einzigartige Zartheit zum Ausdruck kommt. Er malt nicht mehr Alte und Kranke; seine Menschen sind jung wie er selbst, mager, leidenschaftlich, auf das Wesentliche reduziert, ihrem Beruf entsprechend dargestellt, und das rosige Licht, das er über sie ausgießt, verrät, wenn nicht Hoffnung, so doch mindestens Bejahung.

Diese Bilder ließen sich verkaufen. Anfang 1906 erschien der Kunsthändler Ambroise Vollard, hochgeschätzt, weil er Cézanne gefördert hatte, in Picassos Atelier und kaufte dreißig Bilder für zweitausend Francs – davon konnten Picasso und Fernande drei Jahre lang leben. Kunsthändler und Freunde erwarteten natürlich, Picasso würde nun weiterhin solche Meisterwerke malen, aber sie irrten sich. Warum tat er es nicht? Warum suchte er nach einer völlig neuen Linie? Die Antwort liegt zum Teil in Picassos Wesen, zum Teil im Wesen von Paris begründet.

Wir könnten mit Picassos Sinn für Humor anfangen. Erinnern wir uns, wie er sich über Sabartès' dekadente Pose und Aufmachung lustig machte. Im Zirkus Médrano hatte es ihm besonders der Clown Grock und dessen berühmteste Nummer, Der große Geiger, angetan. Mit schwungvoller Gebärde hebt Grock die Fiedel ans Kinn und versucht zu spielen, aber er hält das Instrument verkehrt herum, mit den Saiten nach unten, und während er sich wundert, wohin die Saiten verschwunden sind, erleidet er die komischsten Qualen und Ängste. Picasso brüllte vor Lachen, und genauso erging es ihm, wenn sein dichtender Freund Max Jacob den schmalen Rücken beugte und die Hosenbeine hochkrempelte, so daß seine behaarten Beine zum Vorschein kamen, sich mit ernster Miene einen Damenhut mit Schleier auf den kahlen Schädel drückte und mit zierlichen Schritten und auf Zehenspitzen zu seinem eigenen hohen Falsettgesang tanzte; oder wenn Jacob mit einem Partner Sprecherziehung spielte und der Schüler so fürchterlich stotterte, daß auch der Lehrer zu stottern begann.

Eines Abends, im Lapin Agile, hängten sich drei ernste Deutsche wie Kletten an Picasso und fragten ihn nach der Bedeutung eines Bildes. Picasso antwortete ihnen, daß jedes Bild für sich selbst sprechen müsse, aber die Deutschen hörten nicht mit ihrer lästigen Fragerei auf. Schließlich zog Picasso eine Pistole – er hatte von einem Freund eine Browning Automatic bekommen und hatte sie zufällig dabei –, schoß ein paarmal in die Luft, und die Deutschen ergriffen die Flucht.

Wenn das Lachen, wie Bergson in seinem vieldiskutierten Buch mit dem gleichen Titel meint, häufig ein heilsames Mittel ist, um hochgestochene, eingebildete Menschen zu Verstand zu bringen, so war Picassos Lachen für solche Leute genau das richtige; aber es ging auch mit einer ausgeprägten Rauflust einher. Picasso wollte sogar einmal Boxer werden und nahm auch Boxunterricht, aber nur so lange, bis er merkte, daß er nicht gern derjenige war, der Schläge einsteckte. Laut Fernande hatte er die Angewohnheit, jeden Menschen auseinanderzunehmen, sobald dieser das Zimmer verlassen hatte. Sogar über seine besten Freunde konnte er übel lästern. Diesen Zug liebte Fernande an Picasso am wenigsten, aber er gehörte zu seinem Charakter und seiner Sicht der Dinge. Eine seichte konventionelle Haltung gegenüber Menschen und Dingen war nicht seine Sache: Als Mann und Künstler mußte er sondieren – lachend, derb, grob, sogar tollkühn wie ein Matador.

Zwei Aspekte verdeutlichen die Rolle, die Paris in der künstlerischen Entwicklung Picassos spielte.

Erstens: Paris war eine Stadt der Museen. Im Louvre befand sich die größte Kunstsammlung der Welt. In Paris gab es mehr Museen als in London, Berlin oder Rom, und es kamen ständig neue hinzu wie zum Beispiel das Atelier-Haus von Gustave Moreau, das der Maler 1898 nach seinem Tod mitsamt Nachlaß dem Staat vermacht hatte. Im

Trocadéro gab es mehrere Museen unter einem Dach, darunter auch das Ethnographische Museum.

Paris war außerdem die Hauptstadt eines großen Kolonialreichs, dessen nordwestafrikanischer Teil sich von Mauretanien bis Gabun erstreckte. Im Jahr 1906 bemühte sich die französische Regierung im Zuge einer Außenpolitik, die Deutschland von diesem Teil Afrikas fernhalten wollte, im Inland das Interesse an diesen Kolonien zu wecken und den Franzosen ein Gefühl des Stolzes zu vermitteln. In den Zeitungen war daher viel über Französisch-Afrika und seine Kultur zu lesen.

Picasso las keine Zeitung, wohl aber seine Freunde, die ihn auf dem laufenden hielten. Eines Nachmittags, wahrscheinlich im Jahr 1906, besuchte Picasso das Ethnographische Museum, das an drei Nachmittagen in der Woche geöffnet hatte. Die meisten Ausstellungsstücke stammten aus Afrika: Holzskulpturen von untersetzten menschlichen Gestalten, Masken, einige grotesk, andere unheimlich, und alles sehr, sehr fremd.

Picasso war nicht der erste oder der einzige Künstler, dem diese Werke aufgefallen waren; einige dieser Arbeiten standen auch in wagemutigen Antiquitätengeschäften zum Verkauf. Aber da sich Picasso mit seinem spanischen Hintergrund weder vor dem Grotesken fürchtete – eine Seite seines Wesens liebte es sogar –, noch vor dem Unheimlichen, war er der erste, der diese Werke ernst nahm. Er erkannte, daß sie nicht nur Kuriosa waren, sondern Kunstwerke, wenn auch in einer fremden Sprache. Und wie gewöhnlich, wenn ihn ein neuer Stil beeindruckt hatte, setzte er sich hin und versuchte, ihn zu erlernen und zu beherrschen.

Im Jahr 1907 schnitzte Picasso drei klobige Holzfiguren. Sie sind so gut gemacht, daß sie für afrikanisch gehalten werden könnten, aber bedeutend sind sie aus anderen Gründen. Sie zeigen, wie sich Picasso seinen Weg zur sogenannten primitiven Kunst ertastete; und sie brachten sein Talent als Bildhauer ans Licht und bestärkten ihn darin. Bislang hatte er in diesem Medium kaum gearbeitet, aber in Zukunft sollte die Bildhauerei ein wichtiger Bestandteil seiner Kunst sein und gelegentlich auch seine Entwicklung als Maler beeinflussen.

Etwas früher entstand das Bild, das als *Zwei Frauenakte* bekannt geworden ist und einen Fortschritt in der Entwicklung der Malerei darstellt. Es zeigt zwei kurzbeinige, rundliche Frauen mit übertriebenen Brüsten, plumpen Leibern und großen Füßen. Sie haben ihren Ursprung in primitiven Fruchtbarkeitsfiguren und zeigen, daß Picasso nun mit einer völlig anderen Konzeption an seine Aktbilder herangeht als bei dem Fernande-Akt. Diese Frauen sind nicht hübsch; es ist nicht ihre Aufgabe, hübsch zu sein. Sie sind funktional: Gebärerinnen.

Bei den afrikanischen Masken gibt es im wesentlichen zwei Arten: einfache Hüllen, um das Gesicht zu verbergen und phantastische Kopfbedeckungen, die einschüchtern sollen. Als er das Porträt von Gertrude Stein malte, einer in Paris lebenden Amerikanerin, die seine Arbeiten kaufte und eine gute Freundin Picassos wurde,[6] griff er auf den ersten Maskentyp zurück. Gertrude Stein war für Picasso ein völlig neuer Typ. Sie war kräftig gebaut, hochintelligent und ohne eine Spur von Fernandes lächelndem Liebreiz oder deren Weiblichkeit. Sie hatte einen zurückweichenden Haaransatz, so daß ihre Stirn ein Oval bildete, und einen schmalen geraden Mund. Nachdem Picasso vergeblich versucht hatte, eine Ähnlichkeit zu erreichen, kam er auf die Idee, das Gesicht der Dame als Maske zu porträtieren. Ihre Augen scheinen hinter den Öffnungen einer Maske hervorzuspähen; ihr strenger, gerader Mund scheint sprachlos. Es ist das Gesicht einer Person, die ihre Gefühle verbirgt, die sexuell verschlossen ist. Getrude Stein war lesbisch und insofern gezwungenermaßen »verhüllt«. Es spricht für sie, daß sie das Bild trotz des wenig schmeichelhaften Porträts als tiefempfundene Charakterdarstellung erkannte und lobte.

Der zweite Maskentyp hinterließ einen wesentlich stärkeren Eindruck bei Picasso. Diese Kunst war noch erschreckender als Goyas menschenfressender Riese in den *Schrecken des Krieges*. Picasso hatte keinen Krieg erlebt, und so verbanden sich die grotesken, grell bemalten Fratzengesichter mit etwas anderem in seinem Unterbewußtsein. Picasso schätzte Fernande als eine Quelle sexuellen Vergnügens und künstlerischer Inspiration, aber er verhielt sich ihr gegenüber ungewöhnlich besitzergreifend und wünschte, daß sie ihr Leben dem seinen unterordnete. Da sie ruhig und heiter veranlagt war, kamen sie gut miteinander aus. Aber Picasso wußte, daß es auch andere Typen von Frauen gab – Frauen wie Germaine, deren Gefühllosigkeit Casagemas in den Tod getrieben hatte; Frauen wie die Huren in den Bordells von Barcelona, die er als Halbwüchsiger aufgesucht hatte; Pariser Frauen, denen es nicht genügte, ihre Künstlerliebhaber zu inspirieren, die sie auch noch aussaugen und sie ihrer Kreativität berauben mußten – weibliche Vampire, *Femina destruens*. Für Picasso, mit seiner besitzergreifenden Art zu lieben, waren solche Frauen gleichbedeutend mit großer Gefahr; eine von ihnen hatte er bereits angeklagt als die kalte Mutter mit dem harten Gesicht in *La Vie*.

Im Jahr 1907 griff Picasso seine Erinnerungen an ein Bordell in Barcelona auf, um sein bisher am genauesten durchdachtes und revolutionärstes Bild zu malen. Auf großem Format, 245 cm auf 235 cm, werden wir aus nächster Nähe mit einer eng zusammengerückten Gruppe von fünf Prostituierten konfrontiert. Zwei sind *en face* gemalt und heben einen oder beide Arme, um ihre Brüste herzuzeigen. Sie haben lange Nasen, lange Ohren und große schwarze starrende Augen. Eine dritte, links, im Profil, hat einen Kopf wie eine afrikanische Statue, und die Finger ihrer erhobenen linken Hand sind bedrohlich gespreizt wie eine Kralle. Auf der rechten Bildseite steht eine Prostituierte, eine andere hockt, die Knie hochgezogen, die Beine gespreizt, auf dem Boden. Statt eines Gesichts haben beide afrikanische Terrormasken. Die wichtigsten Farben sind Ocker, Rosa und Blau, die durch ihren Kontrast die kantigen aggressiven Linien des Bildes scharf hervortreten lassen, so daß der Eindruck eines gebrochenen Spiegels entsteht.

Beinahe ebenso merkwürdig wie das Gemälde selbst ist die Tatsache, daß Picasso es, nachdem er es ein paar engen Freunden gezeigt hatte, weder einem Kunsthändler übergab noch bei sich aufhängte. Er verwahrte es aufgerollt in seinem Atelier. Vielleicht wollte er etwas so Persönliches geheimhalten, vielleicht dachte er auch, daß ihm die Ausstellung eines so ungeheuer frauenfeindlichen Bildes in einer Stadt wie Paris kommerziell schaden könne. Erst 1916, nachdem Paris durch die Luftangriffe ernüchtert worden war, kam das Bild in die Öffentlichkeit. Das Bordell befindet sich in Barcelonas Carrer d'Avinyo – das katalanische Wort für Avignon – und Picasso hatte dem Bild privat den sehr ironischen Titel *Les Demoiselles d'Avignon* gegeben. André Salmon, der es ausstellte, blieb bei diesem Titel, der bedeutungslos wird, wenn der Zusammenhang und die Ironie nicht bekannt sind.

Und noch etwas weitaus Bedeutenderes sollte aus Picassos Begegnung mit der afrikanischen Kunst hervorgehen. Um das zu verstehen, müssen wir uns zwei Menschen genauer ansehen, die häufig zum *Rendez-vous des poètes* kamen und Picassos Denken beeinflußten.

Da ist als erster Max Jacob, Sohn eines jüdischen Schneiders aus Quimper, ein eingefleischter Junggeselle von unbeständigem Charakter – »Ich bin halb aus Stacheldraht, halb aus Watte« –, aber auch lebhaft und humorvoll und ein Dichter, der seinen Harlekincharakter in Versen auszudrücken versuchte, die die übliche Anordnung der Wirklichkeit verrückten.

Jacob erklärte einem Freund: »Künstler standen immer unter dem Zwang, ›zu erstaunen‹ [Das war 1907: also konnte Diaghilews Aufforderung an Cocteau 1912: »Erstaunen Sie mich« nicht von dem Russen stammen]. Das ist das falsche Wort . . . Die grundlegende Emotion in der Ästhetik ist der Zweifel, und Zweifel entsteht, wenn man nicht Zusammenpassendes verbindet und unterschiedliche Terminologien in Einklang bringt« – einschließlich des Wirrwarrs der Zeitformen.

Hier als Beispiel einige Zeilen eines Gedichts von Jacob über Spanien, das er Picasso gewidmet hat und das keine Satzzeichen enthält:

> *Les gitanes iront au cinématographe*
> *Les chevreaux futures outres ont des cous de girafes*
> *Des Catalans phrygiens vendaient des escargots*
> *Les tartanes ont courbés des voiles de bateaux*
> *Et les rames étaient des pattes des chevaux.*[8]

> Zigeuner werden ins Kino gehen
> Ziegenlederflaschen haben in Zukunft Giraffenhälse
> Phrygische Katalanen verkauften Schnecken
> Die Fischerboote haben ihre Flügel gekrümmt
> Und die Riemen waren Pferdehufe.

Diese Verse sind Wortcollagen, eine bewußte Verschiebung akzeptierter Begriffe und Wendungen mit dem Ziel, Staunen und vielleicht ein Lächeln hervorzurufen. Es war eine ganz neue Art, Erfahrung zu behandeln, und Max Jacob gab sie an seinen malenden Freund weiter.

Max Jacob war nicht nur ein Dichter, sondern auch ein religiöser Mensch, oder vielmehr ein Mensch auf der Suche nach Religion. Deswegen und weil er die Angewohnheit hatte, die Augen zum Himmel zu erheben, nannte man ihn die »Jacobsleiter«. Eines Tages, im Jahr 1909, kehrte er aus der Bibliothèque Nationale, wo er gearbeitet hatte, in sein Zimmer zurück, nahm den Hut ab und wollte sich die Hausschuhe anziehen, als er plötzlich eine Vision hatte. An der Wand, die zu einer heiteren Landschaft geworden war, erschien ihm die Gestalt Christi in einem langen gelbseidenen Gewand. Die Gestalt wandte sich ihm zu. Jacob fiel weinend auf die Knie. »In einer Minute durchlebte ich ein volles Jahrhundert. Mir wurde plötzlich bewußt, daß ich bis jetzt nur ein Tier war und daß ich jetzt ein Mensch wurde. Zwei Worte erfüllten mein Wesen: sterben, geboren werden.«

Unter dem Einfluß dieses Erlebnisses schrieb Jacob eine von Wunschdenken erfüllte Romantrilogie, *Saint Matorel*, über einen Hamlet-ähnlichen Mann, der in einem Kloster stirbt, nachdem er einen seiner früheren Kumpane bekehrt hat. Ein paar Jahre danach wurde Jacob getaufter Katholik – seinen de facto katholischen Gefährten Picasso konnte er nicht bewegen, zur Herde zurückzukehren. Bei Jacobs Taufe stand Picasso jedoch ganz ernsthaft Pate, weil er seinen »Bruder«, wie er Jacob bei dieser Gelegenheit nannte, tief ins Herz geschlossen hatte. Picasso hatte seine eigene Vision. Was für Jacob die Religion war, war für ihn die Erweiterung und Vertiefung der Kunst.

Der andere enge Freund Picassos war Guillaume Apollinaire.[9] Er war als der uneheliche Sohn eines italienischen Offiziers und einer Polin aus kleinem Adel ebenso ein Außenseiter wie Picasso und Jacob. Er sah ausgesprochen merkwürdig aus mit seinem birnenförmigen Kopf, den dunklen, ausdrucksvollen Augen, dem auffallend kurzen Hals und dem winzigen Mund, und er hatte wie Jacob ein etwas unstetes Wesen. »Er war nie zweimal dieselbe Person«, bemerkte ein Freund, »und es machte ihm großen Spaß, die Leute aus der Fassung zu bringen.« Er war ein besserer Dichter als Jacob. Als die *Mona Lisa* von einem italienischen Nationalisten aus dem Louvre gestohlen wurde, brachte man ihn damit in Verbindung, und er wanderte ungerechterweise ins Gefängnis, wo er ein Gedicht schrieb mit den schönen Zeilen:

> *Que lentement passent les heures*
> *Comme passe un enterrement.*[10]
>
> Wie langsam die Stunden vergehen
> gleich einer Beerdigung.

Aber in den meisten Gedichten brachte Apollinaire, genauso wie Jacob, unvereinbare Ideen oder Dinge zusammen – wie bei einem Trödler, klagte Duhamel; bei einigen verzichtete er auch auf die Zeichensetzung, und dies alles, um Erstaunen hervorzurufen und eine neue Wahrnehmung der Wirklichkeit zu erzielen.

Das war die intellektuelle Stimmung, in der Picasso lebte, als ihn ein Freund in Begleitung eines Marineoffiziers besuchte. Der Offizier war eben von einer Reise nach Afrika zurückgekommen und erzählte Picasso, wie er durch Zufall auf einen Stamm gestoßen war, der Skulpturen herstellte. Weil er neugierig auf die Reaktion der Eingeborenen war, zeigte er ihnen ein Photo – etwas, das sie noch nie gesehen hatten. Es war ein Photo von ihm selbst in Uniform. Einer der

Eingeborenen nahm es, schaute es an, drehte es hin und her und gab es verwirrt zurück. Der Offizier erklärte ihm, daß es ein Bild von ihm sei. Der Mann lachte ungläubig, holte Papier und Stift und begann, den Offizier zu zeichnen. Er zeichnete den Kopf, den Rumpf, Beine, Arme, wie er sie sah, mit den Ausdrucksmitteln seiner Eingeborenenkunst. Dann hielt er das Bild neben den Offizier, und nachdem er es noch einmal genau angesehen hatte, fügte er noch ein Detail hinzu: die glänzenden Knöpfe der Uniform und die Rangabzeichen. Statt die Knöpfe jedoch auf die Uniform zu setzen, zeichnete er sie rund um das Gesicht, und die Rangabzeichen fanden neben den Armen und über dem Kopf Platz.

Diese Zeichnung bot einen Einblick in die Psychologie des Eingeborenenkünstlers: Auch hier gab es eine visuelle Verschiebung ähnlich wie bei Jacob und Apollinaire. In ihren Memoiren schildert Fernande diese Episode in allen Einzelheiten, anscheinend, weil sie ihr für Picassos Entwicklung große Bedeutung beimaß.

Wie konnte der Maler durch visuelle Verschiebung eine magische Wirkung erzielen und sich dennoch eng an die Wirklichkeit halten – denn Picasso hatte immer eine leidenschaftliche Liebe für die tatsächliche Welt? Die Antwort scheint sich 1909 anzudeuten, als Picasso einen Frauenkopf in Bronze anfertigte. Die Flächen des Kopfes sind stark und unregelmäßig akzentuiert, ebenso das Haar, das in scharfkantigen Wülsten und Furchen unmittelbar über den Augen ansetzt. Die Nase beschreibt eine lange, prägnante Kurve. Manche Flächen reflektieren das Licht, während andere im Schatten bleiben, wodurch der erkennbar weibliche Kopf Eigenschaften eines Kultobjekts annimmt und eine beispiellose Dichtheit und Tiefe erhält.

Im Sommer 1909 übertrug Picasso diese Technik auf ein zweidimensionales Medium. Er malte Landschaften und fünfzehn Porträts von Fernande, in denen er die Perspektive durch Facettierung verstärkte, um die Wirkung der einfarbigen Flächen und räumlichen Tiefen zu intensivieren. Der kontrastierende Rhythmus der Facetten enthüllt sehr wirkungsvoll das strukturelle Element im Motiv.

Zu Picassos guten Pariser Bekannten zählte sein Kunsthändler Ambroise Vollard. Er stammte aus dem fernen Réunion, war gelernter Rechtsanwalt und damals einundvierzig Jahre alt; er war ein stämmiger Mann mit einem eindrucksvollen Kopf – quadratisch, kahl, viereckiges Kinn, stumpfe Nase, verschlagene, spitz zulaufende Augen, schmaler Mund mit herabgezogenen Mundwinkeln. Vollard, der bereits ein Förderer von Cézanne war, fand Gefallen an Picassos neuem Stil, und Picasso fand in ihm ein verständnisvolles Modell.

Er malte Vollards Porträt im Winter 1909 und ging dabei einen bedeutenden Schritt weiter, indem er völlig auf die Perspektive verzichtete und weitgehend auch auf Farbe. Statt dessen gestaltete er die große Fläche von Vollards Körper mit Facetten: kristall-ähnliche Polyeder aus Farbe, von denen einige das Licht einfangen, andere nicht. Den Hintergrund führte er in dunkelgrauen Polyedern aus. Während das Auge bei einem konventionellen perspektivischen Porträt in das Bild und die Welt des Porträtierten hineingezogen wird, scheint Vollard hier aus dem Hintergrund herauszutreten, wodurch eine stärkere Wirkung erzielt wird.

Picasso verkaufte dieses Bild an einen reichen Russen und malte sofort ein neues in ähnlichem Stil von dem deutschen Sammler Wilhelm Uhde. Ein weniger abenteuerlustiger, weniger erbarmungslos forschender Künstler hätte sich auf diesem neuen Höhepunkt zufrieden ausgeruht – nicht so Picasso. Nachdem er dreidimensionale Motive auf Polyeder reduziert hatte – Kuben, wie die Kritiker sie nannten –, experimentierte er mit weiteren »Verschiebungen«, um denselben Ausdruck wie Jacob und Apollinaire zu gebrauchen, wenn sie Vertrautes in ein neues Licht rückten. Picasso begann eine Reihe experimenteller Arbeiten, in denen er versuchte, die Objekte in ihre grundlegenden Formen und Inhalte zu zerlegen, sie sozusagen auf ihren kleinsten gemeinsamen Nenner zu bringen.

An diesem Punkt seiner Entwicklung geriet Picasso erneut unter den Einfluß eines anderen, in Paris arbeitenden Künstlers. Diese Stadt lockte Neuerer an wie die Pariser Börse neues Geld, und unter den Neuerern, die auf dem Montmartre arbeiteten, befand sich Georges Braque.[11] Er wurde in Argenteuil an der Seine geboren und war in Le Havre aufgewachsen, wo sein Vater als Innendekorateur arbeitete und sonntags malte. Nach seinem Studium an der Pariser Académie Humbert mietete sich Braque ein Atelier in der Nähe von Picasso, wo er hauptsächlich Landschaften und Stilleben malte.

Braque war ein großer, kräftiger Mann, ernsthaft und so argwöhnisch wie Picasso übersprudelnd. Fragte man ihn, ob es mit seiner Arbeit gut voranging, antwortete er: »Vielleicht. Vielleicht nicht. Wir werden sehen.« Er führte eine gute Ehe, spielte Flöte und Akkordeon und liebte so systematische Komponisten wie Bach, Rameau und Couperin.

Braque kam 1907 zum ersten Mal in Picassos Atelier. Apollinaire hatte ihn mitgebracht. Als er die untersetzten Frauenakte sah, sagte er, sie gefielen ihm nicht; aber zu Hause setzte er sich hin und malte einen sehr ähnlichen großen weiblichen Akt. 1908 malte er Landschaften in geometrischen Formen und 1909 begann er, unabhängig von Picasso, durch die Aufteilung in Facetten eine körperhafte Wirkung der Gegenstände herauszuarbeiten.

Picasso mochte Braque; er schätzte ihn als Maler und erkannte vielleicht, daß seine eigene zersetzende Analyse der Formen von Braques klarem Verstand und seiner Beherrschtheit profitieren konnte. Braque spürte die Faszination, die von Picassos kühner Persönlichkeit ausging. Im Jahr 1910 taten sie sich zusammen, nutzten ihre Erkenntnisse und Fertigkeiten gegenseitig und begannen zu arbeiten, »wie zwei an einem Seil gehende Bergsteiger«, wie es Braque ausdrückte.

Sie malten hauptsächlich einfache, vertraute, leicht zu identifizierende Gegenstände, und es war zweifellos der musikliebende Braque, der die zwei so berühmt gewordenen Motive auswählte, die Mandoline und die Gitarre. Sie gingen an solche Objekte heran, wie es vielleicht primitive Eingeborenenkünstler getan hätten, die keine Ahnung hatten, was diese Objekte waren noch wozu sie dienten. Sie verwandelten sie in geometrische Licht- und Schattenflächen, manchmal aus verschiedenen Blickwinkeln gesehen, und gaben gelegentlich – etwa mit dem Wirbel einer Gitarre – einen kleinen Hinweis auf das, was das Thema sein könnte, so daß der Betrachter die einzelnen Teile zu einem Begriff zusammensetzen konnte. Einige Zeit signierten sie ihre Bilder nicht einmal – so bewußt waren sie sich ihres gemeinsamen Ziels. Braques *Frau mit Mandoline* könnte in der Tat ein Picasso sein, und Picassos *Mädchen mit Mandoline* ein Braque.

Von den Experimenten mit dem analytischen Kubismus, wie dieser Stil genannt wird, wäre es nur ein kleiner Schritt bis zur abstrakten Kunst gewesen, den aber keiner dieser beiden Maler tun wollte – beide liebten die wirkliche Welt zu sehr. Braque ergriff als nächster die Initiative und nützte die neuen Entdeckungen zu einer noch origineleren Art von Malerei.

Braque hatte von seinem Vater, dem Dekorateur, gelernt, wie man mit Farbe die Maserung kostbarer Hölzer, bunten Marmor und andere Steinoberflächen imitierte – eine Technik, die die Hausfrauen von Le Havre sehr schätzten. Im September 1912 kaufte Braque in Avignon eine Eichenpaneeltapete, schnitt Formen aus und klebte sie auf eine Kohlezeichnung, um ein Bild mit einer Obstschale und einem Weinglas auf einem Holztisch vor einer getäfelten Wand zu machen.

Bislang galt als Grundregel in der westlichen Kunst, daß die Oberfläche eines Bildes homogen zu sein hatte. Durch die Anbringung von echter Tapete auf der glatten Oberfläche einer Zeichnung und sehr bald auch auf gemalten Bildern veränderten Braque und Picasso die herkömmliche Malerei auf eindrucksvolle Weise.

Picasso klebte Zeitungspapier, Partituren, sogar Zigarettenschachteln und Tabakpäckchen auf seine Bilder. Er machte Dutzende solcher Collagen, für die er ausgeschnittenes Zeitungspapier benutzte, um beispielsweise eine Flasche darzustellen. »Wir versuchten, vom *trompe l'œil* wegzukommen«, erinnerte er sich, »um einen *trompe l'esprit* zu finden . . . Wenn ein Stück Zeitungspapier eine Flasche werden kann, gibt uns das etwas zu denken, sowohl in Verbindung mit Zeitungen als auch mit Flaschen.«

Collagen machten Spaß, und sie förderten die Entwicklung des Kubismus, indem sie zeigten, wie unbestimmte Flächen gleichzeitig mehrere mögliche Ansichten eines Sujets vermitteln können. Die Collagen warfen auch in ganz extremer Form die Frage auf: Wenn wir etwas ansehen, wie sehen wir es am wahrsten, am authentischsten?

Die Impressionisten hatten gesagt: Geht hinaus ins Freie und fangt die Lichteffekte ein – »das Wetter malen« nannte es Picasso abfällig. Die Nabis sagten: Verbindet das, was ihr seht, mit Büchern, die euch gefallen. Proust sagte: Achtet auf Details und Aspekte, die anderen entgangen sind, und seid euch bewußt, daß ihr die Dinge so seht, wie ihr sie sehen wollt und wie sie in eurer Erinnerung existieren.

Picassos Analyse der Wahrnehmung kommt der von Proust sehr nahe. Er glaubte, daß unsere Sinneseindrücke bruchstückhaft sind, unvollständig und manchmal irreführend, daß häufig ein kleines Detail übermäßige Bedeutung annimmt wie Prousts »kleine Madeleine«. Und manchmal ist das, was wir sehen, ganz und gar nicht das, was wir zu sehen erwartet haben, wodurch Spannung entsteht. Ein andermal wiederum wird unsere Wahrnehmung durch bestimmte Hoffnungen, ja sogar durch Gefühle wie Eifersucht verfälscht. Daß der nur halbgebildete Maler und der außerordentlich gebildete Schriftsteller zu den gleichen Erkenntnissen gelangten, ist vielleicht Zufall; möglicherweise haben sie beide indirekt von Bergson gelernt, die komplexen Vorgänge eines einzelnen Wahrnehmungsakts genau unter die Lupe zu nehmen.

Im Jahr 1913 kehrte Picasso nach langer Pause zu seinem Lieblingsthema – der menschlichen Gestalt – zurück und malte zwei Bilder, in denen er diese Erkenntnisse anwandte. Thema des ersten Bilds ist eine Frau im Unterrock, die auf einem magentaroten gepolsterten Lehnstuhl sitzt. Was wird unser Auge bei einem solchen Thema wahrnehmen? Als erstes den Torso der Frau, weil er vom Stuhl eingerahmt ist, wohingegen ihr Kopf und die Füße an Bedeutung verlieren; und zweitens wird unsere Sicht des Torsos von der Struktur der Polsterung beherrscht. Deshalb malt Picasso den Torso als Oval, deutlich unterteilt in eckige und runde Muster und in verschiedener Farbgebung, um verschiedene Flächen anzudeuten. Die Frau ist durch den Lehnstuhl verändert worden und der Lehnstuhl durch sie: zwischen ihnen besteht eine Spannung.

Gewisse Einzelheiten ziehen den Blick auf sich: Das gewellte Haar der Frau findet eine Entsprechung in dem mit Langetten verzierten Saum ihres Unterrocks – diese Partien sind von Picasso besonders sorgfältig ausgeführt. Eine weitere Spannung ergibt sich aus unserer Vorstellung, daß bei der idealen Frau die Brüste fest und rund sind wie eine Frucht; die losen Brüste einer Frau im Negligé hängen jedoch ein bißchen. Picasso malt kühn einfach beides und vermittelt uns, wie wir beim Sehen das, was wir zu sehen hoffen, künstlich herstellen können anhand dessen, was wir tatsächlich vorfinden.

Bei einem zweiten bedeutenden Bild aus dem Jahr 1913, *Der Kartenspieler*, fragte sich Picasso: Was geschieht, wenn wir bei einem Kartenspiel zuschauen? Er antwortet, daß diese merkwürdige Doppelfigur auf einer Spielkarte uns so sehr faszinieren kann, daß wir die Spieler als Kartenfiguren sehen. Picassos Bild zeigt ein stark stilisiertes Gesicht – vielleicht ein »Pokergesicht« – und einen aus runden und eckigen Flächen zusammengesetzten Körper neben einem Tisch aus imitiertem Holz, auf dem sich eine Zeitung, eine Flasche, ein Glas und Spielkarten befinden. Der Körper des Mannes beschreibt eine Kurve, die in geometrischen, den Kopf darstellenden Formen endet. Indem Picasso die Gestalt beinahe umkehrbar darstellt, weist er auf seine Wahrnehmung hin: Die Identität des Kartenspielers verschmilzt mit den Karten, die er in der Hand hält, und mit dem Spiel, das er spielt.

Braque wandte inzwischen die kubistischen Techniken auf das Stilleben an. In *Ovales Stilleben*, das er 1914 malte, zerlegt er eine Violine in ihre Bestandteile; sie ist nur durch die Volute und den Hals erkennbar. Auf der rechten Seite des Bildes lesen wir die Buchstaben: DUO POU. Wir nehmen an, daß es *Duo pour violon et piano* heißen soll, zumal im oberen Teil des Bildes eine Klaviertastatur angedeutet ist. Dann begreifen wir plötzlich, wie sinnvoll die zerlegte Geige ist, denn wenn das Duo gespielt wird, mischen sich die Töne der Geige so innig mit denen des Klaviers, daß etwas einzigartig Schönes entsteht. Die Farben sind Blau und Braun, die Tönung sehr blaß und zart. Braque sagte später von dieser Art Malerei, daß man, »statt mit dem Gegenstand zu beginnen, erst auf ihn zugeht; das Interessante daran ist der Weg«. Der Weg ist die interpretierende poetische Wahrnehmung.

Picassos und Braques Entdeckung, wie wir tatsächlich Dinge oder Menschen wahrnehmen, ist den Proustschen Entdeckungen nicht unähnlich: Wir lernen jemanden lieben, indem wir Sinneseindrücke mit Hintergrunderwartungen und Erinnerungen kombinieren; und ein Sinneseindruck kann unwillkürlich einen ähnlichen Sinneseindruck aus der Kindheit mit aller Deutlichkeit und Schärfe wieder ins Bewußtsein bringen. Wie Proust gründen sich auch Picasso und Braque auf die Bergsonsche Philosophie, die den menschlichen Geist vom Determinismus des späten 19. Jahrhunderts befreite und verkündete, daß jedes Erfahren und jedes Denken auch kreative Tätigkeiten sind.

Picassos kubistische Bilder sind fest verwurzelt in der realen Welt. Er akzeptierte diese Welt freudig, und doch war seine Deutung subtiler als vielleicht jede andere seit Botticellis christlicher Deutung der heidnischen Antike. Man muß sich vor einer falschen zeitlichen Einordnung hüten. Nach dem Ersten Weltkrieg und erneut nach dem Spanischen Bürgerkrieg sollte sich Picassos Themenbehandlung radikal ändern, aber in den Jahren 1913 und 1914 gibt es in seinen Arbeiten kein Aufbegehren gegen die wirkliche Welt, kein Verzerren um des Verzerrens willen, keine Spur von Aggression oder Haß. Diese Art der Kunst tauchte andernorts auf, nicht in Paris.

Wie Picassos Skizzenbücher zeigen, hatte er lange Zeit naturalistische Skizzen und stilisierte Versionen von ein und demselben Motiv gemacht. Man könnte sagen, er sei bivisuell geboren, beinahe wie Gide bisexuell geboren war, und er entschied sich für beide Sehweisen. Fortan lebten in Picasso der mediterrane und der Montmartre-Mensch unter einem Dach. Er ist der erste große Künstler, der zwei verschiedene Sehweisen ausdrückt, und im Lauf seiner Entwicklung sollten noch mehr dazukommen; eine davon entsprang dem Abscheu, den er in *Les Desmoiselles* ausdrückte. Shakespeare hatte Meisterwerke in gegensätzlichen Genres geschaffen. Picasso arbeitete konkurrierend in radikal unterschiedlichen und schließlich sogar gegensätzlichen Stilen. Er bewies damit, daß ein Individuum nicht nur komplex, sondern sogar in sich widersprüchlich sein kann.

Vielleicht ebenso einmalig in der bildenden Kunst ist die Zielstrebigkeit, mit der Picasso die stilistischen Experimente durchführte, die zum Kubismus führten. Skizzen, Zeichnungen, Skulpturen, Collagen, Gemälde scheinen ununterbrochen aus seiner Hand zu fließen, und er läßt sich tatsächlich durch nichts unterbrechen. Als sein Vater stirbt, fährt er nicht nach Hause, um bei der Beerdigung dabei zu sein oder um seine Mutter zu trösten. Als der Krieg ausbricht, empfindet er diesen nur als lästige Unterbrechung seiner Malroutine.

Ein Vergleich mit Proust liegt nahe, der in seinem korkgetäfelten Schlafzimmer Seite um Seite und ständig neue Versionen seines Romans schrieb. Da beide, der hochkultivierte Pariser und der Wahlpariser sowohl in ihrer Einstellung als auch in vielem anderen so grundverschieden waren, ist es bemerkenswert, daß sich beide mit der gleichen Besessenheit auf ihre Arbeit stürzten.

Diese Arbeitswut läßt sich auf verschiedene Weise interpretieren. Es kann sein, daß sich das heranreifende Genie beeilen muß, seine Ursprünglichkeit zu rechtfertigen, damit sie nicht als Narretei oder Schlimmeres abgeurteilt wird. Eine andere Möglichkeit wäre: Beide Männer hatten der Gesellschaft wertvolle Erkenntnisse anzubieten, distanzierten sich aber gleichzeitig von deren religiösem Glauben. Damit gerieten sie unweigerlich in die Defensive – sogar gegenüber leisen Stimmen aus ihrer Knabenzeit –, und vielleicht war dies eine weitere Antriebskraft für die verzweifelte, Tag und Nacht währende Suche nach Alternativen in der Kunst.

»Man kann sich seiner Zeit nicht entziehen«, sagte Picasso einmal. »Ob man sich für oder gegen sie entscheidet – man ist immer mitten drin.« Mit dem Kubismus verliehen er und Braque den Wertvorstellungen eines Ortes und einer Epoche Ausdruck, und sobald dies erkennbar wurde, entstand eine »Schule«, die jeden in der Welt der Kunst interessierte, nur nicht Picasso und Braque, die glaubten, daß das Geheimnis der künstlerischen Schöpfung nicht vermittelbar sei.

Bis zum Jahr 1912 hatten sich die Kubisten zu einer festen Gruppe entwickelt, die im selben Jahr im Salon des Indépendents und im Salon d'Automne ausstellte. Sie wurde von Apollinaire publizistisch gewürdigt, von dem Braque allerdings behauptete, er könne keinen Rubens von einem Rembrandt unterscheiden. Zwei aus dieser Gruppe verdienen, besonders erwähnt zu werden.

Juan Gris, ein sanfter, bettelarmer Spanier aus Madrid, war ein guter Freund und Nachbar von Picasso auf dem Montmartre gewesen. Er übernahm den analytischen Kubismus, dann klebte er Collagen und gelangte schließlich zum synthetischen Kubismus, aber anders als Picasso und Braque: »Ich gehe vom Allgemeinen zum Besonderen, das heißt, ich beginne mit einer Abstraktion, um bei einer wahren Tatsache anzukommen.« Gris idealisiert und schmückt, seine bevorzugten Farben, ein pudriges Blau und ein warmes Beige, sind so feminin wie die Farben seines Vorbilds maskulin. Seine Bilder werden zu Recht als dekorativ bezeichnet, aber die besten besitzen eine seltene heitere Klarheit, die für den Menschen Juan Gris charakteristisch ist.

Der zweite, Fernand Léger, sollte mit dem Kubismus eine entgegengesetzte Richtung einschlagen. Léger wurde in Argentan in der Normandie geboren und kam 1900 nach Paris, wo er bei einem Architekten als Zeichner arbeitete. Ab 1906 war er nur noch Maler. Im Jahr 1911 lernte er Picasso, Braque und ihren Kreis kennen und begann, seine eigene Variante des Kubismus zu entwickeln. Im Jahr darauf stellte er bei Kahnweiler aus.

Während Picasso und Braque merkwürdig uninteressiert an der Technologie des zwanzigsten Jahrhunderts blieben und bis dato noch nicht einmal ein Automobil gemalt hatten, gehörte Léger zu den ersten, die sich von Maschinen – je größer und schwerer um so besser – und von der urbanen Kultur ganz allgemein inspiriert fühlten. Eine exklusive Welt, wie Gris sie sich schuf und in der sich eine Obstschale, Gläser, ein Stuhl und ein Zeitungskorb wie platonische Ideen sonnten, war nichts für ihn. Er liebte das Rasseln von Flaschenzügen, die Schwenkarme der großen Kräne, die Geometrie zahnradbestückter Fabrikmaschinen, und er malte diese Welt mit intensiven, elementaren Farben, schroffen Linien und betonter Härte.

Einige der weniger bedeutenden französischen Künstler, die den Kubisten zuzurechnen sind, seien noch erwähnt: Albert Gleizes, Jean Metzinger, Jacques Villon und Robert Delaunay, die Bildhauer Henri Laurens und der aus Litauen stammende Jacques Lipchitz.

Auch im Ausland fanden der Picasso der Vorkriegszeit und Ausstellungen der Kubisten ein Echo. Es gab zwei Ausstellungen in Amsterdam, zwei in Moskau, zwei in New York, drei in London, sechs in München einschließlich der ersten Picasso-Retrospektive. Auch hier kann aus Platzgründen nur auf eines der bedeutsamen Ergebnisse hingewiesen werden. Der holländische Maler Piet Mondrian war von der Ausstellung im Jahr 1911 in Amsterdam so beeindruckt, daß er nach Paris zog und im kubistischen Stil zu arbeiten begann. Später ging er über die Grenzen des Kubismus hinaus und wurde einer der Begründer der abstrakten Kunst – der andere war, unabhängig davon, Kandinsky in Bayern. Diesen Weg hatten Picasso und Braque wohl gesehen, aber sie waren ihn nicht gegangen. Dennoch wäre ohne sie zum damaligen Zeitpunkt wahrscheinlich keine abstrakte Kunst entstanden.

Der Kubismus veränderte die Malerei weltweit. Er veränderte auch unsere Sicht der Dinge und die Bewertung unserer Sinneseindrücke im allgemeinen. Er enthüllte auf visuelle Weise die Komplexität des menschlichen Geistes, so daß die Menschen von 1912, wenn sie auf die 1890er Jahre zurückblickten, in denen man sich für so gescheit gehalten hatte, nur denken konnten: Wie naiv! Und wie wenig Feingefühl!

KAPITEL VIII
Die harmonische Stadt: Charles Péguy

Die antiklerikale Stimmung in Frankreich um die Jahrhundertwende hatte ihren Ursprung im Vatikanischen Konzil von 1870. Pius IX. hatte die Unfehlbarkeit des Papstes zum Dogma erhoben, die liberalen Demokratien scharf kritisiert und alle guten Katholiken aufgefordert, nicht mit einer republikanischen Regierung zusammenzuarbeiten.

Diese Erklärungen beunruhigten die französischen Politiker der Linken und des Zentrums, denn sie sahen darin den Versuch des Papstes, einen direkten Anspruch auf die Loyalität des Volkes gegenüber der Kirche geltend zu machen, und dies besonders auf dem Weg über die Armee und die Erziehung. Die Empfehlung des späteren Papstes, Leo XIII., die französischen Katholiken sollten die Republik – selbst eine feindlich gesinnte – akzeptieren, konnte die Antiklerikalen nicht beschwichtigen; für sie gab es in einem durch Wissenschaft und Vernunft erneuerten politischen und gesellschaftlichen Leben für Gott keinen Platz mehr, wie es seit langem keinen Platz mehr für den König gab.

Die katholische Kirche hatte sich in den Jahren zwischen 1870 und 1900 bei den meisten Franzosen gewiß nicht beliebt gemacht. Sie hatte den fehlgeschlagenen Feldzug Napoleons III. gegen Preußen unterstützt, weil Napoleon und seine Frau die Religion schützten. Als nach dem Verlust von Elsaß-Lothringen viele Juden nach Paris gezogen waren, nahmen dies einige Katholiken, unterstützt von Mitgliedern des Klerus, zum Anlaß, ein antisemitisches Klima zu schaffen, in dem die Anklage gegen Dreyfus, er habe für Deutschland spioniert, bereitwillig geglaubt wurde. Als an der Schuld Dreyfus' Zweifel aufkamen, stellte sich die Kirche Schulter an Schulter neben die Armee und gegen eine Wiederaufnahme des Verfahrens. Die Kirche glaubte auch, die Forderungen der Arbeiter nach besseren Lebensbedingungen hätten sich atheistische Sozialisten ausgedacht und verschanzte sich mit einer frömmlerischen Bourgeoisie hinter einem Bollwerk von Privilegien. Auf der intellektuellen Ebene versäumte sie es, sich mit dem Darwinismus auseinanderzusetzen. Boutroux und Blondel wiesen zwar auf

Möglichkeiten hin, vom Positivismus wegzukommen, aber der Mann, der am meisten für die Rehabilitierung des freien Willens tat – Henri Bergson –, war Jude. Der junge François Mauriac, der aus einer Großgrundbesitzerfamilie in der Gascogne stammte, sprach für viele, als er die Religion dieser Zeit als »eine Versicherungspolice für diese und die nächste Welt« beschrieb; als ein Mädchen aus seiner Familie einen Gynäkologen heiratete und ein neugieriger Junge wissen wollte, was dieses Wort bedeute, sagte man ihm, der Bräutigam sei ein »Halsdoktor«.

Die katholische Kirche der Jahrhundertwende hatte sich identifiziert mit Monarchie, mit der politischen Rechten, mit altmodischem Denken, engstirniger Prüderie und dem gesellschaftlichen Status quo; und als mehrere radikalsozialistische Regierungen nacheinander versuchten, ihren Einfluß zu drosseln, war vermutlich die Mehrheit der Franzosen der Meinung, daß die Kirche nur bekam, was sie verdiente.

Aus der Sicht der Kirche war die Lage in der Tat sehr ernst. Es bestanden Pläne, den Kirchenbesitz zu säkularisieren und Hunderte von katholischen Schulen zu schließen. Und so finden wir seit 1900 zahlreiche Versuche, die französische katholische Kirche intellektuell und gesellschaftlich wieder auf Vordermann zu bringen und sie vor dem Ruin zu retten.

Den ersten Versuch unternahmen drei hervorragende Gelehrte. Im Jahr 1902 veröffentlichte der Professor für Exegese, Abbé Loisy, ein Buch, in dem er behauptete, die eigentliche Botschaft Christi laute, das Ende der Welt stünde unmittelbar bevor; anschließend erwarte uns ein Königreich Gottes auf Erden. Nachdem dies aber nicht eingetreten sei, müsse man folgern, daß die Behauptungen Christi und ihre Interpretation durch die Kirche nicht als absolut wahr betrachtet werden könnten und sich insofern von menschlichen Behauptungen unterschieden.[1]

Edouard Le Roy, Mathematiker und Philosoph, vertrat in einem 1907 veröffentlichten Buch[2] die Meinung, dogmatische Erklärungen des Vatikans seien keine objektiv wahren Aussagen, sondern dienten als Richtlinien, um Irrtümer zu vermeiden und die Religionsausübung zu beleben. Im selben Jahr übte Paul Bureau, Professor am Institut Catholique, unverblümt Kritik an der Kirche, weil sie es nicht schaffte, auf die moderne Wissenschaft und darüber hinaus auf die Bedürfnisse des Proletariats einzugehen.

Was diese und ähnliche Bücher bezweckten, war zweifellos gut, sogar notwendig, aber ihren Autoren – es waren nur wenige – fehlte die behutsame Art, mit der zum Beispiel Maurice Blondel und der englische, von deutschen Vorfahren abstammende katholische Schriftsteller Friedrich von Hügel an diese Themen herangingen. Die Folge war, daß Papst Pius X. im Dezember 1907 den Modernismus, wie diese Bewegung genannt wurde, verdammte mit der Begründung, er verdrehe unveränderliche Wahrheiten, um sie dem modernen Denken anzupassen, und bagatellisiere die Rolle, die der Glaube bei der Bejahung der religiösen Wahrheit spielt. Loisy trat aus der Kirche aus.

Beim zweiten Versuch ging es darum, die Kluft zwischen Katholiken und Arbeiterschaft zu überbrücken. Als Vorlage diente die 1891 von Leo XIII. veröffentlichte Sozialenzyklika *Rerum Novarum* – für die damalige Zeit ein bemerkenswert kühnes Dokument –, in der Katholiken aufgefordert wurden, die sozialen Ungerechtigkeiten abzuschaffen und dafür zu sorgen, daß Arbeiter Zugang zu Bildungsmöglichkeiten und gerechte Löhne erhielten.

Der Führer dieser Bewegung, Marc Sangnier,[3] geboren 1873, war der Sohn wohlhabender katholischer Eltern. Er studierte bei Maurice Blondel Philosophie und machte sich Blondels Auffassung zu eigen, daß sich der Gedanke nur in der Tat vollendet. An der Ecole Polytechnique veranstaltete er Diskussionen mit Freimaurern (die von den meisten Katholiken für gefährlich gehalten und deshalb gemieden wurden), mit Freidenkern, Juden und vor allem mit jungen Arbeitern; er hörte sich ihre Nöte und Wünsche an.

Sangnier war ein rundlicher junger Mann mit einem breiten Gesicht, blauen Augen und einem blonden, an den Mundwinkeln herabhängenden Schnurrbart. Er war ein erstklassiger Redner, mehr gefühlsbetont als intellektuell, und verbreitete eine solche Aura von Tugend und Rechtschaffenheit, daß ihm die Herzen der Menschen zufliegen mußten. Seine Art, die Hand eines Neuankömmlings in seinen langen weißen Händen mit wohlwollendem Druck festzuhalten, war ganz nach dem Geschmack vieler junger Menschen.

Obwohl Sangnier die Offizierslaufbahn einschlagen sollte, entschloß er sich 1899 für die Sozialarbeit und gründete einen Studienkreis für junge Arbeiter. Aus diesem Kreis entwickelte sich das erste von mehreren Volksinstituten, die für alle – Arbeiter und Studenten, Katholiken und Heiden – offen waren und eine Alternative zu den antichristlich eingestellten Volkshochschulen der Sozialisten bildeten.

Sangnier nannte seine Bewegung »Le Sillon«, die Ackerfurche; als Emblem wählte er eine von einem roten Band umwundene Weizenähre. Er beschrieb die Bewegung als »eine Freundschaft« oder als »ein Leben in Gemeinschaft«, und seine Grundidee war der freundliche Umgang mit der Republik, statt sie, wie es die meisten Katholiken taten, als Feind zu behandeln. Seine Bewegung wandte sich gegen die Selbstsucht der Mittelklasse, setzte sich für gerechte Löhne ein und das Recht zu streiken. Hielt man Sangnier die Unbestimmtheit seiner Ideen vor, lächelte er und nickte zustimmend: »Und überdies wissen wir nicht, wohin wir gehen.«

Klar war, daß es vorwärts ging. Im Jahr 1902 gründete er eine Zeitung, *Le Sillon*.[4] Vier Jahre später gab es 500 Arbeitsgemeinschaften überall in Frankreich. Er arrangierte für die Arbeiter billige Besichtigungsfahrten zu Museen, Kathedralen, Fabriken, Druckereien. In Fougères gründete er eine genossenschaftlich geführte Schuhfabrik, in Nancy eine ebensolche Hemdenfabrik. Und er sorgte sogar für die, denen es ein Bedürfnis war, einmal im Jahr in einem Kloster Exerzitien zu machen.

In Bordeaux schlossen sich der neunzehnjährige, rehäugige und spargeldürre François Mauriac[5] sowie sein Bruder Jean, der später Priester wurde, Le Sillon an. Sie verkauften die gleichnamige Zeitung an den Straßenecken, und in einer anderen Zeitschrift von Le Sillon erschien François' erstes veröffentlichtes Stück, *Der Elfenbeinturm*, in dem sich zwei Männer mit gegensätzlichen Weltauffassungen gegenüberstehen; der eine liebt die Isolation, der andere die Kameradschaft in der Sozialarbeit. Als Marc Sangnier zu einer Versammlung im nahegelegenen Langon eintraf, quartierte ihn Mauriac in einem der Häuser seiner Familie ein. Am nächsten Morgen las Sangnier seinen Genossen ein eigenes Werk, eine Art Drama, vor mit dem Titel *Auf dem Weg des Todes*. Es war ein ziemlich ernstes Stück. Als Mauriac gefragt wurde, was er davon halte, erkundigte er sich – respektlos, wie er auch sein konnte: »Wo bleibt die Macht der Liebe?«, was nicht besonders gut ankam.

Im Jahr 1909 besuchte Mauriac ein einwöchiges sozialkundliches Seminar in Bordeaux. Er hatte wie so mancher andere literarische Franzose seinen Vater nie gekannt und sträubte sich gegen jede Autorität, selbst wenn sie, wie im Fall von Sangnier, etwas Wohlwollendes hatte, und das Ironische in ihm konnte moralischen Eifer unverdünnt einfach nicht vertragen. Die Sillonisten »können nicht einmal niesen, ohne zu sagen, daß sie sich im Dienst der Gesellschaft aufopfern«, spöttelte Mauriac und schloß sich, kaum in Paris angekommen, einer frivolen, geeisten Kümmelschnaps schlürfenden Clique an, bevor er unter dem etwas anspruchsvolleren literarischen Einfluß Claudels zum Katholizismus zurückkehrte.

Bis 1908 hatte Sangnier eine starke Bewegung geschaffen, aber sein Spielraum blieb begrenzt, solange er nicht in die Politik ging. Deshalb gründete er noch im selben Jahr eine neue politische Partei, die *République Démocratique*, für jene Katholiken, die verfassungskonform für soziale Reformen arbeiten wollten. In den Jahren 1909 und 1910 bewarb er sich erfolglos um einen Sitz in der Abgeordnetenkammer; 1910 gründete er eine politische Zeitung, *La Démocratie*.

Sangnier ging nun ein ganzes Stück weiter als die Enzyklika *Rerum Novarum* und erklärte, die einzige wahrhaft katholische Regierungsform sei die Demokratie. Einige seiner Anhänger lobten sogar die Theorien Dantons und Robespierres als durch und durch christlich und begeisterten sich für die »mystisch gesinnten russischen Anarchisten«. Damit brachten sie viele in der Hierarchie gegen sich auf, die die Arbeit von Le Sillon bislang unterstützt hatten, und einunddreißig Bischöfe verboten ihrer Herde jedweden Umgang mit der Bewegung. Rom wurde informiert. Piux X. konnte nicht akzeptieren, daß sich die Stimme des Volkes zur Stimme Gottes erhob. In einem Brief vom 25. August 1910 an das französische Episkopat verurteilte er Le Sillon.

Sangnier und seine engsten Freunde akzeptierten diese Entscheidung. Sie teilten dem Papst ihre Ergebenheit mit und lösten Le Sillon auf. Aber das neunjährige Bestehen von Le Sillon hatte viel getan, um sozial denkende Katholiken mit der Republik zu versöhnen. Es gibt dafür zwei interessante Beispiele. Im Jahr 1906 kandidierte der elfte Duc de la Trémouille, ein Katholik und Besitzer des Weinguts Château Margaux, erfolgreich für die Linke der Republikanischen Partei. Im Jahr 1912 waren ein Viertel der Schüler der Ecole Normale Supérieure praktizierende Katholiken – 1900 waren es nur zwei oder drei gewesen –, was vor allem auf eine 1906 an der Schule gegründete Sillonistengruppe zurückzuführen war.

Einen weiteren Versuch, den Bruch zwischen Kirche und antikirchlicher Republik zu heilen, unternahm Jacques Maritain.[6] Er stammte aus einer protestantischen Familie mit ausgeprägtem sozialem Bewußtsein und studierte Philosophie an der Sorbonne, wo er zu einem Anhänger Tolstois wurde. Er war ein dunkler Typ von gutem Aussehen und gewinnendem Wesen, spielte eine herausragende Rolle bei der Verbreitung der Volkshochschulen und half seiner Schwester Jeanne bei der Herausgabe einer pazifistischen Zeitschrift für junge Menschen. Er heiratete Raïssa Osmansoff, eine russische Kommilitonin, die sein Engagement für die Arbeiterklasse unterstützte. In Heidelberg hörten Jacques und Raïssa Léon Bloy, einen schrillen, sich häufig selbst bemitleidenden Exponenten einer Denkungsart, die die

Armen mit Christus und das Geld, das Produkt aus den Leiden der Armen, mit dem Blut Christi gleichsetzt. Ähnlich wie ein illuministisches Prosagedicht Claudel für die Rückkehr zum Katholizismus vorbereitet hatte, tat dies Bloy bei den Maritains. Im Jahr 1906 traten der protestantische Tolstoi-Anhänger und seine jüdische Frau in die katholische Kirche ein.

Jacques Maritain glaubte, daß die Lösung für die soziale Spaltung der französischen Gesellschaft in den eben neu interpretierten Werken des Thomas von Aquin zu finden sei. In Artikeln, die in der *Revue de Métaphysique et Morale* und anderen Zeitschriften erschienen, erläuterte er, was Thomas von Aquin über angemessene Löhne und gerechte Regierungen lehrte. Er enthüllte eine schon viel länger bestehende katholische Soziallehre, die gegenüber den Arbeitern wesentlich gerechter war als die bürgerlich ausgerichteten Theorien der französischen Rechten.

Maritain beschloß, weiter zu gehen, um den Streit zwischen Katholiken und Nichtgläubigen wegen des Stellenwerts des Dogmas zu schlichten. Seiner Meinung nach führte dieses Problem zur Frage nach der Bewertung des Wissens. Berkeleys Theorie, daß unsere Sinneswahrnehmungen nicht unbedingt mit einer tatsächlichen Welt übereinstimmen müssen, hatte Dr. Johnson ganz unwissenschaftlich entkräftet, indem er einen Stein von der Straße kickte. Aber Maritain sah, daß die allgemeine Ansicht, der Mensch solle seine Metaphysik ausschließlich aufgrund persönlicher Erfahrung formulieren, nicht auf so lapidare Art angefochten werden konnte.

Der Urvater des französischen Denkens, René Descartes, hatte gesagt: »Ich denke, also bin ich.« Maritain behauptete, wenn man das akzeptiere, bleibe man eingeschlossen in die Welt des Subjektivismus. Thomas von Aquin dagegen ging das Problem aus der entgegengesetzten Richtung an und sagte: Gott *ist* – er lieferte dafür fünf Beweise –, und die Tatsache, daß Gott *ist,* garantiert unsere Existenz und die der äußeren Welt.

Maritain schlug also vor, Descartes durch Thomas von Aquin zu ersetzen, um Katholiken wie Agnostikern einen philosophischen Realismus als mögliche gemeinsame Grundlage anzubieten. Er vertrat die Auffassung, nur wenn man die objektive Wirklichkeit der externen Welt akzeptiere, könne man die objektive Wirklichkeit bestimmter Wahrheiten, einschließlich jener der Offenbarung, akzeptieren.

Maritains Neothomismus war für die Lockerung erstarrter katholischer Haltungen sehr nützlich. Beim sogenannten harten Kern der Pariser Intellektuellen zeigte er eine weniger unmittelbare Wirkung.

Hier war man überzeugt – und man konnte sich schließlich auf Bergson stützen –, daß das Denken eine dynamische Tätigkeit ist, bedingt teils durch die praktischen Bedürfnisse unseres Körpers, teils durch Wünsche unterhalb der Bewußtseinsebene. Diese Generation war im großen und ganzen vom Subjektivismus durchdrungen.

Marc Sangnier und Jacques Maritain kamen aus gutsituierten Familien und erlangten zu ihren Lebzeiten Erfolg und Ansehen. Ein dritter, der ebenfalls versuchte, zwischen dem Katholizismus und der Gesellschaft zu vermitteln, stammte aus sehr armen Verhältnissen, und sein kurzes Leben war gekennzeichnet von wiederholten Fehlschlägen und vom Ausbleiben jeglichen öffentlichen Erfolgs.

Charles Péguys[7] Vorfahren waren Weinbauern aus der Beauce, einer Landschaft südlich von Chartres. Sein Vater hatte es zum Möbelschreiner gebracht, kämpfte als Soldat während der Belagerung von Paris, wo er sich eine Krankheit zuzog, an der er zwei Jahre später starb. Er hinterließ einen zehn Monate alten Sohn.

Charles Péguy wuchs in einem mit Stroh gedeckten Häuschen, in dem es zwei Zimmer gab, unter der Obhut seiner Großmutter auf, die weder lesen noch schreiben konnte. Seine Mutter, eine kräftige Frau mit schroffem Gesicht und vorspringendem Kinn, arbeitete sechzehn Stunden am Tag als Putzfrau, und abends besserte sie Binsenstühle aus, unter anderem auch die aus der Kathedrale von Orléans, bis sie schließlich genug zusammengespart hatte, um das Häuschen zu kaufen, in dem sie wohnten, und noch zwei andere kleine Häuser dazu.

Im Haushalt der Witwe Péguy kannte man nur Arbeit. Sie hatte nie Zeit, mit ihrem Sohn zu spielen, mit ihm spazierenzugehen oder ihn zur Messe zu begleiten – obwohl sie dafür sorgte, daß *er* in die Kirche ging und in den Katechismusunterricht. Als Charles alt genug war, um in die Schule zu gehen, verbrachte er seine freie Zeit damit, die Binsen für die Stuhlreparaturen vorzubereiten, Kartoffeln zu schälen, den Fußboden zu fegen oder das spärliche Mobiliar zu polieren. Seine einzige Ablenkung bestand darin, mit der Mutter zu scherzen oder der Großmutter zuzuhören, wenn sie Gruselgeschichten über den Teufel erzählte. Dennoch war es ein glückliches Zuhause. Charles Péguy vergaß nie, wie es in seiner Kindheit gewesen war – täglich ums Überleben zu kämpfen, arbeiten zu müssen, bis man fast umfiel, die Freude an kleinen Dingen. »Mit zwölf Jahren sind wir geformt«, sagte er.

Péguy besuchte das Gymnasium, gewann Preise, gründete eine Fußballmannschaft zu einer Zeit, in der Sport an den Schulen nahezu unbekannt war, nahm an der jährlichen Prozession zu Ehren der Jeanne d'Arc teil. Er leistete seinen Militärdienst und wurde aufgrund seiner Führungsqualitäten Sergeant. Dann erhielt er ein Stipendium für eine Ausbildung als Lehrer für höhere Schulen an der Ecole Normale Supérieure.

Als Student wurde Péguy Mitglied des Vinzenz-Vereins, eine auf dem Gedankengut des heiligen Vinzenz von Paul basierende Laiengruppe, die sich um Arme und Sterbende kümmerte. Er kämpfte für Dreyfus, und als die Kirche ihre politische Macht gegen den angeklagten Offizier einsetzte, zeigte er seine Empörung, indem er sich den Sozialisten anschloß. Er sammelte Geld für streikende Arbeiter und für alles, was an sein soziales Gewissen rührte. Er trug sich bereits damals mit dem Gedanken, Schriftsteller zu werden. Nach einer Bergson-Vorlesung, der er gebannt gelauscht hatte, trat er auf den Philosophen zu und sagte: »Mein Herr, wie ich hörte, haben Sie Ihre Arbeit unterbrochen, um sich Ihren Schülern zu widmen. Das ist ein Fehler. Sie haben ein Buch zu schreiben, und Sie sollten sich durch nichts daran hindern lassen.« Bergson nahm sich diesen Rat nicht zu Herzen, aber er und Péguy wurden Freunde.

Während des Studiums lernte Péguy den etwas jüngeren, schüchternen Marcel Baudouin kennen. Er kam aus einer Familie der Mittelklasse, die sich rühmte, eine führende Rolle in der Revolution von 1848 gespielt zu haben und in der man streng republikanisch und antiklerikal war. Péguy fragte jeden neuen Bekannten erst einmal: »Sind Sie bereit, für das, was Sie sagen, Ihr Leben hinzugeben?« Und wenn der andere ja sagte, konstatierte er: »Dann können wir reden.« Marcel Baudouin sagte ja, und die beiden redeten nächtelang. Sie wollten für soziale Gerechtigkeit arbeiten in einer »harmonischen Stadt«, die sich zusammensetzen sollte aus Freunden, die »reinen Herzens« sind – ein Lieblingsausdruck von Péguy.

Marcel Baudouin mußte zum Militär. Leider hatte er nicht die robuste Konstitution eines Péguy; er wurde krank, starb wenig später und hinterließ seine verwitwete Mutter und seine Schwester Charlotte.

Für Péguy war Baudouin der vollkommene Freund gewesen. In seinem Kummer und vielleicht aus unangebrachter Loyalität übertrug er etwas von seiner Zuneigung auf Charlotte. Wahrscheinlich wollte er vor allem helfen. Jedenfalls machte er Charlotte einen Heiratsantrag. Péguy war ein vielversprechender, liebenswerter junger Mann, antiklerikal und republikanisch. Charlotte nahm seinen Antrag an, und als Péguy vierundzwanzig war, wurde das Paar standesamtlich getraut.

Péguy hatte das Glück, eine zweite Freundschaft zu schließen, diesmal mit einem älteren Mann. Jean Jaurès nannte sich bescheiden einen »gebildeten Bauern«, aber er war ein bedeutender Mann, ein unübertroffener Redner und unermüdlicher Journalist, dessen Sozialismus keiner Theorie entsprang, sondern echter Herzensgüte und einer tiefen Sympathie für seine Mitmenschen. Darüber hinaus haßte Jaurès den Krieg mit ganzer Seele, und es freute ihn, daß er sich mit Bebel, dem deutschen Sozialdemokraten, einig wußte: Sie wollten den Krieg ausmerzen. Obwohl Jaurès noch nicht einmal vierzig Jahre alt war, strahlte er mit seinem langen Bart ein beruhigendes großväterliches Wohlwollen aus, das ihm die Herzen der Arbeiter gewann. Mit seinen Artikeln hatte er großen Einfluß erreicht, und Péguy beschloß, aus Bewunderung für Jaurès, eine Zeitschrift zu gründen und herauszugeben, die für seine »harmonische Stadt« arbeiten würde.

Am 1. Januar 1900 saß Péguy in einem winzigen, mit Büchern vollgestopften Zimmer an seinem Schreibtisch, verfaßte Artikel und korrigierte Fahnen für die erste Nummer seiner Zeitschrift. Er war sechsundzwanzig Jahre alt, klein und stämmig; das Haar auf seinem runden Schädel war kurz geschoren, seine Wangen strahlten rot und frisch, seine kurzsichtigen Augen hatten einen sanften, aber festen Blick. Er trug eine enge schwarze Jacke, schwarze, an den Knien ausgebeulte Hosen und schwarze Schuhe mit Eisenplättchen unter den Sohlen, damit sie länger hielten. Wenn er das Haus verließ, trug er einen schwarzen Filzhut oder einen Umhang mit Kapuze sowie einen dicken Stock, den er in der Mitte gefaßt wie einen Marschallstab trug.

Er hatte eine sehr eigenartige Handschrift; seine Buchstaben hatten große Ober- und Unterlängen, saßen jedoch so eng nebeneinander, daß sie an eine dicht gepflanzte lombardische Pappelreihe erinnerten. Diese Schrift wollte auffallen und hatte gleichzeitig etwas Geheimnisvolles. Auch seine Unterschrift mit einer Rechtsneigung von 45 Grad war ungewöhnlich und verriet nach Meinung von Graphologen außerordentlichen Ehrgeiz. Die neue Zeitschrift untermauerte zweifellos diese These, denn alle 144 Seiten der ersten Nummer stammten von Péguy, und um zu sparen, setzte er sie zum Teil sogar selbst und korrigierte mit der für ihn typischen Akkuratesse sämtliche Druckfahnen.

Am 5. Januar 1900 wurde die Zeitschrift ausgeliefert. Sie erschien unter dem Titel *Cahiers de la Quinzaine* (Vierzehntägig erscheinende Hefte), kostete 1,50 Francs und hatte 36 Abonnenten. Wie groß

Péguys Selbstvertrauen war, zeigt die Tatsache, daß er 1300 Exemplare drucken ließ, obwohl die Buchhändler nicht bereit waren, sie auf Lager zu nehmen.

Auf der Titelseite prangte Péguys Name, auf der Rückseite sein Wahlspruch als Herausgeber: Die soziale Revolution wird eine moralische oder gar keine sein. Im Leitartikel »Brief eines Provinzlers«, kündigte Péguy an, seine Zeitschrift werde Tatsachen und Dokumente veröffentlichen und nichts unterdrücken, damit eine harmonische Stadt entstehen könne. In einer solchen idealen Stadt gehörte der Wohlstand allen. Alle Bürger würden gemeinsam für den Lebensunterhalt arbeiten, ausgenommen Frauen, Alte und kleine Kinder, aber es gäbe keine über- oder untergeordneten Tätigkeiten. Jeder würde seine Arbeit oder sein Gewerbe selbst wählen, je nachdem, wofür er sich am besten eignete. Die maschinelle Produktion würde für ein reichliches Warenangebot sorgen, aus dem sich jeder selbst bediente. Kunst, Wissenschaft und Philosophie wären für alle zugänglich, und niemand würde in diesen Dingen Einfluß ausüben können. Die Bürger führten keine Kriege, und sie würden wie Péguy, der eine eiserne Gesundheit hatte, niemals krank. Dennoch gäbe es seelische Freude und seelisches Leid. Und jeder in dieser Stadt könnte zum Ideal der Schönheit finden und sich dadurch selbst verwirklichen.

Wie diese Stadt entstehen könnte? Indem man die Wahrheit sagte und durch Freundschaft. Péguy hatte Dutzende von Freunden; einige von ihnen hatten das Geld für den Druck der *Cahiers* aufgebracht, der Rest stammte aus Charlottes Mitgift.

Auch wenn Péguys Sozialismus ein bißchen verschwommen war, kam er in den übrigen Artikeln und auch in den folgenden Ausgaben – insgesamt zwanzig im Jahr – energisch zur Sache. In einem Aufsatz kritisierte er die Haltung der Kirche in der Dreyfus-Affäre; in einem anderen attackierte er Durkheims Soziologie als einen unwissenschaftlichen Versuch, die Geisteswissenschaften ersetzen zu wollen. Bald hatten die *Cahiers* eine Auflagenhöhe von 1000 Exemplaren erreicht, hauptsächlich durch die antiklerikalen Republikaner der Linken, und brachten Péguy einen wenn auch sehr bescheidenen Lebensunterhalt ein.

Jaurès war 1902 in die Abgeordnetenkammer gewählt worden und wurde hinter den Kulissen ein einflußreicher Mann der Linken. Péguy erwartete von Jaurès, daß er das von Emile Combes geführte Ministerium dazu brachte, Maßnahmen für soziale Gerechtigkeit zu ergreifen, aber er hoffte vergebens. Combes war ein Mann, der als junger Mensch Priester werden wollte, der im Seminar abtrünnig geworden war und dann Medizin studiert hatte. Nun war er neunundsechzig, ein kleiner alter Herr mit weißem Haar und Spitzbart, und finster entschlossen, mit eiserner Faust gegen die Kirche vorzugehen. Er scheint nicht nur von persönlichem Haß gegen die Kirche geleitet gewesen zu sein, sondern auch von den Idealen der Revolution von 1789, die ja ein Protest sowohl gegen eine privilegierte Aristokratie als auch gegen eine supranationale Kirche gewesen war, und um diese Kirche zu verteidigen, war Ludwig XVI. auf die Guillotine gegangen.

Combes schloß 2500 kirchliche Schulen und zwang Tausende von unterrichtenden Priestern und Nonnen, Frankreich zu verlassen. Haus- und Grundbesitz der Kirche sowie Kunstgegenstände und Reliquien übertrug er den Laiengruppen. Er schickte Präsident Loubet zu einem Staatsbesuch nach Italien; Loubet besuchte den König, aber nicht den Papst, was zu einem Abbruch der diplomatischen Beziehungen mit dem Vatikan führte. Gleichzeitig war dies der erste Schritt zu der im Dezember 1905 durchgeführten Trennung von Kirche und Staat. Combes plante, unrentable Kirchen für das Allgemeinwesen zu nutzen, was Proust zu seinem im *Figaro* veröffentlichten Artikel »Das Massaker der Kirchen« veranlaßte. Am ärgerlichsten war, daß er seinem Kriegsminister, General André, gestattete, Freimaurer als Spitzel einzusetzen, um Informationen über die religiösen Praktiken der Offiziere zu bekommen: Wer sonntags zur Messe ging, kam in die Akte »Carthage«, wer nicht ging, in die Akte »Corinthe«, und nur sie wurden befördert.

In Péguy rührte sich trotz seines nur rudimentären Katholizismus die Empörung. Was hier vorging, war ihm ein Greuel und sehr weit entfernt von der harmonischen Stadt. Er drängte Jaurès, Druck auf Combes auszuüben. Aber Jaurès, obgleich nicht fanatisch antiklerikal, hielt diese Maßnahmen – abgesehen von der Spionage des Generals André – für politisch notwendig und unternahm nichts. Im Jahr 1904 brach Péguy deshalb mit Jaurès und wandte sich in den *Cahiers* gegen den »Fanatismus« der Regierung.

Der Antiklerikalismus erreichte seinen Gipfel in einer Rede des Arbeitsministers René Viviani: »Wir haben das Bewußtsein der Menschen vor dem Glauben gerettet. Wenn ein armer Kerl müde nach des Tages Arbeit niederkniete, richteten wir ihn auf und erklärten ihm, daß es über den Wolken nur Hirngespinste gibt. Gemeinsam haben wir mit einer großartigen Geste die Lichter im Himmel ausgelöscht, und niemand wird sie je wieder anzünden.« Die Regierung hielt Vivianis Rede für so bewegend und zutreffend, daß sie diese im ganzen Land öffentlich anschlagen ließ, aber Péguy schrieb: »Zum ersten Mal seit Beginn der Welt sieht ein Romantiker in der Geste des Lichterauslöschens etwas Glanzvolles ... Der städtische Laternenanzünder macht die Lampen aus und zündet sie an, aber bis jetzt galt uns das Anzünden als wesentlich ehrenhafter als das Löschen, und wir hätten uns geschämt, ihn Laternenlöscher zu nennen.«[8]

Nachdem Péguy vom politischen Sozialismus enttäuscht worden war, suchte er Unterstützung bei seinen Freunden. Joseph Lotte, ein lustiger Bretone, der gern Matrosenlieder sang, war Lehrer in Coutances und erfuhr von Péguys Sorgen. Andere Freunde waren der Benediktinerpater Louis Baillet, der sich anbot, für Péguys Bekehrung Messen zu lesen; Romain Rolland, Professor für Musikgeschichte an der Sorbonne, Beethoven-Biograph und Schriftsteller, der Péguy erlaubte, seinen Bestsellerroman *Johann Christof* in den *Cahiers* als Serie abzudrucken und dadurch die Zeitschrift am Leben erhielt; André Suarès, ein Essayist, der sich an der melancholischen Lebensanschauung eines Wurmauges ergötzte und für die *Cahiers* hervorragende Artikel über Ibsen, Tolstoi und den von Péguy am meisten geschätzten Pascal beisteuerte; Bernard Lazare, ein schlichter, brillentragender, ständig von irgendwelchen Krankheiten geplagter und in den Augen der Polizei gefährlicher Anarchist; in Péguys Augen war er ein hingebungsvoller Streiter für das jüdische Volk, der »fünfzig Jahrhunderte auf seinen gebeugten Schultern trägt«.

Suarès und Lazare waren wie Henri Bergson, der ebenfalls zu Péguys Freunden zählte, Juden. »Jeder bekommt die Juden, die er verdient«[9], sagte Péguy und fügte hinzu, daß er, der nie einen Sou besaß, eben arme Juden bekommen habe, daß sie aber gute Arbeit leisteten und treue Freunde seien.

Nach 1904 waren es Freunde wie diese und die Freunde dieser Freunde, auf die Péguy seine Hoffnungen setzte hinsichtlich der Verwirklichung seiner harmonischen Stadt. Die moralische Erneuerung mußte von kleinen Gruppen, auf »Gemeindeebene«, ausgehen. Und Péguy predigte nicht nur Theorie. Als Mitglied des Vinzenz-Vereins hatte er sich seinerzeit mit einer älteren, völlig verarmten Stickerin angefreundet. Péguy besuchte diese Madame Gorius, die ans Haus gefesselt war, auch noch, nachdem er die Schule verlassen hatte, spielte Karten mit ihr, kaufte für sie ein und brachte ihr einmal einen Strauß ihrer liebsten Wiesenblumen mit. Madame Gorius war darüber so gerührt, daß sie die Blumen trocknete und darum bat, man möge sie ihr nach ihrem Tod in den Sarg legen.

Die Franzosen neigen zu der Ansicht, sie verdankten ihre Fortschritte ausschließlich ihrem Intellekt, aber das stimmt nicht. Ihre

Vergangenheit hat ihnen einen Bodensatz von christlichem Gedankengut hinterlassen, das immer wieder durchbricht. In einem Brief von Péguys Freund Romain Rolland, geschrieben zu einem Zeitpunkt, als der Antiklerikalismus seinen Höhepunkt erreicht hatte, finden wir hierzu eine Passage: »Die Politiker glauben, Religiosität sei gleichbedeutend mit praktischen Interessen und materiellem Gewinn und könne ungestraft beleidigt werden. Sie übersehen dabei, daß sie das Herzblut halb Frankreichs ist (und mehr als das Herzblut, weil es ja auch um das ewige Leben geht).«

Nach der Enttäuschung durch die politische Linke begann sich Péguys christlicher Glaube wieder zu regen. Es war eher ein Kinderglaube – »im Alter von zwölf sind wir geformt« – mit einer besonderen Verehrung für das Jesuskind und seine heilige Mutter. Aber erinnern wir uns an Claudels Bekehrung in Notre-Dame, die durch seine Liebe zu dem unschuldigen kindlichen Christus ausgelöst wurde. Jede Epoche hat ihren bevorzugten Aspekt des Christentums, und damals schätzte man das Christ-Kind, vielleicht als Ausgleich für den Intellektualismus und die Komplexität jener Zeit. Wir finden diesen Aspekt auch in den Gedichten von Jammes und in einer Bemerkung Picassos gegenüber Cocteau: »Die Stärke des Katholizismus besteht darin, daß er aus dem Nichts hervorging, wenn man bedenkt, daß Gott in einer Futterkrippe lag.«[10]

Als Junge hatte Péguy Jeanne d'Arc verehrt, für deren Seligsprechung, die damals vom Vatikan erwogen wurde, sich besonders die Engländer aufgrund ihres schlechten Gewissens sowie Kardinal Newman einsetzten. Péguy hatte auch zu den übrigen Heiligen großes Vertrauen. Da er selbst stets schwer beschäftigt war, meinte er, den Heiligen ginge es ebenso. »Das Paradies ist kein Casino. Die Heiligen haben fast zu nichts anderem Zeit, als Gott ständig mit der Bitte um unsere Rettung in den Ohren zu liegen.« Zu Joseph Lotte sagte er: »Du kannst dir nicht vorstellen, was die hl. Genoveva, der hl. Aignan, der hl. Ludwig und Jeanne d'Arc für mich tun und was sie erreichen! Auch habe ich einen unglaublichen Schutzengel. Er ist noch gerissener als ich, *mon vieux* – ich bin wirklich sehr behütet.«

Bis 1907 hatte die Kirche, zum Teil unter dem Einfluß von Le Sillon, wieder zu einem sozialen Bewußtsein gefunden, und Péguy, der in gewisser Weise und ohne es zu wissen, eine Art Franziskanertum praktiziert hatte, fühlte sich versucht, zur Herde zurückzukehren. Als Maritain von seinem Übertritt in Heidelberg erzählte, meinte Péguy: »Ich habe diesen Punkt auch erreicht. Aber verrat es keinem.«

Er brauchte Zeit, um seine Abonnenten vorzubereiten, unter denen viele Freidenker, Protestanten und Juden waren.

Er brauchte ebenfalls Zeit, um seine Frau und seine Schwiegermutter vorzubereiten. Sie fanden Combes' Kirchenstürmerei völlig in Ordnung; hinzu kam, daß sich Péguy vor Mère Baudouin ausgesprochen fürchtete. Als er einmal gefragt wurde, ob er an den Teufel glaube, antwortete er: »Natürlich. Wenn ich neben meiner Schwiegermutter sitze, habe ich den Eindruck, er sitzt im Stuhl neben mir.« Madame Baudouin war verständlicherweise nicht begeistert, daß Charlottes Mitgift in die *Cahiers* geflossen war und daß der schriftstellernde Verleger kaum genug verdiente, um seine Angehörigen in dem kleinen Haus in Lozère zu ernähren und zu kleiden.

Jacques Maritain drängte Péguy immer wieder, seine Ehe auch nach den Gesetzen der Kirche zu legalisieren und seine Kinder taufen zu lassen, aber Péguy gab ausweichende Antworten. Eines Tages kam Jacques' Schwester Jeanne zu Péguy. »Du bist ein verachtenswerter Feigling«, warf sie ihm vor. »Du willst zwei Herren dienen.«

»Das solltest du mal in Lozère sagen.«

»Soll ich wirklich?«

»Ja, und nun will ich nichts mehr davon hören.«

Wer schließlich nach Lozère ging, war Jacques – ein sechsundzwanzigjähriger penetranter Besserwisser mit dem Eifer des Bekehrten und der Spitzfindigkeit eines Menschen, der sich im kanonischen Recht des Mittelalters auskannte. Er erklärte Madame Baudouin und Charlotte, nachdem sie ohnehin nicht ans Christentum glaubten, sei die Taufe für sie doch nur ein bedeutungsloser Akt, so daß sie Péguys Wünschen eigentlich nachkommen könnten; worauf die Damen erwiderten, ehe sie zuließen, daß auch nur ein Tropfen Weihwasser die Stirn ihrer Kinder berührte, würden sie sie lieber ertränken. Und nichts, was Maritain vorbrachte, konnte ihre Meinung ändern.

Bekümmert kehrte Maritain nach Paris zurück. Dann schlug er eine kirchenrechtliche Lösung vor, die *sanatio in radice*: Péguy sollte sich an Rom wenden, Rom würde seinen Fall prüfen und seine Ehe für gültig erklären. Seine Kinder blieben ungetauft, aber Péguy wäre wieder in die Gemeinschaft der Kirche aufgenommen und könnte die Sakramente empfangen.

Péguy waren klare, dramatische, wenn möglich heroische Entscheidungen lieber; Maritains Vorschlag kam ihm vor wie ein »krummes Ding«. Vielleicht fürchtete er auch, durch seine Rückkehr zur Kirche könnte seine Familie auseinanderbrechen. Und noch ein weiterer Hinderungsgrund kam hinzu. Seine Religion war im wesentlichen eine Sache des Herzens. Zu Maritain sagte er: »Ich würde die ganze *Summa* herschenken für ein *Gegrüßet seist Du, Maria* und ein *Heil Dir, o Himmelskönigin* . . . In dem, was Christus gesagt hat, ist kein einziges abstraktes Wort. Ebensowenig in der Bibel.« Ihm widerstrebten die rationalen, dogmatischen und »offiziellen« Aspekte der Kirche. Péguy glaubte, ein Katholik, der herausfinden will, ob er sich auf dem rechtgläubigen Weg befindet, sollte seine Freunde um Rat fragen, vor allem seine Freunde, die Heiligen. Jeanne d'Arc zum Beispiel, sagte Péguy, hörte nicht auf ihren Beichtvater; sie hörte auf ihre Heiligen. Also auch hier wieder: Subjektivismus!

Sehr deutlich wird dies, als Péguy Bergson verteidigte, den einzigen Philosophen, den er schätzte. Bergson beschrieb das Dogma als die symbolische Transkription mystischer Erfahrung. Er war inzwischen so populär geworden, daß seine Arbeiten in Priesterseminaren gelesen wurden, was Rom mit Besorgnis beobachtete, da es in einem solchen Anti-Intellektualismus Gefahren witterte. Péguy riskierte, daß auch seine eigenen Werke auf den Index gesetzt wurden, wenn er Bergson verteidigte; dennoch schrieb er in den *Cahiers*: »Es ist eine Lüge, Bergsons Philosophie als irrational zu bezeichnen. Sie ist eine neue Form des Rationalismus, nur flexibler als die alte. Sie hilft uns, das gegenwärtig Erlebte genau zu sehen. Sie beruht auf konkreten Tatsachen und ist deshalb ein Verbündeter des Christentums, einer Religion des gegenwärtigen Augenblicks und der Inkarnation.« Trotz Péguys beherzter Verteidigung setzte Rom die drei bedeutendsten Werke, die Bergson bis dahin geschrieben hatte, auf den Index der verbotenen Bücher.

Péguy zögerte noch immer, sich der Kirche anzuschließen. Erst einmal machte er seinen Glauben und seinen Eifer auf neue Weise deutlich: Er veröffentlichte ein langes Gedicht, das er wie ein Theaterstück anlegte und in dem es um das Mädchen Jeanne d'Arc aus Domrémy und ihre Berufung geht.

Die dramatische Versdichtung *Das Mysterium der Erbarmung* besteht aus einer Reihe von Dialogen und Betrachtungen. Im ersten Auftritt betet Jeanne für das vom Krieg verwüstete Frankreich und bittet Gott, die Heiligen zu schicken. Hauviette tritt auf, ein sittsames freundliches Bauernmädchen, das jeden Tag mit derselben Selbstverständlichkeit sein Morgen- und Abendgebet spricht, wie es dreimal am Tag eine Mahlzeit zu sich nimmt. Jeanne sei anders als andere Mädchen, sagt Hauviette, weil sie immer betet und diejenigen zu *sehen* scheint, zu denen sie betet. Jeanne macht sich über diese

Äußerung lustig, aber sie wiederholt, daß man einen Heiligen bräuchte, einen Heiligen von einer ganz neuen Art.

Dann folgt eine Betrachtung über die Leiden Frankreichs und wie die Leute schließlich den Glauben an die Erlösung aufgaben, weil sie an der Güte Gottes zweifelten. Eine Nonne, Madame Gervaise, versucht, Jeanne zu trösten, und erklärt ihr, daß die barbarische Zerstörung der französischen Kirchen der inneren Kirche nichts anhaben könne.

Wie Claudels Violaine zeigte Jeanne bereits jetzt ihre Bereitschaft, um der Erlösung willen zu leiden. Sie denkt an die Qualen der Hölle, die die Verdammten erleiden müßten, und um sie zu retten, betet sie: »Mein Gott, wirf meinen Leib in die ewigen Flammen.«

Jeanne ist überzeugt, sie hätte Christus an jenem Karfreitag nicht im Stich gelassen. »Der heilige Franz hätte ihn niemals verleugnet. Die heilige Klara hätte ihn niemals verleugnet... Wir sind große Verbrecher, wir sind große Sünder, aber das hätten wir niemals getan... Ich liebe die Engländer nicht. Ich sage: Niemals hätten die Engländer das zugelassen.«[11]

Péguys Stück endet damit, daß Madame Gervaise Jeanne dringend bittet, dem Willen Gottes seinen Lauf zu lassen, denn: kann Jeanne mit Bestimmtheit sagen, daß die Verdammnis, die sie voraussieht, wirklich geschehen wird? »Angesichts der ewigen Verheißungen... was wissen wir denn? Was sehen wir denn?«[12]

In einem begleitenden Gedicht, *Das Mysterium der Hoffnung*, untersucht Péguy das Paradoxe in jenen Verheißungen. Er beginnt mit einem Selbstgespräch Gottes über die theologischen Tugenden. Glaube und Liebe kann Gott ja noch verstehen, aber Hoffnung erstaunt ihn: »Daß sie sehen, diese armen Kinder, wie alles geschieht, und glauben, morgen werde es besser gehen... Liebe liebt nur, was *ist*, Hoffnung liebt, was *sein wird*.«[13]

Aber Gott selbst hat sein Herz der Hoffnung geöffnet durch Jesus, der die Brücke bildet und der, für immer gekreuzigt, am Verrat der Menschen leidet und über ihre Treue frohlockt. Jener hat sich zum Sklaven der Menschen gemacht, und indem er sich auf diese Weise verpflichtete, nahm er Gott in die Pflicht. Wenn der Mensch hofft, hofft Gott; der Mensch hofft auf Gott, Gott auf den Menschen; sie werden sich nur gegenseitig, der eine durch den anderen, retten können. Auf dem Weg über das Herz des Menschen verwandelt Jesus das Herz Gottes.

In einem dritten Gedicht, *Das Mysterium der Unschuldigen Kinder*, legt Péguy uns nahe, wie die Kinder in der Gegenwart zu leben, unbeirrt von allzuviel Reue oder Sorge um das Morgen, und auch hier rühmt er die Hoffnung, diesmal die Hoffnung auf Erlösung. Er läßt Gott folgendes Selbstgespräch führen:

> O nuit sera-t-il dit que je t'aurai créée la dernière.
> Et que mon Paradis et que ma Béatitude
> Ne sera qu'une grande nuit de clarté . . .
> Et tout s'achèverait de lassitude,
> Cette énorme aventure,
> Comme après une ardente moisson
> La lente descension d'un grand soir d'été.
> S'il n'y avait pas ma petite espérance.
> C'est par ma petite espérance seule que l'éternité sera.
> Et que la Béatitude sera.
> Et que le Paradis sera. Et le ciel et tout.[14]

> O Nacht wird es heißen, daß ich dich als letzte erschuf,
> Und daß mein Paradies und daß meine Seligkeit
> Nur eine große und helle Nacht sein wird . . .
> Und alles vollendete sich in Erschöpfung,
> Dieses ganze gewaltige Abenteuer,
> So wie nach der glühenden Ernte
> Langsam ein großer Sommerabend herabsinkt,
> Wenn nicht meine kleine Hoffnung wäre.
> Durch meine kleine Hoffnung allein wird es Ewigkeit geben.
> Und wird Seligkeit sein.
> Und das Paradies. Und der Himmel und alles.[15]

Péguys Gedichtzyklus verkaufte sich schlecht und veranlaßte viele *Cahiers*-Leser, ihr Abonnement zurückzugeben. Gide jedoch erkannte die Bedeutung und Aktualität dieser Gedichte und schrieb darüber in der *NRF*. Er äußerte sich auch zu den Wiederholungen – Péguy würde nie in einer Zeile sagen, was er auch in vier sagen könnte –, aber er verglich die Gedichte großzügig mit Litaneien oder arabischen Liedern.

Maurice Barrès erhielt ein Besprechungsexemplar des ersten Gedichts. Er mochte die Langatmigkeit des Autors nicht – »Wenn ich Péguy lese, sehe ich auf die Uhr« – und bezeichnete Péguys *Cahiers*-Artikel als »Literatureintopf, in den er jedes verfügbare Gemüse wirft«. Aber die *Jeanne d'Arc* paßte in seine Kampagne gegen die Schließung der Kirchen, und deshalb lobte der berühmte vaterländische Romancier Péguys Gedicht in einem Artikel in *L'Echo de France*.

Dadurch ermutigt, reichte Péguy sein Gedicht für den mit 10 000 Francs dotierten Preis der Académie Française ein, eine Summe, die ihn von seiner Armut erlöst hätte. Paul Bourget und Barrès versprachen, für ihn zu stimmen, aber ein anderes Akademiemitglied, Ernest Lavisse, führender Historiker an der Sorbonne und Säule des agnostischen Establishments, zog gegen das Gedicht zu Felde. »Péguy«, sagte Lavisse, »ist ein katholischer Anarchist, der seine Benzinbombe mit Weihwasser gefüllt hat.« Kein Mensch in Paris überlebt ein solches *mot*. Die Akademiemitglieder kniffen und verliehen in jenem Jahr überhaupt keinen Preis.

Péguy war wütend. Er wußte, daß sein Gedicht ein großes Werk war, und das ist es in der Tat. Er griff Lavisse in vielen Artikeln an und nannte ihn einen »fetten Totengräber«, der seine Segel nach dem sozialistischen Wind an der Sorbonne richte. Als Fernand Laudet Péguy in der *Revue Hebdomadaire* kritisierte, weil er der Öffentlichkeit nur die Legenden über Jeanne d'Arc bot, stürzte sich Péguy rachsüchtig mit einer 200 Seiten umfassenden, Swift-ähnlichen Schmähschrift auf Laudet. Péguy war ein guter Freund, aber auch ein guter Hasser. Nach Lavisses vernichtendem Bonmot brachte er es eineinhalb Jahre nicht über sich, ein Vaterunser zu beten, weil er seinen »Schuldigern« nicht vergeben konnte.

Obwohl ihm seine Gedichte nur finanzielle Probleme und Enttäuschung eingebracht haben, sind sie ein bedeutender Beitrag für diese Zeit. Zusammen mit den Gedichten von Jammes und Claudel führten sie den christlichen Glauben und das Mysterium wieder in die Literatur ein, in der solche Themen lange Zeit tabu gewesen waren. Und sie sind auch denkwürdig für ihre Zeit. Proust hatte etwas Absolutes in der Gemeinschaft mit seinem früheren Ich und seiner Mutter gesucht; Péguy suchte es in der Gemeinschaft mit den Heiligen seiner Kindheit und der Mutter Gottes.

Bis zum Vorabend des Krieges blieb Péguy ein breiter Publikumserfolg versagt. Er hoffte, die mit ihm befreundete Schauspielerin, Madame Simone Casimir-Perier, würde sein Stück *Jeanne d'Arc* auf die Bühne bringen, aber sie tat es nicht. Er sah kaum Anzeichen für die Entstehung seiner harmonischen Stadt. Er kehrte nicht zur Kirche zurück und fand trotzdem keinen häuslichen Frieden. Von einigen wenigen wurde er jedoch verehrt, ja sogar geliebt, wegen seiner Großzügigkeit, seiner Herzlichkeit und seiner moralischen Integrität. Einer der vielen, denen Péguy geholfen hatte, war Henri

Alain-Fournier, der Schwager von Jacques Rivière; Péguy hatte ihm in Paris eine Stellung als Sekretär besorgt. Alain-Fournier, der Autor von *Der Große Kamerad*, sprach aus, was viele dachten, als er erklärte: »Ich sage, und ich weiß, was ich sage, daß es seit Dostojewski keinen gegeben hat, der so eindeutig ein Mann Gottes war.«

Im Februar 1912 erkrankte Péguys achtjähriger Sohn Patrick an Typhus. Péguy vertraute ihn dem Schutz der Muttergottes an und gelobte, wenn der Junge wieder gesund würde, nach Chartres zu pilgern, an den »einzigen Ort in der Welt, wo alles kindhaft wird«. Der Junge genas, und Péguy brach zu seiner Pilgerfahrt auf. Mit dem strammen Schritt eines Reserveoffiziers legte er die 144 Kilometer zwischen Paris und Chartres in drei Tagen zurück. Es war typisch für Péguy, eine anspruchsvolle körperliche Tätigkeit als eine Form des Gebets und der Selbstaufopferung zu nutzen und ganz alleine loszuziehen. Auf dieser Wanderung entstand ein neues Gedicht, *Die Tapisserie Unserer Lieben Frau*, in dem Péguy, der Pariser, der Mutter Christi die Stadt, in der er lebt, symbolisch darbringt in Gestalt eines Schiffes, das beladen ist mit Seelen, menschlichen Sünden, aber auch mit erlösender Gnade.

Im Juli 1913 unternahm Péguy dieselbe Pilgerfahrt noch einmal, ebenfalls zur Erfüllung eines Gelübdes. Und wieder konnte er sein persönliches Anliegen mit einer öffentlichen Demonstration verbinden. Er schuf damit sozusagen ein lebendes Bild für seine Behauptung, Paris könne die harmonische Stadt werden, wenn es Schritt für Schritt zu seinen christlichen Ursprüngen zurückkehrte, die so großartig in Frankreichs schönster Kathedrale zum Ausdruck kämen.

Péguys Wallfahrten entsprachen ähnlichen Themen in Claudels Gedichten und Dramen. Sie fanden Anklang bei der jungen Generation und wurden viel und positiv diskutiert. Ein gutes Jahr nach seiner zweiten Wallfahrt sollte Péguy Paris wieder verlassen, diesmal in Uniform mit seinem Regiment. Er fiel in der Marne-Schlacht. Trotz seiner Widerspenstigkeit und seiner Schimpfkanonaden war er für Dutzende in seiner Umgebung der ideale Freund, ein Mann mit einem reinen Herzen. Heute erinnert man sich an Péguys Mut, seine schriftstellerische Arbeit und seine Pionier-Wallfahrten, wenn sich alljährlich Tausende von jungen Menschen auf den Weg machen und von Paris nach Chartres pilgern.

KAPITEL IX
Eine Musik der Nuancen: Claude Debussy

Den klar verständlichen Bereich der Literatur zu verlassen und sich dem mehr gefühlsbetonten der Musik zuzuwenden, verlangt so etwas wie einen mentalen Rösselsprung, aber er wird uns ein wenig erleichtert durch die Tatsache, daß der schöpferischste Musiker dieser Epoche so manchen Einfall der Literatur verdankte und eine ungewöhnliche Gabe besaß, seine musikalischen Intentionen in einer exakten Sprache auszudrücken.[1]

Manuel Debussy und seine Frau Victorine waren kleine Geschäftsleute, die im hübschen St. Germain-en-Laye einen Geschirrladen hatten. Manuel Debussy war Berufssoldat gewesen; er sah blendend aus, war aber labil und untüchtig. Victorine war die Tochter eines Stellmachers; sie war intelligent und ehrgeizig, was ihre Kinder betraf. Ihr ältester Sohn erhielt den Namen Claude-Achille – Achille war der heroisch klingende zweite Name ihres Gatten. Im Jahr 1866, als Claude-Achille vier Jahre alt war, verkauften die Debussys ihr Geschirrgeschäft und zogen ins nahe gelegene Paris, wo Manuel als Buchhalter arbeitete und noch etliche Kinder zeugte. Madame Debussy neigte zur Nervosität. Sie empfand ihre Mutterpflichten als Last und schickte ihre Kinder immer wieder für längere Zeit zu Verwandten. Claude-Achille kam zu einer Tante nach Cannes, wo seine Schulbildung zwar noch mehr vernachlässigt wurde, dafür aber seine musikalische Ausbildung begann. Er erhielt Klavierunterricht bei einem Lehrer namens Cerutti.

Debussy war ein scheuer, verträumter Bengel, aber seine Mutter fand, er habe Talent, und schickte ihn, nachdem er nach Paris zurückgekehrt war, zum Klavierunterricht bei Madame Mauté de Fleurville, einer Schülerin von Chopin und Schwiegermutter des Dichters Verlaine. Unter der Anleitung dieser doppelt kunstverständigen Dame machte der Junge so gute Fortschritte, daß er mit elf Jahren in das Conservatoire de Paris aufgenommen wurde. Dort gewann er einen zweiten Preis im Fach Klavier, erhielt aber schlechte Noten in Harmonielehre. Er las Hans Christian Andersen und Dikkens, dessen *Bleak House* er besonders liebte. Gelegentlich begleitete er seinen Vater zu Aufführungen von Donizettis *Die Regimentstochter,* der Lieblingsoper des ehemaligen Soldaten, und zu verschiedenen Operetten. Debussys liebenswürdiger Lehrer in Komposition, Ernest Guiraud, unterrichtete seine Schüler auf unkonventionelle Weise; gelegentlich auch am Billardtisch im Café. Für die Teilnahme am *Prix de Rome* riet er Debussy, seinen persönlichen Geschmack zugunsten des gängigen Formalismus hintanzustellen. Debussy komponierte brav ein elegantes Pasticcio von Massenet, die Kantate *L'Enfant Prodigue,* mit der er den begehrten Preis gewann: drei Jahre Rom.

Aber die Zeit in der ewigen Stadt wurde eine Enttäuschung. Debussy war mit seinen fünfundzwanzig Jahren bereits einzelgängerisch und unabhängig. Er haßte das reglementierte Leben der Villa Medici, das fade Essen und den ebenso faden musikalischen Akademismus. Mindestens zwei seiner Pflichtarbeiten wurden von den maßgeblichen Stellen als nicht zufriedenstellend verworfen. Debussy glaubte, er vergeude hier nur seine Zeit, und verließ die Villa Medici nach dem zweiten Jahr.

Zurück in Paris, führte Debussy das Leben eines Bohemien, besuchte das Café *Le Chat Noir,* wo Henri Rivière – kein Verwandter von Jacques – Schattenspiele inszenierte und Madame Mautés Sohn Klavier spielte, und er ging in das Kabarett, in dem Yvette Guilbert jene Lieder sang, bei denen ein Affe erröten wäre. Hier verdrückte er Unmengen von überbackenen Käseschnitten, die er mit hellem Bier hinunterspülte und redete kettenrauchend vorzugsweise über symbolistische Literatur. Debussy war eine auffallende Erscheinung. Über seine stark vorspringende, wie von Rodin modellierte Stirn fiel dichtes schwarzes Haar. Er hatte rundliche Wangen, rote sinnliche Lippen und einen schwarzen Bart. Er kleidete sich schick und trug besonders gern grüne Querbinder. Mit seinem häufig finsteren Gesichtsausdruck sah er aus wie ein Assyrer, aber dahinter verbarg sich eine warme Sinnlichkeit, die sehr zärtlich sein konnte. Er liebte Katzen; später, als er sein eigenes Haus besaß, hielt er sich graue Katzen.

Er hatte nur ein paar Freunde, die fast alle kreative Menschen waren. Einer von ihnen war Erik Satie, ein kleiner Mann, der seine jugendliche Glatze unter einer Melone, seine kurzsichtigen, boshaften Augen hinter einem Pincenez versteckte, Galoschen trug und eine merkwürdige Mischung aus messerscharfem Verstand und kindlicher Naivität darstellte. In Venedig hatten er und Bakst die umherstolzierenden, mit dem Kopf nickenden Tauben beobachtet. »Was tun die?« fragte Bakst, und Satie antwortete: »Sie suchen Briefe, die sie befördern können.« Als Komponist hatte er wenig Erfolg, aber er tröstete sich: »Die Leute verehren eben die Langeweile, weil Langeweile geheimnisvoll und tief ist.« Obgleich er mehr an der Erweiterung seiner unvergleichlichen Schirmsammlung als an Heirat interessiert war, machte er damals gerade Suzanne Valadon den Hof – der Mutter von Utrillo, die wie ihr Sohn Malerin war.

Ein zweiter enger Freund war Pierre Louÿs. Ihn faszinierte die Dekadenz des hellenistischen Alexandria; in Algerien wollte er die griechischen Sinnenfreuden neu zum Leben erwecken und sie in Bordellgedichten und -romanen schildern. Er hatte auch die Gesellschaft von Gide gesucht, aber Louÿs war heterosexuell und amoralisch; letzteres war der Grund, warum sich der ernstere Gide mit ihm entzweite. Debussy, der keine großen moralischen Hemmungen hatte, fand Louÿs' Suche nach »heidnischen Freuden« ganz nach seinem Geschmack und vertonte 1897 Louÿs' *Chansons de Bilitis*. Die Freundschaft mit Louÿs sollte bis weit ins neue Jahrhundert dauern.

Als Sechsundzwanzigjähriger gab Debussy in einem der damals so beliebten Fragebögen an, seine Lieblingsbeschäftigung sei lesen, mit einer Zigarette zwischen den Fingern, seine Lieblingstugend sei Stolz, seine Lieblingseigenschaft bei einem Mann Willenskraft, bei einer Frau Charme. Seine Vorstellung von Glück – lieben. Er bevorzugte sinnliche Frauen mit üppigen Kurven und starkem Charakter.

Debussys erste Geliebte war eine grauäugige Blondine – Gabrielle Dupont. Nach ihr verliebte er sich in die Sängerin Thérèse Roger; er wollte sie heiraten, doch dann löste er die Verlobung und kehrte zu Gabrielle zurück. Sie lebten bis 1899 zusammen. Danach heiratete Debussy – Erik Satie war Trauzeuge – die Näherin Lily Texier. Sie war die Tochter eines burgundischen Stationsvorstehers, und eine ihrer von Debussy besonders gerühmten Fähigkeiten war ihr Talent, eine gute Tasse Tee zuzubereiten. Tee war in einem Haushalt, der aus den Einkünften eines Klavierlehrers bestritten werden mußte, etwas sehr Wichtiges, denn, wie Debussy zu sagen pflegte, im obersten Stockwerk der Rue Cardinet 58 »gab es mehr Liebe als Beefsteaks«.

Eine andere, ausgesprochen willensstarke Frau, die Debussy sehr verehrte, war Camille Claudel. Ihre Liaison mit Rodin schloß eine Liebesbeziehung mit Debussy aus, aber er scheint ihr gern zugesehen zu haben, wenn sie mit ihren kräftigen Händen menschliche Figuren im *art-nouveau*-Stil formte, die sich harmonisch mit Ranken, Blumen oder fließendem Wasser verbanden. Debussy liebte ihre Skulptur *La Valse* – eine Kopie davon stand bei ihm zu Hause auf dem Kaminsims – und *La Petite Châtelaine*, ein Kind, das mit fragenden Augen ins

Unbekannte schaut. In Camilles Atelier sah er auch ihre Figurengruppe *Vagues,* aufsteigende Wellen, die die Gestalt von jungen Frauen annehmen – Philippe Berthelot vom Quai d'Orsay sollte diese Skulptur kaufen – und Holzschnitte mit Wellenmotiven von Hokusai.

Debussys erstes bedeutendes Orchesterwerk, *Prélude à l'Après-Midi d'un Faune* verdankt viel der sinnlichen Natur des Komponisten und so manches seinen Freunden. Obwohl der Titel von einem Gedicht Mallarmés stammt, kommt der Faun, der Waldgott, den Bronzen Camilles recht nahe; und Wesen, die ohne Reue zu genießen verstanden, waren ein Lieblingsthema von Louÿs, der bald darauf eine etwas undurchsichtige Zeitschrift mit dem Titel *Le Centaure* gründete. Gide schrieb für *Le Centaure,* und sein frühes Prosagedicht *Uns nährt die Erde,* das er 1896 veröffentlichte und in dem er behauptete, daß das irdische Paradies durchaus noch bestehe für den, der bereit sei, die sinnlichen Freuden zu genießen, ist die beinahe exakte literarische Entsprechung zu den Flöten, der trillernden Klarinette und dem Harfenarpeggio in Debussys sinnenfreudiger Partitur.

Debussy wollte hier jedoch nicht stehenbleiben; er wollte menschliche Gefühle darstellen, Menschen, die sich lieben und aneinandergeraten – kurz, er drängte zur Oper. Und wer in den 1890er Jahren Opern komponieren wollte, mußte sich mit Wagner befassen. Mit sechsundzwanzig Jahren reiste Debussy nach Bayreuth, um Mythologie zu hören oder das, was er als die bisweilen forcierte Wiederkehr von Leitmotiven bezeichnete; trotzdem sagte er mit einem Seufzer zu Louÿs: »Ich sehe nicht, wie man über den *Tristan* hinausgehen kann.« Er behauptete, er kenne die Partitur dieser Oper auswendig; später gefiel ihm die Karfreitagsmusik aus *Parsifal* noch besser.

Nach Bayreuth und der Offenbarung, daß Oper beinahe ein religiöses Erlebnis sein konnte, hatte Debussy an Selbstvertrauen gewonnen. Möglicherweise konnte man von diesem erstaunlichen Deutschen lernen und dennoch französischer Mäßigung und Eleganz treu bleiben. Er nahm sich vor, ein ernstes Thema nicht überwältigend, sondern natürlich, beinahe schlicht zu behandeln. Nachdem Wort, Geste und Ton einer einzigen Quelle entspringen, mußten seiner Meinung nach alle von ein und derselben Stimmung inspiriert sein.

Nach langem Zögern wählte er als Libretto ein Stück im *Tristan*-Stil, das in einer unbestimmten Vergangenheit spielt und von ehelicher Untreue handelt, die mit dem Tod endet. Aber während sich der Autor des Stücks, der Flame Maurice Maeterlinck, auf Schicksal, Verhängnis und die finsteren Reiche des kosmischen Symbolismus konzentrierte, ging Debussy mehr auf die handelnden Personen des Stücks ein, besonders auf die bald zögernde, bald kühne, aber stets zärtliche Liebe zwischen Pelléas und Mélisande. Bis 1896 hatte er eine Klavierpartitur komponiert, doch damit war nur das erste Stadium in einem langen und mühsamen Schaffensprozeß abgeschlossen.

Über die Pariser Oper schrieb Arnold Bennett: »Vom Tenor bis zum Programmverkäufer gibt es zwölfhundert Priester und Priesterinnen der Kunst in diesem großartigen Gebäude. Ein paar sind vielleicht Künstler; mit absoluter Sicherheit sind sie alle Bürokraten.«[2] Da hätte ihm Debussy wahrscheinlich zugestimmt, der seinerseits das Operngebäude von außen als Bahnhof und von innen als türkisches Bad bezeichnete. Nirgends saßen fossilere Bürokraten als im Auswahlgremium für Opernaufführungen. *Faust, Carmen* und *Manon* sowie die Werke von Puccini und Verdi waren das bewährte Repertoire. Von den Modernen wurden Alfred Bruneaus Opern aufgeführt, weil ihre Libretti von Bestsellerautoren wie Zola stammten. Im Februar 1900 kam *Louise* von Gustave Charpentier, einem jüngeren Zeitgenossen, auf die Bühne. Diese Verniedlichung des Montmartre, »wo jedes Herz die Pflicht hat zu lieben«, stand Debussy nur mühsam durch; bei den »bleichsüchtigen Kantilenen« und weinerlichen Sentimentalitäten zuckte er gepeinigt zusammen, und noch peinlicher erschienen ihm der frenetische Beifall und die begeisterten Kritiken, mit denen *Louise* begrüßte wurde.

Pelléas et Mélisande war alles andere als ein sicherer Erfolg. Das Stück war innovativ, nicht aktuell und hatte keine ins Ohr gehenden Melodien. Den Bürokraten erschien eine Aufführung äußerst riskant, und Debussy bezweifelte, daß es überhaupt aufgeführt würde. »Es ist nur, daß die Leute die Schönheit zu wenig lieben«, klagte er, »weil das unbequem ist und weil sie sich ihren häßlichen kleinen Seelen auch nicht angleichen läßt; noch viele solcher Werke wie ›Louise‹, und jeder Versuch, sie aus dem Schmutz zu ziehen, wird eine Fehlgeburt.«

Im Juni 1901 steckte Debussy bis zum Hals in Schulden; dazu kamen Arztrechnungen für Lily, die an Tuberkulose erkrankt war. Aber um die Jahrhundertwende war es zu ein paar wichtigen Kontakten gekommen, und da und dort glomm ein Fünkchen Hoffnung auf. Der kürzlich ernannte Direktor der Opéra-Comique, Albert Carré, bewunderte *Pelléas* und entschloß sich, das Stück aufzuführen. Überglücklich beeilte sich Debussy, seine Klavierpartitur zu orchestrieren, während sich Carré und der liebenswürdige und intelligente Dirigent des Opernorchesters, Messager, nach einer für die anspruchsvolle Partie der Mélisande geeigneten Sängerin umsahen.

Die aus Schottland stammende Sopranistin Mary Garden war eine hübsche Blondine und besaß den damals bei Sängern ungewöhnlichen Vorzug, zierlich und schlank zu sein. Sie war am Abend des 13. April ein Star geworden, als sie für die Sopranistin der ersten Besetzung, die ihre Stimme verloren hatte, einsprang und die Louise sang. Sie war ein entzückendes, bescheidenes Mädchen; Carré und Messager bewunderten nicht nur ihre Stimme, sondern verliebten sich beide, jeder auf seine Art, in sie. Sie überredeten Mary, zusammen mit anderen Sängern, die für die Besetzung in Frage kamen, in Messagers Pariser Wohnung zu kommen, wo ihnen Debussy den Klavierauszug vorspielen würde.

»Während ich zuhörte«, erinnerte sich Mary Garden, »schien ich eine andere zu werden, eine, die in mir lebte, deren Sprache und Seele der meinen sehr ähnlich war. Als Debussy zum vierten Akt kam, konnte ich vor Tränen meine Partitur nicht mehr lesen... und als er die letzten Noten von Mélisandes Tod spielte, begann ich schrecklich zu schluchzen, und Madame Messager schluchzte mit, und wir flüchteten beide ins Zimmer nebenan.«[3]

Als Debussy geendet hatte, drehte er sich um: »Mesdames et Messieurs, das also ist mein *Pelléas et Mélisande*. Jeder muß vergessen, daß er Sänger ist, bevor er die Musik von Debussy singen kann.« Er murmelte noch ein rasches »Au revoir« und ging ohne ein weiteres Wort.

Mary Garden, damals noch ein rechter Neuling, fühlte sich durch Debussys rätselhafte Anweisung ziemlich eingeschüchtert. Trotzdem ging sie, nachdem sie ihren Part studiert hatte, zu einer Probe ins Opernhaus. Als sie dort nach dem Mittagessen eintraf, war Debussy schon da. Nach einer kurzen Begrüßung setzte er sich ans Klavier und Mary schlug ihre Partitur auf. »Wir probten den ersten Akt; Debussy sang die Rolle des Golaud. Seine Stimme war heiser und nicht kräftig ... aber er war ein großartiger Pianist. Er saß also da, sang die Rolle des Golaud, spielte Klavier und äußerte kein einziges Wort der Kritik. Als wir zu Pelléas kamen, sang er auch ihn sowie alle anderen Rollen bis auf meine.

Dann kamen wir zur Turmszene. Während ich sang, stand er plötzlich auf und ging aus dem Zimmer. Ich blieb noch eine Weile und wartete, völlig verwirrt, weil ich dachte, ich hätte ihn auf eine geheimnisvolle Weise gekränkt, und bereitete mich bereits auf den Schock vor, daß ich die Mélisande nicht singen würde. Ich setzte meinen Hut auf und wollte eben gehen, als ein Junge eintrat: ›Miss Garden, Monsieur Carré möchte Sie in seinem Büro sprechen‹. Als ich eintrat, saßen dort Debussy und Monsieur Carré. Debussy erhob sich, kam auf mich zu und nahm meine beiden Hände in seine.«[4]

»Wo wurden Sie geboren?« fragte er, und als Mary antwortete: »In Schottland«, meinte er: »Da mußten Sie aus dem fernen kalten Norden kommen, um meine Mélisande zu erschaffen – denn genau das werden Sie tun, Mademoiselle.«

Er wandte sich zu Carré und hob die Hände. »Ich habe ihr nichts zu sagen ... Was ist das nur für eine sonderbare Person, dieses Kind.«

Danach schwieg er auf seine merkwürdig gleichgültige Art, nahm seinen Hut und verließ mit einem gemurmelten »Adieu« Carrés Büro. Debussy sorgte mit seinen abrupten Abgängen immer wieder für Verwirrung.

Maurice Maeterlinck war von Belgien nach Paris übergesiedelt. Er war groß und stämmig, hatte ein gutaussehendes, etwas flaches Gesicht, langes glattes Haar und war ungefähr im selben Alter wie Debussy. Mit seinem poetischen, aber naturwissenschaftlich exakten Buch *Das Leben der Bienen* war er berühmt geworden. Er lebte mit Georgette Leblanc, einem Mädchen aus der Normandie, zusammen. Sie war die Schwester des Autors der Kriminalromane um den berühmten Arsène Lupin, hatte eine gute Stimme und war erst kürzlich als Carmen erfolgreich gewesen. Sie war schlank wie Mary Garden, aber ansonsten das genaue Gegenteil mit ihrem harten, hohlwangigen Gesicht und einem tyrannischen Wesen, das sie benutzte, um sich bei Maeterlinck durchzusetzen. Diese Dame nun hatte es sich in den Kopf gesetzt, die Mélisande zu singen.

Im Mai 1901 hatte Debussy Maeterlinck in seiner Wohnung aufgesucht, um ihm die Klavierpartitur des *Pelléas* vorzuspielen. Maeterlinck, dem jeder Musikverstand abging, war noch vor dem Ende eingeschlafen. Was passierte, als er aufwachte, weiß keiner so genau. Georgette sagte, Maeterlinck habe sie für die Hauptrolle vorgeschlagen und Debussy habe zugestimmt. Vielleicht hatte Debussy zu diesem frühen Zeitpunkt tatsächlich eingewilligt, weil er fürchtete, Carré könnte es sich anders überlegen oder weil er den berühmten Autor Maeterlinck nicht verprellen wollte – jedenfalls glaubte Maeterlinck, seine Geliebte würde die Mélisande singen.

Als Maeterlinck am 29. Dezember 1901 seine Zeitung aufschlug, las er im Feuilleton, in der Oper hätten die Proben für *Pelléas* begonnen mit Mary Garden in der Rolle der Mélisande. Zweifellos von seiner erzürnten Geliebten bedrängt, stürmte Maeterlinck ins Theater, wo er auf Debussy und Carré losging und brüllte: »Ich werde nicht zulassen, daß Mary Garden die Mélisande singt.«

Überraschung, Bestürzung, Angst befiel die beiden Musiker. Debussy sagte, er könne sich beim besten Willen nicht erinnern, Georgette die Rolle versprochen zu haben; aber der berühmte und einflußreiche Maeterlinck mußte offensichtlich mit Vorsicht behandelt werden. Es folgten Gespräche. Debussy schlug vor, Georgette solle einen Akt aus *Pelléas* vor einer Jury von Musikern singen, die auch Mary gehört hatten, und die Jury solle entscheiden. Georgette stimmte zu, sang den dafür gewählten Akt, und die Jury entschied sich für das schottische Mädchen.

Maeterlinck tobte weiter. Er drohte mit einem Prozeß, nur um festzustellen, daß in Frankreich der Komponist bei einer in Gemeinschaftsarbeit entstandenen Oper mehr zu sagen hatte als der Librettist. Als Maeterlinck glaubte, seine Ehre stünde auf dem Spiel, forderte er Debussy zum Duell.[5]

Debussy war alles andere als ein Athlet und ein starker Raucher obendrein. Zudem hatte er erfahren, Maeterlinck sei ein guter Degenfechter. Er hatte nicht vor, dem Namen Achille gerecht zu werden; aber er war einverstanden, als der zuvorkommende Carré, ein Reserveoffizier, vorschlug, den Fehdehandschuh für ihn aufzunehmen.

Maeterlinck hatte die Unterstützung von Lugné-Poe, dem Direktor des Théâtre de l'Œuvre, der sein Stück *Pelléas* dort uraufgeführt hatte; in Lugné-Poes Garten wurde nun fleißig gefochten. Aus unerfindlichen Gründen kam es aber nicht zum Duell. Statt dessen erschien Maeterlinck in Debussys bescheidener Wohnung im fünften Stock und bedrohte ihn mit seinem schweren Spazierstock. Debussy brachte es fertig, den Kritikern, sogar dem Opern-Establishment die Stirn zu bieten, aber dieser gewaltige, wutentbrannte Flame mit erhobener Waffe erschreckte ihn fast zu Tode. Er wurde ohnmächtig, sank in einen Stuhl und mußte von der stets besorgten Lily mit Riechsalz wiederbelebt werden.

Maeterlinck konnte über blaue Vögel des Glücks und Kindheitsträume schreiben, aber im richtigen Leben konnte er bösartig sein, und das wußte Georgette auszunutzen. Mitte April 1902, sechzehn Tage vor der Uraufführung, veröffentlichte Maeterlinck einen Brief in *Le Figaro*. Indem Debussy und Carré die von ihm gewählte Sängerin ablehnten, schrieb Maeterlinck, »schlossen sie mich von meinem eigenen Werk aus, das sie von Stund an wie besetztes Territorium behandelten. Willkürliche und absurde Kürzungen wurden vorgenommen ... Jeder Kontrolle über mein Werk beraubt, bleibt mir nur der Wunsch, es möge schleunigst und mit Pauken und Trompeten durchfallen.«

Paris liebte – und daran hat sich bis heute nichts geändert – Skandale in der Kunstszene. Die Meinungen polarisierten sich immer mehr; es gab nur noch für oder wider zu *Pédéastre et Médisance*, wie ein Spötter die Oper nannte. Bei der Kostümprobe verteilten Anti-Debussysten Programme mit einer diffamierenden Inhaltsangabe, so daß viele Besucher schon in spottlustiger Stimmung im Theater Platz nahmen. Als Mary Garden mit leicht schottischem Akzent: *»Je ne suis pas heureuse«* sang, äffte sie das Publikum nach, und als Pelléas ihr goldenes Haar liebkoste, rief jemand: *»Il fait le coiffeur«*, und alles lachte. In den Pausen kam es zu mehreren Handgreiflichkeiten.[6]

Dies ließ für die Uraufführung am Montag, den 30. April, nichts Gutes ahnen. Debussy brachte es nicht fertig, sich die Aufführung anzusehen, und blieb in Carrés Büro hinter der Bühne, rauchte eine Zigarette nach der anderen, während Carré mit letzten Anweisungen beschäftigt war. Beide hofften, daß sich die Ereignisse vom Vorabend nicht wiederholten.

Die Handlung spielt in einem Schloß auf einer Insel. Die zarte, unschuldige Mélisande wird in eine Ehe mit Golaud gelockt. Golauds Halbbruder Pelléas und Mélisande verlieben sich ineinander. Golaud überrascht das schuldige Paar, tötet Pelléas und verwundet Mélisande, die später ebenfalls stirbt.

Diesem wenig originellen Thema aus dem 19. Jahrhundert verlieh Debussy Frische, Ernst und tiefes Gefühl und stattete es mit allen Möglichkeiten der musikalischen Technik des frühen 20. Jahrhunderts aus. Statt in sich geschlossener Arien komponierte er eine einzige dramatische Melodie, in der die Gesänge und Rezitative der Personen nur einzelne Teile sind. Er baute keine Tänze ein, kaum Geräusche, insgesamt nur zwei vollständige Kadenzen, wohl aber Stille, besonders wenn Mélisande auf der Bühne ist. Seine Wucht erzielte er nicht mit Hörnern und Kesselpauke, sondern mit sparsam und zurückhaltend eingesetzten Mitteln.

Bei der Premiere hörte sich das Publikum die neue Oper manierlich an. Zwischen Verwunderung und Staunen, aber durchaus aufgeschlossen, lauschte es den von tiefen Gefühlen durchdrungenen Worten: *»›On s'embarquerait sans le savoir, et l'on ne reviendrait plus‹, ›Si j'étais Dieu, j'aurais pitié du cœur des hommes‹«*, und als der Vorhang nach der letzten der zwölf Szenen fiel, war man offensichtlich geteilter Meinung.

»Gesungene Unterhaltung« war das Fazit des einflußreichen Kritikers der realistischen Schule, Jules Renard.[7] »Ich wartete auf einen Reim, der niemals kam. Eine Folge von Noten wie das Geräusch des Windes . . . da ist mir der Wind lieber. In der Musik will ich etwas hören, was vertraut klingt. Das Bühnenbild war schön, aber Lucien Guitry hatte recht, als er mich daran erinnerte, daß es ein schlechtes Geschäft ist, ein schönes Bühnenbild für ein Stück zu machen, das mit Sicherheit durchfällt; und während Lucien Guitry das Stück absaß, stöhnte er gewaltig vor Langeweile.« Théodore Dubois, ebenfalls Anhänger der alten Schule, ging noch weiter: Er verbot seinen Schülern am Konservatorium, ein so unorthodoxes Werk zu hören.

Das junge und musikalisch gebildete Publikum dachte anders. Maurice Ravel besuchte jede Vorstellung; Romain Rolland sprach von der originellsten Oper seit der Erfindung der Oper, und der Dichter Fernand Gregh schrieb:

»Wie sich die Herren von 1636 alle mit *Le Cid* identifizierten und die Romantiker von 1830 mit *Hernani*, so sahen wir jungen Leute uns als Pelléas. Die bewegendsten Zeilen gelangten durch Debussys Musik in unser Leben und dienen noch heute als Kennworte . . . Wir verließen das Theater, ganz Feuer und Flamme, trunken mit Harmonien, erfüllt von Wohlklang und Bildern, sogar von Ideen. Denn ein Meisterwerk ist ein geistiges Zentrum, von dem alle Arten von Theorien und Gedanken ausstrahlen.«[8]

Greghs Ansicht erwies sich als richtig. *Pelléas* wurde rasch zu einem Lieblingswerk und erlebte Weihnachten 1906 seine fünfzigste Aufführung.

Um die Jahrhundertwende befand sich die zeitgenössische französische Orchestermusik in desolatem Zustand. Franck war tot, Saint-Saëns war Mitte sechzig, Fauré und Satie komponierten hauptsächlich Kammer- oder Vokalmusik. Bessere Arbeit wurde jenseits des Rheins geleistet. Aber im Jahr 1900 entwickelte Debussy die instrumentale Farbigkeit und die Harmonienfülle von *L'Après-Midi* erfolgreich weiter mit seinen *Nocturnes*, drei kurzen Stücken – *Nuages*, *Fêtes*, *Sirènes*. Und nach seinem Erfolg mit *Pelléas* erwog er nun ein groß angelegtes Orchesterwerk.

Debussy haßte es, sich eingeschlossen zu fühlen, zu schwitzen und Menschenmassen ausgeliefert zu sein. Die Musik seiner Zeit hielt er für zu beengt. Er glaubte, die Fenster weit öffnen zu müssen.[9] Pelléas und Mélisande sehnen sich in ihrem erstickenden Schloß auf der Insel hinaus auf die offene See, und das war auch Debussys Sehnsucht.

Als Junge hatte er in Cannes das stille Mittelmeer lieben gelernt; später hatte er von den bretonischen Häfen St. Lunaire und Cancale auf die ungestüme Nordsee hinausgeblickt. Wenn er nicht Komponist geworden wäre, sagte er einmal, wäre er gern Seemann geworden. Er fand eine tiefe Befriedigung in der Bewegung des Wassers, in der Bewegung der Natur allgemein. Er sah die Natur mit dem Verständnis des frühen 20. Jahrhunderts, nicht mehr als unwirtliche, träge, schwerfällige Materie, sondern als pulsierende Atome, deren Energie sich aus Bewegung zusammensetzt. Es sei das Privileg des Musikers, schrieb Debussy, »den gewaltigen Zuckungen des Universums Rhythmus zu verleihen«. Er verglich die Energie in der Natur mit einer Musik, »die die Bewegung von Gewässern erzeugt und die Richtung, die der umspringende Wind nimmt; nichts ist musikalischer als ein Sonnenuntergang«.

Als er begann, solche Gefühle in Klänge umzusetzen, zeigte sich seine Originalität. Das Vogelgezwitscher, Kuhgebrüll und Donnern in Beethovens 6. Symphonie mochte er nicht. Musik, sagte er, »ist nicht der Ausdruck von Gefühl, sondern das Gefühl selbst«. Er wollte bis ins Mark des Gefühls vordringen – zu *seinem* Gefühl, wenn er das Meer beobachtete: ». . . wahrhaftig der Teil der Natur, der einen am gründlichsten widerlegt.«

Debussy begann mit der Komposition der drei symphonischen Skizzen, *La Mer*, im Sommer 1903 im Haus seiner Schwiegereltern in den burgundischen Hügeln. Das Meer war auch hier gegenwärtig, wenngleich nur nachempfunden in Reproduktionen von Gemälden seines Lieblingsmalers Turner und Hokusais Holzschnitt *Die Welle*, den er zum ersten Mal bei Camille Claudel gesehen hatte. Debussy beendete die Partitur am Sonntag, den 5. März 1905, um sechs Uhr abends.

Die scheinbare Asymmetrie und tonale Instabilität von *La Mer*,[10] bis dahin beispiellos in der französischen Musik, veranlaßte einige, von Debussy dem Träumer zu sprechen, der wahllos Gefühle niederschrieb ohne Rücksicht auf klassische Proportionen. Aber eine neuere Analyse des Musikwissenschaftlers Roy Howat hat gezeigt, wie gekonnt und klug *La Mer* konstruiert ist, insbesondere wie Debussy, vielleicht mit Absicht, vielleicht als unbewußte Reaktion auf seine Ausbildung, den Goldenen Schnitt anwendet. Nach dieser Regel wird eine Strecke so unterteilt, daß sich der kürzere Abschnitt zum längeren so verhält wie der längere zur ganzen Strecke. Der teilende Punkt liegt etwas unterhalb von zwei Dritteln der ganzen Strecke.

Man findet den Goldenen Schnitt in einigen natürlichen Objekten, zum Beispiel bei manchen Muschelarten, und häufig in der bildenden Kunst, so auch in Hokusais *Die Welle;* dieses Bild erschien Debussy so relevant, daß er es auf den Einband seiner Partitur reproduzieren ließ. Der Goldene Schnitt teilt ein Kunstwerk nach einem Schema ein, das die Betrachter oder Hörer jeder Zivilisation anscheinend nach wie vor als besonders angenehm empfinden.

Der erste Teil von *La Mer,* »Von der Morgendämmerung bis zum Mittag auf dem Meer«, umfaßt eine Einleitung, zwei große Abschnitte, einen Übergang und eine Coda. Alle sind unterschiedlich aufgebaut mit eigenen Themen, eigenen Tonarten und eigener Metrik, aber die Einleitung und die zwei großen Abschnitte bestehen, so Roy Howat, aus ABCBA-Bogenformen, die an eine Welle erinnern, und sind unterteilt nach dem Goldenen Schnitt. Im ersten großen Abschnitt liegt der Wendepunkt des Bogens bei Einheit 66 von 107 Einheiten. Ebenso werden die Höhepunkte der dynamischen Form des ganzen Stücks sowie der dritte Teil »Gespräch zwischen Wind und Meer« vom Goldenen Schnitt bestimmt. Der Wechsel der Gezeiten, der sich durch alle Abschnitte zieht, ist weder zufällig noch chaotisch, sondern resultiert aus der sorgfältigen Anwendung streng klassischer Proportionen, auch wenn sie unter einer reichen und vielfältigen Struktur verborgen sind.

La Mer wurde bei einem Konzert am 15. Oktober 1901 in Paris uraufgeführt. Die fließenden Rhythmen und die polyphone Harmonie waren für die meisten zu neuartig. Ein Kritiker klagte: »Ich höre das Meer nicht, ich sehe und rieche es nicht«, wobei er vermutlich an die Klischees der üblichen Meeresstücke dachte. Richtig zur Geltung kam das Stück tatsächlich erst im Januar 1908, als Debussy bei zwei aufeinanderfolgenden Konzerten selbst am Dirigentenpult stand. Der scharfsinnige Kritiker Louis Laloy erging sich in Lobpreisungen über Debussy und sein Stück: »Ohne seine feine Sensibilität, die in der Welt der Kunst vielleicht einzigartig ist, in irgendeiner Weise aufzugeben, hat er einen deutlich erkennbaren, positiven, vollendeten Stil entwickelt.«

Debussy war kaum weniger arm als Péguy und mußte sich seinen Lebensunterhalt mühsam mit Klavierunterricht verdienen. Durch einen seiner Schüler, einen gewissen Raoul Bardac, wurde er ins Haus der Bardacs am Bois de Boulogne eingeladen. Hier lernte er den Finanzier Sigismond und seine Frau Emma, geborene Moyse, aus Bordeaux kennen. Diese Dame war eine ausgezeichnete Amateurmusikerin. Gabriel Fauré hatte ihr seinen Verlaine-Liederzyklus *La*

Bonne Chanson gewidmet, und sie war die erste, die diese Lieder in der Öffentlichkeit vortrug. Im Jahr 1903 war sie ungefähr vierzig Jahre alt, etwas älter also als Debussy; sie war nicht besonders schön, aber elegant und kultiviert. Ihren betagten Gatten liebte sie nicht mehr, und wie viele Frauen fand sie das Zigeunerhafte des gutaussehenden Debussy besonders attraktiv. Später einmal erwiderte sie einer Bekannten, die Debussy »so gefühlvoll zärtlich« nannte: »Nein, Madame, er ist zum Anbeißen.«

Debussy und Lily hatten vier Jahre Ehe und Armut hinter sich; ein Jahr lang war Lily krank gewesen. Laut Mary Garden war Madame Debussy reizend und kümmerte sich um ihren Gatten, als wäre er ihr Kind. Aber sie war nicht musikalisch und nicht sehr sensibel; sie knallte die Türen, und ihre Stimme tat seinen Ohren weh. Emma dagegen hatte Stil und konnte sich intelligent zu seiner Arbeit äußern. Es scheint, daß Emma den ersten Schritt unternahm und Debussy, der kein besonders treuer Gatte war, den zweiten.

Von sich aus hätte es Debussy nie gewagt, einer gesellschaftlich über ihm stehenden Frau mit zwei erwachsenen Kindern vorzuschlagen, mit ihm auf und davon zu gehen. Eine Scheidung war bereits Skandal genug; eine doppelte würde die gesellschaftliche Ächtung bedeuten. Dazu kam die Geldfrage. Wenn Emma ihren Mann verließ, mußte sie mit finanziellen Einbußen rechnen, und Debussys Einkommen war gering.

Es scheint, als wollte Emma das Risiko eingehen. Sie hatte einen schwerreichen alten Onkel Osiris, der ihr, wie sie glaubte, eines Tages sein Vermögen hinterlassen würde. Und bis dahin kämen sie schon irgendwie durch.

Im Jahr 1904, am Jahrestag der Erstürmung der Bastille, verließen Debussy und Emma Paris und nahmen das Schiff nach Jersey. Sie machten Ferien auf der Insel, und danach kehrte Debussy nicht mehr zu Lily zurück. Lily meinte, ohne Debussy nicht leben zu können; sie kaufte sich einen Revolver, schoß damit probehalber einmal in die Wand, richtete ihn dann, wie sie glaubte, auf ihr Herz und drückte ab.

Am selben Nachmittag erhielt Debussy durch einen Boten eine Nachricht: »Wenn Du diese Zeilen erhältst, werde ich tot sein. Bitte, komm zu mir. Ich will nicht, daß mich andere Hände berühren als deine.« Debussy eilte in die Wohnung und fand Lily, umringt von Nachbarn, am Boden liegend, aber sie atmete noch. Die Kugel war unter der linken Brust eingedrungen und hatte das Herz verfehlt. »Claude«, flüsterte sie, »wenn du zu mir zurückkommst, bring mich ins Krankenhaus. Wenn nicht, laß mich hier sterben.«

Wortlos rannte Debussy nach unten und rief einen Krankenwagen. Im Krankenhaus mußte Debussy, inzwischen von Freunden begleitet, zwei Stunden warten, bis ihm der Arzt mitteilen konnte: »Wir freuen uns, Ihnen sagen zu können, daß Ihre Frau wieder gesund wird.«

Debussy sah den Arzt an, erinnerte sich Mary Garden, »und stieß mit seiner heiseren Stimme nur das eine Wort hervor: ›Merci‹. Dann verließ er das Krankenhaus und verschwand aus dem Leben von uns allen.«

Sigismond zog aus dem Bardac-Haus am Bois de Boulogne aus und Claude Debussy zog ein. Zum ersten Mal in seinem Leben wohnte er elegant und komfortabel.[11] Er hatte ein großes Arbeitszimmer mit einem Kamin und orangefarbenen Vorhängen. Auf den Kaminsims stellte er Camilles Bronzeplastik *La Valse* und einen Buddha; auf seinen Arbeitstisch einen hölzernen chinesischen Frosch, den er Arkel nannte und der ihm Glück bringen sollte. Debussy glaubte vermutlich nicht an Gott; dafür war er abergläubisch. Er zerschnitt zum Beispiel nie eine Paketschnur, weil er überzeugt war, es brächte Unglück. Während er an einem großen Wandklavier komponierte, rauchte er eine Zigarette nach der anderen, die er sich selbst mit nicht gummiertem Papier drehte und die er, wie einem Freund auffiel, mit einer fließenden, geschwungenen Bewegung so zum Mund führte, wie sein Lieblingsmaler Leonardo eine Linie gezeichnet hätte. Zwischendurch kritzelte er ein paar liebevolle Zeilen auf einen Zettel und ließ ihn durch das Dienstmädchen zu Emma bringen, die sich in einem anderen Teil des Hauses aufhielt – unterzeichnet mit »Dein alter Klavierspieler«. Wenn er und Emma in die Innenstadt wollten, fuhren sie im eigenen Wagen und mit Chauffeur.

Daß Debussy Lily verlassen hatte, daß er sich von ihr scheiden ließ und später, 1908, Emma heiratete, nahmen ihm alle seine Freunde übel, ausgenommen Erik Satie und der Kritiker Laloy. Auch die meisten seiner Bekannten mißbilligten sein Verhalten, ausgenommen Proust, der die zweite Ehe als »Treibhaus« bezeichnete, »das zur Entwicklung seines Genies notwendig ist«. Die Kunst ist das Absolute . .

Treibhaus oder nicht – Debussy liebte Emma. Die tiefe Zuneigung, die aus seinen Briefen spricht, ist unverkennbar. Dennoch heiratet man keine gesellschaftlich höherstehende, wohlhabende Dame, ohne gewisse Zugeständnisse machen zu müssen. Emma hatte eine kränkelnde Mutter, die bei ihr lebte. Debussy bezeichnet ihren Zustand sarkastisch als »scheintot«, und im Sommer schleppte Emma ihn, der Menschen in größerer Anzahl haßte, in die überfüllten eleganten

Badeorte am Meer. Im Jahr 1905 bekamen sie eine Tochter, Claude-Emma. Debussy liebte sie abgöttisch, aber man brauchte eine Kinderfrau und Geld, um sie zu bezahlen. Der Onkel Osiris starb – endlich –, aber seine Millionen hinterließ er dem Institut Pasteur. Das große Haus, die Diener, das Auto, der Chauffeur mußten bezahlt werden, und Debussys Geldprobleme, die diese Ehe eigentlich gelöst haben sollte, verschärften sich bald.

Und Debussy quälten noch andere Sorgen. Etwas in seinem Wesen zwang ihn ständig, sich nach Neuem umzusehen: »Mein Wunsch, immer weiter und darüber hinauszugehen, ist für mich wie Brot und Wein, die ich zum Leben brauche.«[12] Wir sind diesem Zwang bereits begegnet, zum Beispiel bei Picasso, und bei beiden Männern kam noch hinzu, daß ein Heer von Kritikern ständig nach Neuem verlangte. Die Pariser Kritiker waren ein ungeduldiges, lärmendes Volk, dem es nicht entging, wenn ein kreativer Künstler anfing, sich zu wiederholen.

Debussy beabsichtigte, ein großes musikalisches Werk zu schreiben, dem Poes Erzählung *Der Untergang des Hauses Usher* zugrunde liegen sollte. Es geht darin um eine alte dekadente Familie, deren Schloß einstürzt und das letzte Familienmitglied sowie das Grab der Schwester verschüttet. Aber irgendwie kam er damit nicht voran. Alles an »Usher« gehörte ins *fin de siècle* und kam Debussys früherer Vorliebe für die dunkleren Seiten des Symbolismus entgegen. Es lief somit eindeutig den neuen, das Leben bejahenden Strömungen der Kunst zuwider. Vermutlich war es das, was Debussy hemmte und was ihn 1909 veranlaßte, einem Freund sein Herz auszuschütten: »Da gibt man Befehle an eine Person, die nicht gehorcht, und diese Person ist man selbst! Wie schwer fällt es doch zu sagen: ›Du benimmst dich wie ein Idiot‹; man träumt und dreht sich weiter in einem Teufelskreis wie traurige hölzerne Karussellpferdchen, ohne Musik und ohne Reiter.«[13]

Während sich Debussy mit »Usher« herumquälte, warfen ihm die Kritiker vor, er hätte sein Genie gegen die Segnungen der Bourgeoisie eingetauscht, und die unbezahlten Rechnungen häuften sich. Debussy entschloß sich, Angebote, im Ausland zu dirigieren, anzunehmen – eine Tätigkeit, die ihm nicht zusagte, die aber gut bezahlt wurde. Als er 1910 in Wien dirigierte, erhielt er einen Brief von jemandem, den er nie kennengelernt hatte, der aber die Karussellpferdchen wieder in Bewegung setzte und ihn zu einer neuen Art von Musik anregte.

Gabriele D'Annunzio war der berühmteste italienische Schriftsteller seiner Zeit. Er war ein sinnenfroher Dichter – »Besinge die Früchte der Erde, die du hungrig kostest mit weißen, kräftigen Zähnen« –, ein

Dramatiker und Romancier, dessen Helden selbstsüchtig und amoralisch sind, und ein großer Liebhaber von eigenen Gnaden, der die Schauspielerin Eleonora Duse gefreit, erobert und verlassen hatte. D'Annunzio war klein und kräftig, hatte einen kahlen Schädel, vorstehende Augen und einen blonden, parfümierten Spitzbart. Er war nach Frankreich gezogen, um seinen Gläubigern zu entkommen, und dort hatte er mit seinem Gespür für die neueste Mode die Atmosphäre von Péguys *Jeanne d'Arc* und Claudels noch nicht aufgeführter, aber viel diskutierter *Verkündigung* gewittert.

D'Annunzios Brief aus Arcachon an Debussy soll hier in vollem Wortlaut wiedergegeben werden, weil sein Stil in so deutlichem Gegensatz zu der in Paris geübten Zurückhaltung steht:

»Mon cher Maître,

eines Tages, es ist schon lange her, sprach Gabriel Mourey [Übersetzer von Poe und Swinburne] auf den Hügeln von Settignano, wo der melodischste der toskanischen Bildhauer geboren wurde, in bewegenden Worten von Ihnen und Tristan [l'Hermite, von dem Debussy einige Verse vertont hatte]. Ich kannte Ihre Musik und liebte sie bereits. Ich gehörte in Florenz zu einer kleinen Gruppe, in der ernsthafte Künstler Ihre Musik spielten und Ihre Neuerungen begrüßten.

Damals wie heute litt ich darunter, daß ich nicht imstande war, eine Musik für meine Tragödie zu schreiben. Und ich träumte davon, Ihnen vielleicht einmal zu begegnen.

In diesem Sommer, während ich ein *Mystère* entwarf, das mich schon seit langem beschäftigt hatte, sang mir eine Freundin Ihre schönsten Lieder vor mit all der inneren Anteilnahme, die sie erfordern. Manchmal erzitterte meine Hand bei dem Klang, während mein Werk Gestalt annahm. Aber ich wagte nicht, auf Ihre Musik zu hoffen.

Gefällt Ihnen meine Poesie?

Vor vierzehn Tagen wollte ich in Paris bei Ihnen vorsprechen, aber jemand sagte mir, Sie seien nicht in der Stadt.

Nun kann ich nicht länger stillhalten. Werden Sie mich empfangen und mich anhören, wenn ich Ihnen von diesem Stück, das ich schreibe, und von meinem Traum erzähle?

Geben Sie mir umgehend Nachricht, und ich werde kommen.

Ich werde zumindest die Freude haben, Ihnen meinen Dank auszudrücken für die schönen Gedanken, die Sie manchmal in meinem aufgewühlten Geist genährt haben.   Gabriele D'Annunzio«[14]

Auf diesen etwas unaufrichtigen Brief – D'Annunzio hatte sich bereits erfolglos an zwei andere Komponisten gewandt – antwortete Debussy höflich, und als er wieder in Paris war, kam ihn D'Annunzio besuchen. Sein *Mysterium*, erklärte er, sei ein getanztes Drama. Das Libretto habe er auf französisch in achtsilbigen ungereimten Versen verfaßt, und es schildere die Bekehrung, den Prozeß und das ruhmreiche Martyrium des römischen Offiziers Sebastian. Die Rolle des Sebastian würde von einer Frau gespielt, die sowohl tanzen als auch die Rezitative sprechen müsse. Außerdem enthielte es aktuelle Anspielungen auf Frazers jüngsten Vergleich zwischen Adonis und Christus in *The Golden Bough*. Das ganze Werk würde ziemlich lang werden mit fünf »Häusern« oder Akten, aber die Musik sollte insgesamt nur eine Stunde dauern, und diese Musik, die zu den Worten, dem Tanz und dem dramatischen Geschehen passen sollte, bat er Debussy zu komponieren.

Das Thema lag in einer völlig anderen Richtung als der verzweifelnde, schicksalsbeladene »Usher«. Außerdem war Debussy kein Christ. Er sagte, er könne die Vorstellung nicht ertragen, daß ein Gott über ihm sei oder daß er in einem Leben nach dem Tod nur einer von vielen wäre.[15] Aber er stellte fest, daß er für das »intensive Leben« des Librettos empfänglich war – Sebastian tanzt auf glühenden Kohlen, eine besessene Frau breitet vor ihm das Leichentuch Christi aus – und ebenso für Sebastians Heldentum, das ihm gleichwertig erschien mit seinem eigenen langen Kampf um Anerkennung. Auch die positive Stimmung kam ihm entgegen: In der letzten Szene wird Sebastian vom Chor der Engel im Himmel willkommen geheißen. Begeistert nahm Debussy den Auftrag an, die Musik für dieses Stück zu komponieren . . .

Am 9. Januar 1911 begann er mit dem musikalisch bedeutendsten dritten Akt, in dem Diokletian den jungen Offizier Sebastian verhört und ihm, fasziniert von seiner Schönheit, anbietet, ihn zum Gott zu machen, wenn er sich öffentlich vom Christentum abkehre. Sebastian bleibt standhaft, und die Frauen von Byblos preisen ihn während seines Martyriums als Adonis und versuchen, ihn unter ihren kostbaren Juwelen zu erdrücken. Seite für Seite, mit Bleistiftkorrekturen versehen, schickte Debussy seine Musik an D'Annunzio, denn die Proben sollten im Mai beginnen. Die Rolle des Sebastian sollte die russische Tänzerin Ida Rubinstein übernehmen.

Als sich herumsprach, daß die Musik phantastisch war, wollte jeder eine Rolle haben. Eines Abends läutete es beim Gesangsleiter an der Haustür; das Dienstmädchen öffnete und meldete: »Bitte, Monsieur, da ist eine Dame, die fragt, ob das Herz [cœur für chœur] des Marquis de San-Sébasto voll ist.« Auf der anderen Seite beanstandete der sehr beliebte Erzbischof Amette – er hatte den Obdachlosen nach der großen Seine-Überschwemmung 1910 geholfen – das Androgyne dieses Sebastian und forderte seine Herde auf, der Aufführung fernzubleiben.

Trotzdem füllte das *Tout Paris* am Abend der Uraufführung von *Le Martyre de Saint-Sébastien* das große Théâtre du Châtelet. Noch fünfzehn Jahre zuvor wäre es undenkbar gewesen, in ein solches Thema so viel Einfallsreichtum und Aufwand zu investieren. Aber Gides Alissa, Claudels Violaine und Péguys Jeanne hatten den Weg bereitet für diese ausführlichste, lyrische Behandlung des Themas »Erlösung durch Leiden«. Ida Rubinstein in ihrer skarabäus-ähnlichen Rüstung tanzte fehlerfrei durch das sehr lange Stück; Wunder, Zauberei, prächtige Kostüme und großartige Bühneneffekte fesselten die Aufmerksamkeit des Publikums. Doch Henri Ghéon kritisierte, daß dieses ganze Spektakel das innere Drama des Sebastian verdecke. Auch einige Metaphern D'Annunzios gingen den sprachlich sensiblen Parisern gegen den Strich, zum Beispiel, wenn Sebastian zur Mutter der Gefangenen, die er bewachen muß, sagt: »Ich weiß, ich werde das rote Herz in Eurer trockenen Brust berühren, die jetzt schwillt mit der Milch des Kummers.«

Diese und andere Unzulänglichkeiten wurden jedoch durch Debussys Partitur mehr als wettgemacht. Sie sei »melodische Präzision«, schrieb der Komponist Gaston Carraud, »ein Einfallsreichtum, eine Kühnheit in Klangfarbe und Tonsprache, wie sie Debussy noch nie zuvor bekundet hat«. Viel bewundert wurden das immer wiederkehrende Sebastian-Thema – ein besonderer, gedehnter Dominant-Undezimakkord; der Augenblick im zweiten Bild, wenn der »Magische Raum« mit Licht überflutet wird; die Stimme der besessenen Frau, »deren Gesang wie ein loser Seidenschal in der Luft schwebt«; die sinnlichen Klagegesänge der Frauen von Byblos, die von Liebe und Leid singen wie verwundete, gurrende Tauben; das strahlend schöne »Paradies« mit seinem leidenschaftlichen Glauben und der ungestümen Freude in den Psalmen. Elisabeth de Gramont meinte: »Die Musik läßt einen an den Himmel glauben, weil sie einen dorthin versetzt.«[16]

Vor und nach dem Erfolg des *Sébastien* beschäftigte sich Debussy mit Neuerungen in der Klaviermusik. Er erreichte Harmonien von bislang beispielloser Farbigkeit und Komplexität. In dem Stück »Pagodes«

aus *Estampes,* geschrieben 1903, verwendete er eine fünfstufige chinesische Tonleiter in Erinnerung an die kambodschanischen und javanischen Tänze, die er auf den Ausstellungen 1889 und 1900 gesehen hatte. Den meisten Klavierstücken gab er einen Titel, der weniger auf das Thema hinweist als auf die Stimmung, die das Thema im Komponisten erzeugte, und viele dieser Titel haben mit Wasser zu tun: *Jardins sous la Pluie, Ondine, Reflets dans l'Eau.* Debussy übermittelt auf ganz neue Weise die Nuancen einer verfeinerten Sensibilität. Hier fand er eine absolute, ständig verlockende, sich einem völligen Verständnis immer wieder entziehende, aber doch endgültige Definition. Er hatte sich, wie er einmal sagte, »aus der geheimnisvollen Natur eine Religion gemacht«.

Bergson gefiel übrigens Debussys Musik sehr gut, und er war nach der Uraufführung von *Pelléas* so begeistert, daß er gleich danach die zweite Vorstellung besuchte. Zu seinem Freund und Übersetzer Benrubi sagte er, Paul Landormy habe in einem Artikel auf die Affinität zwischen Bergsonismus und Debussys Musik hingewiesen und das sei im großen und ganzen richtig. Laut Landormy liegt diese Affinität in »der unendlich delikaten Aufgabe, unbehindert von vernünftigen Erklärungen die Frische und Spontaneität des Gefühls zu entdecken«.[17]

Das Thema von einer im Meer versunkenen Kathedrale hatten die Dichter schon recht häufig behandelt, so zum Beispiel Rimbaud in seinen *Illuminationen,* und es war beinahe zu einer Metapher geworden für den Rest Christentum, der auch in einem abendländischen Atheisten noch vorhanden ist: unsichtbar, aber noch nicht völlig stumm. Vielleicht fühlte sich Debussy deshalb von diesem Thema angezogen; mit Sicherheit aber faszinierte ihn dieses vielsagende Bild von den geheimnisvollen Zwischenwelten, die er so liebte. In einem seiner frühen Lieder ist nach seinen eigenen Worten die Rede von Glockenbojen – »Glockenspiele der schwimmenden Kirchen, Angelus der See«. Sein Meisterstück ist hier jedoch das zehnte *Prélude,* »Die versunkene Kathedrale«. Einige Harmonien in diesem sowie in den anderen *Préludes* wirkten damals verwirrend dissonant, aber in seiner Klaviermusik wie in *La Mer* hatte Debussy die klassische Tradition nie wirklich aufgegeben, im Gegensatz zu Schönberg zum Beispiel, der 1908 zur Atonalität überging.

In einer Stadt, die sich hauptsächlich um die Vergnügungen der Erwachsenen kümmerte, ist Debussy ein wohltuendes Beispiel eines Künstlers, der auch für Kinder etwas tat. Er redete und spielte gern mit seiner Tochter, die er Chou-chou nannte; er schrieb ihr reizende

Briefe, zitierte ihre Aussprüche bei Freunden, kaufte Kinderbücher für sie – hauptsächlich englische, weil es nur wenige französische Kinderbücher gab –, und er schrieb Musik, um ihr Freude zu machen. Die Suite *Children's corner*, die auch *The Golliwog's Cakewalk* enthält, widmete er Chou-chou.

Eines der Bücher, die Debussy für Chou-chou kaufte, war Barries *Peter Pan in Kensington Gardens* mit Illustrationen von Arthur Rackham.[18] Seine Zeichnung »Feen sind ausgezeichnete Tänzerinnen« zeigt eine Fee, die auf einem Spinnwebfaden tanzt, und eine Spinne, die Baßgeige spielt. Dieses Bild inspirierte Debussy bei seinem 16. *Prélude*, das er 1913 veröffentlichte und das beispielhaft zeigt, wie Debussy das Zarte und Feine einer visuellen Darstellung in entsprechende Töne auf dem Klavier umzuwandeln versteht.

Auch in der Vokalmusik erreichte Debussy in diesen Jahren der Reife Höhepunkte. Als junger Mann hatte er Verlaine und Mallarmé vertont, aber um die Jahrhundertwende begünstigte der sich verändernde Geschmack wesentlich frühere Schriftsteller, so daß zum Beispiel die Sängerin Yvette Guilbert nun statt zotiger Lieder mittelalterliche Balladen sang. Im Mai 1910 komponierte er *Trois Ballades de François Villon;* die zweite dieser Balladen, in der sich Villons Mutter, eine arme alte Frau, an die Mutter Gottes wendet, wurde besonders bewundert. Hier wechselt sich eine modale Melodie im Vokalteil mit einem verhaltenen, psalmähnlichen Rezitativ ab.

Von nicht geringerer Qualität ist *Auprès de cette grotte sombre*, das erste von drei Liedern mit Worten aus *Le Promenoir des deux Amants*, ein scheinbar schlichtes Gedicht, das Tristan l'Hermite, ein Schriftsteller des frühen 17. Jahrhunderts am Wasser spielen ließ. Nach Meinung eines Kenners von Debussy, Roland-Manuel, ist dies die schönste französische Melodie, die je geschrieben wurde.

Debussy hatte sich häufig von der Literatur inspirieren lassen, und am Vorabend des Krieges konnte er zu Recht für sich in Anspruch nehmen, daß er alles mit Zinsen zurückgezahlt hatte. Um nur zwei Beispiele zu erwähnen: André Gide fand Trost, wenn er Debussys Klaviermusik spielte; *La Mer* wurde eines der Modelle für das Vinteuil-Septett in *Auf der Suche nach der verlorenen Zeit*, und eine der Opern, die Marcel Proust über das Théâtrephone hörte, war *Pelléas et Mélisande*.

In diesen Jahren der Reife stützte sich Debussy auf Wertvorstellungen, die nicht nur von Schriftstellern, sondern, wie wir noch sehen werden, auch von einflußreichen Nichtliteraten einschließlich etlicher Staatsmänner geteilt wurden. Zu diesen Werten gehörten eine positive

Einstellung zum Leben, das Eingehen auf die sich ständig bewegende und verändernde Natur, wie sie Claudel in seinen *Fünf großen Oden* zeigt, und bis zu einem gewissen Grad die Anerkennung des Gedankens einer Erlösung durch Leiden. Dazu kommt, daß ein musikalisches Meisterwerk »ein geistiges Zentrum« darstellt, wie Fernand Gregh im Hinblick auf *Pelléas* geschrieben hatte, »von dem alle Arten von Theorien und Gedanken ausstrahlen«, und Debussy trug durch seine Meisterwerke viel dazu bei, daß diese Werte verbreitet wurden. Einige der Damen, die seine *Etudes* und *Préludes* auf dem Klavier in ihren Salons spielten oder seine Lieder sangen, und einige von denen, die zuhörten, erfuhren, was Gregh »die Kennworte« der Zeit nannte. Die Nuancen in Debussys Musik hatten die Menschen aufgeschlossener gemacht für das Subtile in der sie umgebenden Welt und für eine feinere Differenzierung ihrer Gefühle.

KAPITEL X

Die russische Saison

Die beliebtesten Ausländer in der französischen Hauptstadt waren die Russen, ob sie in Paris lebten oder Paris besuchten.[1] Sie entsprachen häufig unseren Klischeevorstellungen von dem, was Russen in dieser Stadt und zu dieser Zeit gewöhnlich taten: Matrosen der kaiserlichen Flotte pilgerten zu den Cafés am Montmartre, um Rotwein aus der Flasche zu trinken und Kosakenlieder zu singen, Großherzöge, Fürsten und Kaiserliche Offiziere tranken bei Maxim's Champagner aus Kristallkelchen und warfen ihren hübschen Begleiterinnen die Louisdors wie Konfetti zu, damit sie sie unter den himbeerrot gepolsterten Sitzen hervorholten. Wenn diese Riesen das Maxim's verließen, gaben sie dem Türsteher Gérard so großzügige Trinkgelder, daß er sich mit seinen Ersparnissen in einem Schloß in den Pyrenäen zur Ruhe setzen konnte.

Die Pariser konnten wild und ausgelassen sein, wenn sie wollten, aber selten so wie diese Russen. Ein paar Offiziere mieteten sich zum Beispiel ein Zimmer und ließen sich vollaufen; dann drehten sie das Licht aus und fingen an zu schießen; meistens trafen sie das Mobiliar, das ihre Stallmeister hinterher großzügig bezahlten, doch manchmal auch einen der ihren. Der Fürst Orlow, ein hochgeachteter Einwohner von Paris, war aus der Kaiserlichen Armee entlassen worden, weil er einen deutschen Offizier zu einem Duell mit Cointreau herausgefordert hatte; der Deutsche war nach achtzig Gläsern Cointreau zusammengebrochen, während Orlow weitertrank und nach 112 Gläsern strahlend und nur leicht schwankend das Lokal verließ. Der Großfürst Sergej ließ seiner Geliebten, Augustine de Lierre, eines Abends eine Platte Austern servieren, und zum Entzücken der Dame befanden sich in jeder Auster eine oder gar mehrere Perlen – insgesamt genug, um ein wertvolles Collier daraus zu machen.

Nirgends ist man an Fürsten und Königen mehr interessiert als in einer Republik. Jedes Mitglied der kaiserlichen Familie, das in Paris eintraf, selbst wenn es nur im Bristol Tee trank, um anschließend nach Nizza weiterzureisen, wurde in der französischen Presse gebührend gewürdigt. Die Bemühungen des Zaren, sein morsches politisches Regime zu flicken, wurden hoch gelobt, und wenn er einen Staatsbesuch abstattete, wurden in der Comédie Française Logen requiriert.

Eine, die ihre Loge räumen mußte, war die berühmteste Dame der damaligen Halbwelt, La Belle Otéro. Sie war zum Stadtgespräch geworden, nachdem sie auf einem Tisch bei Maxim's Fandango getanzt hatte. Als Bettgenossin von mindestens drei Königen, die Paris besucht hatten, konnte die spanische Tänzerin eine kesse Lippe riskieren. Als der Zar im Theater Platz genommen hatte, blieb sie vor ihm stehen und sagte laut: »Na schön, ich gehe. Aber ich werde nie wieder Kaviar essen.«

Daß Präsident Loubet den russischen Pavillon auf der Weltausstellung 1900 mit seinem Besuch beehrte, wurde bereits erwähnt, und der Name der schönen Brücke, Pont Alexandre III, die er damals eröffnete, erinnerte die Passanten, daß die Russen nicht nur auf die Pauke hauen und viel Geld ausgeben konnten, sondern auch Frankreichs Verbündete waren – starke Verbündete, weiß Gott. Hatten sie nicht das nahezu Unmögliche geschafft und den großen Napoleon zum Rückzug gezwungen!

Zar Nikolaus II. beschloß 1904 die militärische Expansion seines Landes in die Äußere Mongolei, und er besetzte Port Arthur am Pazifik. Japan fühlte daraufhin seine Verbindungen mit Korea bedroht und erklärte Rußland den Krieg. Die Japaner waren den Russen zahlenmäßig unterlegen; die Defizite der Russen lagen in den Bereichen militärische Ausbildung, Ausrüstung und Nachschub.

Der Zar spielte Billard in seinem Palast, als ihm ein Adjutant zuflüsterte, der Marineminister wünsche ihn kurz zu sprechen. »Heute ist nicht der Tag, an dem ich meinen Marineminister empfange«, sagte der Zar mißbilligend und spielte weiter. Was der Minister dem Zaren mitteilen wollte, war die Nachricht, daß die kaiserliche Flotte in der Seeschlacht von Tsuschima vernichtend geschlagen worden war.

Wie konnte das geschehen? In erster Linie, weil der Admiral Großfürst Alexej Alexandrowitsch für das Marinebudget verantwortlich war. Jahrelang hatte er Berichte über gewaltige Ausgaben vorgelegt, aber kein einziges neues russisches Schiff war vom Stapel gelaufen. Die Geliebte von Alexej war eine Schauspielerin namens Bletta; ihr Diamantenhalsband, sagten die Petersburger nach der russischen Niederlage und dem Rückzug Alexejs nach Paris, wäre eigentlich die Pazifikflotte gewesen.

Im selben verhängnisvollen Jahr 1905 demonstrierten Tausende von Unzufriedenen in St. Petersburg für eine liberalere Verfassung. Truppen eröffneten das Feuer, viele starben. Das war »der blutige Sonntag«. Im Süden, in Odessa, meuterten die Matrosen auf dem Panzerkreuzer *Potemkin,* und wieder gab es Tote.

Was sich in Rußland abspielte, war ein größerer militärischer Aufruhr in Verbindung mit einem alarmierenden Riß im gesellschaftlichen Gefüge, und die Bedeutung dieser Ereignisse betraf, abgesehen von Rußland, kein anderes Land mehr als Frankreich. Mit einem scheinbar starken Verbündeten im Rücken hatte es sich zu einer anmaßenden Politik im Mittelmeer verleiten lassen und mußte es sich, ebenfalls 1905, gefallen lassen, daß Kaiser Wilhelm gegen diese Politik durch seinen bereits erwähnten Auftritt in Tanger protestierte.

Man hätte erwarten können, daß nun in Frankreich eine nüchterne, ernsthafte Diskussion über die veränderte politische Lage einsetzte. Weit gefehlt. Im Jahr 1905 genossen die Franzosen ihren Wohlstand. Neue Erfindungen schufen neue Industrien. Die Erneuerung in der Literatur, den Künsten sowie ein florierendes Theaterleben brachten kultivierte Besucher – und Geld – aus allen Kontinenten in die Stadt. Es herrschte die durch nichts zu erschütternde Überzeugung, die Franzosen hätten auf alles eine Antwort, und nichts könne schiefgehen.

In der Presse wurden denn auch die Ereignisse in Rußland falsch eingeschätzt. Die Kommentatoren glaubten, der Zar hätte die internen Mißstände abgestellt, indem er den Russen eine Duma, ein Parlament, zugestand. Zur Niederlage der Russen im Krieg gegen Japan schrieb ein bekannter französischer General in der *Revue des Deux Mondes,* die Japaner hätten gezeigt, was eine zahlenmäßig unterlegene Streitmacht vollbringen könne, wenn die Kampfmoral stimmt, dies in Anspielung auf die Situation der französischen Armee gegenüber der deutschen. Einer der wenigen, der eine praktische Lehre aus den Ereignissen zog, war der Polizeipräfekt von Paris, Lépine – er führte den Sieg der Japaner auf das Jiu-Jitsu-Training zurück und schickte fünfzehn seiner Männer zum Erlernen dieser martialischen Kunst zu einem Monsieur Ré Nié, der eigentlich Regnier hieß.

Wie reagierten die Pariser Bankiers und Finanziers, die seit der Unterzeichnung der russisch-französischen Allianz im Jahr 1893 Geld vorgeschossen hatten, von dem einiges in großfürstlichen Taschen verschwunden war, einiges im Rachen der Bürokratie und einiges in die Finanzierung des »Großen Experiments« des Zaren geflossen war, das sich die Verbesserung der Erziehung und der Situation der Arbeiter zum Ziel gesetzt hatte? Sie gaben sich gelassen und hofften, daß sich auch die Presse diese Haltung zu eigen machte, damit es an der Börse nicht zu Panikverkäufen käme. Aber in der Abgeschiedenheit ihrer Konferenzräume waren diese Männer in der Tat besorgt. Sie und ihre Kunden hatten Hunderte von Millionen Francs in Rußland investiert.

Vor diesem Hintergrund traf im Frühjahr 1909 ein russischer Impresario in Paris ein: Serge Diaghilew. Er war fünfunddreißig Jahre alt, kräftig gebaut, mittelgroß, mit dichtem, glänzend schwarzem Haar, vollen Wangen, dunklen intelligenten Augen, von denen das rechte etwas schräger gestellt war als das linke; er hatte einen sinnlichen Mund mit leicht vorstehender Unterlippe, weiße Zähne, die er gern und häufig mit selbstsicherem Lächeln zeigte. Als Sohn eines Kavallerieoffiziers und erzogen von einer musikalischen Mutter, hatte er mit dreiundzwanzig Jahren seine Berufung gefunden: »Ich habe vor, Mäzen zu sein. Was man dazu braucht, habe ich, nur das Geld fehlt – aber das wird kommen.«

Es kam – aus verschiedenen Quellen – und ermöglichte ihm zunächst, eine Zeitschrift für Kunst zu gründen, die sechs Jahre bestand, und dann seine Arbeit als freiberuflicher Impresario. Über seinen einflußreichen Freund, den Großfürsten Wladimir, hatte Diaghilew erreicht, daß die Regierung russische Musikfestspiele in Paris subventionierte und ein Jahr später ein russisches Opernfestspiel. Für 1909 hatte er jedoch sein ehrgeizigstes Projekt geplant: Er wollte eine Ballettgruppe in Paris auftreten lassen. Als im März 1909 der Großfürst Wladimir starb, strich die kaiserliche Regierung die bislang gewährten Subventionen, und aus diesem Grund stand Serge Diaghilew nun im Salon der wenn nicht reichsten, mit Sicherheit aber hochmütigsten Frau von Paris.

Elisabeth de Caraman-Chimay, wie sie vor ihrer Heirat hieß, stammte aus einer der vornehmsten Familien Frankreichs, und mit ihrer kerzengeraden Haltung, dem hohen Nasenrücken und den kalten dunklen Augen sah sie auch ganz danach aus. »Schöne Lilie, schwarz wie die Blütenstempel sind deine Augen«, schrieb ihr dichtender Cousin Robert de Montesquiou. Sie hatte den gutaussehenden, rotbärtigen Comte Henri Greffulhe geheiratet, einen Nachkommen von Ludwig XV. und einer der Mailly-Schwestern. Er hatte ein holländisches Bankenimperium geerbt und war Abgeordneter im französischen Parlament. Er besaß ein großes Haus in der Rue d'Astorg sowie das Schloß Boisboudran, wo Elisabeth ein japanisches Trianon geschaffen hatte mit rotlackierter Brücke, Pagode und einem Rasen, auf dem bronzene Kraniche standen. Henri blieb gern bis 11 Uhr 30 mit seiner Frau im Bett, außer wenn er seinesgleichen oder

Mitglieder aus königlichen Familien zu Gast hatte. Das Ehepaar Greffulhe hatte für König Edward VII. und Königin Alexandra anläßlich ihres Besuchs in Paris ein Diner gegeben.

Proust hatte drei Jahre gebraucht, um ins Haus von Elisabeth de Greffulhe eingeladen zu werden. Diaghilew schaffte es in drei Wochen. Der erste Eindruck, den die Dame von ihm gewann, war der eines zwielichtigen Abenteurers. »Ich fragte mich immer wieder, was um alles in der Welt er wollte. Er saß nur da und starrte auf eine meiner Statuen im Salon. Plötzlich stand er auf und begann, sich meine Bilder anzusehen, und ich muß zugeben, einiges von dem, was er sagte, war außerordentlich interessant . . . Als er zum Klavier ging und zu spielen begann – er spielte Stücke von russischen Komponisten, von denen ich nie gehört hatte –, verstand ich ihn allmählich und warum er gekommen war.«[2]

Diaghilew hatte die Comtesse Greffulhe zunächst nur um eine Gefälligkeit gebeten: Sie sollte ihren Namen auf die Liste der Ehrenpräsidenten seines Musikfestspiels setzen. Das Ansuchen, das er nun an sie stellen wollte, gehörte in eine andere Größenordnung. Er wollte, daß ihr Mann sämtliche Kosten übernahm, um eine Balletttruppe aus St. Petersburg – die Tänzer und das gesamte Begleitpersonal, insgesamt achtzig Personen – für ein sechswöchiges Gastspiel am großen und teuren Théâtre du Châtelet nach Paris zu holen.

Auf den ersten Blick war Diaghilews Vorschlag absurd. Warum sollte ein kluger französischer Bankier eine Viertelmillion Francs aufbringen, um eine Truppe von Ausländern in eine Stadt zu transportieren, die auch so schon randvoll war mit künstlerischen Vortrefflichkeiten? Es sei denn, diese Exoten trügen dazu bei, das Bild von Rußland bei einflußreichen Franzosen wieder in ein helleres Licht zu rücken, nachdem es in jüngster Zeit noch düsterer geworden war aufgrund der Tatsache, daß sowohl die Duma von 1906, von der man sich viel erhofft hatte, als auch die von 1907 aufgelöst werden mußten. Wenn Paris, das so viel auf künstlerische Dinge gab, einen Beweis für Rußlands vorzügliche Leistungen auf einem Gebiet der Kunst erhielte, könnte das eine dreifache Wirkung haben: Der augenblicklich niedrige Wert der russischen Staatsanleihen könnte steigen, neue Anleihen für den stets hungrigen russischen Bären könnten aufgelegt werden, und die expansionistische Außenpolitik Frankreichs im Mittelmeerraum, wo Banken und Industrie ungeduldig darauf warteten, große Profite zu machen, gewänne an Glaubwürdigkeit.[3]

Ein Bankier in einer solchen Zwickmühle konsultiert seine Kollegen, und das tat auch Comte Greffulhe. Er sprach mit Bankiers, die mehr von Kunst verstanden als er, und von ihnen vernahm er hohes Lob für Diaghilews Fähigkeiten. So fand er tatsächlich unverhofft Unterstützung für Diaghilews gewagten Plan.

Greffulhe beschloß, ein Konsortium zu gründen. Die Namen der Konsortiumsmitglieder hatte sich Diaghilews Freund, Serge Lifar, notiert: André Benac, Bankier und Freund von Prousts Eltern; Isaac de Camondo, ein Bankier, der Impressionisten sammelte und sich an der Oper versuchte; Henri Deutsch de la Meurthe, ein Ölmagnat und *aficionado* der Luftfahrt; Arthur Raffalovitch, Finanzier und Philanthrop; Henri de Rothschild, Mitglied der Bankiersfamilie, Doktor der Medizin und Bühnenschriftsteller; und schließlich Basil Zaharoff, Kriegsschiffbauer und Waffenlieferant. Das waren die Männer, die zusammen mit Henri Greffulhe eine Viertelmillion Francs bereitstellten, um das russische Ballett nach Paris zu holen, und zwar in erster Linie aus finanzpolitischen Motiven.

Sobald Diaghilew wieder Geld in der Tasche hatte, war er auch wieder der große Maecenas, und er ließ seiner Neigung für Schönheit und Perfektion freien Lauf. Das Châtelet wurde vom Proszeniumsbogen bis zu den Plätzen auf der Galerie neu dekoriert. Diaghilew ließ die ersten fünf Sitzreihen aus dem Parkett herausnehmen, wodurch natürlich Einnahmen verlorengingen, vergrößerte die Bühne nach vorne und ließ sie mit bestem Kiefernholz belegen. Aus St. Petersburg ließ er russische Bühnentechniker kommen, darunter E. Valz, ein Hexenmeister der Effekte. Sie sollten das verwirklichen, was die Franzosen für unmöglich gehalten hatten, und rechtzeitig für die erste Produktion zwei echte Springbrunnen auf die Bühne bringen.[4] Er beauftragte ein übermütiges *enfant terrible,* Jean Cocteau, ein Programmheft zu entwerfen. Er klapperte ganz Paris ab und kaufte alles und jedes, wovon er glaubte, es könne seine Inszenierungen bereichern.

Diaghilew operierte von einem Zimmer im Hôtel de Hollande aus, das vollgestopft war mit halb ausgepackten Koffern. Auf Tisch und Stühlen häuften sich Briefe, Programmentwürfe, Aktenordner; über den Stuhllehnen und an den Wänden hingen Zeichnungen von Kostümen und Bühnenausstattung. Wenn er Besuch bekam, sagte er: »Kommen Sie herein und nehmen Sie Platz. Nein – um Gottes willen, nicht den Hut aufs Bett! Das bringt Unglück! Das bedeutet Tod. Nein – nein – auch nicht auf den Tisch – das bedeutet Armut!«[5]

Dieser dynamische Mann, der alle Hindernisse, die sich ihm in den Weg stellten, hinwegfegte, war ungeheuer abergläubisch. Er zählte Pflastersteine, wich schwarzen Katzen und herumstehenden Leitern aus, unterschrieb nie an einem Montag einen Vertrag, und manchmal hob er plötzlich die ersten zwei Finger seiner rechten Hand gegen irgendeinen harmlosen Menschen im Raum, weil er angeblich – und er schwor darauf – den bösen Blick habe. Besonders hysterisch gab er sich, als er einmal den Atlantik überquerte. Weil er sich vor dem hohen Seegang fürchtete, mußte sein Muschik niederknien und beten, während Diaghilew, der nicht an Gott glaubte, auf dem Bett lag und sich wegen beidem, der wilden See und seiner Ungläubigkeit, schier zu Tode ängstigte.

Ähnlich widersprüchlich verhielt sich Diaghilew beim Umgang mit Geld. Während er für dieses oder jenes Requisit Tausende ausgab, geizte er bei kleinen Beträgen. Er notierte sich, was er schuldig war, auf der Hemdenmanschette und sagte, er würde die Angelegenheit später regeln; dann schickte er das Hemd in die Wäscherei. Damit waren seine Schulden »bereinigt«.

An der Gare du Nord holte Diaghilew seine Tänzer ab und brachte sie ins Crillon, wo die Comtesse Greffulhe ihnen zu Ehren ein Begrüßungsdiner gab. Die Männer in ihren schlecht geschnittenen blauen Anzügen waren befangen, die Mädchen rotbackig und bieder. »Paris erholte sich nie von der Tatsache«, bemerkte Arnold Bennett, »daß diese entzückenden Mädchen, wenn sie nicht gerade tanzten, nette junge Damen waren, die anscheinend so gar keinen Appetit auf Banknoten und scharfe Sachen hatten.«[6]

Dann begann die Aufgabe, die Truppe in ein fremdes Theater zu integrieren und die Talente seiner hervorragenden Mitarbeiter zu koordinieren. Der Ballettmeister und Tänzer Michail Fokin war erst neunundzwanzig Jahre alt, sehr schlank und überempfindlich; in seinem Baumwollkittel sah er aus wie ein Fechtmeister. Mit ihm zu arbeiten, war schwierig, aber er besaß die seltene Gabe, eine Periode oder ein Land, das nicht sein eigenes war, in tänzerische Bewegung umzusetzen. Der russische Maler Léon Bakst – sein richtiger Name war Lew Rosenberg – war rothaarig, hatte eine vorspringende Stirn und helle, kluge, von vielen Fältchen umgebene Augen, so daß er stets skeptisch hinter seiner Brille hervorzublicken schien. Bakst hätte bei den Kostümen am liebsten alles selbst gemacht, von den Ohrringen bis zu den Schuhbändern und den Perücken. Hatten sie alle ein paar Augenblicke Zeit, zeichneten sie Karikaturen voneinander, Diaghilew nicht ausgenommen – ein Brauch, den Cocteau eingeführt hatte, der die Proben besuchte, denn ähnlich wie die Buschtrommel in Afrika war die Kreativität in Diaghilews Welt ein alles durchdringendes Element.

Die Pariser zeigten für die bevorstehende Eröffnungsvorstellung nur mäßiges Interesse. Wenn es eine Kunstform gab, die sie kalt ließ, dann war es Ballett. Das Pariser Ballett gehörte zur Oper, deren Direktor, ein Rechtsanwalt im Ruhestand, herzlich wenig für die Tanzkunst übrig hatte und das Ballett ein Aschenputteldasein führen ließ. Ein unbegabter, über sechzigjähriger Belgier namens Joseph Hansen hatte praktisch ein Monopol auf neue Balletts; in den ersten acht Jahren des neuen Jahrhunderts gönnte er den Parisern klägliche vier, von denen er drei selbst choreographierte. Die Neuerungen einer Isadora Duncan ignorierte Hansen: barfuß tanzen in losen Gewändern! Für ihn gab es, egal zu welchem Thema, nur Spitzentanz und Tütü. Die Musik wurde nach den Wünschen des Choreographen komponiert, und der Kulissenmaler wartete mit dem ewig gleichen schwerfälligen Realismus auf, ohne sich um den Kostümbildner oder den Choreographen zu kümmern.

Degas' Bilder bezeugen, daß die Truppe fast ausschließlich aus Tänzerinnen bestand. Häufig wurden die Männerrollen von drallen Frauen getanzt, und die wenigen Männer in der Liste der Tänzer waren so gering geachtet, daß ein Abgeordneter bei einer Opernbudgetberatung in der Nationalversammlung vorschlug, man sollte die männlichen Tänzer, »deren einzige Aufgabe es ist, die Ballerinen zu stützen«, durch Busschaffner für drei Francs pro Abend ersetzen.

Diaghilew arbeitete nach völlig anderen Grundsätzen. »Schönheit in der Kunst ist Gefühl, ausgedrückt in Bildern«, sagte er. Und dieses Gefühl herzustellen verstand keiner besser als er. Er koordinierte alle beteiligten Künste und Künstler – Musik, Bühnenbild, Kostüme, Choreographie, die Solotänzer und jedes einzelne Mitglied des Corps de Ballet. Statt der üblichen, sich dahinschleppenden Fünfakter wählte oder bestellte er kurze Stücke in einem einzigen Bühnenbild; er schaffte den Possenreißer ab, führte den männlichen Solotänzer wieder ein und bezog das Ballettcorps in die Haupthandlung ein. Statt einer realistischen Ausstattung verwendete er poetische Bühnenbilder, die zusammen mit der Partitur und den Kostümen das Gefühl schufen, das er zu übermitteln wünschte.

Diaghilew eröffnete mit einem klassischen Ballett, das er in seinem neuen Stil inszenierte. Am 19. Mai 1909 hob sich der Vorhang für *Le Pavillon d'Armide*. Die Musik war von Tscherepnin, die Geschichte von Gautier, die Ausstattung besorgte Alexandre Benois. Karalli und Nijinskij tanzten die Solopartien. Aus den zwei Brunnen floß echtes Wasser, während Beaugency einen Wandteppich betrachtete, mit einer Darstellung von Armida und ihrem Hof, und träumte, er sei der Kreuzritter Rinaldo, der ihren Reizen erliegt.

Diesem französisch-italienischen Thema ließ Diaghilew ein typisch russisches folgen: Die Polowetzer Tänze aus der Oper *Fürst Igor;* Musik von Borodin, Ausstattung von Roerich. Hier stampften die männlichen Tänzer die Rhythmen mit einer Energie, wie man das in Paris noch nicht erlebt hatte; die Steppen Rußlands schienen an die Seine versetzt.

Diaghilews dritte große Produktion war *Cleopatra,* ein Ballett, das ein orientalisches Land aus der Vergangenheit heraufbeschwor. Die Musik stammte von Arenski, die Inszenierung besorgte Bakst; in den Hauptrollen Nijinskij und Ida Rubinstein, die ihren flachbusigen Körper nur mit Champagner und Zwieback ernährte. Sie wurde in einer Art Truhe auf die Bühne getragen vor einem Hintergrund riesiger, aus gelb-braunem Gestein gehauener Figuren. »Vier Sklaven«, erinnerte sich Cocteau, »entfernten nicht weniger als elf Tücher von einer umhüllten Gestalt. Das zwölfte, ein dunkelblauer Schal, nahm Cleopatra selbst ab und ließ es mit einer schwungvollen, kreisförmigen Bewegung fallen . . . um ihr Gesicht zu enthüllen, das unter einer kleinen blauen Perücke hervorblickte, von der zu beiden Seiten kurze goldene Zöpfe herabhingen.« Reynaldo Hahn, der sich ebenfalls unter den Zuschauern befand, verglich seine Empfindungen an diesem Abend mit denen der Ältesten von Troja, als sie Helena das erste Mal erblickten.

Die Pariser reagierten auf diese Darbietungen nur in dem Maß, wie es ihnen ihr beschränktes Verständnis für das Ballett erlaubte. Am besten gefiel ihnen die farbenprächtige, üppige Ausstattung; auch die Verbindung verschiedener Kunstformen zu einem einzigen starken Erlebnis sagte ihnen zu. Die innovative Choreographie und die Feinheiten der tänzerischen Darstellung gingen allerdings ziemlich an ihnen vorbei. Der *Mercure de France* erwähnte die *Ballets Russes* nicht einmal, wahrscheinlich, weil man dort keinen Ballettkritiker hatte.

An der Kasse waren die Veranstaltungen durchaus ein Erfolg, aber Diaghilew hatte so hemmungslos Geld ausgegeben, daß sogar Gabriel Astruc, »der Gerissene«, den Elisabeth Greffulhe klugerweise als Manager der Truppe eingesetzt hatte, mit dem Hut in der Hand die Runde machen mußte. »Camondo und Benac lächelten; Henri Deutsch schalt mich auf freundschaftliche Art, Henri de Rothschild malte runde Zahlen auf seinen Scheck, und Jupiter-Zaharoff runzelte die Stirn.«[7] Trotzdem blieb ein Defizit von 60000 Francs. Von allen Seiten hagelte es Zahlungsbefehle, und Diaghilew wurde, laut Astruc, noch am Bahnhof von seinen Gläubigern eingeholt. Seine Spezialmischung aus Arroganz und Bluff muß gewirkt haben, denn es gelang ihm, heil nach Rußland zurückzukehren und seine nächste Saison vorzubereiten.

Im Mai 1910 kehrte Diaghilew in eine Stadt zurück, die ihre Hausaufgaben zum Thema Ballett gemacht hatte, mit einer Produktion, die in einer einzigen phantastischen Glanzleistung sämtliche Trümpfe der Truppe ausspielte: energiegeladene rhythmische Tänze, exotische Atmosphäre, verschwenderische Kostüme. Rimsky-Korsakow hatte die Musik für *Scheherezade* komponiert, die Choreographie stammte von Fokin, Ausstattung und Kostüme waren von Bakst. Nijinskij, in der Rolle des Goldenen Mohren, betrat die Bühne »wie eine blitzende Parabel«; Leidenschaft regt sich im Harem; es kommt zu einer wilden Orgie; dann folgt die Abrechnung. »Wie rasend verfolgten die Eunuchen die zerbrechlichen und schönen Odalisken«, schrieb Arnold Bennett. »Im Handumdrehen war das Serail übersät mit ermordeten Mädchen in den selbstvergessenen Haltungen des Todes – und dann nichts als Stille, bis auf das schwere Atmen der Henker! ... Eine Sensation! Es schien unglaublich, daß ein solches Schauspiel Vergnügen bereiten konnte. Aber ein Vergnügen war es fraglos, und noch dazu ein exquisites.«[8]

Auch Picasso, der schwer zufriedenzustellen war, dachte so und nannte Diaghilews *Scheherezade* ein Meisterstück. Proust sagte: »Ich habe noch nie etwas so Schönes gesehen«, und Henri Ghéon schrieb in der *Nouvelle Revue Française*: »Die entscheidende Qualität ist diese scheinbare Unteilbarkeit, eins zu sein mit dem Werk, das es darstellt, sogar bis zu dem Punkt, daß es aus genau dieser Musik hervorzugehen scheint, bevor es mit den Farben der Ausstattung verschmilzt.«

Plötzlich wurde die volle Bedeutung der *Ballets Russes* erkannt. Hier gab es eine Erweiterung des Reichs der Schönheit durch Kraft, Brillanz, perfektes Zusammenspiel, Verschwendung. Die Russen verstanden ihr Geschäft. Am 19. Mai 1910 stiegen die 1889 ausgegebenen russischen Anleihen auf 94 ½ im Vergleich zu ihrem tiefsten Stand von 77 ¼ am 15. Dezember 1906. Die Bankiers lächelten sich zu und Diaghilew hatte keine Subventionsprobleme mehr, obwohl er nach wie vor mehr ausgab, als er einnahm.

Das Ereignis der Ballettsaison 1912 war *L'Après-Midi d'un Faune*. Anscheinend war es Léon Baksts Idee, daß sich alle Figuren nur im Profil bewegen sollten wie ein lebendiges klassisches Basrelief. Diaghilew war vernarrt in Nijinskij und erlaubte dem jungen Tänzer,

Debussys Partitur zu choreographieren. Nijinskijs Musikwissen erwies sich als ebenso mangelhaft wie sein Französisch; er wollte ein sinnliches Stück zu etwas offen Erotischem machen. Debussy fand die Zusammenarbeit mit ihm ausgesprochen nervtötend.

Am 19. Mai 1912 hatte *L'Après-Midi* am Châtelet Premiere. An einem heißen Sommernachmittag wird ein träge auf seiner Flöte spielender Faun von Nymphen überrascht, die baden wollen. In eine von ihnen verliebt sich der Faun; er will ihr mit Sprüngen über den Bach imponieren, schmeichelt ihr, sie verschränken die Arme und tanzen. Dann fürchtet sich die Nymphe und verläßt die Bühne, während der Faun, im Grase ausgestreckt, leidenschaftlich den Schal liebkost, den sie verloren hat.

Nijinskij tanzte ohne Suspensorium, damit seine letzte Umarmung des Schals so erotisch wie möglich ausfiel. Viele Zuschauer buhten ihn deswegen aus, und *Le Temps* dehnte ihre scharfe Kritik auch auf andere Diaghilew-Produktionen aus: »Alle tragen das Stigma des Barbarischen.« Prousts Gönner Gaston Calmette schrieb in *Le Figaro*:

»Diejenigen, die im Zusammenhang mit diesem Ballett von Kunst und Poesie sprechen, machen sich über uns lustig . . . Wir sahen einen Faun, zügellos, abstoßend – mit schamlosen und tierhaft erotischen Gesten . . . Den Körper eines entstellten wilden Tiers, abscheulich von vorne, noch abscheulicher im Profil.«

Die russische Botschaft schaltete sich ein aus Sorge, die gute Arbeit, die Diaghilew für die russisch-französische Freundschaft geleistet hatte, könne mit einem Schlag umsonst gewesen sein, und überredete Nijinskij, seinen Erotizismus etwas zu dämpfen.

Dann hielt es überraschenderweise Auguste Rodin für nötig, seine Stimme zu erheben. Mit seinen einundsiebzig Jahren war er selbst so etwas wie ein Faun. Er hatte sich fast ganz von der Arbeit zurückgezogen und machte nur noch hin und wieder Porträtbüsten, darunter eine von Clemenceau, über die der zur Heftigkeit neigende, kleinwüchsige Politiker sagte: »Rodin läßt mich aussehen wie einen mongolischen General.« In *Le Matin* äußerte sich der Bildhauer positiv zu dem Ballett: »Wenn sich der Vorhang hebt und er liegt ausgestreckt auf dem Felsen, das eine Bein angezogen, die Flöte an den Lippen, könnte man Nijinskij für eine Statue halten, und nichts könnte die Seele mehr rühren als die Bewegung, mit der er sich am Schluß auf den Boden wirft und den weggeworfenen Schal leidenschaftlich umfängt.«

Rodins Intervention hinterließ bei Diaghilew gemischte Gefühle. Nijinskij stand Rodin Modell für eine Statue und ging sehr oft zu ihm ins Atelier. Obwohl Rodin völlig heterosexuell war, wurde Diaghilew, der sich nicht immer ganz rational verhielt, schrecklich eifersüchtig. An einem heißen Julitag traf Diaghilew früher als erwartet in Rodins Atelier in dem wunderschönen Hôtel Biron, einem Gebäude aus dem 19. Jahrhundert, ein und fand Nijinskij, zugedeckt mit einem Schal, ausgestreckt auf der Couch liegen und Rodin zusammengerollt zu seinen Füßen. Beide schliefen fest, ermattet von der Hitze, vom Wein, stundenlangen Modellstehen und Modellieren mit Ton. Diaghilew verließ die beiden, ohne sie geweckt zu haben und überredete seinen Schützling bald darauf, die Sitzungen bei Rodin abzubrechen. Die Plastik wurde nie vollendet. J. E. Blanche, der Gide und seinen Kreis der Algerien-Liebhaber gemalt hatte, schuf ein schönes großes Bild von Nijinskij in seinem Kostüm für *Les Orientales*, die eine Hand flach gegen das Kinn gelegt – ein Bild, das Winnaretta de Polignac erstand, die sowohl den Künstler als auch die dargestellte Person bewunderte.

Unter den Komponisten, die Diaghilew überredete, eine Musik für seine *Ballets Russes* zu schreiben, befand sich ein junger Petersburger. Er war 1910 achtundzwanzig Jahre alt, schlank, blaß und zierlich, hatte glattes, in der Mitte gescheiteltes Haar, eine große Nase und volle Lippen. Laut Debussy benahm sich Igor Strawinsky in Gesellschaft ziemlich ungeschickt. Wenn er den Damen die Hand küßte, trat er ihnen gleichzeitig auf die Zehen. Nach einer einsamen Kindheit, in der er viele Stunden den Möwen über der grauen Newa zuschaute, hatte er Katharina, eine Cousine ersten Grades geheiratet – ein blasses, zerbrechliches, sehr religiöses Mädchen. Diese Ehe erinnert ein wenig an die von Gide mit dem Unterschied, daß aus ihr zwei Kinder hervorgingen. Strawinsky war ein Schüler von Rimsky-Korsakow, und der Zeitgenosse, der ihn am stärksten beeinflußte, war Debussy; aber während Debussy die Melodie der Harmonie unterordnete, war für Strawinsky der Rhythmus wichtiger als die Melodie.

Im Jahr 1910 schlug Diaghilew Strawinsky vor, ein Ballett nach der Legende des Feuervogels zu schreiben. Strawinsky gefiel die Idee. Diaghilew gab das Werk in Auftrag, und im Juni 1910 wurde es als Ballett in Paris aufgeführt. Laut Serge Lifar war es Diaghilew, der daraufhin ein Ballett über einen primitiven Ritus im präzivilisierten Rußland vorschlug.

Wir fragen uns vielleicht, was Diaghilew veranlaßt haben könnte, ein Thema vorzuschlagen, das seinem Charakter und seinen Neigungen ebenso fremd war wie für die damalige Zeit ungewöhnlich und im

Ballett beispiellos? Die Antwort läßt sich nur vermuten; aber es gibt ein paar begleitende Fakten, die vielleicht ein Licht auf Diaghilews Überlegungen werfen.

Wie wir wissen, war der russische Impresario kein geistig schöpferischer Mensch; seine Originalität lag anderswo, vor allem in seiner Fähigkeit, die Pariser Stimmung einzuschätzen – denn nur wenn er die schnell gelangweilte Stadt stimulierte, konnte er mit Zuschauern rechnen. Er las die Zeitung nicht wegen der Nachrichten von gestern, sondern wegen der Gesprächsthemen von morgen. Er lud intelligente junge Leute zum Essen ein und hörte von ihnen, was sie in den stets aktuellen Sorbonne-Zeitschriften wie zum Beispiel der *Revue du Mois* gelesen hatten.

Im ersten Jahrzehnt dieses Jahrhunderts war plötzlich ein neues Interesse für die Vorgeschichte erwacht. Die Höhlenmalereien von Wisenten und Jagdszenen in Altamira, die früher für Fälschungen gehalten wurden, hatten sich als echt erwiesen. Hier reichte eine Kunst von außerordentlich hoher Qualität 40000 Jahre in die Vergangenheit zurück. Zwischen 1906 und 1908 wurde im Ariège noch mehr prähistorische Kunst gefunden, und um sie zu deuten, benutzten die Wissenschaftler den siebten Band von James Frazers *Golden Bough* mit dem Titel *Spirits of the Corn and of the Wild* (Geister des Getreides und des Jagdwilds), in dem Frazer beschreibt, wie bestimmte primitive Völker eine gute Ernte herbeiführen wollten, indem sie einen oder mehrere junge Menschen opferten.

Hand in Hand mit diesem aufkommenden Interesse an primitiven Riten[9] und prähistorischer Kunst ging die zunehmende Beschäftigung mit dem Thema: Eine Frau leidet für andere, wie zum Beispiel Jeanne d'Arc, Violaine oder die Tänzerin, die den Sébastien darstellt.

In Rußland gab es diese Tradition, daß sich ein Mädchen opfert, damit der Frühling wieder einkehre, nicht; Anthropologen hielten ein solches Ritual sogar für höchst unwahrscheinlich, und Frazer erwähnt nur einen einzigen Fall eines Mädchenopfers – bei den Pawnee-Indianern in Nordamerika. Aber Diaghilew ging es weniger um die historische Wahrheit; was ihn, wie er selbst zugab, bewegte, war das aufrichtige Gefühl. Seine Lieblingsmusik war nicht von ungefähr *La Bohème*. Es ist also durchaus möglich, daß er es war, der Strawinsky die Idee von einem Mädchen nahebrachte, das von den Ältesten ihres Volkes ausgewählt wird und sich zu Tode tanzen muß, damit die Wiederkehr des Frühlings gesichert werde.

Noch wahrscheinlicher wird diese Entstehungsgeschichte durch Strawinskys Erläuterung, der Titel des Werks ließe sich am besten mit

Krönung des Frühlings übersetzen. Krönung bedeutet Triumph, Erlösung in einer kosmischen Dimension durch das Opfer eines Mädchens.

Hier drängt sich ein Vergleich auf mit Picassos maskierten Prostituierten in *Les Demoiselles d'Avignon*. In keinem der beiden Werke ist der Primitivismus glaubwürdig; in Afrika tragen die Männer Masken, nicht die Frauen. Bei beiden Werken wurde der Primitivismus von Ausländern eingeführt, die einerseits den Moden der Pariser Kultur Rechnung trugen und sich andererseits der Erkenntnisse bedienten, die in weniger kultivierten Gesellschaften herangereift waren.

Dem nicht authentischen Thema entsprechend griff Strawinsky auch kaum auf authentische Volksmuik zurück. »Die Eröffnungsmelodie des Fagotts in *Le Sacre*«, gestand Strawinsky, »ist die einzige Volksmusik in diesem Werk. Sie stammt aus einer Anthologie litauischer Volksmusik, die ich in Warschau fand.«[10] Diese Melodie ist die Einführung zu einem Vorspiel, das vom Erwachen der Vegetation erzählen soll – ein sehr ungestümes Erwachen, denn es handelt sich um den typisch russischen Frühling. Jungen und Mädchen tanzen, bevor sie der Erde huldigen. Im zweiten Teil wird eines der Mädchen als Opfer gewählt. Sie tanzt immer wilder und rasender, bis sie tot umfällt. Die Zuschauer heben die Hände und bedeuten damit, daß sie das Opfer pflichtgemäß dargebracht haben.

Wie viele Werke von hoher Originalität konnte auch Strawinskys *Le Sacre du Printemps* nur zu einer bestimmten Zeit an einem bestimmten Ort entstehen. Auf diese Verwurzelung im Zeitgeist wurde in anderen Beispielen bereits eingegangen. Was die Musik betraf, so verdankte sie, nach den Worten Strawinskys, Debussy mehr als allen anderen, außer ihm selbst. Trotzdem ist Strawinskys Werk unverkennbar das Produkt eines in Paris arbeitenden Russen, ebenso wie D'Annunzios *Le Martyre de Saint-Sébastien* unverkennbar das Produkt eines in Paris arbeitenden Italieners ist, das heißt zweier Künstler, die mit dem Gespür für die Empfänglichkeit, Werte und Haltungen eines besonderen Publikums ausgestattet waren, dem sie ihre angeborenen Talente anpaßten. Erst mit Hilfe der großen Summen, die die Franzosen zur Verfügung stellten, konnte Diaghilew – der davon lebte, daß er ein Theater mit einem informierten, ansprechbaren und einigermaßen aufgeschlossenen Publikum füllen konnte – das günstige Terrain schaffen, das für ein Werk von dieser Originalität erforderlich war.

Die Premiere fand am 29. Mai 1913 im Théâtre des Champs-Elysées statt, das aufgrund seiner Eisenbetonkonstruktion ebenfalls ein Pionierwerk war.[11] »Während der ersten zwei Minuten blieb das Publikum ruhig«, erinnerte sich der Dirigent, Pierre Monteux. »Dann kamen von den Rängen Buhrufe und Zischen, bald danach auch aus dem Parkett. Sitznachbarn begannen, sich gegenseitig mit Fäusten, Stöcken oder was ihnen gerade in die Hand fiel, auf den Kopf zu schlagen. Bald richtete sich dieser Zorn gegen die Tänzer, dann ganz besonders gegen das Orchester . . . Alles Verfügbare wurde in unsere Richtung geworfen, aber wir spielten weiter.« Strawinsky ging wütend hinter die Bühne, wo er Diaghilew fand, der in einem letzten Versuch, das Publikum zu beruhigen, die Beleuchtung flackern ließ. Bis zum Ende der Aufführung stand er in der Seitenkulisse hinter Nijinskij auf einem Stuhl, hielt seine Frackschöße fest und rief den Tänzern Zahlen zu wie ein Steuermann.

Das Hohngelächter und die Gewalttätigkeiten – die Polizei mußte schließlich eingreifen – wurden weniger durch das Innovative des Themas und der musikalischen Technik hervorgerufen als durch das, was man als »barbarische« Übertreibung von Emotionen und Rhythmus empfand. Aus zum Teil politischen Gründen, wie aus späteren Kapiteln hervorgehen wird, lag den Parisern in diesem zweiten Jahrzehnt in immer stärkerem Maße daran, den französischen Klassizismus zu verteidigen, den sie vielleicht so definiert hätten: ein lebensbejahendes Thema, behandelt ohne unangebrachte Emotionen.

Nach der Aufführung gingen Strawinsky, Diaghilew und Nijinskij in ein Restaurant. Diaghilew weinte nicht und zitierte auch keinen Puschkin im Bois de Boulogne, wie es die Legende will. Er sagte nur: »Genau, was ich wollte«, und meinte die Werbewirksamkeit.

Unter der Belastung der ständigen Angriffe durch Kritiker, die seine Musik als *Le Massacre du Printemps* bezeichneten, erkrankte Strawinsky an Typhus. Diaghilew, dem Krankheiten ein Greuel waren, weigerte sich, ihn zu besuchen; aber Ravel ging hin und brach wie ein Kind, das er in vieler Hinsicht auch war, in Tränen aus, was den Kranken beinahe zu Tode erschreckte.

Inzwischen äußerte sich Debussy voller Lob über *Le Sacre*: »Primitive Musik unter Verwendung modernster Mittel« – und der Komponist des Stücks schenkte ihm die vierhändige Klavierpartitur. Auch Satie hatte den Rang dieses Balletts erkannt, konnte sich aber einen satirischen Kommentar nicht verkneifen: »*Coup de théâtre:* eben haben wir erfahren, daß *Sacre du Printemps* ein amerikanischer Werbegag ist, den die Galeries La Fayette inszenierten, um die neuesten Moden ihrer Erzrivalen lächerlich wirken zu lassen.«

Diaghilew brachte nicht nur seine *Ballets Russes* nach Paris; er belebte auch das französische Ballett und vergab Kompositionsaufträge an französische Komponisten. Hier fand er in Misia,[12] jener jungen Dame polnischer Abstammung, die auf der Weltausstellung 1900 die Fahrt mit der »Transsibirischen« so genossen hatte, eine unentbehrliche Mitarbeiterin. Misia war die Tochter eines Bildhauers und die Enkelin eines berühmten belgischen Cellisten. Sie wurde in Rußland geboren im März 1872, im selben Monat und Jahr wie Diaghilew; und wie der große Impresario hatte sie bei der Geburt ihre Mutter verloren und eine Stiefmutter bekommen, die ihr musikalisches Talent förderte.

Im Jahr 1908 war Misia 36 Jahre alt. Sie hatte ausdrucksvolle dunkle Mandelaugen, ein Stupsnäschen und üppiges, kastanienbraunes Haar, das sie wie eine *brioche* auf dem Kopf auftürmte. Sie war weder besonders schön noch, wie die meisten Leute fanden, sexuell besonders attraktiv, doch ungemein beliebt, denn sie strahlte diese *joie de vivre* aus und besaß die seltene Gabe, andere für das zu interessieren, was sie begeisterte.

Nach ihrer Scheidung von Natanson hatte Misia den Zeitungsverleger Alfred Edwards geheiratet; sie ließ sich auch von ihm scheiden und lebte nun mit José Sert zusammen, der ihr dritter Ehemann werden sollte. Sert war klein und vierschrötig und hatte einen knubbeligen Kahlkopf, von dem Dali behauptete, er sähe aus wie eine Kartoffel. Sert trug Capes und Sombreros, erzählte grausige, bizarre Geschichten und hatte alle Hände voll zu tun, um im Auftrag des Königs von Spanien die Kathedrale von Vich bei Barcelona auszugestalten. Die ersten Fresken hatte Sert auf dem Salon d'Automne gezeigt; die Kritiker fanden sie grob und vulgär, was sie in der Tat sind. Aber Sert hatte ein dickes Fell und zuckte nur die Achseln. Außerdem hatte er Geld. Misia sagte gern: »Ich hatte nur drei Ehemänner, niemals Liebhaber«; sie hätte hinzufügen können, daß alle ihre Ehemänner steinreich waren.

Nicht, daß Misia für sich Geld haben wollte. Zugegeben, sie hatte ihre Klaviere und eine Wohnung in der Rue de Rivoli, die sie später gegen eine am Quai Voltaire tauschte, aber eigentlich brauchte sie das Geld nur, um Künstlern zu helfen. Ihr Verhältnis zu Künstlern und zur Kunst überhaupt war genauso anmaßend wie das von Diaghilew. Sie hatte zum Beispiel Bonnard beauftragt, einen Tapetenstreifen für ihre Wohnung zu malen, und weil sie die langen geraden Ränder zu eintönig fand, schnitt sie sie zu einem muschelförmigen Bogenrand zurecht. Als Freunde ihr mangelnden Respekt vorwarfen, sagte sie: »Ich respektiere Kunst nicht, ich liebe sie«.

Im Jahr 1908 gingen Misia, Sert und Diaghilew nach einer Vorstellung von *Boris Godunow* zu Prunier, um frische Seezungen zu speisen. Misia, gebildet und allem Künstlerischen gegenüber aufgeschlossen, war sofort rückhaltlos begeistert von Diaghilews Idee vom »totalen Ballett«, während Diaghilew eine immer größere Seelenverwandtschaft mit Misia entdeckte. Er sagte, sie wäre die einzige Frau, von der er sich vorstellen könne, daß er sie geheiratet hätte – sie sei die Schwester, die er nie hatte.

Sie versprach, ihm zu helfen, sobald seine Truppe einträfe, und sie hielt ihr Versprechen, indem sie ihre Freunde vom Bett aus, wo sie gewöhnlich vormittags empfing, mit flammenden Reden überschüttete, indem sie nachmittags die Einflußreichen aufsuchte und bearbeitete, leere Sitze aufkaufte, den armen gichtgeplagten Auguste Rodin 1911 zu Vorstellungen von Strawinskys *Petrouchka* und *Spectre de la Rose* schleppte, wo Nijinskij in einem Kostüm aus geringelten Blütenblättern, das laut Cocteau den Eindruck eines etwas melancholischen, aufdringlichen Dufts vermittelte, seine berühmtesten Sprünge vollführte.

Bei der ersten Aufführung von *Petrouchka* blieb die Beleuchtung im Châtelet zwanzig Minuten lang abgeblendet, ohne daß sich der Vorhang hob, und die Zuschauer wurden bereits unruhig. Dann stürzte Diaghilew im Frack in Misias Loge. »Können Sie mir 4000 Francs geben, jetzt gleich, um die Kostüme zu bezahlen?« Misias Wagen wartete draußen; sie schickte ihn nach Hause, ließ das Geld holen, und zehn Minuten später hob sich der Vorhang über dem Admiralitätsprospekt von St. Petersburg. In Abwandlung eines Satzes, den Debussy auf Cocteau gemünzt hatte, könnte man sagen: »Diaghilew war ein großer Mann, und Misia sein Prophet.«

Misias zweite Aufgabe war es, ihren Musikerfreunden zur Teilnahme am Phänomen Diaghilew zu verhelfen. Der begabteste von ihnen war Maurice Ravel.[13] Er war drei Jahre jünger als Misia, Sohn eines Schweizer Bergwerksingenieurs, der am Genfer Konservatorium einen Preis im Fach Klavier gewonnen hatte, und einer baskischen Mutter, die ihn und seinen kleinen Bruder mit baskischen und spanischen Wiegenliedern in den Schlaf gesungen hatte. Maurice hatte das Pariser Konservatorium besucht, hatte bei Fauré studiert und dort mit beträchtlicher Phantasie, aber strenger und trockener als Debussy, zu komponieren begonnen. Da er im Gegensatz zu Debussy keinen guten Rat von Guiraud bekommen hatte, gewann er auch keinen *Prix de Rome* – sehr zu Misias Enttäuschung, denn er hatte damals bereits *Pavane für eine tote Infantin* geschrieben.

Maurice Ravel war ein kleiner, hagerer Mann, der aussah wie ein Stallbursche oder, wie einer seiner Freunde sagte, wie ein junger Fuchs. Am auffallendsten war seine lange gerade Nase. Er war sehr wählerisch in seiner Kleidung, trug nur Anzüge von Gaillard, Krawatte, Einstecktuch und Socken paßten immer zusammen. Er lebte westlich von Paris auf dem Land zusammen mit seiner Mutter und später, nach ihrem Tod, allein. Wie Misia stand er spät auf, arbeitete am Nachmittag, und so gegen sieben zog er sich ein paar Sachen über den Pyjama und begab sich auf einen langen Spaziergang in seinen geliebten Wald, um »an seiner Musik zu arbeiten«. Manchmal kehrte er erst gegen Mitternacht zurück.

Ravel liebte kleine Dinge: Bonsai-Bäumchen, blaue Stiefmütterchen, Spielzeug, technische Spielereien, Insekten, besonders wandernde Ameisen. Er mischte gern Cocktails nach eigenem Rezept, die er dann Phi-Phi oder Valencia nannte. Sein kleines Wohnzimmer füllte er mit billigem Tand in japanischem Stil, und wenn ein Besucher einmal etwas besonderes hübsch fand, erklärte Ravel genüßlich, daß es sich um eine Fälschung handelte. In vieler Hinsicht war dieser kleine, zierliche Mensch ein Kind geblieben, und er war auch gern mit Kindern zusammen. Als Misias an Kinderlähmung leidender Halbbruder Cipa, ein begeisterter Anhänger Borodins, und seine polnische Frau Ida auf eine Ferienreise nach Spanien gingen, vertrauten sie ihre kleinen Kinder Mimie und Jean ihrem Freund Ravel an. Ravel schnitt für sie Papierpuppen aus, machte bei ihren Kissenschlachten mit, fing Libellen, die er »chipolatas mit Flügeln« nannte, und komponierte, inspiriert von Perraults Mutter-Gans-Geschichten, eine Suite von fünf Stücken für vierhändig gespieltes Klavier.

Doch dieser verspielte Mensch war ungemein intelligent und kannte jeden nur denkbaren musikalischen Trick. Als der drei Jahre ältere Vaughan Williams 1908 bei Ravel zu Besuch weilte, schrieb er nach Hause, daß sich sein Besuch als sehr angenehm und vergnüglich – Ravel hatte ihn zu einem Abend mit ein paar »ziemlich netten Huren« eingeladen – und musikalisch fruchtbar erweise. »Aber ich habe das Gefühl, daß mich erst zehn Jahre bei Ravel all das lehren könnten, was ich zu lernen wünsche.« Debussy verglich Ravel mit einem Zauberer, dem es gelang, um vollkommen gewöhnliche Stuhlbeine exotische Blumen wachsen zu lassen.

Misia riet Diaghilew, nicht nur an russische, sondern auch an französische Komponisten Aufträge zu vergeben, um den anfänglichen Erfolg seiner Ballett-Truppe zu sichern. Sie stellte ihren kleinen, zurückhaltenden französischen Freund dem riesigen, bombastischen

Russen vor und die Begegnung endete damit, daß Misia für Ravel einen Kompositionsauftrag herausgeschlagen hatte über das Thema Daphnis und Chloe.

»Mir lag wenig daran, im archaischen Detail besonders genau zu sein«, erinnerte sich Ravel, »aber viel, dem Griechenland meiner Träume treu zu bleiben, das in vielem so war, wie es sich die französischen Künstler der zweiten Hälfte des achtzehnten Jahrhunderts vorstellten und wie sie es darstellten.« Er hätte hinzufügen können, daß der Gott in seinem Ballett mehr an ein christliches Frankreich als an ein heidnisches Griechenland erinnert.

Das fertige Werk, für das Ravel drei Jahre brauchte und das er Diaghilew widmete, wurde 1912 in der Choreographie von Fokin uraufgeführt. Es erzählt von der Liebe des sizilianischen Hirten Daphnis zu der Nymphe Chloe. Piraten überfallen die Insel und verschleppen Chloe. Der Gott Pan, der die Bühne in Gestalt eines großen Felsens beherrscht, wird um Hilfe gebeten; weil er die Nymphe Syrinx liebt, rührt ihn Chloes mißliche Lage. Er verscheucht die Piraten, bringt die Nymphe zu ihrem Hirten zurück, und ihre Wiedervereinigung wird mit einem Bacchanal gefeiert.

Obwohl da und dort die *Polowetzer Tänze* und *Scheherezade* durchklingen, ist Ravels Partitur höchst originell, sehr pariserisch in ihrem Raffinement und hat packende Momente. Das lange symphonische Zwischenspiel, das die dritte Szene einleitet, wurde die eindringlichste, ausdrucksvollste und bewegendste Heraufbeschwörung einer Morgendämmerung genannt, die je geschrieben wurde.

Durch Misias Vermittlung beauftragte Diaghilew zwei weitere Franzosen, Musik für seine Truppe zu schreiben. Reynaldo Hahn schuf die Musik zu *Le Dieu Bleu*, ein weiteres Ballett mit einem religiösen Thema, das von der Liebesgeschichte eines angehenden siamesischen Priesters handelt.[14] Fokin griff hier auf seine Erinnerung an siamesische Tänzer zurück, die einst St. Petersburg besucht hatten, und fügte einen sehr originellen »Tanz der Hände« ein; und Bakst sorgte wieder einmal für farbenprächtige Exotik. Aber Hahns Begabung lag mehr auf dem melodischen als dem rhythmischen Sektor; die Aufführung 1912 brachte nur mäßigen Erfolg.

Bedeutender waren Debussys *Jeux*, in Auftrag gegeben von Diaghilew, nach einem Textbuch von Nijinskij, denn dies war das erste Ballett mit einem modernen Thema. Drei Tennisspieler, ein Junge und zwei Mädchen, treffen sich zufällig bei einbrechender Dunkelheit in einem Garten. Sie suchen einen verlorenen Tennisball. Der Junge flirtet mit beiden Mädchen, kann sich aber für keine der beiden entscheiden, und sie laufen in verschiedenen Richtungen auseinander. Für diese bewußt undramatische Handlung und den offenen Schluß lieferte Debussy eine fünfzehn Minuten dauernde Partitur mit dreiundzwanzig verschiedenen Motiven, die auf raffinierte Art miteinander in Beziehung treten. Obwohl die Musik zu indirekt ist, um auf der Bühne richtig zur Geltung zu kommen, sagte Strawinsky, *Jeux* habe »eine völlig neue Welt der Nuancen und des Fließens entdeckt. Diese Eigenschaften sind französisch, sehr französisch sogar, aber sie sind neu.«

Diaghilews Erfolg führte zur Gründung anderer Ballettcompagnien; er regte das Staatliche Französische Ballettdirektorium an, sich wieder ernsthaft mit der Kunst zu befassen, die mit dem ganzen Körper Gefühle ausdrückt, und neue Werke in Auftrag zu geben. Ein Komponist, der ein bedeutendes Ballet für eine andere Truppe als die *Ballets Russes* schrieb, war Albert Roussel. Roussel war zunächst Marineoffizier, dann studierte und lehrte er an der Schola Cantorum. Bei einem Besuch der Marine in Indien hatte er indische Tempelmusik gehört und brachte den Franzosen als einer von ganz wenigen Komponisten authentische fernöstliche Musik zu Ohren.

Roussels Ballett *Der Ariadnefaden* führt uns in eine Fabelwelt wie die von La Fontaine. Die Hauptdarsteller sind Insekten. Eine Spinne fängt einen Schmetterling und will ihn verspeisen; er wird jedoch von Gottesanbeterinnen gerettet, die die Spinne am Schluß töten. Dieses Werk enthält keine orientalischen Elemente, aber viel Feingefühl und Charme sowie eine unaufdringliche Dramatik.

Ehrgeiziger hinsichtlich des Themas und der Größenordnung war eine Ballettpartitur von Paul Dukas, der am Pariser Konservatorium Komposition lehrte und mit seinen eigenen Arbeiten so streng ins Gericht ging, daß er das meiste davon verbrannte, weil er glaubte, es entspreche seinen hohen Ansprüchen nicht. Ein Werk, das den Flammen entging, war *La Péri,* das in der Choreographie von Clustine 1912 von Trouhanovas Pariser Ballett-Truppe aufgeführt wurde.

Wieder werden wir in den Fernen Osten entführt. Alexander, der Eroberer Indiens, ist zwar noch jung, aber nicht gesund und zieht umher auf der Suche nach der Blume der Unsterblichkeit. Er findet sie in der Hand einer schlafenden Peri, einem feenhaften Wesen, und stiehlt sie. Die Peri erwacht; sie ist wunderschön. Alexander begehrt sie lüstern, woraufhin sich die Blume in seiner Hand von leuchtendem Grün in ein Purpurrot verfärbt. Die Peri erkennt, daß er für die Blume noch nicht bereit ist. Sie fleht ihn an, die Blume zurückzugeben, und als er sich weigert, tanzt sie vor ihm, immer verlockender, bis sie in seine Arme sinkt. Dann gelingt es ihr, ihm die Blume wegzunehmen und zu fliehen. Alexander fühlt, wie das Leben aus ihm weicht, aber bevor die Peri verschwindet, hält sie die Blume in seine Richtung wie ein Versprechen auf Unsterblichkeit. Dukas' meisterhafte Instrumentierung vermittelt eine ganze Reihe intensiver Gefühle, die von Sinnlichkeit bis zu Ekstase und tiefer Frömmigkeit reichen.

Ein Bankenkonsortium hatte die *Ballets Russes* nach Paris gebracht in der Hoffnung, sie würden Rußland in besserem Licht erscheinen lassen, den Rubel aufbessern und mit ihm so manches andere. Das war ihnen gelungen. Diaghilews Truppe war zwar nicht der einzige Faktor, der dies bewirkte, aber einer der bedeutendsten. Wieder war es Arnold Bennett, der mit seinem Riecher für Geld das Wesentliche erkannte: »Und das war Rußland! Das war das Land, das aus dem russisch-japanischen Krieg ein so tödliches und abscheuliches Chaos gemacht hatte.«[15] Das Bild von Nijinskijs kraftvollem Sprung in *Le Spectre de la Rose* hatte bis zum Jahr 1913 das Bild von der sinkenden russischen Flotte verdrängt. Russische Anleihen blieben fest, die Franzosen investierten bereitwillig in neue Kredite für den Zaren und unterstützten eine französische Politik, die auf das Vertrauen in die militärische Macht Rußlands baute.

Die sechs Spielzeiten während russische Saison hinterließ auch Spuren in der gastgebenden Stadt. Die *Ballets Russes* mit Cocteau,[16] der als ihr inoffizieller Werbeagent noch viel aktiver war als Apollinaire für den Kubismus, weckten in den Parisern einen Hang zum Luxus, Sinn für Farbe, für Orientalisches, für kraftvollere Tanzstile. Die russische Saison trug dazu bei, daß sich die gesellschaftlichen Formen der Pariser und ihre Art, sich zu kleiden, änderten. Sie fügte zu den bereits vorhandenen, brillant dokumentierten Kunstformen eine weitere hinzu, die ganz besonders unwiderstehlich war, weil sie verschiedene Künste in sich vereinte. Im Jahr 1912 ähnelte Paris allmählich Armidas Pavillon, einem Ort »der gemächlichen Kunst des Luxus«, wie Ravel die Zwanzigerjahre im nachhinein beschrieb – eine Kristallisation der tiefen Erfahrung, wie Proust sagte, die durch das unwillkürliche Gedächtnis ans Licht gebracht wird, aber diese hier wiederholte sich Abend für Abend, wenn sich der Vorhang vor einem immer wieder anderen Wolkenkuckucksheim hob.

KAPITEL XI
Eine Welt in Bewegung

Wie auf allen anderen Gebieten war Paris auch auf dem Gebiet der Wissenschaft das unbestrittene Zentrum Frankreichs, nicht anders als Cambridge für England und Chicago, auf dem Gebiet der Physik, für die Vereinigten Staaten. Doch ansonsten gab es im Vergleich zu anderen Ländern bedeutende Unterschiede. So wurde die französische Wissenschaft von der Regierung finanziert und war angewiesen, Spitzenkräfte für den Staatsdienst auszubilden; das war eine der Forderungen der Französischen Revolution und, wie das Programm der Weltausstellung 1900 besagte, »Das Tor zum Fortschritt ist die Erziehung«.

Vorzeigeobjekte der französischen Naturwissenschaft waren seit Lavoisier die Metrologie – die exakte Messung von Materie, einschließlich der Gase – und seit Pascal die Mathematik. Im Jahr 1900 war der bedeutendste Wissenschaftler Frankreichs Henri Poincaré, Verfasser von über vierhundert mathematischen Abhandlungen und nebenbei ein erklärter Gegner von Peanos und Russells Formalismus.

Der Zweite Internationale Mathematikerkongreß, der 1900 in Paris stattfand, beschäftigte sich mit dem berühmtesten offenen mathematischen Problem – der Riemann-Hypothese, die zum ersten Mal 1859 von dem deutschen Mathematiker Bernhard Riemann aufgestellt wurde. Es geht dabei um die Verteilung der Primzahlen zwischen den zusammengesetzten Zahlen, und Riemann behauptete, jede der vielen Lösungen habe eine bestimmte Form; da es jedoch unendlich viele Lösungen gibt, könne diese Hypothese durch direkte Berechnungen nicht bewiesen werden. Im folgenden Jahrzehnt kam man mit der Primzahlverteilung zwar ein wenig voran, aber erst heute, achtzig Jahre danach, nähert man sich mit der Hilfe von Computern einer Lösung.

Die reine Forschung nahm einen höheren Rang ein als praktische Erfindungen. Charles Cros hatte das Prinzip, nach dem ein Phonograph funktioniert, entwickelt, aber Edison hatte ihn gebaut, und es ließen sich viele andere solcher Beispiele anführen. Die Aufgabe der Wissenschaft, Nachwuchs für den Staatsdienst heranzuziehen, schränkte ihre Möglichkeiten zur Forschung erheblich ein. Pierre Curie, ein reiner Physiker, mußte einen großen Teil seines Arbeitslebens der Lehrtätigkeit opfern, denn er war Leiter der Ecole de Physique et Chimie Industrielle. Und auf das letzte Wort kam es an: Curie mußte Ingenieure ausbilden.

Ein weiteres typisches Merkmal der französischen Naturwissenschaft ist, daß sie wie die Geschäfte und Handwerksbetriebe häufig von mehreren Generationen einer Familie betrieben wurde. Henri Becquerel, der die merkwürdigen Eigenschaften von Uran entdeckte, war der Sohn und Enkel von Physikern; Jean Perrin, einer der führenden Physiker um 1900, hatte einen Sohn, Francis Perrin, der auf dem gleichen Wissenschaftsgebiet berühmt wurde.

Ebenso wie in anderen Bereichen der französischen Wissenschaft und Kultur liegen die Wurzeln der bedeutenden Entdeckungen des neuen Jahrhunderts in den letzten Jahren des alten; als Ausgangspunkt bietet sich hier das Jahr 1894 an. In jenem Jahr war Pierre Curie Forschungsdirektor an der Ecole de Physique. Vater und Großvater waren Mediziner. Pierre und sein älterer Bruder Jacques wurden zu Hause erzogen. Pierre hatte bereits mit achtzehn Jahren sein Universitätsexamen gemacht und gemeinsam mit seinem Bruder, der ebenfalls Physiker geworden war, hervorragende Arbeit auf den Gebieten der Kristallographie und des Magnetismus geleistet. Nun war er fünfunddreißig Jahre alt, hatte ein längliches, schönes Gesicht, ernste Augen, kurz geschnittenes Haar und einen Knebelbart. Er war zurückhaltend, selbstlos und idealistisch. Sein Steckenpferd war Naturgeschichte; wenn er spazierenging, stieß er selten auf eine Blume, eine Pflanze oder ein Insekt, die er nicht identifizieren konnte. Sein Jahresgehalt betrug armselige 3600 Francs – einer der Gründe, warum er bei seinen Eltern lebte.

Unter Pierre Curies Studenten befand sich in jenem Jahr ein polnisches Mädchen von siebenundzwanzig Jahren: Marie Sklodowska.[1] Sie war die Tochter eines Warschauer Lehrers aus dem »Weichselgebiet«, wie es damals bei den russischen Behörden hieß, denn Polen gehörte zu der Zeit völlig zu Rußland, und die dort lebenden Menschen genossen nur wenig Freiheit. Marie hatte mehrere Jahre unter ähnlich erniedrigenden Umständen wie Jane Eyre als Gouvernante gearbeitet, um Geld zu sparen für ein naturwissenschaftliches Studium in Paris – für die Polen das »Gelobte Land«. Sie wohnte bei ihrer älteren Schwester, die einen in Paris praktizierenden polnischen Arzt geheiratet hatte. Pro Tag standen ihr für ihre sämtlichen Bedürfnisse drei Francs zur Verfügung. Sie war ein scheues, ernstes Mädchen mit grauen Augen, hellem krausem Haar und einem entschlossenen Kinn. Für ihre Doktorarbeit untersuchte sie den

Magnetismus in Metallen; bei ihren Lehrern war sie durch ihr gutes Gedächtnis, ihre Konzentrationsfähigkeit und ihren Lerneifer aufgefallen.

Diese beiden hochherzigen Menschen verliebten sich bald ineinander und heirateten im folgenden Sommer. Sie richteten sich eine kleine Wohnung in der Rue de la Glacière ein. Im September 1895 wurde Pierre zum Professor ernannt, mit einem Jahresgehalt von 6000 Francs, und während er Vorlesungen hielt, arbeitete Marie im Laboratorium der Ecole de Physique. Sie waren ganz offensichtlich sehr glücklich – ihre Liebe füreinander war geradezu sprichwörtlich im Kreis der mit ihnen befreundeten Physiker. Zu diesem zählten vor allem Jean Perrin, der wegen seines birnenförmigen Gesichts und seiner abstehenden Kraushaare »der Erzengel« hieß; Paul Langevin, ein gutaussehender, extravertierter Spezialist für die Bewegung der Teilchen in Gasen und Flüssigkeiten; und Gabriel Lippmann, der 1908 für seine Erfindung der Interferenz-Farbphotographie den Nobelpreis erhalten sollte.

Das Uran, von dem Becquerel festgestellt hatte, daß es kalt leuchtete und daß es auch in völliger Dunkelheit Strahlen aussandte, die stark genug waren, um eine in schwarzes Papier gewickelte photographische Platte zu belichten, war damals das Thema Nummer eins. Marie ging daran, mit Hilfe eines raffinierten, von Pierre erfundenen Apparats die Geschwindigkeit der sich dabei entladenden Elektrizität zu messen. Sie entdeckte zwei unerwartete Dinge: daß sich die Geschwindigkeit bei veränderten Temperaturen nicht veränderte und daß sie ebenfalls unverändert blieb, ob sie nun reines Uran oder Uranverbindungen verwendete. Nach weiteren Versuchen erkannte sie, daß die Geschwindigkeit der Elektrizität nur von einer Sache abhing: vom spezifischen Gewicht des reinen Urans in den verwendeten Proben. Sie sprach mit Pierre darüber, und sie kamen beide zu dem Schluß, daß die Elektrizität aus dem Kern des Metalls, den Uranatomen, stammen mußte. Dieser Kraft im Uran gaben sie den Namen »Radioaktivität«.

Im April 1898 bat Marie ihren Freund Gabriel Lippmann, der Mitglied der Akademie der Wissenschaften war, in ihrem Namen folgende Meldung in die *Tätigkeitsberichte* der Akademie aufzunehmen: »Zwei Uranverbindungen, Pechblende (Uranoxyd) und Chalkolith (Kupferuranydphosphat) sind bedeutend radioaktiver als das Uran selbst. Diese Tatsache ist sehr beachtlich und führt zu der Annahme, daß diese beiden Verbindungen ein Element enthalten könnten, das erheblich radioaktiver ist als das Uran.«[2]

Pierre wurde so aufgeregt, daß er seine eigene Arbeit über Kristalle liegen ließ, um seiner Frau zu helfen, dieses neue Element aufzuspüren, dem Marie aus Liebe zu ihrem Heimatland den Namen Polonium geben wollte. Das Polonium von dem sehr ähnlichen Wismut zu trennen, überstieg jedoch ihre Kräfte. Polonium ist ein kurzlebiges Element und konnte bis heute noch nicht bis zum Reinzustand isoliert werden.

Aber eine andere Entdeckung machte diese Enttäuschung wieder wett. Im Dezember meldeten die Curies der Akademie: »... Die oben angeführten Gründe veranlassen uns zu der Annahme, daß dieser neue radioaktive Stoff ein neues Element enthält, für das wir den Namen Radium vorschlagen. Der neue Stoff enthält bestimmt erhebliche Mengen Barium, da aber seine Radioaktivität trotzdem bedeutend ist, muß die des Radiums ganz ungeheuer sein.«[3]

Ungeheuer groß war auch die Aufgabe, Radium in einem ausreichend reinen Zustand zu isolieren, um seinen atomaren Zustand zu messen und so die Chemiker von seiner Existenz zu überzeugen. Marie schätzte, daß sie wahrscheinlich zentner- oder gar tonnenweise Pechblende verarbeiten mußte, um ein paar Gran Radium zu erhalten.

Die Curies wandten sich an die Sorbonne, weil sie Räumlichkeiten für ihre Arbeit brauchten, aber angeblich war nichts frei bis auf einen Holzschuppen in einem Hinterhof der Ecole de Physique, der früher von der medizinischen Abteilung benutzt wurde. Er hatte keine richtigen Fenster, die Dachluke war undicht. Im Sommer war es darin heiß wie in einem Treibhaus, im Winter trotz eines altmodischen gußeisernen Ofens kalt wie in einem Eisschrank.

Die Curies richteten sich in diesem Schuppen ein, und dann traf eines Tages eine Wagenladung schwarzglänzender Pechblende aus Bergwerken in St. Joachimsthal ein, ein Geschenk der österreichischen Regierung. Dieses Erz und noch viele weitere Wagenladungen davon mußte Kilo für Kilo sortiert und aufgeschlossen werden.

Maries Notizbücher blieben erhalten.[4] Auf der einen Seite sehen wir in ihrer schrägen Handschrift Gewichtsangaben, Maßangaben, Beobachtungen, auf der anderen Seite Pierres steile Handschrift und Diagramme. In einem anderen Notizbuch notierte Marie Woche für Woche das Gewicht ihrer kleinen, 1897 geborenen Tochter Irène, die Anzahl ihrer Zähne, ihre ersten Worte, ihre Vorliebe für Tapioka. Auf den Rand eines dritten Buchs, eines Kochbuchs, schrieb sie ein Rezept für rotes Johannisbeergelee; das Obst konnte man in den Markthallen günstig kaufen. Sie und Pierre mußten noch immer sehr sparsam leben; das einzige, was sie sich leisteten, war ein Sommerurlaub mit dem Fahrrad in der Auvergne oder Bretagne.

Mit nur einem Gehilfen, der auch nur halbtags arbeitete, versuchte Marie, Radium von Barium zu trennen. Ein Jahr verging, dann ein zweites. Pierre, der nach Maries Worten einen »geometrischen« Verstand hatte, der sich von den Formen der Phänomene mehr angezogen fühlte als von ihrer materiellen Wirklichkeit, riet Marie, ihre mühselige Suche aufzugeben. Er wußte noch nicht, wie zäh sie sein konnte.

Nach vier Jahren schwerer Arbeit und körperlicher Strapazen war es Marie Anfang 1902 gelungen, ein Zehntel Gramm Radium zu isolieren, nicht das Metall, aber ein reines Radiumsalz, ein weißes Pulver ähnlich dem Tafelsalz. Am 28. März bestimmte sie sein Atomgewicht und schrieb in ihr Notizbuch: Ra – 225.93.[5]

Dieser merkwürdige Stoff steckte voller Überraschungen: Er war schwerer als Blei, aber ständig »tätig«; im Dunkeln ging ein bläuliches, phosphoreszierendes Licht von ihm aus, bei dem man lesen konnte; er gab genug Wärme ab, um ein Stück Eis vom selben Gewicht innerhalb einer Stunde zu schmelzen; er setzte Elektrizität frei und färbte eine Glasphiole malvenfarben violett. Und als Pierre einmal seinen bloßen Arm dem Radiumsalz aussetzte, stellte er fest, daß es die Haut rötete, als hätte man sich verbrannt, daß es aber nicht schmerzte. Es dauerte sechs Wochen, bis die Haut nachgewachsen war, aber ein Quadratzentimeter in der Mitte der Wunde blieb seltsam grau und verheilte nicht, »was zeigte, daß hier die Verbrennung tiefer gegangen war«.[6]

Die wärmespendenden Eigenschaften des Radiums wurden von Paul Villard, einem Freund der Curies, erklärt. Mit einer radiumhaltigen Probe, die ihm Marie geliehen hatte, schickte Villard Strahlen durch zwei hintereinander aufgestellte photographische Platten. Er kam zu dem Schluß, daß Radium drei verschiedene Strahlenarten abgab – die sogenannten Alpha- und Beta-Strahlen, die Rutherford entdeckt hatte – und eine dritte Art, die Gamma-Strahlen, die Villard aufgrund ihrer durchdringenden und verbrennenden Eigenschaften den X-Strahlen sehr ähnlich erschienen.

Im Jahr 1903 erhielten Pierre und Marie Curie zusammen mit Becquerel für die Entdeckung der Radioaktivität den dritten Nobelpreis für Physik. Über Nacht wurde das Wissenschaftlerpaar berühmt, und Präsident Loubet beehrte ihren baufälligen Schuppen mit seinem Besuch. Im Jahr darauf nahm Pierre seine Lehrtätigkeit an der Sorbonne wieder auf für ein Jahresgehalt von 10 000 Francs, und er erhielt ein eigenes Labor. Das Haus, das sie nun mit seinem verwitweten Vater teilten, ließ er mit einem modernen Badezimmer ausstatten, und sie bekamen eine zweite Tochter.

Wegen Maries angegriffener Gesundheit fuhren die Curies erst im Juni 1905 nach Stockholm. Hier sagte Pierre in seiner Dankesrede: »In den Händen böser Menschen kann Radium sehr gefährlich werden ... Die Entdeckungen Nobels zeigen, daß Sprengstoffe den Menschen gestattet haben, bewundernswerte Dinge zu unternehmen, daß sie aber auch ein schreckliches Werkzeug der Zerstörung in den Händen der Kriegführenden sind ... Ich gehöre wie Nobel zu denen, die glauben, daß diese Entdeckungen der Menschheit mehr Nutzen als Schaden bringen werden.«

Experimente zeigten, daß die Gamma-Strahlen des Radiums den Körper durchdringen konnten, um verborgene schädliche Zellen wie zum Beispiel Krebszellen zu zerstören. Als der Industrielle Armet de l'Isle bei Paris eine Fabrik errichtete, in der Radium für medizinische Zwecke gewonnen werden sollte, beanspruchten die Curies keine Gewinnanteile und lehnten es sogar ab, Patentrechte anzumelden.

Am Gründonnerstag 1906, nach einem Essen mit einer Gruppe naturwissenschaftlicher Lehrer, begab sich Pierre Curie zum Institut. Es begann zu regnen und Pierre spannte seinen Schirm auf. Als er die überfüllte Rue Dauphine überqueren wollte, näherte sich ihm, verdeckt durch seinen Schirm, ein von zwei Pferden gezogener Wagen, beladen mit militärischem Gerät. Der Kutscher versuchte noch, seine Pferde zu zügeln, aber es war zu spät. Pierre wurde zu Boden geschleudert, und das linke Hinterrad des Wagens rollte über seinen Kopf.

Elf Jahre hatten die Curies miteinander gelebt und gearbeitet, vereint durch ihre gegenseitige Liebe und ihren Forschungsdrang. Für Marie war der Tod von Pierre ein fürchterlicher Schlag, von dem sie nie mehr zu ihrer alten Fröhlichkeit zurückfand. Sie setzte ihre wissenschaftliche Arbeit fort, aber in ihrer übrigen Zeit kreisten ihre Gedanken um Pierre, und sie richtete fast täglich ein paar Zeilen an ihn in einem kleinen grauen Notizbuch.

Vierzehn Tage nach der Beerdigung schrieb sie dort: »Mein Pierre, ich denke unaufhörlich an Dich. Mein Kopf brennt wie Feuer, und ich habe das Gefühl, ich werde verrückt. Ich begreife nicht, wie es sein kann, daß ich leben muß, ohne Dich zu sehen, ohne dem lieben Gefährten meines Lebens zuzulächeln.«

Am 13. Mai: »Mein lieber Pierre, Du sollst wissen, daß der Goldregen, die Glyzinie und der Weißdorn blühen und daß die Iris aufgehen. Du hättest sie geliebt. Du sollst auch wissen, daß ich

Deinen Lehrstuhl bekommen habe und daß es ein paar Leute fertiggebracht haben, mir dazu zu gratulieren.«

Am 6. November 1906 saß die überall zu findende Elisabeth Greffulhe zwischen den Honoratioren in der ersten Reihe, um die Antrittsvorlesung der ersten Frau, die an der Sorbonne lehrte, zu hören. Marie ging langsam auf den langen Tisch zu, legte ihre Notizen darauf und begann mit ruhiger, monotoner Stimme zu sprechen: »Wenn wir den Fortschritt betrachten, der in der Physik gemacht wurde . . .« Es war der letzte Satz, den Pierre in diesem Saal gesprochen hatte.

»Ihr Gesicht ist merkwürdig und alterslos«, schrieb der Korrespondent des *Figaro*, »ihre tiefliegenden grauen Augen überanstrengt vom Lesen oder Weinen; ihr ergrauendes Haar ist über der hohen Stirn nach hinten zu einem Knoten gekämmt; ihr Gesicht ist ruhig und blaß, ihre Lippen sind geschürzt.«

Das wichtigste Thema war jetzt die Beschaffenheit des Atoms. Marie beschrieb in verschiedenen Arbeiten, wie die Radioaktivität die Verbindung zwischen Materie und Elektrizität konkretisierte, ein Feld, auf dem in Frankreich Paul Langevin führend war, der in seinem Labor am Collège de France Ionen in Gasen, Flüssigkeiten und Nichtleitern untersuchte. Paul Langevin hatte eine ungebildete Frau, die ihn ständig drängte, sich eine besser bezahlte Stellung zu suchen. Vermutlich, weil er zu Hause keinen Frieden fand, fühlte er sich zu Marie hingezogen, und sie schrieb ihm, vielleicht unüberlegt, mehr als einmal und unterstützte ihn in seinem Wunsch, sich von seiner Frau zu trennen.

Im Jahr 1911 spitzte sich die Geschichte zu. Paul Langevin reichte die Scheidung ein; seine Frau behauptete, Marie habe ihr den Mann gestohlen. Marie wies die Beschuldigung zurück und erhielt die Unterstützung von einigen republikanischen Zeitungen. Aber die rechtsextreme Presse griff Marie an, nannte sie »Polackin« und forderte ihren Rücktritt. Raymond Poincaré, ein sehr fähiger Anwalt und Politiker und Cousin des Mathematikers Henri Poincaré, erklärte sich bereit, Langevin zu vertreten und Maries Namen zu schützen. Langevin wurde geschieden, aber erst nach großen Schlammschlachten und nicht weniger als drei Duellen.

Im selben Jahr wurde Marie für die Aufnahme in die Akademie der Wissenschaften vorgeschlagen, unterlag jedoch gegen Edouard Branly, den Erfinder des Fritterempfängers, eine Röhre, die in der drahtlosen Telegraphie verwendet wurde. Marie erhielt jedoch 1911 den Nobelpreis für Chemie für ihre Entdeckung des Poloniums und

Radiums. Sie ist die einzige Frau, die zweimal einen Nobelpreis gewann.

Einen Teil des Preisgeldes spendete Marie für den Bau eines Radiuminstituts mit Laboratorien, in denen sie und andere Wissenschaftler arbeiten konnten. Es wurde in einer nach Pierre Curie benannten Straße gebaut und 1914 eröffnet. Bei der Eröffnung war auch Maries siebzehnjährige Tochter Irène anwesend, die später Frédéric Joliot heiratete. Auch dieses Ehepaar arbeitete gemeinsam, und Joliot sollte später für die Entdeckung der Neutronen den Nobelpreis bekommen. Auch hier haben wir wieder ein »Familienunternehmen«.

In den Jahren zwischen Maries Entdeckung des Radiums bis zum Ausbruch des Krieges gab es weitere Aufschlüsse über das Wesen der Materie. Rutherford in Cambridge beschoß eine dünne Goldfolie mit hochbeschleunigten Heliumkernen – die von radioaktiven Elementen ausgesandte Alpha-Strahlung – und stellte überrascht fest, daß einige zurückgeworfen wurden. Er schloß daraus völlig richtig, daß die gesamte Masse des Atoms und seine gesamte positive Ladung im Zentrum, einem »Kern«, konzentriert sein mußte, während praktisch das gesamte Volumen des ihn umgebenden Atoms leerer Raum ist, in dem nur die Elektronen um den Kern kreisen. Also war die Elektrizität keine Fee, die auf einer felsenharten Materie tanzte, wie die frühere Generation geglaubt hatte, sondern unter ihren wirbelnden Unterröcken eine eigene Kraft von vielleicht gewaltiger Stärke.

Albert Einstein arbeitete allein in Zürich, aber er verfolgte die Arbeit der Curies genau. Er stellte zwei nicht minder revolutionäre Behauptungen über das Wesen der Materie auf: Die Masse eines Körpers wird durch die Energie der Bewegung größer und es besteht eine Gleichwertigkeit zwischen Masse und Energie. Die Wissenschaftler behaupteten praktisch: »Hinter dem scheinbar Festen und Unveränderlichen liegt eine Folge von Veränderungen.« Dies bestätigte und stimulierte die kreativen Künstler, die sich mit den aufeinanderfolgenden Ichs oder dem Nebeneinander von Ichs innerhalb einer Person beschäftigten.

Auf dem Gebiet der Chemie waren die Franzosen weniger erfolgreich als in der Physik. Die Deutschen, die ihre Forschung eng an die Industrie koppelten, waren führend in der Entwicklung von Farben und Düngemitteln und sammelten hier die Nobelpreise. Ebenso führend waren sie in der Technologie, die mit der Schwerindustrie verbunden war und erheblichen Kapitaleinsatz erforderte wie zum

Beispiel die Fertigung von Generatoren und Elektrolokomotiven. Die Franzosen wiederum spielten eine führende Rolle in der Entwicklung des Automobils, denn das ließ sich einigermaßen erschwinglich in einem Familienunternehmen bewerkstelligen.

Welches Land am meisten zur Erfindung des Autos beigetragen hat, darüber gehen die Meinungen bis heute auseinander, aber die Franzosen gehörten bestimmt zu den aktivsten bei der Entwicklung des Autos. Amédée Bollée, der Sohn eines Glockengießers, stellte 1900 wunderschöne, fortschrittlich konstruierte Autos her; sein Bruder Léon baute ungewöhnlich leise Autos, indem er das Motorgeräusch mit lärmabsorbierendem Material dämpfte. Der frühere Radweltmeister Fernand Charron baute CGV-Rennautos, die später in England als Charrons verkauft wurden. Der Fahrradhersteller Alexander Darracq baute in Lizenz einen leichten Bollée und richtete sich eine Fabrik für Rennwagen ein, die ihn später zum Millionär machten. Der Comte Albert de Dion bot zusammen mit dem ehemaligen Spielzeughersteller Georges Bouton dreirädrige schnelle Motorräder an sowie einen kleinen, preiswerten dreieinhalb PS starken Einzylinderwagen, der weltweit Erfolg haben sollte.

Delahaye hatte sich von der Produktion landwirtschaftlicher Maschinen auf die kleiner robuster Ein- und Zweizylinderwagen umgestellt, bei denen die Rohre für die Wasserkühlung des Motors über die ganze Länge des Fahrgestells liefen. Die Firma Gobron-Brillié bot verschiedene Modelle mit einem ungewöhnlichen Gegenkolben- oder Boxermotor an. Die von Amerikanern gegründete Firma Hotchkiss, die Geschütze herstellte, baute als Prototyp einen fünfzig PS starken Wagen, das erste von vielen Modellen, die für ihre Langlebigkeit berühmt wurden. Panhard-Levassor, ursprünglich Hersteller von Maschinen für Holzverarbeitung, produzierte eine breite Palette hochklassiger Automobile. Armand Peugeot, der aus einer bekannten Familie von Eisenwarenhändlern stammte, baute Autos mit Vierganggetriebe und automatischen Einspritzventilen. Louis Renault bot einen modernen dreieinhalb PS starken Wagen mit einem De-Dion-Motor an, während Léon Serpollet, der Sohn einer armen Arbeiterfamilie, mit finanzieller Unterstützung eines reichen Amerikaners Dampfautos baute, die genauso gut waren wie die meisten mit Benzin fahrenden Autos.

Wer damals einen Wagen kaufen wollte, konnte nicht einfach in ein Autogeschäft gehen und sich ein fertiges Auto aussuchen. Man beschloß, sich ein Auto seinen Bedürfnissen entsprechend machen zu lassen, und dann bestellte man eine Karosserie, die einzeln angefertigt wurde. Im Jahr 1900 war die Nachfrage so groß, daß man 22 Monate auf sein Auto warten mußte. Die Karosseriehersteller ließen sich von den Couturiers beraten und bauten besonders geräumig nach oben für die großen Hüte der Damen. Der blaue Mercedes der schönen Otéro war so hoch und schmal, daß er in den Kurven manchmal umkippte.

Wenn das bestellte Auto fertig war, mußte man es registrieren lassen. Als Pariser erhielt man eine Zahl und einen der fünf Buchstaben E, G, I, U oder X. Die Nummer von Octave Mirbeaus Charron war 628-E8; wir wissen das zufällig, weil diese Nummer der Titel seines Buchs über die Freuden des Autoreisens wurde. Man zahlte auch eine jährliche Autosteuer; 1900 betrug sie 120 Francs für ein kleines Modell, 240 Francs für ein großes. Im Gegensatz zu englischen und deutschen Autos fuhren die französischen mit *essence minérale*, einem Benzin, das aus Steinkohlenteer destilliert wurde, der aus den Kohlebergwerken stammte. Deshalb mußte man auch, wenn man eine Fahrerlaubnis haben wollte, zum Ministerium für Bergbau gehen und eine Prüfung ablegen. Hatte man bestanden, ging man zur Polizei, die ein *Certificat de capacité pour la conduite d'une voiture* ausstellte. Dann genehmigte der Staatsrat den Gebrauch des Wortes *automobile* und bestimmte, daß es weiblichen Geschlechts sein sollte.

Paris zur Zeit der Elektroautos muß herrlich gewesen sein, aber ab 1901 überwogen die mit Benzin fahrenden *teuf-teufs*. 1907 gab es in Paris 4000 Autos, ein Sechstel der von Pferden gezogenen privaten Kutschen und Droschken. Auf der Linie Montmartre-St. Germaindes-Prés fuhr der erste Autobus mit Platz für dreißig Personen und einem 35-PS-Motor, der zwanzig Kilometer pro Stunde schaffte, und machte die zwei Percherons genannten Zugpferde überflüssig. Die Fahrt dauerte statt 45 nur noch 25 Minuten, aber der Bus hielt an festen Haltestellen und nicht wie früher, wenn es die Fahrgäste wünschten.

Der Charakter der Stadt veränderte sich. »In unseren schönen Avenuen mit Kastanien und Platanen«, schrieb Léontine de Caillavet an einen Freund, »wirbeln die Automobile so viel Staub auf, stoßen so viele Benzingase aus, daß es mit unserem Frieden und unserer Freude vorbei ist.«[7] Aber die Zukunft gehörte den Störenfrieden. Ein Pariser Gericht hatte bereits verfügt, daß die Halter von Pferden ihre Tiere so erziehen mußten, daß sie vor Autos nicht scheuten.

Wer beabsichtigte, sich weiter aus der Stadt hinauszuwagen, kaufte sich einen Ziegenfellmantel, der mit dem Fell nach außen getragen wurde, bis zum Knie reichende Pelzstiefel, einen Lederhelm und eine solide Schutzbrille. War man selbst kein Mechaniker, mietete man sich einen für die mit Sicherheit auftretenden Probleme. Charles Rolls, der im Winter 1900 einen Panhard von Paris nach Le Havre fuhr, hatte am Schluß die folgende Pannenliste: »Wasserleitungen defekt, Anschlußstück ausgewechselt, Riß im Vorderradreifen, lose Kette, geplatzter Hinterreifen, Regenmantel in Fetzen um die Pumpe gewickelt, undichter Zylinder, alle Zylinderköpfe glühend heiß, Pumpe klemmte, undichte Kühlungsrohre, Glührohr zweimal geplatzt, Öl auf den Bremsen, noch ein geplatzter Reifen.«

Die Luftreifen, die von den Brüdern Michelin und in England von der Firma Dunlop hergestellt wurden, waren noch nicht sehr widerstandsfähig. Eine Suffragette durchlöcherte einmal den Reifen eines Polizeiautos mit einer Sicherheitsnadel. Die Reifen waren für den Autofahrer von damals das teuerste; sie kosteten ihn jährlich zirka 2000 Francs.

Trotzdem stand in Filson Youngs *The Complete Motorist* (1904) zu lesen:

»Im Kraftfahrwesen ist Frankreich unserem England zwanzig Jahre voraus . . . Die großen *routes nationales* könnten mit einem prophetischen Blick für die neue Fortbewegung angelegt worden sein. Autofahren . . . ist für die Leute ein Teil des Lebens geworden. In den entlegensten Dörfern und den bescheidensten Gasthöfen bekommt man *essence*; es wimmelt von guten Mechanikern, und die Hotelbesitzer, die wissen, wo ihr Vorteil liegt, verlangen nichts, wenn der Gast seinen Wagen über Nacht unterstellen will.«[8]

Im Jahr 1907 brach der neunundfünfzigjährige Octave Mirbeau, Autor von Novellen und Theaterstücken, mit seinem 40 PS starken Charron Grande Vitesse zu einer Fahrt durch Frankreich auf. Sein fröhlicher Chauffeur Charles Brosette, Sohn eines Schmieds, kannte sich gut mit dem Wagen aus, und Mirbeau nahm dafür in Kauf, daß er es auch verstand, die Benzinrechnungen zu frisieren. Die Fahrt führte sie durch die Auvergne und Savoyen. Obwohl Mirbeau seine Aufmerksamkeit zwischen Schmiervorrichtung, Spannungsmesser, Öldruckanzeige und Landschaft teilen mußte, schätzte er das Auto sehr, weil es ihn anders als die Eisenbahn in direkte Berührung mit den Menschen brachte. Er drückte auch sehr scharfsinnig aus, wie Bewegung die Erscheinungsbilder veränderte. Obwohl er nur mit einer durchschnittlichen Geschwindigkeit von 30 kmh reiste, fand er, daß die Bewegung »die Dinge auf neue Art hervortreten ließ, so daß ich den Eindruck hatte, daß Gegenstände und Personen nicht einfach statisch waren, sondern höchst aktiv.«

Mirbeau berichtete von den Reaktionen von Tieren, denen er auf

Landstraßen begegnete. Gänse fand er, seien intelligent, denn sie stellten sich in einer Reihe am Straßenrand auf. Ferkel rannten mit Begeisterung hinter dem Auto her. Kühe gingen rücksichtslos mitten auf der Straße, waren aber auch weniger schreckhaft als Pferde, die laut Mirbeau die größte Gefahr für den Automobilisten darstellten. »Das Pferd sieht nur, was rechts und links von ihm ist wie ein Politiker im Abgeordnetenhaus.«

Die Hotels in der Provinz waren so schlecht, daß es Mirbeau gelegentlich vorzog, im Wagen zu schlafen. Im großen und ganzen genoß er jedoch die Reise. Das Buch, das danach entstand, widmete er Fernand Charron, der seinen Wagen gebaut hatte. »Ich verdanke Ihnen viel Freude und viele neue Eindrücke, eine völlig neue Art von wertvollen Begegnungen, die Bücher nicht vermitteln können.«[9]

Auch Proust nützte das Automobil für neue Erlebnisse. Er schätzte es, weil es, wie er sagte, Zugang bot zu den hübschen versteckten Winkeln, die einst von einer Postkutsche aus zu sehen waren, aber in jüngster Zeit von einem Eisenbahnzug aus unsichtbar geworden waren. Das Auto verlieh dem Reiseverkehr jene Flexibilität, die Bergson in der Psyche wiederentdeckt und gepriesen hatte.

Automechaniker, Tankstellenbesitzer und Autoverkäufer gehörten zur Gruppe der Aufsteiger – das geht aus Feydeaus Schwank *Le Circuit* (1909) hervor. Etienne ist ein geschickter Mechaniker, der zum zwielichtigen Verkäufer wird, um im Autogeschäft nach oben zu kommen: »Es hat alle Vorteile eines freien Berufs und ist außerdem noch *Sport*.« Etiennes Können, sein Geschick, sein dicker Schnurrbart und sein selbstsicheres Auftreten machen ihn beliebt bei den Frauen, auch bei der Geliebten des Autofabrikanten, für den er fährt. Das Stück endet damit, daß Rennwagen durch ein bretonisches Dorf jagen; ein Hund wird überfahren, zwei Wagen stoßen zusammen und Etienne wird erster – kein Parvenu, wie er stolz von sich sagt, sondern ein *Sportsmann*!

Während sich die Briten mit Luxusautos wie dem Rolls-Royce »Silver Ghost« von 1906–7 hervortaten und die Deutschen mit soliden, langlebigen Fahrzeugen wie dem von Daimler 1901 gebauten Mercedes, führten die Franzosen bei den Rennwagen. Ab 1900 waren die Panhards, Mors und De Dietrichs unbesiegbar; 1912 kam noch der 4,5 Liter-Peugeot dazu, den Georges Boillot mit großem Erfolg fuhr.

Die langen geraden Straßen und das viele flache Land in Frankreich waren ideal für Autorennen, und die großen Wettbewerbe, die meistens in Paris starteten oder endeten, wurden von französischen

Firmen gefördert. Eines der berühmtesten Rennen wurde 1902 das Rennen Paris–Wien, das Marcel Renault gewann. Er war schneller als der Arlberg-Express. Das ehrgeizigste Rennen führte durch zwei Kontinente; es wurde 1907 von *Le Matin* gesponsert und führte von Peking nach Paris.[10]

Die Chinesen standen dem Projekt zunächst skeptisch gegenüber. Die *Tschi-tschos,* wie sie die Autos nannten, wollten bestimmt nur neue Invasionsrouten auskundschaften. Aber nachdem sie ein französischer Minister und andere beschwichtigt hatten, erklärten sie sich ebenso wie die Russen zur Mitarbeit bereit und sorgten für Benzinvorräte entlang der Route.

Fünfundzwanzig Wagen hatten sich gemeldet, aber nur fünf erschienen tatsächlich in der chinesischen Hauptstadt: ein 6-PS-Contal-Dreiradauto, zwei 10-PS-De-Dion-Boutons, ein holländischer 15-PS-Spyker und ein 40-PS-Itala. Die Franzosen setzten auf einen leichten Wagen, der zwar langsamer, aber in schwierigem Gelände besser zu handhaben war als ein schweres Fahrzeug. Nach zahlreichen Abenteuern einschließlich einer einstürzenden Brücke in Transbaikalien, wobei sich das Auto überschlug, und eines gebrochenen Rades, das ein russischer fahrender Schmied reparierte, traf genau zwei Monate nach dem Start in Peking Prinz Scipione Borghese mit dem Vierzylinder-Itala als erster in Paris ein.

Der Mann, der die Automobilherstellung in andere Bahnen lenkte, Louis Renault, wurde 1877 in Paris als Sohn eines Knopffabrikanten geboren.[11] Er interessierte sich schon früh für Maschinen, lernte in der Pariser Kesselfabrik Delaunay-Belleville, und nach seinem Militärdienst baute er nach eigenen Plänen eine *voiturette* – einen Kleinwagen. Statt den Motor über einen Riemen oder eine Kette mit einer Mittelachse zu verbinden, von der eine zweite Kette den Antrieb auf die Hinterräder übertrug, führte Renault den Direktantrieb über eine Kardanwelle und ein konisches Getriebe ein. Sein Auto wog knapp 250 kg und erreichte mit seinem 0,75-PS-De-Dion-Motor eine Geschwindigkeit von 48 km/h. Im Alter von einundzwanzig Jahren gründete Louis zusammen mit seinem Bruder Marcel die Firma Renault Frères, die innerhalb von zwei Jahren 200 dieser Kleinwagen baute und verkaufte.

Die meisten französischen Autohersteller waren unbeschwerte bis leichtfertige Leute, die mehr das Abenteuer als der Profit lockte. Louis Renault war anders. Er war ein drahtiger, muskulöser Mann mit einem hohlwangigen, blassen Gesicht und strengem Mund, der es sich zur Lebensaufgabe gemacht hatte, in seiner großen Fabrik in Billancourt billige Autos in großen Mengen herzustellen. Er war ein Mensch, der ungeheuer hart arbeitete; er kam mit fünf Stunden Schlaf aus, und die einzige Entspannung, die er sich leistete, war eine langjährige Liaison mit Jeanne Hatto, einer Sängerin an der Pariser Opéra Comique. Nachdem sein Bruder 1903 bei dem Rennen Paris–Madrid ums Leben kam, führte Louis die Renault-Werke allein. Gewöhnlich tauchte er unerwartet irgendwo in der Fabrik auf, und wenn er einen Arbeiter fand, der faulenzte, entließ er ihn auf der Stelle. Die Belegschaft bedauerte, daß es die freundschaftliche Atmosphäre des traditionellen Kleinbetriebs nicht mehr gab, und es kam häufig zu Reibereien zwischen Firmenleitung und Arbeitnehmerschaft.

Aber die Renault-Werke hatten Erfolg. Überall in Europa tauchte die typische »Alligator«-Motorhaube auf. Bis 1906 hatte Renault die Stadt Paris mit 1500 Zweizylinder-Taxis zum Preis von je 3800 Francs beliefert; auch der erste Pariser Bus stammte von Renault. 1907 fuhren die »Red-Renault«-Taxis auf den Straßen von London. Im selben Jahr begann Renault mit dem Bau von Flugmotoren. Im Jahr 1912 betrug die französische Gesamtproduktion 50000 Fahrzeuge, 10000 davon hatte Renault gebaut.

Obwohl Louis Renault als Chef nie sehr beliebt war, hat er doch seinen Platz in der Geschichte von Paris, weil er erstens in seiner Fabrik in Billancourt die Technik der Zukunft, die Massenfertigung, einführte und zweitens, weil seine kleinen roten Taxis, wie wir noch sehen werden, eines Tages buchstäblich die Rettung für Paris bedeuteten.

Auch beim Flugzeug, das wie das Auto ein wesentlicher Bestandteil des modernen Lebens geworden ist, lagen die Franzosen ganz vorn. Den Anfang machten die Brüder Wright, als sie am 17. Dezember 1903 den ersten gesteuerten Motorflug in Kitty Hawk unternahmen. Dieser Erfolg interessierte in der amerikanischen Geschäftswelt kaum, und auch in Frankreich wurde er entweder ignoriert, angezweifelt oder bestritten – die Franzosen haben eine lange Tradition, blind zu sein gegenüber nichtgallischen Erfindungen. In und um Paris beugten sich emsige junge Männer weiterhin über die Reißbretter und studierten das Abheben von Kastendrachen in dem Glauben, einer von ihnen würde als erster ein Motorflugzeug fliegen.

Vor dem Flugzeug gab es den Heißluftballon, wie ihn die Brüder Montgolfier im Vorhof des Schlosses von Versailles Ludwig XVI. vorgeführt hatten. Der Ballon war damals zu einer kurzen erfolgreichen Reise aufgestiegen; die Passagiere waren ein Schaf, eine Ente und ein Hahn. Hundertsiebzehn Jahre später, auf der Pariser Ausstellung, war der Ballon immer noch stark vertreten, und unter denen, die mit ihm aufstiegen, befand sich der verwöhnte – und geschwätzige – Comte Robert de Montesquiou. Eines Abends hielt er sich sehr lange mit den komplexen Empfindungen eines Ästheten im Weltraum auf: »... und ich fühlte, wie sich die Erde von mir zurückzog«,[12] worauf der Satiriker Forain in einer Ecke knurrte: »Die Erde auch!«

Alberto Santos-Dumont, das jüngste Kind des brasilianischen Kaffeekönigs, hatte nach dem Studium in Paris beschlossen, in Frankreich zu bleiben und mit der Motorfliegerei zu experimentieren. Er war klein, dünn, unauffällig und stets elegant. Für die Fliegerei brachte er zwei nützliche Eigenschaften mit: Er wog nur 50 Kilo und war schwerreich. Er baute sich nach eigenem Entwurf einen Ballon aus gelackter, leichter Japanseide. Unter der nur 14 Kilo schweren Ballonhülle befestigte er ein Fahrrad und einen kleinen Motor. Auf der Ausstellung unternahm der siebenundzwanzigjährige Brasilianer mehrere Aufstiege; er saß dabei auf seinem Fahrrad, steuerte mit der Lenkstange und warf seine 30 Kilo Ballast ab, sobald dies erforderlich wurde.

Im Jahr 1906 war Santos-Dumont zu dem Schluß gekommen, daß der motorgetriebene Ballon niemals schnell und manövrierfähig genug sein würde, und entwarf einen Flugapparat mit Flügeln nach dem Prinzip des Kastendrachens. Was schließlich dabei herauskam, war ein Doppeldecker mit Druckluftschraube, die zwischen den Flügeln montiert war. Die Flügel befanden sich am Heck, und der sich nach vorn erstreckende Rumpf – mit Stoff überzogene Kiefernholzstreben, zusammengehalten durch Klaviersaiten – endete in einem kleinen Kastendrachen, der nach rechts und links, oben und unten schwenkbar war. Im Oktober 1906 flog Santos-Dumont im Bagatelle-Park mit diesem »rückwärtsfliegenden« Zwitter über eine Entfernung von 60 Meter; damit war ihm in Europa der erste Motorflug gelungen. Den Preis von 3000 Francs, den er dafür gewann, hatte der reiche Abgeordnete, Rennstallbesitzer und flugbegeisterte, irischstämmige Ernest Archdeacon gestiftet. Im November brachte es Santos-Dumont sogar auf eine Strecke von 220 Meter.

Aber man benötigte weniger plumpe Konstruktionen, und so ist es kein Zufall, daß Fortschritte in diese Richtung weitgehend von jungen Männern mit einer künstlerischen Ausbildung kamen, denn bei einem Flugzeug kommt es ebenso wie bei einem Gebäude oder einem Bild auf das Gleichgewicht und die Sparsamkeit der Mittel an.

Gabriel Voisin,[13] geboren 1880 in Lyon, hatte im Atelier Godefroy in Paris Architektur studiert. In seiner Freizeit baute er mit seinem jüngeren Bruder Charles, einem Gewässerkundler, ein Dampfboot und einen Gleiter, mit dem sie von der höchsten Stelle eines Steinbruchs aus flogen. Im Jahr 1905 flog Charles mit einem selbstgebauten Flugzeug mit Schwimmern ein kurzes Stück über der Seine. Im Jahr darauf gründete Gabriel mit Charles und zwei Arbeitern die Firma Voisin Frères, um den *Standard* zu bauen: einen kleinen dicken Doppeldecker mit am Bug angebrachten Tragflächen, einem Druckluft-Schraubenantrieb und einem Ruder für die Seiten- und Höhensteuerung. Es sah aus wie ein Objekt aus einem kubistischen Gemälde.

Dann rückte Léon Delagrange in den Vordergrund. Er war Bildhauer und hatte Voisin auf der Akademie der schönen Künste kennengelernt; seine Leidenschaft war die Fliegerei. Er bestellte bei Voisin ein Flugzeug, doch als er im Februar 1907 in Vincennes damit flog, brach es auseinander und stürzte ab. Delagrange blieb unverletzt. Einen Monat später flog er im Bagatelle-Park mit einem ähnlichen Flugzeug 85 Meter weit. Das war der erste Flug, der gefilmt wurde – von Gaumont. Im April 1908 stellte Delagrange in Issy zwei Rekorde auf: Er flog über eine Distanz von knapp vier Kilometern, die Flugzeit betrug 6 Minuten 30 Sekunden.

Noch fehlte für das Flugzeug eine allgemein akzeptierte Bezeichnung. Im Jahr 1908 machte *L'Auto* eine Umfrage bei Mitgliedern der Akademie, und erhielt folgende Vorschläge: *aéro, philair, autoplaneuse, alérion, icarien, vélivole* – ein Vorschlag von D'Annunzio –, *aéromobile, avion* und sogar *vol-au-vent!* Aber die meisten waren für *aéroplane*.

Pferde waren regelmäßig von der Kirche gesegnet worden, und so erklärte sich Monseigneur Amette, der Erzbischof von Paris, bereit, zwei neue Flugzeuge und den ersten Flugplatz, Port-Aviation bei Juvisy im Süden der Hauptstadt, zu segnen. »Kein Ereignis verdient den Segen der Kirche mehr als die Eroberung der Lüfte«, sagte Amette. »Der Mensch eifert Gott in allen Dingen nach, und Gott hat den Wind für die Flügel« – ein hübsches Thema für eine theologische Diskussion.

Im Jahr 1908 errangen zwei Flieger, die in der Öffentlichkeit so gut wie unbekannt waren, wichtige Erfolge. Wilbur Wright war, enttäuscht von den langen und fruchtlosen Verhandlungen mit der Armee der Vereinigten Staaten, nach Frankreich gekommen, um hier jemand zu finden, der Wright-Flugzeuge in Lizenz baute. Am

8. August 1908 führte Wright auf einer Rennbahn bei Le Mans zum ersten Mal seinen *Flyer* öffentlich vor, einen Doppeldecker, der natürlich schon um einiges besser war als das Modell von Kitty Hawk. In den nächsten fünf Monaten unternahm Wright über hundert Flüge. Er war damals einundvierzig Jahre alt, kahl, hager, aber er hatte den durchdringenden Blick eines Falken und hinterließ sowohl in der Öffentlichkeit als auch bei dem Firmenkonsortium, mit dem er zu einer Übereinkunft über den Bau des *Flyer* gelangte, einen günstigen Eindruck.

Auf dem Weg zu ihrem Schloß in Josselin machte die Duchesse de Rohan[14] einen kleinen Abstecher, um den berühmten Flieger kennenzulernen. In der Hoffnung auf ein *mot*, das sie auf ihrer nächsten Gesellschaft zum besten geben könnte, sagte sie: »Dites-moi, Monsieur Wright, hat es Sie zur Ausführung Ihrer interessanten Experimente nach Frankreich gelockt, weil es das Land ist, das einen Mann am leichtesten zu Ruhm und Ehre gelangen läßt?«

»Nein, Madame«, erwiderte der Amerikaner. »Weil es mir einen Vertrag angeboten hat.«

Der zweite erfolgreiche Flieger war Henry Farman.[15] Als Sohn eines englischen Journalisten, der für eine Londoner Zeitung in Paris arbeitete, wurde Farman zu Hause erzogen. Zu seinen frühesten Kindheitserinnerungen gehört ein aus Zeitungspapier und Latten hergestellter Drachen, den er in Boulogne-sur-Mer hatte steigen lassen. Farman wurde von seinem Vater ermutigt, seine gute körperliche Veranlagung durch Sport zu fördern. Mit achtzehn Jahren gewann er gegen 75 Konkurrenten das Fahrradrennen Paris-Clermont Ferrand. Mit seinem jüngeren Bruder fuhr er Tandemrennen; sie waren ein unschlagbares Paar.

Henry Farman studierte Kunst im Atelier von Gustave Courtois – fünf Jahre lang, bis man ihm sagte, er müsse sich ausschließlich der Kunst widmen und das Radfahren aufgeben. Farman beschloß, die Kunst aufzugeben. Er tat sich mit Dick, einem anderen Bruder, zusammen, der Autos gegen Provision verkaufte, und wurde Autorennfahrer. Nach einem Unfall im Jahr 1905, bei dem er in den Ästen eines Baumes landete, kam er der Bitte seiner Eltern nach und hängte den Rennsport an den Nagel. Dafür ging er nun zu den Fliegern.

Wie die meisten dieser ersten Flieger war Farman hager, leicht gebaut und athletisch. Technische Fähigkeiten waren weniger notwendig als gute Balance, Wendigkeit, schnelle Reflexe und die Fähigkeit, eine Maschine bei ihrem oft holperigen Flug »reiten« zu können wie ein guter Hindernisreiter. Auf der anderen Seite des Kanals erwies sich der schlanke, athletische und gefeierte Tangotänzer Vernon Castle beim Royal Flying Corps als hervorragender Pilot. Das RFC nahm vor allem gute Reiter; auf technisches Wissen allein legte es keinen Wert.

Ernest Archdeacon starb bei einem spannenden Pferderennen in Auteuil an einem Herzanfall, aber sein Name blieb unsterblich durch den Deutsch-Archdeacon-Preis für das erste Flugzeug, dem es gelang, einen 500 Meter vom Startpunkt entfernten Fahnenmast zu umfliegen und zum Ausgangspunkt zurückzukehren, ohne den Boden zu berühren. Farman gewann diesen Preis 1908 mit einem Voisin-Doppeldecker, angetrieben von einer V8-Antoinette. Anschließend ging er nach Amerika und machte dort Flugvorführungen. Er verbesserte seine Voisin, indem er an den Tragflächenenden Querruder anbrachte, so daß die Maschine nicht nur auf ein Steuer für die Seiten- und Höhensteuerung angewiesen war. Im Jahr 1909 begann Farman, selbst Flugzeuge zu bauen. Zusammen mit seinem Bruder Dick schrieb er eines der ersten Bücher über das Fliegen. »Das kleine Handbuch für den Flieger.«

Die nächste herausragende Persönlichkeit in der französischen Luftfahrt ist Louis Blériot.[16] Er war zwei Jahre älter als Farman. Als der Sohn eines Geschäftsmanns aus Cambrai gründete er einen eigenen Betrieb, in dem er Azetylenscheinwerfer für Autos herstellte. Er führte eine sehr glückliche Ehe mit der Tochter eines Colonels, die ihm sechs Kinder schenkte und ihn, als er sich der Fliegerei zuwandte, immer wieder bei seinen langwierigen und kostspieligen Versuchen unterstützte. Im Jahr 1906 tat er sich mit Voisin zusammen, aber zu diesem Zeitpunkt – später änderte er seine Meinung – wollte er komplizierte, schwere Maschinen, während Voisin leichtere vorzog, so daß sie sich ein Jahr danach bereits wieder trennten. Im Jahr darauf baute Blériot einen Eindecker mit einem vorderen Steuerruder, die sogenannte »Ente«. Diese schwerfällige Maschine stürzte wiederholt ab. Erst 1908, nach weiteren Versuchen und Unfällen – Blériot überlebte fünfzig Abstürze –, baute er das, was das Flugzeug der Zukunft werden sollte, einen durch ein horizontales Heck stabilisierten und ein vertikales Ruder gesteuerten Eindecker.

Die englische Zeitung *Daily Mail* setzte einen Preis von eintausend Pfund aus für den, der als erster den Ärmelkanal überflog. Hubert Latham, ein wohlhabender junger Mann und Teilhaber bei Voisin, versuchte den Flug am 19. Juli 1909, aber nach 18 Kilometer über dem Meer fiel sein Antoinette-Motor aus; er landete auf dem Meer und wurde von seiner Begleitung gerettet.

Sechs Tage später, nachdem ihn Gewitterwolken und stürmischer Wind 72 Stunden lang aufgehalten hatten, humpelte Blériot über ein behelfsmäßiges Flugfeld bei Calais zu seiner Maschine. Er ging an Krücken, denn einen Monat zuvor war während eines Flugwettbewerbs über Douai die Asbestverkleidung über dem Auspuff seines Flugzeugs verrutscht, so daß sein rechter Fuß bis auf den Knochen verbrannte. Blériot flog mit einer verbesserten Version seines Eindekkers von 1908 mit einem 25 PS starken Dreizylinder-Anzani-Motor (der noch nicht bezahlt war). Das Gesamtgewicht der Maschine betrug 300 Kilogramm.

Um 4 Uhr 35 warf sein Mechaniker den Propeller an, der Motor kam auf Touren, und Blériot ließ das Flugzeug auf seinen Fahrradrädern über das Flugfeld rollen. Er hob ab und steuerte in einer Höhe von ungefähr 100 Meter auf das Meer hinaus. Bald darauf bekam er starken Gegenwind. Er hatte nur 17 Liter *essence* an Bord und konnte nicht schwimmen, aber er kämpfte weiter, bis er die weißen Klippen sah, und landete um 5 Uhr 12 in der Nähe von Dover Castle. Die Überquerung hatte 37 Minuten gedauert. Als ihm Soldaten entgegenkamen, um ihn zu begrüßen, sagte er auf englisch: »Hätten Sie die Freundlichkeit, mir meine Krücken zu reichen.« Der begleitende Zerstörer mit Alicia Blériot an Bord traf erst eineinhalb Stunden später ein.

Zurück in Paris wurde Blériot wie ein Held empfangen. Er wurde in die Légion d'Honneur aufgenommen und erhielt Glückwunschtelegramme von Latham, Farman und Santos-Dumont, der traurigerweise an multipler Sklerose erkrankt war. Blériots Flugzeug wurde in London im Kaufhaus Selfridges ausgestellt und auf dem ersten Luftfahrtsalon in Paris.

Blériots Erfolg machte den Franzosen klar, daß das Flugzeug eine bleibende Erfindung war. Es fand seinen Platz im allgemeinen Wortschatz, und im *Bottin Mondain* konnte jemand, der ein Flugzeug besaß, diese Tatsache nun genauso wie ein Yachtbesitzer mit einem kleinen Piktogramm signalisieren.

Das Fliegen veränderte auch das Bild, das die Menschen von sich selbst hatten. Man war nicht mehr wie alle Dinge und die meisten Lebewesen auf der Erde an die Gesetze der Schwerkraft gebunden. Der Mensch konnte sich in die Luft erheben und seine Heimat von einer höheren Warte aus betrachten, die früher nur Gott und den Engeln vorbehalten war. Was die Propheten um 1900 halb hoffend, halb aus Überzeugung vorausgesagt hatten, war eingetroffen: Der Verstand hatte über die Materie triumphiert. Die Franzosen, die die

Führung übernommen hatten und 1911 gut dreimal so viele ausgebildete Piloten vorweisen konnten wie England und Deutschland zusammen, waren auf diese Leistung zu Recht mächtig stolz.

Die drei hier geschilderten Innovationsbereiche – die Radioaktivität als der Schlüssel zum Verständnis des Atoms, das Auto und das Flugzeug – weisen bestimmte Gemeinsamkeiten auf. Alle haben mit Bewegung im Raum zu tun: die Teilchen aus radioaktiven Elementen, der Mensch, der selbsttätig auf vier Rädern über die Straßen rollt, der Mensch, der sich im dreidimensionalen Raum bewegt. Das Ergebnis aus all diesen Erfahrungen war, daß Masse als beherrschendes Konzept im Denken, in der Imagination und in der Technik des Bewußtseinsstroms durch Energie ersetzt wurde. Die Natur war »in Bewegung« – das erkannte vor allem Debussy –, und daraus schien zu folgen, daß die Menschen das Richtige taten, wenn sie sich auch in Bewegung setzten.

Und noch etwas folgte daraus. Nachdem wir, wie Bergson gezeigt hatte, gewohnheitsmäßig unser räumliches Denken auf unseren Zeitbegriff anwenden, legten die Menschen nun immer mehr Wert auf die Zeit, auf die sie sich zubewegten. Der Fall war sozusagen zum Flug umgepolt worden, und es wurde zur Gewohnheit – und ist es bis heute geblieben – zu glauben, daß die Neuerungen von morgen an sich schon Fortschritt darstellten oder Fortschritt herbeiführten. Das neue Kultwort wurde mit Großbuchstaben geschrieben und blieb dennoch ein vager Begriff. Für einige Franzosen bedeutete Fortschritt die Annäherung an eine soziale und internationale Harmonie, für andere, wie wir sehen werden, der neuerliche Aufstieg Frankreichs zur führenden politischen Macht Europas.

KAPITEL XII

Pariserinnen

Seit Madame de Rambouillet im Jahr 1610 den Salon ihres neuen Hauses in der Nähe des Louvre mit zartblauen Wandbehängen hatte dekorieren lassen und darauf bestand, daß ihre männlichen Gäste mit dem Verstand und nicht mit dem Schwert argumentierten, spielten die Damen der Pariser Gesellschaft eine einflußreiche Rolle im intellektuellen, literarischen und künstlerischen Leben. Von der Aktivität, die sie während der romantischen Bewegung an den Tag legten, war gegen Ende des 19. Jahrhunderts nicht mehr viel zu spüren; zur weiblichen Prominenz zählten in jener Zeit politische Gastgeberinnen und Kurtisanen von Königen und Großherzögen, die mit Perlen und Diamanten bezahlt wurden.

Im frühen 20. Jahrhundert jedoch beteiligten sich die Pariserinnen wieder an kreativer Arbeit, und dies intensiver denn je. Es wurde sogar von ihnen erwartet. Über dem Haupteingang der Weltausstellung stand eine Pariserin, die mit ihren Röcken die Künste zu beschützen schien.

Ein Wort zum Hintergrund. Als sich Octave Mirbeau gegen die Kandidatur von zwei Schriftstellerinnen für einen Platz im Komitee einer literarischen Gesellschaft wandte, argumentierte er provokativ: »Die Frau ist kein denkendes Wesen. Sie ist ein Geschlecht, und das ist viel großartiger. Sie hat nur eine Aufgabe: zu lieben, das heißt, die Spezies zu erhalten. Die Frau ist ungeeignet für alles außer Liebe und Mutterschaft.«

Was Mirbeau im Sinn hatte, war das Heim, aber das Heim ist im Leben der Franzosen etwas so Fundamentales, daß sie kein Wort dafür haben. »*L'intérieur*« bezeichnet den sichtbaren Teil; die unsichtbare Seite wird ausgedrückt, wenn man von Müttern und Kindern spricht. Es waren die Mütter, die in den Häusern der Mittel- und Oberklasse für die Erziehung der Töchter sorgten; sie waren es, die entweder selbst unterrichteten oder einen Lehrer engagierten; sie waren es, die die Mädchen lehrten, Kleider nach Papiervorlagen zu nähen, Klavier zu spielen und zu singen – Fertigkeiten, die so allgemein üblich waren, daß der *Figaro* einmal die Woche auf der oberen Hälfte der Seite »Börsen und Finanzen vom Tage« ein Lied mit Partitur abdruckte, das sich die Mütter ausschnitten, auf

Pappe klebten und in einer Mappe aufbewahrten zum späteren Gebrauch.

Ein junges Mädchen bekam keinen Roman von Balzac oder Zola in die Hand. Es durfte radfahren und Diabolo spielen – ein Spiel, das 1907 aufkam und bei dem man eine sanduhrförmige Spule mit einer an zwei Stöcken befestigten Schnur in Drehbewegung versetzt, dann hochschnellen läßt und wieder aufzufangen versucht. Zeigte das Mädchen Anzeichen von ungewöhnlicher Intelligenz, konnte es ein Mädchenlyzeum besuchen oder eine ähnliche Institution. War es tatsächlich sehr intelligent, ging es auf die Universität.

Aber in den meisten Fällen war seine Bestimmung die Ehe und die Gründung eines neuen *intérieur*. Ab dem siebzehnten Lebensjahr wurden für die jungen Mädchen *entrevues* arrangiert, Begegnungen mit jungen Männern, die ihren Eltern genehm waren und von deren Eltern man wußte, daß sie mit der Mitgift einverstanden wären. Allerdings wurden nur in wenigen Familien finanzielle Überlegungen höher bewertet als das Glück der Kinder; ein Mädchen ohne Mitgift war jedoch so gut wie nicht zu verheiraten. Octave Mirbeau erlaubte sich die Bosheit und ließ auf seine *faire-part*-Karten (die Heiratsanzeige) drucken, daß er Mademoiselle Soundso heirate »trotz ihres riesigen Vermögens«.

Einmal verheiratet war eine junge Frau beinahe eine Leibeigene. Sie durfte kein Bankkonto auf ihren Namen eröffnen; erst ab 1907 war ihr erlaubt, über ihr eigenes Einkommen zu verfügen. Sogar nach einer legalen Scheidung konnte eine Frau ohne die Zustimmung oder Mitwirkung ihres Ehemanns keinen Besitz »veräußern, beseitigen, beleihen oder erwerben«.

Die amerikanische Schriftstellerin Edith Wharton, die sich in der Rue de Varenne eine Wohnung gemietet hatte, erkannte, wieviel Macht und Ansehen die Pariserin innerhalb der Familie besaß, auch wenn dies vom Gesetzgeber einfach ignoriert wurde. »Sobald eine Frau über Persönlichkeit verfügt«, schreibt sie über die Pariserinnen, »erlauben es ihr die gesellschaftlichen Verhältnisse, dies zum Ausdruck zu bringen.«[1] In der französischen Hauptstadt beeinflußten sich Männer und Frauen gegenseitig; »im Vergleich zu Frauen, die eine intellektuelle und gesellschaftliche Rolle im Leben der Männer spielen, wirken amerikanische Frauen, die ihr einziges Publikum und zum großen Teil auch ihren einzigen gesellschaftlichen Umgang nur unter Frauen finden, wie kleine Kinder«.[2]

Edith Wharton bewunderte die Fähigkeit der Französinnen, »der männlichen Unterhaltung auch auf hohem Niveau uneingeschränkte

Aufmerksamkeit«[3] zu widmen, ihren Sinn für die Fortführung von Sitten und Bräuchen, ihren Geschmack und ihr Gespür für ästhetische Werte. Sie hätte Madeleine Gide oder Emma Debussy beschreiben können.

In diesem Kapitel werden wir einen Blick auf das Leben einiger Pariserinnen werfen, sowohl vom linken wie vom rechten Seine-Ufer. Wir werden auf die Mode in der Kleidung und Einrichtung, auf die Modetänze und schließlich auf die Frauenrechtsbewegung eingehen.

Marguerite Appell[4] war die Tochter eines Mathematikers und späteren Rektors der Sorbonne. Sie wurde 1883 im Schloß von Saint-Germain-en-Laye geboren, wo ihr Großvater mütterlicherseits Verwalter war. Sie war eines von vier Kindern, wohnte in der Rue de Verrier 6, im Universitätsviertel, und erhielt ihre Grundschulausbildung von einem Lehrer, der dreimal wöchentlich ins Haus kam, sowie von ihrem Vater, der ihr vorlas. Sie war ein sehr zartes Kind und liebte Dickens. Im Alter von zehn Jahren konnte sie mit ihrem Vater über sämtliche Figuren aus *Große Erwartungen*, *Klein Dorrit* und *Bleak House* sprechen. Ihren jüngeren Geschwistern erzählte sie gern Geschichten, und sie wurde die »Chefredakteurin« einer kleinen, nur für die Familie gedachten Zeitschrift, die es immerhin zu vier Ausgaben brachte.

Ihr Vater war kein praktizierender Katholik, wohl aber ihre Mutter, und weil der Vater die Mutter sehr liebte, sorgte er dafür, daß Marguerite zur Erstkommunion ging, und als sie zwölf Jahre alt war, schickte er sie ins Internat zu den Nonnen von Saint-Germain. Mit fünfzehn wollte sie, ebenso wie Sarah Bernhardt unter ähnlichen Umständen, unbedingt ins Kloster gehen, aber ein vernünftiger Priester zeigte ihr, daß sie keine Berufung zur Nonne hatte, und so kehrte sie nach dem Schulabschluß im Alter von fünfzehneinhalb Jahren wieder ins Elternhaus zurück.

Marguerite war nicht besonders hübsch, aber sie hatte ein angenehmes Gesicht, eine wohlgeformte Figur und Humor. Der erste junge Mann, zu dem sie sich hingezogen fühlte, war Pierre Boutroux, der Sohn des Philosophen Emile Boutroux. Er war blaß, zart, sensibel, und er tanzte nicht gern, ganz im Gegensatz zu der lebhaften Marguerite. Also verschwand Pierre bald, und an seine Stelle rückte Emile Borel, ein glänzender Mathematiker. Er war groß, dunkel, hatte einen dichten Bart, und er tanzte gern. Emile, der Sohn eines protestantischen Pastors, war dreizehn Jahre älter als Marguerite und suchte eine intelligente Frau. Nachdem Marguerite seine Ansprüche auf diesem und auch auf anderem Gebiet befriedigte, schrieb er, wie sich das gehörte, einen förmlichen Brief an Monsieur und Madame Appell, in dem er um die Hand ihrer Tochter anhielt.

Emile und Marguerite verbrachten ihre Flitterwochen in Italien. Emile hatte eine eiserne Konstitution und eine Leidenschaft für Museen; Marguerite fehlte beides. Erschöpft kehrte sie nach Paris zurück. Sie hatte eine Fehlgeburt, und die vier Kinder, die sie sich gewünscht hatte, konnte sie nun nicht mehr bekommen. Aber sie gehörte nicht zu denen, die sich beklagten. Sie führte eine gute Ehe mit ihrem Mann, den sie sehr schätzte, obwohl auf beiden Seiten keine starke physische Anziehung bestand, und kümmerte sich um den sparsam geführten Haushalt in ihrer Wohnung im fünften Stock des Hauses Nr. 30, Boulevard Saint-Germain.

Es gibt eine aufschlußreiche Geschichte über die Frauen von Grenelle, einem der ärmeren Stadtbezirke, die 1902, nachdem die Gebäude für die Weltausstellung abgerissen waren, auf das Brachland des Marsfeldes kamen, um Große Klette gegen ihr Rheuma zu sammeln und Gras für ihre Stallhasen. Ganz so schwer hatte es Marguerite nicht, aber sie mußte doch jeden Franc zweimal umdrehen, bevor sie ihn ausgab.

Sie hatte ein Dienstmädchen, aber zum Einkaufen ging sie selbst. Die Milch wurde nicht ins Haus geliefert; dafür gab es Milch verkaufende Maschinen: *Le Bon Lait Maggi pasteurisé et contrôlé*. Frisches Gemüse war täglich vorhanden. Die Bäcker boten englisches Brot an – *pain de mie* – und knuspriges französisches Brot; trotz des Grolls, den man wegen des Burenkriegs gegen die Engländer hegte, war alles Englische in Mode.

Wenn Marguerite Emiles Freunde von der Sorbonne empfing, zu denen auch Jean Perrin und Paul Langevin zählten, trug sie ein Kleid, das »eine kleine Frau« für sie genäht hatte, und servierte einfache Mahlzeiten mit drei Gängen: *vol-au-vent aux filets de soles à la sauce rose*, einen Braten mit Gemüsen und ein Dessert – ein typisches Beispiel für leichte Kost in schmackhaften Saucen, wie sie damals in Mode war. Eine Spezialität von Prousts Françoise zum Beispiel waren *cardons à la moëlle; cardons* sind wilde Artischocken, die aussehen wie Sellerie und wie Artischocken schmecken; *sauce à la moëlle* ist eine Rinderbrühe mit Karotten, Zwiebeln und Madeira.

Nach dem Kaffee wurde Marguerite ans Klavier gebeten, um Perrin und Langevin bei ihrem Lieblingsduett, »In lichter Waffen Scheine«, aus Lohengrin zu begleiten. Wie vielen Intellektuellen waren ihnen die Wagnerschen Gral-Opern ein Ersatz für ihren verlorenen Glauben. Nach der Gesangseinlage sagte der überschwengliche Jean Perrin meistens: »*Agitons des idées générales*«, und dann stürzten sie sich in wilde Diskussionen, die französische Intellektuelle so lieben, wie beispielsweise die Frage, an welchem Punkt politische Toleranz in Verrat von Prinzipien umschlägt.

Emile trat aktiv für die Politik des linken Flügels ein – später wurde er sogar Abgeordneter. Im Augenblick hielt er unentgeltlich Vorträge für die Volkshochschule. Marguerite begleitete ihn und saß mit ihm in der Küche einer Arbeiterwohnung, wo er im Kreis von Arbeitern und deren Frauen ein mathematisches Problem erklärte. Manchmal gesellten sich Charles Péguy und Jacques Maritain dazu, die damals als blauäugige Anarchisten galten, oder sie kamen noch auf einen Sprung mit zu den Borels, um bis in die Nacht über den Sozialismus zu diskutieren.

Marguerite und Emile adoptierten Emiles verwaisten zwölfjährigen Neffen Fernand, zogen in eine größere Wohnung, und Marguerite wurde in beinahe jeder Hinsicht Fernands Mutter. Als Emile einen mit 10 000 Francs dotierten wissenschaftlichen Preis gewann, verwendete das Ehepaar das Geld, um gemeinsam eine neue Zeitschrift zu gründen – *Revue du Mois*. Sie veröffentlichten Artikel von allgemeinem Interesse, vorwiegend aus der Feder von Universitätsprofessoren, über die aufregenden wissenschaftlichen Entdeckungen der Zeit, über Gewerkschaften – hochgelobt wurden hier die Errungenschaften der Deutschen –, über internationale Angelegenheiten, neue Romane und Theaterstücke. Die angesehene Buchhandlung Alcan vertrieb die *Revue du Mois* wie auch den *Mercure de France* und die *Revue des Deux Mondes*.

Pierre Curie schrieb Beiträge für die *Revue*, ebenso Paul Painlevé, ein Pionier der Aerodynamik und beliebter Abgeordneter des 5. Arrondissements. Beide wurden Freunde der Borels, und Marguerite half Painlevé bei seiner Wahlkampagne. Unter dem Namen Camille Marbo veröffentlichte Marguerite mehrere Romane in der Art von Dickens; sie wurde ziemlich einflußreich in der literarischen Welt. Als Marie Curie in die Langevin-Scheidung verwickelt wurde und befürchten mußte, daß sie ihren Lehrstuhl verlor, wandte sich Marguerite an Louise Cruppi. Diese Dame von klassisch gutem Aussehen war eine konzertreife Pianistin. Ihr Salon war zu einem Treffpunkt für Künstler geworden – ihre Tochter sollte den Bildhauer Paul Landowski heiraten –, und sie war befreundet mit Fauré, Debussy und Ravel. Sie veranstaltete Konzertabende in ihrem Haus und ließ dort sogar kurze Opern aufführen. Louise Cruppi war aufgrund ihres

Ansehens in der Lage, den Angriffen auf Marie Curie ein Ende zu bereiten.

Zu den Berühmtheiten, die Marguerite kennenlernte, gehörte auch Anatole France. Er machte ihr Komplimente wegen ihrer schönen Schultern und zarten Fesseln und sprach anzüglich über sexuelles Vergnügen. Was ihr daran mißfiel, war sein Zynismus: »Ich bin sicher, daß es Dinge gibt, die Sie nicht kennen. Wie bedauerlich . . .«

Im Jahr 1912 kaufte Marguerite Kleider bei einem Couturier – die locker sitzenden Kleider fanden Anklang bei ihren Freunden –, und sie gab Diners mit sechs Gängen und Tischkarten. Zu ihren *ananas* – heute spricht man von Prominenz – gehörten Paul Painlevé, der Dramatiker J. H. Rosny *aîné*, der Dichter Fernand Gregh, der junge Edouard Herriot, zukünftiger Bürgermeister von Lyon, und Philippe Berthelot, die Stütze des Quai d'Orsay und überall anzutreffender Gast.

So sah in kurzen Zügen die Karriere einer intelligenten jungen Pariserin Anfang 1900 aus, keiner Intellektuellen, aber einer Frau, der es um die Verbreitung von Wissen ging und die ein Herz für die Armen hatte. Sie war nicht so unabhängig wie die englischen Frauen in den Fabian- und Bloomsbury-Gruppen, aber sie scheint zufrieden gewesen zu sein mit dem, was ihr vergönnt war. Als Emile ein Pseudonym für seine Frau aussuchte, sagte er: »Ich möchte, daß du eine eigene Persönlichkeit hast, separat von meiner«, aber wenn sie einen anstrengenden Tag hinter sich hatte, trug er sie trotzdem auf seinen Armen in den fünften Stock hinauf.

Die Religion spielte bei mehr als der Hälfte der französischen Bevölkerung noch immer eine große Rolle. Der Agnostiker Romain Rolland behauptete, daran seien vor allem die Frauen schuld. Es waren Pariserinnen, angeführt von der Frau eines Abgeordneten, der Comtesse de Mun, die gegen die Schließung der konfessionellen Schulen und die Überführung des Kirchenbesitzes in die Hände von Laienorganisationen demonstrierten. Frauen bildeten die Mehrheit beim Sonntagsgottesdienst, sie besuchten Vorträge über das christliche Leben – zu den beliebtesten zählten die des Abbé Huvelin in der Krypta von St-Augustin, die später auch veröffentlicht wurden.[5]

Eine Stelle in diesen Vorträgen drückt die optimistische Stimmung aus, die damals in der Stadt allgemein herrschte. »Ich ertrage es nicht, wenn Leute pessimistisch sind«, sagt der gute Abbé an Pfingsten, »wenn sie geringschätzig von Menschlichkeit sprechen und darin nur das Häßliche sehen. Ich sage dazu nachdrücklich: Nein! Die menschliche Natur ist schön, sie ist großartig, sie ist edel, weil der Heilige Geist unablässig in ihr wirkt – falls sie es ihm erlaubt.«

Ein zweites symptomatisches Thema taucht in einem Vortrag auf mit dem Titel: »Mütter, die zu ›beherrschend‹ sind.« Der Abbé schildert Mütter, die »die Zukunft ihrer Kinder gar nicht schnell und gründlich genug verplanen können, die dafür nicht nach dem Plan Gottes arbeiten, sondern ausschließlich nach ihrem eigenen ehrgeizigen Gutdünken... Wenn dann nicht alles so gerät, wie sie es sich wünschen, verfallen sie in Trauer, Verzweiflung und eine Art Wahnsinn.«

Diese Art der Tyrannei war gerade damals ziemlich verbreitet. Die Ursachen waren frühe Witwenschaft, wie zum Beispiel bei Gides Mutter; ein Ehemann, der völlig von seinem Beruf beansprucht wurde wie im Fall von Prousts Eltern, obwohl die Herrschaft von Prousts Mutter sanfterer Natur war; oder eine Vernunftehe, in der die Frau ihre Zuneigung nicht dem inadäquaten Gatten, sondern dem Sohn schenkte. Die Geburtenrate war niedrig, und häufig war der Sohn auch noch das einzige Kind; er besuchte eine Tagesschule und schlief zu Hause. Der Abbé Huvelin hatte offensichtlich den Schaden, der hier angerichtet wurde, erkannt und versuchte zu warnen.

Da arrangierte Ehen nicht immer glücklich waren, hatten viele Pariser über längere oder kürzere Zeit eine Geliebte. Englische oder amerikanische Besucher drückten ihre Verwunderung über die vielen Theaterstücke an den Pariser Bühnen aus, die auf der ewigen Dreiecksgeschichte beruhten. Sie hielten alle diese Situationen für erfunden. Aber das Dilemma einer Frau mit einem untreuen Ehemann oder einer Ehefrau, die die Geliebte eines anderen Mannes wurde, war für viele im Publikum eine höchst aktuelle Angelegenheit. Von den Männern, die uns in diesem Buch begegnet sind, hatten mehr als die Hälfte Mätressen; ähnliche Statistiken aus London und Berlin ergeben einen geringeren Prozentsatz. Aber die meisten Pariserinnen akzeptierten die Situation. Die Kirche spielte eben eine starke Rolle in ihrem Leben, selbst wenn sie nicht jeden Sonntag die Messe hörten – und die Kirche verbot die Scheidung. Außerdem fanden sie, eine Scheidung würde den Kindern schaden, und da sie die menschliche Natur kannten, glaubten sie, daß das Zuhause am Ende doch mächtiger war als alles andere und daß sich der Wanderer wieder einfinden und niederlassen würde. Häufig tat er es auch. Jean Perrin zum Beispiel hatte mehrere Liebschaften, aber er blieb bei Henriette und war ein vorbildlicher Vater. Auch hier wieder erreichten die Frauen, ohne allzuviel zu erwarten, eine ganze Menge.

Um sich ihr gutes Aussehen zu erhalten, gingen die Damen, die es sich leisten konnten, zu Sarah Bernhardts bevorzugtem Diät-Spezialisten, Dr. Caissarato, und wie Sarah Bernhardt verzichteten sie auf Süßigkeiten, Tee und Kaffee; sie nahmen Bäder mit Rosmarin und Milch oder Ysop und Haferflocken, und um Falten vorzubeugen, machten sie sich Gesichtspackungen aus gemahlenen Mandeln und Rosenwasser. Um eine straffe Figur zu behalten, ritten sie im Bois oder sie verwendeten einen der neuen elektrischen *vibromasseurs*.

Sie versuchten, auch geistig fit zu bleiben. Im Gegensatz zu deutschen Damen, die sich weitgehend auf Küche, Kinder und Kirche beschränkten, und zu den sogenannten *souls* in England, für die Spiele, Scharaden, Laientheater und ländliche Betätigungen das Höchste der Gefühle waren, besuchten sie die drei jährlich stattfindenden Salons (zehntausend Bilder!), die Konzertreihen, die da hießen Pasdeloup, Lamoureux und Colone, Vorträge von Bergson und Henri Poincaré am Collège de France, und wenn sie sehr betucht waren, gaben sie Gesellschaften, bei denen aufstrebende Künstler auftraten.

Die Princesse de Polignac, geborene Winnaretta Singer aus der Familie des Nähmaschinenherstellers, war eine sehr reiche Witwe, herrisch, aber liebenswürdig. Sie sah aus wie Dante, und Strawinsky behauptete, ihr ganzer Ehrgeiz sei es, ihre Büste im Louvre neben der von Richelieu ausgestellt zu sehen. Zusammen mit der Duchesse d'Uzès und der Comtesse Greffulhe war sie eine der führenden Förderinnen von Musik und Tanzkunst in Paris. Als die zweiundzwanzigjährige Isadora Duncan, von Charles Hallé von London nach Paris gebracht, an einem der Freitagabende der Madame Saint-Marceaux, der Frau des Bildhauers, von dem die Skulptur *La Danse* auf dem Gebäude der Pariser Oper stammt, zu den Klängen von Chopins Préludes und Walzern tanzte, war auch die Princesse de Polignac anwesend. Sie sah die Duncan, ging in ihr Studio und hörte sich geduldig ihre Theorien an – daß ihr Aktionszentrum nicht wie bei den Ballerinen das untere Ende des Rückgrats sei, sondern der Solar plexus. Sie lud Isadora zu sich ein, und dann verschwand sie, einen Umschlag mit 2000 Francs zurücklassend, so unauffällig, wie sie gekommen war.

Isadora tanzte mehrere Male im Haus der Princesse de Polignac und erhielt besonderen Applaus für ihre Darbietung von Botticellis *Primavera*. »Miss Duncan gibt Inspiration mit tausend Volt pro Sekunde ab«, sagte der junge Regisseur Gordon Craig, und ein anderer, der sich ebenfalls in Isadora verliebte, war Winnarettas Bruder Paris.

Isadora war ein sehr mütterlicher Typ, aber nicht die Frau, die heiratete. Zwischen ihr und Paris – ihrem Lohengrin, wie sie ihn nannte – entstand eine lange, feste Bindung, aus der zwei entzückende Kinder hervorgingen: einer mit dem abscheulichen Namen Doodle und Patrick.

Auch Reynaldo Hahn trat bei Winnarettas Gesellschaften auf. Er war ein Protegé Massenets, ziemlich klein, mit dichten, sehr langen Augenbrauen, einem kleinen Schnurrbart und nie ohne die an der Unterlippe klebenden Zigarette. Mit leicht nach hinten geneigtem Kopf saß er am Klavier, und »aus dem verletzten, ein wenig hochmütigen Mund kommt der traurigste und wärmste Ton, der je zu hören war«, schrieb Proust.

Hahns Musik war unkompliziert, sie war reine Melodie. Eines seiner sieben *Chansons grises*, die er vor seinem siebzehnten Lebensjahr komponiert hatte, *Cimetière de campagne*, ist die Erinnerung an die Zeit seiner Kindheit, als er bei der Messe ministrierte, und so hört man denn auch im Hintergrund das Läuten einer Kirchenglocke. Diese Lieder, sagte Proust, füllten die Augen seiner Zuhörer mit Tränen. Denn für die meisten wie auch für den Komponisten war das Christentum ein Teil der verlorenen Welt ihrer Kindheit und insofern von ästhetisch-nostalgischem Wert. Der Katholizismus der Erwachsenen, der die Scheidung verbot und zuckersüße Kunst favorisierte wie die Skulpturen in Saint-Sulpice, sagte nur wenigen zu. Reynaldo Hahn schrieb an seine Schwester: »Meine Seele ist von Natur aus religiös. Aber Rom hat mich mit Abscheu erfüllt ... Wenn ich Kinder hätte, würde ich versuchen, sie einen *unbestimmten, aber tiefen Glauben* zu lehren.« Nachdem sich Hahn dem ganzen Abend bei den vornehmen Damen eingeschmeichelt hatte, beeilte er sich, in Prousts Wohnung zu kommen, um boshafte Histörchen über sie zu erzählen, wobei er vergaß, wieviel diese Damen beitrugen zur Interaktion von bildender Kunst, Literatur und Musik, die schließlich für diese Zeit so charakteristisch war.

Auch Misia Godebaska förderte musikalische Talente. Sie nahm Ravel zu einer Kreuzfahrt auf der Yacht ihres zweiten Mannes mit und lud den begabten jungen Mann ein, bei ihren Gesellschaften vorzuspielen. Misia »lacht und gluckt und gurrt«, bemerkte Gide boshaft, »plustert den Hals auf und läßt den Kopf auf den nackten Schultern rollen«. Diese Zwanglosigkeit brachte ihr, wie wir gesehen haben, die Freundschaft Diaghilews ein und, was besonders überrascht, auch die der kühlen, förmlichen Lady Ripon, eine der wenigen Engländerinnen, die zur Pariser Gesellschaft gezählt wurden.

Im Jahr 1911 brachte Lady Ripon[6] die *Ballets Russes* nach London, und Strawinsky weiß zu berichten, daß sie dort einmal auf einer Party ein Gesellschaftsspiel vorschlug (sehr unpariserisch, das muß man sagen), »bei dem wir sagen sollten, welchem Tier jeder von uns am meisten glich. Lady Ripon begann: ›Diaghilew sieht aus wie eine Bulldogge und Strawinsky wie ein Fuchs. Nun, Monsieur Nijinskij, was meinen Sie? Wem sehe ich ähnlich?‹ Nijinskij überlegte einen Augenblick, dann sprach er die ganze furchtbare Wahrheit: ›*Vous, Madame – chameau*‹ – nur diese drei Worte. Nijinskij konnte nicht viel Französisch. Lady Ripon hatte mit so etwas nicht gerechnet, und obwohl sie wiederholte: ›Ein Kamel? Wie amüsant! Wahrhaftig! Ein Kamel?‹ – war sie den ganzen Abend sichtlich nervös.« *Chameau* bedeutet nämlich auch Hure, und Lady Ripons Moral war, wie man wußte, nicht die strengste.

Die führenden Pariser Gastgeberinnen waren die Duchesse de Rohan und die Comtesse de Béarn; beide gehörten zur obersten Gesellschaft. Jede hatte ihren bestimmten Tag, an dem sie zu Hause Besucher empfing; die Presse berichtete von sich aus darüber, während die Damen dafür sorgten, daß Kindergesellschaften, Debütantinnenbälle, Maskenbälle und ähnliches in der Presse angekündigt wurden.

Für das Benehmen in diesen Kreisen gab es genaue Vorschriften. Machte ein Herr einen Besuch, mußte er Hut und Stock in der linken Hand tragen und die Handschuhe anbehalten, selbst wenn er zur Begrüßung die Hand gereicht bekam. Am Ende eines Besuchs hinterließ man im Flur, im Gegensatz zu England, *keine* Karte; waren jedoch die Personen, bei denen man vorbeischaute, zufällig »nicht zu Hause«, hinterließ man eine Karte mit einer nach oben gebogenen Ecke (*bristol corné*). Ein Ehepaar mit einem Titel kürzte die Titel auf einer gemeinsamen Visitenkarte ab, zum Beispiel B^{on} et B^{onne} de la Rochette; auf Karten mit nur einem Namen war es jedoch *de rigueur*, sprich obligatorisch, daß Baron oder Baronne voll ausgeschrieben wurden.

Nicht alle nahmen die Einzelheiten der Etikette ganz ernst. Der Humorist Allais, dem nichts Bedeutendes einfiel, um es auf seine Visitenkarte zu setzen, entschloß sich für

MONSIEUR ALPHONSE ALLAIS
Kunde bei den Gaswerken

Bei Nachmittagsgesellschaften nahmen die weiblichen Gäste ihre Regen- oder Sonnenschirme in den Salon mit – zumindest tut dies

Prousts Duchesse de Guermantes –, und die Männer taten das gleiche mit ihren Zylindern. Vielleicht ist diese Sitte die Bekundung eines ausgeprägten Sinns für Eigentum, oder sie entspringt dem Bedürfnis nervöser Menschen, mit irgend etwas zu spielen. Und nach einem Ball stattete man denen, die ihn gaben, einen Besuch ab: *visite de digestion* nannte man das, einen Verdauungsbesuch!

Es gab noch eine ganze Reihe kleinerer Etikettenfragen; man sagte zum Beispiel nie »*de la soupe*«, sondern »*du potage*«, nie »*du café*«, sondern »*une tasse de café*«, und aus einem unerfindlichen Grund wurde *poireaux* wie *porreaux* (beides: Lauch) ausgesprochen.

Eine prominente Persönlichkeit in der literarischen Welt, wenn auch nicht von so hohem Rang wie die oben erwähnten Damen, war die Comtesse de Noailles.[7] Sie wurde 1876 als Anna Elisabeth de Brancovan geboren, war also sieben Jahre älter als Marguerite Borel. Ihr Vater war ein emigrierter rumänischer Kavallerieoffizier, ihre Mutter eine Griechin, und deren Vater war Musurus, Bey von Konstantinopel, Sternforscher und Dichter, und dort als Nostradamus bekannt. Anna war ein kleines, zartes Kind, das oft krank war, Blumen liebte und Musik – Paderewski kam häufig zu Besuch und spielte ihr auf dem Klavier vor. Sie liebte die schöne Landschaft des Genfer Sees, wo die Familie den Sommer verbrachte. Sie wurde zu Hause erzogen. Später, als hübsches junges Mädchen, das die glänzend schwarzen welligen Haare im elsässischen Stil zu langen Zöpfen geflochten trug, tanzte sie mit Begeisterung, und viele junge Männer machten ihr den Hof. Mit einundzwanzig heiratete sie den Comte Mathieu de Noailles. Er hatte einen berühmten Namen und ein freundliches Wesen; er beschäftigte sich als Radikalsozialist ein wenig mit Politik, hatte mit Anna einen Sohn und ermöglichte ihr, sich ganz ihrer literarischen Karriere zu widmen.

Anna veröffentlichte ihr erstes Buch, *Le Cœur innombrable*, 1901 und ihr bestes Buch, *Les Vivants et les Morts*, 1913. Sprache und Form sind einfallslos; eigenständig ist sie in den Passagen, wo sie über Musik schreibt und in ihrer ausgesprochen weiblichen Sensibilität. Sie ist am besten, wenn sie von Mittelmeerlandschaften, von Blumen, ihrem Duft und den Erinnerungen, die sie hervorrufen, schreibt, von ihrer beinahe wollüstigen Freude an der Natur und ihrem Bedauern, daß dieses Vergnügen eines Tages ein Ende haben muß.

Ihre Sinnesfreudigkeit ist ihre Stärke; was darüber hinausgeht, ist leider nicht viel. Wenn sie arme, traurig wirkende Venezianerinnen zur Kirche eilen sieht, bittet sie Gott, er möge alle ihre Wünsche schnell in Erfüllung gehen lassen, »denn die einzige wirkliche Heilung ist Freude«.

In einem ihrer besten Gedichte wirft sie Gott vor, daß er sich an schönen dunstverhangenen Landschaften, am Spiel der Vögel und Schmetterlinge erfreut, während ihn die ewig unbefriedigten Wünsche der Menschen gleichgültig lassen. Da sie nicht an ein Leben nach dem Tode glaubt, wird der Tod zum Erzfeind, der sie aber trotzdem durch seine Endgültigkeit fasziniert. Sie schwärmte für ein Soldatenlied: »*Cet appel exaltait mieux que vivre*« (Dieser Ruf begeisterte mehr, als zu leben), und über die Schlachtfelder von Elsaß-Lothringen schreibt sie:

Leur pays et leur cœur s'endorment deux à deux,
Et leur rêve est entré dans la nuit nuptiale . . .

Ihr Land und ihr Herz ruhen Seite an Seite,
Und ihr Traum ging über in die Hochzeitsnacht . . .

Anna de Noailles war außerdem eine auffallende Erscheinung, und in dieser Kombination machte sie sich in Paris einen Namen. Mit ihrer Ponyfrisur, den großen blauen Augen und ihren Hängebacken glich sie einem Pudel; aber sie war ungemein lebhaft und wieselflink. Sie liebte die Konversation oder das, was sie dafür hielt – andere nannten es Monolog, denn sie redete wie ein Wasserfall. Sie hatte stets ein Bündel Verse bei sich, in großer Schrift auf hellblaues Velinpapier geschrieben, und wenn sie keine Lust auf Konversation hatte, begann sie, Gedichte vorzulesen.

Anna wollte berühmt werden und verneigte sich vor dem Ruhm anderer. Man sagt, sie hätte Bergson zum Erröten gebracht. Als sie ihm das erste Mal begegnete, ging sie auf ihn zu, blieb dreimal stehen, und jedesmal begrüßte sie ihn ehrerbietiger: »*Monsieur! Maître . . . Acropole de la pensée!*« Sie verneigte sich auch vor der Macht. Nachdem sie sich in den nationalistischen Politiker Maurice Barrès verliebt hatte, der sie miserabel behandelte, schrieb sie einen Roman über ihn mit dem Titel *La Domination*, in dem sie einen Hang zur Unterwerfung enthüllte – ihre orientalische Seite, wie ein Freund meinte.

Sie war nicht besonders intelligent. Sie glaubte, die Wissenschaften würden uns Gerechtigkeit und Erbarmen mit Mensch und Kreatur bescheren und zu einer Zukunft »wie ein Sommer ohne Ende« führen. Sie schrieb einen dümmlichen, von übertriebener Naturschwärmerei durchsetzten Roman über eine Nonne, die ihren Liebhaber in ihrer

Zelle empfängt. Der mit ihr befreundete Abbé Mugnier sagte über dieses Werk: »Sie übertrifft sogar noch den heiligen Franziskus. Zur Melone sagt sie: ›Du bist mein Bruder‹, zur Himbeere: ›Du bist meine Schwester‹.« Aber der Autor der schönen Zeile: »*Le paradis, c'est vous, beaux cieux lourds de nuages*« gab zu bedenken, daß sie vielleicht über besondere Einsichten in metaphysische Dinge verfüge. Einmal jagte sie, zornig einen Stuhl schwingend, Jean Cocteau über einen Korridor, weil er Jacques Maritain zu irgendeinem theologischen Thema einen Brief geschrieben hatte. »Wenn es Gott gäbe«, schrie sie hinter ihm her, »wäre ich die erste, die davon wüßte; so einfach ist das!«

Anna de Noailles tanzte leidenschaftlich gern, und mit ihrer grazilen Figur schwebte sie elegant über die Tanzfläche. Aber sie ging nicht oft aus. Am häufigsten empfing sie ihre Freunde lässig hingestreckt auf ihrem Louis-Quinze-Bett. Mit ihren Hymnen auf jegliche Art von Freude, in die sich ein Hauch von Traurigkeit über den Tod, das unvermeidliche Ende der Freuden, mischte, sprach sie für ihr Milieu der Jahre um 1900. Sie wurde ein Liebling der Salons, und das Collège de France lud sie ein, dort ihre Gedichte vorzulesen. Wir werden ihr noch einmal in einer politischen Rolle begegnen.

Anna de Noailles erhob nicht nur ihre deutlich vernehmbare Stimme im Chor der Literaten, sondern spielte auch eine prominente Rolle unter den Schriftstellerinnen, indem sie anderen half, entweder als Freundin oder als Gastgeberin.

Einer ihrer Schützlinge war Gabrielle Colette. Sie war die Tochter einer in Paris geborenen Freidenkerin und eines bankrotten burgundischen Steuereinnehmers, der im Krieg gegen die Österreicher ein Bein verloren hatte. Die Colette verbrachte eine glückliche Kindheit in der Yonne, bevor sie, noch sehr jung, einen gesellschaftlich höherstehenden Mann heiratete. Henry Gauthier-Villars schrieb unter dem Namen Willy eine berühmte musikkritische Kolumne, »Briefe einer Platzanweiserin«. Er war ein schamloser Exhibitionist, der die Zeitungen bezahlte, damit sie über ihn schrieben – »nur Gott und Alfred Dreyfus sind so bekannt wie ich« –, ein Don Juan und ein Plagiator. Als er das literarische Talent seiner jungen Frau entdeckte, sperrte er sie jeden Tag ein, damit sie ihre Claudine-Romane schrieb, die er unter seinem Namen veröffentlichte, und natürlich verschwand auch das Honorar in seinen Taschen.

Im Jahr 1900 las Paris *Claudine à l'école*, das zur Sensation wurde, weil es eine burgundische Dorfschule schilderte, wo sich die Schülerinnen in ihre Lehrerinnen verliebten. Der frischen Unschuld der

Heldin Claudine wird die Perversität des Mädchens vom Lande, Luce, gegenübergestellt, die ihre Gunstbezeigungen einem alten Gönner verkauft und ein böses Spiel mit seinen sexuellen Phantasien treibt.

Im Jahr 1901 ließen sich der zweiundvierzigjährige Willy und die achtundzwanzigjährige Colette in der Rue de Courcelles nieder. Sie wurden prominente Erscheinungen in Paris. An einem Tisch im Palais de Glace, erinnerte sich Cocteau, saß Willy »mit seinem gewaltigen Schnurrbart, seinem Tatarenbart, munter unter seinen schweren Lidern hervorblickend, mit Lavallere-Krawatte, die bischöflichen Hände auf dem Gehstock gefaltet«, und neben ihm Colette, »dünn, dünn. Wie ein Füchslein im Fahrradkostüm«, mit ihrer sie stets begleitenden Bulldogge Toby. Keine Frau in Paris hatte angeblich einen entzückenderen Blick als sie.

Colette ging unter die Schauspieler, sie spielte Claudine und mimte in Possen. Sie reiste durch Frankreich und verkehrte mit allen möglichen Leuten. 1906 entkam sie der Leibeigenschaft ihres tyrannischen, ausbeuterischen Ehemanns und lebte bei einer Lesbierin, der äußerst exzentrischen Marquise Mathilde de Belbœuf, einer Großenkelin von Kaiserin Josephine, bis sie von Willy geschieden wurde. Willy reagierte auf eine für ihn typische Weise. Als er seine nächste Bahnfahrt unternahm, setzte er sich in ein Abteil »Nur für Damen« und begegnete allen Protesten mit der kühlen Behauptung: »Ich bin die Marquise de Belbœuf.«

Obwohl die Entdeckung von Sapphos Gedichten in den 1890er Jahren gezeigt hatte, daß die lesbische Liebe im klassischen Griechenland in Hochblüte stand und vielleicht weniger verabscheuungswürdig war, als im Alten Testament behauptet wurde, hatte sich Colette über die Grenzen des Erlaubten hinweggesetzt. Nur ganz wenige aufgeklärte Gastgeberinnen empfingen sie noch. Eine, die sich mit ihr anfreundete, war Rachilde, eine wenig frauliche Romanschriftstellerin und verantwortliche Redakteurin für Literatur beim *Mercure de France,* die sich als Haustiere zwei Kanalratten namens Kyrie und Eleison hielt. Herzlicher und weniger beunruhigend war die Freundschaft, die ihr Anna de Noailles entgegenbrachte. Beide Damen hatten die gleiche Vorliebe für Blumen, Sträucher, Pflanzen, kleine Tiere, Schokolade, Sahne und natürlich für die Sprache. Colette sollte Annas Freundlichkeit nie vergessen.

Was ihre Romane betraf, so gefiel den Lesern die lebensfreudige und tierliebe Claudine, obwohl sie im Grunde ein unmoralisches kleines Luder ist, das erklärt: »Laster ist das Böse, das wir ohne

Vergnügen tun.« Der Kritiker Jean Larnac mißbilligte den Hang der Colette und anderer Schriftstellerinnen, sich immer nur mit ihrer Kindheit und Jugend zu befassen: »Es scheint fast so, als sei die Jugend ihr kostbarster Besitz . . . so emsig beschreiben sie ausgelassene Spiele im Garten, im Wald, am Meer, ohne einen Gedanken an irgend etwas anderes zu verschwenden als ihr eigenes sinnliches Vergnügen an frischer Luft und den Schönheiten der Natur.«[8] Larnac hätte es lieber gesehen, wenn sie ein Loblied auf Liebe, Ehe und Mutterschaft gesungen hätten.

Die Damen, die Empfänge gaben oder zu Empfängen gingen, legten großen Wert auf Kleidung, denn die Pariserinnen, sagt die in England geborene Daisy, Fürstin Pless, versuchten mit drei Dingen zu glänzen: mit Schlagfertigkeit, Kleidern und Beliebtheit. Und man könnte Gertrude Steins Bemerkung hinzufügen: »Mode ist wirklich die wahre Sache in abstracto. Die einzige Sache, die keine praktische Seite hat, und so war es ganz natürlich Paris, wo immer Mode gemacht wurde, wo jeder um 1900 hinging.«[9]

Die führenden Couturiers waren Jean Worth, der königliche Hoheiten und Opernstars anzog. Madame Paquin, deren Kundinnen Damen der Gesellschaft und Schauspielerinnen waren, hatte ihren Salon in der Rue de la Paix, Tür an Tür mit dem von Worth. Die drei Schwestern Callot, Töchter eines Antiquitätenhändlers, empfahlen Samt für den Tag, besetzt mit Perlen oder Spitzen, und schwere Seide für den Abend, während sich Jacques Doucet auf Tageskleider und feine Wäsche spezialisierte.

Zwischen 1900 und 1908 war die Silhouette Serpentine oder Schwanenlinie in Mode. Das enge Korsett, die Betonung des Busens und der Kehrseite erschienen den jungen Frauen allmählich zu schwerfällig und aufgedonnert. Die Farben waren immer gleich blaß. Frühjahrs- und Herbstmoden unterschieden sich nur in kleinen Veränderungen des Schnitts und der Accessoires. Und man mußte Hüte mit breitem Rand und üppigen Verzierungen tragen. Im Jahr 1906 gründete Elisabeth Greffulhe eine »Liga für kleine Hüte«. Mit ein paar Freundinnen stellte sie eine kleine Kollektion zusammen, die sie für wohltätige Zwecke verkaufte, aber es gelang ihr nicht, den Trend umzukehren.

Enfin vint Poiret.[10] Er war der Sohn eines Tuchhändlers und ging als Junge oft in den Louvre und ins Theater. Mit neunzehn trat er bei Doucet ein und durfte die Bernhardt für *L'Aiglon* ausstatten. Von ihm stammte der Vorschlag, die Schärpe an der Taille zu knoten, was dann ganz große Mode wurde. Nach seiner Militärzeit und einem kurzen Zwischenspiel bei Worth eröffnete Paul Poiret sein eigenes Geschäft. Die Schauspielerin Réjane wurde seine Kundin und lancierte ihn.

Poiret war ein stämmiger Bursche, der eine gute Küche schätzte und mit der Zeit Ähnlichkeit mit einer assyrischen Stierskulptur annahm. Er heiratete die Tochter eines Textilfabrikanten. Seine Denise war schlank und zierlich und hatte einen kleinen Busen. Ein solches Mädchen sah in den voluminösen, matronenhaften Gewändern der damaligen Zeit unmöglich aus, und was zunächst nur ein Versuch Poirets war, die Figur von Denise zur Geltung zu bringen, führte zu einer Revolution in der Damenmode.

In aller Stille begann er 1906, lockere statt enganliegende Kleider zu entwerfen. Zwei Jahre später, in einem neuen Geschäft im Faubourg St. Honoré, brachte er seine Empire-Linie heraus: hohe Taille, fast keine Büste, das Ganze schmal, gerade und einfach. Indem er völlig auf das altmodische, die Taille einschnürende Korsett verzichtete, machte er aus dem traditionellen S ein Ausrufezeichen.

Aber nicht nur die Linie war neu; es kamen auch neue Farben. »Nuancen von gebrochenem Weiß«, sagt Poiret, »Lilas, verblassendes Mauve, zartes Hortensienblau, Nilgrüntöne, Mais- und Strohfarben, alles, was weich, verwaschen und fade war, hielt man hoch in Ehren. Ich warf in diesen braven Schafstall ein paar böse Wölfe: verschiedene Rots, Grüns, Violetts, Königsblau, die alles übrige zum Leuchten brachten. Ich mußte die guten Leute in Lyon, die ein bißchen träge sind, wachrütteln und in ihre Farbmuster ein bißchen Fröhlichkeit und Frische bringen. Da gab es orange und zitronengelbe Crêpe de Chines, von denen sie nicht zu träumen gewagt hätten.«

Poiret führte seine Kombination aus Empire-Linie und kühnen Farben mit einer Publikumswirksamkeit ein, die er bei seinen häufigen Theaterbesuchen gelernt hatte. Im großen Garten seines Etablissements veranstaltete er Modeschauen, deren Bedeutung er mit einer luxuriös ausgestatteten Broschüre, *Les Robes de Paul Poiret,* in einer Auflage von 250 Stück zu je 40 Francs unterstrich. Die zehn Abbildungen von Paul Iribe hatten keinen kunstvollen Hintergrund und stellten keine umherwirbelnden Figuren dar, sondern ruhig posierende Modelle in anschaulich und schlicht dargestellten Kleidern.

Poirets neuer Stil, *le vague,* mußte sich gegen die Tanagra-Linie behaupten, die im selben Jahr von Madame Paquin kreiert wurde; sie blieb bei der Schwanen-Linie, ließ den Ausschnitt sehr weit nach unten rutschen (ein durchsichtiges Spitzenoberteil wahrte die Schicklichkeit) und brachte einen Rock ohne Unterröcke, der sich um die

Hüften schmiegte. Die Tanagra-Linie war kleidsamer als *le vague* und hätte durchaus das Rennen machen können, wären da nicht die *Ballets Russes* gewesen. Die Woge der Begeisterung für Baksts lose orientalische Kostüme in prächtigen Farben griff auf *le vague* über, und dies in einem Tempo, das selbst Poiret überraschte.

Poiret trug zweifellos dazu bei, einen neuen Typ der Pariserin zu schaffen, der natürlicher wirkte, sich freier bewegen und aktiver sein konnte, und der mit den kühneren Farben die Vitalität ausdrückte, die man sich nun anstelle des rein Dekorativen wünschte. Aber der Couturier entsprach mit seiner neuen Linie auch einem Bedürfnis. Die Frauen mußten mobiler sein, ob sie auf das Oberdeck eines Busses gelangen wollten oder die Treppen der Metro hinauf- oder hinabeilten. Wenn ihr Auto eine Panne hatte, waren sie unter Umständen gezwungen, ziemlich weit zu Fuß zu gehen, um Hilfe zu holen. Bei einer Flugschau marschierten sie über Flugplätze, plauderten mit tapferen jungen Piloten und kletterten in die Maschinen. Diese und ähnliche Aktivitäten wären in einem engen Korsett und mehreren schweren Unterröcken nicht möglich gewesen.

Poiret spielte gern den Pascha. In einer farbenprächtigen chinesischen Brokatjacke schritt er in seinem Salon auf und ab, erklärte seinen Mannequins genau, wie sie zu posieren hatten, und kam ihm etwas Zweitklassiges unter die Augen, bekam er einen Wutanfall. Er war beinahe ebenso abergläubisch wie Diaghilew. Wo er ein Kartenspiel liegen sah, deckte er eine Karte auf: Kreuz oder Herz, und er war den ganzen Tag glücklich; Pik, und er versank in Trübsinn, weshalb die Mannequins den Kartenstapel manchmal präparierten. Er hielt sich für einen »reinen« Künstler und lud Dunoyer de Segonzac und Picasso zu seinen Diners ein, sehr zu Apollinaires Verdruß, der in Poiret nichts anderes als einen Effekthascher sah. Tatsächlich war er wie Diaghilew beides.

Im Jahr 1910 fuhr Poiret auf Einladung der Brüder Freudenberg, die das Textilkaufhaus Hermann Gerson leiteten, mit seiner neuesten Kollektion und acht Mannequins nach Berlin. Dort begegnete er dem Sohn des Kaisers, Prinz Eitel, und stellte angenehm überrascht fest, daß er mehr über Pariser Mode und Kunst wußte als die meisten Franzosen. Besonders beeindruckt war er von den schönen Villen, die in den Kiefernwäldern rund um Berlin entstanden. Poiret wurde auch von Mrs. Asquith eingeladen, um seine Modelle in »Gowning Street«, wie die Presse *Number 10* nannte, zu präsentieren – sehr zur Verärgerung britischer Modedesigner, denn der britische Textilmarkt steckte gerade wieder in einer Krise.

Als Poiret immer berühmter wurde, eröffnete er ein Geschäft für Innendekoration, das er nach einer seiner Töchter Martine nannte, und gründete eine Firma zur Parfümherstellung; Namensgeberin war Rosine, seine zweite Tochter. Er war der erste Modeschöpfer, der sich in dieser Branche betätigte; seinen größten Erfolg hatte er mit dem Parfüm *Le Fruit Défendu*, das nach Pfirsichen duftete.

Trotz all dieser Aktivitäten einschließlich der Gründung eines Syndikats, um die unerlaubte Nachahmung der Pariser Modelle durch New Yorker Kaufhäuser abzublocken, blieb Poiret ein kreativer Couturier, wie die folgende Chronologie zeigt:

1909: Die schlanke gerade Linie, wie bereits beschrieben; bis zu 100 cm lange Jacken, der Rocksaum wie in der Vergangenheit eine Idee unterhalb des Knöchels; kuppelförmige Hüte mit breiter weicher Krempe. Eve Lavallière nannte diese Mode den »Pilz-Look«.

1910: Der Humpelrock. Die Frauen konnten darin nur winzige Schritte machen. Trotzdem kam er, modifiziert durch unauffällige seitliche Falten oder verborgene Schlitze, in Mode.

1911: Die Pluderhose. Als sie von Poirets Mannequins beim Rennen von Auteuil getragen wurden, lachten die Leute und spotteten »*Au harem! Enlevez ça!*« Die Pluderhose setzte sich nicht durch.

1912: Kleine Pelzhüte.

Frühling 1913: Sehr hochhackige Schuhe, Röcke mit mehreren eingesetzten Streifen oder mit einer spiralförmigen Linie, Hüte mit einer hinten eingesteckten, gerade nach oben weisenden Feder. In dieser Aufmachung war es schick, mit eingeknickten Knien zu stehen und eine leicht nach hinten geneigte Körperhaltung einzunehmen.

Frühling 1914: Doppelte Röcke, der innere eng und an beiden Seiten geschlitzt, der äußere glockenförmig und um 20 cm kürzer. *Aigrettes* (= Reiherfederschmuck). Auf den Wangen Violett statt Rouge.

Zwischen 1908 und 1914 wechselte die Mode immer schneller, sagte Jean Worth. Vor 1908 konnte ein Mädchen durchaus ein Kleid vom vorigen Sommer tragen, doch nach diesem Datum fühlte sie sich verpflichtet, sich nach der neuesten Mode zu richten. Proust spricht von ähnlichen Veränderungen und davon, daß sie von manchen Leuten auf das Tempo des modernen Lebens zurückgeführt würden, auf das Auto und das Telephon. Er selbst bestreitet eine solche ursächliche Verkettung und sieht die Mode eher als den Ausschlag eines Pendels oder, wie er sagt, »solche Theorien und Begriffe von ›Schulen‹ fressen sich gegenseitig auf wie Mikroben und Blutkörperchen und sorgen durch ihren Kampf für den Fortbestand des Lebens«. Prousts Vergleich ist inzwischen überholt. Wir wissen, daß die Antikörper eines Organismus nicht beliebig agieren, sondern dazu dienen, die Identität und den Erhaltungswert zu schützen. Die Bekleidungsmode scheint eng verbunden zu sein mit dem Selbstverständnis einer Gesellschaft, ihren Strömungen und Vorstellungen. Die Mode entstand damals nicht nur aus dem Bedürfnis nach mehr Beweglichkeit, sondern war mit ihren Farben auch Ausdruck übersprudelnder Lebensfreude, wie sie höchst bemerkenswert von Anna de Noailles proklamiert wurde.

»Sich gut zu kleiden«, sagte Poiret, »bedeutet, die Individualität zu betonen«, und Jean Worth meinte ergänzend: »Der Grund, warum die Französin in der Regel so gut angezogen ist, liegt darin, daß sie hinsichtlich ihrer Erscheinung ungeheuer kritisch ist.« Aber auch andere waren kritisch – wir befinden uns weit entfernt von englischer Toleranz –, und keiner war kritischer als die vier bedeutendsten Karikaturisten, die man fast täglich in der Avenue du Bois beim Studium antreffen konnte: der lange, hagere Helleu, das gelbliche Gesicht umrahmt von einem schwarzen Bart; Forain – er zeichnete für den *Figaro* –, der den Mantel meistens lose über die Schultern gehängt trug und darunter die Hände auf dem Rücken verschränkte, was so aussah, als trüge er eine *tournure*; Boldini – »ein Paganini des Hausmantels« –, mit breiter Stirn, großen Augen und den blitzschnellen Bewegungen eines Einsiedlerkrebses; und Sem, der in seinem braunen Regenmantel, den großen Regenschirm unter dem Arm, wie ein bebrillter Krallenaffe aussah und in seinem Périgord-Akzent grobe Bemerkungen machte. Sem war es, der mit einer Karikatur von Humpelrock tragenden Damen mit Pferdefüßen und Hufen dem Humpelrock beinahe den Garaus gemacht hätte. »Sein Talent ist so geartet«, behauptete der Maler La Gandara, »daß ... wir eine hübsche Frau nie mehr anders als durch Sems Augen sehen werden, mit all jenen kleinen Unvollkommenheiten, die er so fein anzudeuten versteht.«

Ebenso wie die neue Mode Themen für spitze Federn und scharfe Zungen lieferte, ermunterte sie auch zu gesellschaftlichen Anlässen, wo sie bewundert werden konnte. Poiret gab mit Begeisterung Feste. Im Jahr 1911, als er sein zweites Buch über Luxusartikel mit dem Titel *Les Choses de Paul Poiret* und Illustrationen des jungen Georges Lepape veröffentlichte, gab er einen Ball unter dem Motto »Tausend und zwei Nächte«, auf dem Modelle aus dem Buch getragen wurden:

juwelenbesetzte Turbane, perlenbesetzte Überkleider, zu denen Sklavenarmreifen und Haremspantöffelchen gehörten. Im Jahr darauf entwarf Poiret die Kostüme für Félicité des Chabrillans Persischen Ball, auf dem Félicité als Scheherezade erschien und mehrere Damen als exotische Vögel kamen, unter ihnen Elisabeth de Gramont als Paradiesvogel.

Sobald die Kleider genügend bestaunt, diskutiert, verglichen und für die Klatschkolumnen abgezeichnet waren, begannen die Gäste zu tanzen. Zum Thema Tanz finden wir bei Elisabeth de Gramont, einer intelligenten Gesellschaftskritikerin, eine anschauliche Darstellung: In Steinlens *fin de siècle*-Illustrationen der Montmartre-Lieder latschen die Frauen mit hängenden Schultern unter Capes oder Boas und trinken Absinth im trüben Licht der Gaslampen; mit der Jahrhundertwende wird das elektrische Licht angeknipst, die Frauen richten sich auf und beginnen zu tanzen, sie hüpfen, sie schlenkern Arme und Beine, sie wiegen und drehen sich. Oder, wenn der Abend etwas gedämpfter abläuft, man tanzt zu viert einen Volkstanz – die Quadrille. Aber ob Quadrille oder Walzer – die Pariser tanzen ins zwanzigste Jahrhundert.

Neue Tänze kommen auf; im Jahr 1903 ist es der Cakewalk. Bald darauf komponiert Debussy für sein *Children's Corner* einen Golliwog's Cakewalk. 1910 macht der Cakewalk einem anderen Import aus Amerika Platz, dem Boston, einer Variation des Walzers, und 1911 dem argentinischen Tango.

In seiner ursprünglichen Form wird der Tango zu Gitarre und Bandoneon getanzt. 1907 schrieb der französische Tänzer und Komponist Camille de Rhynan Tangomusik für den Ballsaal. Ein paar Jahre später gewann er einen Tanzwettbewerb, den eine führende Tageszeitung für eine Reihe von Tänzen einschließlich des Tango veranstaltet hatte, und brachte damit den Tango in Mode. In Privathäusern wurden Tangofeste veranstaltet mit einem jungen Argentinier am Klavier, und auf dem Montmartre, in den Cafés El Garron und La Feria, tanzten Almanos und Odette zu populären Tangomelodien wie »*El Irresistible*« und »*El Choclo*«.

Der Tango besteht aus einem Schleifer, einer schnellen Drehung, einer Rückwärtsneigung und einem Schwung, und die Rückwärtsneigung fanden viele gewagt oder unanständig; die Argumente waren ziemlich die gleichen wie hundert Jahre zuvor, als der Walzer aufkam. Der Tango wurde von der Kirche mißbilligt und in Deutschland für Armeeangehörige in Uniform verboten. Aber in Paris feierte er Triumphe. Um ihn stilecht zu tanzen, trugen die Damen ein farbenfrohes schmales Kleid mit einem für damalige Verhältnisse recht kurzen und seitlich hochgeschlitzten Rock.

Eng verwandt mit den wichtigsten Veränderungen in der Mode waren Veränderungen in der ornamentalen Kunst. Aufmerksame Besucher der Weltausstellung 1900 hatten erkannt, daß der *art nouveau* Zukunft hatte. Der führende Vertreter dieses Stils im Kunsthandwerk war Emile Gallé aus Nancy. Über der Tür zu Gallés Atelier stand folgendes zu lesen: »Unsere Wurzeln sind tief in den Wäldern/Im Moos, nahe den Quellen.« Der Künstler mußte zur Natur zurückkehren, vor allem zu den fließenden Linien von Wasser und Pflanzen, aber hinter Gallés Credo standen auch die symbolistischen Dichter und *ihre* Auffassung von der Natur, die für sie ein Ort war, wo man nachdachte, träumte und Gefühle eher aufkommen ließ als konstatierte.

Aus dieser Geisteshaltung entwickelte sich eine Kunst der Ranken, Schlangenlinien, Libellen, Traumwesen, *femmes-fleurs,* in der gewundene und verschlungene Linien triumphierten.

Gallé begann mit der Herstellung kunstvoller Gläser. Kleine Objekte waren die besondere Stärke des Art Nouveau: Gläser, Schmuck, Bronzen und vergoldete Bronzen. Die Tänzerin Loie Fuller, die in einem wirbelnden losen Gewand tanzte, wurde das Modell für zahlreiche Statuetten, so auch für eine schöne Tischlampe aus Bronze von Raoul Larche. Diese Statuetten erfreuten sich auch außerhalb Frankreichs großer Beliebtheit; Charles Sykes' *Spirit of Ecstasy,* die Kühlerfigur von Rolls-Royce, hat ihren Ursprung in diesen Kleinplastiken, obwohl Sykes' Modell nicht Loie Fuller, sondern die Sekretärin von Lord Montagu war. Der junge René Lalique, der auch für Robert de Montesquiou arbeitete, stellte neuartigen Schmuck her; bemerkenswert vor allem um 1900 ein Anhänger mit einer *femme-fleur* aus Silber und Glas. Nebenbei bemerkt, fehlen bei diesen kunsthandwerklichen Arbeiten die religiösen Themen, wie wir sie in der englischen Bewegung des Kunsthandwerks finden.

Die besten Art Nouveau-Möbel sind kleine Stücke, Hocker und ähnliches, wo Rankenlinien angemessen sind. Größere Stücke wie ein asymmetrischer Birnbaumschrank mit geschlängelten Streben von Hector Guimard, dem Gestalter der Metro-Eingänge, zeigen, daß der *art nouveau*, der gerade Linien und rechte Winkel verschwinden ließ, um ein vages, wenig robustes Produkt zu schaffen, nicht mehr ganz ins 20. Jahrhundert paßte, in eine Zeit, die Selbstvertrauen und Tatkraft pries. Verträumte Wälder und schattige Quellen fanden keinen Anklang mehr in einem Zeitalter der pulsierenden Atome, der Automobile und Flugzeuge. Der Art Nouveau war sicher geeignet, den Historizismus und die mangelnde Kultiviertheit, die seit 1870 im französischen Einrichtungsstil herrschten, herauszufordern; aber für eine wirksame Herausforderung war mehr gefragt.

Ein neuer Stil, der neuen Bedürfnissen entgegenkam, trat zwischen 1905 und 1908 in Erscheinung: Art Déco. Tradition und handwerkliches Können waren wieder anerkannte Kriterien, ebenso die Vorbilder Louis XVI und die Nüchternheit des Ersten Kaiserreichs. Man wollte stabile und dennoch leichte Möbel herstellen, symmetrisch und sparsam in den Linien, aber mit aufwendiger Oberflächengestaltung.

Louis Majorelle wurde 1859 geboren und arbeitete zunächst in Nancy unter dem Einfluß von Gallé ganz im Stil des Art nouveau. Ein von ihm gestalteter Ecktisch hat eine Platte in Form eines Seerosenblatts, sogar mit leicht gekrümmten Rändern; die nach außen geschwungenen Beine enden in kleinen Seerosenblättern. Um 1910 machte Majorelle eine ähnliche Kehrtwendung wie Poiret, als er die Schwanendame stromlinienförmig umgestaltete; er gab die vegetabilen Formen auf und begann, Möbel mit klaren, funktionalen Linien herzustellen aus exotischen Hölzern und mit dezenten, aber kostbaren Intarsien. Paul Follot, ein führender Pariser Hersteller von Schmuck, Uhren, Lampen und Möbeln, schlug eine ähnliche Richtung ein.

Die neue Welle der Möbelmacher erhielt Unterstützung durch die Gründung des Salon d'Automne, wo ihre Arbeiten einen gleichwertigen Platz neben Bildern und Plastiken erhielten, und durch die reichen Couturiers. André Groult, verheiratet mit Poirets Schwester Nicole, war einer der ersten, die versuchten, sämtliche Elemente in einem Raum harmonisch aufeinander abzustimmen. Zu diesem Zweck beauftragte er 1912 eine Gruppe von Künstlern, neue und farbenfrohe Stoffmuster zu entwerfen. Im selben Jahr ließ Jacques Doucet seine neue Wohnung in der Avenue du Bois 46 von Paul Iribe einrichten. Iribe sah aus wie ein angehender Priester und sprach nur im Flüsterton, aber er war ein Titan, wenn es darum ging, den protzigen, hochgestochenen Plunder aus den französischen Wohnungen zu entfernen. Eines von Iribes Stücken, eine kleine Kommode auf hohen, schlanken, ganz leicht geschwungenen Beinen ist mit Chagrinleder bezogen und mit neun kleinen Rosenknospen auf fast geraden, sehr dünnen Stielen, die eigentlich nur Striche sind, dekoriert. Auf einem weißen Lehnsessel von Iribe aus derselben Periode unterteilen ähnlich feine Linien strahlenförmig die hohe Rückenlehne; die Beine sind kurz, die Armlehnen in Schneckenform. Alle diese Stücke sind klein, man könnte sagen: Äquivalente zu einer Debussy-Etude, aber sie sind gut durchdacht, klar in der Form, und die gewundenen Ranken des Art Nouveau wurden ganz und gar zurückgestutzt.

Jacques-Emile Ruhlmann und Clément Rousseau gehören ebenfalls zu den Pionieren des Art Déco. Sie schufen Möbel aus exotischen Hölzern, die sie mit maßvoll stilisierten Floralmotiven, häufig als Holzeinlegearbeit, dekorierten.

Der Umschwung zum Art Déco fand um die gleiche Zeit statt wie die Befreiung vom einengenden Korsett und die Geburt der schlanken Dame, die Kleider im Empire-Schnitt trug. Diese zwei Ereignisse sind Teil eines allgemeinen Trends zu Leichtigkeit, Mobilität und zu prächtigen Farben. Bei Matisse werden uns diese Eigenschaften wieder begegnen. Auch Proust erwärmte sich anscheinend für diesen Trend, denn er kaufte längliche schmale Notizbücher, in denen er sich Gedanken zu seinem Roman notierte, und auf dem Einband eines solchen Notizbuchs ist ein Mädchen in einem schmalen, büstenlosen Kleid zu sehen. Sie ist auf eine Art leicht und undefinierbar, wie das zwölf Jahre zuvor unmöglich gewesen wäre, wie die Albertine im späteren Roman. Wieder einmal zeigt sich, daß eine Mode auf einem bestimmten Gebiet wie ein elektromagnetisches Feld die angrenzenden Bereiche beeinflußt.

Bei der Ausstattung ihrer Wohnungen und Häuser, der Darstellung ihrer Persönlichkeit durch attraktive Kleider und Accessoires und natürlich bei der Erziehung ihrer Kinder genossen die Französinnen sehr viel Freiheit. Viele wollten gar nicht mehr. Andere, wie Marguerite Borel und Anna de Noailles, entschieden sich, die Erfüllung ihres Lebens mehr außer Haus zu suchen. Sie brachten die Anforderungen von Familie und Arbeit in Einklang miteinander, ohne gesellschaftliche oder gesetzliche Einschränkungen hinnehmen zu müssen. Aber beide gehörten Gesellschaftsgruppen an, die aktiven Frauen tolerant gegenüberstanden. Im übrigen Paris herrschten die alten Tabus.

So gab es zum Beispiel jene Kategorie von Männern, die eine sehr hohe Meinung von Frauen hatten und gerade deswegen wollten, daß sie weiterhin gefesselt blieben. Der junge Louis Gillet schrieb Anfang 1902 an Romain Rolland: »Ich schäme mich, daß ich bloß ein Mann bin. Eine Frau, eine wirkliche Frau, scheint mir eine Göttin zu sein. Aber ich bin unsagbar schockiert über feministische Ideen. Ich würde vor einem weiblichen Arzt oder einem weiblichen Rechtsanwalt entsetzt Reißaus nehmen, und ich verstehe nicht, wie man ihnen erlauben kann, für Geld in Betrieben zu arbeiten, sie zu einem Rädchen in der sozialen Maschine werden zu lassen, da sie doch eigentlich die Seele und das Gewissen, die Musik der Gesellschaft sind.«[11]

Ein Jahr später sah man in der Tat immer mehr Frauen, die beruflich tätig waren und im Beruf Karriere machten. Ab Dezember 1900 durften Frauen als Rechtsanwältinnen arbeiten, was in der Folge eine ganze Reihe französischer Portias auf den Plan rief. Marie Curie öffnete 1906 für Frauen die Universitätslaufbahn. Es gab immer mehr Ärztinnen. Zum Sport kamen die Französinnen relativ spät, aber bei den Olympischen Spielen 1912 gewann Marguerite Broquedis im Tennis das Einzel der Damen. Mehr Frauen veröffentlichten Frauenromane. Ähnlich wie der Salon d'Automne die Arbeiten der Innenarchitekten zu Kunstwerken wie die der Maler aufgewertet hatte, half der Prix Femina, der 1905 von der Frauenzeitschrift *Vie Heureuse* gestiftet und jährlich für die beste literarische Arbeit von Autoren beiderlei Geschlechts verliehen wurde, jenen Büchern zu Ansehen und Erfolg, die für den betont männlichen Prix Goncourt vielleicht abgelehnt worden wären. Im Jahr 1910 verlieh die aus 21 Frauen bestehende Femina-Jury unter dem Vorsitz von Anna de Noailles den Preis an Marguerite Audoux für ihren Roman *Marie Claire*, eine wahre Geschichte über eine Kindheit und Jugend in einem Waisenhaus in Bourges, und 1913 an Marguerite Borel für *La Statue Voilée*.

Die tägliche Arbeitszeit für Frauen wurde 1904 von elf auf zehn Stunden verkürzt. Im Jahr 1907 erhielt die Frau das alleinige Verfügungsrecht über ihre Einkünfte. Ab 1910 durfte sie acht Wochen unbezahlten Mutterschaftsurlaub nehmen.

Die alleinstehende Frau war jedoch in verschiedener Hinsicht mehr als andere ein Bürger zweiter Klasse. Eugène Brieux, ein führender Kämpfer für soziale Gerechtigkeit, schilderte ihr Schicksal in seinem 1912 aufgeführten Stück *La Femme Seule* in Gestalt der dreiundzwanzigjährigen Pariserin Thérèse, deren Eltern gestorben sind und die bei ihren Patenältern lebt. Thérèse ist mit einem jungen Mann, René, verlobt. Der Notar der Familie macht sich heimlich mit einer großen Geldsumme einschließlich Thérèses Mitgift davon. René fügt sich seinen Eltern, die eine Heirat mit einem mittellosen Mädchen ablehnen. Thérèses Patenältern schlagen ihr vor, mit ihnen nach Evreux zu ziehen. Aber sie will allein in Paris leben und bei einer neuen Zeitschrift, der *Femme Libre*, arbeiten.

Der zweite Akt zeigt, daß Thérèse gute Arbeit leistet. Als sie vom Herausgeber ständig sexuell belästigt wird, sieht sie sich gezwungen, zu gehen. Sie findet keine andere Arbeit und als alleinstehende Frau auch keine billige Unterkunft.

Im dritten Akt ist sie bei ihren Pateneltern in Evreux, verdient sich aber ihr Geld selbst. Sie organisiert eine kleine Frauengewerkschaft, die so viel Erfolg hat, daß die Pariser Gewerkschaftsführer Angst bekommen und eine Delegation nach Evreux schicken, um Thérèse zu drohen. Sie behauptet ihren Standpunkt, bis schließlich die Arbeiterinnen, denen sie zu helfen versucht hat, von der Pariser Delegation aufgehetzt, den Arbeitsraum der Frauen zerstören. Thérèse ist geschlagen, aber nur für den Augenblick. Sie wird wieder nach Paris gehen, ihre Unabhängigkeit zurückgewinnen und vielleicht, nun als Gleichberechtigte, zu René zurückkehren. Bevor sie in den Zug steigt, sagt sie prophetisch:

»Die Söhne der Mittelklassefamilien, die nicht genug Stehvermögen haben, um ein Mädchen ohne Mitgift zu heiraten, können fest damit rechnen, daß sie diesen Mädchen später wiederbegegnen – Mädchen, die sie gezwungen haben, arbeiten zu gehen! . . . Eine neue Ära hat begonnen. In jedem Land, bei arm und reich, wird in jeder Familie, die von einem Säufer verlassen wurde, in jedem Heim, das leer blieb aus Furcht vor den Leiden der Ehe, eine Frau aufstehen und gehen, und sie wird kommen und ihren Platz neben euch einnehmen in der Fabrik, in der Werkstatt, im Büro. Ihr wolltet sie nicht als Frau nehmen, und sie lehnt es ab, sich für euch zu prostituieren – sie wird eine Arbeiterin, eine Konkurrentin, eine erfolgreiche Konkurrentin! – Adieu!«

Der Kampf um die Gleichberechtigung der Frau in Frankreich fand vor dem Hintergrund weltweiter Vorurteile statt. In New York verbot die Sullivan-Verordnung den Frauen das Rauchen in der Öffentlichkeit. Der Bürgermeister von Cincinnati, Markbreit, erklärte rundweg: »Keine Frau ist körperlich in der Lage, ein Auto zu fahren.« Und der ehemalige Präsident Grover Cleveland schrieb 1905 in der Oktoberausgabe von *Ladies' Home Journal*: »Vernünftige und verantwortungsvolle Frauen wollen gar nicht wählen. Welche Stellungen Mann und Frau in der Entwicklung unserer Zivilisation übernehmen sollen, wurde schon vor langer Zeit von einer höheren Intelligenz als der unseren festgelegt.« Auch in Deutschland waren die Frauen nur Menschen zweiter Klasse, und in England wurden den Frauen, obwohl sich die Suffragetten auf dem Vormarsch befanden, noch immer viele Rechte verweigert, die für die Männer selbstverständlich waren.

In Frankreich herrschten kaum weniger große Vorurteile, aber sie kamen aus unterschiedlichen Traditionen. Als sich die feministische Schriftstellerin Pauline Savari für die Académie Française bewarb, antwortete der Duc d'Aumâle: »Frauen sind nicht wählbar, denn man wird nur französischer Staatsbürger, wenn man seinen Militärdienst leistet.« Dieses Argument wurde häufig gegen die Wahlrechtsforderung der Feministinnen eingesetzt, die sich im ersten Jahrzehnt nur auf die Gemeinderatswahlen bezog. Die Antwort der Feministinnen lautete: »Die französische Frau bezahlt Steuern und kauft Kriegsanleihen, die immer eine Art Teilnahme an der nationalen Verteidigung waren.« Madeleine Pelletier, eine feministische Ärztin, sagte, sie befürworte den Militärdienst für Frauen, wenn das die volle Gleichberechtigung bedeutete.

Die französischen Frauen forderten längst nicht so energisch wie ihre Mitstreiterinnen jenseits des Ärmelkanals das allgemeine Wahlrecht. Sie verlangten zunächst nur das Stimmrecht bei Gemeindewahlen sowie die Abschaffung einiger besonderer Ungerechtigkeiten wie zum Beispiel, daß eine im Ausland beschäftigte Lehrerin ihre Staatsangehörigkeit verlor, wenn sie einen nichtfranzösischen Kollegen heiratete, daß eine Frau bei einer Scheidung ihre Mitgift einbüßte oder daß eine Freidenkerin, die getrennt von ihrem katholischen Mann lebte, sich nicht scheiden lassen konnte. Die feministischen Organisationen mißbilligten die extremen Methoden der englischen Suffragetten und kämpften lieber unter dem Motto »Gleichheit in der Ungleichheit«. Aber sie stießen auf ein sehr großes Hindernis im Antiklerikalismus der Radikalsozialisten. In einem Gespräch mit einer Dame sagte Georges Clemenceau 1909, Poiret habe einen Orden verdient dafür, daß er die Frauen vom Korsett und der damit verbundenen Heuchelei befreit habe. Aber »das Schicksal der Regierung den Stimmen der Frauen anzuvertrauen, die überwiegend von der Sakristei beeinflußt sind, bedeutete die Rückkehr ins Mittelalter«.

Die Katholiken ließen sich bei den Bestrebungen, mehr Rechte für Frauen zu erringen, viel Zeit. Marc Sangnier erklärte noch 1904, es sei die Rolle der Frau zu leiden! Die Sozialisten versprachen mehr, aber als es darauf ankam, war ihnen der Klassenkampf wichtiger als die Frauenrechtsbewegung. Madeleine Pelletier, die aus der Pariser Arbeiterschaft stammte und politisch zur extremen Linken gehörte, erklärte, eine Frau sei in einer Mittelklassefamilie wesentlich besser daran als im Proletariat, und das Letzte, was sie sich für Frauen wünsche, sei eine kollektivistische Gesellschaft.

Louise Cruppi,[12] die Frau eines Kabinettsministers und Veranstalterin von Hauskonzerten, versuchte, über den Tod ihres Sohnes hinwegzukommen, indem sie sich der feministischen Bewegung anschloß. Sie schrieb einen Roman über Frauenrechte, *Avant l'Heure,* wurde Präsidentin der Vereinigung zur Unterstützung weiblicher Studenten in Paris und zeigte in einem gut dokumentierten Buch, daß die skandinavischen Frauen wesentlich mehr Freiheit genossen als die Frauen in anderen Ländern. Es waren vor allem einzelne »Gemäßigte« wie sie, die Comtesse Marie de Villermont und Elisabeth Renaud sowie kleine Zeitschriften wie *La Française,* die aufklärten und dafür sorgten, daß ein Gesetzesantrag für das Frauenstimmrecht bei Gemeindewahlen auf die Tagesordnung des Parlaments gesetzt wurde. Inzwischen schrieb man jedoch bereits 1914, und der Antrag wurde wegen dringenderer Angelegenheiten verschoben. Erst einunddreißig Jahre später sollten die Französinnen das Stimmrecht erhalten sowohl bei kommunalen als auch nationalen Wahlen.

In diesen ersten Jahren des neuen Jahrhunderts entfernten sich die Pariserinnen ein wenig von den Männern und wurden dadurch für die Männer und auch füreinander interessanter. Sie beschrieben Gefühle, Erkenntnisse und Inspirationen, die bislang nicht in Worte gefaßt waren. Sie ließen die mit schweren Vorhängen, Vasen und Topfpflanzen vollgestopften Salons, die Beengtheit des *petit calice,* wie man das Korsett schönfärberisch nannte, hinter sich, um geschmeidig, unabhängig, frei in ihren Bewegungen und aufrichtiger zu sein. Viele wurden sicherlich bessere Ehefrauen und widerlegten dadurch Claudels Behauptung, Liebe und Ehe müßten sich gegenseitig ausschließen.

KAPITEL XIII

Theater: Das Erhabene und das Lächerliche

Rund vierzig Pariser Theater brachten jährlich an die hundert neue Stücke auf die Bühne, von denen es die beliebtesten mitunter auf bis zu zweihundert Vorstellungen brachten. Die besten Werke von Corneille, Racine und Molière wurden durch die staatlich subventionierte Comédie Française am Leben erhalten; damit war das traditionelle Rückgrat gesichert, während ein oder zwei »Randzonen«-Bühnen wie Lugné-Poes Théâtre de l'Œuvre und später Copeaus Vieux Colombier das moderne Theater pflegten. Prominente Schauspieler genossen großes Ansehen. Bei den männlichen Darstellern waren es vor allem Lucien Guitry und der aus Rumänien stammende de Max; bei den Damen Gabrielle Réjane, die in leichten Komödien auftrat, Jeanne Granier, sowohl auf der Bühne als auch sonst eine Favoritin des Prince of Wales, und Julia Bartet, deren ausgeprägter Sinn für Kleider zu dem Bonmot führte: »Gebt der Bartet Racine und ihr bekommt Paquin (ihre Lieblings-Couturière) zurück.«

Aber die Königin des Pariser Theaters war Sarah Bernhardt.[1] Sie war die uneheliche Tochter einer holländischen Jüdin; der Vater, ein Marineoffizier namens Morel, stammte aus der Normandie. Rosine Bernhardt wurde in Paris geboren. Sie besuchte eine Internatsschule und machte ebenso wie Marguerite Appell eine Zeit durch, in der sie unbedingt Nonne werden wollte. Sie wurde ins Conservatoire aufgenommen, doch fanden ihre Lehrer, sie sei viel zu dünn und zu nervös, um als Schauspielerin Karriere zu machen. Aber sie bewies das Gegenteil, als sie mit fünfundzwanzig Jahren in Coppéles kurzem poetischen Stück, *Le Passant*, als Zanetto auftrat, ein junger toskanischer Minnesänger, der durch seine entzückende Unschuld eine ränkeschmiedende Dame reiferen Alters entwaffnet. Nach diesem Erfolg spielte sie klassische Rollen an der Comédie Française, vor allem die Phädra. Sie verließ die Comédie, um in zeitgenössischen Stücken zu spielen, und dann erwarb und leitete sie ihr eigenes Theater.

Sarah kaufte das riesige alte Théâtre des Nations an der Place du Châtelet, ersetzte die seit unvordenklicher Zeit in Rot gehaltene Dekoration durch gelben Samt und beauftragte befreundete Maler, für das große Foyer Bilder von ihr in ihren berühmten Rollen als Lorenzaccio, Theodora und Phädra zu malen. Von ihrer Garderobe aus, in die sie ein Bad einbauen ließ, ging man durch drei große Vorzimmer hinunter zu einem Speisezimmer mit einem Tisch für zwölf Personen; hier lud sie jeden Sonntag enge Freunde, Autoren und Schauspieler zum Essen ein.

Eine Woche vor Weihnachten 1899 zog Sarah mit ihrer Truppe ins Théâtre Sarah Bernhardt, wie es nun hieß, ein. In ihren Zwanzigerjahren war Sarah ungewöhnlich schlank gewesen – »Madame Sarah braucht keinen Regenschirm, sie geht zwischen den Regentropfen hindurch«. Nun, mit fünfundfünfzig, war sie immer noch gertenschlank, nur um den Bauch wurde sie allmählich etwas rund, aber sie weigerte sich, ein Korsett zu tragen. Ihre Stimme, die das Publikum elektrisiert hatte, blieb in einer Aufnahme von *Phädra* erhalten. Sie sprach in einem singenden, dem Opernrezitativ sehr ähnlichen Tonfall, eine Vortragsweise, die in den Ohren des modernen Zuhörers fast monoton wirkt.

In der Liebe hatte sie wenig Glück. In sehr jungen Jahren hatte sie eine Affäre mit dem Prince de Ligne, aus der ein Sohn, Maurice, hervorging, den sie schrecklich verwöhnte und der später ständig Schulden machte. Mit achtunddreißig hatte sie einen gutaussehenden griechischen Schauspieler geheiratet und sich ein Jahr später bereits wieder von ihm getrennt. Danach bevorzugte sie intensive platonische Freundschaften mit wesentlich jüngeren Männern.

Ihr gegenwärtiger Günstling, Edmond Rostand, war vierundzwanzig Jahre alt. Er stammte aus Marseille, war hübsch, schlank, stets elegant herausgeputzt und personifizierte die ganze Inbrunst und Redseligkeit des Südens. Sein Stück *Princesse Lointaine* war vier Jahre zuvor von Sarah inszeniert worden. Mit diesem Traummärchen hatte sie 200 000 Francs in den Sand gesetzt, aber Geld zählte bei ihr weniger als Kunst und Ruhm, und das neue Stück ihres Poeten, das er jetzt der Truppe vorlesen sollte, schien in ihren Augen beides zu versprechen.

Der Sohn Napoleons, der Duc de Reichstadt, kämpft im Schloß Schönbrunn mit seiner schlechten Gesundheit und seiner inneren Unsicherheit; seine dümmliche Mutter Marie Louise liebt ihn nicht, der verschlagene österreichische Kanzler Metternich tyrannisiert ihn; die Legende seines Vaters lastet schwer auf ihm, und er träumt davon, das französische Kaiserreich wieder zu errichten mit ihm, dem rechtmäßigen Erben Napoleons an der Spitze, und die Grande Armée zu neuen Triumphen zu führen.

Die Proben begannen, das Ensemble war für ein Uhr bestellt, die Darsteller von Nebenrollen erschienen pünktlich. Lucien Guitry, der den treuen Flambeau, einen von Napoleons alten Haudegen, spielte, traf gegen drei Uhr ein. Um dreiviertel vier hatte Madame Sarah ihren Auftritt, und die ganze Truppe, zirka fünfzig Personen, küßten ihr die Hand. Sie schlüpfte in ein Männerkostüm, und die Arbeit begann, bis es um fünf Uhr Zeit war für Madame Sarahs Tee, den sie trank, während ihr die anderen, wie man sich erzählt, geduldig und mit zärtlichem Respekt zusahen.

Die Probe ging weiter bis zur Abendvorstellung – denn natürlich leitete und spielte Sarah ihr übliches Repertoire – und wurde anschließend bis nach Mitternacht fortgesetzt.

Gelegentlich gab es trotz angespannter Probenarbeit auch etwas zu lachen. In einer Szene auf der Ebene von Wagram sitzt der Sohn Napoleons hoch zu Roß. Sarah Bernhardt konnte im Damensattel reiten, aber hier, in einer Männerrolle, mußte sie rittlings auf dem Pferd sitzen. Sie verlangte das zahmste Pferd von ganz Paris. Man fand einen langsamen, trägen Gaul und führte ihn auf die Bühne.

Sarah traute dem Pferd nicht recht und befahl, die Gewittermaschine einzuschalten. Das Tier rührte sich nicht. Dann mußten die Schauspieler einen Kreis um das Pferd bilden, darauf zulaufen und rufen: »*Vive l'Empereur!*« Wie man sich erzählte, verfehlte das seine Wirkung nicht, denn das Pferd, offensichtlich ein Republikaner, tat seine Meinung über das Kaiserreich sehr drastisch kund, und die Schauspieler gerieten völlig aus dem Häuschen. Als Rostand ankündigte, auch Flambeau müsse auf einem Pferd reiten, beschloß Sarah, die Szene für Fußsoldaten umzuschreiben. Anschließend reiste sie mit Rostand nach Wien, um Schönbrunn und seinen Park zu studieren. Lebende Pferde kamen erst mit Diaghilew auf die Bühne.

L'Aiglon – Der junge Adler – hatte rechtzeitig zur Weltausstellung am 17. März 1900 Premiere. Da Sarah Haken und Knöpfen mißtraute, ließ sie sich in ihre enganliegende weiße, mit farbenprächtigen Orden besetzte Uniform einnähen; die schwarze Schärpe und der hohe Kragen bildeten einen wirkungsvollen Kontrast zu ihrem hohlwangigen, sehr bleichen Gesicht und dem rötlich blonden Haarschopf. Mit ihrer schlanken, geschmeidigen Figur konnte sie auch den kleinen lebhaften Jungen der ersten Szenen spielen, der seinem Großvater Franz auf den Schoß hüpft und seine Zinnsoldaten in Schlachtordnung aufmarschieren läßt, wobei er von Metternich überrascht wird, der fragt: »Wo sind denn die Österreicher?« Und der Junge antwortet: »Sie sind alle geflohen.« Später, wenn sie als der ruhmsüchtige Herzog von Reichstadt über das öde Schlachtfeld von Wagram blickt, spricht sie die nachhallenden Worte: »Paris, schon hör' ich deine Glocken.« Wenn der junge Adler im letzten Akt, nachdem seine Träume von Ruhm und Ehre zerronnen sind, an der Schwindsucht stirbt, zelebriert sie diesen letzten Atemzug, »als stürben Engel, wäre es ihnen erlaubt zu sterben«.

Das Thema des Stücks paßte genau in die Pariser Stimmung. Die Franzosen sehnten sich nach neuer Erhabenheit, nach Größe, und waren bereit, etwas dafür zu tun, wenngleich sie noch nicht genau wußten, wie sie dieses Ziel erreichen sollten. Und diejenigen, die den Verlust von Elsaß-Lothringen nicht verwunden hatten, sahen die Österreicher nur zu gern als erbärmliche Feiglinge dargestellt. Rostands poetisch emotionale Umsetzung dieser Geschichte war neu, und Sarahs Inszenierung und Spiel paßten dazu. Sie machte aus dem bestrebten jungen Adler eine Figur, mit der sich das Publikum identifizieren konnte. Als das Stück in London gespielt wurde, klagte Graham Robertson: »Es ist, als stünde man vor einem schönen Wasserfall. Man will eigentlich ziemlich bald wieder gehen.« In Paris jedoch genoß das Publikum beinahe ein Jahr lang jede Minute dieses vier Stunden langen Theaterstücks.

Die Produktion eines neuen Werks ist für den Autor eine enorme Belastung. Diese Erfahrung machte nicht nur Strawinsky, sondern auch Rostand. Am Premierenabend holte er sich, ohnehin nie besonders robust, eine Lungenentzündung; im folgenden Frühjahr blieb er zur Erholung bei seiner Familie. Für Sarah bedeutete es nichts Neues, daß das Leben mit der Kunst wetteiferte. Sie fuhr in ihrem zweispännigen Landauer nach Montmorency, selbst an warmen Tagen in einen Chinchillamantel gehüllt, um »ihren Dichter« zu besuchen und auf seinem Tisch einen Strauß Napoleon-Veilchen zurückzulassen.

Sarah Bernhardt war eine seltene Mischung aus kultiviertem Künstlertum, Großtuerei und Scharfsinn. Sie war mit einer fast nie erlahmenden Energie gesegnet und konnte wie Napoleon nach zwanzig Minuten Schlaf wieder völlig frisch sein. Sie wußte, daß sie ungewöhnliche Talente besaß und daß das Publikum davon begeistert werden wollte. Aber sie hatte auch Sinn für Humor, und recht häufig war sie von einer liebenswerten Bescheidenheit. Sie gab zu, daß sie durch ihre übersprudelnde Energie oft auch unzuverlässig war. »Ich verspreche alles mit dem festen Vorsatz, mein Versprechen zu halten, und zwei Stunden später habe ich es vergessen. Wenn mich Freunde dann erinnern, raufe ich mir die Haare und erfinde Ausreden.« Einem Sechzehnjährigen, dem sie nur einmal begegnet war und der sie um ein signiertes Photo gebeten hatte, schickte sie eines mit der Widmung:

»Für Georges-Michel, einen reizenden Freund, dem ich alles verdanke.«

Zwischendurch malte sie, spielte Klavier, schrieb, ging zum Pistolenschießen und auf Alligatorenjagd. Als Bildhauerin war sie immerhin so gut, daß ihre *art nouveau*-Objekte, die wie Blumen oder kleine Tiere geformt waren, auf der Weltausstellung von 1900 gezeigt wurden. Eine Weile hielt sie sich einen zahmen Löwen in ihrem Haus.

»Wenn es noch etwas Bemerkenswerteres gibt, als Sarah spielen zu sehen«, sagte Sardou, »so ist es, sie leben zu sehen.«

Wenn die Theater im August schlossen, fuhr Sarah auf die Belle Isle vor der Südküste der Bretagne. Wenn sie die Zugbrücke zu ihrem Haus überquerte, hißte ein Diener die von ihr selbst entworfene Sarah-Bernhardt-Flagge am Fahnenmast. Um sechs Uhr morgens war sie auf den Beinen, angezogen wie ein Fischer, und mit einer weißen Baskenmütze auf dem Kopf, dem Gewehr über der Schulter und begleitet von zwei riesigen Doggen und einem schwarzen Diener eilte sie hinunter an den Strand, um Enten zu schießen. Anschließend ging sie vielleicht noch zu ihrem in der Nähe gelegenen Bauernhof, um frische Eier und Milch zu holen oder um sich ihre eigene Butter zu machen, was de facto jedoch hieß, daß sie einen willfährigen Hausgast überredete, das Butterfaß zu betätigen. Den Rest des Vormittags verbrachte sie oft mit Zeichnen in der Gesellschaft ihres lebenslangen Gefährten Georges Clairin, einem Porträtmaler, und der Malerin Louise Abbéma, die mit ihrer Seglermütze in zunehmendem Alter mehr und mehr einem japanischen Admiral glich.

Das Mittagessen um ein Uhr wurde auf Quimper-Tellern serviert. Sarah aß wenig, hauptsächlich Kaviar, Austern und Sorbets, aber sie bestand auf allen Gängen und kostete davon, und wenn sie nicht perfekt zubereitet waren, ließ sie die Köchin rufen und schalt sie vor aller Augen. Am Nachmittag wurde Tennis gespielt, oder man ging auf Garnelenfang oder es galt, einen Würdenträger zu empfangen – einmal handelte es sich dabei um König Edward VII. Als 1911 in einem Sturm fast die gesamte Fischereiflotte der Belle Isle zerstört wurde, organisierte sie eine Theatergala und ließ den Erlös an die Bedürftigen auf der Insel verteilen. Geld bedeutete für Sarah Gold in einem Beutel aus Sämischleder oder in einer Truhe mit Messingbeschlägen, etwas, das man leicht verschenken und leicht ausgeben konnte, und so stand sie denn auch trotz riesiger Einnahmen zeit ihres Lebens dicht vor dem finanziellen Ruin.

Am Abend wurde Karten oder Domino gespielt, oder ein Gast trug etwas vor. Eines Abends begann Reynaldo Hahn die Habanera aus

Carmen zu spielen und zu summen, woraufhin Sarahs Sohn Maurice den Schal seiner Mutter nahm und einen spanischen Tanz hinlegte, während seine beiden kleinen Töchter um ihn herum sprangen und ihn nachmachten. Ein andermal fragte Sarah, ob Hahn Lust hätte, sich eine Komposition von ihr anzuhören, ihren *Bärentanz,* den sie sich für Maurice ausgedacht hatte, als er noch klein war. »Sehen Sie?« sagte sie stolz. »Die linke Hand tut fast gar nichts. Sie wiederholt immer nur dieselbe Note.«

Im September kehrte sie nach Paris zurück, nahm ihren vierzehnstündigen Arbeitstag wieder auf und erweiterte ihr Repertoire um eine neue Rolle, denn ihr großes Theater mußte gefüllt werden. Mit Spürsinn für den Publikumsgeschmack spielte sie 1903 die Hauptrolle in Sardous *Die Hexe.* Das Stück spielt in Toledo zur Zeit der Inquisition. Zoraya, eine maurische Zigeunerin, wird der Hexerei angeklagt und von Kardinal Ximenes, dem Großinquisitor, zum Tod auf dem Scheiterhaufen verurteilt. Da die antikirchlichen Maßnahmen damals ihren Höhepunkt erreichten, mußte das Stück ein Erfolg werden. Später, als sich die Regierung spürbar übernahm, schwamm Sarah auf der Woge der Reaktion: Sie wurde Teresa von Avila in einem Stück von Catulle Mendès.

Ihre Bühne war die Welt. Sie spielte in allen großen Städten des Kontinents; sie spielte in London, wo sich die Schauspielerin Madge Kendal, obwohl sie Sarah Bernhardt sehr bewunderte, beklagte, daß die Bernhardt Rollen mit so viel offen gezeigter Leidenschaft spielte; sie, Mrs. Kendal, habe das Gefühl, das zu sehen könne sie ihrer Tochter nicht zumuten, worauf Sarah entgegnete: »Aber Madame, bedenken Sie, ohne die Leidenschaft hätten Sie keine Tochter, die Sie mitbringen könnten.«

Auf ihrer sechsten Tournee in die Vereinigten Staaten im Jahr 1903, die sie begleitet von fünfzig Koffern, fünf Dienern, einer Sekretärin und einem Masseur unternahm, spielte sie *Der junge Adler,* und quer durch den Kontinent jubelte man ihr zu. Die Leute verzichteten auf andere Theaterbesuche und sparten sich das Geld, um Sarah als Napoleon II. zu sehen. Die Manager der Theater im Westen der USA waren so beunruhigt, daß sie einen Boykott der französischen Schauspielerin auf ihrer Tournee von 1905 arrangierten. Sarahs Antwort darauf war ein transportables Theaterzelt mit 4800 Plätzen. In Houston und Dallas waren die Einnahmen besser denn je – bis zu 9000 Dollar pro Vorstellung –, und sie spielte auf dieser Tournee »unter Zelten« in zweiundsechzig Städten.

In Südamerika hatten sich die Deutschen eine wirtschaftliche Vormachtstellung geschaffen, aber die Franzosen führten in der Kunst, und Sarah, die sehr patriotisch war, verstand ihre Tournee als einen Teil von Frankreichs »kulturellem Auftrag«. Im Jahr 1905 trat sie in mehreren lateinamerikanischen Ländern auf. In Rio spielte sie als Abschiedsvorstellung *La Tosca;* in der letzten Szene muß sie, um der Polizei zu entkommen, aus einem hochgelegenen Fenster springen. Sie sollte auf Matratzen landen, aber aus irgendeinem Grund schlug sie mit dem Knie hart auf und wurde vor Schmerz ohnmächtig.

Am nächsten Tag trat sie, allen guten Ratschlägen zum Trotz, die Reise nach New York an. Der Schiffsarzt kam, um ihr Knie zu untersuchen, mit schmutzigen Händen und schwarzen Rändern unter den Fingernägeln, und Sarah schwor, diesen ungewaschenen Menschen nie wieder in ihre Nähe zu lassen. Am Ende der dreiwöchigen Reise war das Knie so geschwollen, daß sie nicht zum angekündigten Datum auftreten konnte. Danach verursachte ihr jeder Schritt Schmerzen.

Sarah beschloß, diese Behinderung zu negieren. Sie wollte weiter auf der Bühne stehen und das Leben voll genießen. Darüber hinaus wollte die inzwischen über Sechzigjährige auch dem Alter ein Schnippchen schlagen, indem sie so viel Zeit wie möglich mit jungen Menschen verbrachte. Sie gab vielversprechenden Schauspielern und Schauspielerinnen Unterricht und kümmerte sich zu Hause – mit sehr viel Umsicht – um Maurices Enkelinnen, denen die Mutter gestorben war. Sie mußten sie »*Grand*« nennen, eine Abkürzung für *grandmère*, und natürlich wußten alle, was es außerdem bedeutete.

Auf der Belle Isle spielte sie weiterhin Tennisdoppel und stellte sich tapfer am Netz auf. Aber ihre Gegner wußten, daß die Bälle in ihre Reichweite plaziert werden mußten, weil sie sonst den Schläger hinwerfen und vom Platz gehen würde. Das Alter brachte die egoistische Seite in Sarahs Charakter zum Vorschein. Mit sechsundsechzig nahm sie sich einen hohlköpfigen, eingebildeten, aber sehr gut aussehenden Schauspieler griechisch-holländischer Herkunft zum ständigen Begleiter. Lou Tellegen und Sarah waren bald unzertrennlich.

Im Jahr 1909 bewies Sarah erneut ihre Fähigkeit, den Publikumsgeschmack richtig einzuschätzen. Es war das Jahr, in dem der Papst Jeanne d'Arc seligsprach, und viele Franzosen sahen in der Jungfrau von Orléans das Symbol für Frankreichs immerwährende Unschuld und seinen Mut gegenüber kriegerischen Nachbarn – den englischen *goddams* von 1431, dem deutschen Kaiser im Jahr 1909. Vielleicht lag darin mehr als nur ein bißchen Narzißmus, wie wir später sehen werden; die Tatsache, daß dieses für Frankreich kämpfende Hirtenmädchen erneut populär wurde, läßt sich nicht bestreiten, und Sarah nutzte diese Popularität und definierte sie genauer, indem sie Emile Moreaus schlichtes, aber bewegendes Stück *Der Prozeß gegen Jeanne d'Arc* inszenierte.

Die inzwischen fünfundsechzigjährige Sarah zögerte nicht, die Rolle der Johanna selbst zu spielen. Und so erlebte das Stück seinen Höhepunkt nicht in der Szene, in der Johanna verurteilt oder verbrannt wird, sondern in dem Augenblick, wo sie vor den Richtern erscheint und ihr die schweren Eisenfesseln von den schmerzenden Handgelenken genommen werden.

»Wie heißt du?«
»Johanna.«
»Wie alt bist du?«
»Neunzehn.«

Das ganze Haus schnappte nach Luft, aber nicht vor Ungläubigkeit, sondern vor Staunen und Bewunderung; dann herrschte ein Augenblick Stille, und dann wurde laut geklatscht.

Die Pariser hatten bislang nur junge Stars gefeiert – die spanische Sopranistin La Malibran, die junge Sarah Bernhardt. Nun huldigten sie zum ersten Mal einer Frau über sechzig. Sie war, indem sie Napoleon II. und Jeanne d'Arc zum Leben erweckte, zur personifizierten Ehre Frankreichs geworden. Überdies hatte sie ihr Leben zu einem Kunstwerk stilisiert. Nun trotzte sie der Zeit, indem sie stets jung blieb, indem sie Prousts Ideal von der Apotheose durch Kunst verwirklichte. Die Pariser applaudierten ihr. Sie nannten sie das achte Weltwunder, sie nannten sie ihre Göttliche.

Als sie siebzig Jahre alt war, spielte sie noch immer Hauptrollen, obwohl ihr Bein bald amputiert und durch eine Prothese ersetzt werden sollte. Die Regierung beschloß, den Beifall des Publikums amtlich zu bestätigen. Da es das Protokoll nicht erlaubte, eine Schauspielerin öffentlich auszuzeichnen, erhielt Sarah Bernhardt in Anerkennung ihrer Verdienste als Krankenschwester im Krieg von 1870/71 und als Überbringerin französischer Kultur in das Ausland das rote Ordensband der von Kaiser Napoleon gegründeten Ehrenlegion.

In der Februarausgabe, Jahrgang 1900, der *Revue de Paris* schrieb Georges Bourdon, der ehemalige Produktionsleiter des Odéon, einen Artikel über die Theater von London und Paris. London, schrieb er, verzichtete auf den Souffleurkasten in der Mitte der Bühne, der ein typisches Merkmal der Pariser Theater war, ausgenommen bei Sarah Bernhardt. London hatte realistischere Kulissen, einen rascheren Szenenwechsel und bessere Beleuchtung. Englische Theater boten dem Publikum mehr Komfort. Bourdon hätte hinzufügen können, daß beide Städte von Theaterdirektoren, die gleichzeitig Schauspieler waren, und von den Stars beherrscht wurden. In beiden Städten gab es Zensur, wobei Lord Chamberlain vorwiegend auf die sexuelle Moral achtete, während der Delegierte der Pariser Nationalversammlung mehr das Establishment zu schützen hatte. Paris schaffte die Zensur 1906 ab.[2]

Im ersten Jahrzehnt des neuen Jahrhunderts gingen die Londoner ins Theater, um die geistreichen Paradoxien von Oscar Wilde zu sehen, J. M. Barries burlesken Humor und seinen *Peter Pan* sowie die gut gemachten Dramen von Pinero und Jones. Sie gingen auch in Stücke von zwei Ausländern, des Norwegers Ibsen und des Iren Bernard Shaw, die ihre akzeptierten Normen in Frage stellten. Bei den Parisern dagegen kam Ibsen nicht an; sie fanden ihn zu düster. Und über Shaws *Candida* ärgerten sie sich: Wie konnte eine Frau bei klarem Verstand einem schwachen Mann gegenüber einem starken den Vorzug geben? In Paris sah man lieber Komödien, die von Franzosen geschrieben waren und deren Themen im Rahmen der akzeptierten französischen Werte behandelt wurden. Abgesehen von den Inszenierungen der Sarah Bernhardt und der Comédie Française waren damals die meisten erfolgreichen Stücke auf den Pariser Bühnen Charakterkomödien.

Meister dieses Genres war Tristan Bernard.[3] Er wurde 1866 in Besançon geboren, kam mit vierzehn Jahren nach Paris, studierte Jura und leitete anschließend die Aluminiumfabrik seines Vaters. Aber Bernard war weniger Geschäftsmann als Sportsfreund, und hier hatten es ihm die Radfahrer besonders angetan. Er war eine Zeitlang Sportmanager der Radrennbahn Buffalo Vélodrome; Toulouse-Lautrec porträtierte ihn in dieser Rolle – die Beine gespreizt, mit gebogenem Rücken und schwarzem, energisch vorgestrecktem Bart. Dieser Radsportbegeisterte liebte auch die Künste, besonders die Literatur, und er las gern aus den Werken seiner Lieblingsdichter La Fontaine, Hugo und Verlaine vor.

Tristan Bernard liebte das Verrückte und war von einer fast kindlichen Fröhlichkeit. Eines Tages wurde er auf einer belebten Straße zufällig von einer Standuhr aus Großvaters Zeiten, die ein Arbeiter auf dem Rücken trug, angestoßen und zu Boden geworfen. Statt wütend zu werden, klopfte sich Bernard den Staub von den Kleidern und sagte zu dem Arbeiter: »Warum tragen Sie keine Armbanduhr wie jeder andere Mensch auch?« Zu Hause – er hatte mit einundzwanzig geheiratet und führte eine glückliche Ehe – konnte es passieren, daß er während der Mahlzeit plötzlich aufstand, sich eine Serviette über den Arm legte und einen wichtigtuerischen Oberkellner mimte, oder er verschwand während eines Diners, um eine Minute später, eingehüllt in die Pelze der weiblichen Gäste, als Trapper aus dem kalten Norden wieder zu erscheinen. Als Bernard bei einer Teegesellschaft im Haus einer knauserigen Dame ein Teller mit *babas au rhum* gereicht wurde, die alle halbiert waren, sagte er höflich: »Danke, Madame, ich nehme einen *ba*.« – »Die zweite Kindheit werde ich nie erreichen«, erklärte er, »denn ich bin nie aus der ersten herausgekommen.«

Mit dreiundzwanzig Jahren schrieb Bernard seine erste erfolgreiche Komödie, *L'Anglais tel qu'on le parle*, deren Hauptperson ein Dolmetscher ist, der Englisch weder versteht noch spricht. Der Humor in diesem und den folgenden Stücken ist leicht und lustig. Dieser sogenannte *esprit boulevardier* wird sehr deutlich in einem Stück, das Bernard für eine Zeitschrift schrieb – »Genesis auf französisch«:

»Der erste Tag der Schöpfung wäre ein Sonntag gewesen.
Mit der Arbeit hätte man am Montag begonnen um zwei Uhr nachmittags
und unverzüglich eine Kommission eingesetzt für die Sonne und den Mond,
dann eine Kommission für die Sterne;
dann verschiedene zoologische Kommissionen, nicht zu vergessen die ornithologischen und ichthyologischen Unterausschüsse.

Gefolgt wären die Schaffung einer Kommission für die Erschaffung des Mannes, die Schaffung eines technischen Komitees für die In-Schlaf-Versetzung des Mannes, die Schaffung einer Sonderkommission zum Studium der Entfernung von Rippen, die Schaffung der hohen Kommission für die Erschaffung der Frau.

Bis Sonnabendnachmittag drei Uhr wäre nichts geschehen.

Dann wäre, begleitet von Trommelwirbeln, der Präsident der Republik zur feierlichen Eröffnung erschienen, hätte eine Unmenge Zeltplanen von einem gewaltigen Steinhaufen gezogen, der nun dank einer Sondergenehmigung nicht mehr Chaos, sondern Universum hieß.

Damit wäre das Wichtigste getan gewesen: verwaltungsmäßig hätte die künftige Welt existiert.«[4]

Bernard gab sich unendlich viel Mühe, seine Stücke auszufeilen, aber als echter *Boulevardier* tat er, als sei er schrecklich faul. Wenn jemand seinen Besuch bei ihm ankündigte, pflegte er zu sagen: »Bitte, kommen Sie. Am besten vormittags. Um die Zeit arbeite ich.«

Ähnlich wie bei Shaws *Pygmalion* stammte die Idee zu Bernards bestem Stück von einem mit ihm befreundeten Professor. André Godfernaux hatte sich auf Entscheidungsunfähigkeit spezialisiert, und anhand seiner Beschreibungen von Patienten schuf Bernard den inkonsequenten, schwachen, aber wohlmeinenden Edelmann Triplepatte, so genannt nach einem seiner Jagdrennpferde, das ein Hindernis nur dann nahm, wenn es eins mit der Peitsche übergezogen bekam.

Das Stück beginnt in einem Kurort, wo der tonangebende Arzt den Patienten genau das Gegenteil von dem, was sie erwarten, verschreibt – »andernfalls würden Sie mich nicht brauchen«. Triplepatte gerät in diesen Kurort. Er hat Schulden und braucht Geld. Obwohl ihn eine Ehe überhaupt nicht reizt, beschließen seine Feunde, daß er heiraten muß. Das Mädchen, das sie vorschlagen, ist Yvonne, die achtzehnjährige Tochter eines krankhaft scheuen Finanziers.

Im 2. Akt kommt Triplepatte zu einer Gesellschaft in Yvonnes Elternhaus und beginnt ein Gespräch mit ihrem Vater, wobei keiner der beiden weiß, wer der andere ist. »Sie denken ans Heiraten«, ruft der Vater aus, »und doch mögen Sie keine Gesellschaften! Einmal verheiratet, und das ganze Leben besteht nur noch aus Gesellschaften, zu denen Sie gehen oder die Sie geben. Jetzt können Sie einfach wegbleiben, aber dann haben Sie keine Wahl!« Woraufhin sich Triplepatte schleunigst aus dem Staub macht, nur um am Tor aufgehalten, zurückgebracht und Yvonne vorgestellt zu werden.

Der 3. Akt zeigt den Bräutigam wider Willen in seinem Schlafzimmer. Im 4. Akt warten die Braut und die Hochzeitsgäste im Rathaus auf den Bräutigam, der schließlich in Pantoffeln eintrifft, weil er seine Schuhe nicht finden konnte, und erklärt, er könne sich einfach nicht dazu entschließen, das Band der Ehe zu knüpfen.

Im letzten Akt sind Triplepatte und Yvonne endlich allein. Sie sind sich einig: Hätte man weniger auf sie eingeredet und sie weniger gedrängt, hätten sie einander vielleicht liebgewonnen. Und ganz am Schluß meint Triplepatte, daß es dafür möglicherweise doch noch nicht zu spät sei.

Triplepatte war der Schlager des Jahres 1905; später wurde das Stück auch in London und Berlin aufgeführt, wo man gegenüber ausländischen Erfolgsstücken wesentlich offener war als in Paris.

Bernards engster Freund war Lucien Guitry, ein Koloß mit einem kantigen Kinn, der in *Der junge Adler* den Flambeau gespielt hatte und seit 1902 das angesehene Théâtre de la Renaissance leitete. Lucien trug meistens einen Buffalo-Bill-Hut und wünschte angeblich auf so überschwengliche Art Guten Tag, als schenkte er einem persönlich diesen besonderen Tag. Er besaß eines der frühen *teuf-teuf,* einen offenen Panhard mit rückwärtigem Einstieg zum Fond und einem modischen, seitlich befestigten Schirmhalter aus Flechtwerk. Gelegentlich lud er Bernard ein, mit ihm aufs Land hinauszufahren; um sich zurechtzufinden, konsultierte Guitry eine der noch recht unvollständigen Straßenkarten und informierte dann mit seiner tragenden Bühnenstimme seinen dick bebrillten Chauffeur über die einzuschlagende Richtung. Einmal verkündete Guitry triumphierend: »Jetzt sind wir in Cervic.« Bernard, der am Rathaus ein Schild gesehen hatte, strich über seinen langen schwarzen Bart und sagte ruhig: »Ja, aber die Einheimischen nennen es Villeneuve.«

Guitry lud zweimal in der Woche zum Mittagessen in seine Wohnung an der Place Vendôme ein; die Gäste waren Bernard, der hohlwangige, oft beißend scharfe Schriftsteller und Journalist Jules Renard und Albert Capus, ein sanfter, Monokel tragender, nahezu völlig kahler Bühnenschriftsteller aus der Provence. Capus, der schon damals perfekt *franglais* sprach, betrat einmal einen Friseurladen und erklärte seinen Freunden: »*Je vais me faire dresser le hair*« (Ich will mir das Haar sträuben lassen). Als er etwas später wieder herauskam, wirkte er sehr verärgert und meinte: »*I shall never set a hair in there again.*« (Ich werde dort nie wieder ein Haar hineintun.)

Capus' *La Châtelaine* handelt von einem reizenden jungen Helden, der seine nicht minder reizende Heldin aus einer aufreibenden Familie befreit. An einer Stelle des Stücks kommt Capus' Philosophie deutlich zum Ausdruck, nämlich als der Held verkündet: »Laßt uns glücklich sein. Glücklich um jeden Preis. Je mehr wir das Leben lieben, um so glücklicher wird es uns machen.« Capus fehlte ebenso wie Bernard jegliche Bosheit. Es hieß, er sei imstande, die Regierung in einem neuen Stück zu verulken und sich am nächsten Abend gemeinsam mit dem Präsidenten an den Pokertisch zu setzen. Proust, der wie Capus *franglais* praktizierte – er nennt einen Liftboy *un liftier* oder gar *un lift* –, gefiel *La Châtelaine,* einer der großen Erfolge von 1902, so gut, daß er das Stück sogar in seinem Roman erwähnt. Das Glück wurde im Theater so große Mode, daß 1905 sogar eine Komödie von Francis de Croisset mit dem Titel *Le Bonheur, Madame* auf die Bühne kam und erfolgreich gespielt wurde.

Viele Pariser Theater gehörten Juden oder wurden von Juden geleitet, und auch einige der führenden Bühnenautoren waren jüdisch: Bernard, Bernstein, Porto-Riche – letzterer verfaßte »düstere« Dramen –, um nur drei zu nennen. Ein böser Witz machte damals die Runde: Maeterlinck kann nicht in die Académie gewählt werden, weil er Belgier ist, Porto-Riche kann nicht gewählt werden, weil er Jude ist, Anna de Noailles kann nicht gewählt werden, weil sie eine Frau ist. Francis de Croisset – sein wirklicher Name war Franz Wiener – kann nicht gewählt werden, weil er alles auf einmal ist. Croisset zählte zu Prousts Freunden, und einiges von der Figur des Bloch in Prousts Roman geht auf ihn zurück.

Bernards größte Rivalen in dem Geschäft, Paris zum Lächeln zu bringen, waren das Autorenteam Flers und Caillavet. Der Marquis Robert de Flers – er sollte später zusammen mit Capus *Le Figaro* herausgeben – war ein ungemein liebenswerter Mann; er gehörte zu Prousts treuesten Freunden und lieferte das Vorbild für dessen eleganten Offizier Saint-Loup. Gaston de Caillavet war der Sohn von Léontine Arman de Caillavet, in deren literarischem Salon unter der Leitung von Anatole France auch Bernard und Lucien Guitry verkehrten. Beide, Flers und Caillavet, wollten eigentlich Historiker werden; 1900 taten sie sich zusammen, um das Libretto für eine komische Oper mit dem Titel *Die Herkulesarbeit* zu schreiben. Ihre besten Leistungen erreichen sie nach der Abschaffung der Zensur 1906, als sie freimütig spotten durften, so über die Ehrenlegion in *Le Bois Sacré*, die Académie Française in *L'Habit Vert* und in *Le Roi* (Der König) über die Verliebtheit des republikanischen Frankreich in Fürsten und Könige. »Unser System funktioniert so gut«, sagte Caillavet, »daß ich nicht sagen kann, welcher Teil eines Stücks von mir und welcher von meinem Partner stammt! Der Dialog? Wir reden miteinander.«

Kaum ein Jahr verging ohne den Besuch eines jener mehr oder weniger bedeutenden Monarchen in Paris, die von der französischen Regierung als potentielle Verbündete umworben wurden. Flers und Caillavet spielten zum Teil auf den englischen König Edward VII. an, als sie ihren König Jean IV. in *Le Roi* als einen genußfreudigen Charmeur in mittleren Jahren darstellten, der in seiner Jugend eine Affäre mit einer Schauspielerin namens Thérèse hatte. Inzwischen ist Thérèse die Geliebte des mächtigen Abgeordneten Bourdier vom linken Flügel. Als Bourdier eines Tages nach Hause kommt, findet er den Hut des Königs in seinem Salon. Thérèse kommt aus dem Obergeschoß und versucht zu erklären, während Bourdier die wunderbare Gelegenheit geboten wird, durch die Wiederholung eines einzigen Wortes eine ganze Gemütsskala auszudrücken.

BOURDIER: Den Namen dieses Menschen, dieses Schuftes, ich muß ihn wissen . . .
(Der König erscheint, glückselig, Therese stellt vor)
THERESE: Seine Majestät, der König von Ardagne . . . Herr Bourdier, mein Freund.
BOURDIER *(faßt sich)*: Ah . . .! *(Alle sind etwas geniert.)*
KÖNIG: Guten Tag.
BOURDIER *(mit verhaltener Wut)*: Majestät!
THERESE: Wissen Sie, was Ihre Majestät mir zu sagen geruhte, gerade als Sie kamen? Majestät drückte mir den Wunsch aus, Ihre Bekanntschaft zu machen.
BOURDIER: Sire . . .!
KÖNIG: Ja, – ich habe Vergnügen. Kann ich noch etwas tun, lieber Bourdier, um Ihnen gefällig zu sein?
BOURDIER: Majestät –!
THERESE: In seinem Wohlwollen geruhen Seine Majestät, Ihnen zu erlauben, Ihr eine Jagd und ein großes Fest anzubieten in Ihrem Schloß Gourville.
BOURDIER: Sire!
THERESE: Noch mehr!... Da Seine Majestät nur noch einen Tag frei hat, so stellt Sie Ihnen den nächsten Sonntag zur Verfügung, den Sie eigentlich beim Marquis von Chamarande zubringen wollte.
BOURDIER *(verbeugt sich, überrascht und geschmeichelt)*: Sire – !
KÖNIG: Danken Sie nicht! Geschenkt, geschenkt! Auf Wiedersehen am Sonntag! . . . Ich werde Vergnügen haben, meinen Fuß über Ihre Schwelle zu bringen. Begleiten Sie mich nicht! Ich verbiete! Adieu, lieber Bourdier! *(Er gibt ihm die Hand.)*
BOURDIER: Sire! *(Er weiß nicht, ob er die Hand des Königs küssen oder drücken soll.)*
KÖNIG: Nur drücken! Man küßt den Königen nicht die Hand im Privatleben.
THERESE: Entschuldigen Sie, Majestät, Herr Bourdier weiß nicht – er ist Sozialist.
KÖNIG: Ich auch![5]

Der König überträgt seine Aufmerksamkeiten auf eine andere Dame und wird von ihr im letzten Akt überredet, einen Vertrag zu unterzeichnen, um den sich seine Regierung schon seit längerem bemüht hat. Die Politik zieht ins Schlafzimmer ein.

Ebenso stattlich, charmant, selbstsicher und spottlustig wie Flers und Caillavet war der Meister der Farce, Georges Feydeau.[6] Er war der 1862 in Paris geborene Sohn eines sehr produktiven, aber erfolglosen Romanschriftstellers. Nach dem Lycée Saint-Louis, wo er nur durch Faulheit auffiel, spielte er auf Laienbühnen und schrieb leichte Einakter. Er schrieb auch während seines einjährigen Militärdienstes und wurde anschließend Berichterstatter für Pferderennen. Eines Tages, so erzählte man sich, war er mit einem neuen Stück beschäftigt und hatte keine Zeit, sich mit der Tagesform der Pferde zu befassen. Also setzte er folgende Notiz in seine Kolumne: »Eine Fülle anderer Neuigkeiten zwingt uns, unsere Auswahl für den heutigen Renntag auf morgen zu verschieben.«

Auf den Boulevards drehte man sich nach dem feschen Feydeau um. Er sah glänzend aus, hatte kräftige weiße Zähne, welliges kastanienbraunes Haar und einen üppigen Schnauzbart, und natürlich hatte er bei den Mädchen Erfolg – vor seiner Hochzeit und auch, nachdem er im Alter von siebenundzwanzig Jahren Marianne Carolus-Duran geheiratet hatte. Trotz seines stillen Charmes kann er kein bequemer Gatte gewesen sein. Er blieb bis nachmittags im Bett und verließ das Haus gegen sechs, um im Café Napolitain seinen Apéritif zu nehmen und anschließend im Maxim's zu dinieren. Hier, an einem stets für ihn reservierten Tisch, beobachtete er bis um zwei Uhr morgens zu den Klängen der sentimentalen Zigeunermusik von Paul Delmet und dem Knallen von Champagnerkorken die Oberschicht der Pariser Gesellschaft, die Neureichen, Russen, Gigolos, Mätressen, Künstler, Buchmacher, Journalisten, Politiker, Hochstapler und Detektive – das Ganze ein hektischer Wirbel, ein Kommen und Gehen, bei dem jeder Blick, jeder Gesichtsausdruck von den Spiegelwänden vervielfacht und verstärkt wurde. Hier sammelte Feydeau den Stoff für seine Farcen.

Eines seiner Erfolgsstücke enthält im Titel sogar den Namen des Restaurants. *Die Dame vom Maxim* ist eine Dirne, die Petypon, ein junger verheirateter Mann, an einem ausgelassenen Abend aufliest und nach Hause mitnimmt. Als sie am nächsten Morgen von Petypons Onkel, einem General, der eben nach vielen Jahren aus Afrika zurückkehrte, im Bett des jungen Mannes gefunden wird, muß die Dirne als Madame Petypon ausgegeben werden und in dieser Eigenschaft auf einem Hochzeitsempfang in einem Schloß in der Tourraine auftreten. Die provinzlerischen Damen halten alles, was sie sagt und tut, und sei es noch so vulgär oder unverschämt, für ungemein schick – nur weil sie aus Paris kommt.

Der Floh im Ohr handelt ebenfalls von Personenverwechslungen und spielt in einer total verrückten *maison de passe*, einem Bordell, wo ein Kunde jedem unwillkommenen Eindringling entkommen kann, indem er per Knopfdruck die Zimmerwand einen Halbkreis beschreiben läßt, dadurch in das angrenzende Schlafzimmer versetzt wird und den Insassen jenes Zimmers auf die Bühne befördert. Das Stück hängt von einem auf die Sekunde genauen Zeitplan ab; die Pariser Bühnentechniker befanden sich offensichtlich auf dem Weg der Besserung.

Wenn wir Feydeau mit seinem großen, unmittelbaren Vorgänger Courteline vergleichen, erkennen wir zwei neue Elemente: Feydeaus Farcen sind wesentlich schneller; sie spiegeln das neue, von der Elektrizität, dem Telephon, dem Automobil beschleunigte Tempo von Paris wider und weisen hier eine Komplexität auf, die wir bereits in anderen Bereichen der Kunst angetroffen haben. Alfred Capus sagte über die Gesellschaft seiner Zeit, daß sie es dem Dramatiker nicht leicht mache, weil sie, »um eine Metapher aus der Photographie zu gebrauchen, nie lang genug stillsitzt, um geknipst zu werden«.[7] Und das zweite echte Feydeau-Element ist mehr Herzenswärme. Courtelines *Boubouroche* (1893) schildert einen einfältigen, sentimentalen Kleinbürger, der von seiner Freundin schamlos betrogen wird und ihre Lügen am Ende glaubt. Es ist eine grausame Komödie. Feydeau dagegen rühmt das Sentiment, und wenn er einen Ehemann in eine absurde Situation versetzt, tut er das, um mit ihm zu lachen und weniger, um ihn auszulachen. *Léonie est en avance* zum Beispiel handelt von einer Scheinschwangerschaft. Die Ehefrau, unterstützt von ihrer Mutter und einer Hebamme, äußert den Wunsch, ihren Mann mit einem Nachttopf auf dem Kopf zu sehen. Der Gatte lehnt dieses Ansinnen zunächst ab; nachdem er aufgeklärt wurde, daß die Bedürfnisse einer Schwangeren im Interesse des Kindes befriedigt werden müßten, krönt er sich mit dem *pot de chambre* und bleibt, wie könnte es anders sein, mit dem Kopf darin stecken.

Betten, sagte man, seien Feydeaus vielseitigstes Requisit. Sie dienen zum Schlafen, um sich darin und darunter zu verstecken, um darauf zu hüpfen und, als unzuverlässiges Podium, um Reden zu schwingen. Sie spielten auch eine immer größere Rolle in Feydeaus Privatleben. Er hatte ständig Amouren und zog die Nacht dem Tage vor; dazu kam, daß er unglücklich an der Börse spekulierte. Seine Frau war diesen Belastungen auf die Dauer nicht gewachsen, und so zog er nach einem heftigen Streit mit ihr aus und wohnte seitdem im Hôtel Terminus in der Nähe der Gare Saint-Lazare. Der junge aufstrebende Dramatiker Sacha Guitry, der Sohn von Lucien Guitry, drückte es so aus: Die Last der Ehe ist eben zu schwer, als daß sie von zwei Menschen allein getragen werden könnte.

Über die Veränderung des Pariser Theaters seit dem sozialen Realismus des *fin de siècle*, wie ihn Octave Mirbeau und die Nachfolger Zolas praktizierten, schrieb 1905 der Theaterkritiker der *Revue des Deux Mondes*:

»Jeder weiß, daß eine der vorherrschenden Tendenzen im Theater von heute der Optimismus ist. Nach einem Jahrzehnt des Trübsinns malt unser Theater das Leben in rosigen Farben. Es schildert nur nette Charaktere, hochherzige Gemüter, die, motiviert durch Takt und Selbstlosigkeit, schlicht, aber edel sind.«

»Nette Charaktere« ist vielleicht ein indirektes Kompliment. Shaw hätte vermutlich aus *Le Roi* statt einer harmlosen Satire eine niederschmetternde Attacke auf die doppelte Moral in der französischen Außenpolitik gemacht. Hielten sich die französischen Dramatiker zurück, weil sie nach einem Sitz in der Académie schielten? Das erscheint unwahrscheinlich. Eugène Brieux kritisierte in *La Robe Rouge* (1900) ganz offen die französische Rechtsprechung und in *Les Avariés* (1902) die Scheinheiligkeit im Zusammenhang mit Geschlechtskrankheiten und trug schließlich doch Degen und grüne Uniform. Es scheint eher so gewesen zu sein, daß sich die Bühnenschriftsteller die allgmeine Biederkeit, die sie verbreiteten, selbst zu eigen gemacht hatten.

Der Vollständigkeit halber sollten wir auch auf die drei führenden ernsthaften Dramatiker eingehen. / Der bereits erwähnte Eugène Brieux, Sohn eines Zimmermanns, war Autodidakt und arbeitete als Journalist und später als Herausgeber der in Rouen erscheinenden Zeitschrift *La Novelliste*. Er lernte die verschiedenen sozialen Mißstände, die er später auf der Bühne darstellte, aus erster Hand kennen. Auch wenn in seinen Stücken viel Moral gepredigt wird, enthalten sie dennoch gute Porträtstudien von Bauern und Bürgern.

Der lange, stets vornübergebeugt daherkommende Henry Bernstein war der Sohn eines New Yorker Bankiers. Er schrieb weiterhin die zolaesken, düsteren *fin de siècle*-Stücke. Bernstein war bekannt für seinen Aberglauben – er gab seinen Stücken Titel mit sechs Buchstaben, weil er die Sechs für eine Glückszahl hielt, und in fast jedes Stück flocht er eine »Glücksbringer«-Nebenrolle ein, die dann Zambeau oder Zamo oder so ähnlich hieß. Ebenso bekannt war er für seine Kampfeslust – er focht mehrere Duelle –, und er zeichnete hervorragende Charaktere, die wie er selbst von starken Leidenschaften getrieben wurden, von Wollust, Geiz, Habgier, Sadismus.

Proust mißfielen Bernsteins Stücke: »Bei La Fontaine und Florian sprechen Tiere wie Männer und Frauen. Bei Bernstein sprechen Männer und Frauen wie Gorillas, Schweine, wilde Tiere.« Damit liegt Proust ganz auf der Linie des zeitgenössischen Geschmacks. Stücke wie »aus dem Leben gegriffen« fanden nur eine kleine Gefolgschaft. Das Gros des Pariser Publikums zog es vor, sich abends entweder mit etwas ordentlich Erhabenem oder etwas völlig Lächerlichem zu ergötzen.

Der dritte ernsthafte Dramatiker, Henri Bataille, war ein Anhänger Rousseaus, der die gesellschaftliche Konvention dem wahren Gefühl gegenüberstellt und sich vor allem mit dem zwingenden Bedürfnis der Frau, zu lieben und an einer einmal geschenkten Liebe festzuhalten, auseinandersetzt. Sein *Marche Nuptiale* schildert ein junges Paar aus der Provinz, das nach Paris kommt und, gestärkt durch ein wenig Geld und unendlich viel Hoffnung, den Lebenskampf aufnehmen will.

Batailles erfolgreichstes Stück, *La Nude* (Das nackte Weib), erzählt von einem bescheidenen jungen Künstlermodell, dessen Mann, ein vom Erfolg verwöhnter Bildhauer, sich in eine Prinzessin verliebt hat. In der Schlüsselszene muß sich der Bildhauer Pierre entscheiden. Lolette appelliert an seine Gattenpflicht, damit er bei ihr bleibt. Er erwidert: »Halt – sprich von Liebe, wenn du willst, aber nicht von Pflicht! Denn da sieht es ganz anders aus. – Ich hab' dich ausgebildet – jawohl – habe dir beim sozialen Emporsteigen geholfen und lasse dich auf einem höheren Niveau, das dir als Sprungbrett dienen wird. Das Leben ist reicher an Hilfsquellen, als du glaubst. Du kannst dir neue Umgangskreise schaffen – und wie jedermann hienieden – wieder eine Liebe finden, besser als meine und weit, weit glücklicher.«[8]

Lolette versucht, sich das Leben zu nehmen und wird im Krankenhaus aus ihrer Verzweiflung errettet durch die rechtzeitige Ankunft eines weniger selbstsüchtigen Freundes. Ibsen machte aus diesem Thema ein Meisterwerk: *Wenn wir Toten erwachen*. Bataille schafft das nicht ganz, aber Lolette ist eine Figur mit echtem Pathos und Charme. Die Tatsache, daß Batailles Stück auf dem Drama aufbaut, das sich abspielte, als Debussy seine erste Frau verließ, verhalf ihm zusätzlich zum Erfolg.

Die Cinematographie[9] war 1895 von den Brüdern Lumière aus Besançon erfunden worden, und die Filmindustrie in Frankreich verdankt ihre Entwicklung hauptsächlich Léon Gaumont aus Paris, der für die ersten experimentellen Tonfilme (1902) und Farbfilme (1912) verantwortlich war. Während der ersten vierzehn Jahre des neuen Jahrhunderts strömten in Frankreich viel Talent und Energie in das neue Medium, und es gibt kaum einen Filmtyp, ausgenommen vielleicht den Western, der nicht auf diese Pioniere zurückgeht.

Das Kino entwickelte sich aus dem Theater, es bezog sein Publikum von den Theaterbesuchern, und oft wurde aus einem Varieté oder einem Theater ein Kino. Die angesehenen Kinos hatten ein Orchester, genau wie die Theater. Das Pathé in der Nähe des *Invalidendoms*, eines der 37 Pariser Kinos im Jahr 1913, beschäftigte ein sechzig Mann starkes Orchester und brüstete sich mit der größten Filmleinwand der Welt. In Frankreich gab es um diese Zeit dreihundert Kinos.

Die Filmleute kamen fast alle von der Bühne. Georges Meliès hatte als Zauberkünstler begonnen, dann veranstaltete er Zauber- und Gruselshows. Im Jahr 1900 kam er zum Film, wurde ein Pionier der Trickphotographie und produzierte Hunderte von »magischen« Filmen, sogar mit Geistern, die durch Doppelbelichtung entstanden, und Science-fiction-Filme wie *Le Voyage dans la lune* (Eine Reise zum Mond), 1902, mit dreißig Szenen.

Louis Feuillade war einer der wenigen, die direkt zum Film gingen. Nachdem er versucht hatte, Priester zu werden, diente er als Feldwebel bei der Armee und machte dann eine erfolgreiche Filmserie über ein unerträglich verzogenes Kind. Seinen idealen Stoff fand er in *Fantomas* (1913–14); er drehte eine Reihe von Episoden, in denen der wandlungsfähige Meisterganove seinem geschworenen Feind, Inspektor Juve, immer wieder entkommt.

Auch das historische Drama wurde auf Zelluloid gebannt. Auf *L'Assassinat du Duc de Guise* (Die Ermordung des Herzogs von Guise) im Jahr 1908 folgte ein Film mit Sarah Bernhardt als Königin Elisabeth I. mit ihrem Partner Lou Tellegen als Essex – ein Thema, das gut zur *Entente cordiale* paßte. Die Verherrlichung von Frankreichs Ruhm und Ehre wie in *Der junge Adler* blieb weiterhin das beliebteste Thema, so auch in *Le Siège de Calais* (Die Belagerung von Calais), 1911, wo der heldenhafte Kampf der Bürger dieser Stadt geschildert wird, die schon Rodin in Bronze dargestellt hatte.

Herzensdramen in der Art von Batailles *Marche Nuptiale* fanden problemlos Eingang in das neue Medium, obwohl Mugnier beklagte, daß die zwangsläufig stummen Helden so übertrieben atmeten. Ein beliebter Schauplatz war die Bretagne, die seit den Pont-Aven-Malern als die Heimat des schlichten, rührenden Glaubens bekannt war. Apollinaire verfaßte zusammen mit André Billy ein Drehbuch, *La Bréhantine*,[10] das, obgleich nie realisiert, eine gute Vorstellung von dieser Art Film vermittelt.

Aline Le Briant ist Leuchtturmwärterin auf der Insel Bréhat. Sie macht aus dem Leuchtturm eine Kapelle zur Erinnerung an ihren Verlobten Yves le Maris, der verschwunden ist. Ein Schriftsteller besucht den Leuchtturm. Zufällig kennt er Yves, der in Paris ein ausschweifendes Leben führt. Er sagt Aline nichts davon, benutzt jedoch dieses Thema für einen Roman. Aline liest den Roman, der in Fortsetzungen in einer Zeitung erscheint; sie begreift die Zusammenhänge, schreibt einen erklärenden Brief an den Schriftsteller und begeht Selbstmord. Der Buchautor bringt Yves auf die einsame Insel, wo er sich geläutert mit seinem Onkel niederläßt, um ein neues, besseres Leben zu führen.

Was der frühe französische Film jedoch am meisten produzierte, waren Komödien. Im ersten Jahrzehnt wurden Hunderte von Kurzfilmen gedreht, die die Vaudevilles und Farcen der Bühnen wiedergaben. André Deed, ursprünglich ein Varietéakrobat, kreierte die beliebte Figur Boireau, einen Einfaltspinsel, der überall, wo er hinkommt, Chaos schafft. In einem Film ißt Boireau Knoblauch und bekommt davon einen so intensiven Mundgeruch, daß jeder, mit dem er spricht, umfällt. Als er schließlich ein Droschkenpferd anspricht, weicht auch dieses mitsamt der Droschke vor ihm zurück und rennt rückwärts einen steilen Berg hinauf, denn die Trickphotographie war ein besonderer Clou in Deeds Filmen.

Charles Prince, 1872 geboren, war ziemlich groß, hatte Pausbakken, eine Stupsnase und ein gewinnendes Lächeln. Nach seiner Ausbildung am Conservatoire, wo er den ersten Preis für das Lustspiel gewann, machte er sich auf der Bühne einen Namen und spielte die Hauptrolle in Feydeaus *Le Circuit*. Als er begann, Filme zu machen, setzte er Deeds derbem Klamauk die stillere komische Figur des Rigardin entgegen, einen vertrottelten Bourgeois, der junge Frauen anhimmelt und gelegentlich Erfolg bei ihnen hat. Prince drehte über zweihundert Rigardin-Filme und war bis 1914 der populärste Filmschauspieler Frankreichs.

Max Linder, Freund und Rivale von Prince, wurde 1883 geboren; er stammte aus einer wohlhabenden Winzerfamilie bei Bordeaux. Nach einer mäßig erfolgreichen Bühnenkarriere ging er 1905 als

Komparse zum Film und wurde berühmt als Max, ein elegant gekleideter junger Herr mit langem Schnurrbart, glatt anliegendem Haar und Augen, die romantisch, schelmisch oder durchtrieben dreinschauten. In *Max prend un bain* (Max nimmt ein Bad) geht er in einen Laden und kauft eine Badewanne. Wie kriegt man sie nach Hause? Nun gut, man trägt sie. Der Wasserhahn befindet sich auf dem Treppenflur außerhalb seiner Wohnung. Mit einer kleinen Kanne trägt Max das Wasser vom Wasserhahn zur Badewanne. Weil ihm diese Methode zu langsam ist, zieht er die Wanne auf den Flur, füllt sie direkt aus dem Hahn und setzt sich hinein. Andere Bewohner des Mietshauses kommen vorbei, sehen ihn, protestieren, rufen die Polizei. Die Polizisten bringen Max in der Wanne auf die Wache. Dort wehrt er sich gegen die Festnahme, indem er mit Wasser spritzt, und entkommt mit der umgestülpten Badewanne auf dem Rücken, unter der er wie ein Käfer auf allen vieren krabbelt. Er krabbelt eine Straße entlang und eine steile Hauswand empor. Schließlich wirft er die Wanne vom Dach hinunter auf die Polizisten und vereitelt ihre Versuche, die Hauswand zu erklimmen.

Im Jahr 1909 kam der zwanzigjährige Charles Chaplin über den Kanal, um in den Folies-Bergère zu spielen. Als kleines Vorspiel bombardierte er laut Georges-Michel, der die Vorstellung sah, eine Gruppe von Sängern mit Apfelsinen. Melone und Spazierstock gehörten bereits zu den Requisiten. Dann zeigte er in einem engen blauweiß geringelten Sweater eine komische Boxernummer. Es ist durchaus möglich, daß er in jenem Jahr Max Linder gesehen hat. Später sagte Chaplin, die Filme Max Linders hätten ihn veranlaßt, die Filmlaufbahn einzuschlagen, und es gibt tatsächlich viele Ähnlichkeiten zwischen Chaplins frühem Stil und dem des Franzosen Linder, der schließlich nach Hollywood ging, ohne jedoch seinen Erfolg, den er in Frankreich hatte, wiederholen zu können.

Technisch sind diese frühen Filme tadellos. Obwohl die Arbeit mit einer einzigen Kamera natürlich Grenzen setzt, enthalten die Aufnahmen Schärfe und Tiefe; der Film ist feinkörnig, manchmal sepiafarben. Diese Komödien sind nie grausam oder bitter; im allgemeinen verweilen sie liebevoll bei irgendeiner Verrücktheit, einer Idiosynkrasie. Man erkennt in ihnen bereits den Keim für die Filme von Raimu und Tati.

Abgesehen davon, daß sich der Stummfilm gut für Komödien eignet, hätten sich die Franzosen durchaus auch für ein anderes Genre entscheiden können. Werfen wir zum Vergleich einen kurzen Blick auf den frühen deutschen Film. Auch hier bediente man sich bestimmter beliebter Bühnenthemen wie Identitätsspaltung, Angst, Blutvergießen, latenter Antisemitismus. In *Der Student von Prag*, 1913, verkauft ein Student sein Spiegelbild an einen Zauberer, während in *Der Golem* ein Rabbi mit Hilfe schwarzer Magie ein ausgegrabenes mittelalterliches Lehmwesen zum Leben erweckt und glaubt, es würde das jüdische Volk befreien; aber das Monster wendet sich gegen seinen Schöpfer und gegen die Bewohner des Ghettos.

Das Kino veränderte Paris, indem es auch denen, die sich keinen Theaterbesuch leisten konnten, Gelegenheit zum Lachen gab. »Monsieur Ollinger-Jacob«, scherzte der Komponist Erik Satie, »der liebenswürdige Direktor von ›Das größte Kino in der ganzen Welt‹, präsentiert Ihnen die besten Komödien, Dramen, Reiseberichte, Märchenfilme, Kunstfilme und vieles mehr. Die Eintrittspreise sind lächerlich niedrig, Familien mit über hundert Köpfen erhalten Sonderrabatt. M. Ollinger-Jacob ist ein Menschenfreund und Wohltäter, der an Humanität leidet. Er heilt mit thermocinematographischen Methoden die schlimmsten Fälle von Hypochondrie und extremer Neurasthenie. Zahlreiche Urkunden und Beglaubigungen.«[11]

Eineinhalb Jahrzehnte lang belieferte das Theater und seine junge Schwesterkunst Paris mit buchstäblich Tausenden von Produktionen, die fast alle ein rosiges Leben schilderten, wo man über die Schwächen des einzelnen lachte – ohne Bosheit – und die zugrunde liegenden Werte selten in Frage stellte. Da die Menschen so oft ins Theater oder ins Kino gingen, färbte diese rosarote Sicht der Dinge bis zu einem gewissen Grad auch auf ihr Denken in der realen Welt ab. Es beruhigte sie, wie Satie beobachtet hatte. Es half ihnen zu glauben, Frankreich sei noch immer so stark und mächtig wie zur Zeit Corneilles und Napoleons und tue gut daran, nach Ehre und Ruhm zu streben. Paris' beste Schauspielerin strebte ebenfalls mit großem Eifer nach Ehre und Ruhm; darüber hinaus trotzte sie der Zeit, wie Proust sich das von jeder Art Kunst wünschte, und wenn sie im Alter von sechzig Jahren imstande war, höchste Leidenschaft zu verkörpern, so bedeutete das, daß die Kunst das Leben übertreffen konnte.

Einige aus ihrem Publikum nahmen sich die göttliche Sarah zum Vorbild für ihr eigenes Verhalten. Berichte über Ehefrauen, die ihre Ehre mit Revolverschüssen verteidigten, sind in der Presse keineswegs eine Seltenheit; wir werden sehen, daß auch die Frau eines Ministers dazu zählte. Die Mehrheit neigte jedoch dazu, in der amüsanten, freundlich gearteten Komödie eine Vorlage für das Leben zu sehen.

Nichts konnte ernsthaft schiefgehen; irgendwie würde der Dramatiker schon ein glückliches Ende erfinden. Denn die Welt des Pariser Theaters war wie das mittelalterliche Bild vom Paradies ein geschlossener, köstlicher, künstlerisch unwiderstehlicher Garten ohne eine sichtbare Schlange.

KAPITEL XIV

Ein Fest der Farben

Die Kunst, in der die Franzosen Ende des 19. und Anfang des 20. Jahrhunderts das größte Talent bewiesen, ist allem Anschein nach die Malerei. Mit Sicherheit war sie das Medium, das ihnen die größtmögliche künstlerische Freiheit bot. In der französischen Sprache, die sich seit Villon kaum verändert hat, erdrücken die umständlichen Wortverbindungen jeden noch so schön empfundenen Höhenflug des lyrischen Dichters, bei den Romantikern schlagen sie sogar in falsches Pathos um – wogegen sich der lyrische Ton bei den Malern ein halbes Jahrhundert lang, seit dem jungen Renoir des Jahres 1865, ziemlich gut gehalten hat. Dieses Kapitel widmet sich einigen Künstlern, die nicht die Richtung der Kubisten einschlugen und die wohl schwierigste Leistung in einer reifen Zivilisation zustande brachten, nämlich eine Vielfalt von Themen und Gegenständen mit neuen Augen zu sehen und – glücklich über ihre Entdeckung – diese fast immer mit einer innovativen Farbgebung zu feiern.

Es beginnt wieder in den 1890er Jahren mit einem alternden Lehrer und einer Situation, die die Intelligenteren aus der jungen Generation als Sackgasse erkannten. Gustave Moreau malte Bilder, mit denen er eine Welt hehren Denkens und tiefer Geistigkeit zu vermitteln glaubte. Der ergraute Moreau, ein französischer Präraffaelit ohne christlichen Glauben, dessen peinlich genaue Malweise viel einem Maler des Quattrocento, Andrea Mantegna, verdankt, schuf Treibhausszenen, die stark an Beardsley erinnern, mit üppig wuchernden Details und »ewigen Frauen«, die er überladen mit Juwelen in antiken Posen vor zeitlosem Hintergrund darstellte. Er malte auch schlanke männliche Gestalten in einer gleichzeitig alten und modernen Welt. »Er wollte uns glauben machen, die Götter trügen Uhrketten«, meinte Degas bissig.

Moreaus »ewige Frauen« waren oft *femmes fatales,* so tödlich auf klassische Art wie Zolas Nana auf moderne Art. Ein verwirrendes Bild zeigt eine Katze, die sich in eine Frau verwandelt; ein Lieblingsthema ist Salome, die das Haupt Johannes' des Täufers auf einer Platte trägt. Für den Betrachter war auch ohne Freud klar, daß Moreau unter einer besitzergreifenden Mutter litt, die er verehrte und dennoch verachtete, weil sie ihn faktisch kastrierte.

Es ist typisch für das Establishment des *fin de siècle*, daß 1892 der sechsundsechzigjährige Moreau zum Professor an der Ecole des Beaux-Arts ernannt wurde, wo er einige der Nabis in die historische Malerei mit symbolistischer Färbung einführte, während er Vorbereitungen traf, sein Haus und eine Sammlung seiner Werke der Stadt Paris zu stiften, denn Moreau war ziemlich vermögend, und allein dies hatte es ihm ermöglicht, seiner Vision von den verführerischen, zerstörerischen Frauen unbeirrt nachzugehen.

Im Jahr 1897 war Moreaus begabtester Student ein gewisser Henri Matisse.[1] Er war der Sohn eines Getreidehändlers aus Frankreichs hohem Norden – Flandern – und hatte zunächst als Sekretär eines Anwalts in Saint-Quentin gearbeitet. Während seiner Genesung von einer Blinddarmentzündung – damals eine sehr modische Krankheit – versuchte er zu malen – seine Mutter bemalte zum Zeitvertreib Teller –, fand Gefallen daran, und als er wieder arbeiten konnte, ging er jeden Morgen, bevor die Kanzlei öffnete, für eine Stunde in die Kunstschule der Stadt, wo er nach Modellen zeichnen lernte. Mit einundzwanzig Jahren ging er nach Paris, besuchte zunächst die Académie Julian und wechselte dann über zur Ecole des Beaux-Arts.

Matisse hatte eine fast schmächtige Figur und einen großen Kopf; sein Gesicht wirkte wenig anziehend und man vergaß leicht, wie es aussah. Er hatte braunes Haar, das sich schon früh lichten sollte, und trug Bart und Schnurrbart. Seine blauen Augen waren etwas kurzsichtig. Er sprach sehr korrekt, fast schulmeisterlich, und strahlte eine stille Würde aus, die ihm den Spitznamen »Doktor« einbrachte. Wie Ingres spielte er Geige. Er war viril, genoß die Gesellschaft von Frauen und freundete sich leicht mit seinen Mitmenschen an.

Matisse mochte Moreau als Mensch, aber nicht als Maler; diese linearen, Geschichten erzählenden Bilder wirkten in den Augen der neuen Generation erfunden, fern vom wirklichen Leben und morbid. Aber Moreau gab Matisse erstaunlicherweise zwei gute Ratschläge. Der eine lautete: Folge deinem innersten Gefühl, was der Professor auf seine Weise auch getan hatte mit seinen zahllosen Salomes; und der andere: Geh hinunter auf die Straße. Der mit Bücherweisheit vollgestopfte Siebzigjährige sagte praktisch: Tu, was ich nie zu tun wagte, akzeptiere die Welt, in der du lebst.

Matisse merkte sich diese Ratschläge, aber im Augenblick hatte er anderes im Kopf. Er war nicht der Typ, der ein Risiko scheute, und jetzt, im Alter von neunundzwanzig Jahren, war er im Begriff, ein beträchtliches Risiko einzugehen. Er hatte noch keine klare Vorstellung, wie er malen wollte, und er hielt sich für einen Spätentwickler.

Er hatte keinen Job, nur einen kleinen Wechsel von seinem Vater, und außerdem eine uneheliche Tochter, für die er Unterhalt zahlen mußte. Trotzdem machte er einem schönen großen Mädchen aus Toulouse mit dem Namen Amélie Parayre einen Heiratsantrag. Wie Gertrude Stein bemerkte, hatte Amélie »ein profundes Gefühl für das Leben«; sie setzte sich einen Hut auf und durchbohrte ihn schwungvoll mit der Hutnadel, hielt ihre Wohnung blitzblank, kochte unvergeßlichen Hasenpfeffer à la Perpignan und servierte dazu einen schweren Rancio, einen Wein aus den Pyrenäen; außerdem stand sie ihrem Mann stundenweise Modell.

Bald nach der Hochzeit erkrankte Matisse an einer akuten Bronchitis und mußte zur Erholung in die Schweiz. Amélie rettete die Lage, indem sie ein kleines Modegeschäft eröffnete. Matisse sollte sein Leben lang mit den Bronchien zu tun haben. Wir erinnern uns an Prousts Asthma; André Gide litt an Nervosität und einer schwachen Lunge und wurde deshalb vom Militärdienst befreit; viele andere kreative junge Männer waren »überempfindlich« bis an den Rand einer chronischen Krankheit. Die Tatsache, daß französische Schulkinder so gut wie keinen Sport im Freien betrieben, machte die Sache vermutlich noch schlimmer. Wohl aus diesem Grund schickte der weitblickende Duc de Cossé-Brissac seine Söhne zur Schule nach Ladycross, Sussex, damit sie ihren Körper durch Fußball und Cricket stählten, aber zu der Zeit folgten auch unter den Wohlhabenden nur wenige dem Beispiel des Herzogs.

Als Matisse Anfang 1900 wieder nach Hause kam, fand er Arbeit in Jambons Theaterwerkstätte auf den Buttes Chaumont, wo er ein riesiges Lorbeerfries malte, mit dem das Grand Palais für die Weltausstellung geschmückt werden sollte. Er verdiente einen Franc pro Stunde und war froh über das Geld. Neben ihm plagte sich der ehemalige Moreau-Schüler Albert Marquet aus Bordeaux. Marquet hatte einen Blick für alles Erheiternde und konnte das Amüsante an einem Menschen mit einem halben Dutzend Strichen einfangen. Matisse reagierte nicht so schnell; und er lernte noch. Wie Picasso glaubte er, daß er sich möglichst vielen Einflüssen aussetzen müßte, bevor er sich für einen eigenen Weg entschied.

Zwischen 1900 und 1905 ging Matisse »hinunter auf die Straße« oder vielmehr auf die Straßen und Plätze, die dem Klischeebild von Paris entsprachen. Er malte das Moulin de la Galette und den Zirkus Médrano; im Petit Casino zeichnete er die Kabarettsängerinnen Paula Brebion, Gabrielle Lange und die Mistinguett. Er malte Stadtansichten von Paris und auch Landschaften.

Sein eigentliches Dilemma war weniger die Wahl der Themen als die des Stils. Matisse fühlte sich zu lebhaften Farben hingezogen. Dieser Hang lag in seinem »innersten Wesen«, um Moreaus Worte zu gebrauchen. Er liebte lebhafte Farben an sich und weil er glaubte, durch sie seine freudige Reaktion auf ein Thema ausdrücken zu können. Matisse sprudelte über vor Lebensfreude – *joie de vivre*. Er fühlte sich ermutigt durch Turners Bilder – die orangefarbenen Sonnenuntergänge, nicht die dunstverhangenen, gedämpften Landschaften –, die er während seiner Flitterwochen in London kennen und lieben gelernt hatte, und durch eine Ausstellung islamischer Kunst, die 1903 in Paris stattfand, wo er Miniaturen gesehen hatte, bei denen die Hauptfarben flächig, ohne Abstufungen aufgetragen waren und nicht unbedingt mit den Farben im wirklichen Leben übereinstimmten.

Auf einen dieser Einflüsse oder auch auf beide zurückgreifend und geleitet vom eigenen Instinkt, schuf Matisse in diesen frühen Jahren ein paar wirklich eigenständige Bilder. Eines zeigt einen Blick auf Notre-Dame aus seinem Atelier im obersten Stock eines Hauses am Quai Saint-Michel. Die *quais,* eine Brücke und die Türme der Kathedrale bilden ein autonomes Muster und verschmelzen mit einem Himmel in Mauve und Rosa. Die Farben ähneln denen von Picassos Harlekins aus der Rosa Periode. Da Matisse Picassos Arbeiten damals aber noch nicht kannte, wird hier lediglich deutlich, daß der Maler seiner Stimmung mit jenen Farben Ausdruck verlieh, die spätestens seit Piero della Francescas *Auferstehung* Hoffnung und Verheißung symbolisierten.

Die *Japanerin am Wasser* ist nur durch ihre Frisur und den Kimono erkennbar; keine Linie trennt sie vom Garten und vom Wasser: Mensch und Umgebung haben sich zu einem fröhlichen, schimmernden Muster von verschiedenem, dick und ohne Schattierung aufgetragenem Rot, Rosa, Mauve, Violett und Grün vereinigt.

Einige dieser Bilder konnte Matisse bei dem einen oder anderen kleinen Montmartre-Kunsthändler verkaufen, so auch bei Berthe Weill, die zwar nur zwanzig Francs pro Bild herausrückte, aber sie zahlte bar, wobei sie wie üblich den Rock hob, um das Geld aus dem Strumpf zu ziehen und es mit einer kleinen Bosheit auf den Lippen auszuhändigen. Vollard – Matisse nannte ihn einen gerissenen Fuchs – nahm ihm einige Arbeiten zu einem besseren Preis ab. Und nachdem die Matisses sparsam gewirtschaftet hatten, konnten sie es sich leisten, den Sommer 1905 in dem Fischerort Collioure zu verbringen, das heißt in Amélies Teil von Frankreich.

Matisse war ein Mann des Nordens. Er war aufgewachsen in regnerischen Sommern und in Wintern, in denen es schneite, unter einem Himmel, der die meiste Zeit nichts anderes war als grau. Eine ungeheure Sehnsucht nach Farbe hatte sich in ihm aufgestaut, und er empfand wie der holländische Farbenkünstler Van Dongen – wenn er auch nicht ganz mit ihm übereinstimmte –, der meinte: »Malen ist eine Erfindung der Menschen aus dem Norden.« In Paris hatte er die Welt gemalt, wie er sie gern gehabt hätte; hier, in Collioure, stellte er fest, daß diese Welt tatsächlich existierte, und das war ein Wendepunkt.

In jenem Sommer malte Matisse *Fenêtre ouverte, Collioure*. Die Fensterflügel stehen offen, auf dem Fensterbrett Blumentöpfe; draußen, umrahmt von Laub, Fischerboote im Hafen. Wie ein geöffneter Reliquienschrein scheint uns das geöffnete Fenster ein Geheimnis zu offenbaren – das Geheimnis, daß die Welt aus leuchtenden Farben besteht, die aneinanderstoßen wie die auf den Wellen schaukelnden Boote.

Matisse schrieb über diesen Sommer: »Ich arbeitete so, wie ich fühlte, allein durch Farbe«, und der Maler André Derain, ein ewiger Student, der einem Tschechow-Stück entsprungen schien und der Matisse zu seinem Mentor gemacht hatte, erklärte einem anderen seiner Mentoren, dem mürrischen Maurice de Vlaminck, daß er bei Matisse die Verneinung des Schattens gelernt habe. In dem starken Licht des Südens, sagte er, ist »der Schatten eine Welt aus Transparenz und Leuchtkraft, die sich dem Sonnenlicht entgegenstellt«.

Im September 1905 stellte Matisse seine jüngsten Werke im Salon d'Automne im Grand Palais aus. Vielleicht wären sie zwischen den Tausenden der anderen, konventionelleren Bilder untergegangen, hätte nicht ein halbes Dutzend junger Künstler ebenfalls Bilder gemalt, die überflossen von Purpurrot, Gelb und Zinnoberrot. Zu ihnen gehörten Derain und Marquet, der mit Matisse nicht nur den Fries für das Ausstellungsgebäude gemalt, sondern auch ernsthaft bei ihm gearbeitet und von ihm gelernt hatte. Beide liebten Motive am Wasser. Georges Rouault, der als Glaserlehrling Buntglasfenster in Chartres repariert und dort eine Vorliebe für Grundfarben und dicke, schwarze Konturen entwickelt hatte, malte Dirnen, Clowns und von der Gesellschaft ausgestoßene Menschen. Auch Derains Freund Maurice de Vlaminck, ein echter Exzentriker, gehörte zu dieser Gruppe. Er war Ringkämpfer von Beruf und aktives Mitglied der Anarchistischen Bewegung. Wenn er seine Seine-Schleppkähne malte, warf er Zinnoberrot und Violett auf die Leinwand, wie andere Anarchisten Bomben warfen, um das Establishment zu zerschlagen.

Zufällig hingen die Bilder all dieser kühnen Farbenkünstler in einem Raum. Ein führender Kunstkritiker, Louis Vauxcelles vom *Gil Blas*, betrat diese Welt gelber Meere, grüner Himmel und hemmungslos verwendeten Rots. Dann sah er eine Büste von einem zeitgenössischen Bildhauer namens Marque, die den Kopf eines Kindes in florentinischem Stil darstellte, und er rief: »*Donatello au milieu des fauves!*« – Donatello mitten unter den Wilden!

Diese Bezeichnung blieb hängen. Matisse und die Farbenkünstler wurden als Les Fauves bekannt; einige ihrer Bilder erschienen reproduziert und auf einer einzigen Seite eng nebeneinander gruppiert in *L'Illustration*. Aber die Fauves waren eigentlich keine Gruppe; es waren Individualisten, die versuchten, die Vergangenheit abzuschütteln durch eine sehr persönliche Art, mit Farbe umzugehen.

Vauxcelles wollte mit der Bezeichnung »Wilde« seine Mißbilligung ausdrücken. Farben gefühlsmäßig, willkürlich anzuwenden, hieß, den Primat des Sujets zu leugnen und gegen das oberste Gesetz des Klassizismus zu verstoßen – eine Haltung, die für Pariser Kritiker und das Publikum, dessen Geschmack sie formten, unannehmbar war. *La femme au chapeau* von Matisse, ein Porträt seiner Frau Amélie in einem eleganten Hut, wurde wegen der zinnoberroten Haare und der grünen Schatten im Gesicht so sehr zur Zielscheibe von Hohn und Spott, daß manche Betrachter sogar versuchten, die Farbe mit den Fingernägeln vom Bild zu kratzen. Ein grünes Gesicht! Wo gibt's denn so was!

Aber es gab auch Kritik von anderer Seite – berechtigte Kritik. Man nannte Matisse und die Farbenkünstler auch »Die Inkohärenten« oder »Rückgratlosen«. Die Arbeiten von Matisse enthielten bis dahin tatsächlich Ungenauigkeiten im Aufbau, und als er im Winter 1905–06 mit der Arbeit an einem ehrgeizigen Werk begann, versuchte er, diese Schwäche zu korrigieren.

Das Thema ist eine Strandszene; auf dem Boden nackte Gestalten vor einem ausladenden Felsenbogen; dahinter tanzende Gestalten am Wasser. Diese Elemente komponiert Matisse zu fließenden Arabesken, von denen eine vereinigende Kraft ausgeht. Er betont die Rundungen der Hüften und Brüste der Frauen und wiederholt sie in den geschwungenen Linien der Landschaft. Er übertreibt die Größe der in der Mitte tanzenden Gestalt, um eine starke Vertikale zu schaffen. Hier gibt es nichts mehr, das inkohärent wäre.

Dieses Bild nannte Matisse *La joie de vivre* – es ist auch unter dem Titel *Le bonheur de vivre* bekannt –, und Apollinaire begrüßte es begeistert als Beweis für den wiedergewonnenen Instinkt. Der Titel sagt einiges aus über Matisse und eine Stimmung in Paris, die uns inzwischen schon vertraut ist durch Picassos Rosa Periode, Gides Verherrlichung der sinnlichen Freuden und Debussys *La Mer*.

Zwei außerordentlich intelligente wohlhabende Amerikaner deutscher Abstammung, Gertrude Stein und ihr zwei Jahre älterer Bruder Leo, waren nach Paris gekommen, um hier zu leben, weil sie überzeugt waren, daß in dieser Stadt auf dem Gebiet der Literatur und der bildenden Kunst Geschichte gemacht würde im neuen Stil des 20. Jahrhunderts. Gertrude hatte bei William James studiert, und von dorther stammte ihr Interesse daran, wie die Menschen über Instinkt und Verstand zu Werturteilen gelangen und ganz allgemein an der Wahrnehmungsanalyse. Sie war damals Anfang dreißig, klein und rundlich, mit einem großen Kopf, einer Stimme wie schwerer Samt, und sie konnte herzhaft lachen. Leo dagegen war groß und dünn, trug einen langen rötlichen Bart und eine goldgeränderte Brille und sah mehr aus wie eine traurige Figur. Beide kleideten sich in braunen Cordsamt und trugen Sandalen – Gertrude hatte spitze Zehen wie Schiffsschnäbel –, was Apollinaire zu einem Vers anregte:

Leurs pieds sont chaussés de sandales bacchiques,
Ils lèvent vers le ciel des yeux scientifiques.

Ihre Füße stecken in bacchischen Sandalen,
Mit Gelehrtenaugen blicken sie gen Himmel.

Die Steins hatten begonnen, Kunst zu sammeln; sie hatten *La femme au chapeau* gekauft und kauften nun *La joie de vivre*.

Gertrude und Leo luden Henri Matisse und Amélie in ihre Wohnung in der Rue de Fleurus Nr. 27 ein. Die vier wurden rasch Freunde. Gertrude kaufte auch Bilder von Picasso, dessen besondere Dankbarkeit sie gewann, wenn sie ihm die Sonntagsausgabe der Baltimore *Sun* mit dem Comic strip »The Katzenjammer Kids« aufhob, in den er ganz vernarrt war. Gertrude stellte dem Spanier auch Matisse vor. Die beiden zollten sich gegenseitig höflichen Respekt wie Proust und Debussy, tauschten sogar Bilder aus, aber sie wurden nie Freunde – wie Nord- und Südpol, witzelte man.

Gertrude Stein mochte Picassos Frechheit, seine innere Unruhe. Zu Matisse sagte sie: »In Ihnen gibt es nichts, das sich bekämpft«, und das stimmte insofern, als Matisse immer versuchte, demütig und bescheiden an ein Thema heranzugehen – nur dann, gestand er, »habe ich wirklich das Gefühl, als würde mir von jemand geholfen, der mich

Dinge tun läßt, die jenseits meiner Fähigkeiten liegen«. Aber Gertrude gefiel Matisses ruhige Selbstsicherheit, und als sie sich einen eigenen Stil für ihre experimentelle Schriftstellerei schuf, beschrieb sie diesen als »eine edle Kombination von Swift und Matisse«, womit sie sagen wollte, daß sie über das Hochgestochene spottete und dem Alltag Wunder entlockte. In *Tender Buttons*² bringt sie hübsche Aperçus: *Sellerie schmeckt schmeckt wo in gekräuselten Wimpern und kleinen Bissen und meistens in Resten.«*³

Gertrude Stein ermöglichte es Matisse mit Hilfe von Freunden, Radierungen, Lithographien, Aquarelle und Zeichnungen in der New Yorker Galerie 291 auszustellen, und als Matisse im selben Jahr, 1908, eine private Kunstschule in einem ehemaligen Kloster am Boulevard des Invalides Nr. 35 eröffnete, empfahl Gertrude ihren jungen amerikanischen Bekannten, sich dort einzuschreiben. »Alle Schüler von Matisse kommen aus Massachusetts«, behauptete ein Humorist, der sich an dem bizarren Namen ergötzte. Tatsächlich aber kamen sie aus vielen Staaten und aus so fernen Ländern wie Schweden und Ungarn: insgesamt 120 im Lauf des vierjährigen Bestehens der Schule.

Was lehrte »der Doktor« seine Studenten? »Das Modell ... muß einen Eindruck auf Sie machen, es muß ein Gefühl in Ihnen wachrufen, das Sie dann auszudrücken versuchen.« – »Die Photographie war schlecht für unsere Imagination, weil sie die Dinge leidenschaftslos dargestellt hat« – was gegenüber Atget und anderen vielleicht unfair war. An die Stelle der klassischen Perspektive sollte die »Perspektive des Gefühls« treten, wobei es weniger auf die Größe als auf den Gehalt ankam und die Farben für den Hintergrund genauso lebhaft sein sollten wie die des Vordergrunds. Zu jedem Genie gehört ein Quentchen Irrationales, und dieses Irrationale zeigt sich in Matisses Maxime: »Alle menschlichen Formen sind konvex, es gibt keine konkaven Linien.« Daß er damit nicht recht hat, beweisen die hohlwangigen Gesichter der Akte, die Modigliani zur selben Zeit auf dem Montmartre malte.

In diesem wohl ereignisreichsten Jahr seines Lebens nahm sich Matisse Zeit für einen Italienbesuch. Befand sich Picasso an einem fremden Ort, skizzierte er, was er sah; Matisse, der mehr reiste als Picasso, merkte sich lieber Eindrücke und griff später auf sie zurück. Bei seiner Vorliebe für üppige Frauen hätte man erwartet, daß er sich für Veronese und Tizian begeisterte, aber die italienischen Maler, in die sich Matisse verliebte, waren Duccio und die frühen Primitiven, die in Blau und schimmerndem Gold von mittelalterlicher Frömmigkeit kündeten.

1908 war für Matisse ein *annus mirabilis*, weil er in diesem Jahr seinen bislang bedeutendsten Auftrag erhielt. In Paris lebte damals ein seltsamer, außerordentlich reicher Textilhändler namens Sergej Schtschukin. Er war neunundfünfzig Jahre alt, hatte scharfe Augen unter seinen überhängenden Brauen und stotterte. Er aß kein Fleisch und gehörte zur Sekte der Altgläubigen. Die Hälfte des Jahres war er auf Reisen, gewöhnlich in seinem Lieblingsland Ägypten, und er hatte es sich anscheinend zum Inhalt seines Lebens gemacht, sein Haus in Moskau – er hatte dort ebenso einen Wohnsitz wie in Paris – mit dem Besten an zeitgenössischer Kunst zu füllen und seine Freunde mit seinen Schätzen zu verblüffen. Er hatte einen guten Anfang gemacht, als er 1897 Monets *Lilas d'Argenteuil* kaufte; dann erwarb er Arbeiten von Degas, Cézanne und Gauguin. Er informierte sich nicht bei Händlern oder Kunstkennern, sondern verließ sich ausschließlich auf sein eigenes Urteil, bei dem nicht viel schiefgehen konnte, stand es doch auf dem sicheren Fundament seiner Liebe zur kraftvollen Plastik Ägyptens und den kühnen Farben ägyptischer Fresken. Bei Matisse gab er zwei große Bilder für sein Moskauer Haus in Auftrag.

Matisse hatte sich bereits seit etlichen Jahren zunehmend für bunt gewebte Stoffe und Teppiche begeistert sowie für die Rolle, die sie im häuslichen Bereich spielen. Bei einem Besuch im nordafrikanischen Biskra, das André Gide und seine Freunde beinahe zu einem heidnischen Wallfahrtsort gemacht hatten, erlebte er, was Einfachheit, was wenige Objekte und starkes Licht bedeuten können. In dem für Schtschukins Speisezimmer vorgesehenen Bild *Desserte, harmonie rouge* gibt Matisse einer kühn entworfenen Tischdecke den Ehrenplatz, deren Muster fast das gleiche ist wie das der Wandbespannung und des Teppichs. Auf der Decke stehen zwei Karaffen und zwei Obstschalen. Eine Frau arrangiert die Früchte, aber nicht sie beherrscht die Szene, sondern die Stoffe mit ihren kräftigen Farben und ausgeprägten Mustern. Das dreifach geschlungene Haar der Frau scheint sich wie eine weitere Phase in den Fluß der lebhaften Arabesken einzureihen, und selbst die Bäume, die wir durch ein Fenster sehen können, sind auf die rote Harmonie abgestimmt.

Das zweite Bild für Schtschukins Moskauer Haus, *La Danse*, hat ein sehr großes Format: 2,60 m auf 3,90 m. Das Thema – fünf Menschen tanzen einen Reigen – ist so einfach, daß es nur durch subtilste Behandlung zu einem Kunstwerk verwandelt werden konnte. Matisse wählt den Standpunkt des Betrachters etwas oberhalb der Grundfläche, so daß der Kreis als Oval erscheint. Jeder Tänzer nimmt eine Haltung ein, die jeweils den kritischen Punkt einer anspruchsvollen Bewegung darstellt. Die Figur im Vordergrund, die uns den Rücken zuwendet, macht einen großen Schritt zur ausgestreckten Hand ihres Nachbarn hin, die sie jedoch noch nicht erreicht, so daß der Kreis offen ist, um den Betrachter aufnehmen zu können. Schultern, Arme, Beine und Füße – alle sind gespannt in der Bewegung, während die Figuren an den Bildrand drängen, als wollten sie ihn durchbrechen. Dieses Bild spiegelt in Form und Farbe die ganze Vitalität der *Ballets Russes*.

Matisse verkaufte nicht weniger als siebenunddreißig Gemälde an Sergej Schtschukin. Der Russe und die Amerikaner Gertrude und Leo Stein waren Matisses und Picassos treuste Kunden, und man fragt sich, warum es ausgerechnet Ausländer waren, die die Bilder der beiden in Paris führenden Maler kauften. Die Antwort könnte vielleicht in Kiplings bereits zitierter Beschreibung der Franzosen liegen: »Immer die ersten, wenn es gilt, der Wahrheit zu folgen, und die letzten, die sich von alten Wahrheiten trennen.« Der kultivierte Pariser ist seit Jahrhunderten konservativ. Er schätzt Tradition und vertraut auf die alten Meister. Und genau dieser Konservatismus der nichtkreativen Pariser war es, der den kreativen die Neuerungen ermöglichte. Vorstöße ins Niemandsland können nur von einer Position der Stärke aus unternommen werden.

Zwischen 1911 und 1912 malte Matisse sein Atelier in Collioure. Er nannte das Bild *Grande nature morte aux aubergines*. Man hätte annehmen können, daß Chardin dieses Genre erschöpfend behandelt hatte, aber Matisse wußte es besser. Drei violette Auberginen und zwei Feigen liegen neben einer Terrakottafigur auf einer roten Tischdecke vor einer Leinwand mit einem kühnen Entwurf in Blau und Grün. Teppich und Wandbespannung sind kaffeebraun mit mauvefarbenen fünfblättrigen Blüten. Matisse führt uns vor, daß der Eindruck, den wir von einem Raum gewinnen, von einem Brennpunkt der Farbe ausgeht: Hier sind es die Auberginen. Farbe ist ein fundamentaler Faktor in der Natur, und die Farben der Erde und ihrer Früchte geben ihre Leuchtkraft weiter an die Stoffe, die wir weben und tragen, und an die Möbel, die wir uns machen.

Um 1914 gab es in diesen Bildern eine erkennbare Welt des Henri Matisse. Darin steht die Sonne hoch und strahlend, geöffnete Fenster geben den Blick frei auf Bäume und blumengeschmückte Balkone. Die Einrichtung des Zimmers verrät eindeutig die Hand einer Frau. Da liegt eine Frucht in einer Schale, Blumen füllen eine Vase. Bunte Tapeten, Polsterstoffe und Tischdecken sind ebenso der Widerschein ihres freundlichen Wesens wie ihr Kleid oder ihr Schmuck. Sie sagen ja zur Sonne. Es ist eine offene, zuversichtliche Welt, in der Drinnen und Draußen auf vertrautem Fuß stehen.

Raoul Dufy[4] wurde acht Jahre später als Matisse geboren. Auch er stammte aus dem Norden, aus Le Havre, wo sein Vater eine kleine Metallwarenhandlung hatte. Als Sohn einer kinderreichen Familie mußte er mit vierzehn Jahren die Schule verlassen und bei einem Kaffee-Importeur arbeiten. Bei dieser Arbeit hatte er Gelegenheit, das Leben und Treiben im Hafen zu beobachten – die Fischerboote mit ihren braunen Segeln und die Dampfer, die, aus Amerika kommend, ihre Ladung löschten oder neue an Bord nahmen. Er begann, diese Szenen zu zeichnen, und mit dreiundzwanzig gewann er ein Stipendium für die Ecole des Beaux-Arts. Moreau war inzwischen von Léon Bonnat abgelöst worden, der sich ebenfalls auf die Darstellung von Enthauptungen kaprizierte. Der junge Dufy studierte unter Bonnat, aber den Künstler, den er bald wie einen Gott verehrte, fand er im Louvre: Claude Lorrain.

Dufy war ein gutaussehender Bursche mit auffallend blauen Augen, Himmelfahrtsnase, hellem, lockigen Haar und einem unschuldigen Gesichtsausdruck. Er wirkte immer adrett, und selbst wenn er nicht wußte, wovon er seine nächste Mahlzeit bezahlen sollte, waren seine abgetragenen Schuhe blitzblank geputzt. Er war ein fröhlicher Mensch voller Ideale und liebte vielleicht deshalb wie Ravel die verträumten Landschaften Lorrains so sehr. Es fiel ihm nicht schwer, die Menschen zu mögen; Neid kannte er nicht, und wo er hinkam, hatte er Freunde.

Nach dem Studium begann Dufy, See- und Küstenbilder im Stil Boudins, des aus der Normandie stammenden Vorläufers der Impressionisten, zu malen. 1904 tat er sich mit Albert Marquet zusammen, ebenfalls ein Meeresliebhaber, der unter dem Einfluß von Matisse *pastos* malte, um die sich im schimmernden Wasser spiegelnden Farben darzustellen, und Dufy drängte, diese Technik des dicken Farbauftrags ebenfalls zu versuchen. Dufy erinnerte sich später an einen Tag, an dem er in Sainte-Adresse arbeitete: »Ich malte die Konturen von jedem Objekt mit Schwarz, in das ich Weiß gemischt hatte, und ließ jedes Mal in der Mitte das Weiß des Papiers stehen, das ich dann mit einem besonderen und ganz intensiven Ton kolorierte ... Blau, Grün, Ocker, nicht viel mehr. Das Ergebnis überraschte mich, aber ich hatte entdeckt, wonach ich suchte ... meine Realität.«

Auf einer Ausstellung in Paris sah Dufy 1905 ein Bild von Matisse, *Luxe, Calme et Volupté*, das ganz in den leuchtenden Farben eines

Turners gemalt war. Es gefiel ihm so gut, daß er beschloß, nicht mehr im Stil Boudins zu malen, sondern den Weg einzuschlagen, den Marquet angedeutet und Matisse offenbart hatte.

Mit seinem fröhlichen Temperament und seiner Vorliebe für das Leben am Meer malte er nun Badeorte mit einer bunteren Palette, die auch Rot enthielt. Im Sommer tummelten sich die Pariser in den Badeorten; sie kamen per Zug oder Automobil. *Plakate in Trouville* (1906) zeigt die Besucher auf der Promenade, ein lustig gestreiftes Badezelt, kühne Plakate und eine Fahne, die für *Le Journal* Reklame macht. Fahnen am Meer waren seit Sisley sehr beliebt, aber für Dufy waren sie so faszinierend wie ein Spielzeug für ein Kind oder ein Mandala für einen Meditierenden, und er gestaltete sie beinahe zu einer Signatur. Auf dem Bild *Die Regatta* (1907) sieht man Yachten vor Le Havre, eine Fahne und im Vordergrund die elegant gekleideten Zuschauer – ein visuelles Pendant zur Prousts Balbec.

Im Jahr 1908 gab Dufy seine Ferienwelt auf. Er entdeckte den Kubismus und verbrachte den Sommer dieses Jahres mit Georges Braque in L'Estaque bei Marseille. Er malte nicht mehr mit den fauvistischen reinen Farben, sondern griff zu nüchternem Ocker, mattem Grün und Grau; aus den Wellenlinien wurden strenge Geraden. Um in der Nähe von Braque und Picasso zu sein, mietete er sich in Paris ein kleines Atelier beim Lapin Agile. Er war einunddreißig Jahre alt, besaß so gut wie keinen Sou und konnte sich nicht zwischen Fauvismus und Kubismus entscheiden.

Eine ganze Reihe von Malern auf dem Montmartre lernten während des ersten Jahrzehnts des neuen Jahrhunderts die Not kennen und mußten versuchen, sich irgendwie über Wasser zu halten. Maurice de Vlaminck fuhr Fahrradrennen, und während der Weltausstellung von 1900 spielte er, angetan mit einem roten Jackett, in einem schicken Restaurant Zigeunermusik. Sein Schüler Derain verdiente sich Geld als professioneller Boxer, und wenn diese Quelle versiegte, spann er mit Vlaminck Zukunftsträume, und sie wetteten, wer von ihnen eher berühmt werden würde.[5] Berühmt war einer dann, beschloß Derain, wenn sein Photo in einer Zeitung erschien, und der Verlierer müßte dem Gewinner eine gute Mahlzeit zahlen. »Einverstanden«, sagte de Vlaminck, und Derain, dem plötzlich die anarchistischen Aktivitäten de Vlamincks einfielen, rief: »Warte! Eine Concierge umbringen oder einen Zug entgleisen lassen gilt nicht!«

Vierzehn Tage vergingen. Dann erschien de Vlaminck in Derains Atelier und hielt ihm stolz *Le Petit Journal* unter die Nase. »Was sagst du dazu?«

Seite vier zierte ein Photo von de Vlaminck, der sich für eines der damals populären Medikamente, Rosa Pillen für blasse Menschen, aussprach. »Seit ich Rosa Pillen nehme, bin ich wieder gesund und kann allen meinen Beschäftigungen nachgehen. Unterzeichnet: de Vlaminck, Kunstmaler.« Derain gab sich geschlagen und bezahlte das Essen.

Während Derain seinen Militärdienst ableistete, beschloß de Vlaminck, einen erotischen Roman zu schreiben, und er bekam Derain dazu, ihn zu illustrieren. *Von einem Bett ins andere* verkaufte sich recht gut, und de Vlaminck schaffte es auch, fast als einziger unter den Lohnschreibern, daß er bezahlt wurde, indem er seine Ringerpranken auf den Schreibtisch seines knickerigen Verlegers legte und ganz ruhig sagte: »Her mit dem Geld, oder ich werfe Sie mitsamt Ihrem Stuhl aus dem Fenster.«

Der rotbärtige Kees van Dongen, auch ein Fauvist, verdiente sich Geld, indem er pikante Stücke schrieb, die im *Frou-Frou,* einem Vorläufer des *Playboy,* erschienen, sowie Satiren für den humoristischen *L'Assiette au Beurre.* Weitere Einnahmequellen des Holländers waren: Gemüse ausladen in den Markthallen und an der Straßenecke Zeitungen verkaufen. Am Abend verschwand er dann, um das miese Leben, das ihn faszinierte, auf Jahrmärkten, in Varietés und Cafés zu malen; es gelang ihm immerhin, so viel zu verkaufen, daß er Frau und Tochter, die in einem Zimmer im Bateau Lavoir wohnten, unterhalten konnte.

Einer der farbigsten armen Künstler des Montmartre war der uneheliche Sohn von Suzanne Valadon, der seinen Namen von einem spanischen Maler und Dichter, Miguel Utrillo, erhalten hatte. Der junge Maurice Utrillo war in verschiedener Hinsicht ein Gassenkind, das sich mehr in Cafés aufhielt als in der Schule. Malen lernte er bei seiner Mutter, aber er brachte es nicht fertig, produktiv zu arbeiten. Der Rotwein schmeckte ihm zu gut, erst gläser-, dann flaschenweise.

Unter den Einheimischen auf der Nordseite des Montmartre befand sich ein ehemaliger Gendarm, der eine Weinhandlung besaß. Im Jahr 1911 nahm *le père* Gay Maurice Utrillo als Untermieter auf, in einem Zimmer über seinem Geschäft an der Ecke Rue du Mont-Cenis und Rue Paul-Féval. Er versorgte den inzwischen achtundzwanzigjährigen Maurice mit Leinwand und Farben und erklärte ihm freundlich, aber bestimmt: Jetzt wird gearbeitet. Als Utrillo entgegnete, er habe kein Motiv, kaufte ihm Gay Ansichtskarten. Nach diesen malte Utrillo Bilder von Straßen und Plätzen des Montmartre – bei einigen sah man die Kuppel von Sacré-Cœur im Hintergrund –, in denen er die erstaunliche Kraft und Vielfalt offenbarte, die im Pigment Weiß verborgen lag.

Ab und an rebellierte Utrillo. Dann warf er die Möbel um und drohte, Gays Haus niederzureißen, worauf ihn der durch nichts zu erschütternde Polizist a.D. mit einer Flasche Rotwein beruhigte. Anschließend malte Utrillo an seiner Häuserreihe weiter, die für jeden Passanten nur düster und farblos ausgesehen hätte, für ihn, den ehemaligen Gassenjungen, aber der Spielplatz gewesen war. Durch sein Einfühlungsvermögen und sein malerisches Geschick machte er sie zu einem der bekanntesten Symbole vom Paris um 1910. Gay verkaufte sie für 50 bis 100 Francs das Stück.

Utrillo spielte gut Klavier. Daß de Vlaminck Geige spielte, erwähnten wir bereits. Derain baute sich eine Orgel, auf der er am liebsten gregorianische Choräle spielte. Wenn Dufy ein Bild verkaufte, gab er einen Teil des Gelds für eine Konzertkarte aus. Die immer wieder zu beobachtende Ähnlichkeit zwischen den Farbschemata der Fauves und Debussys Tonmalerei ist vielleicht darauf zurückzuführen, daß eine ganze Reihe dieser Maler die Innovationen der zeitgenössischen Komponisten auch als Musiker und Musikliebhaber zu schätzen wußten.

Manchmal nahm Utrillo Urlaub von seiner Staffelei. Er flüchtete durch das Fenster und eilte hinunter zu Marie Viziers Kabarett. Sein bevorzugter Zechkumpan war ein Maler, der 1906 aus seiner Heimat Italien gekommen war. Seit der Renaissance waren junge Franzosen nach Italien gereist, um dort zu lernen; jetzt kamen die Italiener nach Paris, sogar ein so selbstbewußtes Talent wie Giorgio de Chirico, weil sie glaubten, ihre Ausbildung sei erst vollständig, wenn sie in der Stadt an der Seine gearbeitet hatten.

Der junge Modigliani, von dem hier die Rede ist, spezialisierte sich auf weibliche Akte mit schlanken Körpern und schmalen Gesichtern. Obwohl praktisch niemand seine Arbeiten kaufte, erkannte Utrillo ihre Qualität und vielleicht auch den bitteren Ton, die in ähnlicher Weise in seinen eigenen Werken zum Ausdruck kommen. Laut Georges-Michel verlief ihre erste Begegnung ziemlich dramatisch. Zunächst tauschten sie zum Zeichen ihrer gegenseitigen Bewunderung ihre Jacken. Dann sagte der eine zum anderen: »Du bist der größte Maler der Welt.«

»Nein, du!«

»Ich verbiete dir, mich zu belügen!«

»Wenn du das wiederholst, ohrfeige ich dich!«

»Der größte ...«

Sie prügelten sich, bis sie beide nicht mehr konnten. In einem nahegelegenen Bistro versöhnten sie sich. Sie tranken viele Flaschen Wein und tauschten bei jeder neuen Flasche ihre Jacken. Dann machten sie sich auf den Heimweg.

»Also. Bist du nun der größte Maler der Welt?«

»Nein, du!«[6]

Schließlich lagen sie beide in der Gosse, und als sie am Morgen erwachten, hatte man ihnen die wenigen Francs, die noch in ihren Taschen steckten, gestohlen.

Diese Episode zeigt den Glauben und den Mut, den diese mittellosen Maler während ihrer spartanischen Jugendjahre aufbrachten, aber sie ist auch traurig, denn Modigliani wurde durch die fehlende Anerkennung so entmutigt, daß er schließlich drogenabhängig wurde und sich das Leben nahm.

Raoul Dufy versuchte 1908 mit 100 Francs im Monat auszukommen. »Ich konnte es mir nicht leisten, Farben zu kaufen, deshalb konzentrierte ich mich aufs Zeichnen.« Als Apollinaire an seinem Zeichentalent Interesse zeigte und ihn bat, ein Bestiarium entzückender Tiergedichte von ihm mit Holzschnitten zu illustrieren, stimmte Dufy zu und dachte, nun würde sich die Lage bessern. Er hätte wissen müssen, daß Apollinaires Bücher fast immer Remittenden waren, und die 120 Exemplare des Bestiariums brachten keinem von beiden auch nur einen Sou ein.

Dufy schwankte noch immer zwischen Kubismus und Fauvismus – Derain befand sich in der gleichen Zwickmühle. Er war nun einunddreißig Jahre alt und experimentierte noch immer. Ausgerechnet zu diesem ungünstigen Zeitpunkt verliebte er sich in ein Mädchen, Emilienne Brison, und heiratete. Aber Paris hatte ein oder zwei Auffangnetze für gefährdete Talente. Der Staat hatte dem jungen Dufy ein Stipendium gewährt, und nun erhielten Raoul und Emilienne Dufy aus der Stiftung eines hohen Pariser Beamten mit dem bezeichnenden Namen Bonjean ein Jahr lang Kost und Logis in einem schönen Haus bei Paris, einer Art Villa Medici *à la française*. Hier überlebte Dufy, bis der nächste Retter auftauchte – Paul Poiret. Der Modeschöpfer erkannte in Dufy einen Künstler, der ein ausgesprochenes Talent für das Dekorative hatte und der, wie er selbst, kräftige Farben liebte. 1910 gab er ihm den Auftrag, einen Briefkopf für sein Schreibpapier zu entwerfen, und im Jahr darauf malte Dufy den Baldachin für Poirets persische Gala »Die 1002. Nacht«, zu der ihn die Vorstellungen der *Ballets Russes* inspiriert hatten. Nachdem sich

Dufy bei diesen bescheidenen Aufgaben bewährt hatte, richtete Poiret eine kleine Werkstatt in der Avenue de Clichy ein und beauftragte Dufy, vier Wandbehänge, darunter eine Küstenlandschaft, zu entwerfen und zu drucken sowie weitere Stoffe für sein Modehaus. Sie gefielen so gut, daß Dufy einen bedeutenden Auftrag von Bianchini, einem der führenden Textilhersteller, erhielt.

Das Entwerfen von Stoffmustern stärkte Dufys Hang zu lebhaften Farben und entfernte ihn vom Kubismus. Um 1913, im Alter von sechsunddreißig Jahren, hatte er seine künstlerische Linie gefunden. Im selben Jahr malte er *Les jardins publics, Hyères*. Solche Anlagen sind meistens staubig und verwahrlost, aber Dufy sucht sich die geschwungenen Palmwedel aus, die Ecke eines Balkons, einen schmiedeeisernen Musikpavillon und macht den Park mit einem noch leichteren Pinselstrich als gewöhnlich zu einem ersehnten ruhigen Ort mit einer Seele.

Dufy malte weiterhin Bilder von Regatten und vom Meer. Blau, sagte er, sei die einzige Farbe, die, ob dunkel oder hell, ihre Individualität behielte. Später erweiterte er sein Repertoire auf Rennbahnen und Sattelplätze, Konzertsäle und große Feste, auf alle fröhlichen, eleganten gesellschaftlichen Ereignisse. Er ist in diesem Jahrzehnt der Maler, der die Muße in der Natur zelebriert. Sein Stil, der unglaublich leicht ist, flüssig, spontan, fröhlich und witzig in seinen Anspielungen, ist eine ebenso diffizile Leistung wie ein vollkommen gelungenes Soufflé oder eine Suite von Ravel; ein Pinselstrich zuviel, und das Bild wird zum Plakat; einer zu wenig, und es wirkt preziös.

Unter den vielen Malern, die Dufy während seiner Zeit auf dem Montmartre kennenlernte, war auch eine begabte Frau, die 1883 in Paris geborene Marie Laurencin.[7] Ihren Vater, einen Abgeordneten aus der Picardie namens Alfred Toulet, kannte sie kaum, denn er war bei Maries Geburt bereits mit einer Nichte des bekannten Generals Tisserand verheiratet. Maries Mutter – sie stammte aus der Normandie und hatte einen Schuß Kreolenblut in den Adern – hatte eigentlich Karmeliterin werden wollen. Sie gab ihrer Tochter eine gute Erziehung am Lycée Lamartine, und sonntags sang sie ihr das *Dies irae* vor. Nach dem Lycée ging Marie auf die Académie Julian. Sie hatte eine hinreißende, schlanke Figur und ein regelmäßiges, ovales Gesicht mit dunklen Augen; das krause Haar und die vollen Lippen verrieten ihre kreolische Herkunft. Sie war hübsch, ohne schön zu sein – so jedenfalls war das allgemeine Urteil. Und wo sie ging und stand, hüpfte sie und sang. An der Académie Julian verliebte sie sich in persische Miniaturen und in das Rokoko, dessen sanfte Farben sie sich sehr bald zu eigen machte.

»Ich hatte ein kleines Porträt von mir in Weiß, Rosa und Schwarz in der Garderobe der Kunstklasse, in der ich studierte, vergessen«, erinnerte sie sich später, »und am nächsten Tag war es weg. Braque hatte es ins Moulin de la Galette mitgenommen, um es seinen Malerfreunden zu zeigen. Er gab es mir zurück und sagte: ›Petite Laurencin, du hast wirklich Talent. Du darfst nicht aufgeben, und du mußt uns auch mal besuchen.‹«

Marie ging tatsächlich zu Braque und seiner Gruppe, auch zu Picasso. Sie war eine entschlossene junge Dame, die behauptete, daß sie nichts täte, was sie nicht wirklich tun wollte. Und sie wußte sehr früh, daß der Kubismus nichts für sie war. Für sie war die Welt ein beschwingter, sanft geschwungener Ort, wo man hüpfte und sprang und sich ein Liedchen sang. Die Farben, die sie darin fand, waren nicht die kühnen männlichen Farben von Matisse, sondern weiche Pastelltöne, die Farben von Mandeln in bunter Zuckerglasur. Weil sie vom Temperament her zu den Fauves gehörte, nannte Rodin sie »Fauvette«, was zufällig auch Grasmücke bedeutet, aber Marie akzeptierte diese Bezeichnung gern, weil ihr Talent, wie sie es so hübsch formulierte, irgendwo zwischen einem Flügelschlag und einem Trillern lag.

Marie Laurencin malte junge Frauen, Mädchen, Kinder, Ponys, Hunde, Tauben, die zwischen Blumen, Klavieren, Gitarren und zarten Musselingardinen hervorblicken. Alle ihre Frauenköpfe, sagte sie, seien ihrer grauäugigen Katze Possiquatte nachgebildet, aber das ist nicht wörtlich zu nehmen, ebensowenig wie ihre Behauptung, sie würde das Land nicht mögen, weil es dort so viel Luft gäbe und die Milch nach Kühen schmeckte. Ihr bevorzugtes Medium sind Wasserfarben, ihre Farbtöne hellrosa, hellblau, hellgrün, hellgrau. Cocteau sagte, Marie Laurencin habe entdeckt, daß Grau Schattierungen hat. Sie behauptete, »mit dem Ohr« zu malen – das heißt, sie mußte die Person, die sie gerade malte, während des Malens reden hören. Deshalb sei es ihr nie so recht gelungen, ein zufriedenstellendes Bild der Muttergottes zu malen. Wenn sie taub auf die Welt gekommen wäre, sagte sie, hätte sie nie Künstlerin werden können.

Ihre Originalität besteht darin, daß sie die erste Frau ist, die ganz wie eine Frau malt, indem sie ihre besondere feminine Sensibilität nicht in Begriffen ausdrückt, die von Männern geprägt wurden, sondern auf ihre eigene Weise. Sie behauptete zum Beispiel, Frauen hätten keine Nasen, zumindest nicht so, wie Männer sie haben. In einem Frauengesicht seien sie strukturell weniger evident, und ihre Linien wirkten zudem sanfter durch Puder oder Make-up. Die Mädchen und Frauen, die sie auf diese Weise malte, haben eine bislang beispiellose *douceur*.

Zärtlichkeit ist die Stimmung, die sie gern vermittelt – Zärtlichkeit zwischen jungen Frauen, zwischen jungen Müttern und Kindern, Zärtlichkeit in der leichtesten Berührung und dem sanftesten Blick. Hier wird nie versucht, etwas zu behaupten oder zu definieren, es gibt nur Andeutungen, Anspielungen unter der Oberfläche des Begrifflichen. Es ist keine Boudoirdekoration, wie manchmal gesagt wird, sondern echt weibliche Malerei, die nicht mehr und nicht weniger sein will.

Als Marie Laurencin Anfang zwanzig war, lernte sie die graue Eminenz der Außenpolitik kennen, Philippe Berthelot, der auf dem linken Seine-Ufer wohnte und sich gern unter Künstler und Schriftsteller mischte. Berthelot verliebte sich in Marie und vielleicht ebensosehr in die hübschen Mädchen in ihren Aquarellen. Auch sie verliebte sich in diesen gutaussehenden, sehr selbstsicheren und wesentlich älteren Mann und war zwei Jahre lang seine Geliebte. Dann überredete Hélène Berthelot ihren Mann, die Liaison zu beenden.

Etwas später wurde Marie Laurencin das Objekt von Apollinaires Zuneigung. Auch Apollinaire war ein selbstbewußter und leidenschaftlicher Liebhaber, und auch er konnte die Poesie in Marie und in ihrer Arbeit erkennen. Aber er war ein tyrannischer Gebieter, pedantisch mit seiner persönlichen Habe und bisweilen sogar grausam. Er hatte überdies eine schwierige Mutter, die ihn nicht oft genug daran erinnern konnte, daß in seinen Adern ihr eigenes edles polnisches Blut floß, und die sich natürlich für ihren einzigen Sohn nur ein reiches Mädchen als Ehefrau wünschte. Auch Maries Mutter wußte, was sie wollte und mißbilligte die Absicht ihrer Tochter, einen armen Schriftsteller zu heiraten.

Maries Verhältnis mit Apollinaire dauerte eineinhalb Jahre und bedeutete ihr mehr als jede andere Liaison. Auch wenn wir nicht viel darüber wissen, blieb uns doch ein bemerkenswertes Bild von Marie aus diesem Jahr 1908 erhalten. Neben dem sitzenden Apollinaire, der einen winzigen Mund und keinen Hals hat, steht Marie in einer ironisch starren Pose; neben ihr im Profil Picasso mit einem Auge wie auf Fischerbooten des Mittelmeeres, an der Hand seinen Hund, der wie ein Schaf aussieht; rechts Fernande Olivier mit einer Blumenvase neben ihrem Kopf, die aussieht wie ein Rokokohut ... Es ist ein

Bild, das uns viel über die Maler des Montmartre sagt, über ihre Freundschaften und den Spaß, den sie miteinander hatten.

Um 1910 hatte jeder der Künstler, die als Fauves bezeichnet wurden, aus der extrem fauvistischen Position herausgefunden und seinen eigenen Weg eingeschlagen. De Vlaminck, der Derain mit einem mauvefarbenen Schnurrbart gemalt hatte, verwendete dunkle, wie mit Tinte gezogene Linien, um kahle Bäume, einsame Straßen und Kanäle in Flandern darzustellen. Derain, der de Vlaminck mit einem orangefarbenen Schnurrbart und die Themse grün gemalt hatte, gelangte über den Kubismus zu einer immer noch sehr persönlichen, aber maßvollen Anwendung der Farbe. Marquet malte Hafenszenen in Farben, die dem wirklichen Leben entsprachen, während Rouault bei den Betrachtern seiner Bilder Mitleid wecken wollte, indem er die menschliche Gestalt verzerrte – er war zum Expressionismus hinübergewechselt. Aber die Herausforderung des Fauvismus und seine Behauptung, die traditionelle Kunst sei tot und die Museen seien Friedhöfe, wurden dabei nicht vergessen. Sie erschienen in einer sensationell neuen Form, als der Italiener Filippo Marinetti 1909 in *Le Figaro* das Manifest des Futurismus veröffentlichte.

Das wesentliche Moment des modernen Lebens sei die Geschwindigkeit, heißt es darin; die futuristischen Dichter und Maler sollten statt der traditionellen Sujets Rennwagen und Eisenbahnen besingen. Sie sollten sich mit der Energie, mit dem aufregenden Lauf von Maschinen vertraut machen, denn darin läge die Zukunft des Menschen. Mondschein müsse abgeschafft werden.

Der Spaß, der in Marie Laurencins Bild von sich und ihren Freunden zum Ausdruck kommt, ging Hand in Hand mit einem leidenschaftlichen Glauben an gewisse künstlerische Prinzipien. Als »Fauvette« konnte sich Marie Laurencin zwar nicht für Picassos Kubismus erwärmen, aber sie erkannte darin eine authentische Entwicklung zur Erforschung der menschlichen Gestalt. Auch ihre Freunde standen zu gewissen Grundsätzen, so wenig sie sich sonst aus Regeln machten. Eine Theorie wie der Futurismus, die den Menschen und die Natur aus dem Mittelpunkt des Interesses verdrängen würde, bedrohte in ihren Augen alles, was Pariser Künstler in diesem ersten Jahrzehnt erreicht hatten. Im Jahr 1905 hatte Vauxcelles die Fauves mißbilligt; im Jahr 1910 beschloß eine Gruppe von Montmartre-Künstlern, den Futurismus abzulehnen.

Anfang 1910 veröffentlichte ein Unbekannter, der sich Joachim-Raphael Boronali nannte, in der Presse ein Manifest für eine neue künstlerische Bewegung, die er als Exzessismus bezeichnete. »Übermaß in allem ist Stärke. Die Sonne ist nie zu stark, der Himmel nie zu grün, die ferne See nie zu rot, die Dunkelheit nie zu schwarz. Zerstört die Museen, tretet ihre absurden Schaustücke mit Füßen. Schluß mit Zeichenkunst, Schattierung, sorgfältiger Ausführung; statt dessen Verblüffung und Getöse.«

Man begann, über den Exzessismus zu reden. Auf dem Salon des Indépendents, der im März eröffnete, löste ein Gemälde von Joachim-Raphael Boronali heftige Diskussionen aus. Es hieß *Und die Sonne schlief auf der Adria* und war nichts anderes als ein Morast von Farben, aber der Künstler behauptete, es verkörpere die Prinzipien des Exzessismus. Eine Reihe von Kritikern begrüßte das Werk, und die von dem kühnen Manifest verleitete Öffentlichkeit sprach von einem neuen Meisterwerk.

Vierzehn Tage später kam es heraus. Boronali war keineswegs ein neues italienisches Genie, sondern ein Anagramm von Aliboron, einem Spaßvogel vom Montmartre. Er und seine Freunde hatten dem Esel Lolo, der dem Besitzer des Lapin Agile gehörte, in Anwesenheit eines Justizbeamten einen Pinsel an den Schwanz gebunden und ihn vor eine Leinwand gestellt; dann hatten sie den Pinsel in die verschiedenen Farbtöpfe getaucht, und der Esel hatte schwanzwedelnd *Und die Sonne schlief auf der Adria* gemalt. Nach dieser Episode hatte der Futurismus nie wieder die gleiche Faszination für die französischen Künstler.

Wann durchbricht eine Neuerung hemmende Schranken? Wann wird persönliche Neigung zur Überspanntheit? Wann verschwindet die Achtung vor dem Sujet – ein Hauptgrundsatz des Klassizismus – hinter der Emotion des Künstlers? Wie gewinnt man aus einer kurzlebigen Erscheinung eine überzeugende, zeitlose oder über die Zeit hinausgehende Qualität?

Mit solchen Fragen rangen die hier beschriebenen Farbenkünstler nicht weniger als die Kubisten – häufig ohne sie zu artikulieren. Wie die Impressionisten die Malerei der 1860er Jahre vor dem Erstickungstod unter Draperien, Requisiten und bezahlten Modellen bewahrt hatten, indem sie hinausgingen ins Freie, so retteten die Farbenkünstler die Malerei aus dem trüben und dekadenten literarischen Historizismus des *fin de siècle*. Moreaus Salomé wich der Amélie von Matisse, die ihr *intérieur* ebenso geschmackvoll einrichtete, wie sie sich kleidete, in Stoffe, die vielleicht Dufy entworfen hatte, und den zärtlichen, fröhlichen Schulmädchen der Marie Laurencin.

Der frische, lebensbejahende Ton, symbolisiert durch Sonnenschein und unübliche Farben, tritt bei Matisse, Dufy und Laurencin besonders stark hervor. Das war sicher kein Zufall, denn der gleiche Ton klang bereits in anderen Bereichen der Kunst an, wie in Claudels *Fünf große Oden,* die eine unermeßliche und weiträumige Welt feierten mit den Kontrapunkten Ost und West, und in Debussys Harmonienreichtum. Zum Teil reagierten die Farbenkünstler auf eine Stimmung, zum Teil trugen sie dazu bei, sie zu definieren. Matisses schlichte *intérieurs* bereiteten den Weg für den Art Déco, sein *La Danse* schuf das Parkett für den gewagten Tango, und Ravel könnte die Nymphen für *Daphnis und Chloë* durchaus bei Marie Laurencins jungen Mädchen mit den bloßen Armen gefunden haben. Gerade weil dieser helle, zuversichtliche Ton auf so vielerlei Weise gleichzeitig zu vernehmen war, konnte er die Vorstellungswelt der Pariser so nachhaltig beeinflussen.

KAPITEL XV

Haltungen gegenüber Deutschland

Die Sorbonne auf dem Hügel von St. Geneviève hat seit den Tagen von Roger Bacon, Albertus Magnus und Thomas von Aquin im 13. Jahrhundert ausländische Studenten willkommen geheißen. Ihr Horizont ist immer internationaler gewesen als der der Nationalversammlung am Fuß des Hügels, unten am Seine-Ufer, und so war es auch in den Jahren um 1900. Mehrere liberal gesinnte Männer, die Deutschland aus erster Hand kannten und über eine solide Kenntnis der deutschen Geschichte verfügten, lehrten hier. Zu ihnen gehörten Henri Lichtenberger, Verfasser eines Standardwerks über das moderne Deutschland; Lucien Herr, Bibliotheksdirektor der Ecole Normale und Geschäftsführer der *Revue de Paris;* sowie Félicien Challaye, der Japan bereist hatte und für die *Revue du Mois* schrieb. Diese Männer traten für eine deutsch-französische Freundschaft ein.

Sie waren keine blauäugigen Romantiker. Sie gaben zu, daß die Deutschen weniger Redefreiheit genossen als die Franzosen, ausgenommen, wenn Wahlen bevorstanden, und daß ihre Presse weniger Einfluß auf die Regierung hatte. Der Reichstag konnte eine Resolution annehmen, aber zum Gesetz wurde sie erst, wenn die Regierung – die von einem Kanzler geführt wurde, den der Kaiser eingesetzt hatte – ihr Plazet gab. Aber diese Franzosen wiesen auch darauf hin, daß trotz einer weniger entwickelten Demokratie die deutsche Sozialgesetzgebung weltweit führend war. Lloyd George war von der deutschen Sozialversicherung so beeindruckt, daß er das System für Großbritannien übernahm.

Als *Le Figaro* die polemischen Artikel des Journalisten Jean Huret veröffentlichte, der sich über die Brücken und Gaslaternen von Berlin aufregte, »die ausnahmslos mit kriegerischen Emblemen verziert sind: mit Helmen, Lanzen, Säbeln, Schilden, Trommeln und Trompeten«, und der monierte, daß man »sonntags im Zeughaus, dem Berliner Militärmuseum, Schulkinder trifft, die von ihren Lehrern die Geschichte der Regimentsfahnen und ausgestellten Maschinengewehre hören«, erklärten die Sorbonne-Professoren, daß sich die gesellschaftliche Struktur in Deutschland historisch aus dem Militärdienst herleite, daß aber jede sich daraus ergebende Gefahr wettgemacht würde durch den Einfluß der Kirchen, der wesentlich stärker sei als im antiklerikalen Frankreich, sowie durch eine tief verwurzelte moralische Überzeugung, daß das Schwert nur für eine gerechte Sache gezogen werden dürfe.

Charles Andler,[1] der vielleicht brillanteste Deutschlandexperte der Sorbonne, stammte aus Straßburg, wo sein Vater eine Apotheke besaß. Als die Preußen 1870 die Straßen in der Nähe der Andlerschen Wohnung mit Granaten beschossen, hauste die Familie wochenlang in einem Keller. Die im Elsaß lebenden jungen Franzosen fielen unter die deutsche Wehrpflicht; um ihren Sohn davor zu bewahren, zog die Familie zunächst in die Haute Saône und dann nach Paris. Charles studierte Philosophie bei Boutroux, lernte, hochherzig zu denken, und tauschte wie viele in jener glaubensarmen Zeit sein Christentum gegen einen Sozialismus ein, der damals Marxismus bedeutete. Er besuchte Engels in London und übersetzte das Kommunistische Manifest. Er wurde Professor für deutsche Literaturgeschichte und Nietzsche-Experte. Er schrieb Bücher über Kant und den deutschen Sozialismus.

Im Jahr 1905 war Andler neununddreißig Jahre alt; er sah gut aus, hatte scheue Augen, einen freundlichen Gesichtsausdruck, dichtes Haar, einen kleinen Bart und Schnurrbart. Er war glücklich verheiratet mit einer elsässischen Pastorentochter und hatte zwei Kinder. Anders als Maurice Barrès und der ehemalige Erziehungsminister Raymond Poincaré, bei denen das Kindheitserlebnis der einmarschierenden Preußen zu Verbitterung geführt hatte, war Andler dieses Gefühl entweder fremd, oder er hatte es überwunden. Er war sogar fest davon überzeugt, daß die 800 000 Franzosen, die sozialistisch wählten, eng mit den vier Millionen deutschen Sozialisten zusammenarbeiten sollten, um den Krieg zu verhindern und die Regierungen zur Abrüstung zu bewegen. Er fuhr häufig nach Deutschland, um Vorlesungen über Nietzsche zu halten und mit seinen zahlreichen deutschen Freunden für die Détente zu arbeiten.

Einmal, während der Osterferien, begleitete Andler, einer Bitte des Vizekanzlers nachkommend, zwanzig Jurastudenten auf einer Reise nach Köln, Berlin und Hamburg. Man machte viel Aufhebens um sie, und im Kaiser-Friedrich-Museum wurden sie vom Museumsdirektor persönlich geführt. Bei einem Abendessen, als Toasts ausgebracht wurden, beschränkte sich Andler auf Anraten des französischen Botschafters Jules Cambon, der zu den Verfechtern einer harten Linie gegenüber Deutschland zählte, auf höfliche Bemerkungen über das Gastland.

Bei seiner Rückkehr mußte Andler nicht wenig erstaunt feststellen, daß er wegen seiner Höflichkeit angegriffen wurde. Der lautstark für die Nationalisten auftrumpfende Schriftsteller und Abgeordnete Barrès nannte Andler im *Echo de Paris* einen humanitären Anarchisten, der sich, indem er Dreyfus unterstützte, »germanisiert« habe und der, obwohl geborener Elsässer, bereit sei, Elsaß und Lothringen ihrem Schicksal zu überlassen, um weiterhin dem Hirngespinst einer deutsch-französischen Verständigung nachzulaufen. Barrès verlangte, daß sich die Universität von einer solchen Person trenne, weil »Väter es nicht hinnehmen, daß ihren Söhnen beigebracht wird, sie zu verraten«. Viele Studenten folgten Barrès' Aufruf; sie organisierten Demonstrationen gegen den »Verräter«, und zwei Wochen lang kam es außerhalb der Hörsäle zu Reibereien und tätlichen Auseinandersetzungen.

Der Vorfall zeigt, wie leicht sich die Gemüter bei diesem Thema erhitzten. Wer für die Détente eintrat, brauchte Courage, und Andler hatte sie. Er ließ sich von dem, was er gesagt hatte, nicht abbringen und besuchte Deutschland weiterhin regelmäßig. Obwohl er für die allgemeine Öffentlichkeit wenig schrieb, galt er bei den Sozialisten beider Länder als furchtloser und tüchtiger Brückenbauer.

Einer von Andlers Freunden an der Sorbonne dagegen schrieb viel und sehr erfolgreich für die allgemeine Öffentlichkeit: Romain Rolland. Er war der einzige und ziemlich verhätschelte Sohn eines burgundischen Notars. Er war ein glänzender Schüler und gewann einen begehrten Platz an der Ecole Normale, woraufhin seine rührigen Eltern nach Paris zogen, nur um ihm dort ein Zuhause zu bieten. Tolstoi war damals die große Mode; der junge Rolland schrieb an den berühmten Schriftsteller und erhielt eine freundliche Antwort, die ihm half, seinen Katholizismus gegen den Sozialismus zu tauschen: »Was macht es schon aus, ob Gott existiert oder nicht, wenn die Seele göttlich ist!«

Rolland spielte wunderbar Klavier, hatte einen überragenden kritischen Verstand und war als Sozialist eine *persona grata* im Gemeinschaftsraum der älteren Semester. Er wurde Dozent für Kunstgeschichte, dann für Musik. Seinen Sozialismus brachte er in einer Reihe von Theaterstücken zum Ausdruck, in denen er Danton und andere Helden der Revolution pries. Obwohl von hohem geistigen Niveau, waren sie praktisch unaufführbar.

Rolland heiratete ein jüdisches Mädchen namens Clotilde Bréal, Tochter eines Professors an der Sorbonne, und das junge Paar verbrachte regelmäßig einige Zeit bei Clotildes deutschem Onkel in Mainz. Dieser Onkel liebte die Musik ebenso wie der junge Rolland.

Hier erkannte der junge Franzose seine Berufung: Er wollte auf dem Weg der Freundschaft mit kultivierten Deutschen für den Frieden arbeiten ...

Rolland war sehr groß und schlank und von feinem, angenehmen Äußeren; er hatte eine schöne Nase und ziemlich tiefliegende leuchtend blaue Augen – »die klarsten und zugleich gütigsten, die ich je an einem Menschen gesehen«, schrieb Stefan Zweig.[2] Er sprach sehr leise, lebte vegetarisch, trank nicht, rauchte nicht und arbeitete achtzehn Stunden am Tag. Wie der ihm geistesverwandte Rilke meinte er, der Beruf des Künstlers sei mit einer Ehe nicht vereinbar, und trennte sich 1900 im Alter von vierunddreißig Jahren von Clotilde; aber die beiden sollten Freunde bleiben. Danach pflegte er innige Bruder-Schwester-Beziehungen, besonders mit der schönen Pianistin und Frauenrechtlerin Louise Cruppi.

Rollands erster größerer Beitrag zur Détente war ein Buch über das Leben von Ludwig van Beethoven. Das Werk besticht durch profundes musikalisches Wissen, stilistische Prägnanz und wohlwollendes Verständnis für die Person des Komponisten. Darüber hinaus war er der erste, der Beethoven nicht nur als kühnes, schöpferisches Genie, sondern auch als einen ebenso großen Helden wie Julius Cäsar oder Danton schilderte. Die Beethoven-Biographie erschien 1903. Sie wurde bei Kritikern und Lesern ein Erfolg, obwohl böse Zungen behaupteten, die Begeisterung käme zum größten Teil von unterdrückten Frauen, die im Komponisten der Mondscheinsonate den Liebhaber ihrer Träume sahen.

Rollands nächster Beitrag zur deutsch-französischen Verständigung war der Roman *Johann Christof*. Der Held, Johann Christof Krafft, ist ein hochherziger junger Komponist aus dem Rheinland, der es sich nach einer unglücklichen Kindheit zur Aufgabe macht, mit Hilfe der Kunst moralische Wahrheit auszudrücken. Er trifft völlig mittellos in Paris ein; dort nimmt ihn ein sensibler, Musik liebender Lehrer, der aus der Provinz stammende Olivier Jeannin, unter seine Fittiche. Dieser Olivier hat ein heiteres Wesen, ist aber etwas kränklich; Johann Christof dagegen besitzt gewaltige Kräfte und eine stürmische Seele. Johann Christof verliebt sich in Oliviers Schwester Antoinette, und als sie an Tuberkulose stirbt, liebt er sie in Olivier, der ihr sehr ähnlich sieht, weiter.

Die Freunde wohnen zusammen. Der Deutsche lernt in Olivier das Frankreich der Provinz kennen und lieben, den Katholiken, der bereit ist, etwas für die soziale Gerechtigkeit zu tun, während Olivier den Mut und die kreative Energie des Deutschen schätzen lernt.

Nur in einer Frage werden sich die Freunde nicht einig: Ob man das Elsaß, historisch betrachtet, französisch oder deutsch nennen soll. Olivier erklärt, daß die Elsässer nach vierzig Jahren immer noch hartnäckig darauf bestehen, nur dem Namen nach Deutsche zu sein. Es sei für ein großes Volk möglich, sagt er zu seinem rheinländischen Freund, den Gedanken an Rache für ein solches Verbrechen aufzugeben, aber es sei ihm völlig unmöglich, diesem auch noch zuzustimmen, ohne dabei seine Ehre zu verlieren. Keiner kann den Standpunkt des anderen akzeptieren, aber ihre Freundschaft, die sie aufgrund ihrer Musikliebe verbindet, hält an und wird in sechs Bänden geschildert.

Der erste Teil von *Johann Christof* erschien 1904 in den von Rollands Freund Charles Péguy herausgegebenen *Cahiers*, weitere Bände folgten bis 1912. Der Roman fand in Frankreich viele Leser und förderte eine positivere und verständnisvollere Haltung gegenüber Deutschland. Man sollte jedoch nicht übersehen, daß auch der sanfte, germanophile Rolland in der Frage Elsaß-Lothringen keinen Fingerbreit nachgab. Nur ganz wenige Sozialisten waren dazu bereit; die meisten einflußreichen Sorbonne-Professoren hätten Oliviers Standpunkt unterstützt. Ernest Lavisse zum Beispiel, ein führender Historiker und weder ein Mann der Linken noch der Rechten, schrieb in einem Artikel zur Jahrhundertwende in der *Revue de Paris*: »Die beiden Völker, das französische und das deutsche, sind aufgrund ihres unterschiedlichen Charakters dazu geschaffen, einander zu ergänzen, und sie sind prädestiniert für eine gemeinsame Führung der Menschheit« (Im Jahr 1900 rechnete man in Frankreich damit, daß die Engländer von den Buren besiegt würden). Aber, fügte Lavisse hinzu, eine Allianz zwischen den Nachbarländern sei nur möglich, wenn Elsaß-Lothringen an Frankreich zurückgegeben würde.

Johann Christof wurde auch in der deutschsprachigen Öffentlichkeit begrüßt. Der junge Stefan Zweig, ein jüdischer Literat aus Wien, stieß zufällig während eines Aufenthalts in Florenz auf den ersten Teil des Romans und war begeistert: ». . . hier war er, der Mann, der Dichter, der alle moralischen Kräfte ins Spiel brachte . . . einen beschwingenden Glauben an die verbindende Mission der Kunst . . . es war der erste bewußt europäische Roman . . . der erste entscheidende Appell zur Verbrüderung, wirksamer, weil breitere Massen erreichend, als die Hymnen Verhaerens, eindringlicher als alle Pamphlete und Proteste . . .«[3]

Ebenfalls einzigartig an *Johann Christof* ist, daß Romain Rolland den Roman nicht nur schrieb, sondern auch lebte. Er ist Olivier, und

Johann Christof ist – zum Teil – Richard Strauss. Die beiden lernten sich um die Jahrhundertwende kennen; der bereits berühmte Komponist aus München war damals sechsunddreißig Jahre alt, Rolland zwei Jahre jünger. Im März 1900 besuchten sie gemeinsam den Louvre, und Rolland begann, sich Notizen in seinem Tagebuch zu machen. Strauss sähe aus wie ein junger Ochse, heißt es da; ferner: helles Haar, kleine Nase, groß. Er habe große Energie, neige dazu, sich übermäßig aufzuregen, bemühe sich aber, sich zu beherrschen – ein liebenswertes »süddeutsches Possenreißen«. Strauss' große Tugend sei Aufrichtigkeit, völlige Freimütigkeit; es machte Rolland anscheinend viel Spaß, ihn näher kennenzulernen.

In Südafrika tobte der Burenkrieg. Die meisten Deutschen einschließlich des Kaisers unterstützten die Buren, aber Strauss sagte zu Rolland: »Die Engländer sind sehr zivilisiert und sehr stark. Es ist völlig in Ordnung, wenn der Stärkere siegt« – eine Bemerkung, die Rolland als »mißverstandenen Nietzscheismus« beklagte. Rolland bewunderte viele Kompositionen von Strauss, vor allem seine heroischen Tongedichte; er hielt ihn zum Teil für den Erben Beethovens und freute sich, ihn als Freund gewonnen zu haben, als einen, wie sich herausstellte, bemerkenswert loyalen Freund. Trotzdem konnte Rolland nicht widerstehen, in seinem Tagebuch zu notieren: »Strauss hat schlechte Tischmanieren, sitzt mit übergeschlagenen Beinen neben dem Tisch, hält sich beim Essen den Teller unters Kinn, stopft sich wie ein Kleinkind mit Süßigkeiten voll.«

Im Mai 1905 organisierte ein deutsches Komitee im Vertrauen auf die völkerverbindende Kraft der Musik in Straßburg ein Musikfest, auf dem französische und deutsche Werke gespielt werden sollten. Rolland besuchte dieses denkwürdige Ereignis als Korrespondent für die *Revue de Paris*.

Strauss dirigierte zur Eröffnung des Straßburger Festspiels Webers Ouvertüre zu *Oberon*; im zweiten Konzert dirigierte er seine *Sinfonia Domestica*. Rolland lobt in seinem Artikel die Absicht des Festspiels, er lobt die Symphonie seines Freundes Strauss, und dann schießt er eine ganze Salve von Beschwerden ab. Warum hatte man als französischen Komponisten Charpentier gewählt statt zum Beispiel Debussy? Warum wurden von Francks acht *Béatitudes* nur fünf gespielt? Das Ganze sähe aus wie ein Versuch, Frankreich zu diskreditieren. Was die modernen deutschen Komponisten beträfe, die hier vorgestellt wurden, schrieb Rolland verärgert, sei Mahler anscheinend hypnotisiert von dem bei den Deutschen weitverbreiteten Bedürfnis, stark zu erscheinen, »aber meiner Meinung nach ist er seiner selbst nicht sicher, er ist ironisch, traurig, innerlich zerrissen, im Herzen ein Wiener Musiker, der nach der Großartigkeit Wagners strebt«. Bei Hugo Wolf suche man vergeblich nach einer wirklich neuen und überzeugenden Melodie. Rolland meint, die deutschen Komponisten hätten es zu leicht, sie seien die Opfer der Musikalität in ihrem Land, und er schließt seinen Artikel mit dem kursiv gedruckten Satz: »*Es gibt zu viel Musik in Deutschland.*«

Der nörgelnde Ton sollte in Rollands Freundschaft mit Strauss wieder auftauchen, aber noch ging mit den beiden alles glatt. Strauss begann mit der Partitur von *Salome* nach dem französischen Text von Oscar Wilde. Bei vielen französischen Worten und Sätzen wußte er nicht, wie sie betont wurden. Rolland bot seine Hilfe an. Daraus entstand ein ausführlicher Briefwechsel, in dem sich Rolland als einfühlsam und äußerst hilfreich erwies. Am 2. August 1905 zum Beispiel plagt sich Strauss mit der Aussprache von *cheveux;* er zitiert zwei Seiten aus Debussys *Pelléas*, wo *cheveux* auf drei verschiedene Arten betont wird.[5] Welche ist richtig? Rolland antwortet: »Die Betonung liegt bei *cheveux* auf der zweiten Silbe. Aber jemand, der verliebt ist, wird sagen ›*tes chéveux*‹. Dabei zittern Stimme und Lippen kaum wahrnehmbar, als würden sie sagen ›dein *liebes* Haar‹.«

Als Strauss diese Arbeit beendet hatte, schickte er Rolland eine Radierung seines Porträts mit der Inschrift »Für meinen Mitarbeiter«. Rolland war gerührt; die Freundschaft gedieh. Aber Rolland konnte das Kritisieren nicht lassen. Ein Höhepunkt in Wildes Text ist eine Szene, in der Herodes den Mond mit einer verrückten Frau vergleicht, die nackt auf die Suche nach Liebhabern geht, und Strauss bringt diese Wahnsinnsstimmung mit schrecklicher Intensität zum Ausdruck. Rolland erklärte Strauss frei heraus, daß er die Stimmung, die Wilde auf diese biblische Geschichte übertrug, mißbillige. »Es ist keine Frage der bürgerlichen Moral, es ist eine Frage der Gesundheit ... Ich fürchte ... Sie haben sich von der dekadenten deutschen Literatur vereinnahmen lassen ... Es gibt fruchtbare aber auch zerstörerische Kräfte ... In Ihrer *Domestica*, in *Tod und Verklärung*, in *Ein Heldenleben* wirken die fruchtbaren.« Und als die *Salome* in Paris Premiere hatte, bezeichnete Rolland die Oper gegenüber einer Freundin als »ein barbarisches Werk«.

Die Beschäftigung mit dem Wahnsinn oder die Darstellung extremer Gewalt auf der Bühne, wie Strauss dies in *Elektra* tun sollte, sind nicht notwendigerweise ein Zeichen von Barbarei; häufig wird dadurch eine vollkommenere Katharsis erreicht als mit den Stücken von Racine, die Rollands großes Ideal waren. Aber Rolland sah es nicht so. Er fuhr fort, Strauss zu kritisieren; er war ihm nicht französisch genug, sprich: nicht genügend fröhlich und lebensbejahend. Als Rolland Strauss einmal beim Dirigieren beobachtete, fand er, Strauss sähe aus »wie ein Barbar aus Asien, wie einer dieser Hunnen, die sich in Deutschland niederließen«.[6] Vermutlich hat er diese Meinung Strauss gegenüber nicht geäußert, denn das Verhältnis zwischen den beiden blieb gut.

Rolland arbeitete auch für die Détente, indem er seine Überzeugungen an seine Schüler weitergab. Zu denen, die wir am besten kennen, gehört Louis Gillet, ein gutaussehender junger katholischer Bourgeois von großem Charme, angehender Kunsthistoriker, befreundet mit Péguy und Marc Sangnier, der später ein enger Berater Rodins werden sollte. Im Jahr 1900, als er vierundzwanzig Jahre alt war, ging Louis Gillet nach Greifswald in Pommern, um an der dortigen Universität Französisch zu lehren. Er reiste mit Rollands Segen, sozusagen als inoffizieller Botschafter des guten Willens, und mit dem Auftrag, oft zu schreiben.

Gillet war ein folgsamer Schüler. Er berichtete Rolland von den lustigen Bierabenden, den obligatorischen Fechtübungen, die so viele linke Gesichtshälften entstellten – von einer englischen Reiseschriftstellerin erfahren wir, daß junge Männer mit solchen Tapferkeitsnarben von den deutschen Mädchen bevorzugt wurden. Gillet bewunderte besonders den deutschen Elan auf dem Tanzboden. »Wenn diese Philologen Walzer tanzen, scheint es mir, als begänne ihr religiöses Blut zu pulsieren.«

Gillets Begeisterung läßt allmählich nach. Er bewundert Rollands Revolutionsdramen, und von daher mißfällt ihm die Behauptung der Deutschen, das tragende Element der modernen Geschichte sei nicht die Revolution, sondern die Entstehung des Deutschen Reichs. Aber statt darüber zu diskutieren, dozierte Gillet von oben herab: »In der Geschichte Europas sehe ich nur ein einziges Land – Frankreich –, das immer das Wohl der anderen im Sinn gehabt hat... Jener große Eroberer Bonaparte hatte den Plan einer... Weltzivilisation im Kopf... Die Deutschen waren einmal groß... Wie kommt es, daß Beethovens Erzengel vom Himmel gefallen sind?... Am schrecklichsten ist, daß diese Krämerseelen immer noch so reden, als wären sie Kreuzritter, und daß der große Feldwebel glaubt, er wäre Karl der Große.«[7]

Gillet übersieht, daß Frankreich seit Jahrhunderten eine Nation gewesen ist, Deutschland dagegen erst seit knapp fünfzig Jahren. Die einzelnen deutschen Staaten waren in provinziellem Denken verhaftet und hatten vor dem Aufstieg Preußens unter Bismarck ganz sicher keine großen Ziele verfolgt. Österreich war für Napoleon eine wesentlich gefährlichere Größe gewesen als das politisch nichtexistente »Deutschland«. Man hätte von Rolland erwarten können, daß er seinen jungen Freund darauf hinwies oder daß er ihm zumindest riet, weniger selbstgerecht und um so aufgeschlossener zu sein. Aber das war nicht der Fall. »Vielleicht«, antwortete der Musikwissenschaftler ernst, »werden Sie unter dem dicken Fell des Deutschen eine tiefe und treue Seele finden. Sehen Sie sich gut um: es wäre ein großes Glück für Sie. Persönlich bin ich mir jedoch nicht allzu sicher.« Und er stimmte Gillet zu: »Wir Franzosen sind – wir müssen es sein – das Gewissen der Welt.«

Das gängige Porträt vom gütigen, vom über und jenseits von nationalen Grenzen stehenden Europäer Romain Rolland – ein Bild, das er später selbst propagieren sollte – erweist sich als übertrieben. Rolland war bereit, Deutschland die Hand zu reichen, aber nur auf der Basis, daß die französische Kultur seiner Zeit der deutschen Kultur überlegen war. Er, der die Seele als etwas Göttliches pries, glaubte, die französische Seele sei göttlicher als die der anderen.

Wäre *Johann Christof* ein bedeutender sittlicher Roman geworden wie zum Beispiel Tolstois *Auferstehung*, hätte er die Herzen der Pariser für die Détente gewinnen können. Aber seine Charakterisierung ist dürftig – besonders für den heutigen Leser fließen zu viele Tränen –, und die stets kritischen Pariser ließen dies den Autor auch wissen. Was Rollands Freundschaft mit Strauss betrifft, so war sie hauptsächlich für einen kleinen Sorbonne-Kreis von Bedeutung. Rolland war, kurz gesagt, ein Mittelpunkt für deutsch-französische Freundschaft auf dem Gebiet der Kunst; er schaffte es jedoch nicht, eine überzeugende Kraft im Pariser Leben zu werden und blieb deshalb politisch wirkungslos. Rolland schreckte vor dem Trubel in der Politik zurück, und er benutzte nie seine enge Freundschaft mit Madame Cruppi, um ihren Mann, der Außenminister war, zu beeinflussen.

Welche Haltung nahm Marcel Proust gegenüber Deutschland ein? Wir wissen, daß er sich für die historische Rivalität zwischen Frankreich und dem Heiligen Römischen Reich interessierte – er erwähnt dies auf der ersten Seite von *Auf der Suche nach der verlorenen Zeit* – sowie für die Errungenschaften dieser beiden Kulturen auf dem Gebiet der Kunst. Wir wissen, daß er sich mit dem aktuellen Geschehen auf dem laufenden hielt. Sofort nach dem Aufwachen – gegen sieben Uhr abends, weil er nachts schrieb – las er die Zeitung; zuerst den Wirtschaftsteil, denn er bezog sein Einkommen aus Aktien, deren Kurse entsprechend der internationalen Lage stiegen oder fielen. Insofern ist es erstaunlich, daß wir in seinem Roman so wenig über Deutschland finden. Er geht ausführlich auf die Dreyfus-Affäre ein, aber nur im Hinblick auf den damit verbundenen Antisemitismus, obwohl der Vorwurf, daß ein Hauptmann der Armee geheime Dokumente seines Landes nicht nur an irgendeine fremde Macht verkaufte, sondern ausgerechnet an den Erzfeind Deutschland, für die Öffentlichkeit ebenso bedeutend war.

Es scheint dafür dreierlei Gründe zu geben. Erstens sah Proust die französische Außenpolitik mit den Augen seines Freundes Calmette, des Herausgebers von *Le Figaro,* der Deutschland so wenig wie möglich erwähnte. Nebenbei bemerkt stand der *Figaro* voll hinter Delcassé, sogar nach dessen Rücktritt. Zweitens trat die Gesellschaftsklasse, die Proust bewunderte und zu der er unbedingt auch gehören wollte, entschlossen für eine Außenpolitik der *grandeur* ein. Die Greffulhes steckten Geld in die französisch-russische Allianz und unterstützten die Entente, indem sie Edward VII. zu sich einluden. Hugo Finaly, der Vater von Prousts Jugendfreund Horace, leitete die Banque Paribas, die, wie wir sehen werden, sehr erfolgreich in Marokko investierte. Dazu kam, daß das jüdische Volk Deutschland nicht sonderlich wohlgesonnen war; mehrere tausend Juden hatten lieber ihr Zuhause im Elsaß verlassen – viele ließen sich in Paris nieder –, statt unter deutscher Herrschaft zu leben.

Drittens schrieb Proust damals einen Roman, in dem er die Freude an der Kunst als etwas Absolutes pries, das den Leser über die gegenwärtige Realität erhebt, ihn seinen Mitmenschen entrückt. In eine solche Welt hätte der harte Konkurrenzkampf der internationalen Politik nicht gepaßt.

Dennoch berührt Proust in seinem Roman das Thema Außenpolitik, wenn auch indirekt und mit Geringschätzung. Indem er den Botschafter Norpois als einen selbstzufriedenen, rückgratlosen und in Klischees denkenden Menschen darstellt, zeigt Proust, was er von Diplomaten hält; und seine Meinung zur Diplomatie wird deutlich, wenn er Albertines Unaufrichtigkeit in ihrer Beziehung zum Erzähler mit dem »Bluff« vergleicht, mit dem Delcassé die Deutschen in der Marokko-Sache ausgespielt hat, sowie an einer weiteren Stelle, wenn er Saint-Loup die deutschen Drohungen wegen Marokko mit einem Pokerspiel vergleichen läßt. Proust tut so, als sei die internationale Diplomatie nichts anderes als ein Wortgefecht, ein verbales Vorstoßen und Parieren, bei dem es keiner wagt, den anderen zu durchbohren; man kann hier eine Parallele zu seiner unerfüllten Liebessehnsucht ziehen. Aber nirgends gibt er zu, daß Delcassés Spiel mit dem »Bluff« die Deutschen empfindlich gereizt haben könnte und daß man es deshalb besser mit Russischem Roulette verglichen hätte.

Proust beschreibt eine Gesellschaft bei den Guermantes, auf der die Gäste über den Charakter des Kaisers diskutieren. Die Standbilder, die Wilhelm von seinen Hohenzollernvorfahren und preußischen Generälen entlang der Berliner Siegesallee hatte aufstellen lassen, galten allgemein als protzig, und damit stand in Frankreich fest: Wilhelm hat keinen Geschmack. Einer der Gäste macht eine diesbezügliche Bemerkung:

»Jedesmal, wenn ich in Potsdam diniere und der Kaiser sagt: ›Dieses oder jenes Theaterstück müssen Sie sehen, es ist glänzend‹, hüte ich mich hinzugehen, und wenn ich ihn heftig über eine Ausstellung schimpfen höre, beeile ich mich, sie zu sehen.«

Die Guermantes geben zu, daß Wilhelm trotz fehlenden Geschmacks sehr intelligent und ein Mann des Friedens ist. Sicher, manchmal prahle er mit deutscher Militärmacht ausgerechnet, wenn er ein Krankenhaus eröffnet, aber das sei nun einmal seine Art und eigentlich eher erheiternd.

Prousts Ansicht über Außenpolitik und die auf diesem Feld agierenden Persönlichkeiten wird erneut deutlich, wenn er in seinen Roman einen der engsten Berater Kaiser Wilhelms, den Prinz von Faffenheim einführt, den er wahrscheinlich nach dem Vorbild des Reichskanzlers von Bülow konzipierte. Trotz eines grauenhaften Akzents hat der Prinz den Ehrgeiz, als ausländisches außerordentliches Mitglied in die angesehene Académie des Sciences Morales et Politiques gewählt zu werden. Er versucht, dieses Ziel zu erreichen, indem er in der *Revue des Deux Mondes* einen Artikel über seine politische Laufbahn schreibt und schmeichelhafte Bemerkungen über Monsieur de Norpois einfließen läßt, der die Stimmen von zehn Akademiemitgliedern hinter sich weiß. Norpois zeigt sich davon unbeeindruckt und läßt sich nicht festlegen. Schließlich findet der Prinz einen anscheinend besseren Weg. Er bittet Norpois, ihn bei der betagten, Blumen malenden Marquise de Villeparisis einzuführen; dann lädt er die Dame zu einem Diner ein, bei dem sie der Königin von England vorgestellt wird; gebührend dankbar empfiehlt die Marquise Norpois zu handeln. Ob er im Sinne des Prinzen handelt, bleibt offen; wahrscheinlich ist es nicht. Ein Blick in die Académie-Berichte zeigt, daß zwischen 1900 und 1914 zwei Amerikaner, ein Rumäne namens Xenopol, von dem man seitdem nichts mehr gehört hat, und zwei Russen als ausländische außerordentliche Mitglieder gewählt wurden, aber kein einziger Deutscher. Selbst in den schwindelnden Höhen der Académie stand man nicht über den Dingen, wenn es um Deutschland ging.

Proust war ein Mann des Friedens. Wenn er jemanden verletzte, selbst wenn es ungewollt geschah, machte er sich die schlimmsten Vorwürfe. Er gehörte nicht zu denen, die behaupteten, ein künftiger Krieg wäre in einem Monat vorbei; er sagte, er wäre schlimmer als eine Götterdämmerung. Proust begriff, daß viele Deutsche, nicht nur Bülow, von den Franzosen als Angehörige eines Kulturvolks und nicht nur als Soldaten »anerkannt« werden wollten. Wilhelm II., der Auszeichnungen und Orden liebte, hätte sich in der Tat besonders gern mit dem Band der Ehrenlegion geschmückt. Proust hatte mutige Artikel zur Erhaltung der Kathedralen als Stätten der Andacht geschrieben; er hätte durchaus auch Artikel schreiben können, in denen er das institutionelle Frankreich aufforderte, auch gelegentlich positiv zu bewertende Leistungen, die jenseits des Rheins vollbracht wurden, anzuerkennen. Vielleicht glaubte er, daß solche Artikel nicht gedruckt würden. Auf alle Fälle zog es der intelligenteste Schriftsteller jener Zeit vor, sich an der Debatte über die französische Außenpolitik und die französisch-deutschen Beziehungen nicht zu beteiligen.

Den Ehrenplatz im deutschen Pavillon der Weltausstellung 1900 nahmen französische Gemälde ein, die Friedrich der Große für Sanssouci in Auftrag gegeben hatte. Wenn dies ein freundlicher Hinweis war, daß Deutschland Frankreichs Führung auf dem Gebiet der Kunst anerkannte, so nahm in Paris niemand davon Notiz; aber einige Pariser fühlten sich immerhin veranlaßt, sich an jene Zeit zu erinnern, als ein Franzose nach Preußen gereist war, um einen vielseitig begabten Monarchen »aufzuklären«, und sie fragten sich: »Wer von unseren Zeitgenossen könnte in den 1900er Jahren nach Berlin gehen und Voltaires Erfolg wiederholen?«

Einer, der dies sehr gut hätte tun können, war André Gide. Die deutsche Literatur gefiel ihm; er las sie sogar im Original. Dank seiner Gouvernante, Miss Shackleton, spielte er deutsche Klaviermusik, vorzugsweise Bach; er war befreundet mit Charles Andler und hatte einen Goethe-Spezialisten zum Schwager. Er kannte seinen Nietzsche, und sein Theaterstück *König Candaules* basiert auf Nietzsches Idee von der bis zum Laster übertriebenen Großzügigkeit. *König Candaules* war in Paris und in Berlin aufgeführt worden. Gide mochte die Arbeiten von Stefan George, der die Schönheit der Jugend als den neuen Gott des zwanzigsten Jahrhunderts pries. Im April 1908 lernte er George persönlich kennen. Er kannte Rilke gut und stellte das Buch des jungen Österreichers über Paris den französischen Lesern vor. Darüber hinaus war Gide kontaktfreudig und hatte als Bürgermeister seines Heimatdorfs praktische Erfahrungen gesammelt.

War er auch aufgeschlossen genug? Die Antwort geht aus Gides kritischen Bemerkungen zu *Johann Christof* hervor – ein Buch des Wunschdenkens, die Illusion einer edlen Seele – und aus seiner Beantwortung eines Fragebogens des *Mercure de France* im Jahr 1902 zum Thema deutsche Kultur. Gide antwortete, bei Goethe, Heine, Schopenhauer und Nietzsche sei ihm am meisten ihre Bewunderung für Frankreich aufgefallen! Und der Kartesianismus, den er hier mit dem französischen Klassizismus gleichsetzt, sei die einzige Disziplin, die neutral und allgemein genug sei, um zur Basis der europäischen Kultur zu werden.

Für Gide ist der Klassizismus in der Literatur eine französische Schöpfung, eine französische Domäne. Er stand mit dieser Ansicht nicht allein. Rolland dachte das gleiche über den Klassizismus in der Musik; im Zusammenhang mit Beethovens *Missa Solemnis* schreibt er: »Es lag schon immer etwas Romantisches in der deutschen Musik; die klassische Musik ist unsere Erfindung.« Und genauso müssen die Franzosen das letzte Wort zum literarischen Stil haben. Für Gide wie für Rolland ist das Kriterium für Schönheit ein durch Paris verlaufender Längengrad.

Gide war sehr belesen, aber er war, zumindest damals, nicht wirklich aufgeschlossen. Die *Nouvelle Revue Française* erwarb sich ihr großes Ansehen durch die Veröffentlichung von Arbeiten der besten jungen Schriftsteller aus dem Ausland erst viel später; in den ersten Jahren ihres Bestehens akzeptierte Gide kaum neue Werke aus dem Ausland und manches, wie ein Kapitel aus Chestertons *Orthodoxy*, nur, weil Claudel darauf drängte. In sechzig Ausgaben der *NRF* hatte Gide nur ein halbes Dutzend deutscher Bücher besprochen, und dann vor allem solche, die auf französische Art »gemäßigt« waren; kein einziges Werk des friedliebenden jüdischen Dichters Franz Werfel, der Expressionisten Trakl und Stadler, nichts von Thomas Mann, dessen Novelle *Tod in Venedig* 1912 erschien.

Gide veröffentlichte einen einzigen Aufsatz in der *NRF*, der eine deutsche Meinung zum Ausdruck brachte: Kurt Singers Erwiderung auf die Behauptung Gides, die französische Sprache sei der deutschen überlegen. Singer erklärte, daß das Französische aus Gesetzen und

Konventionen hervorgegangen sei, die eine Aristokratie vorgeschrieben habe, dagegen sei das Deutsche eine Sprache von Individuen, die deren Innenleben ausdrücke. Die Vorsilben und Präpositionen verliehen dem Deutschen im Vergleich zum Französischen größere Energie und Beweglichkeit. Singer bestritt, daß die französische Sprache klarer sei als die deutsche; seiner Meinung nach lag der Unterschied vielmehr in der Tatsache, daß die Franzosen ihre Gedanken eher mitteilen und ihre Sprache daher kommunikativer als die deutsche sei.

Niemand ging auf Singers Essay ein; so wurde, was in dieser Zeit eine Seltenheit war, einem Deutschen in einer französischen Zeitschrift das letzte Wort überlassen.

Gide war ein eifriger Briefeschreiber. Er schrieb wahrscheinlich häufiger an Freunde und Bekannte als irgendein anderer seit Voltaire. Er führte ein Tagebuch, in dem er alle möglichen Beobachtungen, Gefühle, Beurteilungen aufzeichnete. In diesen Millionen von Worten dürfte man eigentlich erwarten, irgendeinen Kommentar oder eine Reaktion zu finden auf Ereignisse wie zum Beispiel den Sieg der Japaner über die Russen im Jahr 1905, den überraschenden Besuch des Kaisers in Tanger, den Rücktritt von Delcassé. Über alle diese Ereignisse hatte die Presse ausführlich berichtet. Bei Gide jedoch finden sie keine Erwähnung, und in Tausenden von Briefen ist so gut wie nie von Deutschland und den Deutschen die Rede.

Das gleiche trifft auf die vor 1914 geführte Korrespondenz von Gides Freunden mit *ihren* Freunden zu. Der Briefwechsel zwischen Jammes und Fontaine enthält kein Wort über Deutschland, ebenso der zwischen Jacques Rivière und Alain-Fournier und die Suarès-Péguy-Briefe. Ein ähnliches Schweigen finden wir in anderen Gruppen, in den Briefen zwischen de Vlaminck und Derain, in den Briefen von Max Jacob an verschiedene Freunde, in den Briefen von Apollinaire. Frühere Schriftsteller und Maler dagegen – Diderot, Lamartine und Hugo, Courbet und Pissaro – hatten lebhaftes Interesse für die Politik ihres Landes gezeigt.

Auf der Suche nach einer Erklärung finden wir einen Hinweis in der Korrespondenz von Madame de Caillavet, der bekannten Gastgeberin, die politisch links vom Zentrum angesiedelt war, mit Georg Brandes, einem sozial gesinnten dänischen Literaturhistoriker. Die Briefe enthalten viele gegenseitige Schmeicheleien: Sie spricht von seiner »großzügigen Seele«, seiner »prometheischen Flamme«, er von ihrer Intelligenz; und beide beweihräuchern Madame Caillavets Geliebten, Anatole France.

Deutschland kommt in ihren Briefen nicht vor, aber 1903 schlägt

Brandes einen ungewöhnlich ernsten Ton an. Er hatte mit einem im Exil lebenden armenischen Freund namens Nazarbek gesprochen, der ein Stück über das 1895 von den Türken an den Armeniern verübte Massaker geschrieben hat, ein schreckliches frühes Beispiel für einen Völkermord. Brandes fragt an, ob Madame de Caillavet Anatole France (der auf seine alten Tage sozialistische Ansichten vertrat) bewegen könnte, sich für eine Aufführung dieses Theaterstücks zu verwenden.

Die Anfrage war durchaus berechtigt, zumal der Sohn der Dame ebenfalls Bühnenschriftsteller war. Aber es vergehen etliche Wochen, bevor sie es für nötig hält zu antworten, und sie tut dies in ungewöhnlich scharfem Ton:

»Ich rate Ihnen, Armeniern aus dem Weg zu gehen . . . Sagen Sie diesem Feind Ihrer Seelenruhe, daß France Ihr Stück unmöglich an irgendeinem Pariser Theater unterbringen kann . . . Lassen Sie uns kein Wort mehr über Armenien verlieren, es verdirbt unsere Korrespondenz.«[8]

»Feind Ihrer Seelenruhe« – dieser Ausdruck verrät einen merklichen Mangel an Gemeinsinn. Der Abbé Mugnier, der mit den Einflußreichen auf so vertrautem Fuße stand, notierte ähnliche Beispiele in seinem Tagebuch und fand, daß die Selbstsucht in Paris immer größer wurde.

»Das häufigste Wort auf den Lippen der heutigen unverheirateten Mädchen ist ›Spaß‹. ›Amüsiert ihr euch?‹ . . . Wenn sie heiraten, ist ihnen eine Garage wichtiger als ein Kinderzimmer. ›Keine Kinder, zwei Automobile.‹«

Alles, was einem den Spaß verdarb oder, wenn man älter war, die Ruhe raubte wie das Schicksal der Armenier oder gar der Plan, die Unabhängigkeit Marokkos abzuschaffen, nahm man am besten gar nicht erst wahr.

Die Mehrheit der einflußreichen Schriftsteller und Künstler war jedoch nicht so selbstsüchtig. Gide zum Beispiel setzte sich unermüdlich für seine zahlreichen Freunde ein; aus seinen Briefen geht hervor, daß er sehr vielen, die weniger erfolgreich waren als er, praktische Hilfe leistete. Auch Claudel war ein großzügiger Freund. Als Konsul in Tientsin war es Claudels Aufgabe, für französische Firmen Aufträge für den Ausbau des dortigen Marinestützpunkts zu beschaffen, wobei er es mit einer sehr aktiven deutschen Konkurrenz zu tun hatte. Die französisch-deutsche Rivalität auf dem Weltmarkt war ihm also aus erster Hand bekannt. Doch in seinem Tagebuch, das beinahe ebenso umfangreich ist wie das von Gide, läßt er sich unter anderem ausführlich über den alttestamentarischen Kampf der Israeliten mit ihren Nachbarn aus, aber er schweigt zum Thema Deutschland, und dies ebenso in seinen Briefen.

In einem Tagebuch oder einem Brief schreibt man meistens über das, was ungewöhnlich, bestürzend oder irritierend ist. Wenn das Schweigen dieser Quellen zu Deutschland – und Marokko – also keine selbstsüchtigen Gründe hatte, dann läßt es sich vermutlich am besten mit der Tatsache erklären, daß die schöpferisch tätigen Pariser nichts gegen eine Außenpolitik einzuwenden hatten, die auf eine Niederlage Deutschlands ausgerichtet war. Sie dachten wahrscheinlich selten darüber nach, aber sie gaben praktisch ihr stilles Einverständnis. Die einflußreichen Pariser, die uns hier begegnet sind, haben, jeder auf seine Weise, versucht, die französische Kultur zu fördern, und für die Franzosen ist Außenpolitik nicht nur Machtpolitik, sondern auch die Verwirklichung des »zivilisatorischen Auftrags«, den sich Frankreich selbst zuerkannt hat. Je mehr die Schriftsteller, Maler, Komponisten erreichten, um so logischer erschien es ihnen, daß Frankreich geographisch expandierte. Barrès brachte das Ganze auf eine kurze Formel, als er erklärte, Frankreich bewahre das Erbe Roms und damit das des Römischen Reichs, zu dem schließlich auch Tunesien, Algerien und Marokko gehörten.

Dies ist einer der Gründe für das merkwürdige Schweigen der Pariser Intellektuellen. Ein zweiter beruht auf der Tatsache, daß für die kreativen Pariser Paris die Welt bedeutete. Um ein Buch zu veröffentlichen, ein Theaterstück oder ein musikalisches Werk zur Aufführung zu bringen, mußten sie intrigieren, Beziehungen spielen lassen, einflußreiche Freunde finden und wichtige Freundschaften pflegen. Die Pariser Oper war ein einziger Intrigenfilz, weil jeder prominente Beamte versuchte, seine Geliebte in die Produktion zu lancieren. Richard Strauss, der sich selten bei Rolland beklagte, beklagte sich genau darüber bei der Besetzung der *Salome*. Unter diesen Umständen blieb ihnen wenig oder gar keine Zeit, über ihre Stadt hinauszublicken. Gide, der nicht im entferntesten daran dachte, ein Nachfolger Voltaires in Berlin zu werden und dort für die Détente zu arbeiten, hatte alle Hände voll zu tun, um im Intrigenspiel der literarischen Cliquen zu überleben.

Und schließlich spielt auch hier die Pariser Stimmung der Jahrhundertwende eine Rolle. Die meisten kreativ tätigen Menschen in Paris, ob sie nun Romane oder Gedichte schrieben, Ballett oder Theater machten oder Bilder wie Matisse malten, waren auf der Suche nach Freude – nicht nach sinnlichem Vergnügen, sondern nach einer intellektuellen und spirituellen Freude, die den Verlust der religiösen Werte aufwiegen könnte. Allein schon wegen der Intensität, mit der sie diese Suche betrieben, war ihre Sensibilität für längere Zeit praktisch unfähig, sich aus dem Subjektiven in das entfernte Objektive zu retten.

Nachdem nun also viele der in Paris geschätzten Schriftsteller in einer anderen Welt zu leben schienen und nicht daran dachten, die Politik der Regierung zu hinterfragen, fiel diese Aufgabe einem energischen Journalisten, Abgeordneten und Führer der Sozialistischen Partei zu. Er machte darauf aufmerksam, wie bedenklich es war, die Allianz mit Rußland und die Freundschaft mit England als Sprungbrett für eine Expansion in Marokko zu benützen und daß diese von Delcassé eingeleitete Politik, obwohl Delcassé hatte zurücktreten müssen, von ihm und seinem Kreis im Quai d'Orsay fortgeführt wurde.

Jean Jaurès[9] war der Sohn eines Straßenarbeiters und Hausierers aus Castres im Departement Tarn, einer armen Gegend Frankreichs. Er war ein glänzender Schüler, absolvierte als Bester seiner Klasse die Ecole Normale – Bergson wurde zweiter – und unterrichtete nach dem Studium Philosophie am Lycée in Toulouse. Mit sechsundzwanzig wurde er in die Nationalversammlung gewählt. Er schloß sich den Sozialisten an, verlor seinen Sitz als Abgeordneter und wurde 1902 wiedergewählt.

In jenem Jahr war Jaurès dreiundvierzig. Er war wie sein Vater kräftig gebaut, mit breiten Schultern und kurzem Hals. Er hatte einen großen länglichen Kopf mit einer kantigen Stirn und regelmäßigen Gesichtszügen. Sein kurzgeschorenes Haupthaar machte ein buschiger Vollbart wieder wett. Er sah so gutmütig aus »wie ein lieber Bär«. Er war verheiratet und hatte zwei Töchter. Obwohl er selbst nicht gläubig war, erlaubte er seiner Frau, die Mädchen religiös zu erziehen und sie zur Erstkommunion zu schicken. Von der harten sozialistischen Linken mußte er dafür viel Schelte einstecken.

Natürliche Nächstenliebe bestimmte Jaurès' Wesen und Politik. In einer seiner ersten Reden sagte er, vielleicht naiv, aber ohne jede Anmaßung: »Jedesmal, wenn ich einem ehrlichen Menschen begegne, fühle ich mich sehr viel reicher.« Das gleiche herzliche Gefühl besonders für jene, die ebenso arm waren wie er als Kind, zeigt sich in seiner Liebe zur primitiven flämischen Malerei und veranlaßte ihn, nicht nur Sozialist zu werden, sondern auch als Sozialist zu leben. Selbst als er berühmt war, fuhr er mit dem Bus in die Nationalversammlung und wieder nach Haus. Er schätzte gutes Essen und kannte die besten

Bordeaux- und Burgunder-Jahrgänge, aber er ernährte sich hauptsächlich in einem Café in der Nähe der Nationalversammlung von irgendeinem Gebäck, das er in seinen *café au lait* tunkte. Und von dem einstigen jungen Philosophieprofessor war auch in dem sozialistischen Abgeordneten noch etwas zu spüren, denn Jaurès war oft mit seinen Gedanken woanders, und dann vergaß er seinen Schirm im Bus, oder er konnte in seinem kleinen Haus in Passy seine Pantoffel nicht finden.

Jaurès besaß eine ganz ungewöhnliche Energie. Im Jahr 1904 gründete er die bedeutende, noch heute existierende Tageszeitung *L'Humanité*. Er schrieb eindrucksvolle, wenn auch etwas langatmige Artikel und erreichte allmählich die beachtliche Auflage von 12 000 Exemplaren. Von nun an verbreitete Jaurès seinen Sozialismus auf dreierlei Weise: im Sitzungssaal der Nationalversammlung, gedruckt und bei Podiumsdiskussionen, die von der Sozialistischen Internationale in Frankreich, Deutschland, Belgien und den Niederlanden veranstaltet wurden.

Jaurès war ein Mann, der sich in seiner Haut wohlfühlte und unbefangen mit seinen Mitmenschen umgehen konnte. Das war die Basis seiner leidenschaftlichen Liebe zum Frieden, den man seiner Ansicht nach nur über den Sozialismus erreichen konnte. Er verachtete den Chauvinismus Delcassés und das Säbelgerassel der Liga der Patrioten, die bald von Barrès angeführt werden sollte. Jaurès schrieb bereits im März 1900: »Nichts kommt dem gewaltigen nationalistischen Haß unserer Chauvinisten gleich, es sei denn ihre Mobilität.«

Jaurès glaubte, der Hurrapatriotismus könne auf zwei Arten überwunden werden. Erstens durch die Schlichtung von Kontroversen. In Den Haag hatte man bereits einen internationalen Schiedshof gegründet unter der Leitung des Franzosen Baron Paul d'Estournelles de Constant. Im Jahr 1902 hatte d'Estournelles Präsident Roosevelt dazu gebracht, sich in einer geringfügigen Zahlungsstreitigkeit zwischen den USA und Mexiko diesem Schiedsgericht zu unterwerfen. Der Schiedsspruch erfolgte bereits nach sechs Wochen, was andere Länder in der Folge ermutigte, sich ebenfalls an den Schiedshof zu wenden, so Großbritannien und Rußland in ihrer Auseinandersetzung um Fischereirechte, dem sogenannten Dogger-Bank-Streit. Für seine Arbeit beim Internationalen Ständigen Schiedshof erhielt d'Estournelles (zusammen mit Beernaert) 1909 den Friedensnobelpreis.

Jaurès hoffte, daß sich Kriege vermeiden ließen, wenn sich die Völker bei größeren und kleineren Streitigkeiten dem Schiedshof unterwerfen würden. Auf dem sechsten Kongreß der Zweiten Internationale, der 1907 in Stuttgart abgehalten wurde, erklärte Jaurès: »In Zukunft brauchen wir nicht mehr zu fragen: Welche Regierung ist die, die angreift, und welche ist die, die angegriffen wird? Der Aggressor wird die Regierung sein, die sich weigert, das Schiedsgericht anzurufen.«

Die zweite Möglichkeit, den Chauvinismus zu besiegen, sah Jaurès in einer Übereinkunft zwischen französischen und deutschen Sozialisten, nie wieder gegeneinander Krieg zu führen. Das war Charles Andlers Credo, aber Jaurès machte es sich ganz besonders zu eigen, indem er es leidenschaftlich Jahr für Jahr und kreuz und quer durch Europa reisend verkündete. Die französischen Sozialisten, so argumentierte er, hätten dem Kapitalismus, dem Militarismus, dem Imperialismus und Kolonialismus abgeschworen; und das gleiche hätten die deutschen Sozialisten getan. Die Zukunft von Elsaß-Lothringen solle man in der Schwebe lassen, bis sich die sozialistischen Ideale in jedem Land eine Mehrheit geschaffen hätten und folglich ein Krieg nicht mehr möglich sei.

In der Marokko-Frage befürwortete Jaurès, der wie andere Abgeordnete von Delcassés Geheimabkommen nichts wußte, eine friedliche Expansion der wirtschaftlichen Interessen Frankreichs. Er wandte sich jedoch heftig gegen Frankreichs Allianz mit Rußland, die Delcassé seit der Jahrhundertwende jedes Jahr durch Staatsbesuche und aufmerksame Gesten gestärkt hatte. Jaurès war erstens aus ideologischen Gründen dagegen. Er wußte, daß François I. sich nicht gescheut hatte, mit der moslemischen Türkei eine Allianz einzugehen, um gegen Frankreichs christliche Rivalen in Europa zu kämpfen; was ihm so gegen den Strich ging, war, daß Europas erste Republik vor einer Autokratie kriechen sollte. Und er war zweitens dagegen, weil niemand sagen konnte, wohin diese Allianz führte; Rußland könnte eines Tages verlangen, daß ihm Frankreich auf dem politischen Treibsand im Balkan zu Hilfe käme; dazu kam, daß diese Allianz Frankreich ein durch nichts gerechtfertigtes Gefühl der Stärke einflößte. Jaurès hätte es gern gesehen, wenn Frankreich die Allianz mit Rußland aufgegeben und dadurch frei geworden wäre, um mit Deutschland für die Détente zu arbeiten.

Am 19. April 1905 griff Jaurès in der Nationalversammlung die Marokko-Politik der Regierung an:

»Sie sollten mit Deutschland genauso verhandeln, wie Sie es mit England getan haben. Damit würden Sie das Ansehen Frankreichs weder verringern noch herabsetzen noch einschränken; was unserem Ansehen schaden *würde,* wäre die Fortsetzung dieser Politik des heimlichen Vormarsches. Sie führen uns damit entweder zu Unbesonnenheiten oder zu würdelosen Rückziehern.«

Diese Worte waren prophetisch und bemerkenswert auch insofern, als sogar Jaurès bei seiner Argumentation die so überaus wichtige Ehre Frankreichs bemühen mußte.

Jaurès wurde von der Linken geliebt und von der Rechten wegen seiner Integrität und seines Muts geachtet. Unermüdlich verkündete er seine Rezepte für den Frieden, aber er und die Sozialisten waren eine Minderheit. In der Nationalversammlung von 1907 gab es 174 Abgeordnete auf der Rechten, 247 Radikalsozialisten, 90 Republikaner und nur 74 Sozialisten. Als Jaurès einen Gesetzentwurf zur Beilegung größerer Streitsachen durch den Ständigen Schiedshof vorlegte, wurde er im Parlament nicht einmal auf die Tagesordnung gesetzt. Er lehnte ein Ministeramt in einer radikalsozialistischen Regierung ab, weil er hinsichtlich seiner Überzeugungen keine Kompromisse schließen wollte. Er weigerte sich auch, den eleganten Gastgeberinnen und Schriftstellern schön zu tun, von denen ganz wenige Sozialisten waren. Folglich fehlte ihm die Unterstützung seitens der Elite, die seiner Stimme vielleicht über Parteigrenzen hinaus hätte Gehör verschaffen können. Später, als sich die Sturmwolken über Europa zusammenballten, hörten mehr Menschen auf ihn, aber im Augenblick sah sich Jaurès als Prediger in der Wüste.

Zwischen Juni 1905, dem Tag des Rücktritts von Delcassé, und der Eröffnung der Marokko-Konferenz in Algeciras im Januar 1906 stellte außer den Sozialisten kein Mensch in Paris die Strategie Delcassés gegenüber Deutschland öffentlich in Frage. Vielleicht hatte er einen taktischen Fehler begangen, indem er die Wilhelmstraße nicht über französische »Wirtschaftsreformen« informierte, aber im großen und ganzen billigte die Presse das Vorgehen in Marokko, mit dem Frankreich seinen Machtanspruch wieder zur Geltung brachte. Für Delcassé und seine engsten Mitarbeiter war das Schweigen der intellektuellen und künstlerischen Elite besonders bedeutsam, denn es konnte nur als Zustimmung gewertet werden.

Die französischen Delegierten gingen in die Algeciras-Konferenz ohne die Spur eines schlechten Gewissens. Delcassé hatte es sogar fertiggebracht, obwohl vorübergehend ohne Portefeuille – er sollte erst 1913 als ein Botschafter ins Außenministerium zurückkehren –, stärker denn je dazustehen, indem er eine Geschichte in die Welt setzte, nach der sich Maurice Rouvier, der Premierminister, der ihn entlassen hatte, einem Wink des Kaisers gebeugt habe, der besagte, er,

Delcassé, sei unerwünscht. »Der Kaiser«, sagte Delcassé, »verlangte meinen Kopf.«

Die Deutschen gingen in die Konferenz in der Hoffnung, sich mit den gleichen Chancen wie die übrigen Mächte an der wirtschaftlichen Entwicklung Marokkos beteiligen zu können, wie es ihnen die Konvention von 1880 garantierte. Frankreichs Anteil am marokkanischen Handel betrug 1903 einunddreißig Prozent, der der Deutschen neun Prozent, und die Deutschen hofften, diesen Anteil zu steigern. Sie hofften, Marokko bliebe unabhängig, de facto ebenso wie theoretisch, und sie hatten keine Ahnung von den Geheimabkommen, die Frankreich mit England und Spanien geschlossen hatte. Sie rechneten sogar damit, daß Spanien sich mit ihnen den französischen Initiativen widersetzte.

Algeciras ist eine Stadt von weißen Häusern zwischen magentaroten Bougainvilleen, Dattelpalmen und Orangenbäumen, und der Blick geht hinüber zum Felsen von Gibraltar, der die Deutschen an die Vormachtstellung der Briten zur See erinnern sollte. Hier begann am 16. Januar 1906 die Konferenz, die wie damals üblich in französischer Sprache abgehalten wurde.

Der erste heikle Punkt war die Gründung einer marokkanischen Staatsbank. Deutschland schlug vor, das Bankkapital zu gleichen Teilen zwischen den Mächten aufzuteilen und die Bank einem gemischten konsularischen Aufsichtsrat und einem marokkanischen Delegierten zu unterstellen. Die Franzosen vertraten den Standpunkt, daß »die geöffnete Tür nicht bedeutet, daß diejenigen, die sich im Haus befinden, gehen müssen«. Sie verlangten 27 Prozent des Kapitals für sich, 23 Prozent für die Spanier, jeweils 20 Prozent für Briten und Deutsche und 10 Prozent für ein paar kleinere Länder. Der Präsident der Bank sollte Franzose sein, und die Bank sollte der französischen Gesetzgebung unterliegen.

Zur Überraschung der deutschen Konferenzteilnehmer unterstützte Spanien den französischen Vorschlag. Frankreich hatte ohne Wissen der Deutschen ein *neues* Geheimabkommen mit Spanien geschlossen, in dem man vereinbart hatte, daß Frankreich die Präsidentschaft über jede Institution und Spanien den zweitgrößten Anteil nach Frankreich bekommen sollte. Nachdem Spanien und England Frankreichs Vorschläge unterstützten, waren die Deutschen überstimmt. Die marokkanische Staatsbank wurde ins Leben gerufen und zu einem Instrument entwickelt, mit dem Frankreich Marokko finanziell kontrollieren konnte.

Ein zweiter wichtiger Punkt war die Überwachung der marokkanischen Häfen. Die Deutschen schlugen vor, daß der Sultan diese Aufgabe übernehmen sollte – es handelte sich immerhin um seine Städte – mit einer Polizeitruppe, die international kontrolliert würde. Die Franzosen bestanden darauf, fünf Häfen einschließlich Tanger durch französische und drei durch spanische Polizei überwachen zu lassen. Auch dieser Vorschlag wurde dank britischer Unterstützung angenommen, und der deutsche Delegierte Tattenbach klagte: »Die Engländer sind französischer als die Franzosen.«

Als man schließlich bei der wirtschaftlichen Entwicklung anlangte, erklärten sich die Franzosen mit der Wiedereinführung des Prinzips des freien Marktes einverstanden, denn sie konnten ja nun über die Staatsbank die Investitionen kontrollieren. Die Konferenz schloß am 7. April, nachdem die Teilnehmer »im Namen Gottes des Allmächtigen« die Souveränität Seiner Majestät, des Sultans, und die Unantastbarkeit seines Herrschaftsgebiets bestätigt hatten.

Der Kaiser und Kanzler von Bülow waren besorgt, weil England Frankreich so massiv unterstützt hatte, aber sie hofften, die Deutschen könnten von dem Bekenntnis zum freien Handel profitieren. Bald darauf erhielt Reinhard Mannesmann, der älteste der sechs tatkräftigen Brüder, die in Düsseldorf die Mannesmann-Röhren-Werke gegründet hatten, vom Sultan ein Monopol für den Abbau von Eisenerz. Den Franzosen paßte das gar nicht, weil sie mit der Lieferung von Eisenerz aus französischen Bergwerken nach Deutschland viel Geld verdienten. Sie weigerten sich, die Abbaugenehmigung des Sultans anzuerkennen, und gründeten ihre eigene Bergwerksunion. Mannesmann bot an, mit der Bergwerksunion halbpart zu machen, aber die Franzosen wollten auch das nicht und verhinderten schließlich den Erzabbau durch Mannesmann ganz.

Der zweite Schock für Deutschland war die Gründung einer Gesellschaft für Bauten der Öffentlichen Hand. Frankreich hielt 50 Prozent des Grundkapitals, Deutschland 26 Prozent; im Aufsichtsrat saßen sechs Franzosen und vier Deutsche. In der Gründungsurkunde war ausdrücklich die Rede vom Bau und vom Betrieb der Einrichtungen, aber die Franzosen bestanden darauf, man sollte sich nur auf die Errichtung beschränken. Daraufhin schlugen die Deutschen vor, die Eisenbahnen gemeinsam zu bauen, aber die Franzosen bestanden auf einem Exklusivvertrag für die Eisenbahnen wegen ihrer militärischen Bedeutung. Am Ende führte diese Gesellschaft zu gar nichts.

In Paris triumphierte die marokkanische Lobby und ihr Führer Napoléon Etienne, der von Berthelot unterstützt wurde – er hatte in Algeciras alle Berichte und Texte abgefaßt – sowie von Delcassé und den Brüdern Cambon. Jenseits des Rheins jedoch war Wilhelm II. alles andere als erfreut über den Gang der Dinge. Im Juni 1907 lud er Etienne ein, ihn inoffiziell in Kiel zu treffen. In einem Brief an von Bülow schilderte Wilhelm Etienne als einen stämmigen Mann mit einem massiven Schädel und dichtem Haar, intelligenten Augen und jovialem Auftreten. Die beiden kamen gut miteinander zurecht und begannen ein Gespräch über außenpolitische Themen. Etienne bat Wilhelm, in einer Rede oder mit einer Geste die »überlegene« Rolle Frankreichs in Marokko anzuerkennen. Wilhelm antwortete, er sei gern dazu bereit, vorausgesetzt Frankreich schlösse eine Allianz mit Deutschland, unbeschadet des französisch-russischen Bündnisses; dann, und nur dann, würden die Franzosen ihre »moralische Überlegenheit« in Marokko konzediert bekommen.

Nun hätte eine solche Allianz bedeutet, daß Frankreich die Gültigkeit des 1871 geschlossenen Frankfurter Friedens anerkannte und damit auch den Verlust von Elsaß-Lothringen. Für Etienne wäre dies »ein Akt der Ehrlosigkeit« gewesen, ebenso für Berthelot und sogar für jenen Olivier aus *Johann Christof*. Das Treffen führte zu nichts.

Wilhelm hielt unbeirrt an dem Glauben fest, daß er eine Détente erreichen könnte, wenn man nur diesen Jules Cambon gegen einen anderen, weniger feindlich gesinnten Botschafter austauschen könnte. Zum Teil bildete er sich hier ein bißchen viel ein, zum Teil war Idealismus im Spiel, zum Teil war es ein Fehler zu denken, die französische Politik würde von einigen Einzelpersonen bestimmt und nicht viel mehr von Ideen und Gruppen.

Wilhelms Wahl fiel auf Jean Dupuy, den Selfmade-Millionär und ehemaligen Landwirtschaftsminister, dessen auflagenstarker *Le Petit Parisien* zwar die französische Politik in Marokko billigte, aber auch unermüdlich für verbesserte Beziehungen mit Deutschland plädierte. Man trat an Dupuy heran, aber er lehnte das Angebot nach reiflicher Überlegung ab. Freundschaftliche Beziehungen würden genauso wie eine formelle Allianz die Anerkennung einer deutschen Provinz Elsaß-Lothringen nach sich ziehen; und dazu konnte sich auch Dupuy nicht überwinden.

In Marokko richteten die Franzosen ihre Aufmerksamkeit nun auf den Sultan. Er war ein intelligenter junger Mann Mitte zwanzig, der viel Geld ausgab für Fahrräder und Automobile, raffinierte Feuerwerke und teure Kameras und nebenbei alles kaufte, was sein Land nach Meinung der Franzosen brauchte. Der Sultan verstrickte sich in Schulden, die Stammesfürsten revoltierten, und er wurde von seinem Bruder Mulay Hafid gestürzt. Im Jahr 1910 gewährte die Banque

Paribas, die sich nach Algeciras in Marokko niedergelassen hatte, dem neuen Sultan einen zweiten, noch größeren Kredit, für den Mulay Hafid zum Teil mit seinen Kronjuwelen bürgen mußte. Auch er geriet bald unter Druck, und die Stammesfürsten reagierten verstimmt.

Gleichzeitig verstärkte Frankreich seine Überwachungsmaßnahmen. Im November 1910 lief der französische Kreuzer *Du Chayla* in den strategisch wichtigen Atlantikhafen Agadir ein, und ihr Kapitän ging an Land, angeblich um Schmuggler zu verfolgen. Entsprechend der Algeciras-Akte war Agadir ein geschlossener Hafen, und ein französisches Schiff hatte dort keine Rechte. Die deutschen Zeitungen brachten den Vorfall in großen Schlagzeilen, und im Reichstag wurden Fragen gestellt.

Im Jahr 1911 spitzte sich die gespannte Lage in Marokko weiter zu, nachdem die wirtschaftliche Situation des Landes durch die Vorherrschaft der Franzosen immer desolater geworden war. Etliche Stämme erhoben sich in der Umgebung von Fes gegen den Sultan. In Fes befanden sich auch Europäer. Damit war für Frankreich der ersehnte Augenblick gekommen.

Wie es der Zufall wollte, war das Kabinett von Aristide Briand im Februar gestürzt worden, und der jetzige Premierminister Ernest Monis war nicht mehr als ein Sachwalter mit einem auf diesem Gebiet der Außenpolitik völlig unerfahrenen Außenminister Cruppi. Cruppi berief eine Sitzung ein mit dem Kriegsminister Maurice Berteaux, bei der auch der allgegenwärtige, diesmal höchst aufgebrachte Etienne zugegen war. Berteaux wollte der nächste Präsident von Frankreich werden und brauchte dazu die vierzig Stimmen der Kolonialpartei. Natürlich unterstützte er die von Etienne gewünschte Aktion. Cruppi und Berteaux beschlossen gemeinsam, Truppen nach Fes zu einer »mission de merci« zu entsenden – dreißigtausend Mann, nicht weniger.

Jaurès verdammte die Entsendung von Truppen rundweg, und zum ersten Mal war die französische nichtsozialistische Presse in der Marokko-Politik geteilter Meinung. Ein katholischer Nationalist, Albert de Mun, schrieb am 22. April im rechts gerichteten *Le Gaulois*: »Weder Deutschland noch Europa werden etwas sagen, weil sie nichts sagen können.« Aber das gemäßigtere *Journal des Débats* sprach sich gegen die Expedition aus: »Sind französische Truppen erst einmal in Fes, werden sie es wahrscheinlich unmöglich finden, sich zurückzuziehen.« Ähnlich war die Reaktion in England, wo *The Times* die Meinung vertrat, die Franzosen müßten die Europäer in Fes schützen (es waren 75, und sie befanden sich keineswegs in Gefahr), während die *Nation* die französische Regierung scharf kritisierte, weil sie es versäumt hatte, die Wähler und das Parlament zu befragen.

Am 6. Mai 1911 schrieb Wilfred Scawen Blunt, ein erfahrener Beobachter der islamischen Welt, in sein Tagebuch: »Das Ereignis der vergangenen Woche war die Invasion Marokkos durch die Franzosen, eine skandalöse Sache, genau nach den Methoden, die wir vor dreißig Jahren in Ägypten anwendeten: finanzielle Spekulation und koloniale sowie machtpolitische Intrigen.«

Die französischen Truppen erreichten Fes am 21. Mai; im Juni besetzten spanische Truppen Tetuan, Larache und El Kasr, »um spanische Staatsangehörige zu schützen«. Beide Maßnahmen verletzten internationale Abkommen, zu deren Unterzeichnerstaaten auch Deutschland gehörte.

Deutschland glaubte, nun handeln zu müssen. Ende Juni schickte die deutsche Regierung ein Kanonenboot, die *Panther,* nach Agadir. Der deutsche Botschafter informierte die französische Regierung am 1. Juli von diesem Schritt; Ziel dieser Maßnahme sei es, die deutschen Staatsangehörigen zu schützen, bis in Marokko wieder Ruhe einkehrte.

Die mit Kaiser Wilhelm eng befreundete, in England geborene Fürstin von Pless erklärte Edward VII.: »Es war eine Maßnahme, um die Dinge auf die Spitze zu treiben und eine Konferenz zu erzwingen, damit sich andere Mächte nicht schlafen legten und dann eines Tages aufwachten, um festzustellen, daß Marokko eine französische Kolonie ist, während England die ganze Zeit aus dem Augenwinkel zusah!«

Die Ankunft eines deutschen Kanonenboots in Agadir führte zu Wutausbrüchen in der französischen Presse. Ohne einen Gedanken daran zu verschwenden, daß Frankreich im vergangenen Dezember einen Kreuzer in denselben Hafen geschickt hatte, brandmarkte man diesen Schritt als *»le coup d'Agadir«. Coup* ist ein starkes Wort; es bedeutet »Schlag«, »Schock« oder beides zusammen, und es unterstellt eine Gaunerei wie in *coup de Trafalgar,* dem Ausdruck für einen heimlichen Trick, obwohl niemand weiß, was Nelson bei Trafalgar so Heimliches getan hat.

Als die *Kölnische Zeitung* Frankreich aufforderte, seine Truppen zurückzuziehen und zu beweisen, daß es Marokko nicht als französische Kolonie betrachte, erwiderte das *Journal des Débats* verärgert: »Wir haben die in der Algeciras-Akte garantierten Interessen niemals falsch ausgelegt oder bedroht... Auf wirtschaftlichem Gebiet haben wir für andere mehr gearbeitet als für uns selbst.«

Frankreichs Ehre, Frankreichs Größe standen auf dem Spiel. Zuerst hatte der Kaiser angeblich Delcassés Kopf gefordert, nun intervenierte er in einem Land, in dem Frankreich gerade auf dem besten Weg war, ein Protektorat zu errichten! In Paris stieg das politische Thermometer bis zu dem Punkt, an dem die Regierung den General Joffre kommen ließ und sich erkundigte, welche Siegeschancen Frankreich hätte, wenn es zu Feindseligkeiten käme. Joffre antwortete: »Kaum sieben zu zehn.« Der Marokko-Konflikt, der bei seinem Ausbruch sechs Jahre zuvor in Tanger noch vorwiegend eine Frage des nationalen Prestiges gewesen war, drohte nun zum Auslöser für einen gesamteuropäischen Krieg zu werden.

KAPITEL XVI
Vorbereitungen für ein Duell

Der französische Premierminister des Jahres 1911 war der brillante Selfmade-Millionär Joseph Caillaux. Er stammte aus der Sarthe, war seinem Vater ins Finanzministerium gefolgt und von dort aus als Radikalsozialist in die Politik eingestiegen. Er war dreimal Finanzminister, und jedesmal hatte er mit großem Geschick den Finanzhaushalt ausgeglichen. Er war ein Mann, der seinen Wert kannte; arrogant, rasch und ungeduldig erledigte er am liebsten alles im Alleingang, was ihm den Spitznamen »Einzelkämpfer« eintrug. Er war damals achtundvierzig Jahre alt, klein, schlank, hielt sich sehr gerade und trug einen üppigen Schnurrbart. Er kleidete sich elegant; häufig sah man ihn mit seidener Weste, Gamaschen und gelben Handschuhen. Wenn er sich aufregte, was öfter geschah, überzog seinen mächtigen kahlen Schädel ein purpurnes Marmormuster.

Sein Privatleben war recht stürmisch gewesen. Er schwärmte für große, stattliche Frauen, und im Jahr 1911 war er gerade ein paar Monate in zweiter Ehe mit einer grauäugigen, aschblonden Dame namens Henriette verheiratet. Sie hatte zwei Töchter von ihrem ersten Mann, Léo Claretie, einem Spielwarenhersteller. Von Joseph und Henriette Caillaux sagte man, daß sie sich innig liebten.

Caillaux' Haltung gegenüber Deutschland war die eines schlauen jungen Geschäftsmannes, der eigenes Geld im Ausland, vor allem in Lateinamerika, investiert hatte. Er sah in Deutschland eine mächtige Industrienation, die den Franzosen im Schiffsbau, Maschinenbau, in der Elektrotechnik und der chemischen Industrie überlegen war. Zwischen 1900 und 1914 sollte Deutschland zur zweitstärksten Wirtschaftsmacht der Welt aufsteigen, deren Bevölkerung rasch wuchs (aus jeder Ehe gingen durchschnittlich 4,7 Kinder hervor), während Frankreich vom dritten auf den vierten Platz zurückfiel. Caillaux war der Ansicht, Frankreich müsse mit diesen unangenehmen Wahrheiten leben, seinen Haß vergessen und in der Kooperation seinen Vorteil suchen. Dazu gehörten auch Investitionen. Caillaux hatte vergeblich versucht, die Pariser Börse dazu zu bringen, die Notierung deutscher Aktien wieder zuzulassen; das Verbot war nach Frankreichs Niederlage 1870 von der Regierung beschlossen worden, damit die französischen Ersparnisse nicht den Deutschen zugute kämen.

Caillaux machte sich außerdem keine Illusionen über die Stärke des französischen Militärs, und nach der Agadir-Affäre und der Lagebeurteilung von General Joffre beschloß er, zu einer Regelung zu kommen. In Justin de Selves hatte er einen etwas kraftlosen und unerfahrenen Außenminister, und so fiel es ihm um so leichter, direkt mit den Deutschen zu verhandeln.[1]

Zuerst verlangte der deutsche Kanzler – auf von Bülow war inzwischen Bethmann-Hollweg gefolgt – einen hohen Preis: Französisch-Kongo (halb so groß wie Marokko) als Gegenwert für ein französisches Protektorat in Marokko. Aber der deutsche Kanzler hatte einen Fehler begangen. Er hatte versäumt, die Briten im voraus von der Aktion *Panthersprung* zu informieren, mit dem Ergebnis, daß die britische Regierung befürchtete, Deutschland würde einen Atlantikhafen beanspruchen oder besetzen. Der liberale Schatzkanzler Lloyd George hielt am 21. Juli eine Rede, in der er Frankreich massiv unterstützte; gleichzeitig wurden in Whitehall detaillierte Pläne für eine eventuelle Landung von sechs britischen Divisionen in Norddeutschland ausgearbeitet.

Die britische Unterstützung im Rücken eröffnete Caillaux seine Verhandlungen mit den Deutschen. Mit der Verschwiegenheit eines Delcassé und der Entschlossenheit eines Mannes, den man nicht zu Unrecht »Einzelkämpfer« nannte, gelang es ihm, die deutschen Forderungen herunterzuschrauben. Am 4. November 1911 wurde in Berlin ein Abkommen unterzeichnet, in dem Frankreich für eine freie Hand in Marokko lediglich einen Teil von Französisch-Kongo an Deutschland abtrat, ein Gebiet, das zum größten Teil von Schlafkrankheit verseuchte Savanne war, während Deutschland das kleine Togo am Golf von Guinea an Frankreich abtrat.

Die Deutschen waren von diesem Ergebnis tief enttäuscht. Ihr Kaiser hatte 1905 in Tanger die Unabhängigkeit Marokkos garantiert; in Algeciras war diese Unabhängigkeit bestätigt worden; und nun ging dieses Land, das so reich an Eisenerz war, an Frankreich. Außerdem hatten sie damit gerechnet, den gesamten Kongo zu bekommen und nicht nur den Teil, mit dem keiner etwas anfangen konnte. Aber ihr Zorn richtete sich weniger gegen Frankreich als gegen England, weil es Caillaux unterstützt hatte.

Die der Regierung nahestehende *Frankfurter Zeitung* beschwerte sich, daß die Downing Street den Franzosen die Aktion in Fes vergeben habe, den Spaniern die Aktion in Larache, den Russen die Einmischung in Nordpersien – was 1907 zu einer Teilung des Landes in russische und britische Einflußzonen geführt hatte –, während man hier den Deutschen wegen eines berechtigten Protests in Agadir drohte. Die Verschnupftheit der Deutschen verhärtete sich zu dem Gefühl, ungerecht behandelt worden zu sein.

Nun hätte man vielleicht annehmen können, daß das, was die Deutschen beschämend fanden, in Frankreich als Triumph gefeiert wurde. Statt dessen hieß es hier aber nur: »Wir sind völlig im Recht. Erst verlangt der Kaiser Delcassés Kopf, dann schickt er die *Panther* in ›unseren‹ Teil der Welt, und nun zwingt er uns, einen Teil einer französischen Kolonie herzugeben. Deutschland ist und bleibt eine kriegerische Nation.« *Le Petit Comtois*, eine im grenznahen Besançon erscheinende und daher besonders nationalistische Zeitung, schrieb unheilverkündend: »Angesichts der gegenwärtigen Kränkungen werden die vergangenen wieder gegenwärtig . . . Die Abtretung eines Gebiets im Kongo, fast halb so groß wie ganz Frankreich, erinnert die Franzosen schmerzlich an den Verlust von Elsaß-Lothringen.«

Bei der Abstimmung in der Nationalversammlung stimmten 393 Abgeordnete für den Vertrag, 36 dagegen; nicht weniger als 141 enthielten sich der Stimme, die meisten mit der Begründung, daß Frankreich Schwäche bewiesen habe, indem es mit Deutschland »unter Zuhilfenahme von Drohungen« verhandelte und dadurch den deutschen Militarismus förderte.

Agadir und der Vertrag von Berlin sollten zu einem Stimmungsumschwung in der öffentlichen Meinung führen, insbesondere in Paris. In der Hauptstadt war man schon immer nationalistischer gewesen als zum Beispiel in Städten wie Lyon, das enge wirtschaftliche Beziehungen und Bankverbindungen mit Deutschland, Italien und der Schweiz unterhielt. Aber bis in die zweite Hälfte des Jahres 1911 war der Nationalismus nur latent vorhanden; er machte sich weniger in Worten und Gesten bemerkbar als in stillschweigender Zustimmung und konnte durch die Begeisterung über die Erfolge der schöpferischen Intelligenz in gewisser Weise kanalisiert werden.

Jetzt aber lag Verärgerung in der Luft und ein bißchen Angst. Viele der Schriftsteller, Wissenschaftler und bildenden Künstler empfanden plötzlich so etwas wie Scham, weil sie ihre Pflichten als Staatsbürger vernachlässigt hatten. Und diejenigen, die bisher lasch reagiert oder es zumindest geglaubt hatten, ließen nun ihre nationalistischen Muskeln spielen.

Die ersten Anzeichen waren eher indirekt und traten erst ganz allmählich zu Tage. André Gide, inzwischen etwas älter und weniger vergnügungssüchtig, wurde ein prominentes Komiteemitglied der Liga zur Verteidigung der französischen Kultur. Diese 1911 gegründete Organisation beklagte, daß an den Schulen nicht mehr Latein und Griechisch gelehrt wurde – man hielt es für eine Konzession an den deutschen Wissenschaftlichkeitswahn –, und engagierte sich für eine nationale Erneuerung und die Verteidigung der traditionellen französischen Werte. Der Gründer der Liga, Jean Richepin, bekannt als urwüchsiger, humorvoller Dichter und Mitglied der Akademie, verfaßte das feurige, wenn auch etwas vage Manifest:

»Unser einziger Beweis für eine nationale Erneuerung wird in unseren jungen Menschen evident ... Indem sie unsere Kirchen schützen, wollen sie auch den religiösen Idealismus und die Kunst schützen und unsere nationale Würde erhalten. Sie zeigen Sinn für Heldentum und Ruhm, der sich mit den in jüngster Zeit triumphierenden französischen Erfindungen entwickelt hat [gemeint sind Automobil und Flugzeug].«[2]

Auch in und um die Sorbonne nahm das Vertrauen immer mehr ab. Charles Andler, der Experte für das moderne Deutschland und führende Verfechter der Détente, fuhr nach Schlesien, um mit seinen sozialistischen deutschen Freunden zu sprechen. Er mußte zu seiner tiefen Enttäuschung feststellen, daß sie den *coup d'Agadir* für richtig hielten, ja, daß sie keineswegs mehr gegen eine Erweiterung des deutschen Kolonialgebiets waren, gegen einen »Platz an der Sonne«, wie das neue Schlagwort hieß, wenn sich Gelegenheit bot. Nach seiner Rückkehr nach Paris schrieb Andler einen warnenden Artikel, in dem er die deutschen Sozialdemokraten kritisierte, weil sie von ihrem erklärten Antikolonialismus abrückten, und er forderte Jean Jaurès auf, ihnen die Leviten zu lesen.

Was sollte Jaurès tun? Er hatte bereits in *L'Humanité* gegen die Entsendung von Truppen nach Fes gewettert, dann gegen die Verletzung der Unabhängigkeit Marokkos. Nun brachte ihn Andlers Aufruf in ein noch größeres Dilemma. Jaurès war in seinem Innersten ein Mann, der sich in seinem Urteil eher auf Ideen verließ als auf empirische Erkenntnisse. Einmal legte ihm ein junger Schriftsteller ein Buch vor und bat um seine Meinung; Jaurès gab es ihm kurz darauf zurück und sagte, er hielte es für eine vernünftige, gute Arbeit. Der junge Autor erkundigte sich eifrig, ob er dieses oder jenes Argument wirklich gut gefunden habe, und es stellte sich heraus, daß Jaurès das Buch gar nicht gelesen hatte. Er hatte sich ein paar Seiten angesehen, der junge Mann hatte ihm gefallen, seine Ideen auch – und das genügte ihm.

Jaurès hatte jahrelang an der Überzeugung festgehalten, die deutschen Sozialisten würden eher ihre Eisenbahnschienen aufreißen, als erlauben, daß ihre deutschen Brüder wie Schlachtvieh in den Krieg geschickt würden. Er glaubte an ihre Friedfertigkeit und hatte das auch öffentlich kundgetan. Obwohl Andlers Bericht über den Sinneswandel der deutschen Sozialisten zum Thema Kolonialismus zutraf – Jaurès konnte es einfach nicht glauben. Er weigerte sich, die Deutschen zu rügen, worauf sich seine und Andlers Wege trennten.

Die Sozialisten an der Sorbonne fanden, Jaurès ginge mit seinem Glauben an das Gute im Menschen zu weit und unterschätze den Patriotismus der deutschen Arbeiterschaft. Sie kritisierten auch Jaurès' kürzlich erschienenes Buch *Die neue Armee*, in dem er vorschlug, Frankreich sollte seine Armee nach dem Vorbild der schweizerischen Bürgermilizen umstrukturieren und sich auf eine in die Tiefe gestaffelte Verteidigung konzentrieren statt auf eine zügig durchgeführte Offensive, wie sich das der Führungsstab vorstellte.

Der Denker und Schriftsteller des linken Seine-Ufers, der seine Muskeln am auffälligsten spielen ließ, war Charles Péguy. Er hatte als überzeugter Sozialist und Verfechter des Friedens begonnen. Im Lauf der Zeit lernte er, politischen Lösungen zu mißtrauen. Im Jahr 1904 trennte er sich von seinem ehemaligen Freund Jaurès und begann, eine individuelle moralische Erneuerung als den einzigen Weg zu einer gerechteren Gesellschaft zu predigen. Ab 1906 aber entwickelten sich die Dinge für den armen Péguy nur noch negativ. Das Sorbonne-Establishment schnitt ihn und spottete über den Renegaten. Seine Ehe wurde zur Agonie. Er verdiente immer weniger, so daß er sich oft nicht einmal satt essen konnte. Seine Bücher verkauften sich kaum. In Péguys Arbeiten schlich sich der bittere Ton eines enttäuschten Mannes, der auch schon bei Léon Bloy, einem anderen frustrierten katholischen Autor, zu vernehmen war.

Aus dieser Verbitterung entstand eine neue Liebe – zu den gewissenhaften, fleißigen Handwerkern Frankreichs. Diese braven Leute, die ihr Geld wie ihre Väter mit handwerklichen Fertigkeiten verdienten, repräsentieren für Péguy die »echten Werte« Frankreichs. Dem Handwerk drohten seiner Meinung nach zwei Übel: das von einer kapitalistischen Gesellschaft zum Idol erhobene Geld und die Wissenschaft – heute würden wir sagen, die Technologie.

In drei aggressiven Essays, *Situations*, *L'Argent* und *L'Argent Suite*, behauptete Péguy, Deutschland verkörpere genau diese beiden Übel. Deutsche Fabriken bedrohten die französischen Handwerker. Kurz gesagt: Der Erzfeind lag jenseits des Rheins. Aber es gab auch im Innern einen Feind, einen, der beinahe ebenso schlimm war: Männer wie Ernest Lavisse und Lucien Herr – Péguy bezeichnete sie als die sozialistische, antichristliche Elite an der Sorbonne (obwohl Lavisse ein Mann des Zentrums war und nicht der Linken). Sie würden Deutschland heimlich helfen, indem sie für deutsche Zeitungen schrieben – und so der deutschen Presse eine Überlegenheit über die französische einräumten –, indem sie den Internationalismus ermutigten und gleichzeitig mit ihrer Befürwortung eines völlig weltlichen Lehrbetriebs das »wahre« katholische Frankreich schwächten. Und Péguy fügte noch hinzu, daß diese »Sozialisten« zur Bourgeoisie übergelaufen seien, weil sie Bücher schrieben, die gutes Geld brachten, und reiche Frauen heirateten.

Wie konnte sich Frankreich dieser heimtückischen, von zwei Seiten drohenden Gefahren erwehren? Péguy war schon seit langem ein Verehrer jener Heiligen, die seine Heimatstadt vor den Engländern gerettet hatte, und so erklärte er nun, Frankreich könne nur wiedergeboren werden, wenn es zu dem Patriotismus der Jeanne d'Arc zurückfände. Die französischen Handwerker, sagte er, seien Patrioten bis auf den letzten Mann. Sie – und die Armen im allgemeinen – hätten das alles niemals geschehen lassen. Es war alles das Werk der Reichen, mit »jenem furchtbaren kleinen Thiers« an der Spitze.

»Wir sind Zeugen einer tiefgreifenden, gewaltigen Erneuerung Frankreichs. Werden wir mit dieser Leidenschaft weiterhin dieselben müden alten Männer überfordern, dieselben Schlottergestalten des öffentlichen Lebens, die einen Zustand geschaffen haben, in dem Schlappheit und Altersschwäche, Beschwichtigung und Selbstverleugnung regieren?«[3]

Péguy verlangte eine Militärstruktur, »die Wiege, in der Moral, Gesetz, die Künste, Religion, Sprache und Rasse gehegt und gepflegt werden können«. Als Reserveoffizier der Infanterie rief er die französische Armee auf, eine »heilige Aufgabe« zu erfüllen, die französische Kultur und Sprache in die Kolonien zu tragen und Deutschlands Pläne zu vereiteln, den Frieden als ein Mittel zur Vorherrschaft in Europa zu benützen. Péguy glaubte, nicht die *coups* der Deutschen wie der von Agadir seien das Gefährliche, sondern ihre industrielle und wirtschaftliche Überlegenheit. Wenn man Péguys Argumentation von ihrem rhetorischen Schwulst befreit, liest man nichts anderes als: Wenn ihr die Deutschen nicht in der Herstellung von Waren schlagen könnt, schickt ihnen die Armee.

Péguy argumentierte beispiellos extrem, aber mit seiner Angst vor der deutschen Technologie stand er nicht allein. Henri Franck aus dem Elsaß, der damals als der brillanteste Student der Sorbonne galt, besuchte München und verurteilte in einem Brief nach Hause den

»teutonischen Amerikanismus« und »feudalen Industrialismus«, und das *Journal des Débats* warnte vor einer möglichen deutsch-österreichischen Expansion im Balkan, die die wirtschaftliche Vormachtstellung der Deutschen noch vergrößern würde.

»Eine solche deutsche Hegemonie . . . würde unmittelbar dazu führen, daß deutsche Arbeiter und Vorarbeiter in unsere Fabriken, unsere Werften einmarschierten, daß unsere Handelsmarine verdrängt, unsere finanziellen Ressourcen von deutschen Firmen geschluckt würden . . . M. Jaurès und seine Freunde . . . sollten erkennen, daß es die wichtigste Aufgabe der französischen Armee ist, französische Arbeitsplätze zu schützen und nicht, wie sie auf ihren Versammlungen erklären, das reiche Establishment.«

Auch auf der politischen Rechten wurde die »nationale Würde« zur neuen heiligen Flamme, die besonders von Maurice Barrès genährt wurde. Barrès stammte aus Lothringen, war ein angesehener Romancier und Abgeordneter für das Erste Pariser Arrondissement, sozusagen ein Mann mit besten Referenzen. Darüber hinaus kam ihm seine Ähnlichkeit mit dem Grand Condé, jenem charismatischen General Ludwigs XIV., zugute. In seinen Reden und Artikeln wiederholte Barrès unablässig, daß allein Frankreich, als Erbin Roms, einen Anspruch auf Nordafrika habe. Die Tatsache, daß sich Wilhelm II. als Nachfolger der Kaiser des Heiligen Römischen Reichs mit dem gleichen Recht als »Erbe Roms« fühlen könnte, erwähnte er nicht. Die prächtigen Soldaten Nordafrikas, erklärte Barrès, »– nicht weniger als hunderttausend –, werden Frankreich wieder in den Rang einer führenden europäischen Macht erheben«.

Barrès arbeitete einige Zeit mit dem winzigen, schwerhörigen Charles Maurras zusammen, dessen Partei Action française damals bereits existierte; sie legte zwar noch Lippenbekenntnisse für eine starke katholische Kirche ab, war aber ihrem Gedankengut nach faschistisch. Maurras und die Action française sollten erst nach 1918 eine ernst zu nehmende politische Kraft in Frankreich werden; Unterstützung fand Barrès vorerst hauptsächlich bei seiner ehemaligen Geliebten, Anna de Noailles.

Diese kleine alerte Dame, die jahrelang nach einem Credo gesucht und nicht einmal mit Hilfe des rührigen Abbé Mugnier im Katholizismus eines gefunden hatte, fand es nun in Barrès' Nationalismus und besonders in der Verehrung für Jeanne d'Arc. Die Seligsprechung der Jeanne d'Arc im Jahr 1909 war für die nichtkatholischen Intellektuellen zunächst irrelevant, aber in dem veränderten moralischen Klima nach Agadir schien sie plötzlich von großer Bedeutung. Die Jeanne der Nationalisten war kein Mädchen von heldenhaft christlicher Tugend, wie es in der Begründung der Seligsprechung hieß, sondern eine Lothringerin, die sich ein Herz gefaßt hatte, die ein heldenhafter Soldat geworden war, die ihr Volk in der Zeit der Gefahr geeint und schließlich ihr Leben für das Vaterland – *la patrie* – hingegeben hatte.

»Ich bin wütend«, sagte Anna, »aber ohne eine Spur von Böswilligkeit.« Sie nahm Abschied von ihrem Blumengarten und ihren Ferien in Venedig und lenkte ihre Wut in die Aufgabe, den Geist der Jeanne d'Arc wiederzubeleben. Sie schloß Freundschaft mit Dr. Pierre Bucher, einem Straßburger Arzt, der die *Revue alsacienne illustrée* herausgab und das Elsässische Museum in Straßburg gegründet hatte. Bucher war ein glühender Patriot und forderte die Schaffung eines unabhängigen Staates Elsaß-Lothringen; er glaubte, dies könnte der erste Schritt für eine Wiedervereinigung mit Frankreich sein. Er war es, der Barrès Material für seine Romane geliefert hatte, in denen dieser die Region Lothringen pries. Anna begann, mit Pierre Bucher zu arbeiten, um die Idee von einem unabhängigen Elsaß-Lothringen zu verbreiten, und fing an, eine neue Art von Gedichten zu schreiben.

Barrès liebte die Geschichte und die Folklore Lothringens; es war die Geschichte seiner Vergangenheit, seiner Vorfahren. Wie Péguy sprach er viel von den Toten, und dieses Thema griff Anna de Noailles in einigen ihrer neuen Verse auf. Die Gegenwart der Toten; wie sie für Frankreich gekämpft und ihr Leben gelassen hatten; wie sie aus ihren Gräbern die Lebenden beobachteten in der Hoffnung, die Lebenden würden den gleichen Heldenmut beweisen wie sie. Anna sah sich in diesen Gedichten beinahe selbst als neue Jeanne, die eine träg dahinbummelnde Gesellschaft wachrüttelte und anspornte.[4]

Dem Nationalismus Barrès' und Anna de Noailles' ziemlich nahestehend, aber von wesentlich größerem Einfluß waren zwei ehemalige Senatoren, die hohe Achtung genossen. Beide hatten unter der preußischen Invasion von 1870 zu leiden gehabt. Der eine, Georges Clemenceau, Doktor der Medizin, war Bürgermeister von Montmartre gewesen, als die Preußen die Stadt beschossen. Der ehemalige Premierminister und jetzige Abgeordnete des Departements Var hatte gegen das Berliner Abkommen gestimmt, weil er die Zugeständnisse, die darin gemacht wurden und die den deutschen Militarismus fördern mußten, »ungeheuerlich« fand.

Der andere führende Nationalist war Raymond Poincaré. Er wurde in Lothringen als Sohn eines Ingenieurs im Staatsdienst geboren. Als die Preußen einmarschierten, war er zehn Jahre alt. Seine Eltern hatten ihn ins ferne Dieppe evakuiert, wo er die ganze Scham und

Enttäuschung einer solchen Niederlage durchlitt. Aber der junge Poincaré hatte ein wackeres Herz; ein Jahr nach Frankreichs Niederlage schloß er einen Schulaufsatz, in dem er den Krieg geschildert hatte, mit dem schneidigen Satz: »Zur Ehre unseres Landes muß gesagt werden . . . daß es den Preußen nicht gelungen ist, auch nur eine einzige unserer Festungen zu stürmen.«

Poincaré studierte Jura, wurde ein erfolgreicher Anwalt, kam als Republikaner in die Nationalversammlung und war nun, 1911, im Alter von einundfünfzig Jahren, Senator für das Departement Meuse. Er lebte mit Henriette Benucci zusammen, einer verheirateten Dame, deren amerikanischer Gatte italienischer Abstammung seit Jahren nichts mehr hatte von sich hören lassen und vermutlich tot war; Poincaré heiratete sie 1912.

Im Gegensatz zu Caillaux und Jaurès hatte Poincaré die Beziehungen zur Pariser Intelligenz immer kultiviert. Er gewährte nicht nur Marie Curie unentgeltlich juristischen Beistand, sondern auch mittellosen Autoren und Schauspielern. Er war Präsident der Freunde des Schlosses von Versailles und wurde, obwohl er kein Schriftsteller war, 1909 in die Académie Française gewählt. Er hatte schon immer die harte außenpolitische Linie Delcassés unterstützt und erhielt nun die Unterstützung Philippe Berthelots im Quai d'Orsay. Poincaré wartete in der Seitenkulisse auf seinen Auftritt.

Als die öffentliche Meinung nach dem Berliner Abkommen immer argwöhnischer gegenüber Deutschland wurde, suchte die Nationalversammlung nach einem Sündenbock für dieses die Nation so erniedrigende Dokument. Caillaux war besonders im Quai d'Orsay verhaßt – Berthelot nannte ihn einen »Verrückten« –, und das Ministerium hielt mit seiner Meinung auch gegenüber der Opposition nicht hinter dem Berg. Caillaux wurde vorgeworfen, Verhandlungen mit Deutschland geführt zu haben, die nach dem Protokoll Sache des Außenministers und der Botschafter gewesen wären. Caillaux wies den Vorwurf arrogant und vorschnell als völlig unbegründet zurück. Dann wurden Dokumente vorgelegt, die bewiesen, daß er nicht die volle Wahrheit gesagt hatte, und im Januar 1912 mußte Caillaux zurücktreten. Damit verläßt er im Augenblick die Bühne, um kurz danach wieder zu erscheinen.

Wer sollte seinen Platz einnehmen? Es mußte zweifellos ein Mann mit starkem Charakter und nachweislichem Patriotismus sein. Obwohl Poincaré mit seinem viereckigen Schädel, der dicken Nase, den kleinen, nah beieinander stehenden Augen und seinem Doppelkinn äußerlich nicht viel hergab, galt er als körperlich und moralisch sehr stabil. In den Cafés sang man denn auch: »*Il a les poings, les poings carrés.*« – »Prudence Lorraine«, wie man ihn auch nannte, rauchte nicht und trank nicht. Als Republikaner gehörte er zum Zentrum und konnte mit der Unterstützung von Radikalsozialisten und einigen Sozialisten rechnen. Als Mitglied der Académie war er auch der konservativen Intelligenz genehm. In den Augen der Mehrheit der Franzosen war Raymond Poincaré der richtige Mann.

Der Staatspräsident beauftragte deshalb Poincaré mit der Neubildung eines Kabinetts, das das Kabinett Caillaux ersetzen sollte. Am 14. Januar 1912 trat Poincaré sein neues Amt an. Da er wußte, wie sehr die unterschiedlichen politischen Strömungen Frankreich in den Jahren 1870/71 geschwächt hatten, war für Poincaré Einigkeit oberstes Gebot. Er beschwor vor allem die Männer des Zentrums, ihre innenpolitischen Differenzen in einer Regierung der Nationalen Union, wie er das nannte, beizulegen. Delcassé wurde Marineminister, angesichts der neuen deutschen Marine eine Schlüsselstellung in der Regierung. Poincaré selbst übernahm die Posten des Außenministers und des Premierministers.

Poincaré schickte den für seine Härte bekannten General Louis Lyautey als französischen Residenten nach Marokko, festigte die Bindungen zu England und Rußland, das er im August besuchte, und wies einen inoffiziellen Vorschlag von jenseits des Rheins zurück, nach dem Elsaß-Lothringen ein autonomer Staat innerhalb des Deutschen Reichs werden sollte. »Würden wir uns solche Vorschläge anhören«, sagte Poincaré zu Jules Cambon, »bekämen wir Schwierigkeiten mit England und Rußland, wir verlören den Vorteil, den sich Frankreich mit seiner konsequenten Politik im Lauf vieler Jahre verschafft hat, wir würden für das Elsaß nur illusorische Vorteile erwirken und uns politisch isolieren.«[5] Damit wurde eingeräumt, daß sich seit Agadir der Interessenkonflikt mit Deutschland über Marokko hinaus auf alle Großmächte ausgeweitet hatte und sogar auf so ferne Unternehmungen wie den Bau der Bagdad-Bahn und die inzwischen akute Rivalität zwischen der britischen und der deutschen Marine.

Mit der Bildung einer Regierung der Nationalen Union kam Poincaré einem tiefen Bedürfnis weiter Kreise des Zentrums und der Rechten nach einer starken Führung entgegen. Daß Poincaré sehr ähnlich dachte wie der Péguy der frühen *Cahiers*, wie Barrès, Dr. Pierre Bucher und Anna de Noailles, geht aus einer Rede hervor, die er 1912 in Nancy hielt: »Das Vaterland besteht wie die Menschheit mehr aus den Toten als aus den Lebenden« – nicht zuletzt aus den toten Franzosen, die auf Friedhöfen liegen, die heute zu Deutschland gehören. Außerdem zählte Poincaré viele Schriftsteller, Künstler und Intellektuelle zu seinen Freunden. Im Gespräch mit ihnen sorgte er dafür, daß seine Ansichten verbreitet wurden, und so entstand in Paris nun ein neuer Geist. Die *joie de vivre* der vergangenen elf Jahre machte einem tiefen Mißtrauen gegenüber Deutschland Platz.

Die Intellektuellen spielten bei diesem Stimmungsumschwung eine wichtige Rolle. Sie lenkten die Aufmerksamkeit auf Dinge, die die Deutschen ihrer Meinung nach falsch gemacht hatten, und hefteten den Deutschen eine ganze Reihe wenig schmeichelhafter Etiketten an. Das erste Beispiel hierfür ist André Gide.

Gide überquerte zu dieser Zeit nicht den Rhein, aber er reiste im Januar 1912 nach Zürich und hielt es dort für angebracht, in seinem Tagebuch zu notieren, was ein Schweizer namens M. Simon über die Deutschen zu sagen hatte:

»Ihre Kraft und Gesundheit wächst im Verhältnis zu ihrer Dummheit ... Ein Deutscher, der sich am Sonntagabend sinnlos betrinkt (und für ihn ist das der Höhepunkt der Ausschweifung), findet sich am Montag früh in seinem Büro ein, abgestumpft zwar, aber nicht viel mehr als gewöhnlich, ebenso pünktlich und fleißig, wie wenn er am Vorabend reines Wasser getrunken hätte.«[6]

Damit haben wir das Etikett vom »primitiven Deutschen«. Ein weiteres Zeugnis liefert uns der begabte Künstler Charles Huard, der nach Berlin ging und dort eine Serie von Zeichnungen anfertigte, die er mit einem kurzen Begleittext veröffentlichte: »Die Häßlichkeit ist erschreckend«, schrieb Huard über die deutsche Hauptstadt. »Grund dafür ist die Gewöhnlichkeit und mangelnde Eleganz der Frauen, denen jeglicher Charme abgeht.« Huard konnte sich gar nicht genug über die Häßlichkeit auslassen, und so war bald ein neues Etikett in Umlauf: »Der häßliche Deutsche.« Sogar Romain Rolland blieb davon nicht unbeeinflußt; 1911 beklagte er sich bei einem Freund über die plumpen deutschen Touristen auf den Straßen bei Rapallo; der eine habe ausgesehen wie »ein Siegfried Wagner, fett, stolz, selbstzufrieden – wie ein assyrischer Eunuch«. Wenn man bedenkt, wie häufig Rolland auf die Vitalität der modernen deutschen Musik im Vergleich zur französischen Subtilität und Nuanciertheit hinweist, mutet vor allem die Bezeichnung »Eunuch« seltsam an, es sei denn, es war ein Versprecher, der enthüllt, daß Rolland genau wußte, daß er in erster Linie Kritiker und nicht kreativer Künstler war.

Sogar Proust machte vom Etikett des »häßlichen Deutschen«

Gebrauch. Auf den späteren Seiten seines Romans beschreibt er den Baron de Charlus, der seine Perversion so weit treibt, daß er Deutsche den Franzosen oder Angelsachsen vorzieht, weil sie herrisch und häßlich sind.

Ein drittes Etikett lieferte der Bestsellerautor Marcel Prévost, mit dem Proust, sehr zu seinem Verdruß, auf Gesellschaften gelegentlich verwechselt wurde. Prévost hatte bereits den Roman *Monsieur et Madame Moloch* veröffentlicht, in dem er die Pan-Germanisten als Schreckgespenst schilderte – eine Minderheit, die lautstark für eine Union der germanischen Völker in Osteuropa eintrat und deren Bedeutung erst unter Hitler zutage trat. Nun erschien von ihm ein Buch mit dem ironischen Titel *Die Schutzengel*, das von deutschen Kindermädchen handelt, die in anständigen französischen Häusern für ihr Vaterland spionieren. Der »deutsche Spion« schlug großartig ein. Bald wimmelte es von Geschichten über Spione unter und in den Betten.

Wenn die deutschen Kindermädchen heimlich die Bewegungen der französischen Armee übermitteln konnten, dann waren die deutschen Frauen, so erzählte man sich bald, mit Sicherheit ebenso militaristisch wie ihr Kaiser. In einem Pariser Salon hörte jemand, wie sich die Frau von Richard Strauss über die Langsamkeit der Bühnenarbeiter bei der Produktion von *Salome* beklagte. Was Frau Strauss tatsächlich sagte, weiß man nicht genau; da sie aber die Tochter eines Generals war, klang das, was die Pariser Gesellschaft ihr in den Mund legte, so: »Die Franzosen bringt man nur auf Trab, wenn man mit dem Bajonett nachhilft.« Obwohl Rolland die Echtheit dieser Geschichte anzweifelte, machte sie die Runde als weiterer Beweis für die »militaristischen Deutschen«, wobei die Pariser offenbar vergaßen, daß es der Franzose Talleyrand war, der als erster gesagt hatte: »Mit Bajonetten kann man alles tun – nur nicht darauf sitzen.«

Für ein weiteres Etikett sorgte ein handfester Skandal. Im Jahr 1907 deutete eine führende deutsche Zeitschrift an, einige Herren in der Umgebung des Kaisers seien praktizierende Homosexuelle. Drei ältere Adjutanten traten zurück, und der engste Freund des Kaisers, der gutaussehende, literatur- und musikliebende Philipp Fürst zu Eulenburg, obwohl selbst nicht homosexuell, fühlte sich angesichts des Geschreis, das um die Sache gemacht wurde, verpflichtet, den Kaiser nicht mehr zu sehen. Die »Eulenburg-Affäre« kam den Pariser Klatschkolumnisten wie gerufen, und Octave Mirbeau, der aggressive Romancier der realistischen Schule, bauschte die Geschichte ordentlich auf. In seinem Buch über eine Tour de France per Automobil

beschreibt er eine (wahrscheinlich erfundene) Begegnung mit einem Franzosen in Straßburg, der eben aus Berlin kam und ihm folgendes erzählt:
»Wenn wir Franzosen uns einem Laster hingeben, tun wir es unbeschwert, mit einem Lächeln auf den Lippen . . . Aber die Deutschen, diese Pedanten ohne Takt und Geschmack, frönen dem Laster . . . wie soll ich sagen? – wissenschaftlich. Ihnen genügt es nicht, Päderasten zu sein wie andere Leute; sie haben die Wissenschaft der Homosexualität erfunden . . . Sie betreiben Päderastie, wie sie Epigraphie betreiben . . . Sie haben alte Steine studiert und die Namen sämtlicher Freunde, sämtlicher Pharaonen, sämtlicher Dynastien notiert . . . Plumpe Homophile, schwul bis ins Mark . . . Statt Männer, die sich lieben, haben wir jetzt pedantische *Homosexuelle*. Gehen Sie nach Berlin. Ich sage Ihnen . . . gehen Sie hin . . . die Reise lohnt sich.«[7]

Es ist richtig, daß Deutsche das Wort »Homosexualität« prägten, das, nebenbei bemerkt, bald in die französische Sprache einging, und daß ein Wiener Jude diesen Sexualtrieb als erster wissenschaftlich untersuchte. Aber was die Unterstellung betrifft, daß es in Berlin mehr Homosexuelle gäbe als in Paris, so ist sie zumindest sehr fragwürdig, denn die Homosexuellen beiderseits des Rheins, deren Privatleben wir aus Briefen, Tagebüchern und Bekenntnisliteratur kennen, scheinen auf französischer Seite zahlreicher zu sein als auf der deutschen. Der Abbé Mugnier notierte sich bereits 1904: »Charles du Bos [ein vielversprechender junger Schriftsteller], er ist zwanzig oder einundzwanzig Jahre alt, hat mir eben erzählt, daß die junge Generation mit ihrem Geschlechtsleben heute viel früher beginnt, das heißt schon mit dreizehn oder vierzehn. Sie werden der Frauen bald überdrüssig, daher die zunehmende Päderastie. Sie sind auf der Suche nach neuen Gefühlen.«[8]

Der »homosexuelle Deutsche« wurde ebenfalls zu einem gut haftenden Etikett. Marcel Proust, der sich in seinem Roman große Mühe gibt, seinen französischen Erzähler heterosexuell zu machen, betont in den späten Kapiteln, daß der Baron de Charlus deutsches Blut in den Adern hat und Sympathien für die Deutschen hegt, beinahe so, als wären dies Begleiterscheinungen seiner Homosexualität.

Keines dieser Etiketten war für sich allein von ausschlaggebender Bedeutung, aber sie schadeten in ihrer kumulierenden Wirkung. Sie förderten das Mißtrauen und die Abneigung gegen den Deutschen allgemein. Erinnern wir uns, wie sich Picasso von zwei »langweiligen« Deutschen belästigt fühlte, die ihn nach der Bedeutung seiner Bilder fragten, und wie er sie mit einem Revolverschuß verjagte. In der jetzigen Situation feuerte niemand einen echten Schuß ab, aber die systematische Verunglimpfung der Deutschen unterstützte in hohem Maße den neuen Glauben, allein Frankreich stünde für Zivilisation, die Zivilisation als solche sei gefährdet, und die Franzosen müßten deshalb etwas unternehmen. Indem die Deutschen die *Panther* losschickten und Frankeich im Kongo Land wegnahmen, hatten sie den Fehdehandschuh geworfen. Besonders für die Pariser, von denen nicht wenige, wie wir gesehen haben, ebenso schnell wie die Deutschen bereit waren, sich mit Degen oder Pistole zu duellieren, stand in der gegenwärtigen Situation die Ehre Frankreichs auf dem Spiel, die es unter Umständen im Duell zu verteidigen galt – ein Duell auf nationaler Ebene, das vielleicht zwei Monate dauerte oder, in diesem neuen Zeitalter der Geschwindigkeit, auch nur zwei Wochen – in jedem Fall aber ein Duell.

Also nahmen sie die entsprechende Haltung ein, schwenkten Fahnen und hielten schwülstige Reden. Am 10. Februar 1912, nach Beendigung der stürmischen Parlamentsdebatte über das Berliner Abkommen, zogen auf Anordnung der Regierung die ersten militärischen Fackelzüge seit zwanzig Jahren durch die Stadt.

Um halb neun Uhr abends marschierte auf dem rechten Seine-Ufer die Kapelle des 24. Infanterieregiments in blauen und roten Uniformen, begleitet von einem Offizier zu Pferd, durch die Rue La Fayette, die Boulevards Magenta und Rochechouart und spielte *Sambre et Meuse*, *Les Allobroges* und *A la Chiffa*. Auf dem linken Seine-Ufer startete die Kapelle des 102. Infanterieregiments in der Rue de Babylone zu einem Rundkurs, und die Männer spielten auf ihren Hörnern, Querpfeifen und Trommeln *Chant du Départ* und *Mourir pour la Patrie*. Laut Presseberichten folgten ihnen Kinder, die zu der kriegerischen Musik sangen, und eine riesige Menschenmenge jubelte ihnen zu. Viele schlossen sich der Parade an. Die Routen waren geheimgehalten worden, um Gegendemonstrationen zu vermeiden – wie sich herausstellte, eine völlig überflüssige Maßnahme. Danach fanden an jedem Samstag eine oder mehrere *retraites militaires* statt. Sie erinnerten die Pariser an vergangene Siege und hielten sie eingestimmt auf das Thema »Die Ehre der Nation«.

Die größte Gewerkschaft, die CGT, opponierte noch gegen die militärische Haltung des Kabinetts Poincaré, sparte sich ihre Demonstration jedoch für den Tag nach der ersten Militärparade auf, an dem 100 000 Menschen an der Beerdigung eines Soldaten teilnahmen, der in der Haft, angeblich durch die Brutalität seiner Vorgesetzten, gestorben war. Sie marschierten von der Gare de Lyon zum Friedhof Père-Lachaise und sangen die *Internationale*. Als die Polizei einschritt, wurden 21 Gendarmen verwundet.

Wenn Paris auch noch nicht völlig geeint war, so erhielt die Regierung jetzt doch wertvolle Unterstützung von der schreibenden Zunft. Der begabteste der jüngeren politischen Journalisten, André Tardieu, ein promovierter Jurist aus Paris, hatte sich bereits durch seine anschauliche Berichterstattung über die Marokko-Krisen aus der Sicht Delcassés einen Namen gemacht. Nun, im Alter von sechsunddreißig Jahren, veröffentlichte er *Das Geheimnis von Agadir*. Für Tardieu bestand das »Geheimnis« darin, daß Frankreich endlich aus seinem Tagtraum erwacht war. Ohne daran zu denken, daß Joffre gesagt hatte, die Armee wäre nutzlos, schrieb Tardieu:

»Das Land begreift jetzt, was es seiner Armee verdankt. Es hat sich vom pazifistischen Traum befreit und seinen Sinn für die Realitäten zurückgewonnen. Es hat seine Entschlossenheit 1911 bewiesen und wird unter gleichen Umständen bereit und imstande sein, dies wieder zu tun. Die Regierungen von gestern konnten sich dem Glauben hingeben, der Respekt vor dem Leben rechtfertige eine Haltung der Schwäche. Die Regierungen von morgen wissen, daß gerade dieser Respekt eine Politik der Stärke erfordert.«[9]

Tardieus Buch fand großen Beifall und sicherte ihm seine Wahl in die Abgeordnetenkammer. Einen ähnlichen Erfolg konnte ein etwas persönlicheres Buch verzeichnen. In *Der Wüstenritt des Hauptmanns* schildert der neunundzwanzigjährige Ernest Psichari sein Leben im aktiven Dienst in Marokko, das inzwischen französisches Protektorat geworden war, wobei er den Soldatenberuf in einer Weise verherrlicht, wie dies seit den Tagen Napoleons nicht mehr geschehen war. »Glücklich die jungen Männer« psalmodierte er, »die das genügsame, einfache, züchtige Leben von Kriegern geführt haben.« Jean Schlumberger war nicht besonders glücklich über die Art, wie Psichari die Armee von der übrigen Gesellschaft trennte und ihre besondere Moral, Ordnung und Mystik pries, aber das Buch fand Anklang bei vielen jungen Intellektuellen, zumal Psichari der Enkel des noch immer verehrten Ernest Renan war.

Im Jahr 1900 war Krieg undenkbar gewesen; seit dem *coup d'Agadir* war er nicht nur denkbar, er wurde von manchen Schriftstellern und Journalisten sogar für wünschenswert gehalten. Abel Bonnard informierte die Leser des *Figaro*: »Krieg gestaltet alles neu . . . Wir müssen ihn uns in seiner ganzen wilden Poesie zu eigen machen«, während der rechte *Le Gaulois* noch weiter ging: »Krieg ist ein elementarer

Bestandteil des Göttlichen ... Gott wollte, daß man ihn Herr der Heerscharen nennt.« Zwei angesehene katholische Intellektuelle, Henri Massis und Alfred de Tarde, die beide noch unter dreißig, unter dem Pseudonym Agathon[10] schrieben, erklärten: »Krieg ist ein junges Wort, es ist völlig frisch und besitzt die verführerische Kraft, die der ewig kriegerische Instinkt in den Herzen der Menschen erweckt hat« – und sicher in den Herzen der Studenten, die jetzt auf die Maxime des Philosophen Maurice Blondel schworen: »Der Gedanke vollzieht sich allein in der Tat.« Als Professor Henry von der Ecole des Sciences Politiques eine Vorlesung hielt, in der er die Deutschen angriff, erhoben sich 3000 Studenten, um seinem Schlußappell zuzujubeln: »Auf die Beine, Gallier! Auf die Beine, Franzosen! Bietet den Barbaren die Stirn!«

»Die Barbaren« und auch die Briten rüsteten auf. Poincarés Regierung legte im Frühjahr 1912 dem Parlament ein Gesetz vor, das den Militärdienst auf drei Jahre verlängern sollte – 1905 war er auf zwei Jahre verkürzt worden. Obwohl das Gesetz von vielen Radikalsozialisten einschließlich Caillaux abgelehnt wurde, weil es ihrer Ansicht nach die Angst der Deutschen, von Rußland, Frankreich und England umzingelt zu werden, nur noch schürte, fand die Gesetzesvorlage ein wohlwollendes Echo bei der Mehrheit der Pariser Presse und bei den Studenten. Die Stimmung in den Provinzen war weitaus weniger angeheizt. Im Oktober 1912 schrieb der bekannte Arzt und Abgeordnete aus Lyon, Victor Augagneur, im *Lyon républicain*, Frankreich solle sich aus jedem Konflikt in den Balkanländern heraushalten, in den das verbündete Rußland verwickelt werden könnte. Die öffentliche Meinung in Paris, schrieb er warnend, stünde zu sehr unter dem Einfluß der Nationalisten: Man sollte immer und immer wieder klarstellen, daß an Krieg nicht zu denken sei.

Viele der guten Dinge, die Frankreich seit 1900 erreicht hatte, wurden allmählich für weniger gute Zwecke genutzt. Bedeutendstes Beispiel hierfür ist das Flugzeug. Ursprünglich wurde das Flugzeug als eine Erfindung begrüßt, die Grenzen – und deshalb auch den Nationalismus – veraltet erscheinen ließ. Wir haben gesehen, daß es für die fortschrittsgläubigen Reichen zum Statussymbol geworden war: Eine Familie, die ein Flugzeug besaß, ließ dies im *Bottin Mondain* durch ein Symbol erkennen. Aber nun begann man, über die militärischen Möglichkeiten des Flugzeugs nachzudenken.

Im September 1910 hatte der Präsident die Manöver in der Picardie besucht, bei dem auch Flugzeuge eingesetzt wurden. Der Generalstab kam zu dem Schluß, daß das Flugzeug hervorragend zur Aufklärung genutzt werden könnte, aber nie stark genug wäre, um Bomben zu befördern. Anfang 1912 jedoch meinten die Experten, daß es, ausgerüstet mit ein oder zwei Handfeuerwaffen, auch offensiv eingesetzt werden könnte. Am 11. Februar fand an der Sorbonne eine Versammlung statt, auf der Geld für den Bau von Militärflugzeugen gesammelt werden sollte. Hauptmann Bellenger schilderte die Möglichkeiten der, wie er es nannte, »Fünften Waffengattung«; Senator Reymond sagte, der deutsche Kaiser habe Geld aus seinem persönlichen Vermögen zur Verfügung gestellt, um die Luftfahrt zu unterstützen – Deutschland hatte sein erstes erfolgreiches Flugzeug erst 1909 gebaut – und die Franzosen müßten ihrer Regierung beistehen; Clemenceau bat die versammelte Menge, jeder möge etwas spenden, und seien es nur »zehn Sous, drei Sous oder ein Sou«. Als gesammelt wurde, kamen innerhalb von zehn Minuten 3000 Francs zusammen.

Zwölf Tage danach gründete *Le Matin* einen Hilfsfonds »Für die Luftfahrt und das Vaterland« mit dem Ziel, 50 Millionen Francs zusammenzubringen, um 5000 Flugzeuge zu kaufen (der Preis für ein Flugzeug betrug aber schon 20 000 Francs). Sarah Bernhardt übernahm die Kollekte, wobei sie ihre berühmte weiße Uniform aus dem großen Bühnenerfolg *Der junge Adler* trug, und konnte auch diesmal wieder einen Erfolg verbuchen.

Der Pariser Stadtrat zahlte 50 000 Francs in den Fonds. Viele Pariser, Wohlhabende wie Büroangestellte, Kellner oder Verkäufer spendeten je nachdem, was sie sich leisten konnten, und bis Oktober waren 3 900 000 Francs zusammengekommen. Im Jahr 1914 sollte Frankreich, nicht zuletzt durch diese Spenden, über 1500 Flugzeuge verfügen; Deutschland hatte 1000 und 40 Luftschiffe, England 82.

Auch in der Automobilherstellung kam es zu einem Wandel. Rennwagen blieben zwar weiterhin beliebt – der Wettkampf zwischen französischen und deutschen Spitzenfahrern wurde überall im Land mit gespanntem Interesse verfolgt –, aber viele der neuen Fabriken stellten jetzt schwere Lastautos für den Transport von Truppen und Artillerie her. Den Autotouristen konnte es nun passieren, daß nicht Gänse oder Schafe eine zügige Weiterfahrt verhinderten, sondern ein langer motorisierter Militärkonvoi.

In der Kunst finden wir einen ähnlichen Richtungswandel. Im Jahr 1913 waren die Pariser ganz besessen vom Tango, und wo immer sie sich amüsierten, griffen sie nur allzu gerne auf den argentinischen Import zurück. Obgleich man sich kaum etwas weniger Militärisches als die Bewegungen und Posen des Tango vorstellen kann – vielleicht hatte Wilhelm II. seinen Offizieren deshalb verboten, in der Öffentlichkeit Tango zu tanzen –, hielt Jean Richepin, Mitglied der Académie Française und Gründer der Liga zur Verteidigung der französischen Kultur, am 25. Oktober 1913 vor den fünf Akademien des Institut de France einen erstaunlichen Vortrag über den Tango, in dem er zwar einräumte, daß dieser Tanz ausländischen Ursprungs sei, Frankreich aber gleichwohl lobte, daß es den Tango adaptiert habe; und dann behauptete er, im Grunde sei der Tango ein Waffentanz wie die altgriechischen Pyrrhichen oder die Rigaudons, die die Pfeifer der napoleonischen Armeen spielten. Für Richepin und die vielen, die seinem Vortrag applaudierten, war der Tango ein weiterer Ausdruck des neuen Selbstverständnisses: Frankreich als streitbare Hüterin der Zivilisation.

Das französische Kino, das die Leute während des größten Teils des ersten Jahrzehnts mit Charakterkomödien und harmlosem Ulk versorgt hatte, erkannte nun, daß sich das Publikum auch von den Wochenschauen fesseln ließ, wenn die Information nur emotional genug aufbereitet war. Im Februar 1912 forderte der Sohn von Madame de Caillavet den Theaterkritiker von *Comœdia*, Emile Mas, zu einem Duell, weil dieser ihn angeblich wegen seines erfolgreichen Stücks *Primerose* beleidigt hatte, und als das Duell im Parc des Princes stattfand, zeichneten nicht weniger als fünf Filmkameras das kleine Drama für das Publikum in ganz Frankreich auf.

Der friedliebende Wiener Jude Stefan Zweig, ein Bewunderer und enger Freund von Romain Rolland, besuchte im Frühjahr 1914 Tours und ging dort ins Kino. Zweig kannte den Nationalismus in Österreich und Deutschland, der hauptsächlich aus der Angst vor der Stärke der englischen Marine und dem großen Menschenpotential Rußlands resultierte; hier nun vernahm er noch schrillere Töne. Die »Neuigkeiten aus aller Welt« zeigten den deutschen Kaiser während eines Besuchs bei Kaiser Franz Joseph in Wien. Als Wilhelm II. in Generaluniform und mit hochgezwirbeltem Schnurrbart am Bahnhof aus seinem Salonwagen stieg, setzte in dem dunklen Raum ein wildes Pfeifkonzert ein, und die Leute johlten und trampelten mit den Füßen.

». . . Frauen, Männer, Kinder höhnten, als ob man sie persönlich beleidigt hätte . . . Ich erschrak bis tief ins Herz hinein. Denn ich spürte, wie weit die Vergiftung durch die seit Jahren und Jahren geführte Haßpropaganda fortgeschritten sein mußte, wenn sogar hier, in einer kleinen Provinzstadt, die arglosen Bürger und Soldaten bereits dermaßen gegen den Kaiser, gegen Deutschland aufgestachelt worden waren, daß selbst ein flüchtiges Bild auf der Leinwand sie schon zu einem Ausbruch verleiten konnte.«[11]

Und Erik Satie hatte das Kino ein Heilmittel gegen Neurasthenie genannt!

Während das Pariser Ballett noch in einem orientalischen Wolkenkuckucksheim schwelgte, griff das Pariser Theater die neuen Ängste und Stimmungen auf. Dabei war das Sublime immer Frankreich, das Lächerliche immer Deutschland. Kistemaekers' *L'Exilée* spielt an einem imaginären Hof in Ostdeutschland. Ein junger französischer Gelehrter unterrichtet die Söhne des ungebildeten Königs in der Geschichte der Französischen Revolution und lehrt sie die *Marseillaise* singen. Der König protestiert; der Franzose verteidigt sein Recht, auch im Ausland Wahrheit und Freiheit zu verkünden – und es wird ihm schließlich gewährt. In dem Stück *Alsace* von Leroux und Camille sagt ein Franzose zu einem anderen: »*Vive l'Alsace!*« – »*Vive la France!*« sagt der andere, worauf der erste erwidert: »Das ist dasselbe.« Die deutschen Charaktere sind plump, häßlich, vulgär, indiskret, haben weder Geschmack noch Takt und verachten und hassen alles, was nicht deutsch ist. Der Pariser Kritiker Henry Bidou schrieb zu dem Stück: »Selbst der glühendste Patriotismus sollte Nachbarn nicht zu Karikaturen machen.«

Ironischerweise interessierten sich die Deutschen – weit davon entfernt, alles Nichtdeutsche zu verachten und zu hassen – um dieselbe Zeit zunehmend für das französische Theater. Im Jahr 1913 führte die glänzende Truppe der Kunstschule Hellerau Claudels *Verkündigung* auf. Claudel, damals Konsul in Frankfurt, arbeitete aktiv an der Inszenierung mit. In seinen Briefen an Lugné-Poe sagt er jedoch nichts darüber, warum sich eine deutsche Theatertruppe ausgerechnet für sein Stück entschieden hatte.

Tatsächlich fühlten sich deutsche Theaterregisseure und Bühnenschriftsteller seit Reinhardts Inszenierung des *Jedermann* zum mittelalterlichen Christentum mit seinem inbrünstigen und ungebrochenen Glauben und zum Seelenleben der Menschen im allgemeinen hingezogen. Dies war nur ein Aspekt einer großen, sehr bedeutenden Bewegung. Der Expressionismus, wie sie später genannt wurde, hatte kein Manifest, sondern bestand eigentlich nur aus verwandten individuellen Bestrebungen. Der expressionistische Maler Kandinsky rief die Menschen auf, aus ihren Gräbern der materiellen Existenz aufzustehen und die kommende Epoche des Geistigen zu grüßen. Die expressionistischen Schriftsteller waren mit Gottfried Benn der Meinung, die Welt sei in Stücke gedacht worden, und fühlten sich daher aufgerufen, Träume, Visionen und Augenblicke der Ekstase zu vermitteln. Es handelte sich dabei nicht um oberflächlichen Romantizismus. Was sie beschäftigte, war die Drangsal, in der der Mensch lebte, und sein Bedürfnis nach irgendeiner nie genau definierten Art von Erlösung.

Mit ein paar Ausnahmen hatten die Expressionisten nichts übrig für Grenzstreitereien und den Nationalismus der Massen. Ihr Interesse galt der Metaphysik des Individuums. In diesem Geist veröffentlichte der junge Österreicher Franz Werfel seine pazifistischen Gedichte unter dem Titel *Der Weltfreund.*

Ludwig Meidner, der die Fauves in Paris studiert hatte und wie Werfel Jude war, vermittelt auf einer breiteren Basis eine ähnliche Schreckensvision. In seiner *Apokalyptischen Landschaft* (1912) stürzen Häuser und Brücken ein, treten Flüsse über die Ufer; über den Bergen hängt der Mond, und überall ist Feuer; in der Mitte des Bildes liegt die Gestalt eines Mannes. In dem Bild *Apokalyptische Stadt* wird die unsichtbare Drohung in allen Einzelheiten als Krieg dargestellt. Meidner malte von Granaten und Bomben zertrümmerte Häuser – eine Verwüstung, wie man sie bisher noch nicht gesehen hatte, die aber bald möglich werden konnte. Das Bild *Haus an der Ecke* zeigt ein Haus im Augenblick der Explosion – in dem Bruchteil der Sekunde, bevor es in Stücke gerissen wird. Es ist ein Gemälde, das einen frieren läßt.

Während Charles Péguy in Paris eine militärische Struktur forderte – Feind eines jeden Individualisten –, besangen die deutschen Expressionisten das Individuum. Ein aufschlußreicher Gegensatz!

Der kluge Kunsthändler und Verleger Herwarth Walden machte Berlin zum Zentrum des Expressionismus. Er veröffentlichte neue Artikel in seiner Wochenzeitung *Der Sturm* und stellte Kandinsky und andere Expressionisten aus. Auf dem ersten Deutschen Herbstsalon 1913 zeigte er 85 zeitgenössische Künstler aus zwölf Ländern. Er ließ Apollinaire aus Paris kommen und in seiner »Sturm-Galerie« einen Vortrag über Robert Delaunay halten, der mit den Expressionisten liebäugelte. Kurz darauf sagte Apollinaire: »In Berlin, München, Düsseldorf, Köln vergeht nicht ein Tag, ohne daß eine neue Ausstellung über das Werk eines neuen französischen Künstlers eröffnet wird.«

Die expressionistische Bewegung war eine mögliche Brücke zwischen Deutschland und Frankreich auf der Ebene von Philosophie, Literatur und Kunst. Sie hätte vielleicht, um eine andere Metapher zu gebrauchen, die gefährliche Hochspannung des Hurrapatriotismus erden und sichern können. Aber es sollte nicht sein. Selbst Apollinaire mit seinem kosmopolitischen Hintergrund sah die deutschen expressionistischen Maler hauptsächlich unter stilistischen Gesichtspunkten: bewundernswert poetisch, vielleicht, aber zu maßlos. Und im *Mercure de France* vom Februar 1914 wiederholte Ernest Raynaud eine bekannte Klage mit einer neuen häßlichen Wendung am Schluß: Die deutsche Literatur sei unbestimmt und traurig, »die Angst eines ziellos treibenden Herzens, der Schrei einer verirrten Seele in der Nacht: kurz gesagt, sie trägt alle Zeichen ihrer semitischen Ursprünge«. Ab 1913 kann man sagen, daß Politik und Patriotismus beinahe jede Art der Lebensbetrachtung beeinflußten.

Marokko und die französische Politik der *grandeur* in Marokko hatten einen Dominoeffekt. Italien suchte einen Ausgleich für die französischen und spanischen Zugewinne in Marokko und besetzte Tripolis und die südlichen Sporaden. Die Balkanländer nutzten diese Aufteilung des Osmanischen Reichs, um sich von den Türken loszusagen. Die Kaiserreiche der Habsburger und Romanoffs vertraten die Ansicht, daß sie und nicht die Balkanvölker die rechtmäßigen Erben der Osmanen seien, und manövrierten sich damit in eine Rivalität, die in Kürze zu Sarajewo führen sollte.

In Paris wurde im Februar 1913 Raymond Poincaré[12] Präsident der Republik. Mit seiner kräftigen, robusten Figur – er hielt sich mit einer täglichen Dreiviertelstunde Gymnastik in Form –, seinem federnden Gang und seiner sympathischen Ausstrahlung flößte er den Menschen Vertrauen ein. In jenem Sommer wurde sein Gesetz angenommen, durch das der Militärdienst auf drei Jahre verlängert wurde. Auch hatte er einen gemäßigten Botschafter in St. Petersburg durch Delcassé ersetzt, dessen Patriotismus nach Aussagen eines Kollegen vom Quai d'Orsay, der selbst eine harte Linie vertrat, »zur fixen Idee wurde ... Ich würde sogar sagen, zur Monomanie.«

»Der Gnom« hatte sich wieder ganz nach oben gestrampelt. Schon 1904 hatte er die Ereignisse vorausgesehen und seiner Frau erklärt: »Mit einem Schlag ist unser nordafrikanisches Imperium doppelt so groß wie zuvor und unsere Präsenz im Mittelmeerraum einzigartig gestärkt.« Und durch die Allianz mit Rußland hatte Frankreich nun gegenüber Deutschland eine Position der Stärke erreicht – auch wenn es nur so schien.

In St. Petersburg ließ Delcassé die Russen wissen, wenn sie einen weiteren Kredit haben wollten – und Rußland war von französischen

Krediten, die sich bereits auf 17 Milliarden Francs beliefen, beinahe so abhängig wie seinerzeit der Sultan von Marokko –, dann müßten sie sofort mit dem Bau von 5500 Kilometern strategisch wichtiger Eisenbahnlinien beginnen, damit im Fall eines Krieges Truppen an die deutsche Front transportiert werden könnten, und sie müßten ihre Armee um 90 000 Mann verstärken und den größten Teil an der deutschen Grenze stationieren – das Ganze vorgebracht in einem, zumindest für einen Verbündeten, merkwürdig kommandierenden Ton, aber Sasonow, der wankelmütige russische Außenminister, ging auf Delcassés Bedingungen ein.

Was war aus der Bewegung für die Détente geworden? Mit einer Unermüdlichkeit, die selbst seine Feinde anerkannten, reiste Jaurès durch Europa, munterte die kleinmütigen Sozialdemokraten auf und verkündete noch immer, daß die deutschen Arbeiter lieber ihre Eisenbahnschienen aufreißen würden, als zuzulassen, daß ihre Brüder wie Schlachtvieh an die Front transportiert würden. Jetzt aber wurde Jaurès dieser unerschütterliche Sozialismus zum Vorwurf gemacht, und die Sache des Friedens verband sich im Kopf vieler Franzosen plötzlich mit Streiks, Unruhen und der Möglichkeit einer Revolution.

Im Jahr 1912[13] sickerten die Texte der Geheimabkommen zwischen Frankreich und Spanien durch. Der Friedensnobelpreisträger d'Estournelles de Constant verurteilte sie in einer eindrucksvollen Rede im Senat und stellte Delcassés Doppelzüngigkeit an den Pranger. Wie berechtigt seine Argumente auch waren, sie zeigten kaum politische Wirkung. Die Rede kam acht Jahre zu spät.

Der wichtigste Politiker unter denen, die die Franzosen jetzt zu überzeugen versuchten, daß es vernünftiger sei, die Deutschen zu verstehen, statt sie zu fürchten und die Wiederaufrüstung zu bremsen, war Joseph Caillaux. Der »Einzelkämpfer« war 1913 Finanzminister geworden. Er war immer noch der elegante Dandy, anmaßend, heftig, ungeduldig mit Langsamdenkern, und sein Spitzname war ebenso zutreffend wie früher. Er hatte einen völlig anderen Stil als der zurückhaltende und wesentlich vorsichtigere Poincaré, der sich auf ein Netz sorgfältig ausgesuchter einflußreicher Freunde stützten konnte.

Caillaux verursachte einen Aufruhr in der Nationalversammlung, als er sich gegen das Gesetz zur Einführung einer dreijährigen Wehrpflicht aussprach, und gleich danach, als das Gesetz angenommen war, einen zweiten, als er sagte, das Geld dafür sollte mit der Einführung der Einkommensteuer aufgebracht werden. Frankreich finanzierte den größten Teil seiner Ausgaben traditionsgemäß durch indirekte Steuern. Interessant ist hier, daß Caillaux seine Politik rechtfertigte, indem er sich wie viele seiner Zeitgenossen auf die Vergangenheit berief. Er erklärte, die Einkommensteuer, die die oberen Schichten so beunruhige, sei nichts anderes als die *taille* des *ancien régime*.

Anfang 1914 war Joseph Caillaux für die Nationalisten des harten Kurses ein Schreckgespenst geworden. Im Mai sollten allgemeine Wahlen stattfinden, und man mußte damit rechnen, daß Caillaux als neuer Präsident der Radikalsozialisten – der größten Partei – gut abschneiden würde.

In diesem entscheidenden Augenblick in der Geschichte Frankreichs startete Gaston Calmette, der Herausgeber von *Le Figaro* eine Attacke gegen Caillaux, die wesentlich virulenter war als die gegen Nijinskij. Im Verlauf von drei Monaten schrieb oder veröffentlichte er 138 Artikel, Karikaturen oder versteckte Anspielungen gegen den »Kongo-Caillaux«, »Handlanger Deutschlands«, den »Sozialistengimpel«, den »Panikmacher«, den »zwielichtigen Spekulanten« – Caillaux hatte angeblich während der Marokko-Krise Geld an der Berliner Börse gemacht.

Im März 1914 ging Calmette sogar noch weiter. Er veröffentlichte einen Brief, den Caillaux 1901 an Berthe Gueydan aus New Orleans geschrieben hatte, die damals seine Geliebte war und später seine erste Frau wurde. Caillaux hatte in diesem Brief geschrieben: »Ich hatte einen großen Erfolg. Ich habe die Einkommensteuer platzen lassen, indem ich sie scheinbar verteidigte. Ich verschaffte mir Beifall vom Zentrum und von der Rechten und habe die Linke nicht übermäßig vergrätzt.« Nachdem Caillaux die Nation ständig drängte, die Einkommensteuer zu akzeptieren, schadete dieser Brief sowohl dem Minister als auch seiner Person.

Caillaux war wütend auf Calmette. Sein großer kahler Schädel überzog sich mit purpurroten Streifen, als er zu seiner Frau Henriette sagte, er würde Calmette die Visage einschlagen. Henriette hatte das Gefühl, er meinte, was er sagte.

Henriette wußte, daß einige ihrer Briefe an Joseph aus der Zeit, als *sie* seine Geliebte war, von seiner ersten Frau abgefangen worden waren. Obgleich diese sie später verbrannt hatte, wußte man nicht, ob möglicherweise Abschriften existierten, die sie zum Verkauf anbieten könnte. Als der *Figaro* andeutete, daß noch mehr Briefe veröffentlicht werden könnten, wandte sich Henriette an ihren Anwalt, von dem sie nur erfuhr, daß man Calmette gerichtlich nicht belangen konnte.

Henriette war eine Frau von Charakter und beträchtlicher Dummheit. Sie beschloß, die Sache selbst in die Hand zu nehmen. Sie kritzelte eine Nachricht an Joseph, wobei sie vermutlich an seine Drohung dachte, Calmette die Visage einzuschlagen. »Frankreich und die Republik brauchen dich«, schrieb sie. »Ich werde es an Deiner Stelle tun.« Dann ließ sie sich von ihrem Chauffeur im Dienstwagen ihres Mannes, einem grauen De Dion-Bouton – die Rosette hatte sie immerhin abnehmen lassen –, zu einem Büchsenmacher fahren, probierte einen Browning aus, kaufte ihn, versteckte ihn in ihrem Muff und fuhr zur Redaktion des *Figaro*. Als ihr mitgeteilt wurde, Calmette sei nicht im Haus, wartete sie.

Eine Dreiviertelstunde später, um 18 Uhr, traf Calmette ein – stämmig, gewachster Schnurrbart, Pincenez. In wenigen Tagen sollte er von seiner Frau geschieden werden, die er wegen ihres Geldes geheiratet hatte. Als ersten bat er den Romanschriftsteller Paul Bourget zu sich, der schon einige Zeit gewartet hatte; dann wurde ihm Madame Caillaux' Karte gereicht. Er wirkte überrascht, aber nach einigem Zögern ließ er sie hereinführen.

Henriette entsicherte den Browning, der noch immer in ihrem Muff steckte. »Sie wissen bestimmt, warum ich hier bin?«

»Um Himmels willen, nein, Madame. Aber bitte, setzen Sie sich doch.«

Henriette nahm den Browning aus dem Muff, feuerte alle sechs Schuß ab, von denen vier ihr Ziel trafen. Calmette sank tödlich verwundet in einen Sessel. Leute kamen herein, ergriffen den Browning und schoben seine Besitzerin in ein anderes Büro. Dort sagte Henriette ruhig: »Es gibt keine Gerechtigkeit mehr in Frankreich. Es war das einzige, was man tun konnte.« Sofort danach traf die Polizei ein, und während man seine Frau abführte, bot Joseph seinen Rücktritt als Finanzminister an.[14]

Bei den allgemeinen Wahlen im Mai kandidierte Caillaux in seinem Wahlkreis Sarthe und wurde wiedergewählt. Zusammen mit den Unabhängigen ging die radikalsozialistische Partei als bei weitem stärkste politische Gruppierung aus den Wahlen hervor, wobei sich die Anzahl ihrer Sitze von 149 auf 195 erhöhte. Die gesamte Linke erreichte beinahe die absolute Mehrheit, und viele, wenn auch nicht alle, interpretierten dieses Ergebnis als Mißtrauensvotum für Poincarés Außenpolitik. Wie dem auch sei: mit einer Frau im Gefängnis, die sich vor einem Gericht verantworten mußte – sie sollte im Juli freigesprochen werden –, hing der Schatten eines Mordes über Caillaux. Weder der Präsident noch das Land konnte einem solchen Mann ein hohes Amt anvertrauen, und so ging der Posten des Premierministers am 13. Juni an René Viviani.

Viviani war im französischen Algerien geboren, was ihn zu einem ebenso glühenden Patrioten machte wie jeden Lothringer. Obgleich nicht ohne rhetorische Begabung – er war es, der prahlerisch behauptete, er würde »die Lichter des religiösen Glaubens auslöschen« – reichte er intellektuell nicht an das Format eines Caillaux heran und war überdies körperlich sehr anfällig. Er war bereit, die Verlängerung des Wehrdienstes auf drei Jahre zu unterstützen und sich in Poincarés Außenpolitik zu fügen. Jetzt war nur noch Jean Jaurès übrig, um für die Détente zu sprechen. Aber wie viele hörten ihm noch zu? Zumal Poincaré, wie jeder wußte, überzeugt war, daß Frankreich einen Krieg in zwei Monaten gewinnen würde; und im Frühjahr 1914 hörte man keine geringere als die Frau des Präsidenten, Henriette Poincaré, die den Parisern hauptsächlich wegen ihrer Tierliebe bekannt war, sagen: »Was wir brauchen, ist ein guter Krieg und ein Gesetz gegen Jaurès.«

KAPITEL XVII

Paris im Krieg

In Deutschland bereitete inzwischen die neue Situation auf dem Balkan Wilhelm II.[1] und Bethmann-Hollweg (Reichskanzler seit 1909) große Sorgen. Seit sich Serbien von der Türkei losgesagt hatte, wiegelte es die serbischen Minderheiten in Österreich-Ungarn auf und drängte sie, die Unabhängigkeit zu fordern. Österreich-Ungarn war der einzige feste Verbündete der Deutschen, so daß sich Wilhelm schon deshalb bedroht fühlen konnte. Nun mischten sich aber auch noch die Russen ein. Um zu demonstrieren, wie stark sie trotz der Niederlage von 1905 gegen Japan waren, boten sie den Serben und sonstigen Minderheiten innerhalb Österreich-Ungarn massive moralische Unterstützung. Bertie, der britische Botschafter in Paris, faßte die Lage zusammen: »Wenn ... der Zar an der absurden und überholten Behauptung festhält, er sei der Schutzherr aller slawischen Staaten, so unmöglich sie sich auch aufführen, dann ist ein Krieg wahrscheinlich. Deutschland wird Österreich zur Seite stehen müssen, und Frankreich wird Rußland helfen müssen.«[2]

Wilhelm II. war tief beunruhigt, daß Delcassé die russischen Ambitionen förderte. Nach den Worten des anglikanischen Bischofs von Ripon, der den Kaiser im Juni 1913 besuchte, sei er sehr herzlich empfangen worden. »Aber er sprach mit einem Ton, der neu an ihm war ... Er sprach von der gefährlichen Position, in der sich Deutschland befand, zwischen zwei Mächten, die sich als Feinde erweisen könnten.«[3]

Aber man muß von Wilhelm II. sagen, daß er genauso wie die Habsburger nichts gelernt und nichts vergessen hatte. Er war immer noch der Mann, der in Sachen Außenpolitik alles besser wußte. Er und Kaiser Franz Joseph und dessen Thronfolger, der Erzherzog Franz Ferdinand, würden die Lage schon meistern. Sie würden treue Freunde bleiben, und gegen eine solche Freundschaft käme keine Allianz an. England ersuchte Wilhelm dringend, den Ausbau seiner Flotte nicht weiter zu forcieren, aber er ließ sich nicht davon abbringen, Deutschland zu einer großen Seemacht zu machen, und wenn sich die Engländer deswegen ärgerten – ihr Pech.

Wilhelm verfolgte die Entwicklung der internationalen Krise weiterhin mit äußerster Aufmerksamkeit. Wenn man sein Temperament bedenkt, wäre etwas weniger Aufmerksamkeit wahrscheinlich angebrachter gewesen. Als sich die Lage verschlechterte, litt seine Eitelkeit erheblich, seine Empfindlichkeiten wurden zu offenen Wunden, und er wurde immer entschlossener, sich nach Algeciras mit all den negativen Auswirkungen nie wieder eine ähnliche Erniedrigung gefallen zu lassen.

Im Juni 1914 hatte der außenpolitische Berater von Präsident Wilson, Colonel House, der hinter den Kulissen für eine Détente zwischen England und Deutschland arbeitete, eine halbstündige Unterredung mit dem Kaiser; was ihm auffiel, war »eine übermäßige Nervosität, die jeden Moment in einen rücksichtslosen Angriff umschlagen konnte.«

Am 12. Juni 1914 traf Wilhelm II. zu einem dreitägigen Besuch bei seinem Verwandten, dem Erzherzog Franz Ferdinand, auf Schloß Konopischt in Böhmen ein. Der Erzherzog und Thronfolger von Kaiser Franz Joseph war groß, gut gebaut und sportlich. Er hatte intelligente, etwas traurige Augen und einen Walroßschnurrbart. Seine Frau Sophie, geborene Chotek, hatte er aus Liebe geheiratet, obwohl sie nicht die erforderliche vornehme Abstammung mitbrachte. Sie hatten drei Kinder, das jüngste war damals dreizehn Jahre alt. Auf Schloß Konopischt führte die Familie ein glückliches Leben, und Wilhelm war dort gern zu Besuch. Er war wie sein Gastgeber ein leidenschaftlicher Jäger und Gärtner; in beidem war Wilhelm Experte, und natürlich hielt er mit seinem überlegenen Wissen nicht hinter dem Berg.

Wilhelm und Franz Ferdinand hielten große Stücke auf die österreichisch-deutsche Allianz, die der erstere seinem Vetter mit folgenden Worten beschrieben hatte: »Wenn die zwei besten Armeen der Welt Seite an Seite stehen, entschlossen, keine Mißachtung hinzunehmen, . . . ist das eine Tatsache, die alle anderen Diplomaten und Staaten einfach zu akzeptieren haben, ob sie wollen oder nicht.« Auffällig ist das Wort »Mißachtung«.

In Konopischt sprachen die beiden Männer mit Sicherheit über die serbischen Unruhestifter im Kaiserreich, besonders in Bosnien, und über die zunehmende Verärgerung Wiens mit seinem kleinen Nachbarn. Wilhelm hatte Wien kürzlich geraten, keinen allzu großen Druck auf Serbien auszuüben, und diese Meinung deckte sich mit Ferdinands Überzeugung, daß Österreich seinen Einfluß auf dem Balkan lieber mit Krediten und Handelsbeziehungen ausbauen sollte statt mit Gewalt. Der Erzherzog hatte einen gesunden Respekt vor Rußland und hätte gerne ein Dreierbündnis mit Zar Nikolaus gesehen.

Der Besuch verlief anscheinend harmonisch; Wilhelm schickte nach seiner Rückkehr ein Telegramm, in dem er sich bedankte. »Die Rosen in meinem Garten blühen, ebenso der Rhododendron trotz drei Wochen Regen. Weidmannsheil. Viele Grüße an alle. W.« Während sich Wilhelm auf die Kieler Woche vorbereitete, traf Franz Ferdinand Vorbereitungen für einen Besuch bei den Heeresmanövern in den Bergen südwestlich von Sarajewo.

Drei seiner jungen bosnischen Untertanen lagen dort auf der Lauer. Anfang des Jahres hatten sich in Belgrad Mitglieder eines serbischen Geheimbunds getroffen, der unter dem Namen »Schwarze Hand« bekannt wurde. Sie hatten sich eine rasche Befreiung aller Serben von der österreichisch-ungarischen und osmanischen Vorherrschaft zum Ziel gesetzt und ein Attentat auf den Erzherzog geplant. Die Verschwörung war vermutlich vom Dragutin Dimitrijevic, dem Chef des geheimen Nachrichtendiensts des serbischen Generalstabs nicht nur gebilligt, sondern auch organisiert worden, denn er war gleichzeitig ein führendes Mitglied der »Schwarzen Hand«. Den Hintergrund für diesen verwegenen Plan bildeten die jüngsten Versprechungen seitens des »Schutzherrn« Rußland. Im November 1913 hatte man dort dem serbischen Gesandten gesagt, »Rußland wird alles für Serbien tun«, und dieselbe Botschaft hatte der Zar gegenüber König Peter im Februar wiederholt.

Ende Mai versorgte ein Mitglied der »Schwarzen Hand« die Verschwörer mit sechs Bomben und vier Brownings. Die jungen Männer wurden mit den Waffen vertraut gemacht, bekamen 130 Dinare in die Hand gedrückt, eine Straßenkarte von Bosnien, eine Mitteilung an den Grenzbeamten in Shabats und ein paar Zyankalikapseln; dann schickte man sie los.

Am 28. Juni fuhr der Erzherzog in Uniform und mit einem an den Seiten hochgeschlagenen und mit grünen Federn geschmückten Hut in Begleitung seiner Frau in einem offenen Wiener Automobil, einem Graef und Stift, durch die Straßen von Sarajewo. Sein Wagen war der dritte in einer Kolonne von sechs Fahrzeugen. Als die Wagen den Appel-Kai am Fluß entlangfuhren, zog ein großer junger Mann in langem schwarzen Mantel und schwarzem Hut eine Bombe hervor, die einem Seifenriegel glich. Er riß die Kappe ab und schlug den Sprengzünder gegen einen Laternenpfahl. Er konnte nicht zwölf Sekunden warten, wie man ihm beigebracht hatte, weil der Wagen sonst an ihm vorbeigefahren und außer Reichweite gewesen wäre. Er zielte auf die grünen Federn des erzherzoglichen Huts und warf. Die Bombe fiel hinter dem Erzherzog auf das zurückgeklappte Verdeck und kullerte auf die Straße, wo sie unter dem nächsten Automobil explodierte und ein Dutzend Menschen verletzte.

Bestürzung und Empörung waren die unmittelbaren Folgen. Während die Verletzten ins Krankenhaus gebracht wurden, beschloß man, am Programm festzuhalten. Im Rathaus fand eine offizielle Begrüßung statt, danach wurde die Rundfahrt fortgesetzt.

Als der Wagen des Erzherzogs an der Ecke Appel-Kai/Franz-Joseph-Straße abbremste, zog ein kleiner junger Mann mit langen Haaren und tiefliegenden blauen Augen einen Revolver und feuerte zweimal. Eine Kugel traf Sophie, die andere Franz Ferdinand. Der Erzherzog warf die Arme um seine Frau und rief: »Sophie, Sophie, stirb nicht! Leb für unsere Kinder!« Aber Sophie war bereits tot, und auch der Erzherzog verschied bald, nachdem er in die Residenz des Gouverneurs gebracht worden war.

In Paris verursachte die Nachricht von den Morden in Sarajewo weniger Aufregung als die Ermordung Calmettes. Nur die Rechte zeigte große Sympathie für Franz Joseph, dessen Bruder Maximilian in Mexiko erschossen, dessen Frau Elisabeth in Genf von einem Anarchisten erstochen worden war und dessen einziger Sohn Rudolf in Mayerling Selbstmord verübt hatte. Nun hatte der Kaiser im Alter von vierundachtzig Jahren auch noch seinen Neffen und Thronfolger verloren.

Wilhelm erfuhr von dem Attentat auf der Kieler Woche. »Sehr deprimiert und zornig« sagte er alle weiteren Regatten ab. Dem britischen Botschafter Goschen vertraute er an, »daß die Ermordung ein schrecklicher Schlag für ihn war – weil er erst vor vierzehn Tagen bei ihnen gewesen war und ihr glückliches Familienleben miterlebt hatte und weil es alles über den Haufen warf, was sie gemeinsam geplant und vorbereitet hatten«.[4] Er schickte ein Beileidstelegramm an Franz Joseph, in dem es am Schluß hieß: »Wir müssen uns vor dem Ratschluß Gottes beugen, der uns wieder einmal schwere Prüfungen auferlegt hat.«

Der österreichische Außenminister Berchtold nahm zu dem Attentat eine außerordentlich bedenkliche Haltung ein. Seiner Meinung nach war der einzige sichere Weg, den südlichen Teil der Monarchie vor Revolution und Zerfall zu schützen, eine militärische Strafaktion gegen Serbien. Dies konnte Österreich nur mit der Einwilligung seines Verbündeten tun. Unmittelbar nach der Beerdigung des Erzherzogs erging diese Frage an Berlin.

Wilhelm hätte aus persönlichen und politischen Gründen gern

zugestimmt, aber er wollte auch, daß die Kontroverse örtlich begrenzt blieb. Er glaubte, daß sich der Zar nicht mit »den Mördern von Thronfolgern« zusammentun würde, daß er sich aus dem Balkan heraushielte. In diesem Glauben versprach Wilhelm, Berchtolds Plan zu unterstützen, und Berchtold setzte mit dieser Zusage in der Tasche die schwerfällige Maschinerie für die Aktion in Serbien in Gang.

Nun blickte alles auf Rußland. Am 20. Juli gingen Raymond Poincaré und Premierminister Viviani in Kronstadt von Bord des Schlachtschiffs *France* zu einem seit langem geplanten dreitägigen Besuch beim Zaren.

Poincaré wußte von seinem Botschafter in Wien, daß »die Unruhe in den südlichen slawischen Provinzen der Doppelmonarchie derart zunimmt, daß die österreichisch-ungarische Regierung gezwungen ist, entweder in die Separation jener Provinzen einzuwilligen oder alle Kräfte aufzubieten, um sie zu halten, was die totale Unterwerfung Serbiens erfordern würde«.

Poincaré wußte auch, daß eine österreichische Aktion gegen Serbien keine direkte Bedrohung Rußlands darstellte, daß Serbien nicht mit Rußland verbündet war und daß Rußland noch nie eine politische Rolle auf dem Balkan gespielt hatte. Und Frankreich konnte durch eine Aktion in Serbien ebensowenig in Gefahr geraten, da Belgrad fast einundhalbtausend Kilometer von Paris entfernt ist.

Welche Haltung nahm Rußland gegenüber der Krisenregion ein? Wilhelm hatte angenommen, daß Nikolaus als Monarch von Gottes Gnaden auf keinen Fall für die Mörder eines Thronfolgers Partei ergreifen würde, und damit hatte er recht. Aber er machte den gleichen Fehler, den auch Napoleon bei Zar Alexander gemacht hatte, indem er annahm, Nikolaus sei ein echter Autokrat, ein tatsächlicher Herrscher. Nikolaus war jedoch umgeben von Adligen und Politikern, die alle darauf bedacht waren, den revolutionären Druck im Inland durch eine Demonstration nationaler Stärke im Ausland abzubauen, und der Zar war schon halbwegs bereit, ihre Meinung zu teilen.

Wenn ein Zusammenprall zweier Großmächte auf dem Balkan abgewendet werden sollte, lag es unter diesen gefährlichen Umständen auf der Hand, daß Poincaré Rußland schnellstens zu Vorsicht und Mäßigung riet, wozu er im übrigen jede Möglichkeit hatte, nachdem er gerade jetzt täglich in direktem Kontakt mit dem Zaren und seinen Beratern stand und darüber hinaus, aufgrund einer langen Freundschaft, offen sprechen konnte.

Die Gespräche zwischen Poincaré und den Russen begannen am Nachmittag des 20. Juli im Winterpalast. Nach dem Bericht des französischen Botschafters sprach Poincaré überzeugend und mit Autorität zum Zaren, und er war es, der das Gespräch lenkte. Bei einem Staatsbankett bekannte sich Poincaré erneut feierlich zu den Verpflichtungen, die Frankreich mit der Allianz eingegangen war – deren Zweck Delcassé von der »Erhaltung des Friedens« ausgeweitet hatte auf »die Erhaltung des Gleichgewichts der Kräfte« –, und am 21. Juli äußerte er gegenüber seinem Botschafter: »Außenminister Sasonow muß standhaft bleiben, und wir müssen ihn unterstützen.«

Am selben Tag wurde Poincaré vom britischen Botschafter Buchanan aufgesucht, der ihm den Vorschlag des britischen Außenministers Grey unterbreitete, Österreich und Rußland sollten sich an einen Tisch setzen. Das hätte wie ein Druckverband auf eine blutende Schlagader gewirkt. Aber der französische Präsident zeigte kein Interesse, und Buchanan telegraphierte nach London: »Seine Exzellenz äußerte die Meinung, daß ein Gespräch *à deux* im Augenblick sehr gefährlich wäre.«

Während Poincaré den Russen zur Standhaftigkeit riet und den britischen Plan verhinderte, der russisch-österreichische Verhandlungen ohne seine Anwesenheit vorsah, unternahm er kaum etwas, um Wien von übereilten Aktionen zurückzuhalten. Erst drei Tage später instruierte Viviani den französischen Botschafter in Wien, Berchtold zur Mäßigung zu raten.

Inzwischen – einen Tag zuvor, am 23. Juli – hatte Österreich Serbien ein Ultimatum mit zehn Forderungen gestellt. Die sechste Forderung sah eine Mitarbeit österreichischer Stellen an der Untersuchung der Morde vor. Am 25. Juli erklärte sich Serbien mit allen Forderungen einverstanden, nur nicht mit dieser einen, und rief zur Mobilmachung auf. Poincaré und Viviani befanden sich zu diesem Zeitpunkt an Bord der *France* auf der Rückreise nach Frankreich. Am selben Tag verfaßte Crowe vom britischen Außenministerium ein Memorandum, das große Bedeutung erlangen sollte.

Das Memorandum beginnt mit einem klaren Hinweis auf Poincarés mangelndes Interesse an dem britischen Vorschlag. »Der Augenblick ist vorbei«, schrieb Crowe, »in dem es möglich gewesen wäre, Frankreichs Unterstützung für den Versuch zu gewinnen, Rußland zurückzuhalten . . .«[5]

»Was immer wir über die österreichischen Vorwürfe gegen Serbien denken mögen«, fuhr Crowe fort, »Frankreich und Rußland jedenfalls halten sie für einen Vorwand und meinen, daß es jetzt für das

Dreierbündnis an der Zeit sei zu handeln.« Poincaré sah in der deutschen Unterstützung für Österreich einen weiteren Beweis für die aggressive Rolle, die Delcassé, der Quai d'Orsay und die Revanchisten allgemein dem Kaiserreich Wilhelms schon seit langem zugedacht hatten – eine Haltung, die seit Agadir auch in der französischen Öffentlichkeit immer breitere Zustimmung fand.

Und welchen Schluß zog Crowe? »Ich glaube, es wäre unklug, um nicht zu sagen gefährlich, sollte England versuchen, der französischen Meinung zu widersprechen.« Die Regierung billigte Crowes Memorandum, das damit zur offiziellen britischen Politik wurde.

Am 28. Juli erklärte Österreich Serbien den Krieg. Zwei Tage später machte Rußland mobil. Am 31. Juli verkündete Deutschland den »Zustand drohender Kriegsgefahr« und forderte in einem Ultimatum an Rußland die Einstellung der Mobilmachung. Als Rußland nicht reagierte, erklärte Deutschland am 1. August Rußland den Krieg.

Die französische Presse hatte die Öffentlichkeit auf den Krieg eingestimmt und optimistische Berichte über das Heer von russischen Bauern verbreitet, über ganze Regimenter von Nijinskijs: Rußland »steht im Begriff, die stärkste Militärmacht zu werden, die die Welt je gesehen hat«. Generäle im Ruhestand versprachen in Presseartikeln, wenn Frankreich nur einen Monat aushielte, würde die russische »Dampfwalze« Deutschland überrollt haben. Aber zumindest in den Provinzen verursachte die offizielle Kriegserklärung der Deutschen an Frankreich, die am 3. August erfolgte, Bestürzung und Angst. Eine junge Schneiderin, Tochter eines Arbeiters in einer Munitionsfabrik, nähte einen Tag lang für eine Frau, die einen kleinen Milchladen in Cherbourg führte, als plötzlich eine Fischverkäuferin eintrat: »Meine arme Mère Cordier, *une guerre europlane est déclarée!* Was wird aus unseren Jungen?«[6] Die Wortverwechslung ist rührend, prophetisch und zeigt die Gefühle der gewöhnlichen Leute.

Die Reaktion in der Hauptstadt war weitaus weniger ängstlich. Etliche der Pariser, die wir kennengelernt haben, sahen im Krieg eine Gelegenheit für neue Erfahrungen. Am 28. Juli hatte Misia Edwards Diaghilew in ihre Wohnung eingeladen, wo sie sich Saties *Trois Morceaux en forme de Poire* von Satie und Viñes vorspielen ließ. Sie hatte den Russen gedrängt, Saties Musik für ein Ballett in Erwägung zu ziehen, und nun sah es ganz so aus, als stimme er zu. Dann platzte ein Bekannter herein. »Österreich hat Serbien den Krieg erklärt!« »Was für ein Glück!« dachte Misia, »o Gott, mach, daß es Krieg gibt.« Als sie sich später an ihre Reaktion erinnerte, sagte sie, sie hätte sich das Abenteuer gewünscht.

Misia stand mit ihrer Reaktion nicht allein. Paul Claudel, damals Konsul in Hamburg, hatte bezweifelt, daß es zum Krieg kommen würde: Wirtschaftliche Interessen würden die Deutschen davon abhalten. Er war überrascht, als er in der Zeitung groß das Wort »Krieg« las und faßte die Gefühle der Menschen quer durch Europa, wie er sich ausdrückte, und die höchstwahrscheinlich auch die seinen waren, in folgende Worte: »Befreit sein von der Arbeit, von seinen Kindern, von einem festen Ort; Abenteuer.«

Auch für den glänzenden jungen Kunsthistoriker und ehemaligen Pazifisten Louis Gillet, der inzwischen Leutnant beim 80. Regiment und im Cotentin in der Nähe von Cherbourg stationiert war, bedeutete der Ausbruch des Krieges ein Abenteuer. »Herrlich, mit reinen Händen und unschuldigem Herzen zu kämpfen, sein Leben für göttliche Gerechtigkeit hinzugeben . . .«[7] schrieb er an seinen Mentor Romain Rolland. »Wir werden diese Wolke von Germanentum, diesen vulgären Nebel, der auf der Welt lastet, endgültig zerreißen.«

Zehn Tage später schrieb er: »Was sind wir doch für ein Land, mein Freund, was für eine bewundernswerte Rasse! In derselben Woche, in der der Caillaux-Prozeß stattfindet, inmitten all der parlamentarischen Skandale und Nahkämpfe – welch ein Erwachen! Dieselben Männer, dieselben Politiker werden plötzlich gleichrangig mit den unsterblichen Männern der Revolution! . . . Heute sind wir Zeugen der Wiederauferstehung Frankreichs. Immer dasselbe: Sieg über Otho bei Bovines, Kreuzzüge, Kathedralen, Revolution – immer waren wir die Ritter der Welt, die Paladine Gottes . . . Wir, die wir das bereits vor zwanzig Jahren gesagt haben, als uns keiner glauben wollte, haben ein Recht, uns zu freuen.«[8]

Drei Tage nach Kriegsausbruch witterte auch André Gide Abenteuer, aber ein Abenteuer anderer Art. »Die bewundernswerte Haltung der Regierung, jedes einzelnen und ganz Frankreichs ebenso wie die aller benachbarten Völker erlaubt jede Hoffnung. Man sieht den Beginn einer neuen Ära: die Vereinigten Staaten von Europa, durch einen Vertrag verbunden, der ihre Rüstung beschränkt; Deutschland verkleinert oder aufgelöst; Triest den Italienern zurückgegeben; Schleswig an Dänemark; und vor allen das Elsaß an Frankreich.«[9] In meinen Augen enthüllen die letzten Sätze Gides ungeschriebene Gedanken während der Periode, die durch die stillschweigende Billigung der Politik der *grandeur* gekennzeichnet ist.

Ein Vergleich mit dem Kommentar eines anderen hochrangigen

Schriftstellers zum Kriegsausbruch ist aufschlußreich. Wie viele Deutsche war sich auch Thomas Mann der von Frankreich ausgehenden Kriegsgefahr kaum bewußt – so dunkel ragte der riesige Schatten Rußlands vor ihm auf. »Mein Hauptgefühl ist eine ungeheure Neugier – und, ich gestehe es, die tiefste Sympathie für dieses verhaßte, schicksals- und rätselvolle Deutschland, das, wenn es ›Civilisation‹ bisher nicht unbedingt für das höchste Gut hielt, sich jedenfalls anschickt, den verworfensten Polizeistaat der Welt zu zerschlagen.«[10]

An jenem Märzabend, an dem Madame Caillaux den Verleger Calmette erschoß, schrieb Proust, der sich in Paris aufhielt, an einen Freund, wie sehr ihn das Ereignis erschütterte. Er schilderte Calmettes Pressekampagne als »so uneigennützig und so edel« und Madame Caillaux als »Furie«. Obwohl er seinen literarischen Namen in so hohem Maße der Protektion Calmettes verdankte und in seinen Briefen so viel über Freundespflichten redete, blieb er der Beerdigung Calmettes fern.

Was die Möglichkeit eines Krieges betraf oder die Notwendigkeit, ein deutliches Wort über die zunehmend kritische politische Situation zu äußern, so wollte sich Proust auch mit diesen Dingen nicht belasten. Maurice Duplay, ein enger Freund Prousts, sagte: »Marcel und ich, wir weigerten uns zu glauben, daß es Krieg geben könnte. Wir meinten, es wäre zu entsetzlich.«

Am Tag, als Deutschland den Krieg erklärte, schrieb Proust in einem Geschäftsbrief an seinen Börsenmakler, daß »bald Millionen von Menschen hingemordet werden, weil es für den Kaiser von Österreich vorteilhaft ist, einen Zugang zum Schwarzen Meer zu haben«.[11] Diese Bemerkung ist überraschend, denn unter all den Motiven, die Kaiser Franz Joseph hatte, um Serbien zu strafen, tauchte nie der Gedanke auf, durch Bulgarien bis zum Schwarzen Meer vorzustoßen. Proust hatte gar nicht begriffen, worum es eigentlich ging. Darüber hinaus schiebt er die Schuld auf andere. Eine Gewissenserforschung, ob die französische Politik, die von Proust und seiner Gesellschaftsklasse unterstützt wurde, den Ausbruch des Krieges vielleicht mitverursacht haben könnte, sucht man bei ihm vergebens.

Anderen die Schuld zuzuschieben, wurde bei Künstlern und Intellektuellen eine weitverbreitete Haltung. Der nationalistische Bühnenschriftsteller Edmond Rostand, der sich in jenem Sommer in seinem Haus im Baskenland aufhielt, empfand »Verzweiflung«, schreibt ein Freund, »über den Wahnsinn seiner Mitmenschen ... völlig niedergeschmettert von dem Schock, den Enttäuschungen sensiblen Naturen versetzen«. Ein weiterer Schuldzuweiser war Claude Debussy. »Wann wird man aufhören«, fragte er, »das Schicksal der Völker Leuten anzuvertrauen, die die Menschen als Mittel zum Aufstieg ansehen?«

Innerhalb von Tagen war Paris eine andere Stadt. Die Straßen waren verlassen; es fuhren keine Busse, nur ein paar Straßenbahnen mit weiblichen Schaffnern. Theater und Kinos waren geschlossen; die Cafés schlossen um acht Uhr abends, die Restaurants um halb zehn. Nach Einbruch der Dunkelheit suchten Scheinwerfer den Himmel nach Zeppelinen ab. Die Schätze des Louvre wurden in Kisten verpackt; an vielen Geschäften waren die eisernen Rolläden heruntergelassen. Ein Matratzenmacher hatte auf seine Ladentür geschrieben: »Ruhen Sie in Frieden, Ihr Matratzenmacher ist an der Front.« Andere Ladenschilder versprachen, daß im September wieder geöffnet würde.

»Jeden Tag«, schrieb eine Engländerin, »sieht man Bewohner der wohlhabenderen Viertel ihre Fensterläden schließen und sich von den Hausmeisterinnen verabschieden ... Wir, die Bourgeoisie, haben immer gesagt, die große Gefahr für Paris sei eine Revolution der Arbeiterklasse, eine Revolution des Mobs! Es hat sich herausgestellt, daß wir uns irrten. Der Mob blieb ruhig, nicht aber die Bourgeoisie.«[12]

Am 2. August bestieg der Maler Maurice de Vlaminck eine Straßenbahn zur Porte Maillot. »Der Kommandant von Paris«, schrieb er, »hatte überzeugende Vorkehrungen zur Verteidigung der Hauptstadt getroffen. Ungefähr ein Dutzend dicker Bäume war gefällt und quer über die Avenue de Neuilly gelegt worden, um deutsche Kavallerie aufzuhalten; auf den Straßen wurden Palisaden und mit Nägeln gespickte Balken aufgestellt. Als ich dieses improvisierte Verteidigungssystem betrachtete, wußte ich nicht, ob ich lachen oder weinen sollte.«

Apollinaire schrieb aus Deauville über die Privilegierten, natürlich mit der Übertreibung des Dichters: »Fast alle laufen davon.« Nachdem die deutschen Truppen durch Belgien marschiert waren und eine schlecht gesicherte Grenze überquert hatten, um schließlich ins Marnetal vorzudringen, hörte man auch in Paris – es war der 29. August – die Kanonen donnern. Am 2. September flüchtete die Regierung nach Bordeaux, darunter auch Außenminister Delcassé. Rodin ging mit Rose nach London, später nach Rom, wo er vom

Papst eine Büste anfertigte. Debussy ging mit seiner Frau und Chouchou nach Angers, wo ihn der Klang von Hörnern und Trommeln an die »zwei Richards« – Wagner und Strauss – erinnerte und die Einheimischen erzählten, eine Lawine von 100 000 Kosaken würde auf die Deutschen niedergehen. Marcel Proust nahm einen überfüllten Zug nach Cabourg – die Fahrt dauerte zweiundzwanzig Stunden – und fand das dortige Krankenhaus bereits überfüllt mit Verwundeten. Anna de Noailles ging nach Bayonne, wo sie den verwundeten Soldaten im Krankenhaus ihre Gedichte vorlas. Sie besuchte auch Edmond Rostand. Lebensmittel waren knapp, die Flüchtlinge hungerten. Daß Anna so leicht nichts demoralisieren konnte, stellte sie auf einem Spaziergang beim Anblick eines herrlichen Schweines unter Beweis, als sie sagte: »Man stelle sich vor – in diesem einen fetten Tier steckt der ganze Inhalt eines Felix-Potin-Geschäfts [Paris' teuerstes Feinkostgeschäft]!«

Anna hatte gerade ein sehr schönes Gedicht vollendet. Drei Tage vor Kriegsausbruch hatte sich ein junger, leicht verrückter Nationalist namens Raoul Villain auf dem Montmartre herumgetrieben. In seiner Tasche steckte ein Revolver. Erst hatte er den Kaiser umbringen wollen, aber dann hatte er beschlossen, den Mann zu töten, den die Journalisten – einschließlich Péguy – »das Werkzeug des Kaisers« nannten. Wähend Jean Jaurès im Café du Croissant eine kleine Pause einlegte, bevor er sich wieder an die Arbeit machte für die am nächsten Tag erscheinende Ausgabe von *L'Humanité*, wurde er von Villain erschossen.

Obwohl Jaurès politisch eine völlig andere Position eingenommen hatte als Anna de Noailles, begann sie ein Gedicht zu schreiben, das ihre tiefe Erschütterung und ihren Schmerz über den Mord an einem so tapferen Staatsmann ausdrücken sollte. Es beginnt mit den Zeilen:

> *J'ai vu ce mort puissant le soir d'un jour d'été.*
> *Un lit, un corps sans souffle, une table à côté:*
> *La force qui dormait près de la pauvreté!*[13]

> Ich habe diesen großen Toten gesehen am Abend eines Sommertags.
> Ein Bett, ein lebloser Körper, daneben ein Tisch:
> Kraft, die ruhte, nahe der Armut.

Es ist vielleicht das beste Gedicht der Noailles und zudem ein Klagelied von bleibendem Wert über den unheilvollen Vorabend des Kriegs.

Gaston Gallimard, der junge Verleger und Mitarbeiter von André Gide, verließ nicht nur Paris, sondern täuschte auch noch eine Reihe von Krankheiten vor, um nicht eingezogen zu werden. Zwölf Monate lang führte er von seinem Krankenhausbett aus die Ärzte an der Nase herum, bis seine Scheinkrankheit zu einer richtigen Krankheit führte. Bei der Musterung erklärte man ihn für untauglich.

Romain Rolland befand sich im August 1914 zufällig mit seiner Mutter in der Schweiz. Er erklärte Louis Gillet, daß er sich weigere, die Deutschen als Volk für den Krieg verantwortlich zu machen und daß er seine deutschen Freunde niemals verleugnen werde. Er beabsichtige deshalb, in der Schweiz zu bleiben und hier für den Frieden zu arbeiten. Natürlich beschimpfte ihn die französische Presse, die ihn behandelte, so Rolland, »wie einen Landesfeind, weil ich möchte, daß Frankreich nicht nur auf dem Schlachtfeld rein, human und siegreich sein soll, sondern auch in den Dingen des Herzens«. Im Jahr 1915 sollte Romain Rolland sein Pamphlet *Au-dessus de la mêlée* veröffentlichen, in dem er die Intellektuellen auf beiden Seiten aufrief, sich für den Frieden stark zu machen. Gelohnt wurde es ihm mit Schimpf und Schande.

Die Mehrheit des französischen Volkes jedoch – darunter viele, die uns hier begegnet sind – bewies echten Patriotismus. Marie Curie bot ihre Gold- und Silbermedaillen an, um sie einschmelzen zu lassen, und vom Geld ihres zweiten Nobelpreises kaufte sie Kriegsanleihen, obwohl sie wußte, daß sie bald wertlos sein würden. Henri Ghéon arbeitete Tag und Nacht im Krankenhaus von Le Nouvion en Thiérache, reinigte und verband Wunden, entfernte Granatsplitter und amputierte, als die Verwundeten der Marne-Schlacht eingeliefert wurden. Danach arbeitete er mit demselben Engagement als Sanitätsoffizier des 29. Artillerieregiments.

Unter den Malern schlossen sich Georges Braque und André Derain, zwei körperlich kräftige Männer ihren Regimentern an und kämpften tapfer an der Front. Picasso fühlte sich als Spanier nicht zum Militärdienst verpflichtet, obwohl die Boulevardpresse nur noch den deutschen Ausdruck »Kubismus« verwendete, weil diese Kunstrichtung ausgerechnet in Berlin so großen Erfolg hatte, und die Kubisten als prodeutsch angegriffen wurden, malte er weiter in diesem Stil. Henri Matisse kam nach Paris und nutzte jede Möglichkeit, die ihm einfiel, um in die Armee aufgenommen zu werden. Aber es hieß, mit fünfundvierzig sei er zu alt, und er solle nach Hause gehen und dem Land als Maler dienen. Marie Laurencin hätte mit Sicherheit

Mut bewiesen, aber sie hatte sich in Otto von Wagten, einen zweitklassigen Maler, verliebt und war durch die Heirat deutsche Staatsbürgerin geworden. Sie und ihr Mann wurden in Spanien vom Krieg überrascht. Der ihr geistesverwandte Raoul Dufy meldete sich zur Armee und fuhr einen Lieferwagen für die Feldpost. Jean Cocteau, der für den Militärdienst als untauglich erklärt wurde, meldete sich sofort beim Roten Kreuz und erwies sich als tüchtiger Sanitäter.

Marie Laurencins ehemaliger Geliebter, Guillaume Apollinaire, der Frankreich für alles, was es für einen Menschen polnisch-italienischer Abstammung getan hatte, dankbar war, trat in die französische Armee ein. Aus Nîmes schrieb er an einen Freund: »Ich liebe die Kunst so sehr, daß ich mich verpflichtet habe.« Damit behauptet er praktisch, die Errungenschaften der vergangenen vierzehn Jahre seien jedes Opfer wert. Doch paradoxerweise kam in Apollinaire gleichzeitig das Gefühl auf, daß Kunst und Innovation allein nicht genügten. Wie sein Freund Max Jacob verspürte auch er die Anziehungskraft der Religion, was er in *Zone*, seinem vielleicht besten Gedicht, beschreibt. Schauplatz ist Paris.

> *Ici même les automobiles ont l'air d'être anciennes,*
> *La religion seule est restée toute neuve, la religion*
> *Est restée simple comme les hangars de Port Aviation.*
> *Seul en Europe tu n'es pas antique ô Christianisme*
> *L'Européen le plus moderne c'est vous Pape Pie X*
> *Et toi que les fenêtres observent la honte te retient*
> *D'entrer dans une église et de t'y confesser le matin.*[14]

> Sogar die Automobile sehn hier veraltet aus
> Die Religion nur ist neu geblieben die Religion
> Ist einfach geblieben wie die Flughafenhangars
> Nur du in Europa bist nicht altertümlich o Christentum
> Der modernste Europäer bist du Papst Pius X.
> Und dich den die Fenster belauern dich hält die Scham nur zurück
> Heut morgen in eine Kirche zu gehn und zu beichten

Aber jetzt war es zu spät, »um in eine Kirche zu gehen«. Das 38. Feldartillerieregiment, in dem er diente, wurde in heftige Kämpfe verwickelt; Apollinaire erlitt eine schwere Kopfverletzung und starb wenig später.

Unter den Musikern war Ravel kriegsdienstuntauglich und

Debussy bereits zu alt. Aber Reynaldo Hahn, der den Krieg voraussah, hatte wie Apollinaire die französische Staatsbürgerschaft angenommen, um mit dieser symbolischen Geste zu demonstrieren, daß er Frankreichs Kampf für die Zivilisation und gegen die Barbarei unterstützte. Der Liebling der Pariser Salons, der auf so vielen Gesellschaften gespielt und gesungen hatte, verließ sein Klavier und zog in die Kaserne des 31. Infanterieregiments in Albi, wo er darum ersuchte, als Radmelder an der Front eingesetzt zu werden. Proust war darüber so entsetzt, daß er all seine Beziehungen spielen ließ, um diesen Einsatz zu verhindern.

Inzwischen zogen die Deutschen das Marne-Tal hinauf und rückten Paris immer näher. Die Armee brauchte dringend Verstärkung. Auf Vorschlag André Walewskis, dem Besitzer des Taxiunternehmens G7, der zufällig auch noch ein Enkel Napoleons war, wurden 1100 motorisierte Taxis requiriert, um 5000 Soldaten der 7. Infanteriedivision in den Abschnitt um Nanteuil le Haudouin, fünfzig Kilometer nordöstlich von Paris, zu transportieren. Die kleinen roten Taxis hatten ihren großen Auftritt in der Marne-Schlacht zwischen dem 6. und 13. September und trugen dazu bei, den Vormarsch der Deutschen aufzuhalten.

Unter denen, die an den Scharmützeln vor der eigentlichen Schlacht teilnahmen, befand sich auch Leutnant Charles Péguy. Mit seinen späteren Schriften hatte der Architekt einer Harmonischen Stadt dazu beigetragen, den extremen Nationalismus anzuheizen, außerdem war er als vorbildlicher Reserveoffizier jährlich ins Manöver gezogen, um seine militärische Ausbildung zu vervollkommnen und andere auszubilden. Am 5. September führte er seine Truppe über ein Rübenfeld, das keine Deckung bot, und fiel. Eine deutsche Kugel hatte seinen Kopf durchschlagen. Sein Tod sollte symbolische Bedeutung erlangen: Charles Péguy, der patriotische Schriftsteller, der Frankreich in der Gestalt der Jeanne d'Arc liebte, hatte wie sie sein Leben für Frankreich hingegeben.

Auch Louis Gillets Bataillon kam in jenem Herbst zum Einsatz. »Wir lagen unter dem schrecklichsten Artilleriebeschuß«, schrieb er an Rolland. »Ohne etwas dagegen unternehmen zu können, saßen wir sechsundzwanzig Tage lang fest. Ich muß gestehen, daß ich keine Ahnung hatte, daß das Leben eine solche Hölle sein kann und so erniedrigend. In solchen Momenten ist man nicht stolz auf sich ... Ein Graben voller Leichen, oder schlimmer, der zum Teil nur aus Leichen besteht – englische, deutsche, französische – Du kannst Dir nicht vorstellen, wie das ist. Die Soldaten, die von der Marne und der

Aisne zurückkamen, hatten niemals so viele gesehen.«[15] Gillets Bataillon hatte fünfzig Prozent Verluste.

Proust rühmt die Tapferkeit der französischen Soldaten, wenn er Robert de Saint-Loup von der Front schreiben läßt: »Sie sollten diese Burschen sehen, die meisten von bescheidener Herkunft, Arbeiter, kleine Ladenbesitzer, die keine Ahnung hatten, daß Heldentum in ihnen steckte, und die in ihren Betten gestorben wären, ohne je davon gewußt zu haben; doch hier laufen sie durch schweres Feuer, um einem Freund zu helfen, einen verwundeten Offizier wegzutragen, und wenn sie dann selbst verwundet werden, lächeln sie, auch noch im Sterben, weil ihnen der Doktor sagt, daß sie den Graben von den Deutschen zurückerobert haben. Ich versichere Ihnen, mein lieber Freund, das rückt die Franzosen in ein gutes Licht, und ich verstehe nun die heroischen Perioden unserer Geschichte, die uns so unwahrscheinlich erschienen, als wir in der Schule davon hörten. Das Heroische ist so großartig, daß Sie genauso wie ich das Gefühl hätten, Worte könnten es nicht beschreiben... Ich finde, das Wort ›poilu‹ ist als Bezeichnung für den französischen Frontsoldaten reif für große Dichter, genauso wie die Worte Sintflut, Christus oder Barbaren, die schon mit Größe durchdrungen waren, bevor Hugo, Vigny und die übrigen sie in ihren Versen benutzten.«

Misia Edwards Wunsch nach Abenteuer ging in Erfüllung. Sie erhielt von ihrem Freund, General Gallieni, dem Stadtkommandanten von Paris, die Erlaubnis, eine Rettungswageneinheit zu bilden. Sie ließ vierzehn Lieferwagen für Bekleidungsgeschäfte zu motorisierten Ambulanzen umbauen und engagierte männliches Sanitätspersonal, darunter José Sert, Paul Iribe und Jean Cocteau, der eine eigens von Paul Poiret angefertigte Uniform hatte und zu diesem Zeitpunkt alles noch wahnsinnig lustig fand. Bevor er an die Front fuhr, erzählte er Gide scherzend die Geschichte von der Dame beim Roten Kreuz, die auf der Treppe schimpfte: »Man hat mir fünfzig Verwundete für heute morgen versprochen. Ich will meine fünfzig Verwundeten.«

Misia verließ Paris mit ihrer Sanitätswageneinheit. In ihrem großen Mercedes führte sie die Kolonne an. Als die Einheit bei Haye les Roses die ersten Verwundeten einsammelte, brach Misia in Tränen aus. Bei Meaux passierten sie die kleinen roten Pariser »Taxis der Marne«, vollgestopft mit Soldaten. Sie erreichten Reims während des ersten Bombardements, und Cocteau schrieb, die stark beschädigte Kathedrale habe ausgesehen wie »ein Stück alter Spitze«.

Ein großes Problem war für Misia der Befehl, erst nach Einbruch der Dunkelheit nach Paris zurückzukehren, damit der Anblick der

Verwundeten sich nicht nachteilig auf die Moral auswirke. Ihr privates Rotes Kreuz leistete hervorragende Arbeit; ebenso das eines anderen Mäzens, des Comte Etienne de Beaumont. Als sich die Front von Paris entfernte, übergab Misia ihre Sanitätsfahrzeuge der russischen Regierung, denn Rußland hatte solche Einrichtungen bitter nötig.

Die Pariser Intelligenz bewegte inzwischen eine neue Frage: Waren die deutschen Soldaten, ähnlich wie die französischen, eine Mischung aus Gut und Böse und hatten sie einen ähnlichen Ehrenkodex? Oder waren es Barbaren, die kein Gesetz kannten und Greueltaten verübten?

Marcel Proust und auch André Gide entschieden sich für ersteres. Aber Jean Richepin schrieb in einem Artikel, viertausend französischen Kindern seien von deutschen Soldaten die rechte Hand abgehackt worden, während Jean Cocteau für eine kleine literarische Zeitschrift Zeichnungen von solchen Entstellungen machte. André Gide, der seit achtzehn Monaten unermüdlich für ein Komitee zur Unterstützung belgischer Flüchtlinge arbeitete, untersuchte diese Vorwürfe persönlich und gab bekannt, daß er keine Beweise dafür finden könne und daß alles nur Gerüchte seien. Nebenbei bemerkt, rettete Gide die Wohnung und das Eigentum seines Freundes Rilke vor der Beschlagnahme.

Wie vorauszusehen war, tauchte nun die Verleumdung aus der Friedenszeit, die Deutschen seien homosexuell, wieder auf. Das sechste der *Zehn Gebote des französischen Soldaten*, die 1915 in Paris gedruckt wurden, lautete:

> *Luxurieux point ne seras*
> *Comme les Boches inversement.*

Weder Gide noch Cocteau ließen sich zu einem Kommentar verleiten.

Eine viel diskutierte Frage lautete, ob die Deutschen, auch wenn sie kleinen Kindern vielleicht nicht die Hände abhackten, sich nicht doch als Barbaren erwiesen hätten, indem sie die Kathedrale von Reims mit Granaten beschossen und die alte Stadt Louvain in Flammen aufgehen ließen. Rolland behauptete, das sei barbarisch, und forderte seine Freunde auf, ein entsprechendes Manifest zu unterzeichnen. Strawinsky zum Beispiel begriff, daß hier die Schönheit und das Gute verwechselt wurden, und lehnte es ab zu unterschreiben. Er gab zu, daß die Deutschen einen verheerenden Geschmack hätten in Dingen wie Denkmäler und Standbilder, aber das, sagte er, mache sie nicht zu Barbaren.

Der Schriftsteller und Kunstkritiker Joseph Péladan forderte in einem Artikel auf der Titelseite des *Figaro* vom 28. September 1914, daß an den Schulen und Universitäten nicht mehr Deutsch gelehrt werde. »Es ist erwiesen, daß wir mit den Deutschen nur mit dem Schwert sprechen können.« Andere griffen den Spott über den häßlichen Deutschen wieder auf und bezogen dies nun auch auf die deutsche Sprache. Richepin von der Académie Française schimpfte über die »bebrillten Gorillas, die ihr ostgotisches Kauderwelsch ausspeien«.

Wagner war den Franzosen ein Dorn im Auge, weil er viele unfreundliche Dinge über sie gesagt hatte. Im *Echo de Paris* vom 27. September nannte Frédéric Masson, Mitglied der Académie Française und Napoleon-Forscher, *Die Meistersinger* ein albernes Machwerk, das völlig zu Unrecht auf den französischen Konservatismus ziele. »Da der Wagnerismus der vollkommene Ausdruck deutscher Kultur ist, spielen die davon infizierten Franzosen Deutschland in die Hände.« Auch der neunundsiebzigjährige Saint-Saëns leistete im *Figaro* seinen kleinen Beitrag: »Die Deutschen... haben die Zivilisation in die Zeit der extremen Barbarei zurückkehren lassen ... was Richard Wagner angeht, so haben sie sein Genie benutzt, um die Seele aller Völker mit der deutschen Seele zu infiltrieren.«

Debussy glaubte ebenfalls, daß Wagners Einfluß zersetzend sein könnte. Er beklagte gegenüber Godet »diese Inbesitznahme unserer Gedanken, unserer Strukturen, die wir mit einem unbekümmerten Lächeln akzeptierten. Das ist unser Fehler – ein ernsthafter, unverzeihlicher, schwer zu korrigierender Fehler, denn er steckt in uns wie schlechtes Blut. Stellen Sie sich nur einmal vor – ein Beispiel unter vielen –, ein Dirigent verliert den Boden unter den Füßen – welchen Boden! –, und es fällt ihm nichts Besseres ein, als den Wagner-Almanach zu befragen.« Proust teilte diese Ansicht nicht. Er sang laut seine Lieblingsmelodie aus *Parsifal*, die Karfreitagsmusik, und meinte: »Wenn wir gegen Rußland Krieg geführt hätten, was hätten wir über Tolstoi und Dostojewski gesagt?«

Debussy wollte zu dem Kampf, den Frankreich führte, auch etwas beitragen und komponierte einen heroischen Marsch, aber sein Gesundheitszustand hatte sich sehr verschlechtert, und wahrscheinlich hatte er diese Art von Musik nicht im Blut. Die Partitur seiner Sonate für Violoncello und Klavier unterschrieb er mit »Debussy« und darunter: »*musicien français*«. Solche Gesten brachten ihm den Namen *Claude de France* ein. »Ich möchte den, wenn auch noch so kleinen, Beweis erbringen«, erklärte er, »daß selbst dreißig Millionen Boches die französische Gedankenwelt nicht zerstören können.«

Paul Claudel, auf sicherem Posten in Rom, schrieb Heldenmärsche in Versen, in denen er alle Register von Erlösung durch Leiden zog. In Anlehnung an die Marseillaise verkündete er, daß das Vaterland mit dem Blut der *poilus* fruchtbar gemacht werden müsse, wobei seine dürftigen landwirtschaftlichen Kenntnisse nur noch von seinem schlechten Geschmack übertroffen wurden. Ein Soldat verspricht seinem General, weiter gegen die Deutschen zu kämpfen: »Solange es noch lebendiges französisches Fleisch gibt, um über euren verdammten Stacheldraht zu marschieren, solange es noch einen einzigen Sohn einer Mutter gibt, um über eure Wissenschaft und Chemie zu marschieren . . .«[17] In einem anderen Gedicht, das ihm später vorgehalten wurde, erklärte Claudel, daß der Tod von so vielen Menschen in der Schlacht nicht ausschließlich ein Verlust sei, sondern auch eine positive Seite habe, weil er »Kummer in unsere Herzen, Tränen in unsere Augen« bringt.

Paul Claudel war in seiner unkritischen Selbstgerechtigkeit typisch für viele. Nur bei einigen wenigen Parisern finden wir Augenblicke – kaum mehr –, in denen sie ihr Gewissen erforschen oder einen Anflug von Schuldgefühl haben. Rodin, der in seinem späteren Leben ein berüchtigter Weiberheld war, hatte, als er noch jung und arm war, ernstlich erwogen, Priester zu werden, und seine erste Büste hatte er von seinem geistlichen Vorbild, Pierre Julien Eymard, gemacht, der inzwischen heiliggesprochen wurde. Rolland schrieb über ihn: »Rodin beschuldigt in seinem tiefen Kummer niemand anderen als sich. Er behauptet, wenn auch nicht genau mit diesen Worten, daß wir alle *mea culpa* sagen müßten. Ich glaube, daß er ein Christ wird, ohne es zu wissen. Er betrachtet die Deutschen als Hunnen – aber auch als eine Geißel Gottes.«

Louis Gillet kamen ähnliche Gedanken. »Ich kann in diesem Krieg nur eine einzige Bedeutung erkennen – selbst wenn wir ihn gewinnen, was wir müssen«, schrieb er aus dem Schützengraben, »und das ist die Strafe für unsere Sünden, für die Sünden Europas und der Welt. Niemals habe ich besser den unendlichen Wert des Lebens begriffen, niemals besser unsere verbrecherische Verschwendung einer solchen Gottesgabe.«[16] Aber im vorletzten Satz heißt es trotzdem: »Es muß nicht eigens gesagt werden, mein Freund, daß die großen Verbrecher der deutsche Kaiser und sein Generalstab bleiben.«

Max Jacob gehörte ebenfalls zu denen, die, wie er sich ausdrückte, »der Krieg und das sorgenvolle Nachsinnen die Realitäten lehrte«. Seiner Vision von Christus im langen gelben Gewand waren andere gefolgt, aber »sterben und wiedergeboren werden« hatte er zunächst aufgeschoben. Im Januar 1915, nach einer weiteren Erscheinung, beschloß er, nicht länger zu säumen und ging zum Prior des Klosters von Sion in der Rue Notre-Dame-des-Champs, um sich in der katholischen Lehre unterrichten zu lassen. Am 18. Februar 1915 wurde Max auf den Namen Cyprian getauft. Picasso, der Pate stand, schenkte ihm eine mit einer persönlichen Widmung versehene Ausgabe von Thomas à Kempis' *De imitatione Christi*.[17]

Der Abbé Mugnier, Beichtvater der Pariser Literaten – Proust hatte ihn gebeten, wenn es denn soweit sei, eine halbe Stunde *nach* seinem Tod an seinem Bett zu beten –, gehörte wie Romain Rolland zu den ganz wenigen, die den Krieg tatsächlich mißbilligten. Am 18. August schrieb er in sein Tagebuch: »Es heißt, das ganze Land sei wie umgewandelt: Patriotismus und Glauben reichen sich die Hand etc. Aber der Glaube, richtiger Glaube, ist eine Sache der Menschwerdung, der Liebe zu unserem Nachbarn, über nationale Grenzen hinaus.« Er beklagte die mangelnde Führungskraft der Kirche während der Vorkriegsjahre; sie hatte internationale Kongresse veranstaltet, um die Gegenwart Christi in der Eucharistie zu verkünden, gleichzeitig aber hatte sie den Nationalismus begünstigt. Er schloß: »Wir haben einen völlig falschen Weg eingeschlagen.«[19]

An anderer Stelle spricht Mugnier die Gruppe von Maurice Barrès an. »Sie haben uns in die Katastrophe geführt. 1870 sollte begraben und vergessen sein.« Am 12. November tadelt er sich selbst: »Da wird im Norden heftig gekämpft, und ich glaube, daß der einzig wirkliche Kampf in uns selbst stattfindet: das Töten der Feinde in uns ... Von wegen Heldentum. Das ist das wahre Heldentum. Aber du ziehst das andere vor, weil es so gut zu deinen persönlichen Haßgefühlen paßt. Du gibst nur deinen natürlichen Neigungen nach und erntest dafür noch Ruhm.«

Die Rückkehr der Regierung am 11. Dezember signalisierte, daß Paris wieder für sicher gehalten werden konnte. Aber bald darauf begannen die französischen, britischen und deutschen Armeen einen Zermürbungskrieg zwischen Stacheldrahtverhauen und mit Sandsäcken befestigten Schützengräben, und große Teile Frankreichs wurden in jeder Hinsicht Niemandsland. Das Harmageddon, wie Churchill diesen Kampf nannte, hatte begonnen.

Dies ist vielleicht der Moment, um sich einige Faktoren, die zum Krieg führten, noch einmal ins Gedächtnis zu rufen und zu bewerten. Wie kam es, daß sich der Wunsch nach Frieden, wie er im Jahr 1900 bekundet wurde, langsam in Mißtrauen, dann in Angst und schließlich in Haß verwandelte? Einer der Hauptgründe lag meiner Ansicht nach darin, daß es die Meinungsmacher versäumten, sich mit dem wirklichen Deutschland des 20. Jahrhunderts auseinanderzusetzen. Ein ganzes Aufgebot »seriöser« Zeitschriften befaßte sich nahezu ausschließlich mit den Deutschen der Vergangenheit. Sie studierten Deutschland wie einen Begriff und nicht wie eine zeitgenössische Kraft. Der führende politische Leitartikler der einflußreichen *Revue de Paris*, Victor Bérard, war ein alter Geographieprofessor, der in seinen Artikeln ein ums andere Mal auf Friedrich den Großen oder den napoleonischen Rheinbund zurückkam. Nie versuchte er, Wilhelm II. als Mensch zu bewerten oder herauszufinden, was ihn motivierte. Die literarische und künstlerische Szene in Deutschland, die ein Licht auf die Motivation hätte werfen können, wurde ignoriert zugunsten von Artikeln über Schiller oder Goethes Bewunderung für Frankreich – so »gute« Deutsche, ach lebten sie doch heute! In ähnlicher Weise ignorierten die französischen Analytiker die Technischen Hochschulen und die von großen Firmen geförderte Forschung, auf denen der wirtschaftliche Erfolg Deutschlands beruhte.

Resultierte die Rastlosigkeit der Deutschen, wie Harold Nicolson in einer Geschichte dieser Zeit behaupten sollte, wirklich zum Großteil aus aufgestauter Energie, ihre Prahlsucht aus einem Mangel an Selbstvertrauen und ihre Unaufrichtigkeit – was etwa den Produktionsumfang ihrer Schlachtschiffe betraf – daher, daß sie, wie so viele musikalische Menschen, zwar Vorstellungskraft besaßen, aber keine konstruktiven Ideen? Die französischen Schriftsteller und Journalisten stellten solche Fragen nicht einmal, und das ist sehr überraschend bei einem Volk, das sich über Jahre hinweg in der psychologischen Analyse hervorgetan hatte.[20]

Norman Angell[21], ein unermüdlicher Arbeiter für den Frieden und als Herausgeber der Pariser *Daily Mail* auf einem guten Beobachterposten, meinte, der Nationalismus in Frankreich sei deshalb so stark geworden, weil er das Vakuum füllen mußte, das die Abkehr vom religiösen Glauben hinterlassen hatte. Das mag auf einige sicherlich zutreffen, wie zum Beispiel auf Barrès, kann aber nicht darüber hinwegtäuschen, daß die lautstärksten Nationalisten Katholiken aus allen Parteien waren, darunter auch Albert de Mun, der großes Ansehen als »Führer der Arbeiter« genoß.

Einige Franzosen scheuten sich, dem wirklichen Deutschland ins Auge zu blicken, weil dies »deprimierend« war wie ein Stück von Ibsen. Einige wie die Revanchisten, die bereits 1871 für einen Rachefeldzug eintraten, hatten sich zum Thema Deutschland eine feste

Meinung gebildet. Aber viele Wortführer – und das ist ein wesentlicher Faktor – umgingen die wirklichen Probleme, weil sie es vorzogen, Pariser zu sein, Bürger einer in sich geschlossenen Welt, eines wunderschönen Ortes der Selbstverwirklichung, an dem sie sich wohlfühlen konnten. Das Böse, das ja nichts bei ihnen verloren hatte, wurde nach draußen projiziert, auf die »Feinde« – die nichtklassische Kunst, die hochtechnisierten Fabriken und schließlich auf die deutsche Nation.

Es gab natürlich mildernde Umstände: der Aufbau der deutschen Marine, die großen Töne von Wilhelm II., die zahlreichen Taktlosigkeiten des deutschen Außenministeriums, zunehmender Nationalismus in Europa. Dennoch – Mugnier hatte mit seiner Diagnose vielleicht doch recht. Die Franzosen hätten die Feinde in sich selbst bekämpfen sollen. Außerdem muß gesagt werden, daß wahrscheinlich kein Volk gleichzeitig eine Politik der nationalen Größe und einen Lebensstil der Selbstverwirklichung erfolgreich betreiben kann. Ersteres setzt voraus, daß man seinen Nachbarn kennt, letzteres, daß man sich selbst kennt.

Nach Agadir machten sich Furcht und Hurrapatriotismus breit, ein Symptom für Unzulänglichkeit bei zu hohen Erwartungen. An diesem Punkt glitten viele der Pariser Intellektuellen in die dumpfesten Emotionen ab, indem sie verkündeten, Frankreich bedeute Zivilisation, Deutschland Barbarei. Das war nicht nur eine grobe Vereinfachung, sondern eine Vereinfachung mit fatalen Konsequenzen, weil eine solche Terminologie Konfliktstoff enthält. Wie George Kennan sagte, wurde die ungerechtfertigte Annahme eines wahrscheinlichen Krieges die Ursache für seine letztendliche Unvermeidbarkeit.[22]

Der Optimismus, der sich auf nationale Errungenschaften gründete, machte die Franzosen blind für eine realistische Einschätzung ihrer militärischen Möglichkeiten im Falle eines Krieges. So maßen sie ihrer Luftwaffe hohen Wert bei, obgleich die neuen, mit Benz- und Mercedesmotoren ausgestatteten deutschen Maschinen zuverlässiger waren als die französischen, und die Deutschen sollten von Mons im Jahr 1914 bis zur Somme im Jahr 1916 den Luftraum beherrschen. Die französische Infanterie trug noch immer blaue Röcke und rote Kniehosen – die historischen Farben, die keiner zu ändern wagte –, während die Deutschen Feldgrau trugen und die Briten ihr Khaki; folglich waren die Franzosen ein leicht auszumachendes Ziel, besonders für die deutschen Maschinengewehre – eine Waffe, zu der sich die Franzosen ebenfalls nur schwer entschließen konnten. In den Büchern und Artikeln von sogenannten Fachleuten schrieben Generäle im

Ruhestand viel über Moral, Ehre und den Geist von 1789, aber zu wenig über die jeweilige Feuerkraft der französischen und deutschen Artillerie.

Wenden wir uns nun von den Fehlern und Schwächen der französischen Nation ihren Stärken zu. Da ist zunächst dieser enorme Patriotismus im Winter 1914–15. Er lebte paradoxerweise vom selben Geschichtsverständnis, das die Sicht der Franzosen hinsichtlich ihrer Machtposition im ersten Jahrzehnt getrübt hatte. Jeanne d'Arc, Franz I., Ludwig XIV., Turenne, Hoche, Marceau, die Armeen von 1793, Napoleon und seine Marschälle – alle sind wieder lebendig. Die Helden der Vergangenheit werden in Artikeln und Liedern heraufbeschworen und ebenso die Dorffriedhöfe von Elsaß-Lothringen. Dieser Patriotismus stärkte die *poilus* – zumindest bis zu den Meutereien im Jahr 1917 – in ihrem entsetzlichen Kampf gegen Schlamm, Stacheldraht, Granaten, Ratten und später noch Giftgas, in dem ihnen nur kurze Urlaubspausen gewährt wurden.

Aus all dem Entsetzlichen ergab sich unerwartet ein Gutes. In den Gräben litten Gläubige und Ungläubige unter Hunger und Durst, Hitze und Kälte, Läusen und Ratten, Seite an Seite mit katholischen Armeegeistlichen. Laien und Priester ertrugen diesen Krieg mit dem gleichen Mut; sie vergossen gemeinsam ihr Blut, und viele starben gemeinsam. Gemeinsames Leid verbindet, und die Brüderlichkeit, die hier entstand, setzte dem extremen Antiklerikalismus ein für allemal ein Ende.

Jene Soldaten, für die Literatur und Kunst einen Teil ihres Lebens darstellten, schöpften vor allem auch aus den nichtmilitärischen Errungenschaften der jüngsten Vergangenheit Kraft. In ihren Briefen von der Front werden sehr oft die schöpferischen Geister der Jahre zuvor erwähnt, besonders Claudel, Péguy und Péguys junger Schützling Alain-Fournier, Autor von *Der Große Kamerad*, der 1914 fiel (obwohl Aristide Briand der Geliebten von Alain-Fournier, Madame Simone, versprochen hatte, den jungen Unteroffizier auf einen sicheren Posten zurückversetzen zu lassen). Ein verwundeter Soldat hörte 1918 im Lazarett zu, wie jemand aus einer Zeitung vorlas – Frontberichte, dann die Meldung, daß Claude Debussy gestorben war. Der Soldat brach in Tränen aus. »Ein Freund von dir?« wurde er gefragt, und er antwortete: »Beinahe ein Bruder.« Er war ein Musikliebhaber, der während seiner ganzen Soldatenzeit die Partitur von *Pelléas* in seinem Tornister bei sich getragen und in den Ruhepausen, Phrase für Phrase, Debussys Musik studiert hatte.

Für den *poilu* im Schützengraben wurde Paris, auch wenn es derzeit verdunkelt war, zum Symbol, zu einer harmonischen Stadt, deren breite Avenuen ein sichtbarer Ausdruck des Klassizismus waren, deren Cafés auch den Geist erquickten. Paris war die Quelle einer innovativen Kultur, ein Muster für zivilisiertes Leben. Die Wirklichkeit sah nicht ganz so aus, aber im Gegensatz zum Harmageddon verkörperte es in der Tat ein Goldenes Zeitalter.

Die Symbolkraft von Paris bewirkte noch mehr. Die französischen militärischen Kräfte erlahmten Ende 1916, und Amerika überlegte, ob es in den Krieg eintreten sollte auf der Seite jenes Volkes, das ihm seinerzeit geholfen hatte, die Unabhängigkeit zu erringen. Die jüngsten Errungenschaften in Paris, nicht zuletzt die Arbeiten der Maler, hatten die Bewunderung urteilsfähiger Amerikaner erregt, die nun neben den Politikern ihren Einfluß geltend machten. Sie warnten davor, die westliche Zivilisation aufs Spiel zu setzen. Im Juni 1917, im letzten Augenblick für die hart bedrängten Franzosen, landete die erste Division der Vereinigten Staaten bei St. Nazaire.

Und noch ein Punkt ist erwähnenswert; auch er hat mit dem einzigartigen Ansehen zu tun, das Paris in den Jahren vor dem Krieg genoß. Zar Nikolaus hatte sich beeilt, die Lebensbedingungen der Arbeiter und die soziale Fürsorge in seinem Land zu verbessern. In seinem sogenannten »Großen Experiment« stützte er sich auf die Pionierarbeit über internationale Arbeitervereinigungen von Arthur Fontaine, einem engen Freund von Jammes und Gide, sowie auf Verbesserungen in den französischen Arbeitsbedingungen, die mehrere radikalsozialistische Regierungen eingeführt hatten. Doch der Krieg, den Rußland und Frankreich führten mit dem Ziel, das Gleichgewicht der Kräfte in Europa zu erhalten, stoppte jenes »Große Experiment«[23]; dies wiederum beschleunigte die bolschewistische Revolution von 1917 und veränderte nachhaltig die Geschichte des 20. Jahrhunderts. Und das ist vielleicht das paradoxeste Paradox.

Danksagung

Mein Dank gilt allen, die so liebenswürdig waren, mir mit sachdienlichen Informationen oder Hinweisen zu helfen. Besonders erwähnen möchte ich die folgenden Personen: Basil Rooke-Ley, der mit großem Talent nützliche Details in den hintersten Winkeln von *The Times,* dem *Independent* und dem *Guardian* aufspürte, sowie Nicolas de Schonen, der alte französische Zeitungen für mich durchsah, in den Archiven nach Material über Philippe Berthelot und Madame Cruppi stöberte und im Archiv des französischen Außenministeriums aus den Delcassé-Akten persönliche Briefe kopierte; Julia Piasecka, die für mich Péguys *L'Argent* und *L'Argent suite* durcharbeitete und Nachforschungen über die Abschaffung der Theaterzensur anstellte; Oliver Michel vom Musée Maurice Denis in Saint Germain en Laye, der mir bei den Nabis half und mir seine Ausgabe einer schwer erhältlichen Biographie über Gaston Gallimard geliehen hat.

Jedes Sachbuch verdankt, was den Aufbau und die Themenbehandlung betrifft, viel dem Lektor des Autors. Ich habe seit zwanzig Jahren das seltene Glück, daß mir eine kluge und engagierte Lektorin zur Seite steht. Sie hat es mir bisher nie erlaubt, ihr öffentlich zu danken. Heute jedoch möchte ich endlich zum Ausdruck bringen, wie sehr ich Elizabeth Walter zu Dank verpflichtet bin für ihre Hilfe bei diesem Buch und seinen sieben Vorgängern.

Quellen und Anmerkungen

EINFÜHRUNG

[1] »France: 1913« in *Rudyard Kipling's Verse* (1934), S. 291.
[2] Gertrude Stein, *Paris France* (1940), S. 13; i. d. Übers. *Paris Frankreich*, Persönliche Erinnerungen, Frankfurt 1975, S. 18–19.

KAPITEL I – Eine bürgerliche Zivilisation

[1] Das Stadtbild vom Paris des Jahres 1900 blieb uns in den Photos von Eugène Atget erhalten (er machte insgesamt 10 000; Georges Braque und Maurice Utrillo ermunterten ihn dazu) sowie in Zeichnungen und Radierungen in *L'Illustration*. Obwohl sich die Pariser an den Werktagen auf den großen Boulevards drängten, gab es auf den kleineren Straßen, wie auf Stummfilmaufnahmen zu sehen ist, erstaunlich wenig Verkehr und nur wenige Fußgänger. Sie wirkten wie Dorfstraßen.
[2] Die Frauengemälde von Jean Béraud sowie die Modezeitschriften *La Gazette du bon ton* und *Journal des dames et des modes* zeigen, was gutgekleidete Damen trugen, während die Herrenmode anhand der Porträts von Boldoni und J.E. Blanche und der Karikaturen von Sem studiert werden kann. Statistiken über die Stadt, Arbeitszeiten etc. wurden übersichtlich zusammengestellt von Jean Baptiste Duroselle, in *La France et les Français 1900–1914* (1972).
[3] *Daisy, Princess of Pless*, von ihr selbst (1928), schildert gut informiert, wenn auch etwas atemlos die Unterschiede im gesellschaftlichen Leben von Paris, London und Berlin. Paul Morands *1900* (1936) berichtet witzig über Lebensstil und Abendgesellschaften.
[4] Über die Eröffnung der Pariser Ausstellung wurde ausführlich in allen Zeitungen berichtet; schlechte, weil unter Zeitdruck ausgeführte Bauarbeiten führten zum Einsturz einer Fußgängerbrücke, wobei es mehrere Tote gab.
[5] *Correspondance de Claude Debussy et Pierre Louÿs: 1893–1904* (1945), S. 146.
[6] Arthur Gold und Robert Fiedale, *Misia* (in engl. Sprache 1980) ersetzt Misias eigene Memoiren mit demselben Titel (engl. 1952).
[7] Pierre Laborde, zitiert von Marie T. Eyquem, *Pierre de Coubertin* (frz. 1966), SS. 166-72.
[8] Robert de Montesquiou schrieb symbolistische Lyrik über Fledermäuse und blaue Hortensien und hielt sich eine juwelenbesetzte Schildkröte. War Vorbild für Huysmans' Dilettanten des Esseintes; in weitaus geringerem Maß Vorbild für Prousts Baron de Charlus (Montesquiou war narzißtisch, nicht dominierend). Seine Mutter war keine Adlige, was zum Teil den übertriebenen Snobismus des Sohnes erklären mag.

KAPITEL II – Eine neue Zuversicht

[1] Über den Wandel im philosophischen Denken: die wichtigsten Bücher werden im Text genannt; außerdem L.S. Crawford, *The Philosophy of Emile Boutroux* (Cornell Studies in Philosophy, Nr. 16, Cornell, 1924); P. Gaultier, *Les Maîtres de la pensée française* (1921).
[2] Jean-Paul Lacroix, *Maurice Blondel, sa vie, son œuvre* (1963); Blondel et Teilhard de Chardin, *Correspondance* (1965).
[3] Skizzen zu Henri Bergson erscheinen in den meisten Memoiren von Freunden und Bekannten; er ist das Thema eines ganzen Kapitels in Raïssa Maritains *Les Grandes Amitiés* (1962); s. auch Jean Guitton, *La Vocation de Bergson* (1960), und Jacques Maritain, *La Philosophie bergsonienne*, verbesserte Aufl. (1930). Madeleine Barthélemy-Madaule, *Bergson* (1967) liefert eine gute, kurze Zusammenfassung seiner Ansichten.
[4] L'Abbé Mugnier, *Journal* (1985), SS. 169–70.

KAPITEL III – Ein neuer Schwung

[1] Christopher Andrew, *Théophile Delcassé and the Making of the Entente Cordiale* (1968); und *France Overseas: the Great War and the Climax of French Imperial Expansion* (1981).
[2] Aus Delcassés unveröffentlichten Briefen in den Archives du Ministère des Affaires Etrangères, die er aus Rußland an seine Frau schrieb, geht hervor, daß er bereits 1900 entschlossen war, Deutschland aus dem Mittelmeerraum fernzuhalten und das französische Territorium in Nordafrika zu vergrößern.
[3] Sir Edmund Monson, Bericht vom Nov. 1900.
[4] *Rudyard Kipling's Verse* (1943), S. 284.
[5] C. Hardinge, *Old Diplomacy* (1947), SS. 94–5.
[6] Die marokkanische Frage: Charles-André Julien, *Le Maroc face aux impérialismes 1415–1956* (1978); E.N. Anderson, *The First Moroccan Crisis 1904–1906* (Chicago, 1930); Harold Nicolson, *Sir Arthur Nicolson, Bart., First Lord Carnock* (1930).
[7] Über Wilhelm II.: *The Diary of Edward Goschen 1900–1914*, hrsg. von Christopher H.D. Howard, Camden fourth series, Bd. 25 (1980); M.L.G. Balfour, *The Kaiser and His Times* (1964); Virginia Cowles, *The Kaiser* (1963).
[8] V. Cowles, *Edward VII and His Circle* (1956), S. 300. I.d. Übers.: *Der lebenslustige König. Leid und Freud Eduard VII. von England*, Frankfurt 1967, S. 293.

KAPITEL IV – Furchtlos auf der Suche nach Wahrheit: André Gide

[1] J.E. Blanches Porträt von Gide und seinen Freunden befindet sich im Musée de Rouen.
[2] Die wichtigste, neu veröffentlichte Quelle für Gides Leben bis zum Alter von 45: André Gide und Henri Ghéon, *Correspondance 1897–1944*, 2 Bde. (1976). Hieraus Einzelheiten über die Reise nach Touggourt 1900–1901 sowie aus Madeleines Briefen an Gide in J. Schlumberger, *Madeleine et André Gide* (1956), SS. 165–7.

[3] J. Schlumberger, op. cit., i.d. Übers. *Madeleine und André Gide*, Hamburg 1957, SS. 152–3.
[4] Pierre de Lanux, *Le Figaro littéraire*, 13. Dez. 1952.
[5] J. Schlumberger, op. cit. i.d. Übers. S. 138.
[6] A. Gide, *Der Immoralist*, München 1976, S. 20.
[7] idem, S. 35.
[8] A. Gide/P. Valéry, *Correspondance 1890–1942* (1945), S. 342. I.d. Übers.: *Briefwechsel 1890–1942*, Würzburg, Wien 1958, SS. 431–2. Paul Valéry arbeitete damals zurückgezogen über philosophische Fragen; 1917 kehrte er mit *La Jeune Parque* zur schöngeistigen Literatur zurück.
[9] Gide/Valéry, *Correspondance*, SS. 342–3.
[10] Francis Jammes, *Caprices du Poète* (1923), SS. 197–9.
[11] F. Jammes/A. Gide, *Briefwechsel 1893–1938*, Hamburg 1951, S. 244.
[12] A. Gide, *Journal*, 5. Dez. 1905. I.d. Übers.: *Tagebuch 1889–1939*, Bd. 1, Stuttgart 1950, S. 230.
[13] Francis Jammes und André Gide, *Correspondance 1899–1926* (1948), S. 236. I.d. Übers.: *Briefwechsel*, S. 250.
[14] A. Gide, *Die Pastoralsymphonie / Die Heimkehr des verlorenen Sohnes*, Zwei Erzählungen, München 1967, S. 109.
[15] idem, S. 128.
[16] idem, S. 129.
[17] P. Claudel/A. Gide, *Zweifel und Glaube*, Briefwechsel 1899–1926, München 1965, S. 87.
[18] A. Gide, *Tagebuch* I, S. 277.
[19] idem, S. 293.
[20] idem, S. 284.
[21] idem, S. 324.
[22] idem, S. 280.
[23] A. Gide, *Sämtliche Erzählungen*, Stuttgart 1965, S. 192.
[24] idem, S. 259.
[25] idem, S. 282.
[26] idem, SS. 286–7.
[27] Die Gründung der *Nouvelle Revue Française* wird beschrieben von Auguste Anglès, *André Gide et le premier groupe de la Nouvelle Revue Française* (1978).
[28] Pierre Assouline, *Gaston Gallimard, Un demi-siècle d'édition française* (1985).

KAPITEL V – Erlösung durch Leiden: Paul Claudel

[1] P. Claudel, *Œuvre Poétique* (Edition Pléiade, 1967), S. 67. I.d. Übers.: *Ein Lesebuch*, Zürich 1988, S. 34.
[2] P. Claudel, *Schrei aus der Tiefe*, Eine Auswahl aus den frühen Dichtungen, Paderborn 1948, S. 17.
[3] P. Claudel, *Revue de Jeunesse* (1913). I.d. Übers.: *Schrei aus der Tiefe*, S. 15.
[4] idem, S. 16.
[5] Francis Jammes, *Caprices du Poète* (1923), SS. 90–92.
[6] Claudels Liebe zu R. beschreibt H. Guillemin, *Le ›Converti‹ Claudel* (1968), aber viele relevante Fakten und Dokumente sind noch heute ein Geheimnis von Claudels Erben.
[7] *Partage de Midi* (1906), 11., 1031 ff.

[8] P. Claudel, *Ein Lesebuch,* Zürich 1988, S. 237.
[9] A. Bennett, Brief vom 24. Juni 1915.
[10] A. Bennett, *Journal,* 26. Mai 1905. Berthelot verbrannte seine Notizbücher vor seinem Tod, aber das Berthelot-Archiv in Paris verfügt über viele Briefe an ihn, aus denen seine zahlreichen freundschaftlichen Verbindungen mit Intellektuellen und Künstlern ersichtlich sind.
[11] P. Claudel, *Œuvre Poétique,* (Edition Pléiade, 1967), S. 245.
[12] P. Claudel, *Fünf Große Oden,* Einsiedeln 1960, S. 47. »Verdirb mich nicht mit den . . .«, idem, S. 73.
[13] *Œuvre Poétique,* S. 250.
[14] *Fünf Große Oden,* S. 57.
[15] idem, S. 120.
[16] *Connaissance de l'Est* (1900), in *Œuvre Poétique,* S. 46. I.d. Übers.: *Erkenntnis des Ostens* in P. Claudel, *Ein Lesebuch,* Zürich 1988, S. 30.
[17] *Œuvre Poétique,* SS. 70–72.
[18] P. Claudel, Brief an *Le Temps,* 10. Juni 1914.
[19] P. Claudel, *Verkündigung,* Köln 1957, S. 30.
[20] Zu Claudel als Bühnenautor und Regieberater: *Claudel, Homme de Théâtre: Correspondance avec Lugné-Poe 1910–1929* (Cahiers Paul Claudel 5, 1964).
[21] Camille Claudels größtenteils unveröffentlichte Briefe befinden sich in den Archiven des Hôtel Biron.
[22] *Verkündigung,* S. 21.
[23] P. Claudel und A. Gide, *Correspondance 1899–1926* (1949), S. 217. I.d. Übers.: *Briefwechsel,* S. 237.
[24] idem, S. 242.
[25] J. Lacouture, *François Mauriac* (1980), S. 191.

KAPITEL VI – Apotheose durch Kunst: Marcel Proust

[1] Als Ausgangspunkt für ein biographisches Porträt bleibt George D. Painters genauestens recherchierte Arbeit, *Marcel Proust,* unentbehrlich. Sie wurde von dem Proust-Forscher Henri Bonnet heftig kritisiert wegen der freudianischen Interpretation von Prousts Charakter, der Hervorhebung von Prousts Schuldkomplex, Jude zu sein, und wegen der Behauptung, Proust sei praktizierender Homosexueller gewesen. *(Bulletin de la Société des Amis de Marcel Proust et des Amis de Combray,* Nr. 17, 1967, SS. 576–90). Darüber hinaus sind seit Painter drei bedeutende Memoiren erschienen: Marcel Plantevignes, *Avec Marcel Proust: Causeries, souvenirs sur Cabourg et le boulevard Haussmann* (1966); Maurice Duplay: *Mon Ami Marcel Proust: Souvenirs intimes* (1972) und Céleste Albaret, *Monsieur Proust: Souvenirs recueillis par Georges Belmont* (1973). Alle bestätigen Bonnets Kritik. Der wichtigste Beweis, daß Proust ein praktizierender Homosexueller war, findet sich in einem Eintrag in Gides Tagebuch vom 14. Mai 1921: »Er [Proust] sagt, er habe Frauen nie anders als im Geist geliebt und die eigentliche Liebe nur mit Männern gekannt.« Nachdem dies im Widerspruch zu vielen anderen Beweisen steht, glaube ich, daß Gide auf seine Weise interpretierte, was immer Proust bei dieser Gelegenheit gesagt hat. Gide tendierte dazu, seinen Schriftstellerkollegen seine eigene sexuelle Neigung anzudichten. Die zuverlässigste Biographie ist meiner Meinung nach immer noch die von André Maurois, *A la Recherche de*

Marcel Proust (1949), die in enger Zusammenarbeit mit Prousts Nichte, Suzy Mante Proust, entstand. Aber sie muß heute ergänzt werden durch die drei obengenannten Bücher sowie durch *Le Carnet de 1908* (Cahiers Marcel Proust, n.s. 8; 1976).

[2] Plantevignes, SS. 16–18.
[3] Plantevignes, SS. 19–22.
[4] Plantevignes, SS. 99–115.
[5] M. Proust, *Correspondance avec sa mère 1887–1905* (1954), S. 241. I.d. Übers.: *Briefwechsel mit der Mutter 1887–1905*, Frankfurt 1970, S. 127.
[6] idem, S. 264. I.d. Übers. S. 141. Die Behandlung des Asthmas: *Larousse Médical Illustré* (1912), SS. 100–1.
[7] Plantevignes, S. 644; vergl. S. 326.
[8] Brief an R. Hahn, 15. Nov. 1895. I.d. Übers.: *Briefe zum Werk*, Frankfurt 1964.
[9] M. Proust, *Textes Retrouvés*, hrsg. von P. Kolb (1965), S. 57.
[10] idem, S. 61.
[11] Prousts Ritterlichkeit gegenüber Frauen, Duplay, SS. 123–4.
[12] Plantevignes, SS. 290–1.
[13] M. Proust, *Jean Santeuil* I, Frankfurt 1965, S. 14
[14] Plantevignes, S. 63.
[15] Brief an L. Hauser, August 1914.
[16] Céleste Albaret, *Monsieur Proust* (1973), S. 178. I.d. Übers.: *Monsieur Proust*, München 1974, S. 144.
[17] Der junge Marcel Proust war Ministrant und verehrte die Muttergottes. S. die wichtige Esquisse LXIV in *A la recherche du Temps Perdu* (neue Edition Pléiade, 1987), SS. 868–71.
[18] Proust, *Correspondance* XI (1983), S. 230.
[19] M. Proust, *Matinée chez la Princesse de Guermantes: Cahiers du Temps Retrouvé*, hrsg. von Henri Bonnet (1982), S. 331.
[20] *Lettres retrouvées* (1966), S. 144.
[21] Brief an Jacques Rivière, zitiert in P. Kolb, *Choix de Lettres* (1965), S. 203. I.d. Übers.: Marcel Proust, *Briefe zum Werk*, Frankfurt 1964, SS. 293–4.

KAPITEL VII – Die Geburt des Kubismus: Pablo Picasso

[1] Unverzichtbar für den frühen Picasso ist das großartige Buch von Josep Palau i Fabre, *Picasso: Life and Work of the Early Years 1881–1907* (Oxford, 1981), inzwischen ergänzt durch *Picasso: Sketchbooks*, hrsg.von Arnold und Marc Glimcher (1986).
[2] Palau i Fabre, op. cit., S. 513. I.d. Übers.: *Picasso, Kindheit und Jugend eines Genies 1881–1907*, München 1981.
[2] Die Jahre im Bateau Lavoir: Roland Dorgelès, *Bouquet de Bohème* (1947).
[3] Fernande Olivier, *Picasso et ses amis* (1933) ist ein freimütiger Bericht über Picassos erste längere Liebesbeziehung.
[4] Pierre Daix und Georges Boudaille, *Picasso: Blaue und rosa Periode.* München 1966.
[5] R.M. Rilke, *Duineser Elegien*, Frankfurt 1975, S. 36.
[6] Bekanntschaft mit Gertrude Stein: G. Stein, *Two: Gertrude Stein and Her Brother and Other Early Portraits (1908–1912)* (New Haven, 1951); *Everybody's*

Autobiography (1938). Ihre Homosexualität: »Pablo und Matisse haben eine Männlichkeit, die zum Genie gehört. Moi aussi, vielleicht.« Tagebucheintrag, als G. Stein sich mit Alice B. Toklas liierte. M. DeKoven, *A Different Language* (Madison, Wis., 1983), S. 136.
[7] Max Jacob, *Correspondance* I, éd. François Garnier (1953). Brief an Jacques Doucet, S. 31.
[8] *Le Laboratoire Central* (1921), S. 10.
[9] Über Guillaume Apollinaire, eigentl. Wilhelm Apollinaris de Kostrowitski: Francis Steegmuller, *Apollinaire, Poet Among the Painters* (1963).
[10] G. Apollinaire, *Alcools* (1913). Sein Gefängnisgedicht *»A la Santé«* erschien neu in *Œuvres Poétiques* (Edition Pléiade, 1956), SS. 140–45. I.d. Übers.: *Alkohol, Gedichte frz.-dtsch.*, Darmstadt, Neuwied 1976, S. 147.
[11] Braque: *Propos de l'artiste, recueillis par Dora Vallier* (Cahiers d'Art, 1954); John Russel, *Georges Braque* (1959); Jean Leymarie, *Braque* (1961).

KAPITEL VIII – Die harmonische Stadt: Charles Péguy

[1] Alfred Loisy, *L'Evangile et l'Eglise* (1902) – bekannt als das »kleine rote Buch«.
[2] Edouard Le Roy, *Dogme et Critique* (1907).
[3] Marc Sangnier, *Textes* (1958).
[4] Jean de Fabrèques, *Le Sillon de Marc Sangnier* (1964); Jeanne Caron, *Le Sillon et la démocratie chrétienne 1894–1910* (1966).
[5] Jean Lacouture, *François Mauriac* (1980).
[6] Jacques Maritain, *La Philosophie bergsonienne, Etudes-critiques* (1914); G. Phelan, *Jacques Maritain* (1937).
[7] Péguys wichtigste Prosa und sämtliche Gedichte in den Pléiade-Reihen. Eine brauchbare, wenn auch weitschweifige Biographie ist Daniel Halévys *Péguy et les Cahiers de la quinzaine* (1943), die man ergänzen kann durch J. und J. Tharaud, *Notre Cher Péguy* (1926). Die Brüder Tharaud waren Schützlinge Romain Rollands, dessen Briefe und Artikel viele Hinweise auf Péguy enthalten. Raïssa Maritain widmet ihrem Freund ein Kapitel in *Les Grandes Amitiés* (1962).
[8] C. Péguy, *Œuvres en prose* I (1959), S. 1068.
[9] Halévy, *op. cit.* Kap. 9 beschreibt Péguys jüdische Freunde.
[10] Mugnier, *Journal* (1985), S. 313.
[11] C. Péguy, *Das Mysterium der Erbarmung*, Wien, München 1954, S. 186 und S. 195.
[12] idem, S. 217.
[13] C. Péguy, *Das Mysterium der Hoffnung*, Darmstadt, Frankfurt 1951, S. 17.
[14] »*Le Mystère des saints innocents«*, Péguy, *Œuvres Complètes*, Bd. 6 (1919), S. 111.
[15] C. Péguy, *Das Mysterium der unschuldigen Kinder*, Wien, München 1959, S. 224.

KAPITEL IX – Eine Musik der Nuancen: Claude Debussy

[1] Edward Lockspeiser, *Debussy* (1951); James Harding, *Erik Satie* (1975); Roger Shattuck, *The Banquet Years* (1959), SS. 88–145.
[2] A. Bennett, *Paris Nights* (1913), S. 67.
[3] M. Garden und L. Biancolli, *Mary Garden's Story* (1952), SS. 63–4.

[4] Idem, SS. 67-8.
[5] W.D. Halls, *Maurice Maeterlinck* (1960), SS. 76-7.
[6] *Mary Garden's Story*, SS. 70-1.
[7] J. Renard, *Journal* (1935), S. 509.
[8] Fernand Gregh, *L'Age d'Or* (1947), SS. 311-12.
[9] *Debussy: Notes et Documents* (Revue de Musicologie 1962), S. 113.
[10] Roy Howat, *Debussy in Proportion* (1983).
[11] Pasteur Vallery-Radot, *Lettres de Claude Debussy à sa femme* (1957), SS. 34-5.
[12] *Lettres à deux Amis* (1942), S. 157.
[13] *Lettres inédites à André Caplet* (1957), S. 38.
[14] C. Debussy und Gabriele D'Annunzio, *Correspondance inédite* (1948), S. 32.
[15] René Peter, *Claude Debussy* (1931), S. 103.
[16] E. de Gramont, *Souvenirs du monde* (1966), S. 256.
[17] I. Benrubi, *Souvenirs sur Henri Bergson*, (1942), SS. 40-41.
[18] *Debussy: Notes et Documents* (1962), SS. 105-6 (von Paul Hooreman).

KAPITEL X – Die russische Saison

[1] Cornelia Otis Skinner, *Elegant Wits and Grand Horizontals* (1963), SS. 222-5.
[2] Serge Lifar, *Serge Diaghilev* (1940), S. 168.
[3] A. Haskell, *Diaghileff* (1935). S. auch Richard Buckle, *In Search of Diaghilev* (1955) und *Nijinskij* (1971); Gabriel Astruc, *Le Pavillon des Fantômes* (1929).
[4] Diaghilews »Fiant Fontes« am Châtelet: A. Haskell, *op. cit.*, S. 208.
[5] A. Haskell, *op. cit.*, S. 214.
[6] Arnold Bennett, *Paris Nights* (1913), S. 75.
[7] A. Haskell, *op. cit.*, s. 215.
[8] Arnold Bennett, *op. cit.*, SS. 75-6. Nach der Aufführung ging Bennett an einem großen Kaufhaus vorbei und verglich den Serail mit den Verkäuferinnen, die dort für einen Hungerlohn arbeiteten: ein sehr unpariserischer Gedankengang.
[9] Zum Beispiel: *Essai sur la nature et la fonction du sacrifice* in *L'Année sociologique*, ii (1897).
[10] R. Craft, *Igor Stravinsky: Memories and Commentaries* (1960), S. 226.
[11] Pierre Monteux, in M. Lederman, *Stravinsky in the Theatre* (1951), S. 129; R. Craft, *Conversations with Igor Stravinsky* (1959), S. 60.
[12] A. Gold und R. Fiedale, *Misia* (1980).
[13] Autobiographische Skizze in *La Revue Musicale* (Dezember 1938); *Ravel au miroir de ses lettres: Correspondance réunie* (1956); Henriette Fauré, *Mon maître Maurice Ravel* (1978); *Ravel Remembered*, hrsg. von Roger Nichols (1987).
[14] Strawinsky behauptet, Diaghilew habe Hahn den Auftrag für *Le Dieu Bleu* gegeben, weil Hahn »der Pariser Salonlöwe war, und die Unterstützung durch die Salons war sehr nützlich«. R. Craft, *Igor Stravinsky: Memories and Commentaries* (1960), S. 212.
[15] Arnold Bennett, *op. cit.*, S. 70.
[16] Cocteaus Rolle als Publizist: Francis Steegmuller, *Cocteau: a biography* (1970).

KAPITEL XI – Eine Welt in Bewegung

[1] Eve Curie, *Madame Curie* (1938); C. und M. Capez, *Pierre et Marie Curie* (1956); Françoise Giroud, *Une Femme Honorable* (1981).

² Eve Curie, *op. cit.* I.d. Übers.: *Madame Curie – Ihr Leben und Wirken*, Wiesentheid 1946, SS. 132–3.
³ idem, S. 138.
⁴ idem, S. 136–7.
⁵ idem, S. 149.
⁶ idem, S. 161.
⁷ Madame de Caillavet an Brandes, 24. Juni 1904, in *Correspondance de Georges Brandes I* (Kopenhagen 1952), S. 208.
⁸ F. Young, *The Complete Motorist* (1904), S. 303.
⁹ Octave Mirbeau, *La 628-E8* (1907), S. 5.
¹⁰ Luigi Barzini, *Peking to Paris* (1972).
¹¹ A. Rhodes, *Louis Renault* (1969).
¹² P. Jullian, *Robert de Montesquiou* (englische Übersetzung, 1967), S. 208.
¹³ Gabriel Voisin, *Mes dix mille cerfs volants* (1961).
¹⁴ Ghislain de Diesbach, *La Princesse Bibesco 1886–1973* (1986), S. 136, zitiert Bibescos unveröffentlichtes Tagebuch.
¹⁵ Dick und Henry Farman, *The Aviator's Companion* (1910).
¹⁶ Georges Salel, *Louis Blériot: Notice Biographique* (Cambrai, 1959).

KAPITEL XII – Pariserinnen

¹ Edith Wharton, *French Ways* (1919), S. 117.
² idem, SS. 102–3.
³ Edith Wharton, *A Backward Glance* (1934), S. 274.
⁴ Camille Marbo (ihr Pseudonym) *A travers deux siècles: Souvenirs et rencontres 1883–1967* (1967).
⁵ Abbé Henri Huvelin, *Ecrits spirituels* (1959).
⁶ I. Stravinsky, *Memories and Commentaries* (1960), SS. 36–7.
⁷ R. Benjamin, *Sous l'œil en fleur de Madame de Noailles* (1928); C. Du Bos, *La Comtesse de Noailles et le climat du génie* (1949); Mugnier, *Journal*, (1985), SS. 195–200; 207–14; 323–8.
⁸ Michèle Sarde, *Colette: Free and Fettered* (1981), S. 161. Virginia Woolf sagte, daß sich die menschliche Natur im oder um den Dezember 1910 herum änderte; sie dachte an die Bloomsburygruppe, in der man damals sexuell sehr freizügig wurde. In Paris zog niemand solche Schlüsse aus Colettes Lebensstil. Eine wesentliche Änderung in der Haltung der Pariser erfolgte ein Jahr später: s. Kapitel XVI.
⁹ G. Stein, *Paris France* (1940), S. 29. I.d. Übers.: *Paris Frankreich*, Persönliche Erinnerungen, Frankfurt 1975, S. 17.
¹⁰ Paul Poiret, *En habillant l'époque* (1930); seine Bücher über Luxusartikel: *Les Robes de Paul Poiret, Les Choses de Paul Poiret*.
¹¹ Louis Gillet in einem Brief an Rolland (*Cahiers Romain Rolland* 2, 1949), S. 179. Im Oktober 1902 heiratete Gillet aus Liebe.
¹² Madame Cruppi: Sie wurde bei ihrem feministischen Feldzug von Rolland unterstützt; ich beziehe mich auf ihren Briefwechsel mit ihm (Fonds Romain Rolland, Bibliothèque Nationale).

KAPITEL XIII – Theater: Das Erhabene und das Lächerliche

¹ Die zuverlässigste Biographie schrieb Louis Verneuil, ein Bühnenschriftsteller, der eine Enkelin von Sarah heiratete und Zugang zu Familiendokumenten hatte:

The Fabulous Life of Sarah Bernhardt (1942). Diesem Buch verdanke ich sehr viel. Cornelia Otis Skinners bereits erwähntes *Elegant Wits and Grand Horizontals* ist äußerst unterhaltsam, akzeptiert jedoch unkritisch viele der Legenden, die um die Schauspielerin entstanden sind.

[2] Die Theaterzensur wurde 1398 durch königlichen Erlaß eingeführt, 1791 abgeschafft, 1793 wieder eingeführt, 1848 abgeschafft, 1871 vom Ministerium für Kunst und Erziehung wieder eingeführt. Zola trat aus moralischen Gründen für die Zensur ein. Der Zensor konnte ein Stück verbieten, wenn es die nationale Sicherheit oder die internationalen Beziehungen Frankreichs gefährdete, wenn es zu Verbrechen anstiftete oder eine lebende Person diffamierte. Die Zensur wurde 1906 abgeschafft, aber nicht unter dem Druck der Öffentlichkeit, sondern weil die Nationalversammlung sich weigerte, jedes Jahr über die Entlohnung des Zensors abzustimmen. Ab 1906 wurden die Bürgermeister für die Theater in ihrer Stadt im Namen der öffentlichen Ordnung verantwortlich. In England beschloß man inzwischen nach einer Untersuchung durch die Regierung 1909, das bestehende System beizubehalten, das die öffentliche Aufführung von Ibsens *Gespenster*, Brieux' *Maternité* und vieler anderer Stücke verhindert hatte.

[3] Biographien von R. Blum (1925) und Jean Jacques Bernard (1955).

[4] Tristan Bernard, *Contes, répliques et bons mots*, ed. Patrice Boussel (1964), SS. 10–11.

[5] Flers und Caillavet, *Der König*, Berlin 1909, SS. 75–6.

[6] Georges Feydeau, *Théâtre complet*, 9 Bde. (1948–56).

[7] F. W. Chandler, *The Contemporary Drama of France* (1920), S. 136.

[8] Henry Bataille, *Das nackte Weib*, Berlin 1909, S. 75.

[9] Der frühe französische Film: Georges Sadoul, *Histoire générale du cinéma*, Bd. 2 (1948); M. Bardèche und R. Basillach, *Histoire du cinéma* (1935).

[10] G. Apollinaire. *La Bréhantine. Cinéma-drame* (Paris: Lettres Modernes, 1971).

[11] E. Satie, *Ecrits* (1981), S. 129.

KAPITEL XIV – Ein Fest der Farben

[1] Raymond Escholier, *Matisse, ce vivant* (1956).

[2] Gertrude Stein, *Tender Buttons* (New York, 1914).

[3] *Tender Buttons*, i.d. Übers. *Zarte Knöpfe*, Frankfurt 1979, S. 62.

[4] Alfred Werner, *Raoul Dufy* (1970); Maurice Lafaille, *Raoul Dufy: catalogue raisonné de l'œuvre peinte* (1972).

[5] André Derain, *Lettres à Vlaminck* (1955); Maurice de Vlaminck, *Tournant dangereux. Souvenirs de ma vie* (1929).

[6] Michel Georges-Michel, *De Renoir à Picasso* (1954), S. 166; i.d. Übers. *Künstler, die ich kannte – Von Renoir bis Picasso*, Mainz, Berlin 1966, SS. 111–12.

[7] Flora Groult, *Marie Laurencin* (1987).

KAPITEL XV – Haltungen gegenüber Deutschland

[1] E. Tonnelat, *Charles Andler. Sa vie et son œuvre* (Strasbourg, 1937); Charles Andler, *Vie de Lucien Herr 1864–1926* (1932).

[2] Stefan Zweig, *Die Welt von Gestern*, Frankfurt 1955, S. 188–9.

[3] S. Zweig, op. cit. S. 188.
[4] Richard Strauss und Romain Rolland, *Correspondance, Fragments de Journal (Cahiers Romain Rolland* 3; Paris 1951), S. 219.
[5] idem, S. 55.
[6] idem, S. 149.
[7] Rolland, *Correspondance avec Louis Gillet (Cahiers Romain Rolland* 2, 1949), SS. 111–12.
[8] Georges Brandes, *Correspondance* I (Kopenhagen, 1952): Brief an Madame de Caillavet vom 26. Dez. 1903 und ihre Antwort vom 18. Jan. 1904 (SS. 199–201).
[9] Über Jaurès: Biographien von M. Auclair (1959) und von John J. Jackson, *Jean Jaurès. His Life and Work* (1943).

KAPITEL XVI – Vorbereitungen für ein Duell

[1] Joseph Caillaux, *Agadir* (1919); Jean-Claude Allain, *Caillaux, le défi victorieux 1863–1914* (1978).
[2] J. Richepin, in *Le Figaro*, 14. Juni 1911.
[3] C. Péguy, *L'Argent Suite*, in *Œuvres Complètes*, XIV (1932), S. 183.
[4] Aufschlußreich hinsichtlich Wertvorstellungen in der Gruppe Barrès-Noailles-Bucher sind von Henri Franck, *Lettres à quelques amis* (1926).
[5] R. Poincaré, *Le Lendemain d'Agadir* (1926), S. 126.
[6] A. Gide, *Tagebuch*, Bd. 1, Stuttgart 1950, S. 441.
[7] O. Mirbeau, *La 628-E8* (1907), SS. 409–10.
[8] Mugnier, *Journal* (1985), S. 146.
[9] A. Tardieu, *Le Mystère d'Agadir* (1912), S. 605.
[10] Der ausführliche Titel von Agathons 1913 veröffentlichtem einflußreichem Buch faßt die Ziele der Studenten zusammen: *Les Jeunes Gens d'aujourd'hui: Le gout de l'action – La foi patriotique – Une renaissance catholique – Le réalisme politique.*
[11] S. Zweig, *Die Welt von Gestern*, 1955, S. 196.
[12] Raymond Poincaré, *The Origins of the War* (1922), aber s. Gordon Wright, *Raymond Poincaré and the French Presidency* (1942), der sich mit Poincarés Behauptung auseinandersetzt, er habe praktisch keinerlei Handlungsfreiheit gehabt.
[13] Für die Ereignisse zwischen 1912–14: *Collected Diplomatic Documents relating to the outbreak of the European War* (1915).
[14] René Floriot, *Deux Femmes en Cour d'Assises: Madame Steinheil et Madame Caillaux* (1966).

KAPITEL XVII – Paris im Krieg

[1] Virginia Cowles, *The Kaiser* (1963); *The Diary of Edward Goschen 1900–1914*, Hrsg. Christopher H.D. Howard. Camden fourth series, Bd. 25 (1980).
[2] Lord Bertie, *Diary*, I (1924), S. 2.
[3] *The Intimate Papers of Colonel House*, I (1926), S. 255.
[4] Goschen, S. 289.
[5] Crowe, in *Collected Diplomatic Documents relating to the outbreak of the European War* (1915).

[6] *Bibliothèque de Travail*, Nr. 960 (1984).
[7] Louis Gillet, *Correspondance avec Romain Rolland* (1949), S. 289.
[8] idem, S. 299.
[9] André Gide, *Tagebuch 1889–1939*, Bd. 2, 6. August 1914.
[10] Th. Mann, Briefe, 1889–1936, Frankfurt 1961, S. 111.
[11] Marcel Proust an Lionel Hauser, 3. August 1914, i.d. Übers. *Briefe zum Leben*, Frankfurt 1969, S. 418.
[12] M.E. Clark, *Paris Waits* (1915), S. 50.
[13] Anna de Noailles, *Les Forces Eternelles* (1920), S. 41.
[14] Guillaume Apollinaire, *Œuvres poétiques* (Edition Pléiade, 1956), S. 39; i.d. Übers. »Sogar die Automobile...« G. Apollinaire, *Alkohol*, Gedichte frz.-dtsch., Darmstadt, Neuwied 1976, S. 13.
[15] Gillet, *op. cit.*, S. 299.
[16] Gillet, *op. cit.*, S. 300.
[17] Paul Claudel, *Œuvre Poétique* (Edition Pléiade, 1967) »*Tant que vous voudrez, mon général*«, SS. 533–35.
[18] *Correspondance* I (1953), SS. 37–9.
[19] Die Kommentare des Abbé Mugnier zum Krieg: *Journal* (1985), SS. 269, 272, 276.
[20] Harold Nicolson, *Sir Arthur Nicolson, Bart.* (1930), S. 290.
[21] Norman Angell, *The Great Illusion* (1910).
[22] George F. Kennan, *Fateful Alliance: France, Russia and the Coming of the First World War* (Manchester, 1984), S. 257. Eine andere Interpretation: V.G. Berghahn, *Germany and the Approach of War in 1914* (1973): Berghahn schreibt, der deutsche Militarismus sei zu einem beträchtlichen Teil die Reaktion auf einen beunruhigenden, vom Inneren ausgehend Druck auf die Monarchie gewesen.
[23] Kyril FitzLyon und Tatiana Browning. *Before the Revolution: A View of Russia under the last Tsar* (1977).

Register

Abbéma, Louise 268
Adams, Henry 9
Agostinelli, Alfred 124ff.
Aischylos 76
Alain-Fournier, Henri 99, 174, 321, 380
Albaret, Céleste 117
Albertus Magnus 308
Alexander I., Zar von Rußland 363
Alexandra, Königin von England 200
Alexej Alexandrowitsch, Großfürst 197
Aliboron *siehe* Boronali
Allain, Jean-Claude 10
Allais, Alphonse 123, 246
d'Alton, Colette 114
d'Alton, Hélène 114
d'Alton, Vicomte 104f., 114
d'Alton, Vicomtesse 101
Amette, Erzbischof 192, 232
Ampère, André Marie 38
Andersen, Hans Christian 175
Andler, Charles 309f., 319, 326, 337f.
André (Kriegsminister) 166
Angell, Norman 378
Antoine, André 70
Apollinaire, Guillaume 136, 146ff., 153, 216, 253, 283, 292f., 301, 304, 321, 353f., 368, 371f.
Appell, Marguerite *siehe* Borel, Marguerite
Archdeacon, Ernest 231, 234
Arenski, Anton 204
Asquith, Mrs. Herbert 253
Astruc, Gabriel 204
Athmann 57, 59ff.
Audoux, Marguerite 260
Augagneur, Victor 349
d'Aumale, Duc 262
Avril, Jane 25

Bach, Johann Sebastian 148, 319
Bacon, Roger 308
Baillet, Louis 167

Bakst, Léon (Lev Rosenberg) 176, 202, 204f., 214, 253
Balzac, Honoré de 238
Bardac, Emma *siehe* Debussy, Emma
Bardac, Raoul 186
Barrès, Maurice 69, 75f., 172f., 248, 309f., 323, 340f., 343, 377f.
Barrie, Sir James Matthew 194, 272
Bartet, Julia 264
Bataille, Henri 129, 281f.
Baudelaire, Charles 76, 110, 112
Baudoin, Charlotte *siehe* Péguy, Charlotte
Baudoin, Marcel 163
Baudoin, Mme (Mutter Charlotte B.s) 169
Beardsley, Aubrey 287
Béarn, Comtesse de 246
Beaumont, Etienne, Comte de 374
Bebel, August 164
Becque, Henri 29
Becquerel, Henri 218f., 221
Beernaert, Auguste Marie François 325
Beethoven, Ludwig van 37, 167, 185, 311, 313, 315, 320
Belbœuf, Mathilde de 250
Bellenger (Hauptmann) 350
La Belle Otéro 197, 226
Benac, André 201, 204
Benn, Gottfried 352
Bennett, Arnold 75, 85, 179, 202, 205, 216
Benois, Alexandre 203
Benrubi 193
Benucci, Henriette *siehe* Poincaré, Henriette
Bérard, Victor 378
Berchtold, Leopold von 362ff.
Bergson, Henri 13, 27, 31ff., 103, 116, 118, 141, 150, 152, 157, 162f., 167, 170, 193, 236, 244, 248, 324
Bergson, Jeanne 34

Bergson, Louise 34
Bergson, Mical 31
Berkeley, George 161
Bernard, Tristan 68, 74, 272ff.
Bernhardt, Sarah 25, 39, 239, 244, 251, 264ff., 282, 285, 350
Bernstein, Henry 276, 280f.
Berteaux, Maurice 331
Berthelot, Hélène 85f., 304
Berthelot, Philippe 75, 85f., 178, 242, 304, 329f., 342
Berthelot, Marcellin 85
Bertie, Sir Francis 15, 359
Bethmann-Hollweg, Theobald von 335, 359
Beuret, Rose 83, 368
Bianchini (Textilfabrikant) 302
Bibesco, Brüder 9, 125
Bidou, Henry 352
Billy, André 283
Bismarck, Otto von 316
Blanche, Jacques-Emile 34, 207
Blériot, Alicia 235
Blériot, Louis 234f.
Blondel, Maurice 27, 31, 34f., 156ff., 349
Bloy, Léon 22, 160f., 338
Blum, Léon 68
Blunt, Wilfried Scawen 332
Boillot, Georges 228
Boldini (Karikaturist) 255
Bollée, Amédée 225
Bollée, Léon 225
Bonnard, Abel 348
Bonnard, Pierre 69, 130, 211
Bonnat, Léon 297
Barel, Emile 239ff.
Barel, Fernand 241
Barel, Marguerite 239ff., 247, 259f., 264
Borghese, Prinz Scipione 229
Borodin, Alexander 204, 213
Boronali, Joachim-Raphael 305f.

Botticelli, Sandro 152, 244
Bos, Charles du 346
Boudin, Eugène-Louis 297
Bourdon, Georges 271 f.
Bourget, Paul 21, 173, 357
Bouton, Georges 225
Boutroux, Emile 27, 30 ff., 34, 37, 80, 111 f., 120, 156, 239
Boutroux, Pierre 239
Bouts, Dirk 70
Brandes, Georg 123, 321 f.
Branly, Edouard 223
Braque, Georges 12, 148 ff., 298, 303, 370
Bréal, Clothilde *siehe* Rolland, Clothilde
Brebion, Paula 289
Briand, Aristide 331, 380
Brieux, Eugène 260, 280
Broquedis, Marguerite 260
Brosette, Charles 227
Bruant, Aristide 25
Bruneau, Alfred 179
Brunel, Isambard Kingdom 22
Buchanan (Botschafter) 364
Bucher, Pierre 341, 343
Bülow, Bernhard von 50, 53 f., 56, 318 f., 329 f., 335
Bureau, Paul 157

Cäsar, Julius 311
Caillaux, Henriette 334, 356 f., 367
Caillaux, Joseph 10, 22, 334 f., 342 f., 349, 355 ff.
Caillavet, Gaston de 125, 276, 278, 351
Caillavet, Léontine Arman de 20 f., 29, 36, 123, 125, 226, 276, 321 f.
Caissarato, Dr. 244
Callot, Schwestern 251
Calmette, Gaston 20, 125 f., 206, 317, 356 f., 362, 367
Cambon, Jules 47 f., 309, 330, 343
Cambon, Paul 23, 47 f., 50, 330
Cammondo, Isaac de 201, 204
Camus, Albert 77
Canaletto (Giovanni Antonio Canal) 136
Capus, Albert 275, 279

Caraman-Chimay, Elisabeth de *siehe* Greffuhle, Elisabeth
Caran d'Ache 20
Carolus-Duran, Marianne 278
Carraud, Gaston 192
Carré, Albert 179 ff.
Casagemas, Carlos 133 ff., 143
Casimir-Perier, Simone 173
Castellane, Boni de 123
Castellane, Comtesse de 37
Castle, Vernon 234
Cerutti (Klavierlehrer) 175
Cézanne, Paul 129, 134, 140, 147, 295
Chabrillan, Félicité de 256
Challaye, Felicien 308
Chamberlain, Lord 272
Chaplin, Charlie 124, 284
Charcot, Jean-Martin 28, 33
Chardin, Jean-Baptiste 296
Charpentier, Gustave 179, 313
Charron, Fernand 225, 228
Chartres, Herzog von 18
Chesterton, Gilbert Keith 74, 320
Chevilly, Marie de 106
Chirico, Giorgio de 9, 300
Chopin, Frédéric 175, 244
Chotek, Sophie *siehe* Sophie, Erzherzogin
Churchill, Winston 377
Clairin, Georges 268
Claretie, Léo 334
Claudel, Camille 78 ff., 83 f., 86 f., 97 f., 177 f., 185, 188
Claudel, Louise 78
Claudel, Paul 21, 26, 65 ff., 73 f., 78 ff., 121, 136, 159, 161, 168, 171, 173 f., 190, 195, 263, 307, 320, 322, 352, 366, 376, 380
Claudel, Reine 87, 97
Clemenceau, Georges 10, 206, 262, 341, 350
Cleveland, Grover 261
Clustine (Choreograph) 215
Cocteau, Jean 100, 145, 168, 201 f., 204, 212, 216, 249 f., 303, 371, 373 f.

Colarossi (Maler) 79
Colette, Gabrielle-Sidonie 249 f.
Combes, Emile 37, 165 f., 169
Copeau, Jacques 73 f., 96, 264
Coppelé, François 264
Corneille, Pierre 72, 264, 285
Corot, Jean-Baptiste 129
Cossé-Brissac, Duc de 13, 289
Coubertin, Pierre de 26
Couperin, François 148
Courbet, Gustave 321
Courteline, Georges 279
Courtois, Gustave 233
Craig, Edith 93
Craig, Gordon 244
Croisset, Francis de 275 f.
Cros, Charles 217
Crowe, Sir Eyre Alexander 364 f.
Cruppi, Louise 241, 262, 311, 316
Cruppi (Außenminister) 331
Curie, Irène 220, 224
Curie, Jacques 218
Curie, Marie 9, 39, 218 ff., 241 f., 260, 342, 370
Curie, Pierre 39, 217 ff., 241

Dali, Salvador 211
Dante Alighieri 88
Danton, Georges-Jacques 160, 310 f.
D'Annunzio, Gabriele 9, 74, 189 ff., 209, 232
Darlu, Alphonse 31, 111, 120
Darracq, Alexander 225
Darwin, Charles 33
Daudet, Alphonse 79, 106, 112
Daudet, Léon 90, 106 f., 112
David, Jacques-Louis 129
Debussy, Claude-Achille 10, 12, 24, 39, 43, 175 ff., 207, 210, 212 ff., 236, 241, 256, 281, 293, 300, 307, 313 f., 368 f., 372, 375, 380
Debussy, Claude-Emma (Chou-chou) 189, 193 f., 369
Debussy, Emma 21, 186 ff., 239, 369

395

Debussy, Lily 177, 179, 182, 187f.
Debussy, Manuel 175f.
Debussy, Victorine 175
Deed, André 283
Degas, Edgar 68, 203, 287, 295
Delacroix, Eugène 129
Delagrange, Léon 232
Delaunay, Robert 154, 353
Delcassé, Théophile 43ff., 53, 55f., 85, 317f., 321, 324ff., 333, 335f., 342f., 348, 354, 359, 364f., 368
Delmet, Paul 278
Denis, Maurice 69, 130
Derain, André 291, 298ff., 305, 321, 370
Derain, Emilienne 301
Descartes, René 161
Deutsch de la Meurthe, Henri 201, 204
Diaghilew, Serge 145, 199ff., 245f., 253, 266, 365
Dickens, Charles 175, 239, 241
Diderot, Denis 321
Didon, Henri 61
Dimitrijevic, Dragutin 361
Dion, Albert de 225
Donatello 292
Dongen, Kees van 291, 299
Donizetti, Gaetano 176
Dorgelès, Roland 138
Dostojewski, Fedor 43, 75, 174, 375
Doucet, Jacques 251, 258
Dreyfus, Alfred 11, 21f., 156, 163, 165, 249, 310, 317
Drouin, Marcel 73f.
Dubois, Théodore 184
Duccio, Agostino de 294
Dufay (Sängerin) 29
Dufy, Raoul 297f., 300ff., 306f., 371
Duhamel, Georges 146
Dukas, Paul 215f.
Duncan, Isadora 203, 244
Dunoyer de Segonzac, André 253
Dupont, Gabrielle 177
Dupuy, Jean 19, 26, 330
Durand-Ruel 134
Durkheim, Emile 165
Duse, Eleonora 190

Edison, Thomas Alva 217

Edward VIII., König von England 46, 48f., 51ff., 55, 200, 268, 276, 317, 332
Edwards, Alfred 211
Edwards, Misia siehe Natanson, Misia
Einstein, Albert 224
Eitel, Prinz von Preußen 253
Elisabeth, Kaiserin von Österreich 362
Emerson, Ralph Waldo 99
Engels, Friedrich 309
d'Estournelles de Constant, Baron Paul 325, 355
Etienne, Eugène-Napoléon 50, 329ff.
Eugène, Kaiserin der Franzosen 46
Eulenburg, Philipp Fürst zu 345
Eymard, Pierre Julien 376

Fagus, Félicien 136
Farman, Dick 233f.
Farman, Henry 233ff.
Fasquelle (Verlagshaus) 126
Fauré, Antoinette 106
Fauré, Gabriel 10, 184, 186, 212, 241
Feuillade, Louis 282
Feydeau, Ernest 30
Feydeau, Georges 115, 129, 228, 278f., 283
Finaly, Horace 317
Finaly, Hugo 317
Flammarion, Camille 36
Flaubert, Gustave 9
Flers, Robert de 96, 276, 278
Fokin, Michail 202, 205, 214
Follot, Paul 258
Fontaine, Arthur 66, 321, 381
Forain, Jean-Louis 231, 255
Ford, John 75
Fort, Paul 90f.
Fournier, Isabelle 99
France, Anatole 29, 125, 242, 276, 321f.
Franck, César 184, 313
Franck, Henri 339
François I., König von Frankreich 327, 380
Franz I., Kaiser von Österreich 266
Franz Ferdinand, Erzherzog 359ff.
Franz Joseph I., Kaiser von Österreich 351, 359f., 362, 367
Franz von Sales 95
Frazer, Sir James 191, 208
Frédé 136, 138f.
Freud, Sigmund 33, 287
Friedrich II., der Große, König von Preußen 319, 378
Fuller, Loie 25f., 257

Galilei, Galileo 68
Gallé, Emile 25, 257f.
Gallieni, Joseph 373
Gallimard, Gaston 76, 96, 126, 370
Gambetta, Léon 44f.
Garden, Mary 180ff., 187f.
Gargallo, Germaine 134, 136, 143
Gaskell, Elizabeth 19
Gaudí, Antonio 131
Gauguin, Paul 129f., 295
Gaumont, Léon 232, 282
Gauthier-Villars, Henri (Willy) 249f.
Gay, le père 299f.
Geffroy, Gustave 38
Gener, Pompeo 133
George, Stefan 320
Georges-Michel, Michel 300
Gérard (Türsteher) 196
Gérôme, Jean-Léon 25
Ghéon, Henri 59ff., 70, 77, 96, 129, 192, 205, 370
Gide, André 10, 43, 50, 57ff., 81f., 86f., 91, 94ff., 98ff., 126, 130, 152, 172, 177f., 194, 207, 243, 245, 289, 293, 295, 319ff., 336, 344, 366, 370, 373f., 381
Gide, Juliette 57f.
Gide, Paul 57f.
Gide, Madeleine 58f., 61, 63, 70f., 73, 77, 239
Gillet, Louis 259, 315f., 366, 370, 372f., 376
Giotto di Bondone 77
Giraudoux, Jean 85
Gleizes, Albert 154
Godebaska, Misia siehe Natanson, Misia
Godet 375
Godfernaux, André 274
Goethe, Johann Wolfgang von 73, 75, 319f., 378
Gogh, Vincent van 134
Goncourt, Edmond 29f.
Goncourt, Jules 29f.
Gorius, Mme 167
Goschen, Edward 362

Goya, Francisco 143
Gramont, Elisabeth de 192, 256
Granier, Jeanne 48, 264
Grasset, Bernard 126
Greffuhle, Elizabeth Gräfin 36, 125, 199f., 202, 204, 223, 244, 251, 317
Greffuhle, Henri Graf 36, 49, 199ff., 317
Gregh, Fernand 35, 184, 195, 242
Grey, Edward Viscount 50, 364
Gris, Juan 153f.
Grock (Adrian Wettach) 140
Groult, André 258
Groult, Nicole 258
Gueydan, Berthe 356
Guilbert, Yvette 176, 194
Guimard, Hector 257
Guiraud, Ernest 176, 212
Guitry, Lucien 184, 264f., 274ff., 280
Guitry, Sacha 280
Guizot, François-Pierre 73

Hahn, Reynaldo 106f., 110, 112, 121, 124, 204, 214, 245, 268f., 372
Hallé, Charles 244
Hansen, Joseph 203
Hardinge, Charles 48f.
Halto, Jeanne 230
Hauser, Lionel 119
Haussmann, Georges Eugène 19
Heine, Heinrich 320
Hellen (Karikaturist) 255
Henry, Prof. 349
Herédia, José Maria 69
Herr, Lucien 308, 338
Herriot, Edouard 242
Hitler, Adolf 345
Hoche 380
Hokusai, Katsushika 178, 185f.
House (Colonel) 360
Howat, Roy 185f.
Huard, Charles 344
Hügel, Friedrich von 158
Hugo, Victor 10, 85, 272, 321, 373
Huret, Jean 308
Huvelin, Abbé 242f.
Huysmans Joris-Karl 36, 79

Ibsen, Henrik 95, 167, 272, 281, 378
d'Indy, Vincent 96

Ingres, Jean-Auguste 129, 288
Iribe, Paul 252, 258, 373
l'Isle, Armet de 222

Jacob, Max 136, 141, 144ff., 321, 371, 376f.
Jambon 289
James, Henry 9
James, William 293
Jammes, Francis 21, 61, 65ff., 74, 76, 81f., 86, 99, 168, 173, 321, 381
Janet, Pierre 16, 34
Janvier, Pater 68
Jaurès, Jean 29, 164ff., 324ff., 331, 337f., 340, 342, 355, 358, 369
Jeanne d'Arc 163, 168, 170, 208, 270f., 339ff., 372, 380
Joffre, Joseph 333, 335, 348
John, Gwen 9
Johnson, Samuel 161
Jones, Henry Arthur 272
Joliot, Frédéric 224

Kahnweiler, Daniel Henri 154
Kalff, Marie 95
Kandinsky, Wassili 154, 352f.
Kant, Immanuel 73
Karalli (Tänzer) 203
Kendal, Madge 269
Kennan, George 379
Kipling, Rudyard 8, 47, 296
Kistemaekers 352
Kolumbus, Christoph 78

La Fontaine, Jean de 215, 272, 281
La Gandara 255
Lalique, René 257
Laloy, Louis 186, 188
Lamarck, Jean-Baptiste de Monet, Chevalier de 34
Lamartine, Alphonse de 10, 102, 321
Landormy, Paul 193
Landowski, Paul 241
Lange, Gabrielle 289
Langevin, Paul 219, 223, 240f.
Lansdowne, Lord 48, 50, 54
Lara, Mme 95
Larbaud, Valéry 74
Larche, Raoul 257
Larnac, Jean 251
Latham, Hubert 234f.
Laudet, Fernand 173

Laurec, Jean 96
Laurencin, Marie 302ff., 370
Laurens, Henri 154
Lauris, Georges de 113, 115, 120
Lavallière, Eve 254
Lavisse, Ernest 42, 173, 312, 338
Lavoisier, Antoine-Laurent 217
Lazare, Bernard 167
Lebey, André 69
Leblanc, Georgette 181ff.
Leconte de Lisle, Herédia 69
Léger, Fernand 154
Lemaire, Madeleine 26
Leo XIII., Papst 156, 158
Leonardo da Vinci 188
Lepape, Georges 255
Lépine (Polizeipräfekt) 198
Le Roy, Edouard 157
Levison, Catherine 31f.
Lewis, Sir George 23
Lichtenberger, Henri 308
Lierre, Augustine de 196
Lifar, Serge 201, 207
Ligne, Charles-Joseph Prince de 265
Linder, Max 283f.
Lipchitz, Jacques 154
Lippmann, Gabriel 219
Lloyd George, David 308, 335
Loisy, Abbé 157f.
Lorrain, Claude 297
Lorrain, Jean 107
Loti, Pierre 29
Lotte, Joseph 167f.
Loubet, Emile 18f., 22f., 25, 41, 43, 45, 48, 166, 197, 221
Louÿs, Pierre 24, 177f.
Ludwig XIV., König von Frankreich 42, 340, 380
Ludwig XVI., König von Frankreich 166, 230, 258
Lugné-Poe, Aurélien 95f., 182, 264, 352
Lumière, Auguste
Lumière, Louis-Jean 282
Lyautey, Louis 343

Maeterlinck, Maurice 90f., 130, 178, 181f., 276
Mahler, Gustav 313
Majorelle, Louis 258
Mâle, Emile 119
Malibran, Maria-Felicia 271

397

Mallarmé, Stephane 74, 79, 81, 178, 194
Manet, Edouard 129
Mann, Thomas 320, 367
Mannesmann, Reinhard 329
Mantegna, Andrea 287
Manyac, Petrus 135
Marceau, François-Séverin 380
Marconi, Guglielmo 34
Marie-Antoinette, Königin von Frankreich 43
Marinetti, Filippo 305
Maritain, Jacques 21, 160f., 168ff., 241, 249
Maritain, Jeanne 160, 169
Maritain, Raïssa 160f.
Markbreit (Bürgermeister) 261
Marlowe, Christopher 90
Marque (Bildhauer) 292
Marquet, Albert 289, 291, 297f., 305
Mas, Emile 351
Masaccio 72
Massenet, Jules 176, 245
Massis, Henri 35, 349
Masson, Frédéric 375
Matisse, Amélie 289f. 292f.
Matisse, Henri 12, 259, 288ff., 303, 306f., 323, 370
Maupassant, Guy de 29
Mauriac, François 100, 157, 159
Mauriac, Jean 159
Maurras, Charles 340
Mauté de Fleurville, Mme 175f.
Max, Edouard de 9, 70, 264
Maximilian, Kaiser von Mexiko 362
Meidner, Ludwig 353
Meliès, Georges 282
Mendès, Catulle 269
Messager, André 179f.
Metternich, Clemens Wenzel, Fürst 265f.
Metzinger, Jean 154
Milhaud, Darius 21
Mirbeau, Octave 226ff., 237f., 280, 345
Mistinguett 289
Modigliani, Amedeo 294, 300f.
Molière (Jean-Baptiste Poquelin) 264
Mondrian, Piet 154
Monet, Claude 129, 295

Monis, Ernest 331
Monson, Sir Edmund 45
Montesquiou, Robert de 26, 36, 79, 103, 199, 231, 257
Monteux, Pierre 210
Montfort, Eugène 73f.
Montgolfier, Étienne 230
Montgolfier, Joseph 230
Morand, Paul 85
Moréas, Jean 9
Moreau, Emile 271
Moreau, Gustave 141, 287f., 290, 297, 306
Mornand, Louisa de 106, 126
Mourey, Gabriel 190
Mugnier, Abbé 10, 36, 249, 282, 322, 340, 346, 377, 379
Mulay Hafid 330f.
Mun, Albert Comte de 331, 378
Mun, Comtesse de 242
Musset, Alfred de 110, 112
Mussorgski, Modest 43
Musurus, Bey von Konstantinopel 247

Nabis 130f., 134, 150, 288
Napoleon I., Kaiser der Franzosen 37, 39, 43f., 46, 197, 265ff., 271, 285, 315f., 348, 363, 372, 375, 380
Napoleon II., Herzog von Reichstadt 39, 265f., 271
Napoleon III., Kaiser der Franzosen 15, 40, 42, 44, 156
Natanson, Misia 24, 70, 211f., 213f., 245, 365f., 373f.
Natanson, Thadée 70, 73, 211
Nazarbek 322
Nelson, Horatio Viscount 332
Newman, Kardinal 168
Nicolson, Harold 378
Nietzsche, Friedrich 60, 64, 75, 91, 98, 131, 309, 319f.
Nikolaus II., Zar von Rußland 43, 45, 53, 197f., 360, 363f., 381
Nijinskij, Waclaw 203ff., 210, 212, 214, 216, 246, 356
Nobel, Alfred 222

Noailles, Anna Comtesse de 120, 247f., 250, 255, 259f., 276, 340f., 343, 369
Noiailles, Mathieu Comte de 247
Nordlinger, Marie 106

Olivier, Fernande 137ff., 143, 147, 304
Orlow, Fürst 196
Osmansoff, Raïssa siehe Maritain, Raïssa

Paderewski, Ignace 247
Painlevé, Paul 38, 241f.
Paladino, Eusapia 36
Pange, Comtesse de 123
Paquin, Mme 251f., 264
Paraye, Amélie siehe Matisse, Amélie
Pascal, Blaise 30f., 66, 71, 81, 99, 167, 217
Pasteur, Louis 38
Peano, Giuseppe 27, 217
Péguy, Charles 35, 162ff., 186, 190, 241, 312, 315, 321, 338f., 341, 343, 353, 369, 372, 380
Péguy, Charlotte 163, 165, 169
Péguy, Patrick 174
Péladan, Joseph 375
Pelletier, Madeleine 262
Perrault, Charles 213
Perrin, Francis 218
Perrin, Henriette 243
Perrin, Jean 218f., 240f., · 243
Peter, König von Serbien 361
Petit, Georges 73
Peugeot, Armand 225
Philippe, Charles-Louis 126
Picard, Alfred 22, 26
Picasso, Pablo 9, 13, 131ff., 168, 189, 205, 209, 253, 289f., 293f., 298, 303ff., 346, 370, 377
Piero della Francesca 290
Pinero, Sir Arthur Wing 272
Pissaro, Camille 321
Pius IX., Papst 156
Pius X., Papst 158, 160
Plantevignes, Camille 101, 105, 107f., 113
Plantevignes, Marcel 101ff., 110, 113ff., 118, 120f.
Platon 30, 34, 111
Pless, Daisy Fürstin 251, 332

Poe, Edgar Allan 95, 189f.
Poincaré, Henri 34, 36, 217, 223, 244
Poincaré, Henriette 342, 358
Poincaré, Raymond 12, 29, 34, 223, 309, 341ff., 347, 349, 354f., 357f., 363ff.
Poiret, Denise 252
Poiret, Paul 251ff., 258, 262, 301f., 373
Polignac, Winnaretta de 207, 244f.
Porto-Riche (Dramatiker) 276
Prévost, Marcel 345
Prince, Charles 283
Proust, Adrien 20f., 106, 108, 118, 243
Proust, Mme Jeanne 20, 34, 106ff., 111f., 119, 173, 243
Proust, Marcel 9f., 17, 20, 31, 35, 48, 101ff., 113, 150, 152f., 166, 173, 194, 200, 205f., 216, 228, 240, 243, 245, 247, 254f., 259, 271, 275f., 281, 285, 289, 293, 298, 316ff., 344ff., 367, 369, 372ff., 377
Psichari, Ernest 348
Puccini, Giacomo 179
Pujol, Joseph 29

Rachilde 250
Racine, Jean 76, 92, 127, 264, 314
Rackham, Arthur 194
Raffalovitch, Arthur 201
Raimu 284
Rameau, Jean-Philippe 148
Ravel, Maurice 12, 24, 184, 210, 212ff., 216, 241, 245, 297, 302, 307, 371
Raynaud, Ernest 354
Recidon (Bildhauer) 23
Reinhardt, Max 352
Réjane, Gabrielle 264
Renan, Ernest 28, 79, 85, 348
Renard, Jules 184, 275
Renaud, Elisabeth 263
Renault, Louis 225, 229f.
Renault, Marcel 229f.
Renoir, Auguste 11, 24, 129, 287
Reymond (Senator) 350
Rhynan, Camille de 256

Richepin, Jean 337, 351, 374f.
Riemann, Bernhard 217
Rilke, Rainer Maria 74, 139, 311, 320, 374
Rimbaud, Arthur 80, 82, 193
Rimsky-Korsakow, Nikolai 24, 43, 205, 207
Ripon, Lady 245f.
Rivière, Henri 176
Rivière, Jacques 74, 99f., 128, 174, 176, 321
Robertson, Graham 267
Robespierre, Maximilien de 160
Rodin, Auguste 26, 34, 37, 68, 79, 83, 86, 97, 176f., 206f., 212, 282, 303, 315, 368, 376
Röntgen, Conrad 34, 116
Roerich (Ausstatter) 204
Roger, Thérèse 177
Rohan, Duchesse de 233, 246
Roland-Manuel 194
Rolland, Clotilde 310
Rolland, Romain 10, 21, 167f., 184, 242, 259, 310ff., 320, 323, 344f., 351, 366, 370, 372, 374, 376f.
Rolls, Charles 227
Rondeaux, Madeleine siehe Gide, Madeleine
Roosevelt, Theodore 55, 325
Rosny d.Ä., J.H. 242
Rostand, Edmond 39, 265ff., 367, 369
Rothschild, Henri de 201, 204
Rouault, Georges 291, 305
Rousseau, Clément 259
Rousseau, Jean-Jacques 37, 281
Roussel, Albert 215
Rouvier, Maurice 55, 327
Rubinstein, Ida 191f., 204
Rude, François 42
Rudolf, Kronprinz 362
Ruhlmann, Jacques-Emile 259
Ruskin, John 106, 119
Russell, Bertrand 27, 217
Rutherford, Sir Ernest 221, 224
Ruytens, André 73

Sabartès, Jaime 135, 137, 140

Sainte-Marie-Perrin, Reine siehe Claudel, Reine
Saint-Exupéry, Antoine de 77
Saint-Leger, Alexis 85
Saint-Marceaux, Mme 244
Saint-Saëns, Camille 184, 375
Salmon, André 136, 144
Sangnier, Marc 158ff., 162, 262, 315
Santol, Pater 138
Santos-Dumont, Alberto 231, 235
Sappho 250
Sardou, Victorien 268f.
Sartre, Jean-Paul 77
Sasonow (Außenminister) 355, 364
Satie, Erik 12, 176f., 184, 188, 210, 285, 352, 365
Savari, Pauline 262
Schiller, Friedrich 378
Schlumberger, Jean 73f., 96, 348
Schönberg, Arnold 193
Schopenhauer, Arthur 320
Schtschukin, Sergej 295f.
Schubert, Franz 61
Schwob, Marcel 82
Selves, Justin de 355
Sem (Karikaturist) 255
Sergej, Großfürst 196
Serpollet, Léon 225
Sert, José 211, 373
Sert, Misia siehe Natanson, Misia
Serusier, Paul 130
Seurat, Georges 74
Shakespeare, William 152
Shakleton, Anna 57f., 75, 319
Shaw, George Bernard 68, 272, 274, 280
Shelley, Percy Bysshe 90
Sickert, Walter 68
Siemens, Werner von 19
Sigismond (Finanzier) 186, 188
Signoret, Emmanuel 70
Simon, M. 344
Singer, Kurt 320f.
Sisley, Alfred 298
Sokrates 87
Sophie, Erzherzogin 360ff.
Spencer, Herbert 28, 35
Stadler, Ernst 320
Steer, Wilson 9
Stein, Gertrude 12, 143, 251, 289, 293f., 296
Stein, Leo 293, 296

Steinlen, Théophile Alexandre 256
Sternburg, Baron 55
Straus, Mme 124
Strauss, Pauline 345
Strauss, Richard 68, 313ff., 323, 369
Strawinsky, Igor 207ff., 212, 215, 244, 246, 267, 374
Strawinsky, Katharina 207
Suarès, André 81, 167, 321
Sully Prudhomme 110
Swift, Jonathan 294
Swinburne, Algernon Charles 190
Sykes, Charles 257

Taillandier, Saint-René 51, 53, 55
Taine, Hippolyte 79
Talleyrand-Périgord, Charles-Maurice de 48, 345
Tarde, Alfred de 349
Tardieu, André 348
Tati, Jacques 284
Tattenbach, (Delegierter) 329
Tellegen, Lou 270, 282
Tenischeff, Fürst und Fürstin 20
Texier, Lily siehe Debussy, Lily
Theresia von Lisieux 95
Thibaud, Jacques 13
Thiers, Adolphe 339
Thomas à Kempis 377
Thomas von Aquin, hl. 80, 83, 87, 161, 308
Thorndike, Sybil 93
Tizian 294
Tolstoi, Leo 38, 43, 73, 160f., 167, 310, 316, 375
Toulet, Alfred 302
Toulouse-Lautrec, Henri de 24f., 134, 272

Trakl, Georg 320
Trémouille, Duc de la 160
Tristan l'Hermite, Louis 190, 194
Tscherepnin, Alexander 203
Turenne, Henri de la Tour d'Auvergne, Vicomte de 380
Turgenjew, Iwan 9
Turner, William 185, 290, 298

Uhde, Wilhelm 148
Utrillo, Maurice (Miguel) 133, 177, 299f.
d'Uzès, Duchesse 244

Valadon, Suzanne 177, 299
Valéry, Paul 64f., 68, 98
Valz, E. 201
Variot, Jean 95f.
Vasnier, Mme 19
Vaughan Williams, Ralph 213
Vauxcelles, Louis 292, 305
Verdi, Giuseppe 179
Verhaeren, Emile 74, 312
Verlaine, Paul 22, 112, 175, 186, 194, 272
Veronese, Paolo 294
Victoria, Königin von England 46
Vigée-Lebrun, Louise-Elisabeth 43
Vigny, Alfred de 102, 373
Villain, Raoul 369
Villard, Paul 221
Villermont, Marie de 263
Villon, François 115, 194, 287
Villon, Jacques 154
Vinzenz von Paul, hl. 163
Viviani, René 166, 357f., 363f.
Vizier, Marie 300

Vlaminck, Maurice de 291, 298ff., 305, 321, 368
Voisin, Charles 232
Voisin, Gabriel 232
Vollard, Ambroise 134f., 140, 147f., 290
Voltaire (François-Marie Arouet) 10, 319, 321, 323
Vuillard, Edouard 130

Wagner, Richard 41, 92, 178, 240, 314, 369, 375
Wagten, Otto von 371
Walden, Herwarth 353
Walewski, André 372
Weber, Carl Maria von 313
Weill, Berthe 134, 290
Werfel, Franz 320, 353
Wharton, Edith 238
Whitman, Walt 74, 99
Wilde, Oscar 59f., 62, 68, 272, 314
Wilhelm II., dt. Kaiser 11, 52ff., 198, 318f., 321, 327ff., 332f., 335f., 340, 345, 350f., 359ff., 365, 369, 376, 378f.
Wilson, Thomas Woodrow 360
Wladimir, Großfürst 199
Wolf, Hugo 314
Worth, Jean 11, 251f., 254f.
Wright, Orville 230
Wright, Wilbur 230, 232f.

Yacco, Sada 26, 76
Young, Filson 227

Zaharoff, Basil 201, 204
Zola, Emile 28, 41, 63, 79, 179, 238, 280, 287
Zweig, Stefan 311f., 351

39,80
80,—

10/85